KB040854

20세기 경제사

: 우리는 유토피아로 가고 있는가

최초의 경제의 세기

20세기 경제사

SLOUCHING TOWARDS UTOPIA

우리는 유토피아로 가고 있는가

브래드퍼드 들롱

홍기빈 옮김
김두열 감수

생각의힘

다음 세대에게:

마이클, 지아나, 브렌든, 매리 패티, 매튜, 코트니, 브라이언,
바버라, 니콜라스, 마리아, 알렉시스, 알렉스

이 책을 향한 찬사

권위 있는 역사서. 이 책은 올바른 질문을 제기하고 많은 중요한 역사를 가르쳐 준다.

_폴 크루그먼 Paul Krugman
(노벨 경제학상 수상자)

역사는 이 격동의 시대에 우리가 앞으로 나아갈 방향을 제시할 수 있는 유일한 데이터를 제공한다. 역사에 녹아든 경제와 그 의미에 대해 이보다 더 명확하고 명쾌하게 설명하는 책은 아주 오랫동안 보지 못했다. 글로벌 시스템의 미래를 걱정하는 사람이라면 누구나 반드시 읽어야 할 책이다.

_로렌스 서머스 Lawrence Summers
(오바마 정부 국가경제위원회 의장, 하버드 대학교 전 총장)

들롱은 1870년 이후 경제성장이 어떻게 오늘날 공정성에 대한 그 누구의 생각도 만족시키지 못하는 글로벌 경제를 만들어냈는지에 대한 이야기를 유쾌하고 흥미진진하게 들려준다. 경제 정의와 모두에게 더 평등한 권리와 기회를 향한 긴 여정은 앞으로도 계속될 것이다.

_토마 피케티 Thomas Piketty
《21세기 자본》 저자)

훌륭하고 중요한 책이다. 저자는 1870년에 시작되어 2010년에 끝난 경이적인 경제 발전의 시기, 즉 '장기 20세기'에 대한 독창적이고 통찰력 있는 분석을 제시한다. 전례 없는 물질적 풍요가 찾아왔고, 이전 세대라면 이러한 풍요로움이 유토피아를 보장한다고 생각했을 것이다. 그러나 물질적 진보의 시대는 유토피아가 아니라 차별과 불화로 끝났다. 이 특별한 시기의 성공과 실패를 이 정도의 통찰력으로 설명한 책은 찾아볼 수 없다.

_마틴 울프 Martin Wolf
(〈파이낸셜 타임스〉 수석 칼럼니스트)

20세기 경제사에 대한 브래드 들롱의 탁월한 해석을 마침내 종이로 만나게 되어 정말 기쁘다. 이 책은 그 폭과 창의성에서 매력적이고 중요하며 경외감을 불러일으킨다.

_크리스티나 로머 Christina Romer
(캘리포니아 대학교, 버클리)

20세기 경제사의 궤적을 따라가는, 지적으로 흥미진지하게 질주하는 책이다. 브래드 들롱은 과거의 퍼즐을 맞춰 놀라운 성취와 좌절에 대한 이야기를 들려준다. 오늘날의 세계를 형성한 힘을 이해하는 좋은 방법이다.

_미누셰 샤픽Minouche Shafik
(런던 정경대학교LSE)

오랫동안 기다려온 대작.

_에즈라 클라인Ezra Klein
(《뉴욕 타임스》 칼럼니스트)

놓칠 수 없는 책. 이 책의 강점은 방대한 범위와 깊이뿐만 아니라 하이에크, 폴라니, 케인스 등 나양한 사상을 엮어낸 정지경제학 저술이라는 점이다.… 꼭 읽어야 할 책이다.

_다이앤 코일Diane Coyle
(케임브리지 대학교)

위트, 유려한 문체, 놀라운 정도로 세부적인 묘사로 완성한 인상적인 성취.

_이코노미스트The Economist

세계경제의 역사를 알고자 한다면 바로 이 책을 읽어야 한다.

_애덤 투즈Adam Tooze
(컬럼비아 대학교,《붕괴》 저자)

놀랍도록 방대한 기록. 읽는 즐거움. 이러한 주제에 대해 정치사나 군사사에 대한 유창한 이해를 가지고 명쾌하고 뛰어난 감각으로 글을 쓰는 경제사학자는 거의 없다.

_포린 어페어스Foreign Affairs

브래드 들롱이 '장기 20세기'라고 부르는 1870~2010년은 세계가 맬서스적 사슬에서 결정적으로 벗어나 인류 역사상 유례가 없는 경제성장률을 기록한 시기이다. 이 놀라운 연구와 저술은 유토피아를 향한 이 가파른 상승의 뿌리를 설명하는 동시에, 이후의 경제적 운명이 왜 달라졌는지 그리고 미래의 역사가들이 이 세기를 예외가 아닌 역사적 규칙으로 간주하기 위해 지금 어떤 조치가 필요한지를 드러낸다.

_앤드루 할데인Andrew Haldane
(영란은행)

브래드 들롱은 방대한 세계사에 대한 상세한 분석과 매력적인 내러티브를 누구나 쉽게 접근할 수 있도록 훌륭하게 결합했다. 그 결과 현대 경제성장의 원인과 결과에 관심이 있는 사람이라면 누구나 흥미를 느낄 수 있는 근거가 탄탄하고 통찰력 넘치는 책이 탄생했다.

_로버트 알렌Robert C. Allen
(뉴욕 대학교)

저자는 교류 전기에서 성별 임금 격차에 이르기까지 모든 것을 원대하고 혁신적인 관점과 매혹적인 담론을 결합하여 우아하고 접근하기 쉬운 산문으로 전달한다. 그 결과 기적에 가까운 성취와 끓어오르는 불만을 모두 조명하는 경제적 근대성에 대한 명쾌한 해석이 탄생했다.

_퍼블리셔스 위클리Publishers Weekly

저자는 자신의 주제를 놀라울 정도로 명료하게 해부하고, 주요한 역사적 변화와 이를 주도하는 사회경제적 힘에 대해 접근하기 쉽고 명쾌한 설명을 제공한다. 현대 경제사와 그것이 현대인의 삶에 미친 영향에 대한 방대하면서도 세밀한 논증이다.

_커커스 리뷰Kirkus Review

추천의 글

20여 년 전 미국에서 공부하던 시절에 브래드퍼드 들롱 교수를 처음 보았다. 경제사 세미나에서 그는 20세기 경제사를 개괄하는 책을 준비한다고 하면서 개요를 발표했다. 내용은 대부분 잊었지만, 에드워드 벨라미가 자신의 소설에서 미래를 어떻게 예측했는지를 인용했던 점(이 책의 서론 28쪽에 나온다), 그리고 자본주의와 사회주의의 대결에 대해 많이 다루었다는 점은 아직도 기억에 생생하다. 그로부터 20년이 지난 최근에야 이 책이 나왔다는 소식을 들었을 때 반가움과 더불어 이렇게 긴 세월이 흐른 뒤 출간되었다는 것이 조금 놀라웠다. 물론 더 놀라운 건 내가 이 책의 번역을 감수하고 추천의 글을 쓰게 되었다는 인연 아닌 인연이다.

들롱 교수는 경제의 거시적 측면 그리고 자본시장 및 화폐금융 영역에 초점을 맞추어 20세기 역사를 연구한 경제사학자이다. 하버드 대학교에서 박사학위를 받은 뒤, 하버드와 보스턴 대학 등을 거쳐서 1993년부터 현재까지 버클리의 캘리포니아 대학교에 재직하고 있다. 그는 전간기와 대공황 시기와 관련해서 유명한 연구를 많이 했는데, 같은 학과에 근무하고 있는 동년배의 학자인 배리 아이켄그린과 크리스티나 로머와 함께 1990년대에 버클리 경제학과를 대공황 연구의 메카로 자리매김하는 데 크게 기여했다. 이후 그는 학술 연구보다는 정부 자문이나 신문, 블로그, 대중강연 등을 통해 현실 문제를 진단하고 개선하는 활동에 초점을 맞추어 왔다.

　이 책은 경제사를 중심으로 20세기 역사를 개괄한다. 같은 주제를 다룬 에릭 홉스봄이 《극단의 시대》에서 1914년부터 1991년까지를 단기 20세기로 설정하고 다루는 반면, 그는 1870년부터 2010년을 장기 20세기로 규정하고 기술진보에 따른 생활수준 향상과 이데올로기라는 두 축을 중심으로 20세기의 역사라는 태피스트리를 펼쳐 보인다. 인류는 1870년 이후 맬서스의 함정에서 벗어나 과거에는 상상조차 하기 어려운 수준의 물질적 풍요를 누리게 되었다. 그러나 그 과정에서 대공황이나 세계대전 등과 같은 전대미문의 비극을 겪었으며, 장기 20세기가 끝나가던 2010년에는 1930년대에 버금가는 경기침체를 맞이했다. 1870년 이전 사람들의 눈에는 21세기 인류의 삶이 유토피아에 근접한 것처럼 보일지 모르지만, 21세기를 사는 사람들에게는 불평등, 정치적 혼란, 기후위기 등이 너무도 큰 문제이다 보니 현재에 만족하거나 미래를 낙관하기는 쉽지 않다. 들롱 교수는 책 제목으로 쓴, 웅크리면서도 나아간다는 의미를 지닌 slouch라는 단어로 역사적 과정 그리고 현재와 미래에 대한 자신의 감상, 평가, 희망을 표현했다.

　이 책의 가장 큰 장점은 뭐니 뭐니 해도 20세기라는 거대하고도 복잡한 시대를 700쪽 분량의 단행본 한 권에 담았다는 사실이다. 그는 인류 역사의 어느 때보다도 수많은 사건과 인물들이 서로 복잡하게 얽혀 출렁이던 이 시기를 적당한 분량 내에서 너무 단순화하지도 않으면서 또 너무 혼란스럽지도 않게 잘 소화해서 보여줌으로써, 독자들이 20세기를 하나의 시대로 파악할 수 있도록 이끄는 과업을 성공적으로 완수했다. 최고 수준의 운동선수들이 보여주는 동작은 너무 자연스러워서 일반인들은 흉내도 내기 어려운 힘든 동작조차 아무것도 아닌 것처럼 착각을 불러일으키듯, 들롱 교수는 방대한 내용들을 너무도 매끄럽게 다루었기에 독자들은 그가 얼마나 솜씨 있는 작가인지 알아채지 못한 채 술술 읽어 나갈 듯하다.

아울러 내가 이 책에 대해 특히 좋아하는 점은 들롱 교수가 역사적 흐름을 설명하면서 어디까지가 필연으로 설명되는 영역이고 어디가 우연에 따른 결과인지를 구분하고자 고민하는 부분들이다. 사실 20세기 역사는 너무도 복잡하다 보니 큰 흐름을 파악하지 못한 채 여러 사건들만을 나열하거나 반대로 필연적 흐름에 집착하다가 역사의 다채로움을 놓치기 쉽다. 들롱은 역사적 사건들의 흐름을 설명하면서도 반드시 그렇게 되었어야만 했는지라는 질문을 시의적절하게 제기한다. 이런 접근은 20세기 역사를 자칫 기술결정론적으로 이해하거나 혹은 사회주의에 대한 자본주의의 필연적 승리의 과정으로 설명하는 편의를 넘어서서 보다 심도 있게 고민할 기회를 제공한다.

이 책의 빼놓을 수 없는 또 다른 매력은 들롱 교수의 냉소적인 혹은 독설에 가까운 유머이다. 그의 이런 면모를 잘 보여주는 에피소드를 20여 년 전 버클리 경제학과에서 박사 학위를 막 받은 친구에게서 들은 기억이 있다. 그의 지도학생이 박사논문 아이디어를 열심히 정리해서 이메일로 보낸 뒤 며칠 후 그의 연구실을 찾아갔더니, 들롱 교수는 그 학생에게 다음과 같이 이야기했다고 한다. "나는 너가 보내준 연구계획서에 노벨상을 받을 만큼 매우 뛰어난 아이디어가 담겨 있다는 걸 잘 알고 있다. 하지만 안타깝게도 그것을 찾을 수가 없었다."

들롱 교수의 유머 감각은 이 책을 읽는 재미를 한껏 북돋운다. 하지만 번역가에게 이것은 재앙이기도 했다. 이런 어려움을 잘 알고 있기에 나는 번역본 초고를 읽으면서 깜짝 놀랐다. 홍기빈 선생의 뛰어난 솜씨 덕에 번역이 정확하게 된 것은 물론이려니와 들롱 교수의 글맛도 잘 살아있었기 때문이다. 적은 분량이 아닌 책임에도 불구하고 고쳐야 할 부분은 매우 적었기에, 나는 검토와 수정이라는 일을 하는 느낌보다는 완성본을 읽는 기분에 가깝게, 편한 마음으로 감수 작업을 즐길 수 있었다.

역사 공부는 우리가 현재를 깊이 이해하고 미래를 잘 설계하는 데 많은 도움을 준다. 들롱 교수의 이 책은 20세기 자체를 심도 있게 파악하는 것을 넘어 20세기 역사를 현재 나아가 미래와 엮어서 생각할 수 있도록 돕는 뛰어난 책이다. 아무쪼록 많은 분들이 이 책을 통해 현재의 어려움을 이겨내고 21세기를 새롭게 내다보는 통찰을 얻을 수 있기를 기대한다.

_김두얼(명지대학교 경제학과 교수, 서울리뷰오브북스 편집위원장)

차례

일러두기

1. 이 책의 원제는 *Slouching Towards Utopia: An Economic History Of The Twentieth Century*이다.
2. 단행본은 겹꺾쇠표(《》)로, 신문·잡지 등은 홑꺾쇠표(〈〉)로 표기했다.
3. 인용문의 대괄호([])는 지은이가 독자의 이해를 돕고자 덧붙인 것이다.
4. 원문의 이탤릭체는 굵은 글씨로 표기했다.
5. 옮긴이 주는 괄호 마지막에 '—옮긴이'라고 밝혔다.
6. 인명 등 외래어는 외래어 표기법을 따랐으나, 일부는 관례와 원어 발음을 존중해 그에 따랐다.

서론. 20세기의 거대 내러티브

　내가 '장기 20세기long twentieth century'라고 부르는 시기는 1870년을 전후한 분수령과 같은 사건들 ―세계화, 기업 연구소industrial research lab, 근대적 대기업modern corporation ―로 시작되었다. 이를 통해 농경의 발견 이래 1만 년 동안 인류가 겪은 지독한 빈곤에서 벗어날 수 있는 변화가 시작되었다.[1] 이 장기 20세기는 세계경제를 이끄는 북대서양 국가들이 2008년에 시작된 '대침체the Great Recession'에서 여전히 회복되지 못한 2010년에 끝난다. 1870년대 이후의 세계를 지배했던 평균적인 경제성장률 수준은 대침체 이후 회복되지 못했다. 2010년 이후의 몇 년간은 시민들의 정치적·문화적 분노의 물결이 체제를 불안정하게 만들었다. 그들이 분노한 이유와 방식은 다양하지만, 그들 모두 20세기의 체제가 그들이 생각했던 것과 달리 그들을 위해 작동하지 않았다는 데에 화가 났다는 점에서만큼은 동일했다.

　이 시기의 세상은 놀랍기도 했고 끔찍하기도 했지만, 인류사의 다른 시기를 고려한다면 후자보다는 전자에 훨씬 가까웠다. 나는 1870년부터 2010년까지 이어지는 140년의 장기 20세기가 인류 역사상 가장 중요한 영향을 미친 세기였다고 굳게 믿는다. 또한 사실상 인류의 보편적 조건이던 물질적 빈곤을 종식시킨 세기였다는 점에서, 경제적인 측면이 가장 중요한 역사적 주제가 된 최초의 세기였다.

장기 20세기에 초점을 두어야 한다는 나의 믿음과는 대조적으로, 20세기를 '단기 20세기'라고 부르는 이들 — 가장 대표적으로 영국의 마르크스주의 역사가 에릭 홉스봄Eric Hobsbawm — 이 있다. 이 단기 20세기는 1914년의 1차 대전부터 1991년의 소련의 몰락까지의 시기이다.[2] 이들은 1776년에서 1914년까지를 자본주의와 민주주의가 발흥했던 장기 19세기로 보는 경향이 있으며, 대신 20세기를 현실사회주의와 파시즘이 세계를 뒤흔든 단기 20세기라고 본다.

단기이든 장기이든, 세기의 역사는 기본적으로 저자가 원하는 이야기를 전달하기 위해 만들어진 거대 내러티브의 역사이다. 1914~1991년을 한 세기로 구분하면 홉스봄이 하고 싶은 이야기를 쉽게 전달할 수 있다. 하지만 20세기를 이렇게 짧게 규정하면, 내가 분명 더 크고 더 중요하다고 믿는 이야기의 상당 부분을 놓치는 대가를 치러야 한다. 그것은 1870년에서 2010년까지, 즉 인류를 극심한 빈곤에 가두었던 문을 여는 데 성공한 이후부터 앞서의 성공이 가져온 인류 부의 급격한 상승 궤적의 속도를 유지하는 데 실패하기까지의 이야기이다.[3]

이제부터 나 자신의 거대 내러티브, 즉 20세기의 역사에서 내가 가장 중요하다고 여기는 이야기를 시작하겠다. 이것은 주로 경제적 측면의 이야기이며, 자연스레 1870년에 시작하여 자연스레 2010년에 멈춘다.

지킬 박사를 닮은 천재 사회사상가인 오스트리아 태생 영국계 시카고인 프리드리히 하이에크Friedrich von Hayek가 말했듯이, 시장경제는 자신이 설정한 문제의 해결책을 (대중이 자발적으로 참여하도록 인센티브를 부여함으로써) '크라우드소싱crowdsource'한다.[4] 1870년 이전 인류의 기술이나 조직organizations은 너무나 낮은 수준이라서, 시장경제를 어떻게 활용하면 경제를 부유하게 만들 수 있는가라는 문제의 설정조차 허용되지 않는 상태였다. 1870년 이전 수천 년 동안에도 시장경제는 존재했고, 최소한 경제 내의 일부로서 시장 부문이 존재하기는 했다. 하지만 그때까지는 시장이 할 수 있는 일이란 그저 사치품과 편의품의 소비자를 찾아주는 것 그리고 부자의 삶은 더 사치스럽게, 중산층의 삶은 더 편리하고 편안하게 만드는 것 정도에 불과했다.

상황은 1870년 무렵부터 변하기 시작했다. 인류는 조직과 연구를 위한 제도institutions 그리고 기술 —본격적인 세계화, 기업 연구소, 근대적 대기업 —을 갖추었다. 이 세 가지가 열쇠였다. 이들의 힘으로 그전까지 인류를 지독한 가난에 가두었던 문을 열어젖힐 수 있었다. 어떻게 인류를 부유하게 만들 수 있는가라는 문제가 마침내 그 해답을 가지고 있던 시장경제에 제기되었다. 열어젖힌 문으로는 유토피아로 가는 길이 시야에 들어왔다. 이 길에는 온갖 좋은 일들이 따라올 것이 틀림없었다.

실제로 많은 좋은 일들이 따라왔다.

인류 경제성장의 핵심인 (자연을 조작하고 인간을 조직하는 것에 관한 발견되고, 개발되고, 세계경제에 활용된) 유용한 아이디어 축적물의 세계 평균 성장률(나는 아이디어 축적물의 가치를 지표로 하여 이것을 조잡하게 측정했다)이 1870년 이전에는 연간 0.45%였는데 1870년 이후에는 2.1%로 높아졌다. 실로 1870년이 분수령이었던 셈이다. 1870년부터 2010년까지 140년 동안은 매년 2.1% 성장하여 결국 21.5배가 되었다. 이건 정말 대단한 결과였다. 부를 창출하고 소득을 만드는 힘이 커지면서, 인류는 더 많은 필수품과 편의품과 사치품을 소비할 수 있게 됐고, 자신과 가족을 더 잘 부양할 수 있게 됐다.

그렇다고 2010년의 인류가 1870년의 인류보다 물질적으로 21.5배 더 풍요롭게 살았다는 의미는 아니다. 2010년에는 1870년보다 인구가 여섯 배 더 많고 이에 따라 자원 희소성도 커지므로, 이것이 생활수준과 노동생산성을 끌어내리는 쪽으로 작용했을 것이다. 대략 추정하면 2010년에 세계 평균 1인당 소득은 1870년 (1,300달러 —옮긴이)의 8.8배인데, 이는 2010년의 1인당 연간 소득이 약 11,000달러라는 의미다(21.5를 √6으로 나누면 8.8이란 숫자가 나온다). 이 숫자들을 2010년의 인류가 1870년의 인류보다 얼마나 더 부유했는지를 아주 거칠게라도 이해하는 길잡이로 사용할 수 있다. 전 세계적으로 부자들은 1870년보다 2010년에 훨씬 불평등하게 분포되어 있었다.[5]

경제가 매년 2.1%만큼 성장하면 33년마다 2배가 된다. 이것은 1903년의 기술과 생산성의 경제적 토대가 1870년 당시 지주들이 지배하던 농업사회를 떠나서 반대편에 있는 산업과 세계화로 옮겨갔음을 뜻한다. 최소한 '북방세계global north'(남방세계global south 와 함께 선진세계와 개발도상세계를 의미하지만, '선진'이라는 표현은 우월성을 전제하는 단점이 있다. 이 책에서는 저자의 의도를 살려 '북방세계'와 '남방세계'로 번역했다—옮긴이)에서 1936년 당시 존재했던 대량생산이라는 토대 또한 완전히 새로운 것이었다. 1969년이 되면 대량소비에 도시 교외로의 주거 확장 등의 변화가 나타났거니와 이 또한 근본적인 변화였다. 그 바로 뒤인 2002년에는 정보화 시대와 디지털 반도체의 등장으로 또다시 토대의 대전환이 이루어졌다. 이렇게 경제가 매 세대마다 혁명적으로 바뀌면 사회와 정치 역시 혁명적으로 바뀌지 않을 수 없다. 거듭되는 격변에 대처해야 하는 정부는 그 폭풍우 속의 국민들을 관리하고 지원해야 한다는 압박을 받으며 갖은 시도를 다 하지 않을 수 없다.

좋은 일들도 있었지만, 나쁜 일들도 많았다. 인류가 가진 기술 —자연을 조작하는 경성hard 기술과 인간을 조직하는 연성soft 기술 양쪽 모두—은 착취, 지배, 독재와 폭정의 도구로 얼마든지 활용될 수 있고 또 실제로 그렇게 활용되었다. 그리하여 장기 20세기에는 우리가 알고 있는 가장 잔혹하고 피에 굶주린 독재정권들이 출현했다.

좋은 일과 나쁜 일이 뒤섞인 많은 일들도 모두 흘러갔다. "견고한 모든 것들은 공기 속으로 사라"졌다.[6] 즉 모든 종류의 기성 질서와 패턴들이 변형되거나 사라졌다. 1870년의 경제생활 방식 중에서 2010년의 세계에서도 유지될 수 있었던 것은 극히 일부에 불과했으며, 그조차도 내용은 완전히 달라졌다. 우리가 1870년에 조상들이 했던 것과 똑같은 작업을 똑같은 장소에서 수행한다고 해도, 오늘날의 사람들은 거기에 들어간 노동시간의 가치에 대해 훨씬 적게 지불하려 할 것이다. 적어도 운 좋게 경제성장의 중심지가 된 곳들에서는 경제의 거의 모든 것이 획기적으로 변화하는 일이 반복되었고, 경제 자체 또한 한 세대마다 혁명을 겪었다. 그 경제적 변화들은 사회, 정치, 문화에 걸친 거의 모든 것을 형성하고 변형시켰다.

타임머신을 타고 1870년으로 돌아가서 당시 사람들에게 2010년이 되면 인류가 얼마나 더 부유해질지를 말해준다고 해보자. 과연 어떤 반응을 보일까? 그들은 2010년의 세상을 지상낙원 유토피아라고 생각할 것이 거의 확실하다. 8.8배 부유해진다고? 이는 분명 자연을 조작하고 인간을 조직하는 충분한 능력을 의미하는 것이 아닌가. 그리하여 인류를 괴롭혀 온 대부분의 시시한 문제와 장애들은 해소될 수 있었다는 말이 아닌가?

하지만 그렇지 않았다. 이제 150년이 지났다. 인류는 길의 끝까지 달려가 유토피아에 도달하지 못했다. 여전히 그 길 위에 있다. 실은 그조차 확실하지 않다. 우리는 길 끝에 무엇이 있는지, 심지어 이 길이 어디로 향하는지조차 분명히 알 수 없기 때문이다.

무엇이 잘못된 것일까?

하이에크는 천재였을지 모르지만, 그의 지킬 박사로서의 측면만 천재였다. 그와 그의 추종자들은 대단한 바보들이기도 했다. 이들은 오직 시장만이 이 모든 과업 ─혹은 성취 가능한 과업─을 이룰 수 있으며, 인간들은 절대 이해할 수 없는 자체 논리를 가진 시장 시스템의 작동에 믿음을 가지라고 인류에게 명령했다. 말하자면, 그들은 '주신 분도 시장이시요, 가져가신 분도 시장이시니. 시장의 이름을 찬양하라'(욥기 1장 21절에서 '주님'을 '시장'으로 대체했다 ─옮긴이)고 말한 셈이다. 인류에게 가능한 구원이 있다면, 그것은 타르수스Tarsus 출신 사도 바울이 말한 '오로지 믿음solo fide'이 아니라 하이에크의 '오로지 시장solo mercato'을 통해서만 얻어질 것이었다.[7]

하지만 인류는 이를 거부했다. 시장경제는 스스로 설정한 문제들을 해결했지만, 이는 사회가 원한 해결책이 아니었다. 사회는 시장이 설정한 문제들 말고 다른 문제들에 대한 해결책을 원했고, 이 다른 문제들에 대해 시장이 크라우드소싱하여 내놓은 해결책들은 불충분했다.

이 문제를 가장 잘 설명했던 사람은 아마도 헝가리 태생 유대계 토론토인 사회사상가 칼 폴라니Karl Polanyi 일 것이다. 시장경제는 재산권property rights 을 인정한다. 시장경제는 재산 ─혹은 시장이 가치 있다고 판단하는 재산의 조각들 ─을 소유한 사람들에게 그들이 원한다고 생각하는 것을 제공해야 하는 문제를 안고 있다. 재산이 없으면 권리도 없다. 재산이 가치 있지 않다면, 권리 역시 빈약하다.

하지만 사람들은 다른 권리들을 가지고 있다고 생각한다. 그들은 가치 있는 재산을 소유하지 못한 사람들도 경청받을 수 있는 사회적 권력을 가져야 하며, 사회는 마땅히 그들의 필요와 욕구를 고려해야 한다고 생각한다.[8] 사실 시장경제가 그들의 필요와 욕망을 충족시킬 수도 있는데, 그러나 이는 그저 우연일 뿐이다. 시장경제는 오직 가치 있는 재산의 소유자들이 원하는 것을 최대한 주고자 할 뿐이며, 그렇지 못한 사람들의 필요와 욕망은 오로지 이러한 시장경제의 최대 수익성 테스트에 어쩌다가 조응하는 경우에 한해서만 충족될 뿐이기 때문이다.[9]

그래서 장기 20세기 내내, 공동체들과 사람들은 시장경제가 자기들에게 가져온 것을 보면서 말했다. '우리가 그걸 주문했다고?' 그리고 사회는 다른 무언가를 요구했다. 그러자 바보인 하이에크의 하이드 씨는 그런 요구를 '사회정의'라고 부르면서 사람들은 그런 건 잊어버려야 한다고 선언했다. 시장경제는 결코 사회정의를 가져올 수 없으며, 사회정의를 가져오는 방향으로 사회를 재구성했다가는 그나마 시장경제가 할 수 있는 것, 즉 부를 늘려서 가치 있는 재산을 소유한 이들에게 분배하는 능력마저 파괴된다는 것이었다.[10]

분명히 해야 할 것은, 이러한 맥락에서는 '사회정의'가 (모두가 합의한 초월적 원칙들로 정당화되는 정의가 아니라) 항상 특정 집단의 욕망과 관련된 '정의'일 뿐이었다는 사실이다. 또한 이러한 맥락에서는 '정의'가 평등주의적이지 않았다는 점도 분명히 해야 한다. 만약 자신과 평등하지 않은 이들이 평등하게 취급받는다면 이는 정의롭지 않다. 시장경제가 달성할 수 있는 '정의'의 유일한 개념은 부자들이 생각하기에 정의로운 것이었다. 재산 소유자들이 시장경제가 유념하는 유일한 존재이기 때문이었다. 덧붙여서, 시장경제는 비록 강력하기는 하지만 완벽하지는 않다. 즉 예를 들자면 시장경제만으로는 충분한 연구개발이나 환경의 질 혹은 심지어 완전하고 안정적인 고용을 제공할 수 없다.[11]

결국 '주신 분도 시장이시요, 가져가신 분도 시장이시니. 시장의 이름을 찬양하라'는 지침은 사회와 정치경제를 조직하는 안정적인 원칙이 될 수 없었다. 유일한 안정적인 원칙은 '시장은 사람을 위해 있는 것이요, 사람이 시장을 위해 있는 것이 아니'(마가복음 2장 27절에서 안식일을 시장으로 대체했다 ―옮긴이)라는 것과 비슷한 무언가여야 했다. 하지만 '시장은 사람을 위해 있는 것'이라고 해도, 시장이 고려해야 하는 중요한 사람은 누구인가? 그리고 그런 원칙을 가장 잘 구현한 버전은 무엇일까? 또 이런 질문들에 대해 견해가 달라 다툼이 벌어지면 어떻게 해결해야 하는가?

장기 20세기 내내 많은 이들 ―칼 폴라니, 시어도어 루스벨트 Theodore Roosevelt, 존 메이너드 케인스John Maynard Keynes, 베니토 무솔리니Benito Mussolini, 프랭클린 델라노 루스벨트Franklin Delano Roosevelt, 블라디미르 레닌Vladimir Lenin, 마거릿 대처Margaret Thatcher가 다양한 사상, 실천, 행동을 대표하는 이들이다 ―이 그 해법을 제시하고자 했다. 이들은 하이에크와 그의 무리들이 옹호하고 또 창조 및 유지하려고 노력했던 (1870년 이후의 사회, 정치, 경제 질서는 사실 아주 새로웠다는 이유에서) 사이비 고전적pseudo-classical이며 (그 질서가 자유만큼이나 부여받거나 물려받은 권위에도 의존한다는 이유에서) 절반의 자유주의semi-liberal적인 질서에 반대했다. 이들은 시장의 역할을 줄이거나 다른 방식으로 하라고 혹은 다른 제도들이 더 많은 역할을 맡아야 한다고 요구하면서 자신들의 뜻을 건설적으로 그리고 파괴적으로 실행했다. 그 결과로 인류가 얻게 된 최상의 해법은 아마도 2차 대전 이후 북대서양의 발전주의적 사회민주주의였는데, 이는 케인스의 축복을 받은 하이에크와 폴라니의 강제 결혼shotgun marriage이었던 셈이다. 하지만 이러한 제도적 틀은 그 스스로의 지속가능성 테스트를 통과하지 못했다. 그리하여 우리는 그 길의 종착점이 아니라 여전히 그 길 위에 있다. 그리고 유토피아를 향해 기껏해야 웅크리고slouching toward utopia 있을 뿐이다(책의 원제이기도 한 이 어구는 시인 윌리엄 예이츠W. B. Yeats의 시 〈재림the Second Coming〉을 암시하는 것으로 보인다. 예이츠는 1920년 〈다이얼Dial〉지에 발표한 이 시에서 1차 대전 이후의 혼란스런 세상의 불길한 조짐을 노래하고 있다. "세계정신"이 움직이며 새로운 세계를 낳을 "재림"이 임박했지만, 그것을 위해 새로 태어날 존재는 예수 그리스도라기보다는 인간의 얼굴을 하고 사자의 몸을 한 기괴한 괴물인 듯하다. 그리하여 시는 이렇게 끝맺는다. "이제 마침내 자기 때를 만나/세상에 태어나기 위해 베들레헴을 향해 웅크리고 있는 이 거친 괴물은 대체 어떤 놈일까?" 한편 이 구절 "베들레헴을 향한 웅크림Slouching Towards Bethlehem"은 1968년에 나온 조안 디디온Joan Didion의 에세이집의 제목이기도 하다. 그녀는 당시 유토피아와 낙원을 꿈꾸던 히피들이 캘리포니아 지역에서 펼쳤던 삶의 모습을 담담히 기록하고 있는 바, 이는 꼬마 아이들에게 LSD를 아무렇지도 않게 나누어주는 불길한 디스토피아의 모습이기도 했다 — 옮긴이).

*

경제가 역사의 가장 중요한 맥락이 된 최초의 세기가 장기 20세기였다는 나의 주장으로 돌아가 보자. 이 주장을 진지하게 생각해볼 가치가 있다. 장기 20세기에는 무엇보다도 두 차례의 세계 대전, 홀로코스트, 소련의 흥망, 절정에 달한 미국의 영향력, 현대화된 중국의 부상 등과 같은 사건들이 있었다. 이 굵직한 사건들을 무엇보다 경제적 측면의 이야기라고 감히 말할 수 있을까? 단 하나의 가장 중요한 맥락이 있다고 내가 감히 말할 수 있을까?

내가 그렇게 말한 이유는 무언가 생각을 진전시키려면 거대 내러티브가 반드시 필요하기 때문이다. 시대를 앞서갔던 20세기 철학자 루트비히 비트겐슈타인Ludwig Wittgenstein의 말을 빌자면, 거대 내러티브라는 것은 '헛소리nonsense'이다. 하지만 어떤 의미에서는 모든 인간의 사유 자체가 다 헛소리이다. 인간의 사유란 애매모호하고, 쉽게 혼동을 야기하며, 길을 잃게 만들 수 있다. 그리고 이 애매모호한 사유가 우리가 생각할 수 있는 유일한 길이고, 우리가 진보를 이룰 수 있는 유일한 방법이다. 비트겐슈타인에 따르면, 운이 좋으면 우리는 "그것들이 헛소리임을… 인식"할 수 있다. 그리하여 그것들을 사다리로 삼아 "기어올라 그것들을 넘어설 수 있으며… [그다음에는] 그 사다리를 던져버릴" 수 있다. 왜냐하면 아마도 그때가 되면 거기에 담긴 "명제들"을 넘어서는 법도 배우고 "세계를 제대로 볼" 능력도 얻을 것이기 때문이다.[12]

내가 이 거대 내러티브를 풀어놓는 이유는 그 '헛소리'를 넘어서서 이 세상을 흘끗이라도 한번 제대로 보고 싶다는 희망에서이다.

20세기의 모든 역사를 관통하는 가장 중요한 맥락이 경제였다고 주저 없이 선언하는 것 또한 바로 이러한 정신에서이다.

1870년 이전에는 기술이 인류의 생식력, 즉 우리가 자손을 만드는 속도와의 경주에서 번번이 패배했다. 자원은 희소하고 기술 혁신의 속도는 느린 와중에 인구는 폭발적으로 증가했으니, 대부분의 시대에 대부분의 사람들은 올해도 자신과 가족들이 입에 풀칠은 할 수 있을지 지붕도 없는 곳에서 벌벌 떨어야 하지 않을지를 걱정해야 했다.[13] 1870년 이전의 세상에서는, 안락함을 누리려면 모두를 위해 더 많이 만들어낼 방법을 찾는 것이 아니라 다른 사람들에게게서 빼앗는 수밖에 없었다(특히 빼앗기가 아니라 생산에 특화된 이들은 빼앗는 데 전문인 이들에게 만만하고 매력적인 먹잇감이 된다는 게 중요한 이유였다).

지각 변동은 이미 1870년 이전에 시작되었다. 1770년과 1870년 사이에 기술과 조직의 발전 속도가 인구 증가 속도를 드디어 한두 발씩 앞서기 시작했다. 하지만 기껏해야 한두 발이었다. 1870년대 초반 영국의 권위 있는 경제학자, 사회사상가, 관료였던 존 스튜어트 밀John Stuart Mill은 "지금까지 만들어진 모든 기계적 발명으로 과연 고된 하루가 조금이라도 가벼워진 이가 있는지 의심스럽다"고 말했고, 이는 정당한 주장이었다.[14] 물질적인 진보에 의심의 여지가 없어지려면 1870년 이후에도 한 세대를 기다려야 했다. 게다가 그때조차도 다시 기술의 정체가 나타나 1870년 이전 상황으로 돌아가는 일이 얼마든지 벌어질 수 있었다. 19세기의 주요 기술인 증기기관, 철강, 철도, 섬유 등은 이미 기술 혁신의 정체 상태에 거의 도달했으며, 게다가 이들 모두가 의존하던 아주 저렴한 석탄은 고갈되고 있었다.

하지만 장기 20세기 이전의 사람이 오늘날의 부, 생산성, 기술과 복잡한 생산 조직에 관해 듣는다면, 인류가 그렇게 막대한 힘과 부를 집단적으로 얻었으니 분명 유토피아를 만들어냈다고 생각할 것이다.

실제로 우리에게 그렇게 말한 이가 있었다. 19세기 미국에서 세 번째로 많이 팔린 소설은 에드워드 벨라미Edward Bellamy의 《뒤를 돌아보면서, 2000~1887》이다. 벨라미는 포퓰리스트였고, 자신은 부인했지만 사회주의자였다. 그는 산업을 정부가 소유하고, 파괴적인 경쟁이 제거되고, 인간의 에너지가 이타적인 목적으로 쓰이는 유토피아를 꿈꿨다. 그는 기술과 조직을 통해 풍요로운 사회가 생겨날 것이라고 믿었다. 그래서 "사회적 행복에 관한 더할 나위 없는 문학적 판타지이자 동화"를 소설로 썼던 것이며, "현재의 추악하고 물질적인 세계가 닿을 수 없는 하늘 위 공중에 둥둥 떠 있는… 이상적 인류를 위한 구름 위 궁전"을 가상으로 지어냈던 것이다.[15]

벨라미 소설의 화자이자 주인공은 1887년에서 2000년으로 시간 여행을 떠나 미래의 사회가 부유하고도 훌륭하게 기능하는 모습에 경탄을 금치 못한다. 한번은 그가 머무르던 집의 여주인이 음악을 듣고 싶은지 물었다. 그는 그녀가 몸소 피아노를 연주하려는 것으로 생각한다. 이 부분만으로도 1887년에서 2000년 사이에 비약적인 진보가 있었다는 암시가 있다. 1900년경에 음악을 들으려면 집이나 주변에 악기가 있어야 했고, 또 그 악기를 연주할 연주자가 있어야 했다. 당시에 고급 피아노를 살 돈을 모으려면 주당 50시간을 일하는 평범한 노동자가 대략 1년에 걸쳐 2,400시간을 일해야 했다. 그리고 피아노 수업을 받기 위한 비용과 시간이 추가로 들어가야 했다.

음악을 들려주겠다고 한 그녀는 놀랍게도 피아노 앞에 앉지 않았다. 대신 그녀는 "볼륨 스위치 두어 개를 만질 뿐"이었는데, 그 즉시 방 안에 음악이 가득 찬다. 하지만 무슨 방법을 썼는지 소리의 크기가 아파트 크기에 완벽하게 맞춰져 있어서 과하게 넘쳐흐르지도 않는다. 그는 음악을 듣고 "대단합니다!"라고 소리친다. 그는 "바흐가 오르간 건반을 연주하고 있는 게 틀림없습니다. 그런데 오르간은 어디에 있는 거죠?"라고 의아해한다.

그는 그녀가 유선 전화기의 다이얼을 돌려서 라이브 오케스트라에 연결했고, 스피커폰을 켰다는 사실을 알게 된다. 벨라미의 유토피아에서는 그 지역 오케스트라에 전화를 걸어서 음악을 라이브로 들을 수 있다는 것이다. 하지만 이게 다가 아니다. 더 놀라운 일이 기다리고 있으니, 그는 자신이 선택권을 갖고 있다는 사실을 알게 된다. 현재 연주하고 있는 네 곳의 오케스트라 중 하나를 골라서 전화를 걸 수 있다는 것이었다.

주인공은 어떻게 반응했을까? 그는 "[1800년대의] 우리가 집에서 완벽한 음질에 무한정 그때그때 기분에 맞춰서 원하는 음악을 켜고 끌 수 있는 장비를 발명할 수 있었다면, 우리는 더할 나위 없는 행복의 끝판에 도달했다고 생각했을 것이다"라고 말한다.[16] 이 "더할 나위 없는 행복의 끝판"이라는 말을 잘 생각해 보라.

정의상 유토피아란 모든 것이 완벽한 상태에 도달한 세상이다. 옥스퍼드 사전에 유토피아란 "모든 사람들이 완벽에 도달한 상상 속의 상태 혹은 장소"로 정의되어 있다.[17] 인류 역사의 대부분은 여러 완벽한 이상의 유혹에 빠져 재앙으로 끝나는 데에 소모되었다. 장기 20세기 동안의 여러 유토피아적 상상은 그중에서도 가장 충격적인 기괴한 괴물들을 낳고 말았다.

철학자이자 역사학자인 이사야 벌린Isaiah Berlin은 18세기 철학자 이마누엘 칸트Immanuel Kant를 인용 —"인류라는 구부러진 목재로부터 어떤 곧은 것도 만들어진 적이 없다"—하며, "그러한 이유로 인간사에는 현실적으로는 물론이요 원리상으로조차도 완벽한 해결책이란 불가능하다"고 결론지었다.[18]

벌린은 이어서 "완벽한 해결책을 만들겠다고 단호하게 밀어붙이는 모든 시도는 고통과 환멸, 실패로 이어질 가능성이 높다"고 말했다. 이것은 내가 장기 20세기를 본질적으로 경제라는 맥락으로 보는 이유를 제시한다. 20세기에 걸쳐 경제는 그 혜택을 고르게 분배하지도 못했고, 행복의 끝판에 도달하지도 못했고, 명백한 불완전성까지 노정했지만, 그래도 거의 기적에 가까운 성취를 이루었다.

장기 20세기의 결과는 엄청났다. 오늘날 하루에 대략 2달러나 그 이하로 살아가는 소위 '최극빈층'은 세계 인구의 9%가 채 안 되지만 1870년에는 무려 약 70%였다. 심지어 오늘날 그 9%의 '최극빈층'마저도 대다수가 공공의료 그리고 막대한 가치와 힘을 지닌 이동통신 기술의 혜택을 누린다. 좀 더 운이 좋았던 일부 국가에서는 1인당 소득이 1870년에 비해 20배, 1770년에 비해 최소한 25배 이상 증가했다. 그리고 번영이 앞으로 몇 세기 동안 계속될 것이라고 믿을 만한 이유는 충분하다. 오늘날 이렇게 눈부신 경제성장을 이룬 국가들의 보통 시민들은 옛날이라면 마법사와 신의 특권으로만 여겨졌을 여러 권능—이동하고, 소통하고, 만들고, 파괴하는—을 부릴 수가 있다. 운이 없는 나라나 '남방세계'에 사는 다수의 사람들이라고 이제는 1800년이나 1870년에 살던 조상들처럼 겨우 2~3달러의 돈으로 하루를 연명하지 않는다. 그들의 하루 소득은 적어도 15달러에 근접한다.

지난 세기의 많은 기술적 발명으로 인해 과거에는 다수의 희생으로 소수의 부유층만이 누렸던 희귀하고 값비싼 사치의 경험들이 현대 사회에서는 보편화되었다. 그것들은 이제 너무나 당연하게 여겨져서 우리의 부를 이루는 목록의 상위 20위나 심지어 상위 100위에도 들어가지 못할 것이다. 그래서 우리는 일상적인 행복의 수준에 너무나 익숙해진 나머지 그동안 실로 깜짝 놀랄 만한 일이 벌어졌다는 사실을 완전히 망각하고 있다. 오늘날의 인류—심지어 가장 부유한 사람들조차도—는 스스로가 특출하게 운이 좋고 행복한, 선택받은 이들이라는 생각을 거의 하지 않는다. 인류 역사상 처음으로 필요한 것보다 더 많은 것이 넘쳐나는 시대가 왔는데도 말이다.

이 세상에는 충분한 것 이상의 칼로리가 생산되고 있으니, 누구도 굶주릴 필요가 없다.

이 세상에는 충분한 것 이상의 주거지가 있으니, 누구도 비바람을 맞을 필요가 없다.

이 세상에는 충분한 것 이상의 옷이 창고에 차고 넘치니, 누구도 추위에 떨 필요가 없다.

이 세상에는 충분한 것 이상의 물건이 매일 생산되어 사방에 널려 있으니, 누구도 결핍을 느낄 필요가 없다.

요컨대, 인류는 더 이상 '필요와 결핍의 왕국'에 살고 있지 않다. 헤겔G. W. F. Hegel이 "너희는 먼저 식량과 의복을 구하라. 그러면 하나님의 왕국이 너희에게 따라오리라"고 말하지 않았던가?[19] 그러니 누군가는 인류가 분명 유토피아라고 볼 수 있는 어딘가에 도달했어야 한다고 생각하지 않겠는가? 우리가 이런 언명을 받아들일 수 없는 것은 우리가 완전히 경제의 역사라는 흐름 속에서 사는 데에 따른 결과이다. 유토피아적 열망으로 추동되는 역사는 결국 유토피아를 이루었냐 아니냐라는 일도양단의 문제all or nothing proposition이지만, 경제사의 성공과 실패는 많은 경우 정도의 문제이기 때문이다.

최소한 2010년대의 정치경제를 잠깐 훑어보는 것만으로도 장기 20세기가 인류의 승리였다고 목청 높여 떠드는 주장은 쑥 들어갈 수밖에 없다. 미국은 세계를 이끄는 정의의 사나이 역할에서 후퇴하고 있으며, 영국은 유럽의 중요한 부분으로서의 역할에서 물러나고 있다. 북미와 유럽에서는 대의제 민주주의 정치를 거부하는 정치운동이 발호하고 있는데, 이를 두고 미국의 전 국무부장관 마들렌 올브라이트Madeleine Albright는 "파시스트"라고까지 부른 바 있다(높은 경륜을 갖춘 그녀의 판단을 내가 감히 틀렸다고 할 수도 없다).[20] 실제로 글로벌 경제를 관리해 온 국가들이 지난 10년간 보여준 두드러진 여러 실패를 볼 때, 장기 20세기가 유토피아를 건설했다는 승리의 서사는 무너질 수밖에 없다.

물론 1870년에서 2010년 사이 기술과 조직의 발전 속도는 이미 여러 번 인구 증가 속도를 압도했다. 물론 새롭게 더 부유해진 인류는 인구가 늘어남에 따라 자원이 희소해지는 경향을 확실하게 압도했다. 하지만 물질적 번영의 분배는 전 지구에 걸쳐 심각할 정도로 불평등하며, 심지어 범죄적 수준이다. 그리고 정치가 등의 족속들은 사람들을 불행하게 만들고 유지하는 새로운 방법들을 계속 찾아내어 부를 누리는데, 이런 세상에서는 단순히 물질적 부가 사람들을 행복하게 만든다고 말할 수 없다. 장기 20세기의 역사는 성공의 질주라든가 힘찬 행진 따위로 묘사할 수는 없으며, 심지어 유토피아에 가까이 가기 위한 진보의 발걸음이었다는 정도의 표현도 과하다. 그저 웅크리고 간 정도일 뿐이다. 아무리 좋게 말해도.

유토피아를 향한 인류의 진전이 웅크림에 불과했던 이유 하나는, 그 것이 과거에도 또 현재에도 '불의의 재물 신Mammon of Unrighteousness'(성 경에 나오는 표현으로 불의한 방법으로 얻은 부와 돈 또는 그에 대한 숭배 ―옮긴이)인 시장경제에 의해 매개되었기 때문이다. 시장경제는 이제 80억에 달하는 인간들이 놀라울 정도의 조정과 협동으로 고 도의 생산적 분업을 조직해 내게끔 한다. 시장경제는 또한 정부가 인정하는 재산권 및 그에 부속된 권리들 이외에는 그 어떤 인간의 권리도 인정하지 않는다. 그리고 그 재산권은 오로지 부자들이 사 고 싶어 하는 것들을 생산하는 데에 도움이 되는 한에서만 가치를 갖는다. 이는 결코 정의로울 수 없다.

위에서 언급했지만, 하이에크는 항상 생산성과 풍요가 아니라 정의를 추구해야 한다는 사이렌의 노래siren song(항해하는 선원들을 유 혹하여 파멸로 이끄는 그리스 신화의 이야기에서 유래된 것으로 매력적이 지만 결국엔 위험한 것들을 가리킨다 ―옮긴이)를 경계하라고 했다. 우 리는 스스로를 돛대에 단단히 묶어야 한다. 시장에 대한 개입은 그 애초의 의도는 아무리 좋다고 해도 결국 우리를 한없는 나락으로 떨어뜨릴 것이다. 그리하여 우리를 농노제의 산업시대 버전으로 이끌게 될 것이었다.

폴라니는 하이에크가 권하는 방식은 비인간적일 뿐만 아니라 현 실적으로 가능하지도 않다고 응수했다. 다른 모든 것 이전에, 사람 들은 자신이 시장경제의 동력인 재산권보다 더 중요하고 더 우선 하는 다른 여러 권리를 갖는다고 굳게 믿는다. 자신들을 지탱해주 는 공동체, 자기들에게 꼭 필요한 자원을 마련할 수 있는 소득, 실업을 겪지 않을 경제적 안정성 등에 대한 권리가 이에 해당한다. 시장경제가 재산권 이외의 모든 권리를 해체하려고 할 때는? 눈에 불을 켜고 살펴보아라![21]

웅크리면서라도 나아가는 것이 뒤로 물러서는 것은 물론이고 가만히 서 있는 것보다는 낫다. 이는 인류의 어떤 세대도 논쟁하지 않은 진리이다. 인간은 언제나 창의적이었다. 기술의 발전은 멈춘 적이 거의 없었다. 700년경의 네덜란드는 드문드문 경작지가 널려 있던 습지대에 불과했지만, 1700년경에는 풍차, 제방, 논, 농작물과 가축 등을 가진 완전히 다른 경제체제를 이루었다. 중국 광둥성의 항구에 정박한 선박들은 800년보다 1700년에 훨씬 더 멀리까지 항해했고, 훨씬 더 가치 있는 물자를 실어 날랐다. 최초로 문자가 쓰였던 기원전 3000년경의 문명과 비교해서 800년의 상업과 농업은 모두 기술적으로 훨씬 더 앞섰다.

하지만 우리 시대 이전인 산업화 이전의 농경시대Agrarian Age까지는, 한 세대 심지어 몇 세대가 지나도 기술 발전이 눈에 띄는 변화로 이어지지 못했고, 생활수준은 심지어 수세기 또는 수천 년이 지나도 일정한 수준을 거의 넘어서지 못했다.

앞서 언급한 내가 만든 단순한 지수를 상기해 보자. 자연을 조작하고 인간의 집단적 노력을 조직하는 데에 유용한 인류의 아이디어의 가치(총요소생산성TFT에 해당하는 이 개념을 저자는 기술 가치, 지식 가치, 아이디어 가치 등으로 다양하게 부르고 있다 —옮긴이)를 추적하는 이 지수를 경제학자들은 '기술' 지수technology index 라고 부른다. 이를 계산하기 위해 전 세계의 전형적인 생활수준이 1% 향상될 때마다 우리의 유용한 아이디어들의 가치 또한 1% 증가했다고 가정하자. 이는 단순한 정규화normalization 이다. 즉 나는 기술 지수가 실질소득의 변환된 값(소득의 제곱근이나 소득의 제곱 등)이 아니라 실질소득과 바로 연동되기를 원한다. 그리고 전형적인 생활수준이 일정하게 유지되려면 인구가 1% 늘어날 때 유용한 아이디어의 가치가 0.5% 증가해야 한다고 가정하자. 인구가 증가하면 자원이 더 희소해지므로 생활수준을 동일하게 유지하려면 아이디어의 가치가 증가해야 하기 때문이다. 이것은 자연자원은 무한하지 않기 때문에, 같은 수의 인구가 더 높은 생활수준을 누리게 하고자 할 때와 마찬가지로, 늘어난 인구를 같은 생활수준으로 유지하기 위해서도 인간의 독창성이 더해져야 한다는 사실을 고려하기 위한 것이다.[22]

유용한 인간 지식의 글로벌 가치 지수의 값을 장기 20세기의 시작점인 1870년에 1로 설정하자. 인류가 농업을 발견하고 목축을 발달시켰던 기원전 8000년에 이 값은 0.04로 나타난다. 대략적으로 볼 때, 같은 규모의 농장에서 같은 재료를 가지고 1870년이라면 한 명의 노동자가 할 수 있는 일을 기원전 8000년에는 25명의 노동자가 해야 했다는 의미이다. 그로부터 8,000년이 흐른 뒤인 서기 1년의 지수는 0.25였다. 주어진 자원들이 동일하다고 가정했으니 '기술'이 개선되었다는 말은 이제 서기 1년의 일반적인 노동자는 '농경시대'가 시작되던 기원전 8000년보다 여섯 배 더 생산적이라는 것을 의미한다. 하지만 1870년의 일반적인 노동자 생산성과 비교하면 4분의 1에 불과하다. 1500년경의 지수는 0.43이었는데, 서기 1년에 비해 70% 높고 1870년 지수의 절반이 조금 안 되는 수준이다.

지수에 나타난 이러한 변화는 인상적이다. 1만 년 전 사람들의 관점에서는, 이러한 지수의 변화는 인간 제국의 진정 기적적이고 인상적인 확장을 집약하고 있다고 할 것이다. 그들에게는 명

나라의 도자기나 포르투갈의 작은 범선이나 벼 수경재배 등 서기 1500년경에 쓰였던 기술이 기적처럼 보일 것이다. 하지만 이러한 지수의 증가는 엄청나게 오랜 기간에 걸쳐서 느리게 일어났다. 서기 1년과 1500년 사이에 기술이 매년 겨우 0.036%씩 앞으로 기어간 셈이다. 당시 평균 수명이 25년이었으니, 이는 곧 한 사람의 일생 동안 기술 발전의 정도가 고작 0.9%였다는 이야기이다.

그렇다면 과연 기술과 인간 조직에 관한 지식의 확장이 서기 1500년의 평범한 인간의 삶을 기원전 8000년의 삶보다 훨씬 더 달콤하고 행복하게 만들었을까? 실은 그렇지 않다. 인구는 서기 1년부터 1500년까지 연평균 0.07%씩 증가했고, 이로 인해 농경지 규모 및 노동자 1인당 이용할 수 있는 자연자원 양은 0.07% 감소했으므로(인구 10,000명일 때 1인당 1만큼의 농지를 이용하고 있었다면 10,007명이 될 경우 이용 가능 토지는 0.9993이 된다—옮긴이), 상당히 숙련된 노동자라고 해도 평균적으로 추가적인 순생산을 거의 만들어내지 못했다는 것을 의미했다. 엘리트층은 기원전 8000년이나 서기 1년보다 서기 1500년에 훨씬 더 나은 삶을 살았지만, 평범한 사람들—농부나 수공업자—의 삶은 거의 혹은 전혀 나아지지 않았다.

농경시대의 인류는 절망적으로 빈곤하여, 생존이나 유지하면 다행인 사회였다. 평균적으로 한 명의 엄마에게서 2.03명의 자녀가 살아남아 자손을 보았다. 당시의 여성들은 아이를 낳다가 일곱 명 중 한 명꼴로 사망했고, 또 아이들이 성장하기 전에 다섯 명 중 한 명꼴로 사망했다. 자기 아이들의 목숨을 앗아간 바로 그 감염병에 희생당하는 경우도 있었다. 여성들은 일생 중 평균 20년 정도를 임신과 출산으로 소모했는데, 아마도 평생 9명의 아이를 임신하고,

6명이 출산 과정에서 살아남았으며, 3~4명이 5살까지 살아남았을 것이다. 성년이 된 아이들의 기대수명은 서른 살이나 아마도 거기에 훨씬 못 미쳤을 것이다.[23]

자녀를 죽음에서 지켜내는 것은 모든 부모의 가장 중요한 목표다. 농경시대의 인류는 이 과제를 전혀 믿을 만하게 수행할 수 없었다. 이것은 인류가 물질적 결핍으로 인해서 얼마나 많은 압박에 시달렸을지를 보여주는 지표다.

천 년에 걸쳐 인구는 세대마다 평균 1.5% 늘어났다. 서기 1500년에는 세계 인구가 서기 1년의 1억 7,000만 명보다 거의 3배에 달하는 5억 명이 되었다. 인구가 늘었다고 해서 개인의 물질적 욕구가 줄어들 리는 없다. 1500년의 시점에서 보면 1인당 가용 자연자원은 줄어들었지만 기술적 지식과 조직적 지식의 발전이 이를 보충해 주었다. 이렇게 경제의 역사는 그 변화의 속도가 너무 느렸다. 역사의 전면에서 화려하게 역동적으로 발전했던 것은 문화사, 정치사, 사회사 등이었으며, 경제사는 그저 그 뒤에서 천천히 바뀌는 뒷배경으로 머물러 있었다.

1500년 이후로 심상치 않은 지각변동의 굉음이 들려오기 시작했다. 좀 더 나은 비유를 들자면, 흘러가던 물줄기가 갈림길을 만나 새로운 분수령으로 들어섰다고 해야 할 것이다. 이제 산마루를 완만하게 흘러가던 물줄기가 급경사를 타고 흐르기 시작했으며 흐름의 방향도 새롭게 바뀌었다. 이 변화를 '제국-상업혁명Imperial-Commercial Revolution' 시대의 도래라고 부르자. 발명과 혁신의 속도가 빨라졌다. 그러다가 1770년경이 되면 큰 변화가 찾아오고 전 세계적인 번영과 경제성장의 관점에서 또 다른 분수령으로 들어서게 되는 바, 1770년 이후의 세기를 산업혁명Industrial Revolution 시대라고 부르자. 1870년의 지식 가치 지수는 1로서 1500년의 지수와 비교하면 두 배 이상 상승했다. 이 지수가 0.04에서 열 배 증가해서 0.43이 되는 데 9,500년이 걸렸지만(두 배가 되는데 평균 약 2,800년), 그 후 다시 두 배가 되는 데는 370년도 채 걸리지 않았던 것이다.

이것이 과연 1870년의 인류가 더 부유하고 더 편안한 생활을 했다는 뜻일까? 별로 그렇지 않다. 1870년의 인구는 13억 명으로, 1500년의 인구보다 2.6배 많았다. 농경지 규모는 1500년과 비교해서 5분의 2 증가에 머물렀거니와, 이 때문에 압도적인 양의 기술적 개선이 벌어졌음에도 불구하고 평균적인 생활수준에는 별다른 효과가 나타나지 못했다.

1870년경에는 물줄기가 또 한 번 갈리면서 새로운 분수령을 만나게 된다. 그것은 사이먼 쿠즈네츠Simon Kuznets가 '근대적 경제성장'의 시대라고 불렀던 시기다.[24] 그 뒤에 이어지는 시기, 즉 장기 20세기에는 그야말로 폭발적인 성장이 벌어졌다.

2010년의 인구는 대략 70억 명이고, 글로벌 지식 가치 지수는 21이었다. 잠시 책을 접고 경탄의 함성을 질러야 할 대목이다. 기술과 조직에 대한 지식 가치는 그때까지 매년 평균 2.1% 성장했다. 1870년 이후로 인류의 기술력과 물질적 부는 과거에는 상상도 못할 정도로 폭발적으로 성장했다. 오랜 기간 인간에게는 다음해, 아니 당장 다음 주에 일용할 식량, 주거, 의류를 어떻게 획득할 것인가가 가장 절박하고 중요한 문제였지만, 2010년의 평범한 가정은 이제 더 이상 이런 문제에 직면하는 일이 없었다.

기술-경제적 관점에서 1870~2010년은 기업 연구소와 관료적 대기업의 시대였다. 기업 연구소는 엔지니어 커뮤니티communities of engineering practice를 모아 경제성장의 동력을 충전하고, 관료적 대기업은 역량 있는 사람들을 조직하여 발명의 성과를 활용했다. 또한 거의 세계화된 시대였다. 값싼 해상 및 철도 운송은 거리라는 단순한 비용 요소를 없애고 수많은 인류가 더 나은 삶을 추구할 수 있게 해주었으며, 통신망은 전 세계와 실시간으로 소통할 수 있게 해주었다.

기업 연구소, 대기업, 세계화라는 세 가지는 발견과 발명, 혁신과 활용, 글로벌 경제 통합의 동력이 되었으며, 이로 인해 우리의 유용한 지식 가치 지수도 크게 올랐다. 1870년 당시 세계 경제성장과 발전의 최전선에 있던 도시 런던의 경우, 미숙련 남성 노동자의 일당은 자신과 가족이 먹을 빵 5,000칼로리 정도를 구입할 수 있는 수준이었다. 이는 분명한 진보였으니, 1800년만 해도 남성 노동자가 받는 일당으로는 본인과 가족이 먹을 빵을 그것도 식감이 거친 것으로 4,000칼로리밖에 구입할 수 없었고, 1600년에는 더욱 거친 빵으로 약 3,000칼로리밖에 구입할 수 없었기 때문이다. (식감이 거친 빵이 섬유질이 더 풍부하여 건강에 좋지 않냐고 생각할 사람이 있을 수 있다. 지금 우리에게는 맞는 말이지만, 우리 중 칼로리를 충분히 섭취하고, 일과를 수행할 힘이 있고, 하루 섬유질 섭취량을 고민할 여유가 있는 사람에게만 해당되는 이야기이다. 옛날 사람들에게 가능한 많은 칼로리 섭취는 생사가 달린 문제였고, 이를 위해서는 더 희고 더 정제된 빵이 필요했다). 오늘날 런던의 미숙련 남성 노동자는 일당으로 240만 칼로리의 정제된 빵을 살 수 있는데, 1870년에 비해 대략 500배에 해당한다.

생물사회학적 관점에서 이러한 물질적 진보는 평균적 여성이 더 이상 임신이나 수유로 일생 중 20년씩이나 쓸 필요가 없어졌다는 사실을 의미했다. 2010년이면 그 기간은 거의 4년 정도가 된다. 아기들의 절반 이상이 유산이나 사산되거나 영유아기에 죽지 않게 된 것, 출산 도중 10분의 1 이상의 산모가 사망하는 모습을 더 이상 보지 않을 수 있게 된 것도 20세기에 역사상 처음으로 생겨난 일이었다.[25]

국가와 정치 체계의 관점에서 보면, 부의 창출과 분배는 다음의 네 가지를 이끌어 냈다. 첫째, 단연코 가장 중요한 것으로, 1870~2010년은 미국이 초강대국이 된 세기였다. 둘째, 세계가 여러 제국들이 아니라 주로 국민국가들로 이루어지게 되었다. 셋째, 경제의 무게중심이 가치사슬을 지배하는 거대 과점기업들로 기울어졌다. 마지막으로 넷째, 정치 질서가 금권, 전통, '적합도$_{fitness}$', 리더의 카리스마나 역사의 운명에 대한 비밀 열쇠의 지식 등과 같은 것이 아니라, 보통 선거권이 행사되는 선거를 통해 정당화되는(적어도 명목적으로는) 세상을 만들었다.

우리 조상들이 '유토피아적'이라고 불렀을 법한 많은 것들은 한 걸음 한걸음씩 이루어졌다. 이를 가능케 한 경제적인 개선은 1년으로 보면 아주 적었지만, 복리로 불어났다.

1870년에는 이러한 폭발적 성장을 예견한 이가 없었고, 있었다 해도 많지 않았다. 물론 1770~1870년에 처음으로 생산력이 인구 증가와 자연자원 희소성을 앞지르기 시작했다. 이에 따라 19세기의 마지막 분기까지 선진국 경제—영국, 벨기에, 네덜란드, 미국, 캐나다, 호주—의 평균적 주민은 산업화 이전 경제의 보통 사람과 비교해서 두 배 정도 높은 물질적 부와 생활수준을 누렸을 것이다.

하지만 이 정도로 진정 분수령이라고 말할 수 있는 것이었을까?

1870년대 초, 밀은 그의 책 마지막 판을 완성했다. 19세기 사람들이 경제학을 이해하고자 자주 참고했던 그 책의 제목은《정치경제학 원리: 사회철학에 대한 약간의 적용》이었다. 밀의 저서는 영국의 산업혁명 시기인 1770~1870년에 대해 정당한 주목과 평가를 제시한다. 하지만 그는 자신의 주변을 돌아보면 여전히 가난하고 비참하게 사는 사람들이 넘쳐난다는 사실을 마주해야 했다. 밀은 1770~1870년의 기간에 발전한 기술이 인류의 고된 일상을 가볍게 해주기는커녕, "더 많은 사람들을 힘들고 단조롭고 감옥에 갇힌 듯 답답하고 똑같은 삶을 살게 만들었고, 숫자가 늘어난 제조업자 등의 사람들만 떼돈을 벌게 만들었다"고 적었다.[26]

내 눈에는 여기서 밀이 사용한 단어 하나가 눈에 밟힌다. 바로 '감옥imprisonment'이다.

물론 밀은 더 많은 그리고 더 부유한 금권 대부호들과 늘어난 중산층을 목격했다. 하지만 그가 본 1871년의 세상은 또한 사람들이 긴 시간 동안 녹초가 되도록 일을 해야만 하는, 지겨운 단순노동의 세상이었다. 뿐만 아니었다. 그가 보기에 대부분의 사람들이 절망적인 굶주림에 내몰렸고, 문맹률이 워낙 높아서 인류가 집단적으로 축적한 지식, 아이디어, 오락 등을 빠르고 풍부하게 접근할 수 있는 사람들이 거의 없었다. 이게 끝이 아니었다. 밀이 보기에 인류는 감옥에 갇혀 있었다. 쇠사슬과 족쇄를 달고 지하 감옥에 꽁꽁 갇혀 있었다.[27] 여기에서 밀이 생각할 수 있는 탈출구는 단 하나뿐이었다. 정부가 인간의 생식력을 통제하고 출산 허가증을 만들어 자녀를 제대로 양육하고 교육시킬 수 없는 사람들은 아이를 낳지 못하게 하는 것이었다. 오직 그때에만 기계의 발명이 비로소 "인간의 운명에 거대한 변화를 이루어낼 것이다. 인간은 본성적으로 운명을 변화시키고자 하며, 미래에 반드시 이를 이루어낼 것이다."[28]

그런데 밀보다 훨씬 더 비관적인 사람들이 있었다. 1865년, 당시 불과 30세의 영국 경제학자 윌리엄 스탠리 제번스William Stanley Jevons

는 영국 경제의 파멸을 예언하며 명성을 얻었다. 그는 석탄이 희소한 재화이며 갈수록 가치가 높아지고 있으므로, 이를 절약하기 위해서 즉각 산업생산을 줄여야 한다고 주장했다.[29]

이렇게 비관주의가 팽배한 상황이었으니, 조만간 경제성장이 폭발적으로 이루어질 것이라고 예측한 사람은 거의 없었다. 어떤 이들은 되려 이 다가오는 경제성장을 위험할 정도로 잘못 해석하기도 했다.

칼 마르크스Karl Marx 와 프리드리히 엥겔스Friedrich Engels 는 이미 1848년에 과학과 기술을 프로메테우스의 불과 같은 힘이라고 보았으며, 이를 통해 인류가 신화의 옛 신들을 타도하고 신과 같은 능력을 손에 넣을 수 있게 될 것이라고 보았다. 마르크스와 엥겔스는 과학과 기술, 그리고 그것을 활용하여 이윤을 추구하는 기업가 계급에 대해서 다음과 같이 말했다.

100년 남짓한 기간에… 이전의 모든 세대가 이루어낸 것을 모두 합친 것보다 더 거대하고 엄청난 생산력을 창출했다. 자연력의 정복, 기계에 의한 생산, 공업과 농업에서의 화학의 이용, 기선에 의한 항해, 철도, 전신, 세계 각지의 개간, 하천 개발과 운하, 대지에서 마법처럼 솟아난 인구. 이전 세기에 그러한 생산력이 사회적 노동의 품속에 잠자고 있으리라고 예감이나마 할수 있었겠는가?[30]

*

엥겔스는 밀과 같이 경제학밖에 모르는 자들은 이렇게 과학, 기술, 공학의 힘을 완전히 간과했다는 점에서 자신들이 부자들의 돈

을 받고 일하는 머슴에 불과함을 입증했다고 신랄하게 조롱했다.[31]

하지만 마르크스와 엥겔스가 내놓은 약속은, 대중들에게 충분한 의식주가 제공되는 세상 같은 것이 아니었다. 글로벌 지식의 가치가 지수적으로 늘어난다든가 들을 수 있는 음악을 거의 무제한으로 선택하는 세상 이야기는 더더욱 아니었다. 때로는 웅크리고 때로는 질주하는 경제성장은 유토피아로 가는 길에 필수적인 발작이었다. 즉, **마르크스와 엥겔스의 약속은 유토피아였던 것이다.** 마르크스가 사회주의 혁명 이후의 삶에 대해 묘사한 바는 거의 없고 그 묘사도 아주 모호하다. 《고타 강령 비판》과 같은 저서에서 그가 예견한 유토피아적인 삶은 사도행전에 기술된 천국에 도달한 사람들의 행동과 닮아있었다 의도적으로 그런 것인데, 저자의 의도는 무엇이었을까? 각 개인은 "각각 힘닿는 대로" 기여하며(사도행전 11:29), 또한 각 개인은 풍요로운 공동의 저장고에서 "저마다 쓸 만큼" 가져다 쓴다(사도행전 4:35).[32] 마르크스가 이러한 묘사를 별로 남기지 않고 그나마 상세하게 묘사하지 않은 이유는 아마도 그의 생각이 밀이 그렸던 사회의 모습과 별반 다르지 않았기 때문일 것이다. 즉 모든 사람들이 빈곤의 감옥과 지루한 노동에서 벗어나 진정으로 자유를 얻는 사회였을 것이다.

하지만, 웅크려서든 질주를 해서든, 경제적 개선은 중요한 문제이다.

우리 중 얼마나 많은 사람이 1세기 전의 부엌에서 능숙하게 생활할 수 있을까? 전기가 들어오고 세탁기가 나오기 전에 세탁은 짜증나고 사소한 잡일이 아니라 가사노동 —정확히는 가정의 여성들의 노동 —의 중요한 일부였다. 오늘날 우리 중 수렵채집인은 거의 없다. 수렵, 채집, 농경, 목축, 방적과 방직, 청소, 채굴, 제련, 목공과 조립 건축은 일부 사람들만의 직업이 됐고, 그 비중은 계속 줄고 있다. 오늘날에는 농부, 목동, 제조업 노동자, 건설 노동자, 광부들은 자신의 일에 기계를 압도적으로 많이 사용하며, 로봇의 사용도 점점 늘고 있다. 그들은 더 이상 자신의 손으로 무언가를 만들거나 빚어내는 사람들이 아니다.

현대인들은 대신 무슨 일을 하는가? 우리는 점점 기술적, 과학적 지식의 영역을 넓혀나간다. 우리는 서로를 교육한다. 서로를 치료하고 보살피고, 어린이와 노인을 돌보고, 즐길 거리를 제공한다. 우리는 모두가 전문화specialization에서 나오는 혜택을 십분 누릴 수 있도록 서로에게 각종 서비스를 제공한다. 또한 2010년 기준 70억 명에 달하는 사람들을 아우르는 경제의 권력과 지위를 분배하고 분업을 조정하는 복잡한 상징적 상호작용에 간여한다.

장기 20세기에 걸쳐 우리는 이전의 역사에서 인간들이 익숙하게 해왔던 일들과 우리가 지금 하는 일들 사이의 커다란 간극을 넘어섰다. 그렇지만 이것이 유토피아는 아니다. 벨라미가 오늘날의 세상을 본다면 감탄과 동시에 실망할 것이다.

경제사학자 리처드 이스털린Richard Easterlin의 설명을 들으면 그 이유를 이해할 수 있다. 그는 인류가 추구하는 목적the ends의 역사를 살펴보면 우리가 유토피아에 적합하지 않다는 사실을 알 수 있다고 주장한다. 부가 늘어나면서 사람들은 한때 필수품이던 것에 자신도 모르는 사이에 관심을 두지 않게 된다. 편의품은 필수품이 되고, 사치품은 편의품이 된다. 그리고 인류는 끊임없이 새로운 사치품을 상상하고 만들어낸다.[33]

이스털린은 당혹해하며 말한다. "오늘날 가장 부유한 나라들에서 물질적 문제가 그 어느 때보다도 절박하며, 물질적 필요의 추구 또한 강렬하다." 그는 인류가 쾌락의 쳇바퀴에 갇혔다고 보았다. "새로운 세대마다 완벽한 행복을 얻기 위해서는 소득이 10%나 20% 늘어나야 한다고 생각한다. … 결국 경제성장의 승리는, 인류가 물질적 욕구에 거둔 승리가 아니라 물질적 욕구가 인류에게 거둔 승리이다."[34] 우리가 욕구를 지배하기 위해 우리의 부를 사용하는 것이 아니라, 욕구가 우리를 지배하기 위해 우리의 부를 사용하고 있는 것이다. 그리고 우리를 가두어 놓은 이 쾌락의 쳇바퀴야말로, 어째서 모든 것이 잘 풀릴 때조차 우리가 유토피아로 질주하지 못하고 그저 웅크리고 나아가는 정도를 면치 못하고 있는지를 설명해주는 강력한 이유이기도 하다(이처럼 소득이 늘어도 행복은 증가하지 않는 현상을 '이스털린의 역설'이라고 한다 —옮긴이).

그럼에도 불구하고 그 쾌락의 쳇바퀴에서 벗어나는 것 역시 암울해 보인다. 바보가 아니라면 고의적으로 혹은 무심코라도 보편적 빈곤의 상태로 돌아가려고 하지 않을 테니까.

＊

이제부터 나올 내용이 거대 내러티브라는 점을 다시 한 번 상기하자. 다른 사람들이 책 한 권, 심지어 여러 권의 책으로 설명할 내용을 나는 어쩔 수 없이 하나의 챕터에 담았다. 큰 주제들을 다루려다 보면 상세한 내용은 희생될 수밖에 없다. 또한 나는 필요할 때는 —자주 그러겠지만—'뿌리를 뽑기' 위해 먼 과거로 가서 그 기원에 대한 유력한 설명을 찾아내고 확인할 것이다. 이를테면 1500년에 일어난 일이 1900년에 일어난 일에 영향을 끼쳤다는 식이다. 세부 사항, 모호한 부분, 논란, 역사적 불확실성 등이 포기되고 희생될 수 있지만 이 책의 목적을 위해서는 어쩔 수 없다. 지금까지 우리 인류는 장기 20세기를 근본적으로 경제적인 관점에서 해석하지 못했고, 그 결과 거기에서 얻어야 할 모든 교훈들을 끌어내는 데에도 실패했다. 우리는 이 수십 년의 정치, 전쟁, 사회, 문화, 외교의 역사에서 풍부한 교훈을 끌어낸 바 있다. 그러나 경제적 교훈들 또한 그에 못지않게 중요하며 사실 더 중요하다.

다른 모든 일들의 원천은 유례없는 물질적 부의 폭발이었다. 장기 20세기에 세계경제의 산업 중심지에 살고 있던 중상류층들은 이전 세기의 그 어떤 유토피아 이론가들이 상상했던 것보다도 훨씬 더 부유해졌다. 이러한 부의 폭발로부터 나온 다섯 가지 중요한 과정들 및 힘들의 묶음이 이 책의 주요 테마를 이룰 것이다.

역사는 경제의 역사가 되었다: 부의 폭발이 일어나면서 장기 20세기는 경제 문제가 역사를 지배하는 최초의 세기가 되었다. 모든 사건과 변화에 있어서 경제는 가장 중요한 승부처가 되었으며, 경제적 변화는 다른 변화들을 추동하는 배후의 힘이 되었고, 그 방식도 이전에는 결코 볼 수 없는 것이었다.

세계는 세계화되었다: 인간이 사는 어느 곳에서든 다른 대륙에서 일어나는 일들이 그 장소에서 벌어지는 일들을 결정짓는 중심적 요소가 되었다. 다른 대륙에서 벌어지는 일이 주변적인 요인이 아니라 이렇게 중심적 요소가 되는 일은 예전에는 결코 없었다.

기술이 가져온 풍요가 추동력이었다: 물질적 부의 엄청난 증가를 가능하게 했을 뿐만 아니라 사실 필수적인 전제 조건이었던 것은, 인간의 기술적 지식의 폭발이었다. 여기에 필요한 것은 수많은 과학자와 엔지니어들을 양산한 문화 및 교육 시스템과 이전에 축적된 발견들을 새로운 연구의 기초로 삼게 해주는 통신 및 기억 수단 등뿐만이 아니었다. 과학자들과 엔지니어들이 자기들 작업을 지속할 수 있도록 그들에게 사회적 자원을 쏟아붓게끔 구조가 짜여진 시장경제가 필요했다.

각국 정부는 관리의 실패에 봉착했으며, 사람들의 불안과 불만을 낳았다: 장기 20세기의 각국 정부는 자기 조정적이지 못한 시장을 조정하여 번영을 유지하고 기회를 보장하며 상당한 수준의 평등을 이루어야 하는 과제에 부닥쳤지만, 그것을 이루는 방법에 대해서는 거의 감조차 잡지 못했다.

각종 형태의 폭정이 훨씬 더 격렬하게 나타났다: 장기 20세기에 나타난 여러 형태의 폭정은 그 이전에 나타난 그 어떤 것보다 더욱 야수적이고 야만적이었다. 그리고 부의 폭발을 가져온 여러 힘들과 긴밀히 연결되어 있었으며, 그 연결의 방식은 아주 이상하고 복잡하며 혼란스러운 것이었다.

나는 이러한 교훈들을 우리의 집단적 기억 속에 확고하게 각인하고자 이 책을 썼다. 내가 할 줄 아는 유일한 방법은 그저 이야기를 풀어놓는 것, 그리고 그 이야기에 딸려 있는 하부 이야기들을 풀어놓는 것뿐이다.

출발점은 1870년이다. 인류는 여전히 마법의 주문에 붙들려 있었다. 그래서 기술이 발전해도 사람들의 생활수준이 개선되기보다는 인구가 늘어나고 자원이 희소해져 인간의 물질적 조건을 개선할 잠재력을 거의 다 먹어치우는 상황이었다. 인류는 아직도 악마의 주문 아래에 있었던 것이니, 바로 토머스 로버트 맬서스Thomas Robert Malthus의 악마였다.[35]

1장. 세상을 세계화하기

영국의 학자이자 성직자인 맬서스는 민주주의, 이성, 여성주의, 계몽주의, 혁명 등을 찬양하는 논고들을 읽을 때마다 화가 치밀어 올랐다. 그 심한 반감이 발동하여 18세기가 끝나는 시점에 저술한 책이 바로《인구론》이었다. 그는 윌리엄 고드윈William Godwin ―《프랑켄슈타인》을 쓴 메리 울스턴크래프트 셸리Mary Wollstonecraft Shelley 의 아버지 ―과 그 부류들이 의도는 좋을지 모르겠으나 근시안적이고 망상에 빠진 공공 안녕의 적들이라는 점을 보여주기 위해서 그 책을 썼다. 인류에게는 민주주의, 이성, 페미니즘, 계몽주의를 이끌어 내기 위한 혁명이 아니라 오히려 종교 교리, 군주제, 가족적 가부장제가 필요하다는 것이었다.[1]

왜냐고? 인간에게 성적 욕망은 거의 불가항력의 힘이기 때문이었다. 그것이 어떤 방식으로든 억제되지 않으면 ―여성들이 종교적으로 유지되지 않고, 세상이 가부장제에 머물러 있지 않고, 엄격한 조건 아래에서만 사람들이 사랑을 나눌 수 있도록 하는 정부의 규제가 작동하지 않는다면 ―인구는 어떻게든 '적극적 억제positive check'에 의해 부과된 한계에 도달할 때까지 계속 늘어날 것이다. 즉 여성이 너무 말라서 배란이 불규칙해지고, 아이들은 영양실조로 면역체계가 손상되는 상황이 벌어져야만 인구가 증가를 멈추리라는 것이었다.

맬서스가 보기에는 '예방적 억제preventative check'가 좋은 대안이었다. 예방적 억제란 아버지의 권위로 여성을 28세 정도가 될 때까지 처녀로 유지시키고, 28세 이후에는 정부가 혼외정사를 금지하며, 믿음을 가진 여성은 저주를 받을까 무서워 그런 제한에서 벗어나지 못하게 하는 것들이었다. 오직 그때에만 사람들도 (비교적) 좋은 영양 상태를 유지하며 번영하면서도 안정적인 균형 상태에 있게 된다는 것이었다.

적어도 맬서스가 살았던 시대와 그 이전의 시대로 본다면 그의 말은 틀리지 않았다. 기원전 6000년 당시 세계 인구는 대략 700만 명이었고, 우리의 기술 지수는 0.051이었다. 당시의 생활수준을 오늘날의 UN과 개발경제학의 방법으로 추산하면 하루 평균 2.5달러 또는 연간 900달러 정도일 것이다. 시간을 훌쩍 뛰어넘어 서기 1년으로 가보자. 기원전 6000년의 세계와 비교해서 발명과 혁신, 기술 발전의 성과가 상당히 많이 축적된 세상을 보게 된다. 기술도 많이 진보하여 이제 우리의 기술 지수는 0.25에 도달했지만, 생활수준은 여전히 대략 연간 900달러 선에 머물고 있다. 왜 생활수준에 변화가 없었을까? 맬서스가 간파했던 대로 인간의 성적 욕망은 정말로 거의 불가항력의 힘이었고, 세계 인구가 기원전 6000년의 약 700만 명에서 서기 1년의 약 1억 7,000만 명으로 늘어났기 때문이었다.

경제학자 그레그 클라크Greg Clark는 영국 건설 노동자의 실질임금이 어떻게 변해왔는지를 추정했다. 그에 따르면, 건설 노동자의 1800년 실질임금을 100이라고 했을 때 1650년, 1340년, 1260년, 1230년에도 실질임금이 100이었다. 가장 높았을 때는 1450년으로, 실질임금이 150에 달했다. 1346~1348년 당시 흑사병이 유럽

인구의 3분의 1을 죽음으로 몰고 간 데에다가 그 뒤에도 여러 세대에 걸쳐서 감염병의 물결이 덮치는 바람에 농민 반란이 일어나는 등 농노제를 유지하려는 귀족의 권력이 심하게 제한되던 시기였다. 하지만 1450년부터 1600년까지 실질임금이 다시 떨어져서 결국 1800년의 낮은 수준으로 내려앉았다.[2]

농업경제시대 인류의 생활수준은 이렇게 우울한 수준에 머물 수밖에 없었으며, 맬서스가 해결책으로 제안했던 엄격한 종교, 군주제, 가부장제 등도 별 도움이 되지 않았다. 물론 적어도 영국에서만큼은 1870년대가 되면 생활수준에 일정한 개선이 나타난다(하지만 1870년의 영국은 세계에서 독보적으로 부유한 나라였고 가장 산업화된 경제였다는 것을 기억하길 바란다). 클라크가 파악한 영국 건설 노동자의 실질임금 시계열에 따르면, 영국에서는 1870년이 되면 실질임금이 170까지 올라간다. 하지만 이에 별 감흥을 받지 못하는 이들이 있었다. 앞장에서 나왔던 존 스튜어트 밀을 기억할 것이다. 또한 영리한 투자자들 중에서도 무언가 인류의 운명을 가름하는 결정적인 대사건이 벌어졌다고 확신하여 큰돈을 투자하는 이는 아직 나타나지 않았다.

밀과 그 친구들의 생각도 분명히 일리가 있었다. 경제 발전에 있어서 세계 최선두에 있던 영국에서조차 과연 1770~1870년의 산업혁명이 절대 다수의 사람들에게 노동의 고역을 덜어주었던가? 회의적이다. 영국에서조차 절대 다수 사람들의 생활수준이 실질적으로 올라갔던가? 조금 오르기는 했지만 대수롭지 않은 정도였다. 물론 산업혁명 이전과 비교해 볼 때 인류가 삶을 영위하는 방식에 있어서는 분명히 대단한 변화가 나타난 것이 사실이었다. 증기기관과 제철, 역직기와 전신 덕분에 많은 사람들이 편의품을 얻게 되었고 또 소수의 사람들은 큰돈을 벌기도 했다. 하지만 인간의 삶이 획기적으로 개선되지는 않았다. 그리고 여전한 두려움이 있었다. 1919년 영국 경제학자 케인스의 말에 따르면, 인류가 맬서스의 악마를 "쇠사슬에 묶어 보이지 않는 곳에 가두어 놓았"지만, 1차 대전의 파국이 닥치는 바람에 "아마도 우리는 그 악마를 다시 풀어놓은 듯"했다.[3]

굶주린 인간은 당연히 식량에 집착할 수밖에 없다. 기원전 1000년부터 서기 1500년까지 식량이 부족했던 탓에 인구 증가는 대단히 느렸다. 연간 인구증가율은 대략 0.09%였고, 인구는 대략 5,000만 명에서 5억 명으로 늘어났다. 아이들은 많이 태어났지만 영양 부족으로 인해 성인이 되기도 전에 죽은 아이들도 많았기에 전체 인구가 크게 늘어나지 못했다. 그동안 농민과 수공업자의 평균 생활수준은 거의 달라지지 않았다. 그들은 겨우 목숨을 연명할 정도의 칼로리와 영양을 확보하는 데에만도 자신의 에너지와 돈의 절반 이상을 꾸준히 지출해야 했다.

상황이 달라지기는 거의 불가능했을 것이다. 맬서스의 악마가 이를 확실히 보장했다. 늘어난 인구는 혁신적인 기술 및 조직의 등장과 발전의 혜택을 모조리 먹어치웠다. 오직 착취하는 상류층만이 눈에 띄게 잘살게 되었다. 그리고 기술과 조직의 발명 및 혁신의 연평균 속도는 0.04% 정도로 미약했다(이해를 돕자면, 1870년경의 발명과 혁신의 평균 속도는 연간 2.1%였다).

이것이 1500년에 이르기까지의 인류의 삶이었지만, 이때가 되면 산업-상업혁명Industrial-Commercial Revolution이라는 분수령이 다가온다. 서기 1년 이후 연 0.04%이던 인류의 기술력과 조직력의 성장률은 연 0.15%로 4배나 뛰어 오른다. 1650년까지 등장했던 원양항해 소형 범선, 신품종 말, 소, 양(특히 메리노 양), 인쇄기의 발명, 안정적인 곡식 수확 증대를 가능케 한 질소 토양 주입, 운하, 마차, 대포와 시계 등은 기술적 경이이자 인류에게 엄청난 축복이었다(물론 대포는—그리고 어떤 이들의 경우 범선도—예외이다). 하지만 거의 전 세계의 인류가 가난에 허덕이도록 만든 맬서스의 악마의 저주를 풀만큼 기술 발전이 충분한 속도에는 이르지 못했다. 지식이 늘어나봐야 대체로 그것을 상쇄할 만큼의 인구 팽창이 함께 벌어졌던 것이다. 전 세계적으로 부자의 삶은 더 윤택해지기 시작했다.[4] 그러나 평범한 사람들은 기술 발전의 혜택을 거의 보지 못했으며, 오히려 아마 상당한 손해를 입었을 것이다. 더 좋은 기술과 더 개선된 조직으로 모든 종류의 생산 활동이 활발해졌으며, 그중에는 살육, 정복, 더욱 효과적이고 잔혹한 형태의 노예제 등도 포함되어 있었다.

그러다가 1770년에(맬서스의 《인구론》이 출간된 때보다 한 세대 전이다) 또 하나의 분수령이 다가왔다. 바로 영국의 산업혁명이었다. 인류의 기술적 역량 및 조직적 역량의 증가율은 또 한 번 큰 폭으로 성장하여 연간 0.15%에서 0.45%로 대략 세 배가 되었고, 산업혁명의 마법에 빠져든 그 심장부(영국의 남동쪽 구석인 도버 절벽을 중심으로 480킬로미터의 원에 해당하는 지역)에서의 증가율은 대략 0.45%의 두 배에 달했다. 이렇게 1770년부터 1870년까지 북대서양 지역에서는 더 많은 경이로운 기술들이 더 빠른 속도로 아예 일상이 되었고 다른 많은 지역에서도 변화가 눈에 띄기 시작했다. 세계 인구증가율이 연간 0.5%에 이를 정도로 높아졌고, 최초로 생산량이 1인당 하루 3달러(오늘날의 화폐가치)를 넘어섰다.

숫자들은 중요하며, 사실 핵심적인 열쇠이다. 경제사학자 로버트 포겔Robert Fogel이 언젠가 말했듯이(내 고조할아버지의 형제였던 경제사학자 애벗 페이슨 어셔Abbott Payson Usher의 말을 반복한 것이었다), 경제학자의 비밀무기는 수를 세는 능력에 있다.[5] 인간은 내러티브를 사랑하는 동물이라는 점을 기억하라. 흥미로운 플롯, 선한 자는 상을 받고 악한 자는 벌을 받는 적절한 결말을 가진 이야기들은 항상 우리를 매료시킨다. 이야기는 인간이 사유하는 방식이며, 인간이 기억하는 방식이기도 하다. 하지만 개인들의 이야기는 오직 갈림길에서 인류가 나아갈 길을 만든 행동과 결정의 주인공이거나 많은 인류를 대표할 만한 개인일 경우에만 중요하다. 그리고 어떤 행동과 결정이 정말로 중요한지, 어떤 개인들이 대표성을 갖는지는 오직 수를 셈으로써만 알 수 있다. 마찬가지로 개별 기술은 모두 중요하지만, 중요한 정도는 모두 다르다. 사람들이 예전의 물건을 만드는 데 얼마나 더 생산적이게 되었는지 그리고 새로운 물건을 얼마나 더 만들 수 있게 되었는지 역시 수를 셈으로써만 알 수 있다.

산업혁명은 그 원인이 미리 정해져 있지도 않았고, 불가피하지도 않았다. 물론 산업혁명의 원인이 무엇이었는지, 그것이 왜 역사의 필연이 아니었는지를 살펴보는 것은 이 책의 영역 밖이다. 다중우주 이론가들은 우리 세계와 비슷한 다른 세계들이 존재한다고 장담한다. 단지 한 라디오 방송에 주파수를 맞추면 다른 방송을 들을 수 없는 것처럼, 우리는 그 세계들을 보거나 듣거나 만질 수 없을 뿐이다. 그리고 내가 우리 세계에 대해 알고 있는 지식으로 판단하건데, 대부분의 다른 세계에서는 영국의 산업혁명 같은 사건은 없었다고 100% 확신한다. 성장을 했더라도 십중팔구 상업혁명 시대의 연 0.15%나 중세의 0.04% 수준에서 안정되었을 것이다. 그 결과 반半영구적인 화약제국들gunpowder empires(총과 대포 등의 화기가 도입된 이후 이를 이용하여 광활한 지역을 정복하고 다스릴 수 있게 된 강력한 중앙집권 국가로, 오스만 제국이나 무굴 제국 등을 예로 들 수 있다 —옮긴이)이나 범선으로 움직이는 글로벌 상업의 세계 정도가 훨씬 더 가능성이 높았을 시나리오이다.[6]

하지만 우리 세계에서는 다른 일이 벌어졌다. 게다가 우리 세계에서조차 나는 제국-상업혁명과 영국 산업혁명이 결정적인 사건이었다고 생각하지 않는다.

산업혁명 시대의 기술적, 조직적 역량의 연평균 성장률 0.45%는 연간 인구증가율 0.9%(세대당 25%에 살짝 못 미치는 증가율)에 잠식되었을 것이라는 점을 고려해 보라. 네 쌍의 평균적인 부부가 여덟 명이 아니라 열 명을 기르는 셈이다. 그러나 적당한 정두루만 잘 먹은 사람들이라면, 인간의 성적 욕망으로는 훨씬 많은 수의 아이를 낳을 수 있으며 또 실제로도 많이 낳는다. 예를 들어 미국 메이슨 딕슨 선Mason-Dixon Line(메릴랜드와 펜실베이니아 경계선으로 과거 미국 노예제도 찬성 주와 반대 주의 경계였다 —옮긴이) 북쪽의 황열병 청정지역의 영국 정착민 수는 현대식 공공의료의 도움 없이도 자연적으로 100년마다 4배씩 증가했다. 영아 사망률이 높은 상황에서 식생활은 괜찮지만 가난한 사람들은 살아남아 자신의 노년을 돌봐줄 자식을 필사적으로 가지려고 할 수 있다. 이런 부부 네 쌍이라면 열 명이 아니라 열네 명도 쉽게 가질 수 있다. 기술적, 조직적 역량이 연 0.45% 증가하는 정도로는 맬서스 악마를 가둘 마법의 진陣을 그리기에 충분치 않았다. 그리고 1870년의 세계는 찢어지게 가난했다. 1870년 인구의 5분의 4 이상은 가족을 먹일 식량을 확보하기 위해서 허리가 휘도록 일하며 땅을 일궈야 했다. 기대수명은 앞선 시대보다 아주 조금 늘어났을 뿐이었다.

그리고 17700~1870년 기간에 이루어진 기술 역량의 연평균 증
가율 0.45%는 지속될 수 있었을까? 앞선 시기 인류의 번영은 언제
나 스스로를 소진시키고 경기침체로 혹은 정복의 암흑시대로 끝
나곤 했다. 델리는 1803년에 외세의 침략으로 약탈당했고, 베이징
은 1644년, 콘스탄티노플은 1453년, 바그다드는 1258년, 로마는
410년, 페르세폴리스는 기원전 330년, 니네베는 기원전 612년에
마찬가지 운명에 처했다.

그렇다면 1770~1870년의 성장이 스스로를 소진시키고 끝나지
않으리라 예상할 이유가 있을까? 대영제국의 런던은 다른 운명을
맞을 것으로 기대할 이유가 있단 말인가?

경제학자 제번스는 1865년 33세의 혈기왕성한 나이에 《석탄 문
제》를 써내고 명성을 얻었다. 그는 이 책에서 영국에서 채굴이 쉬운
석탄이 최소한 한 세대 안에 고갈될 것이며, 그때가 되면 공장들이
멈춰 설 것이라고 예견했다.[7] 러디어드 키플링Rudyard Kipling은 누구
보다도 신실한 대영제국의 신봉자였다. 키플링에게 대영제국이란
(1차 대전 중인 1915년 9월 27일 대영제국을 위해 참전한 아들 존이 프랑스
도시 릴 외곽의 치열한 전투에서 목숨을 잃기 전까지는) 마냥 좋은 조국
이었다. 하지만 그조차도 1897년 하노버 왕조의 빅토리아 여왕 즉
위식 60주년 행사 때에 런던의 운명 또한 니네베의 운명과 동일할
것이라는 시를 내놓았다. 그 시는 이렇게 끝난다. "게거품을 물면서
허풍과 어리석은 말들을 토해내는/당신의 백성들에게 당신의 자비
를 내리소서, 주여!"[8]

이처럼 경제성장의 근본적인 원동력이 더욱 가속화 ─산업혁
명보다도 더 ─되지 않았더라면, 오늘날에도 여전히 스팀펑크
steampunk(19세기의 역사적 배경과 증기기관을 바탕으로 하는 SF 장르 ─

옮긴이) 세상에 머물러 있을 것이다. 2010년의 세계 인구는 똑같이 70억에 달했을지도 모른다. 하지만 전 세계적인 발명의 속도가 1770~1870년의 증가율 수준을 유지했다면 인구의 대다수는 1800~1870년의 글로벌 평균 생활수준에서 거의 벗어나지 못했을 것이다. 오늘날의 기술 및 조직의 수준이 1910년 정도에 머물러 있다면 여전히 비행기는 걸음마 단계의 수준일 것이고, 도로의 말똥을 어떻게 처리할 것인가가 도시 관리의 주요 문제로 남아있을 것이다. 1일 2달러의 생활수준으로 살아가는 사람들의 비율은 9%가 아니라 50%일 가능성이 크며, 90%는 5달러 이하로 하루를 살아갈 것이다. 평균적인 농장의 크기는 1800년의 6분의 1 수준으로 떨어졌을 것이며, 오로지 상층계급 중에서도 최상층만이 오늘날 선진국 중산층 정도의 생활수준을 누릴 것이다.

물론 현실은 이렇게 되지 않았다. 실제로는 1870년 이후 가속적인 혁신이 이루어졌다. 세 번째의 분수령을 지나게 된 것이다.

1870년경에 인류의 기술력과 조직력의 성장률은 네 배 더 증가함으로써, 현재 수준인 연간 2.1%에 이르렀다. 그러면서 기술의 발전 속도가 인구의 증가 속도를 훨씬 앞질렀다. 가장 부유한 나라에서는 인구가 감소하기 시작했다. 인류가 충분히 부유해지고 수명도 충분히 길어지자 사람들이 출산을 줄이는 방향으로 선택했기 때문이었다.

케인스가 1919년의 시점에서 회고했듯이, 1870년부터 1914년까지는 앞선 모든 시기와 비교하면 '경제의 엘도라도'나 '경제적 유토피아'로 불릴 만한 시기였다.[9]

그 결과로 나타난 1914년의 세계는 근대와 고대가 묘하게 혼재된 모습이었다. 1914년 영국의 석탄 소비량은 1억 9,400만 톤이었다. 오늘날 영국의 에너지 소비 총량을 석탄으로 환산하면 그것의 2.5배에 불과할 뿐이다. 1914년 미국 철도의 승객 1인당 평균 이동 거리는 563킬로미터였다. 오늘날 미국 항공사들의 승객 1인당 평 균 이동거리는 4,828킬로미터나 된다. 하지만 1914년에 프랑스를 제외한 유럽 전역에서 여전히 지주들의 강력한 정치적·사회적 지 배가 이어졌고, 이들 대부분은 자신들이 왕을 위해 검을 들고 싸웠 던 기사들의 후손이라고 생각하고 있었다.

여하튼 과거와 비교하면 거의 유토피아였다. 전 세계적으로 1914년 미숙련 노동자의 실질임금은 1870년의 수준보다 50% 높 았다. 인류가 농경을 시작한 이래 생활수준이 이 정도에 이른 적은 없었다.

1870년 이후에는 매년 인류의 기술력과 조직력의 성장률이 1770~1870년 시기의 4년 동안의 성장률 —1500~1700년의 12년 성장률, 1500년 이전 시기의 60년 성장률 —과 비슷한 정도가 되 었다. 이유는 무엇일까? 원래 유럽의 일부 지역에만 집중되었던 이 러한 도약이 어떻게 (비록 고르지는 않더라도) 세계적인 현상이 되었 을까?

2장에서 좀 더 자세히 논의하겠지만, 나는 그 답이 기업 연구소, 근대적 대기업, 세계화의 등장에 있다고 생각한다. 세계화로 세계 가 단일의 글로벌 시장경제가 되었고, 그러자 이 세 요소 모두가 합 쳐지면서 경제가 스스로가 설정한 문제들을 풀어나가게 된 것이었 다. 특히 경제가 스스로 설정한 문제들 중에서도 가장 큰 문제는 경 제성장의 속도를 한 단계 끌어올릴 방법을 찾는 것이었다. 토머스 앨바 에디슨Thomas Alva Edison 과 니콜라 테슬라Nikola Tesla 와 같은 사람 들이 발명가가 될 수 있었던 것은 기업 연구소와 근대적 대기업의 등장 덕분이었다. 그들의 선배들은 조직의 대표로부터 인적자원 관리까지 열 가지 다른 역할을 모두 직접 맡아야 했지만, 이들은 그럴 필요가 없었다. 그런 일들은 대기업 조직에 넘겨주면 되었다. 이는 엄청난 차이를 가져왔다. 발명된 기술은 합리적이고 일상적이며 전문적으로 개발될 수 있었고, 그다음에는 합리적이고 일상적이며 전문적으로 활용될 수 있었다.

1870년 무렵의 이러한 발전은 필연적이고 불가피했던 것일까? 우리는 많은 역사적 사건들이 필연적이지도 불가피하지도 않다는 것을 알고 있다. 우리는 일어난 일의 결과물이기도 하지만 일어나지 않은 일의 결과물이기도 하다. 우리의 역사는 이러한 그럴 뻔했던 것들might have beens로 가득차 있다. 그중 하나를 보자. 1933년 2월 15일 릴리언 크로스Lillian Cross가 손지갑으로 암살범 주세페 장가라Giuseppe Zangara를 치지 않았다면, 총알은 안톤 체르마크Anton Čermak 시카고 시장의 폐가 아니라 루스벨트 대통령 당선인의 뇌를 관통했을 것이다. 루스벨트가 죽고 체르마크가 살았다면, 1930년대 대공황 동안의 미국 역사는 지금과는 매우 달랐을 것이다.

하지만 기업 연구소의 등장은 한 사람이나 몇 사람의 행동으로 빚어진 일이 아니지 않은가? 그것이 나타나기까지 오랜 시간에 걸쳐 많은 사람이 협력했고, 서로의 목적이 부딪치기도 했다. 그렇다면 기업 연구소의 출현은 필연적이었을까? 그렇지 않았다. 하지만 많은 사람들이 오랜 시간에 걸쳐 함께 일할수록 특정한 결과가 나올 가능성도 커진다.

우리는 그 과정이 다른 결과를 낳을 수도 있었다고 느끼지만, 다른 결과가 어떻게 생겨날 수 있었을지 혹은 다른 결과의 그럴듯한 범위가 무엇일지를 개념화할 방법을 갖고 있지 않다. 역사학자 앤턴 하우즈Anton Howes가 짚었듯이, 1773년 이전에 5,000년 동안 일했던 모든 방직공들은 직조기에 씨실을 넣는 플라잉셔틀flying shuttle을 발명하여 삶을 훨씬 더 쉽게 만들 수 있었다. 하지만 막상 존 케이John Kay가 플라잉셔틀을 발명하기 전까지 그것을 발명한 이는 아무도 없었다. 케이는 깊은 지식도 없었고 선진적인 재료를 사용하지도 않았다. 하우즈가 놀랐던 바대로, 그저 "셔틀을 붙잡으려고 양옆에 두 개의 나무 상자를 고정시켰고 피커picker라고 불리는 작은 손잡이가 달린 줄을 매달았을" 뿐이었다. 하우즈는 이렇게 덧붙인다. "케이의 혁신에 특별한 것이 있다면 그것은 그 단순함이었다." 그에 비해 연구소와 대기업은 아주 복잡했고, 아마도 인류가 개념적으로 이해할 수 있는 범위를 벗어났을 수도 있다.[10]

기업 연구소와 근대적 대기업이 전 세계로 확산되어 세계를 완전히 바꾸려면 촉진제들이 필요했다. 가장 효과적인 촉진제가 무엇이었는지는 명확하다. 바로 세계화였다.

1700년 이전의 '국제무역'은 고가의 귀중품과 귀금속, 현금의 거래였다. 향신료, 비단, 향정신성 약물(아편 등), 세공품(강철 검, 도자기 등), 주석(청동의 주재료)과 같은 주요 희귀 원자재가 거래되었고, 이따금 주요 곡물을 제국 간 혹은 제국 내에서(이집트와 튀니지에서 로마로 밀을, 장강 삼각주에서 베이징으로 쌀을) 배로 실어 나르는 경우도 있었다. 노예도 있었다. 사람을 그의 사회적 맥락에서 끌어내어 사회적 위계의 밑바닥 역할을 시키면 음식을 조금만 주고도 많은 일을 시킬 수 있었다. 국제무역은 중요했다. 지배층의 안락하고 고급스러운 생활을 유지하는 데 있어 중요했다.

하지만 국제무역은 (산업혁명 이전의 무역 네트워크에 걸려들어 노예가 된 사람들을 제외하면) 경제생활을 형성하는 필수적인 요소는 아니었다. 국제무역이라고 부를 수 있는 활동은 전 세계 경제생활의 기껏해야 6% 정도에 불과했다. 달리 말해, 어느 평균적인 지역에서 소비되는 물건의 약 3%는 다른 곳에서 수입됐으며 또 어느 평균적인 지역에서 생산되는 물건의 약 3%가 다른 곳으로 수출되었다.

1700년 이후로 상황이 변하기 시작했다. 1700년과 1800년 사이 북대서양에 총-노예-설탕 삼각무역이 핵심적인 힘으로 자리 잡았으며, 아프리카와 카리브해 지역의 모습을 크게 바꾼 거대한 악惡이 되었다. 또한 이는 (비록 논란이 있지만) 영국이 글로벌 해상 제국으로 불릴 만큼의 부를 집적할 수 있도록 했을 뿐만 아니라 영국이 시장경제, 입헌정부, 산업혁명, 세계 지배로 가는 길을 닦아주었다. 하지만 1800년이 되어도 여전히 국제무역은 글로벌 경제생활에서 차지하는 비중이 6%에 불과했다.

1800년 이후 주요한 세계 교역품의 목록에 면화와 면직물이 추가되었다. 면화는 영국 산업혁명의 제조업 심장부로 수입되었다. 이 심장부란 우선 영국, 그리고 영국 남동부 구석의 도버를 중심으로 반경 480킬로미터 내의 영국해협 건너편 지역이었으며, 여기에 미국의 뉴잉글랜드도 포함되었다. 그리고 면직물과 기타 공산품은 이 지역에서 다른 지역으로 수출되었다. 하지만 그래도 1865년 세계 무역이 글로벌 경제활동에서 차지하는 비중은 고작 7%였다.[11]

운송의 세계화도 이루어졌다. 스크류 프로펠러로 움직이는 철강 선체의 대양 항해 증기선이 등장하여 대륙의 철도 네트워크와 연결되었다. 지상과 연결된 글로벌 해저 전신망의 형태로 통신의 세계화도 이루어졌다. 1870년에는 런던에서 뭄바이까지, 1876년에는 런던에서 뉴질랜드까지 거의 빛의 속도로 양방향 소통이 가능해졌다.

세계화의 또 다른 측면은 장벽의 부재였다. 개방된 국경에서 비롯된 가장 중요한 결과는 이주였다. 단 아주 중요한 단서가 붙어야 한다. 중국, 인도 등의 지역에서 온 가장 가난한 이주자들에게는 기후가 온화한 온대지방 정착지로의 이주가 허락되지 않았다는 사실이다. 그곳들은 유럽인들 — 때로는 중동 사람들 — 을 위해서 예약된 지역이었다. 이 단서를 제쳐놓는다면, 실로 엄청난 인구의 이동이 있었다. 1870년과 1914년 사이에 열네 명 중 한 명, 즉 총 1억 명이 다른 대륙으로 거주지를 옮겼다.[12]

세계 각국 정부의 이러한 개방정책은 또한 무역, 투자, 통신 분야에서의 법적 장벽도 없었다는 것을 뜻한다. 전 세계적으로 사람들이 대거 이동하자, 그 뒤로 금융, 각종 기계류, 철도, 증기선, 그리고 생산과 분배의 신경중추가 되는 전신망이 따라오면서 풍부한 자연적, 물질적, 생물학적 자원을 찾아다녔다. 오늘날의 국경선을 기준으로 계산해 보면, 글로벌 경제활동에서 무역이 차지하는 비율은 1870년의 9%에서 1914년에는 아마도 15%로 늘어난 것으로 보인다. 이 시대에는 생산비용도 혁명적으로 하락했고 또 큰 차이를 만들었지만, 운송비의 혁명적 하락은 이를 크게 앞질렀다. 이렇게 운송에서의 혁명이 벌어지면서 이전 시대와 엄청난 차이가 벌어지게 된다.

철도를 생각해 보라.

야금술이 발달하면서 철도 레일과 엔진의 생산비용이 하락했고, 이 때문에 철도만 뚫려 있다면 육상 운송이 수상 및 해상 운송과 똑같이 저렴해졌을 뿐만 아니라 속도는 더욱 빨라졌다.

이를 두고 투덜대는 이들도 있었다. 19세기 중반, 매사추세츠의 초월주의 저술가이자 활동가였던 헨리 데이비드 소로Henry David

Thoreau가 사방팔방으로 뻗어나가는 철도를 보며 내놓은 반응은 이러했다. "내 잔디밭에 들어오지 마!"

> 이렇듯 자본을 합치고 무언가를 건설하는 활동을 충분히 오래 계속하면, 언젠가는 누구나 시간과 비용을 거의 들이지 않고 어딘가로 빠르게 이동할 수 있게 되리라는 막연한 기대가 생긴다. 그러나 역에 사람들이 몰려들고 차장이 '모두 탑승!'이라고 소리칠 때, 막상 기차의 연기가 걷히고 증기가 물방울이 되면 차에 탄 사람은 몇 되지 않고, 나머지는 기차에 치였다는 사실이 드러날 것이다. 그러면 이는 '우울한 사건'으로 불리게 될 테고, 또 실제로도 그럴 것이다. [13]

하지만 나의 조상들 그리고 대부분의 인류는 소로와 생각이 전혀 달랐다.

철도가 건설되기 전에는 농산물을 육로로 160킬로미터 이상 운반하기란 거의 불가능했다. 그 정도 거리를 이동하려면 이동에 쓰는 소나 말이 스스로 운반하는 만큼의 사료를 먹어야만 하기 때문이다. 160킬로미터보다 가까운(사실 훨씬 더 가까운 거리여야 했다!) 거리에 운하라도 있다면 모를까, 그렇지 않다면 주요 곡물과 생필품들은 직접 마련하는 자급자족의 생활을 해야 했다. 이것은 대부분의 입고, 먹고, 즐기는 것들이 지역 내의 소도시에서 만들어졌거나 아니면 멀리서 비싼 돈을 주고 사온 것임을 뜻했다.

소로에게는 걷거나 말을 타고 보스턴으로 가는 데 하루가 걸린다는 사실이 느린 삶의 일부이자 장점이었다. 하지만 이는 어디까지나 소로와 같은 부유한 남성 혹은 적어도 부양할 가족이 없는 남

성의 관점이었다. 게다가 소로는 랠프 월도 에머슨Ralph Waldo Emerson
의 두 번째 아내 리디언 잭슨Lidian Jackson이 기꺼이 파이까지 구워주
지 않았던가.

기업 연구소, 근대적 대기업, 운송망과 통신망의 세계화, 국가와
국가를 단절시키던 장벽의 붕괴 등 이 모든 변화가 인류의 삶을 획
기적으로 바꾸는 분수령을 만들기 충분했고, 인류를 맬서스식 빈
곤에서 끌어냈다. 이 모든 변화는 또한 이전에는 결코 존재하지 않
던 방식으로 세계경제의 이야기를 하나로 모았다.

배가 오가는 물가에 살려는 인간의 성향을 고려할 때, 가장 큰 운
송 혁명은 1830년대의 철도가 아니라 석탄을 연료로 사용하는 철
강 선체의 대양 항해 증기선의 등장이었을 것이다. 1870년 벨파스
트의 하랜드-울프 조선소Harland and Wolff shipyard에서 프로펠러로 움
직이는 철강 선체의 증기 여객선 RMS 오시애닉RMS Oceanic이 진수
되었다. 이 배는 1800년이라면 한 달 이상이 걸렸을 리버풀에서 뉴
욕까지를 불과 9일 만에 주파하겠다는 약속과 함께 바다로 떠났다.

RMS 오시애닉에는 1인당 3파운드 ―당시 미숙련 노동자의 한
달 반치 임금에 해당 ―를 뱃삯으로 지불한 3등석 승객 1,000명,
1인당 15파운드를 지불한 일등석 승객 150명, 선원 150명이 탑
승했다.[14] 일등석 좌석의 가격을 오늘날 가치로 환산하면 1만
7,000달러에 해당한다. 하지만 1870년대보다 조금 앞선 시기와 비
교하는 것이 보다 적절하다. 한 세대 전에 RMS 오시애닉 급의 여
객선에서(물론 더 느리고 덜 안전했다) 3등급 침상은 두 배가 비쌌고,
1800년에는 무려 네 배가 비쌌다. 하지만 1870년 이후에는 유럽의
최극빈층을 제외하면 어떤 가족이나 바다 건너로 일하러 갈 수 있
었다.

수백만의 사람들이 여기에 호응하여 지구 곳곳으로 몰려다녔다. 19세기 후반의 생산과 무역의 세계화에 동력을 제공한 것은 바로 자기들이 출생한 곳에서 다른 대륙으로 생활과 일을 찾아 떠난 이 1억 명의 사람들이었다. 전 세계적으로 인류가 이렇게 대규모로 빠르게 이주하면서 재배치된 경우는 그 전에도 그 후에도 없었다.

대략 5,000만 명의 사람들이 유럽의 정착지를 떠나서 주로 미주지역과 오스트레일리아 및 인근 태평양 제도뿐만 아니라 남아공, 케냐의 산악지대, 폰토스-카스피 스텝(흑해 북쪽에서 카스피해 북쪽에 걸친 초원지대 —옮긴이)의 흑색토 서부지역으로도 갔다. 1870~1914년은 노동자층이 더 나은 삶을 찾기 위해서 반복해서 대양을 건널 수 있었던 실로 특이한 시대였다.

내 가족사에 대한 지식이 정확하다면, 나의 양쪽 조상 모두 1800년 이전에 미국으로 넘어왔다. 당시에 바다를 건너 다른 나라로 이주하는 이들은 주로 노예이거나 계약하인indentured(당시 대서양을 건너는 이들은 귀족이나 돈 많은 이들이 여비를 내주는 대신 미 대륙에 도착한 후 하인으로 복무하는 계약서를 쓰고 그 귀퉁이를 찢어indentured 주인과 나누어 가졌다 —옮긴이)이거나 중산층이었다. 내가 알고 있는 가장 먼 조상은 에드먼드 에드워드 갤러거Edmund Edward Gallagher(1772년 아일랜드 왓미스Whatmeath 출생)로서, 그와 아내 리디아 맥기니스Lydia McGinnis(1780년 뉴햄프셔 출생)는 펜실베이니아 체스터에서 1800년대 초반에 살았고 거기서 아들 존을 낳았다. 내 아내의 경우 양쪽 조상 모두 1870년 후반 세계 대이주의 시기에 미국으로 왔다. 그중 한 명은 1873년 포르투갈에서 태어난 마리아 로사 실바Maria Rosa Silva로서 1892년에 미국으로 온 여성이었다. 1893년 매사추세츠 로웰Lowell에서 실바는 호세 F. 길Jose F. Gill과 결혼했는데, 그는 1872년에 포르투갈은 아니지만 포르투갈어를 사용하는 마데이라Madeira섬(포르투갈에서 1,000킬로미터 떨어진 대서양의 섬 —옮긴이)에서 태어났다. 길은 보스턴이 아닌 서배너Savannah(조지아주 동쪽 해안도시 —옮긴이)로 가는 배를 타고 1891년에 미국에 도착했다.

아마 길은 사탕수수를 알고 있었고 서배너에 사탕수수 일자리가 있다고 들었을 것이다. 하지만 서배너에서 그저 흑인 취급을 받았기에 재빨리 로웰로 떠났을 수 있다. 물론 추측일 뿐이다. 1900년 이후에 실바와 길 그리고 그들의 자식인 메리, 존 프랜시스, 캐리는 모두 보스턴에서 대서양을 다시 건너서 마데이라섬으로 되돌아갔다. 그리고 길은 1903년 남아공에서 생을 마감했다. 실바와 신생아 조셉을 포함한 4명의 자녀는 대서양을 다시 건넜고, 1910년 인구조사에 따르면 매사추세츠 폴 리버Fall River로 갔다. 거기서 실바는 집을 임대해서 방직일로 살며 다섯 명을 낳아 네 명의 아이를 둔 과부라고 기록되어 있다.

이주가 항상 한 방향으로만 이뤄지지는 않았다. 길과 실바처럼 대서양을 여러 차례 건넜던 사람들도 있었다. 1854년 미국에서 태어나 영국으로 건너간 제니 제롬Jennie Jerome은 일반적인 이주 방향과 정반대로 움직였다. 뉴욕의 금융가인 레너드 제롬Leonard Jerome과 클래라 홀Clara Hall의 딸인 그녀가 영국으로 간 이유는 7대 말버러 공작Duke of Malborough의 아들 랜돌프 스펜서-처칠Randolph Spencer-Churchill 경과의 결혼 때문이었다. 두 사람은 1873년 영국해협의 와이트섬Isle of Wight에서 열린 보트 경주에서 처음 만났고, 만난 지 고작 3일 만에 약혼했다. 그런데 그들의 결혼식은 7개월이나 지연됐다. 그러자 제니의 아버지 레너드와 신랑의 아버지 존 윈스턴 스펜서-처칠John Winston Spencer-Churchill 공작이 그녀의 지참금 액수와 그것을 안전하게 이송하는 방법을 두고 서로 옥신각신했다. 두 사람이 결혼하고 8개월 뒤에 아들 윈스턴이 태어났다. 그 6년 뒤에 둘째 아들이 태어났다.[15]

랜돌프는 결혼하고 약 20년 뒤인 1895년 향년 45살로 사망했다. 매독이었을 가능성이 크며, 최소한 신경학적 증상이 두드러진 질병이었음은 분명하다. 사망 진단서에는 '정신병자의 전반적 마비 증세'가 사망 원인으로 적혀 있다. 남편이 죽은 후에 제니는 당시 표현을 빌면 "영국 왕세자인 웨일즈 대공Prince of Wales의 흠모를 받았다much admired"고 하며, 그녀를 흠모한 이들은 더 있었다고 한다. 1900년 그녀는 아들 윈스턴보다 불과 16일 먼저 태어난 조지 콘월리스-웨스트George Cornwallis-West와 재혼했다.

윈스턴 스펜서 처칠(스펜서-처칠의 하이픈을 없애고 스펜서를 가운데 이름으로 사용했다)은 청년일 때 영국 정계에서 무서운 신인enfant terrible이었고, 중년에 들어 재무장관chancellor of exchequer으로서는 재앙에 가까운 실패였다가, 2차 대전 동안에 총리가 되어 나치를 물리치는 데 결정적인 역할을 했다. 처칠이 전시에 수상으로서 두각을 나타낼 수 있었던 적지 않은 까닭은 그가 절반이 미국인이었기에 미국인들 그리고 특히 당시 미국 대통령이던 루스벨트와 제대로 소통하는 법을 알았던 데에 있었다.

북부 캘리포니아의 삼나무 숲으로 가면 옛날 중국 이민자들이 세운 관음보살을 모시는 사당이 남아있기는 하다. 하지만 중국인들의 유입은 캘리포니아에서 유럽인들이 정착한 지역 그리고 나머지 온대지방의 정착 식민지 및 예전 식민지 지역들에서는 금방 차단당했다. 릴런드 스탠퍼드Leland Stanford(철도산업 거물이자 캘리포니아 주지사였고 아들을 기리기 위해 스탠퍼드 대학교를 세웠다)와 같은 금권 대부호 세력들은 이민을 받아들이는 쪽을 선호했겠지만, 포퓰리스트들은 이민을 배척했다. 포퓰리스트들도 유럽인들과 동유럽인들의 이민은 막을 수 없었지만, '중국인은 돌아가라!'라는 구호만큼은 대략 법으로 관철시킬 수 있었다. 인도에서 이주한 사람들도 이 점에서는 중국인들과 같은 범주로 들어갔다.

모한다스 카람찬드 간디Mohandas Karamchand Gandhi는 1869년 카티아와르Kathiawar 반도에 있는 영국의 작은 종속적 동맹국 포르반다르 공국Principality of Porbandar의 총리였던 카람찬드 우탐찬드 간디Karamchand Uttamchand Gandhi와 그의 네 번째 부인 푸틀리바이Putlibai 사이에서 태어났다.[16] 그는 14살에 카스투르바이Kasturbai와 결혼했고, 18살이었던 1888년에 법을 공부하기 위해 뭄바이를 떠나 영국으로 갔다. 그로부터 3년 뒤 간디는 변호사가 됐고 다시 인도로 돌아왔다. 그는 소위 '잘나가는' 변호사는 아니었다. 1893년 그는 우연히 남아프리카공화국에서 4만 파운드의 빚을 받아줄 변호사를 찾던 상인과 만났다. 그는 자신이 그 빚을 받아주겠다고 나섰고, 다시 바다를 건너서 남아공으로 갔다. 그는 처음에는 1년 정도 머무를 생각이었지만 곧 그곳에 남기로 결심했다. 1897년 그는 인도로 돌아가서 가족을 데리고 남아공으로 왔고, 그로부터 22년 동안 남아공에서 살았다. 그곳에서 간디는 반제국주의자, 정치인, 활동가가 됐다. 인도에서 온 사람들은 남아공에서 아프리카 토착민들만큼 차별받진 않았지만, 그저 그들보다 겨우 한 단계 높은 계급으로 취급됐을 뿐이었다.

이 시대의 대이주에 참여한 또 다른 사람으로 덩샤오핑이 있다. 그는 1904년생으로 그의 아버지는 중간 정도의 지주였으며 소득은 당시 평균적인 중국인의 다섯 배 정도였다.[17] 1920년 12월 그는 일도 하고 공부도 하기 위해 프랑스로 갔다. 프랑스의 많은 노동자가 1914년부터 1918년까지 계속된 1차 대전으로 인해 군대로 끌려갔고 전투에서 사망하거나 불구가 됐다. 프랑스 정부는 전쟁 동안에 그리고 그 이후에도 이렇게 죽고 불구가 된 인력을 대체할 수 있는 이들은 누구든 환영했다. 덩샤오핑은 이러한 프랑스 정부의 전후戰後 프로그램을 활용했던 것이다. 그는 파리 외곽 르크뢰조Le Creusot의 어느 공장에서 금속 부품을 만드는 노동자fitter로 일했다. 거기서 그는 공산주의자가 됐고, 저우언라이 등 장차 중국공산당의 지도자가 되는 이들을 여럿 만났다. 1926년 그는 모스크바에 있는 쑨원 대학교Sun Yat-sen University에서 공부했으며 1927년 중국으로 돌아와 중국공산당 간부를 거쳐 당의 고위 관료가 되었다. 마오쩌둥 집권기에 덩샤오핑은 두 번이나 숙청당했다. 첫 숙청의 이유는 '자본주의 노선을 취한 권력 2인자'였는데, 결국 1980년대 중국이 부상하던 당시 최고 지도자가 되었다. 아마도 장기 20세기의 역사에서 독보적으로 큰 영향력을 미친 인물이라고 할 수 있다.

미국, 캐나다, 아르헨티나, 칠레, 우루과이, 호주, 뉴질랜드처럼 유럽인들이 이주한 온대지방에서는 포퓰리스트들이 자기들 지역을 '유럽적으로' 유지하는 데 압도적인 성공을 거두었다. 중국과 인도로부터의 이민자들은 실론섬의 차 대농장이나 말레이반도의 고무 대농장 등의 다른 곳으로 흘러갔다. 그리고 5,000만 명에 이르는 중국인과 인도인은 더 멀리 남아시아, 아프리카, 카리브해 지역, 페루 고산지대로 갔다.

캐나다와 아르헨티나처럼 유럽과 기후도 비슷하고 자원도 풍부한 정착지는 유럽인들의 생활수준을 높이는 데 또 다른 추진력을 제공했다. 해외로 이주했던 사람들의 3분의 1은 이주 국가에서 축적한 자원을 갖고 되돌아가서 본국의 경제를 단단히 떠받치는 중산층이 됐다. 계속 이주지에 머문 3분의 2는 그들과 자식들의 생활 수준이 본국에서보다 1.5배에서 세 배 정도 높아졌다. 자기 나라에 그냥 남아있던 사람들도 혜택을 받았다. 수십 년간 이민으로 사람들이 빠져나가다 보니 결국은 유럽의 임금도 올라갔다. 일자리 경쟁이 줄어들었고 신세계로부터 오는 저렴한 수입품을 구매할 수 있었기 때문이다.[18]

금권적 지배 세력과 포퓰리스트 모두가 혜택을 보았다. 노동이 풍부한 유럽에서 노동이 희소한 대서양 서편의 주변부 지역으로 이민이 이루어졌지만, 그렇다고 해서 대서양 서편에 이미 살고 있던 노동자들이 손실을 보았다는 실질적인 증거는 없다. 북유럽과 서유럽의 실질임금은 매년 평균 0.9% 성장했던 반면 미국, 캐나다, 아르헨티나의 실질임금은 1914년까지 각각 매년 1.0%, 1.7%, 1.7% 올라갔기 때문이다. 노동력이 희소했는데 무역이 증가하는 바람에 노동자들의 임금이 상대적으로 잠식당했다고 말할 수 있는 곳은, 1914년 이전 50여 년 동안이나 실질임금이 정체됐던 호주 정도에 불과했다. 어찌되었건 온대지방의 나라들로 이주하는 이민의 흐름은 곧 사람들이 자본도 함께 가지고 갔다는 것을 뜻하며, 이를 통해 정착지의 경제는 그 규모를 키워갈 수 있었다.[19]

열대지방 나라들의 상대임금 수준은 이민의 물결 때문에 하락했을까? 그랬다. 그리고 이것은 대이주와 무관한 국가에서도 마찬가지였다. 말레이반도로 영국 자본, 브라질 고무나무, 중국의 노동력이 수입되어 결합되자 말레이반도라는 곳이 있는지조차 모르는 브라질 노동자들의 임금까지 하락 압력을 받았고 실제로 크게 떨어졌다. 저발전underdevelopment은 1870~1914년 사이 스스로 발전했던 하나의 과정이었다.

게다가 이 대규모 이민의 원천이라고 할 인도와 중국에서조차 임금은 크게 오르지 않았다. 두 나라 모두 워낙 인구 규모가 컸기에 빠져나간 이민자의 숫자란 그저 새발의 피였을 뿐이었다.

인도와 중국은 형편없는 정부에 나쁜 운까지 겹치는 바람에 맬서스의 악마가 채워놓은 족쇄에서 빠져나오지 못했다. 이미 기술은 진보한 상태였지만, 잠재적 생산력이 개선되어도 인구 증가에 모두 흡수되어 버렸기에 생활수준의 상승이라는 결과로 이어지지 못했다. 19세기 후반 중국 인구는 두 번째 새천년이 시작될 무렵인 기원후 1000년의 세 배 가량 되었다. 그래서 유럽인들이라면 굶어 죽을 박봉이라고 여겼을 일자리라 해도, 중국과 인도에는 그나마 잡기 위해 기쁘게 이주하려는 이들이 무척 많았다.

이렇게 인구가 많고 농업 생산력과 물질적 부는 낮은 수준이었던 중국과 인도가 있었기에, 아시아인들의 이민을 받아들인 다른 모든 지역들 —말라야, 인도네시아, 카리브해, 동아프리카 등 —의 임금 상승은 가로막혔다. 그저 물리적 생존 수준과 별반 다르지 않은 낮은 임금으로도 노동자들을 값싸게 수입하여 고용할 수가 있었던 것이다. 인도와 중국 사람들은 이러한 저임금 일자리라도 잡으려고 했다. 말라야나 아프리카의 대농장에서 살면서 누릴 수 있는 생활수준이나 여타의 기회가 그들이 중국이나 인도로 되돌아갔을 때에 기대할 수 있는 것보다 훨씬 더 나았기 때문이었다. 임금 비용이 낮았으니 아시아인 이민에 개방되어 있는 나라에서 생산된 여러 상품들은 상대적으로 저렴했다. 그리고 말레이반도의 고무나무 대농장으로부터의 경쟁 압력으로 인해 브라질의 고무나무 대농장에서의 임금 상승도 저지되고 심지어 하락하기까지 했다. 결산해 보자. 19세기 후반의 남방세계라고 불리는 지역 전반의 생활수준과 임금은 (비록 중국과 인도보다는 높았지만) 전체적으로 낮은 수준에 묶여 있었다.

좋든 나쁘든, 세계는 하나의 이야기를 따라가는 하나로 통합된 단위가 되었다.

이러한 세계화 스토리의 한 부분은, 국제적으로 명확히 갈라진 분업이 나타났다는 것이다. '열대' 지역은 고무, 커피, 설탕, 식물 기름, 면화 등 상대적으로 가치가 낮은 농업 생산물을 유럽에 공급했다. 유럽인이 대거 이주해서 정착한 온대지방 —미국, 캐나다, 호주, 뉴질랜드, 아르헨티나, 칠레, 우루과이 그리고 아마도 남아공 등 —은 주요 곡물, 육류, 양모를 생산해서 유럽으로 수출했다. 독일 농부들은 이제 미 대륙뿐만이 아니라 오데사Odessa에서 들어오는 러시아의 곡물과도 경쟁해야 하는 신세가 되었다. 서유럽은 이러한 수입품의 대가를 공산품의 수출로 지불했다. 미국 동북부도 그러했다. 1910년이 되면 미국의 수출 품목 가운데 절반은 미국 동북부에서 나온 공산품 및 재료들이 차지하게 된다.

세계경제의 주변부가 된 국가에서 노동자의 임금수준이 하락하면서, 그곳에서는 국내 산업부문을 떠받쳐 내수시장을 형성할 만큼 충분한 경제력을 지닌 중산층의 등장 가능성도 줄어들었다.

그 이유를 이해하려면 대영제국을 생각해 보라.

영국인들은 가는 곳마다 요새와 부두, 식물원을 세웠다. 식물원을 세운 이유는 다른 곳에서 자란 귀중한 식물을 자기들 요새의 대포로 지키는 장소로 이식해도 과연 잘 자라날지를 보기 위해서였다. 19세기에 고무나무를 브라질에서 큐Kew 왕립식물원과 말레이반도로 들여온 주인공은 영국인이었다. 차나무를 중국에서 실론섬으로 들여온 것도 영국인이었다. 19세기 말까지도 고무나무는 말레이반도, 인도네시아, 인도차이나반도에 들어오지 않았지만, 1차 대전이 끝날 무렵에 이 세 지역은 전 세계 천연고무 공급의 중심이 되었다. 이 대부분의 과정을 매개한 것은 대영제국이었다. 물론 전부는 아니었다. 예멘에서 브라질로 커피나무를 가져간 사람들은 포르투갈인이었다. 어쨌건 19세기 말 세계경제에서 주변부가 되는 지역들의 비교우위는 주어진 것이 아니라 만들어진 것이었다.[20]

이러한 추세에 가장 두드러진 장기적 수혜를 입은 나라는 바로 미국이었다. 19세기 말과 20세기 초의 몇 십 년간 펼쳐진 대이주는 장기 20세기가 미국의 지배력이 관철되는 시대로 기우는 결정적인 한 발자국이었다. 1860년만 해도 미국에서 완전한 시민들—즉 정부가 교육할 가치가 있다고 여긴 '백인계' 영어 사용자들—은 여성과 아이를 합쳐서 2,500만 명에 불과했고, 오히려 같은 시기에 영국과 대영제국의 자치령에 살고 있던 완전한 시민들은 무려 3,200만 명에 이르렀다. 그런데 1870년과 2010년의 딱 중간이 되는 1940년이 되면 상황이 급변한다. 미국의 완전한 시민 인구는 1억 1,600만 명이었고, 영국과 대영제국의 자치령 인구는 7,500만 명이었다. 두 지역 모두 자연 증가로 인구가 몇 배 늘었지만, 이민자들을 환영하고 동화시켰던 미국이 1940년에 인구에서 대영제국을 앞질렀던 것이다.

1870년과 1914년 사이의 몇 십 년은 기술 진보, 인구 증가, 대규모 이주가 동시에 진행되었으며, 교통과 통신의 발전으로 이에 수반하는 무역과 투자의 증가가 나타났다. 사람을 실어 나르는 비용은 물자를 실어 나르는 비용과 함께 하락했다. 1850년 시카고에서 밀가루가 0.45킬로그램당 1.5센트였고 런던에서 3센트였지만,

1890년 런던에서 밀가루는 2센트로 떨어졌다. 실제로 1870년 이후에는 쉽게 부서지거나 상하지만 않는다면, 어떤 상품이든 항구에서 항구로의 해상 운송이 육상 운송보다 훨씬 더 저렴하게 가능해졌다.[21] 부두 그리고 철도와 닿기만 한다면, 전 세계의 어느 곳이건 바로 옆 이웃 동네처럼 된 것이다. 그리하여 세계경제의 어떤 곳에서 벌어지는 일이든 다른 곳에 사는 모든 이들의 기회와 제약을 좌우하는 상황이 되었다.

이는 중요한 사건이었다. 1870년과 1914년 사이에 총생산에서 수출이 차지하는 비중은 인도와 인도네시아에선 두 배, 중국에서는 세 배 이상 증가했다. 일본은 도쿠가와 막부의 쇄국이 250년 동안 지속되었으므로 수출량이 사실상 0이었지만, 미국의 군함에 의해 강제로 세계시장에 끌려나온 후부터 1차 대전 이전의 불과 두 세대 동안 국민생산에서 수출이 차지하는 비중은 7%로 늘어났다. 1500년 세계 총생산에서 국제무역 비중은 대략 1.5%였는데, 1700년에는 대략 3%로 늘어났고, 1850년 4%, 1880년 11%, 1913년 17%였다. 오늘날에는 세계 생산에서 수출이 차지하는 비중이 무려 30%가 되었다.[22]

국제경제학자 리처드 볼드윈Richard Baldwin은 이렇게 1870년부터 1914년까지 수출이 증가한 현상을 생산과 소비의 '첫 번째 분리first unbundling'라고 불렀다(볼드윈은 상품·지식·사람을 이동하는 데 드는 비용 때문에 생산과 소비가 결합되어 있으며, 세계화란 이 강제적인 결합에서 생산과 소비를 떼어내는 일이라고 규정했다―옮긴이). 운송비의 급감으로 인해, 재화가 사용되고 소비되는 장소가 더 이상 그것들이 생산된 장소와 "결합되어bundled" 있을 필요가 없어졌다는 것이다. 이제는 생산비가 가장 낮은 곳에서 재화를 생산하고 싼 비용으로 운송하여 그 재화를 구매할 만한 부가 있는 장소로 옮겨 거기에서 사용과 소비가 이루어지도록 할 수 있게 되었다.[23]

하지만 이것은 어떤 의미에서도 '세상을 평평하게' 만들지 못했다. 사용법과 품질이 알려진 단순한 물건을 구입하는 일이라면 모를까, 그보다 무언가 복잡한 일을 하려면 소통의 과정이 필요했다. 원하는 것이 무엇인지, 생산 능력은 어느 정도인지, 어떻게 합의에 이를 수 있을지에 대해 서로 조율해야 했다. 또한 직접 눈을 마주보며 무엇을 어디까지 신뢰할 수 있는지 파악해야 했다. 볼드윈이 말하는 '첫 번째 분리'는 생산이 사용과 소비에서 분리될 수 있다는 의미일 뿐, 생산이 그저 생산 자원을 가장 쉽게 구할 수 있는 운송 네트워크 위의 지점으로 단순히 옮겨간 것은 아니었다. 생산자들이 의사소통, 회의, 대면 협상 및 신뢰 등에 따르는 비용을 아낄 수 있도록 산업세계로 함께 이동했던 것이다.

그 때문에 공장들은 서로 인접한 곳에 자리 잡았다. 이것은 기업 연구소와 새로운 아이디어 또한 한 장소로 집중된다는 것을 뜻했다. 통신비는 여전히 높았기 때문에 아이디어는 한 장소에서 멀리 벗어나지 못하는 경향이 있었다. 상품은 어디든지 운반되어 소비될 수 있었다. 하지만 그 상품들은 전 세계 몇몇 장소에서만 가장 저렴하고 효율적으로 생산될 수 있었다. 이렇게 세계경제는 1914년 이전 경제적 엘도라도의 시대에 호황을 구가했다. 북방세계는 산업화되었다. 그 정원에 도사리고 있던 뱀은 세상의 상대 소득 수준이 크게 벌어졌다는 점이었다. 주신 분도 시장이시고(이 경우 얻는 쪽은 북방세계), 가져가신 분도 시장이셨다(이 경우 뺏기는 쪽은 훗날 남방세계가 되는 지역으로서, 여기에는 산업화가 훨씬 덜 진척되거나 전혀 이루어지지 않은 지역도 많았고 여러 중요한 지역에서는 오히려 탈

산업화가 벌어졌다).[24]

북서 유럽은 공산품 생산에 엄청난 비교우위를 얻었다. 그리고 세계경제 주변부의 자연자원도 더 가치가 올라갔다. 구리, 석탄, 커피, 모든 광물과 농산물은 이제 철도를 통해서 항구로 옮겨졌고, 그다음에는 철강 선체의 대양 항해 화물증기선에 실려서 전 세계로 운송됐다. 구리로 된 전선을 타고 지식이 빠르게 퍼지자 시장경제가 여기에 반응했다. 세계경제의 중심부는 기술에 대한 접근이 우월했으므로 점차 제조업으로 특화되었다. 주변부는 그곳에서 새롭게 개선된 인프라 덕분에 수출이 용이해졌으므로 1차 상품 쪽으로 특화되었다. 양쪽 모두 특화로 나아가면서 거대한 경제적 가치가 창출되었다.

이러한 19세기 후반의 세계경제를 창출한 기술과 인프라의 사회적 수익률은 어마어마했다. 한 가지 예만 들어보면, 경제사학자 포겔은 철도회사인 유니언 퍼시픽의 대륙횡단철도의 사회적 투자 수익률이 연간 30% 정도라고 계산했을 정도였다.[25]

무역의 성장은 비교우위의 논리가 그 극단까지 활용될 수 있음을 의미했다. 예를 들어 어떤 두 나라에서 그 국내의 철물과 면직물 ㅡ썩는 것만 아니라면 다른 어떤 상품이라도 좋다ㅡ의 상대적 가치가 차이가 난다고 해보자. 자기 나라에서 상대적으로 싼 상품을 수출하고 상대적으로 비싼 상품을 수입한다면 사회적 후생도 개선되며 또 이윤도 창출할 수 있다. 그런데 비교우위란 일단 안착되고 나면 오랜 시간 동안 고정되는 경향이 있다. 자동화된 섬유산업 기계류를 발명한 곳은 영국이지만, 그렇다고 해서 그 기계가 꼭 영국에서만 더 잘 돌아간다는 법은 전혀 없다. 그럼에도 영국의 면직물 수출은 1800년부터 1910년까지 10년마다 계속해서 증가했고, 1차

대전 이전에는 연간 11억 파운드를 수출하면서 절정에 이르렀다.[26]

　비교우위의 논리가 적용되는 범위도 넓었다. 절망적일 정도로 식량 생산 능력이 떨어지지만 기계 도구를 만드는 능력은 더 떨어지는 나라를 생각해 보자. 이 나라는 기계 도구를 수입하고 그나마 잘 생산할 수 있는 식량을 수출함으로써 그 운명을 타개해 나갈 수 있다. 또 1급의 자동차 생산국이지만 상대적으로 비행기를 훨씬 더 잘 만드는 나라를 생각해 보자. 이 나라는 더 잘 만드는 비행기를 수출하고 자동차를 수입함으로써 또 앞으로 나갈 수 있다. 이것이 세계 무역 확장의 위력이었다. 비교우위의 원천이 무엇이건(혁신적 기업가, 풍부한 엔지니어 커뮤니티, 잘 교육받은 노동력, 풍부한 자연자원, 노동비용을 싸게 만드는 빈곤) 기업은 이윤을 내고 사회는 더 부유해질 수 있었다. 그래서 실질임금은 산업기술이 활용되고 있는 곳만이 아니라 전 세계에서 급등했다.

　이는 노동을 따라 금융과 교역이 함께 움직인 결과였다. 1870~1914년의 세계경제는 다른 시기와 비교해 투자가 활발했다. 서유럽 그리고 북미의 동부와 중서부가 산업화되면서 글로벌 수요를 충족시킬 공산품을 생산하고, 최초의 글로벌 경제를 현실로 만든 철도, 선박, 항구, 기중기, 전신선, 기타 운송과 통신 인프라까지 건설하고 생산하기에 충분한 노동력을 제공했다. 1865년 미국 남북전쟁이 끝났을 때 전 세계에 건설된 철도의 길이는 3만 2,187킬로미터였다. 1914년에는 48만 2,803킬로미터가 됐다(오늘날에는 160만 9,344킬로미터에 이른다).

　독일 함부르크의 노동자들은 미국의 노스다코타 혹은 우크라이나에서 생산된 밀가루로 만든 저렴한 빵을 먹었다. 런던의 투자자들은 몬태나 구리광산과 캘리포니아 철도에 투자했다(그리고 철도 거부 스탠퍼드는 정부 보조금과 대지 보조를 받아 자기 주머니로 착복했다). 도쿄의 국영기업들은 독일 함부르크 노동자들이 만든 전기 장비를 구입했다. 전 세계를 연결하는 전신선은 몬태나에서 채굴한 구리로 만들었고, 말레이반도의 중국인 노동자들과 벵골의 인도인 노동자들이 채취한 고무로 절연 처리됐다.

케인스가 1919년에 썼듯이, 세계의 중상층은 1914년이면 "낮은 비용으로 별다른 수고를 들이지 않으면서도 이전 시대에 최고 부자들이나 가장 강력한 군주들이 누렸던 것 이상의 편리함, 안락함, 편의시설을 누릴 수 있게" 되었다.[27]

전 세계의 노동계급 또한 최소한 선박, 기차, 국제 상업에 접근할 수 있는 경우라면 생활수준과 생존 필요 수준과의 격차를 점점 벌려갈 수 있었다. 물론 맬서스가 말한 인구 증가의 힘이 반응을 일으키기도 했다. 1914년에는 한 세대 전에 네 명이 있던 곳에 다섯 명이 존재했다. 50년 사이의 인구 증가가 500년에 걸친 농경시대의 인구 증가보다 많았다. 하지만 사람들의 영양 수준에 하방 압력이 있었다는 증후는 전혀 없었다. 투자와 기술 덕분에 인류 역사상 최초로 사용 가능한 자원과 영양 섭취의 속도가 인구 증가의 속도를 앞질렀던 것이다. 맬서스의 악마는 쇠사슬에 꽁꽁 묶였다.

통신이 가능해졌다는 의미를 생각해 보자.

1800년경 아서 웰즐리Arthur Wellesley는 재정상태가 불안한 영국계 아일랜드 귀족 가문의 넷째 아들로 태어났다. 그에게 재능이라고는 아마추어 수준을 넘지 못하는 바이올린 연주 능력밖에 없었지만, 그래도 부와 명성을 얻고자 했다. 그는 자기 돈으로 영국군의 보병 제33연대 소령 자리를 돈을 주고 샀다(당시 영국 정부는 장교단을 부유한 기득권 집단인 지주들의 친인척들로 채우기만 한다면

1650~1660년의 크롬웰 준군사독재가 절대로 반복되지 않을 것이라고 믿었기에 장교계급을 사고팔 수 있도록 했다. 따라서 기꺼이 돈을 빌려주거나 거저 줄 수 있는 부유한 지주를 가까운 친척으로 둔 사람들만이 장교가 될 수 있었다). 그다음엔 형인 리처드가 돈을 빌려 주어 한 계단 높은 중령 계급을 사들였다. 당시 리처드는 인도 총독으로 임명되었던 바, 장차 웰링턴 공작Duke of Wellington이 될 아서는 리처드를 따라 인도로 간다. 형의 연줄로 장군으로 임명될 수도 있을 것이라고 생각하여 모험을 하였는데, 이것이 적중했다. 실제로 형은 아서를 장군으로 임명했다. 그 후 나폴레옹이 지휘하는 군대를 압도한 유일한 장군이 된 아서는 자신이 장군으로서 가장 뛰어났던 전투는 자신이 처음 지휘한 전투, 즉 2차 영국-마라타 전쟁Anglo-Maratha War을 영국의 승리로 이끈 마하라쉬트라Maharashtra의 아사이Assaye 전투라고 말했다.[28]

당시 아서가 영국에서 인도로 가는 데에는 7개월이 걸렸고, 인도에서 영국으로 돌아가는 데에는 6개월이 걸렸다. 그가 대영제국 내각과 동인도회사 경영진의 모든 문의, 지시, 명령을 인도의 영국 지방 총독들에게 전달하기 위해서 콜카타의 윌리엄 요새, 첸나이의 세인트 조지 요새 또는 봄베이 성에 도착할 때쯤이면, 그것들은 이미 1년 묵은 내용이 된다. 질문에 대한 대답을 듣는 데 1년이 걸리는 대화는 두 화자가 주고받는 대화라고 할 수 없었다. 이는 두 사람의 독백이 그냥 겹쳐진 것에 불과하다. 어떤 사업을 벌일 때 모든 동업자들이 함께 나누어야 할 관점, 실천, 역량, 목표 등을 전달하는 데에 이러한 시간 격차가 존재한다는 것은 무책임한 정도가 아니라 아예 위태로운 일이다.

그런데 전신은 대화를 가능하게 했다. 그것은 전 세계의 각 지점들을 연결했고, 메시지는 거의 광속으로 구리선을 타고 상대편으로 전달됐다.

모두가 전신을 환영했던 것은 아니었다. 이번에도 소로가 등장한다. 그는 "사람들은 메인부터 텍사스까지 전신망을 건설하겠다고 크게 서두르고 있다. 하지만 메인과 텍사스는 서로 소통해야 할 만큼 중요한 일이 전혀 없을 수 있다"고 불만을 토로했다.[29]

텍사스가 알아야 할 만큼 중요한 일이 메인에서 벌어지지 않았을 수도 있다. 하지만 1860년 여름 시카고에서는 텍사스 사람들이 알아야 엄청난 사건이 벌어졌다. 위그왐Wigwam에서 열린 공화당 전당대회에서 에이브러햄 링컨Abraham Lincoln이 대통령 후보로 선출된 것이다. 이것이 시발점이 되어서 텍사스에 사는 2만 5,000명의 성인 백인들이 죽고 2만 5,000명 이상이 불구가 되는 사건들이 연쇄적으로 일어났고, 그 이후 5년 동안 텍사스의 20만 명의 흑인 노예들이 전부 해방됐다. 또 메인 사람들 또한 텍사스에서 벌어지는 일은 꼭 알아야 할 필요가 없었을지 모르지만, 캐나다 그랜드뱅크Grand Bank에서 들어온 대구의 가격이 보스턴, 프로비던스, 뉴욕, 필라델피아 등과 각각 어떻게 차이가 나는지를 알리는 전보는 대구를 잡으러 나가는 메인의 어부들에게는 아주 중요한 정보였다.

대구의 가격에 대한 정보는 높은 가치가 있었고, 수십만 명의 미국인들이 해방되었다는 정보는 근본적인 심각성을 담고 있었다. 언어가 발명된 이래로 인류의 위대한 힘들 중 하나는 수다와 뒷얘기에 대한 욕구가 우리를 집단지성으로 변모시킨다는 점이다. 집단의 한 사람이 알고 있는 정보가 유용하다면 집단에 속한 모든 사람이 곧 알게 되고, 종종 집단 외부의 다른 사람들도 알게 된다. 전신의 발명은 관련 집단의 범위를 마을이나 길드에서 전 세계로 확장시켰다.

전신을 전 세계로 확대하는 일은 쉽지 않았다. 특히 해저 전신 케이블을 설치하기가 어려웠다. 1870년 영국의 엔지니어 이점바드 킹덤 브루넬Isambard Kingdom Brunel의 SS 그레이트이스턴SS Great Eastern호 ─ 그때까지 건조된 세계 최대의 선박(이보다 큰 배는 1901년 이전에는 제작되지 않았다) ─ 가 예멘에서부터 뭄바이까지 해저 전신 케이블을 매설했고, 이로써 런던으로 가는 해저 케이블이 뭄바이까지 직접 연결되었다. 미래의 웰링턴 공작을 비롯한 수백만 명의 사람들이 런던에서 봄베이까지 명령과 뉴스를 전달하고 돌아오는 데 더 이상 몇 달씩 시간을 허비할 필요가 없어졌다. 몇 분이면 충분했다. 1870년 이후에는 아침에 전날 해외 투자의 실적을 확인하고 점심 식사 전에 해외의 은행에 질문과 지시를 전신으로 보낼 수 있었다.

이것은 세 가지 이유에서 중요했다.

첫째, 이러한 과정은 의사결정에 필요한 더 많은 정보를 제공할 뿐만 아니라, 신뢰와 보안도 개선했다. 1871년 34세의 미국 금융가 J. 피어폰트 모건J. Pierpont Morgan이 45세의 미국 금융가 앤서니 드렉설Anthony Drexel과 투자은행 파트너십을 맺고, 투자 자금의 흐름을 자본이 풍부한 영국에서 자원과 토지가 풍부한 미국으로 향하도록 유도하여 이윤을 창출했던 것을 생각해 보라. 오늘날의 J. P. 모건 체이스와 모건 스탠리는 이 파트너십의 산물이다.[30]

둘째, 이는 기술 이전, 즉 세계의 한 곳에서 발명되었거나 사용되고 있는 여러 기술과 방법을 다른 곳에서 사용할 수 있게 하는 능력에 큰 도움을 주었다.

셋째, 이 과정은 제국의 시녀 역할을 했다. 저렴하고 안정적으로 사람과 소통하고 상품을 이동시킬 수 있는 곳에서는 군대를 이동시키고 물자를 보급하고 지휘할 수도 있다. 이렇게 하여 유럽의 어떤 강대국이든 세계의 거의 모든 곳에서 막강한 힘을 이용해 정복, 최소한 침략과 파괴에 착수할 능력을 갖게 되었다. 유럽의 강대국들은 실제로 그 능력을 휘둘러 댔다.

1870년 이전 유럽 제국주의는 (영국의 인도 지배라는 중요한 예외를 빼면) 대체로 항구와 그 배후지에만 국한되는 문제였다. 하지만 그 이후의 제국주의는 거침없이 내륙으로 치고 들어가서 전 세계를 식민지로 만들었다. 1914년이 되면 유럽의 정복이나 지배를 받지 않는 나라는 모로코, 에티오피아, 이란, 아프가니스탄, 네팔, 태국, 티베트, 중국, 일본 정도뿐이었다(대만과 한국의 경우에는 일본의 지배).

*

19세기가 저물 무렵에는 정보 전송 속도가 크게 향상되고 사람과 기계를 운송하는 비용이 크게 낮아져서 인류 역사상 처음으로 인류에게 알려진 모든 생산적인 기술을 전 세계 어느 곳에서나 활용할 수 있을 것처럼 보였다.

섬유공장은 이제 맨체스터, 매사추세츠의 폴 리버, 브뤼셀만이 아니라, 뭄바이, 캘커타, 상하이, 케이프타운, 도쿄에도 세워졌다. 북대서양의 경제 중심부는 자본, 노동력, 조직은 물론 수요까지 동원하여 이 후자 도시들의 생산 활동을 지원했다. 다시 말해 주변부에서 온 생산물들을 필요로 할 뿐만 아니라 기꺼이 구매하고자 했다. 1870년 이전에는 서유럽의 주요 수입품은 면화, 담배, 설탕, 양모에 한정되어 있었다. 소량의 야자유, 모피, 동물 가죽, 차, 커피도 수입했지만 이들은 생필품은 고사하고 심지어 편의품도 아닌 사치품이었다. 하지만 1870년 이후에는 기술 발전으로 인해 디젤 엔진과 가솔린 엔진을 작동시킬 석유, 농토를 비옥하게 만들 질산염, 전선을 만들 구리, 타이어를 만들 고무 등이 필요하게 된다. 그리고 새로운 기술과 무관하게 1870년 이후에는 코코아, 차, 커피, 실크, 황마, 야자유, 기타 열대지방 생산품에 대한 북대서양 경제 중심부의 수요가 하늘로 치솟았다. 그렇다면 상품 수요와 산업 기술 이전은 세계 모든 나라의 소득을 같은 수준으로 끌어올리기 시작했어야 했다. 하지만 그런 일은 실제로 벌어지지 않았다.

국제경제학자이자 개발경제학자인 세인트루시아St-Lucia 출신의 W. 아서 루이스W. Arthur Lewis는, 통합된 세계경제가 등장하면 수많은 국가와 지역이 근대적 경제성장의 "에스컬레이터"에 올라탈 기회를 얻게 될 것이며, 일단 여기에 올라타면 거의 모든 국가와 지역의 1인당 생산성이 "갈수록 더 높은 수준으로" 올라갈 것이라고 했다. 하지만 루이스는 1870년의 시점에서 근대적 경제성장의 에스컬레이터에 온전히 올라탄 나라는 여섯 개뿐이었다고 판단했다.[31]

1805년부터 1848년까지 (오스만 제국의) 이집트 총독khedive이던 무함마드 알리Muhammad Ali의 이야기를 보면 그 이유를 알 수 있다. 알리는 이집트를 완전히 바꿔서 자신의 후손들이 프랑스 은행가들과 영국 식민지 총독들의 꼭두각시가 되지 않기를 무엇보다 바랐다. 그는 이런 꿈을 실현하기 위해서 제일 먼저 이집트를 섬유산업의 중심지로 만들고자 노력했다. 하지만 기계를 계속 돌리는 것은 달성할 수 없는 목표임이 판명되었고, 그의 섬유공장들은 결국 멈췄다. 1863년 총독이 된 그의 손자 이스마일은 알리가 우려했던 대로 프랑스 은행가들과 영국 식민지 총독들의 꼭두각시가 되고 말

왔다.[32]

중국, 인도 그리고 2차 대전 이후 남방세계가 되는 기타 지역이 온대지방 이주 정착지들처럼 밀가루나 양모와 같은 상대적으로 고부가가치 상품들을 생산하고 수출하지 못했던 것은 충분히 이해할 수 있는 일이다. 농업 생산성이 너무나 낮았고, 기후가 불리했기 때문이다. 그들이 생산했던 수출품들의 가격이 처음부터 줄곧 낮은 수준을 유지하게 된 이유도 이해가 된다. 중국과 인도로부터의 대규모 이민의 흐름으로 인해 말레이반도, 케냐, 콜롬비아의 실질임금에 큰 하락 압력이 가해졌기에, 이들이 그나마 생산한 수출 상품들은 시작부터 계속해서 상대적으로 낮은 가격일 수밖에 없었다.

하지만 이해가 되지 않는 부분은 산업화가 1차 대전 이전에 미래의 남방세계로 훨씬 더 빠르게 확산되지 못했던 이유다. 따져보면 북대서양의 산업 중심지를 모델로 이를 따르는 작업은 전혀 어렵지 않아 보였다. 물론 최초의 영국 산업혁명 당시에 발명된 증기력, 방적기, 자동 직기, 금속 세공과 제강, 철도 건설 등은 무수히 많은 천재들이 서로 각자 한 획씩을 그었던 덕에 가능했다. 하지만 후발자들이 그러한 기술들을 그저 베껴오는 데에는 전혀 그런 사람들이 필요하지 않았으며, 특히 영국과 미국의 산업에 공급되는 것과 동일한 산업 장비를 구입해서 저렴하게 운송할 수 있는 경우에는 더욱 그러했다.

헨리 포드Henry Ford는 생산 시스템을 다시 설계해서 과거에 숙련공이 담당했던 작업을 미숙련 노동자들이 생산라인에서 수행할 수 있도록 만들었다. 그렇다면 왜 포드나 다른 이들은 임금도 훨씬 낮은 페루, 폴란드, 케냐의 미숙련 노동자들이 그 일을 수행하도록 생산 시스템을 만들지 못했을까? 따지고 보면 1914년부터 미국은 당시의 세계 기준을 놓고 봤을 때 이례적으로 인건비가 높은 곳이지 않았는가?

정치적 리스크의 문제였을까? 장비 공급자나 유사한 상품을 생산하는 다른 공장 가까이 위치하여 생기는 상대적 우위가 결정적인 요소였을까? 문제가 생기면 해결할 수 있는 전문가들을 곁에 두어야 했기 때문이었을까?

이것은 여전히 내게 큰 퍼즐로 남아있다. 나뿐만이 아니라 다른 경제사학자들에게도 마찬가지다. 1차 대전 이전에 기술이 산업 중심부의 밖으로 왜 그렇게 더디게 확산했는지에 대해 우리가 알고 있는 바는 너무나 적다.

'주변부' 경제국들은 플랜테이션 농업에 전문화하여 수출하는 데 탁월한 능력을 보였다. 하지만 그들은 현대적 제조업을 만들어 내는 데에는 성과가 형편없었다. 그렇게 했더라면 그들의 낮은 상대임금 수준이 지속적인 비교우위의 원천으로 활용될 수도 있었는데 말이다.

왜 이런 일이 일어났는지를 묻는다면, 나는 영국 ─ 그다음에 미국, 그다음에 독일 ─ 이 누렸던 초기의 비용 우위가 너무 커서, 다른 지역에서 '유치산업infant industries'을 육성하려면 아찔할 정도로 높은 관세를 매겨야 했기 때문이라고 답하겠다. 식민지를 지배했던 나라들이 유치산업을 육성하려는 식민지의 시도를 거부했기 때문이라고 답하겠다. 자유무역이라는 이데올로기적 우위 때문에 많은 사람들이 관세 인상의 가능성을 고려조차 하지 못했다고 답하겠다. 자유무역이라는 절대적인 이데올로기에서 몇 걸음 벗어나서 알렉산더 해밀턴Alexander Hamilton과 동료들이 주장한 실용적인 정치경제학을 받아들이려고 생각했던 사람은 거의 없었다. 해밀턴의

'발전국가' 접근방식을 받아들였더라면 장기적으로 경제에 큰 도움이 되었을 수도 있었다.[33]

시장경제는 관리되지 않는다면 소중한 재산권을 보유한 사람들의 열망을 충족시키기 위해 노력한다. 그러나 소중한 재산의 소유자는 외국에서 들여온 사치품을 구입하여 높은 생활수준을 추구한다. 이들은 노동계급에게 부와 기회가 흘러내리도록trickling down 장려하는 것은 말할 것도 없고, 장기적인 경제성장을 활성화하고 가속화하기를 원하는 참을성 있는 이들이 아니다. 게다가 시장경제는 기존의 대농장으로부터 수익을 거둬들이고 철도와 부두와 같은 인프라 사용료로 수익을 낼 수 있지만, 생산 과정에서 노동자들과 기술자들이 실천 공동체를 이루어 습득한 지식을 고려하지도 않고 이해하지도 못한다. 선구자들과 경쟁자들이 실패와 성공을 겪을 때 어떤 일이 잘못되었는지 옳았는지를 지켜보고, 그들의 기업이 잘했을 때 자랑스럽게 생각하고, 실패했을 때 위로하는 것은 생산성 성장을 위한 강력한 사회적 채널이다. 하지만 실리콘밸리의 교류의 공간Wagon Wheel Bar에서의 사람들의 대화는 사회적인 측면에서는 아주 중요하지만 돈의 흐름으로 연결되지는 않았다.[34] 그러니 이들의 이야기가 경제에 미칠 수 있는 혜택을 시장은 이해할 수 없다.

밀은 "아무런 내재적 우위 없이 단지 그것을 먼저 시작함으로써 습득된" 그러한 "기술과 경험이 한 생산 부문에서 다른 나라에 대한 한 나라의 우위를" 만들어낼 수 있다고 썼다. 그러나 관리되지 않는다면 시장경제의 최대 수익성 테스트는 그러한 기술과 경험이 습득되지 못하게 할 것이다. 그래서 1870~1950년에 가장 수익성이 높고 가장 혁신 친화적인 경제활동은 점점 더 우리가 북방세계

라고 부르는 곳으로 집중되었다.[35]

경제사학자 로버트 앨런Robert Allen은 제국주의가 지배적 요인이었다고 생각한다. 식민지 정부는 산업화를 가능하게 하는 정책들의 '표준 패키지'—항구, 철도, 학교, 은행과 현재 수익성이 있는 수출산업 이외의 '유치산업' 관세—를 채택하는 데 관심이 없었다는 것이다. 아서 루이스는 가장 중요한 문제는 대규모 이민과 글로벌 상품 무역이었다고 생각했다. 산업화를 위해서는 번영하는 중간계층이 있어서 공장에서 나오는 생산물들을 사주어야 하는데, 열대지방의 나라들에서는 그러한 중간계층이 발달할 수가 없었다는 것이다. 경제사학자 조엘 모키르Joel Mokyr는 계몽주의 시대에 발전했던 사유 관습과 지적인 교류가 엔지니어 커뮤니티의 바탕이 되었고, 그것을 기반으로 북대서양의 산업 강국들만이 발전을 이룰 수 있었다고 생각한다. 발전경제학자 라울 프레비시Raul Prebisch는 스스로를 카스티야 정복자들conquistadores의 후손이라고 내세운 지주들이 가장 중요한 원인이었다고 한다. 이들은 자기들의 지배력을 유지하려면, 자신들이 갈망하는 사치품들의 생산지를 멀리 대서양 건너편에 남겨 두는 게 최선이라고 생각했다는 것이다.[36]

나는 뭐라고 판단하지 못하겠다. 답은 개인들이 내린 개별적인 결정과 보다 큰 문화적·정치적 힘들이 서로 인과관계를 이루며 얽혀들었던 실타래 속 어딘가에 있다. 내가 분명히 아는 것은, 20세기가 현실처럼 되지 않았다면 무슨 일이 일어났을지 우리가 알 수 없다는 것, 그것뿐이다.

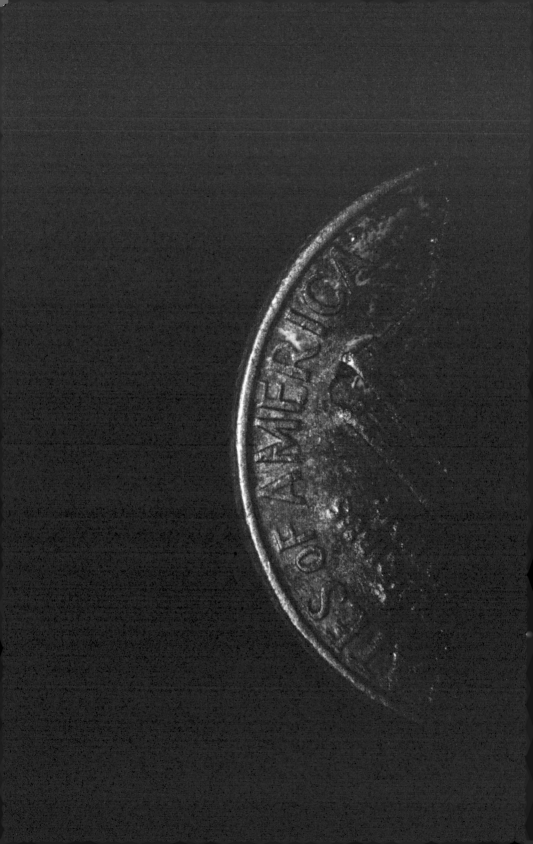

2장. 기술 주도 성장 엔진의 시동을 걸다

　1870년 이후는 세계화된 세상이었으며, 그 세계화는 이전에 한 번도 나타난 바가 없는 방식으로 이루어졌다. 하지만 세계화는 정확히 무엇을 의미하는가? 세계화는 과거 어느 때보다도 빠르게 아이디어와 사람을 이동시키기 시작한 지구를 가로지르는 통신과 교통수단이라는 의미 이상을 가지고 있었다. 세계화의 의미를 더 잘 이해하기 위해 허버트 후버Herbert Hoover의 이야기에서 시작해 보자.[1]

　후버는 1874년 아이오와에서 태어났다. 대장장이였던 그의 아버지는 1880년에, 어머니는 1884년에 세상을 떠났다. 10살에 고아가 된 셈이다. 1885년 그는 이모 가족과 함께 살기 위해 서쪽의 오리건으로 이주했고, 1891년에는 캘리포니아로 가서 늘 자신이 최초의 입학생이라고 주장하는 스탠퍼드 대학교에 입학했다(그는 1891년 개교한 스탠퍼드가 학교 문을 열기도 전에 도착했고, 교직원들은 그가 캠퍼스에서 잠을 잘 수 있도록 허락했다). 광산 기술자가 되기 위해 공부한 그는 1893년 공황의 여파가 남아있던 1895년에 졸업했다.

　후버의 첫 번째 직업은 캘리포니아 그래스밸리Grass Valley의 광산 노동자였고 연봉은 600달러였다. 그다음에는 한 광산 엔지니어의 특별 조수이자 인턴으로 연봉 2,400달러를 벌었다. 후버는 계속 서쪽으로 이동했고, 1897년에는 태평양을 건너 오스트레일리아로 가서 광산 회사인 비윅 모어링Bewick Moreing에서 일하며 연봉 7,000달러를 벌었다. 다음에는 중국으로 가서 연 2만 달러를 벌었다. 그가 처음으로 큰돈을 손에 쥔 것은 중국에서였는데, 어떻게 돈을 벌었는지 묻는 질문에 그는 선뜻 대답하지 못했다.[2]

1901년부터 1917년까지 후버는 런던에서 컨설팅 엔지니어이자 투자자로 일했다. 그는 미국뿐 아니라 호주, 중국, 러시아, 버마, 이탈리아, 중앙아메리카에서도 일했고, 투자까지 했다. 그는 1917년에 미국으로 돌아갔고, 1925년에 상무부 장관이 되었으며, 마침내 1928년에 미국 대통령으로 선출된다. 대장장이의 아들로 태어나 대학을 졸업하고 백만장자 광업 컨설턴트가 된 뒤 마침내 대통령이 된 것이다. 이는 그때까지 미국에서조차도 보기 드문 짧은 시간 안에 최고 자리까지 오른 기록이었다. 미국은 이렇게 예외적인 나라였다. 그리고 이러한 미국의 존재야말로 장기 20세기를 예외적인 세기로 만들어낸 중요한 요인이었다.

하지만 후버의 엄청난 부가 세계화 덕분은 아니었다. 그는 채굴 기술을 능숙하게 사용하고 관리자와 조직가로서의 기술을 이용하여 부를 쌓았다. 세계화는 1870년의 분수령이 나타나게 된 가장 중요한 요인이라고 할 수는 없었다. 1870년과 1914년 사이에 기술력과 조직력은 매년 2%씩 성장했던 바, 이는 그 전 시기인 1770년부터 1870년 사이의 성장 속도보다 무려 네 배가 늘어난 숫자였다. 글로벌 경제를 주도한 나라들—처음에 미국, 독일, 영국이었지만 이후 영국은 빠르게 뒤처졌다—은 이미 1870년 이전부터 다른 나라들보다 아마도 연간 0.9%가량 더 빠르게 성장했을 것이다.[3] 그들은 1870년 이후에 그 속도를 더욱 높여 1870년 이전에 비해 거의 세 배 빠른 속도인 연간 2.5%의 성장률로 선두 자리를 유지했다.

1870년 전에는 발명과 혁신이란 대체로 우연적이고 독특한 발견과 적응의 결과물이었다. 실을 뽑고, 옷감을 짜고, 물자를 운송하고, 철을 만들고, 석탄을 채굴하고, 밀과 쌀과 옥수수를 재배하는 등 예전부터 있었던 산업들을 수행하기에 더 좋은 새로운 방법들을 만들어낸 것이었다. 이러한 개선을 이룬 발명가들은 그다음에는 자기들의 발명을 활용하여 돈을 벌 수 있는 방법을 찾는다. 그리고 이 과정에서 발명가들은 연구자로만 머물 수는 없었다. 이들은 기술개발자, 정비기사, 인적자원 관리자, 상사, 응원단장, 마케터, 기획자, 금융가 등의 역할을 모두 맡아야 했다.

1870년 이전의 시스템은 여러 상황들만 잘 맞았다면 굴러가는 데 문제가 없었다. 18세기의 증기기관의 발명에 대해서 생각해 보자. 증기기관은 저렴한 연료 공급원이 필요했고, 그걸 활용해서 큰 돈을 벌 수 있는 중요한 일이 있어야 했고, 첨단 금속가공 기술을 활용할 수 있는 사회적 능력이 필요했다. 연료는 탄광의 바닥에서 발견되었다. 증기기관이 있었으니 방적기에 적합한 값싼 면화가 플랜테이션 농장에서 신속하게 공장으로 공급되었고, 공장은 인기 상품을 생산했다. 거기에 철로와 쇠바퀴를 저렴하게 생산할 수 있는 실용적인 야금술까지 결합되면서 산업혁명이라는 도화선에 불이 붙었다. 증기 동력이 나오면서 자동화된 방적기, 방직기, 금속 프레스, 철도와 기차 등이 19세기를 수놓게 된다.

그 도화선은 칙칙거리다가 꺼져버릴 가능성도 있었다. 사실 1870년대 이전의 기록을 보면 도리어 그렇게 예상하게 된다. 인쇄술, 풍차, 화승총musket, 카라벨caravel(15세기 전후하여 지중해와 대서양에서 사용된 범선. 콜럼버스의 선단에도 이용되었다 ―옮긴이), 물레방아, 그 이전의 말 멍에, 심경深耕 쟁기(땅을 깊게 갈아엎을 수 있는 무거운 쟁기. 중세 초 심경 쟁기의 발명은 삼포농법과 함께 유럽의 농업 생산력

을 비약적으로 끌어올렸다 —옮긴이), 3,600명의 로마 군단 등의 발명
은 모두 당대 경제와 사회의 한 부분을 혁신적으로 변화시켰다. 하
지만 그 무엇도 1870년 이후 인류가 올라탄 경제성장의 로켓 같은
무언가를 점화시키지는 못했다. 고대 지중해 문명 이후에는 암흑기
Dark Age 라고 불리는 시대가 이어졌다. 인쇄술은 정보의 보급을 혁신
시켰지만 책은 항상 지출에서 차지하는 비중이 낮았고, 인쇄기는
하나의 혁명적인 발명품이었지만 추가적인 발명을 낳지 못했다.
풍차와 물레방아 덕분에 여성들은 더 이상 코를 박고 맷돌을 돌리
느라 많은 시간을 할애할 필요가 없어졌지만, 아버지와 남편은 대
신 여성들이 다른 일을 하도록 만들었다. 화승총과 카라벨은 제국-
상업시대를 열었고 화약제국들을 낳았지만, 이 또한 고립된 도약
이었을 뿐 지속적인 성장으로 이어지지 못했다. 말 멍에와 심경 쟁
기는 유럽인의 정착지와 상업 활동의 중심을 북쪽으로 이동시켰지
만, 유럽 노동자들의 운명을 크게 개선하지는 못했다. 로마 제국을
만드는 데 필수적이었던 군단 조직은 확장의 한계에 도달한 후 결
국 무너졌다.[4]

　1870년 이후가 다른 점은 가장 선진적인 북대서양 경제들이 **발
명을 발명했다**invented invention 는 것이었다. 이들은 단지 섬유기계와
철도만 발명한 것이 아니라, 기업 연구소와 근대적 대기업을 낳은
조직 형태도 만들어냈다. 그 후 기업 연구소에서 발명된 기술은 한
나라 혹은 한 대륙 전체의 규모로 활용될 수 있었다. 무엇보다 중요
한 발견은 이 선진 경제들이 기존의 것을 더 잘 만드는 방법뿐만 아
니라 완전히 새로운 것을 발명함으로써 큰돈을 벌고 큰 만족을 얻
을 수 있다는 사실을 알게 된 것이었다.

　단지 뭔가를 발명하는 데 그치지 않고, 발명하는 방법을 체계적

으로 발명해 낸 것이었다. 단지 개별적인 대규모 조직을 발명하는 데 그치지 않고, 조직하는 방법을 조직해낸 것이었다. 이 두 가지 모두 근대적 대기업의 통합적인 명령 및 통제 체제가 등장하는 데에 필수적이었다. 1870~1914년 사이 매년 이 최초의 기업 연구소에서 나온 더 새롭고 더 좋은 기술들이 활용되었다. 이 기술들은 기존의 생산자들에게 판매되는 경우도 있었지만, 대규모 기업이라는 새로운 조직의 출현과 확장을 촉발시킬 때가 훨씬 더 많았다

W. 아서 루이스가 관찰한 바 있듯이, 1870년의 부자들이 소유한 품목들은 1770년의 부자들이 소유한 품목과 똑같았다.[5] 물론 1870년의 부자가 1770년의 부자보다 더 많이 소유했을 것이다. 다시 말해서 전자가 가진 양은 더 많았겠지만 그 품목은 집, 옷, 말과 마차, 가구 등으로 동일했다. 따라서 자신이 얼마나 부자인지를 과시하려면 보유한 품목들을 늘어놓기보다는 자신이 거느린 하인의 수를 보여주는 쪽이 훨씬 효과적이었을 것이다.

하지만 1870년대 이후로 변화가 나타난다. 예상치 못한 새로운 상품들이 쏟아졌다. 루이스의 말을 빌리자면, "전화기, 축음기, 타자기, 카메라, 자동차 등 끝도 없이 새로운 것들이 줄줄이 나타났고, 여기에다가 20세기에 들어오면 비행기, 라디오, 냉장고, 세탁기, TV, 요트 등"이 추가되었다. 1870년에는 미국 인구의 4%만이 수세식 화장실을 사용했다. 이 비율은 1920년 20%, 1950년 71%, 1970년 96%로 증가했다. 1880년에 유선 전화기를 갖고 있는 미국인은 아무도 없었다. 하지만 1914년에는 28%가 유선 전화기 한 대를 보유했고, 1950년 62%, 1970년 87%로 증가했다. 1913년에는 전기를 사용하는 미국 인구가 18%에 불과했지만, 1950년에는 그 비율이 94%에 이르렀다.[6]

이러한 기적 같은 물품들이 나오면서 소비도 폭증하고 편리함도 늘어났다. 이를 종종 '제2차 산업혁명'이라고 부르기도 한다. 경제학자 로버트 고든Robert Gordon은 수세식 화장실부터 전자레인지에 이르기까지 모든 것으로 이루어진 "하나의 거대한 파도one big wave"에 대해 말한 바 있다. 그 후 거대한 파도를 이루었던 유기화합물, 내연기관, 전기에서 파생된 고만고만한 결과물들이 사용되었고 그러고는 기술이 둔화될 수밖에 없었다고 한다. 고든은 과학의 꾸준한 발전이 우리를 갑자기 엄청난 기술적 잠재력을 가진 곳으로 데려왔다고 말했다. 하지만 이러한 주장은 중요한 핵심을 놓치고 있다. 우리가 이런 발명들을 하나로 묶어서 '2차 산업혁명'으로 부르는 이유는 기술 발전이 한 세기 반에 걸쳐 분산되었던 영국 산업혁명 당시와 달리 한 세대 만에 빠르게 연속적으로 이루어졌기 때문이다. 가장 중요한 것은 어떤 특정 기술의 등장이 아니라, 발견하고 개발하여 활용할 수 있는, 광범위하고 깊이 있는 새로운 기술들이 있다는 인식이 확산되는 것이다.

철강을 생각해 보자. 철강이야말로 20세기의 기본적인 건축자재이자 산업문명의 핵심 금속으로서, 사실상 19세기 후반에 새로이 발명되었다. 철강은 탄소가 함유된 철 90~95%로 구성된다. 철의 융해점 이하로 온도를 유지하면서 불에 달궈진 철을 망치로 계속 두드리면 광재나 철의 불순물이 녹아서 빠져 나가고 탄소가 없는 연철wrought iron을 만들 수 있다. 하지만 연철은 너무나 연하고 물러서 산업용 자재로 사용할 수 없다. 그런데 용광로의 연료로 순수한 형태의 석탄인 코크스cokes를 사용하여 철의 융해점 위로 온도를 올리면 철이 액체로 녹게 되며 여기에 코크스에서 나온 탄소가 철과 결합한 합금인 선철pig iron이나 주철cast iron이 나온다. 하지만 선철이나 주철은 너무 쉽게 깨지기 때문에 또한 산업용 자재로 적합하지 않다.

이처럼 철강을 만들려면 세부사항들까지 정확히 해야 한다. 절대로 쉽지 않은 작업이다.

수천 년 동안 철강은 숙련된 기능공들이 숯불 앞에서 연철을 달구어 망치로 두드린 다음 물이나 기름에 담금질하는 식으로 만들어졌다. 19세기 이전에 고급 철강은 에도, 다마스쿠스, 밀라노, 버밍엄의 고도로 숙련된 대장장이들만이 만들어낼 수 있었다. 이 과정은 외부인들에게는 마법처럼 느껴졌으며, 심지어 내부인들도 그렇게 느낄 때가 많았다. 리하르트 바그너Richard Wagner가 오페라 〈니벨룽겐의 반지〉에서 현대적으로 각색한 독일 전설을 보면 저주받은 영웅 지크프리트가 솜씨 좋은 대장장이가 만든 칼을 손에 넣는 이야기가 나온다. 칼을 만든 난장이 미메Mime는 어딜 보아도 재료공학자는 아니었다. 그의 형제인 알베리히Alberich는 어엿한 마법사였다.[7]

헨리 베서머Henry Bessemer와 로버트 머셰트Robert Mushet가 1855~1856년에 베서머-머셰트 공법을 고안하면서 상황이 일변했다. 이 공법은 녹은 주철에 공기를 주입해서 철의 불순물을 전부 태워 없앤 다음, 충분한 탄소를 (그리고 망간을) 주입해 산업용 자재로 사용할 철강을 만든다. 철강의 톤당 가격은 이전의 대략 7분의 1로 떨어졌다. 영국의 연평균 임금이 70파운드였던 시기에, 철강의 톤당 가격은 45파운드에서 6파운드로 폭락했다. 토머스-길크리스트Thomas-Gilchrist 공법과 지멘스-마르탱Siemens-Martin 공법이 뒤를 이었고, 철강을 만드는 방법은 더욱 개선됐다. 그리하여 세계 철강 생산량은 본래 하찮은 수준 ─장검, 식탁의 나이프, 최대한 날카로운 날을 가져야 하는 일부 도구 정도나 만들 수 있는 양—에서 1914년 연간 7,000만 톤으로 늘어났다.[8] 1950년에는 1억 7,000만 톤으로 증가했고, 2020년에는 15억 톤에 이르렀다. 2016년 철강 가격은 톤당 대략 500달러였는데, 당시에 미국과 유럽의 전일제 노동자의 평균 연봉은 5만 달러에 조금 못 미쳤다.

철강만이 아니었다. 1870년은 새로운 세상의 여명이었으니, 그 후 수십 년에 걸쳐서 "삶의 모든 측면에서 인류는 혁명을 경험하게 된다. 1929년 미국 도심에 전기, 천연가스, 전화망, 깨끗한 상수도가 들어왔다. … 도심의 거리에서 말은 거의 자취를 감췄고… 일반 가정은 1870년에는 상상하기조차 어려웠던… 오락거리를 즐겼다"고 했거니와, 전적으로 옳은 관찰이다.[9] 1870년에는 철도와 철강 공장이 첨단 기술이었지만, 1903년에는 발전기와 자동차, 1936년에는 공장의 조립라인과 항공산업, 1969년에는 TV와 (달 탐사 및 군 사용) 로켓, 2002년에는 마이크로프로세서와 월드와이드웹으로 이동했고, 기술 혁명의 진행 속도는 이전 시대보다 더 빠르고 더 격렬해졌다. 기술 혁명에 따른 경제적·사회적·정치적 결과들과 문제들 그리고 이에 따른 조정은 그 어느 때보다도 빠르고 격렬하게 나타났다.

대다수의 변화는 1929년보다 훨씬 이전에 일어났다. 그리고 그러한 변화들은 미국에서만 일어나지는 않았다. 프랑스 혁명의 바스티유 습격 100주년이 되는 1889년 프랑스는 만국박람회를 열었다. 박람회장의 한중간에는 혁명 순교자들을 기리기 위해 혁명을 재현한 작품들이 전시되는 대신, 귀스타브 에펠Gustave Eiffel이 설계하여 그의 이름이 붙은 철탑이 세워졌다. 역사학자 도널드 서순Donald Sassoon은 프랑스 박람회가 "상업과 무역, 현대성, 그리고 기계

갤러리Galerie des Machines에 전시된 여러 놀라운 기술을 봉헌하는 의식이었다. … 현대성, 진보, 평화로운 부의 추구란 기치 아래, 프랑스 사람들은 국민적 자부심과 통합을 되찾게 될 터였다"고 했다.[10]

만국박람회가 끝난 뒤 에펠의 철탑은 철거될 예정이었지만 대중들의 열화와 같은 반대로 살아남았고, 그 후로 파리의 스카이라인을 오늘날까지 계속 지배하고 있다. 파리에서 대서양 건너에 있는 뉴욕의 항구에도 에펠이 설계한 또 다른 구조물이 우뚝 서 있지만, 이 구조물의 철강 골조는 구리로 둘려 있고 '자유의 여신상'이라는 이름이 붙어있다.

사람들의 삶은 여전히 고되고 누추했다. 미국은 1900년이 지나면서 빠르게 세계경제의 중심이 됐지만 여전히 가난했고 굉장히 불평등했다. 비록 20세기가 되기 전에 상황이 조금씩 나아지기는 하지만, 실제로 불과 수십 년 전만 해도 노예였던 흑인 미국인들은 오히려 이전 노예 시절보다 더 심한 불평등에 시달렸다.[11]

하지만 20세기의 첫 10년 동안 미국은 세계의 다른 어느 곳과 비교해도 매우 매력적인 곳이기도 했다. 노동자의 안전에는 거의 또는 전혀 신경 쓰지 않는 기업들의 장시간 노동과 부상이나 사망 위험에도 불구하고, 미국의 일자리는 국제 기준으로 봤을 때 매우 좋은 수준이었다.[12] 말하자면 헝가리나 리투아니아 등에서 피츠버그와 뉴저지로 8,000킬로미터를 이동해서까지 올 정도였다.

이 지점에서 경제사에서는 전통적으로 세상에서 가장 유명한 발명가이자 뉴저지 '멘로파크Menlo Park의 마법사'인 토머스 에디슨을 언급하곤 한다. 그는 1,000개 이상의 특허를 보유했고, 오늘날의 제너럴 일렉트릭을 포함해서 15개의 회사를 설립했다. 다만 에디슨의 이야기는 이미 널리 알려져 있는 데에다가 에디슨에게만 집중하다 보면 기술 혁명이 전 세계에 미쳤다는 사실이 흐려지는 문제도 있다.

그러니 대신 다른 이민자 한 사람 이야기를 해보자. 그 또한 후버처럼 계속 서쪽으로 이동했지만, 출발점은 더욱 동쪽의 크로아티아였다. 그의 이름은 니콜라 테슬라였다.[13]

테슬라는 합스부르크 제국—빈의 젊은 황제 프란츠 요제프Franz Joseph가 통치하던 때였다—의 크로아티아 크라지나Krajna 지역의 스밀랸Smiljan이란 마을에서 1856년 7월 10일에 다섯 형제 중 넷째로 태어났다. 그의 아버지는 세르비아 정교회의 사제로 글을 읽고 쓸 줄 알았지만, 어머니는 문맹이었다. 부모는 그가 성직자가 되기를 원했고, 테슬라는 전기공학자가 되고 싶었다.

테슬라는 2년 동안 오스트리아 그라츠Gratz에서 전기공학을 공부했다가 학업을 중간에 그만뒀다. 그는 가족과 친구와 관계를 끊고 2년 동안 기술자로 일했는데, 신경쇠약에 시달렸던 것 같다. 아버지는 그에게 프라하의 카를-페르디난트 대학교Karl-Ferdinand University로 돌아가라고 강력히 권고했다. 테슬라는 학교로 돌아갔지만, 여름학기만 다녔던 듯하다. 그즈음에 그의 아버지가 세상을 떠났다.

1881년에 테슬라는 부다페스트의 헝가리 국영전화회사에서 책임 전기기사이자 엔지니어로 일했다. 그는 그곳에 오래 머물지는 않았다. 바로 다음 해에 파리로 갔고, 거기서 미국의 기술을 개선하여 활용하려고 노력했다. 그로부터 2년 뒤인 1884년 6월에 그는 뉴욕에 도착한다. 당시에 그가 가진 것이라고는 찰스 배철러Charles Batchelor가 에디슨 앞으로 써준 추천서 한 장이 전부였다. 배철러는 "나는 두 명의 위대한 사람을 알고 있습니다. 그중 한 명은 당신이고, 나머지 한 명은 바로 이 젊은이입니다"라고 썼다. 그것을 읽은 에디슨은 테슬라를 고용했다.

　테슬라는 에디슨의 회사인 에디슨 머신웍스Edison Machine Works에 서 일했다. 훗날 테슬라는 당시 에디슨의 직류 발전기를 자신이 개 선하고 다시 설계하는 대가로 에디슨이 5만 달러를 주기로 약속했 다고 주장했다. 그런 합의가 있었는지는 모르지만, 어쨌든 1885년 에디슨은 그런 거액을 지불할 수 없다고 거부했다. 테슬라는 회사 를 그만두고 몇 년간 배수구를 파는 잡부로 생계를 유지해야 했다.

　테슬라 자신도 그렇게 평가했듯이, 그는 까다로운 사람이었고 다른 사람들과도 불화를 일삼았다. 에디슨이 세상을 떠난 다음 날 그가 신문에다 한때 자신의 고용주였으며 세계적 명성을 가진 발 명가인 에디슨을 어떻게 묘사했는지를 보면, 그가 실로 놀랄 정도 로 사회적 지능이 없음을 스스로 증명하려 드는 듯하다.

　에디슨은 취미도 없었고 삶의 재미라고는 전혀 몰랐으며, 아주 기본적인 위생관념조차 무시하고 사는 사람이었다. … 그의 방 법은 극단적으로 비효율적이었다. 마구잡이로 이것저것 많은 것들을 마구 건드려 대면서 순전히 운으로 뭔가가 얻어걸리기 만 기다리는 식이었다. 불행하게도 그의 작업 방식을 목격해야 했던 나는 처음에는 심한 안타까움을 느꼈다. 그저 약간의 이론 과 계산만 동원한다면 그 고생의 90%는 절약할 수 있었을 것 이기 때문이었다. 하지만 그는 독서를 통한 배움과 수학적 지식 을 진심으로 경멸했고, 발명가로서 자신의 직감과 실용적인 미 국적 감각만을 맹신했다.[14]

테슬라는 자신의 성격에 대해선 다음과 같이 썼다.

나는 여자들의 귀걸이를 경기를 일으킬 정도로 혐오했다. … 팔찌는 디자인에 따라 나를 즐겁게 하는 것도 있고 그렇지 않은 것도 있었다. 진주를 보면 거의 발작을 일으켰지만 반짝이는 수정을 보면 완전히 매료되었다. … 복숭아는 보기만 해도 열병을 앓았다. … 나는 걸으면서 발걸음을 세고, 수프 접시, 커피 잔, 접시에 담긴 음식의 부피를 계산했다. 그러지 않으면 맛있게 식사를 할 수도 없었다. 나의 모든 반복되는 행동과 작업은 반드시 셋으로 나누어져야 했으며, 이걸 놓치면 나는 몇 시간이 걸린다고 해도 처음부터 다시 해야만 했다.[15]

테슬라는 이런 괴팍한 성향 탓에 과학과 기술의 미래에 대해 기이하고 유토피아적인 주장을 했다. 메리 셸리의 소설에 등장하는 프랑켄슈타인 박사와 같은, 그야말로 미친 과학자의 전형이었다. 당연하게도 그는 후원자나 연구보조 인력을 확보하고 유지하는 데 어려움을 겪었다. 하지만 테슬라와 그의 조력자들은 교류 전류와 직류 전류의 싸움에서 에디슨을 꺾고 승리를 거둔다.

직류 대 교류란 무슨 뜻인가? 1770년대로 돌아가 보자. 당시 알레산드로 볼타Alessandro Volta는 아연 원자의 독특한 성격을 발견했다. 전자 하나를 내놓으면 더 바람직한 낮은 에너지 준위의 양자 상태로 전압이 낮아지는 것이었다. 나아가 은銀 원자는 전자 하나를 받아들이면 더 바람직한 낮은 에너지 준위의 양자 상태로 전압이 낮아진다. 이제 아연 조각에 음극을 연결하면 아연에서 흘러나온 전자들이 거기에 쌓이게 된다. 그리고 은 조각에 양극을 연결하면 은은 거기에서 전자들을 빨아들여 취한다. 이제 음극과 양극을 전선으로 이어 보자. 그러면 직류 전기 —실제 전자들의 흐름—가 음극에서 양극으로 흐르며, 그 '전기 배터리'가 다 방전될 때까지 이 흐름은 계속된다. 방전은 아연 조각 전체가 양전하를 충분히 얻은 결과 양전하가 끌어낸 전자들의 양이 아연에서 전자가 빠져나오게 하는 화학 반응의 힘을 상쇄하는 시점에 완료된다. 그리고 전자들의 흐름이 음극에서 양극으로 가는 직류를 이루는 가운데 그 전자들의 운동에너지를 활용하여 원하는 작업을 할 수가 있게 된다. 이것이 직류direct current, DC 전기이다. 직관적이고도 합리적이다. 하지만 직류 전기를 사용할 수 있는 공간적 범위는 크지 않다. 전자가 음극에서 양극으로 운동하는 가운데에 충돌과 교란을 일으키므로 이동하는 거리에 비례해서 열이 발생하여 에너지를 잃기 때문이다.

그 대신 자석 근처에 전선을 꼬아두어 1초당 60번의 회전이 벌어진다고 가정해 보자. 정상 상태stationary의 전자는 근처의 자석을 감지하지 못한다. 하지만 운동하는 전자는 이를 감지하며, 그 전자의 운동 속도에 비례하는 힘으로 자석에 의해 떠밀린다. 그리하여 꼬아놓은 전선이 자석 근처에 있다면 그 안의 전자들은 이쪽 방향으로 또 저쪽 방향으로 1초에 60번을 계속 흔들리게 된다. 전선은 전도체이므로, 이러한 진동이 벌어지면 자석 근처에 있지 않은 전선으로도 그 진동이 전달된다. 쇠로 된 원통에 전선을 여러 번 감으면 그 전선을 아주 강력한 자석으로 전환할 수 있고, 이는 다시 다른 전선을 교류alternating-current, AC의 패턴으로 아주 강력하게 흔들 수 있으며, 변압기로 작동한다. 전자 하나당 그 진동의 힘이 강력할수록 힘은 더욱 효율적으로 전달된다. 따라서 낮은 전압의 전류로도 똑같은 양의 에너지를 운반할 수 있으며, 이동하는 전자의 숫자가 적기 때문에 곧 에너지가 열로 손실되는 양도 적어진다.

에디슨의 직류 시스템을 선택하면 발전소를 여러 군데에, 심지어 동네마다 하나씩 세워야 한다. 테슬라의 교류 시스템은 몇 개의 큰 발전소만 있으면 된다. 이 몇 개를 가장 편리한 곳에 세우고 그다음에는 강력한 진동—높은 교류 전압—을 통해 전력을 장거리 및 단거리의 전력선을 통해 보낼 수 있고, 변압기를 통하여 그 진동을 높일 수도 있고 또 낮출 수도 있다. 따라서 규모의 경제가 발생하는 것은 테슬라 쪽이며, 그것도 아주 강력하다.

하지만 당시의 사람들은 이를 흑마술처럼 여겼다. 전자의 흐름도 없이 에너지가 운반된다니? 그저 앞뒤로의 진동만이 있을 뿐이며, 처음에는 한 방향 그다음에는 반대 방향? 전자가 실제로 흐르지도 않는데 진동만으로 이곳에서 저곳으로 유용한 동력을 옮길 수 있다고? 그게 말이 돼? 그래서 당시에는 교류에 대해 저항이 심했으며, 심지어 훈련받은 엔지니어들조차 이게 어떻게 작동하는지를 이해하느라고 애를 먹기도 했다.[16]

이처럼 테슬라는 교류를 통한 송전이 이론적 호기심을 넘어 에디슨의 방식보다 훨씬 더 효율적이고 훨씬 더 저렴하게 작동할 수 있다는 것을 이해한 어쩌면 유일한 전기 엔지니어였던 시절이 있었다.

테슬라가 옳았다. 우리의 전력망 전체와 거기서 끌어오는 모든 것은 에디슨이 아니라 테슬라의 것이다. 밤에 우주에서 내려다 본 환하게 밝혀진 지구는 테슬라의 세계이다. 전자를 효율적이고 강력한 방식으로 춤추게 하는 그의 아이디어는 옳았지만, 동시대인들 거의 전부는 그의 생각이 너무나 사변적이고 실용적이지 않으며 상식에서 벗어난 정신 나간 소리라고 폄하했다.

테슬라는 그 이외에도 많은 일을 했다. 1894년 그는 아마도 최초
─최소한 여러 최초 시연 중 하나─로 라디오를 시연했다. 그의
많은 아이디어가 실현되었고, 상당수 아이디어는 시대를 너무 앞
섰고, 일부 아이디어는 사멸 광선death ray이나 방송 전력broadcast power
처럼 정신 나간 것들이었다. 그는 전기의 발전에 큰 차이 ─아마도
5년에서 10년 정도─를 가져왔고, 어쩌면 경제를 이전과는 다른
방향으로 영원히 전환시켰을 수도 있다.

미친 과학자 테슬라가 어떻게 그런 변화를 만들 수 있었을까? 그
가 **기업 연구소**에서 일했기 때문에, 그래서 그의 아이디어들을 개
발하고 활용하는 일은 회사가 떠안을 수 있었기 때문이었다. 테슬
라는 조지 웨스팅하우스George Westinghouse를 위해 일하면 됐고, 그의
발명을 제너럴 일렉트릭이 베낄 수 있었기 때문이다.

테슬라는 뼛속까지 발명가였다. 1887년 그는 '테슬라 전기조명
및제조Tesla Electric Light and Manufacturing'를 설립했지만, 투자자들은 그
가 세운 회사에서 그를 쫓아냈다. 그 이듬해에는 미국 전기전자학
회American Institute of Electrical Engineers 회의에서 교류 전기 모터를 시연
했으며, 이는 우리가 지금 사용하는 모든 교류 전기 모터의 조상이
된다. 이듬해에는 마침내 자신의 영구적인 투자자가 되는 웨스팅
하우스와 그의 회사 웨스팅하우스 전기및제조사Westinghouse Electric and
Manufacturing Company를 알게 된다. 테슬라는 그 즉시 피츠버그에 있는
그 회사의 연구소에서 일하기 시작했다. 1891년 35세의 테슬라는
뉴욕으로 돌아왔으며, 특허 공유 계약과 함께 웨스팅하우스에 특
허를 팔아서 번 돈으로 자신의 연구소를 세웠다. 1892년 그는 미국
전기전자학회의 부회장이 됐고, 다상polypahse 교류 전류 시스템을

발명하여 특허를 출원했다. 1893년에 열린 시카고 세계 박람회에서 그와 웨스팅하우스는 박람회장 건물의 조명을 맡아서 이를 전기와 전기 장치들이 사용되는 최초의 건물로 만들었다.

1880년대 후반과 1890년대에 웨스팅하우스와 테슬라 그리고 그 투자자들은 에디슨과 그의 투자자들에 맞서 이른바 '전류 전쟁 war of the currents'을 벌인다. 에디슨은 직류 전류 전력망 쪽에 명운을 건다. 직류 전류는 백열등은 물론 당시의 모터에도 아주 탁월하게 작동했다. 또한 축전지에도 잘 맞았으니, 이는 곧 돈은 좀 들더라도 절정 부하가 아닌 평균 부하에 맞춘 발전 시설을 세우면 된다는 것을 뜻했다. 에디슨은 테슬라가 자기 밑에 있을 때 계획했던 바를 제대로 이해하지 못했다. 에디슨은 "[테슬라의] 아이디어들은 훌륭했지만, 전혀 실용성이 없었다"고 했다.[17]

테슬라와 웨스팅하우스의 교류 시스템은 고압선을 통해서 효율적인 장거리 송전을 가능하게 했다. 전력이 일단 목적지에 도착하면 감압변압기를 통해서 감전되더라도 즉사하지 않을 정도의 저전압으로 바꾼다. 에디슨의 직류 시스템은 훨씬 덜 위험했지만, 이는 낮은 전압으로 장거리 송전을 해야 했으므로 전기 저항에 따른 전력 손실이 매우 컸다. 테슬라의 시스템은 한편으로는 여러 리스크는 따르지만 원하는 곳에 더 많은 에너지를 전달할 수 있었다. 다른 한편으로는 교류가 어떻게 유용한 전략을 공급하는 데 사용될 수 있는지 명확하지 않았다. 테슬라가 유도 전동기induction motor를 발명하기 전까지 말이다.

웨스팅하우스와 에디슨 양쪽 모두 지배적 표준의 자리를 얻기 위해 전력망 건설의 속도전을 벌이다가 거의 파산 지경에 이르렀다. 이긴 쪽은 웨스팅하우스와 테슬라였다.

테슬라의 아이디어는 다른 사람들의 부와 조직적 능력에 의해 크게 확장되었고, 1899년 그가 뉴욕을 떠나 콜로라도 스프링스로 이주하여 고전압 배전 실험을 한 후에도 계속 확장되었다. 새로운 곳에 정착한 테슬라는 고압 전력의 분배 방식(유선 무선 모두)을 실험했다. 무선 배전 실험은 곧 라디오로 바뀌었는데, 테슬라는 여기에는 그다지 흥미를 느끼지 못했다. 대신 그는 송전선을 건설하지 않고 전 세계에 무료로 전력을 분배한다는 아이디어에 매료되었다. 그는 오픈소스 소프트웨어 운동(대표적으로 리눅스가 있다—옮긴이)보다 90년 앞선 일종의 오픈소스 전력 운동가였다.

웨스팅하우스에게 많은 자금을 빌려준 상태에서 1907년에 금융 공황이 발생하자, 이를 기회라고 생각한 거물 금융업자 J. P. 모건과 조지 F. 베이커George F. Baker는 전기의 영웅시대가 끝났다고 판단했다. 모건은 회사의 운영을 합리화하고, 테슬라 같은 선구적인 발명가 대신 (그리고 그를 후원한 카리스마 넘치는 기업가 웨스팅하우스 대신) 로버트 마더Robert Mather와 에드윈 F. 앳킨스Edwin F. Atkins와 같은 플란넬 양복을 입은 냉철한 경영자들이 사업을 이끌도록 했다. 이들은 수익성에 초점을 맞췄다. 쓸데없는 실험에 소요되는 비용을 줄이고, 노동자들 임금을 삭감하며, 잉여현금흐름을 해외로의 사업 확장이나 은행가들이 좋아하는 제네럴 일렉트릭과의 경쟁(끔찍하게도!)에 쓰지 않고 배당으로 돌렸다. 테슬라는 웨스팅하우스에게 그의 모든 발명을 로열티 없이 영구적으로 사용할 수 있는 라이선스를 준 덕분에 가난해졌는데, 모건과 베이커는 웨스팅하우스를 몰아내면서 라이선스도 고스란히 챙겼다.[18]

테슬라 말고도 단기 19세기와 장기 20세기의 전환기를 주름잡던 사람들은 더 있었지만, 독창적인 천재로서 테슬라 같은 이는 극히 드물었다. 다만 웨스팅하우스의 후원이 끊긴 후로 뉴욕의 월도프-아스토리아 호텔에서 방세도 못 내며 쪼들려 살았다는 점에서는 다른 사람들과 비슷했다. 당시의 세계는 여전히 가난했기 때문이다.

1914년에는 인류의 거의 3분의 2가 여전히 농사를 지어 가족이 먹을 식량을 확보했다. 대부분의 사람들이 글을 읽을 수 없었고, 증기기관을 가까이서 보거나 기차를 타고 이동하거나 전화 통화를 해본 적이 없었으며, 도시에서 살아본 적도 없었다. 기대수명은 농경시대와 별반 다르지 않았다. 심지어 미국에서도 노동력의 3분의 1 이상이 농업에 종사했다. 당시 미국은 더 나은 삶을 위해 기꺼이 다른 대륙으로까지 이동하던 전 세계 수백만의 노동자들에게 희망의 불빛이었다. 노동자들이 농촌에서 도시로 이주하는 속도가 미국을 능가한 나라는 오직 영국과 벨기에뿐이었다. 1900년대의 첫 10년 동안 독일은 세계에서 세 번째로 강력한 국가가 되었으며, 영국과 미국을 제외하면 다른 어떤 나라보다 더 강하고 산업화된 나라가 되었다. 하지만 아돌프 히틀러Aldolf Hitler의 나치 독일이 1939년 전쟁을 시작했을 때 히틀러의 군대에서 바퀴 달린 차량 그리고 궤도를 오가는 차량 전체의 5분의 4는 여전히 말과 노새로 구동되었다.[19]

20세기 초반에 미국이 얼마나 가난하고 불평등한 사회였는지를 더 잘 이해하기 위해, 1902년 월간지 〈애틀랜틱 먼슬리Atlantic Monthly〉에 4페이지에 걸쳐 실린 G. H. M.이라는 대학교수의 사례를 살펴보자.[20] 그는 '평범한 대학교수의 급여'는 '약 2,000달러'라면서 턱없이 적다고 주장했다. 그는 이 수치가 명백히 부적절하고 부당하게 낮다고 생각했다. 하지만 당시 2,000달러는 평균적인 미국 노동자 1인당 총생산액의 네 배이자 연봉의 여섯 배에 이르는 금액이었다. 비교하자면 2020년에 전국 평균의 네 배를 버는 교수라면 그 연봉은 무려 50만 달러가 될 것이다.[21]

하지만 G. H. M.은 자신이 '합리적인 사람'이라고 보았다. 그는 "다른 직업에서 자신과 같은 능력을 가진 사람이라면 벌어들였을 거액[의 봉급](1만~5만 달러)"—당시 노동자 평균소득의 20배에서 100배에 해당하는 금액—을 요구하지 않았다.

〈애틀랜틱 먼슬리〉가 그저 풍자를 위해 이 평범한 교수에게 4페이지의 지면을 제공한 것은 아니었다. G. H. M.은 자신의 지출 내역을 공개했고, 독자들은 그의 가족이 정말로 쪼들린다고 생각했다. 그가 공개한 가장 큰 지출은 개인 서비스에 들어가는 돈이었다. 자동차와 가전기기는 말할 것도 없고 냉장고, 세탁기와 건조기, 전기오븐레인지나 가스오븐레인지 같은 내구성 소비재도 없던 시대였으니, "우리 가족은 그저 그런 가사도우미 한 사람을 쓰는 데 매달 25달러를 지불해야 한다"고 했다. 게다가 정기적으로 집안일을 돕는 가사도우미는 "세탁을 하지 않는다"고 하니, 거기에 더해서 매달 세탁비로 10달러를 써야 한다고 불평했다. 머리를 자르는 데 한 달에 1달러를 썼고, 정원사에게 한 달에 2달러를 주고 정원 손질을 맡겼다. 개인 서비스 비용으로만 1년에 최대 445달러를 쓴 것으로, 이는 1900년 미국 노동자 한 명의 평균 국내총생산에 맞먹는 수준이었다. 그리고 집안일을 돌보기 위해서 고용된 사람들은 휘발유로 움직이는 잔디깎이, 울타리 깎는 기계, 진공청소기, 식기세척기 등을 사용하지 않고 순전히 맨몸으로 일을 해야 했다.

G. H. M. 교수는 대학교 캠퍼스까지 걸어서 출퇴근할 수 있는 거리에서 살 정도의 여력이 없었고 말과 마차를 소유할 처지도 못

되었다. 그래서 최신식 교통수단인 자전거로 출퇴근해야 했다. 한 평범한 교수가 자신의 재능이라면 평균보다 몇 배에 달하는 임금을 받아 마땅하며 게다가 그조차 충분하지 않다고 느낀다는 것, 그리고 이에 대해 독자들이 공감한다는 것, 이는 당시의 경제가 심각할 정도로 계층화된 상태였다는 증후이다.

이 평범한 교수에게서 당시의 평범한 노동자층 가정으로 눈을 돌리면, 20세기가 시작될 무렵에 불평등이 어떤 상태였는지가 극명하게 드러난다.

1900년 당시 미국 가구 중 3분의 1 정도는 하숙을 쳤고, 십중팔구 남성이고 혈연관계가 없는 사람들이 이용했다. 이는 가정주부가 직접 돈을 벌 수 있는 유일한 방법이었는데, 대신 할 일은 몇 곱절 늘었고 거의 육체노동이었다. 예를 들어 수돗물이나 온수가 나오는 집은 거의 없었기에 공용 수도에서 양동이로 물을 받아와야 했다. 그나마 공용 수도가 집 근처에 있으면 운이 좋은 편이었다. 빨래라도 하려면 나무나 석탄을 태워서 스토브에 물을 데워야 했다. 우리의 교수님이 여러 내구 소비재가 없다는 저주에 시달린 것처럼, 우리의 가정주부 또한 난방부터 셔츠 세탁에 이르기까지 모든 가사노동을 직접 몸으로 해결해야 했다.[22]

청결한 부르주아 스타일을 유지하기에 필요한 자원을 사용할 여력이 되는 이들은 이를 통해서 자신들의 재력을 과시했다. 새하얀 셔츠, 새하얀 드레스, 새하얀 장갑은 20세기 초 미국에서 재력을 과시하는 강력한 수단이었다. 새하얀 것들로 몸을 휘감은 그들은 '나는 빨래 같은 것쯤은 하지 않아도 되는 사람'이라는 말을 온몸으로 떠들고 다녔던 셈이다.

꽤 번영했던 철강 도시 펜실베이니아의 홈스테드Homestead를 보면 당시 빈부 격차가 얼마나 심각했는지 알 수 있다. 1910년 노동자들의 집 여섯 중 하나에만 실내 화장실이 있었다. '슬라브Slav'와 '흑인Negro' 가족의 절반이 방 하나 혹은 두 개인 집에서 살았다. 대부분의 백인 가족은 방 네 개짜리 집에서 살았는데, '슬라브인', '라틴계', '히브리인' 등 오늘날에는 '백인'이라고 불릴 많은 이들이 당시에는 백인으로 간주되지 않았다. 방 네 개짜리 비교적 안락한 집의 경우에도 펜실베이니아의 겨울 내내 하나 이상의 방에 난방을 할 정도로 부유한 경우는 거의 없었다. 그리고 골동품 같은 주철 난로에 감자로 해먹을 수 있는 음식이 몇 가지나 되었겠는가. 식사 준비에는 하루에 한 시간이 아니라 네 시간씩 걸렸다.

영유아 사망률은 여전히 높았다. 홈스테드에서 태어난 아기 다섯 중 하나가 첫 돌도 되기 전에 세상을 떠났다. 여성들은 아이를 낳을 때마다 상당한 위험을 감수해야 했다. 성인 남성들도 파리 목숨처럼 맥없이 죽어나갔다. 홈스테드 철강공장에서의 사고로 연간 260명이 부상을 입고 30명이 목숨을 잃었다. 홈스테드의 총인구는 2만 5,000명, 철강공장 노동자는 5,000명 정도였음을 감안하면 얼마나 사고가 잦았는지 알 수 있다. 매년 이 철강 노동자 5,000명의 5%가 공장에서 발생한 사고로 부상을 당하고 일자리를 잃었으며, 1%는 영구 장애를 갖게 됐고, 0.5%가 사망했다.

여기서 계산기를 한번 두드려보자. 20살에 US스틸에서 일을 시작한다고 가정할 때, 일곱 명 중 한 명은 50살이 되기 전에 공장에서 사고로 사망하고 세 명 중 한 명은 사고로 장애를 갖는 셈이다. 20세기로 들어설 무렵 노동조합과 각종 단체들 —회사는 제공하지 않았기 때문에 —이 제공했던 생명보험과 장애보험이 미국 노동계급의 의식에 그렇게 큰 자리를 차지했던 것은 너무나 당연하지 않은가? 19세기 후반에 로키산맥의 광산과 시카고의 철도 조차장을 제외하면 홈스테드가 가장 폭력적이고 잔혹한 노동쟁의의 본거지였다는 사실이 당연하지 않은가? 노동자 재해보상이 미국의 많은 지역에서 시행된 복지국가의 첫 번째 요소였다는 점도 너무나 당연하지 않은가?

홈스테드의 노동자 대다수는 일주일에 겨우 6일만 일했다. 이 '겨우 6일'도 US스틸 측이 일요일 공장 휴무를 큰 양보로 여겼던 탓에 힘들게 얻어낸 승리였다. 회사는 이런 결단이 대중에게 좋은 이미지로 각인되길 바라며 물러섰다. 야간근무를 할 노동자를 찾을 수 있는 한, 홈스테드의 철강공장은 (불황과 침체기를 제외하면) 평일에 24시간 동안 돌아갔다. 그러다가 상황이 바뀌자 모든 게 한번에 달라졌다. 1차 대전 이전과 전쟁 중에는 2교대 12시간 근무제였는데, 1920년대와 2차 대전 및 그 이후로는 2교대(또는 3교대) 8시간 근무제가 자리 잡았다.

그나마 홈스테드의 일자리는 미국에서 태어난 사람들이 얻을 수 있었고, 당시 미국의 높아진 기준으로도 좋은 편이었다. 심지어 당시 미국에서 크게 향상된 생활수준을 기준으로 해도 좋은 일자리였다. 그런 일자리를 가진 사람들 대부분이 만족해했다. "그들의 기대는 우리와는 달랐다"고 역사학자 레이 진저Ray Ginger는 설명했다. "남부의 농장에서 성장한 한 남자는 아들이 방적기에서 실을 감은 실패를 수집하고 교체하는 보빈 보이bobbin boy로 일하는 것을 비참하다고 여기지 않았다. 한 이민자는 다세대 주택tenement에 살고 열악한 공장sweatshop에서 일하지만 생전 처음으로 일주일 내내 신발을 신고 지낼 수 있는 처지를 감사히 여겼다."[23] 홈스테드의 백인 가구는 연간 900달러 정도를 벌었고, 이는 가구당 소득으로 미국의 상위 3분의 1에 들어가는 수준이었다. 당시 미국은 호주를 제외하고 세계에서 가장 부유한 나라였다.

비슷한 기술을 가진 사람들이 다른 곳에서 벌 수 있는 소득과 비교하면, 홈스테드의 철강공장은 아주 매력적인 일자리였다. 그래서 사람들은 미국으로 갔고 미국 내의 사람들은 경제가 호황을 누리는 홈스테드 같은 곳을 찾았다.

미국의 예외적인 부의 원천은 다양했다.

1870년부터 경제성장의 중심은 대서양을 건너 영국에서 미국으로 넘어갔다. 대륙 전체에 넘쳐나는 이민자, 방대한 자원, 개방적인 사회 분위기는 발명가와 기업가들을 문화적 영웅으로 만들었다. 어떤 이들은 미국의 방대한 규모와 인구가 대량생산과 현대적 경영을 수용할 수 있는 산업을 유발시켰다고 말한다. 어떤 이들은 노동력, 재능, 일하고 소비하려는 의지를 가지고 미국으로 몰려든 이민의 물결에 주목했다. 여전히 어떤 이들은 미국이 산업 패권을 갖게 된 데에는 자연자원이 결정적이었다고 강조했는데, 운송비가 여전히 높았던 세상에서 자연자원에서의 비교우위가 그대로 제조업에서의 비교우위로 이어졌다는 논리였다. 자원이 풍부한 경제와 제조업의 '미국식 시스템'의 관계를 강조하는 이들도 있었는데, 이 '미국식 시스템'은 표준화, 호환 가능한 부품을 만들려는 시도, 기계의 과도한 사용, 재료와 에너지를 포함한 자연자원을 낭비적으로 사용한다는 특징을 가지고 있었다. 마지막으로 개인, 아이디어, 자본, 사업이 손쉽게 대륙을 가로지르고 다른 대륙을 넘나들 수 있게 만든 미국 사회의 개방성에 주목하는 이들도 있었다.[24]

미국은 후버나 테슬라나 웨스팅하우스나 에디슨과 같은 유형의 사람들은 물론 G. H. M. 교수와 같은 사람이나 홈스테드 노동자도 희망과 야심을 품을 수 있는 기회의 시스템이었다. 하지만 이를 멀리 내다보는 안목을 갖추었다는 느낌이 들게 하는 '시스템'이라고 부르기에는 너무 거창하다. 20세기의 미국에서 전례 없는 부를 가져다 줄 수 있는 집단적 원천이 대량생산으로 이어질 수 있었던 것은 산업 발전을 위한 신중하게 계획된 과정 때문이 아니라 추가적인 기술적 외부성을 창출한 근시안적 선택들을 통해서였다. 발명의 발명은 더욱 많은 발명을 낳는다는 것이 입증되었다.

여기에 미국의 부를 가져온 또 다른 두 가지의 원천으로 교육과 평화가 있다. 단, 이 두 가지의 혜택을 거의 보지 못했던 두 부류의 사람들이 있었음을 기억해야 한다. 우선 원주민들 ─ '제1 민족First Nations', 바다 건너 온 사람들보다 더 일찍 육로로 온 이민자들의 후손 ─ 은 백인들이 내어준 담요 등의 '선물' 때문에 갖은 질병에 노출되어 숫자가 격감했고(1763년에 영국군이 이들에게 천연두에 오염된 담요를 준 것으로 알려져 있다 ─옮긴이), 보호구역으로 내몰렸다. 그리고 백인 사회의 폭력에 노출된 흑인들이 있었다.

1914년의 미국에서는 농촌에서도 아이들이 학교에 다녔다. 1차 대전 수년 전에 경제적으로 앞서가던 나라들에서는 최소한 초등교육이 의무화되면서 교육이 크게 성장했다. 학생들의 학교 재학 기간도 늘어났다.[25]

미국은 글을 읽고 셈을 할 수 있는 시민 양성을 최우선 과제로 삼았다. 이는 집이 더 부유하거나, 더 잘 준비되어 있거나, 더 빨리 더 잘 훈련된 사고력을 갖춘 아이들이 더 높은 수준의 교육을 받도록 장려했다. 기업가들은 노동력의 질이 높아지면 중등교육과 고등교육의 대중화 명목으로 자신들에게 부과된 세금을 상쇄하고도 남는다는 사실을 곧 알게 되었다. 이는 미국만의 독특한 장점은 아니었다. 미국의 강력한 교육 시스템이 생산성의 우위를 가져왔지만, 영국의 식민지들Dominions과 독일도 교육에 대한 강한 의지를 가지고 있었으며 산업 경쟁력에서 비슷한 우위를 누렸다.

미국 예외주의American exceptionalism는 현실이었지만, 미국이 나머지 선진 서방 국가들과 비교했을 때는 정도의 차이가 있었을 뿐이라는 사실을 놓치기 쉽다. 하지만 정도의 차이는 점차 누적되어 뭔가 종류가 다른 것처럼 보일 정도가 되었다. 미국은 20세기 대부분의 기간 동안 전 세계의 다른 나라들에 비해 상당한 정도의 기술적, 산업적 우위를 누렸고, 전 세계 사람들의 상상력을 사로잡았다.

미국이 상대적으로 매우 번영했던 데다 1차 대전 이전에 기술 발전 속도가 서유럽보다 훨씬 빨랐기 때문에, 사람들은 미국에 준거하여 밝아오는 20세기가 어떤 모습이 될지를 상상했다. 17세기에 대부분의 유럽은 네덜란드에서 미래를 찾았고, 19세기에는 대부분의 세계가 영국으로 눈을 돌렸다. 장기 20세기가 시작되면서 거의 전 세계, 특히 유럽 전체가 미국을 주목했다. 관찰자들에게 미국은 질적으로 다른 문명처럼 보였다. 미국은 유럽 국가들과 달리 정치를 제약하고 국민을 억압하는 과거의 유산에 매여 있지 않았기 때문에 대담하게 미래로 시선을 돌릴 수 있었다.

미국의 우위는 1870년 무렵부터 시작된 폭발적인 번영의 시기—아름다운 시절Belle Époque, 도금시대Gilded Age, 경제적 엘도라도라고도 불린다—가 다른 어떤 곳보다 중단 없이 지속되었다는 사실에 의해 크게 강화되었다(도금시대는 미국 남북전쟁 직후의 재건시대와 1차 대전 직전의 진보시대 사이인 대략 1877년에서 1900년 사이의 기간을 말한다—옮긴이). 중국은 1911년 혁명으로 무너졌고, 유럽은 1914년에 1차 대전의 지옥으로 떨어졌다. 미국에서는 애포매톡스

Appomattox에서 총성이 멎고 남북전쟁이 끝난 1865년부터 1929년 여름 대공황이 시작되는 순간까지 진보와 산업 발전의 시대가 이어졌다.

20세기가 밝아올 당시 세상이 미국을 얼마나 경탄하며 경이롭게 보았는지를 또 다른 이민자 레프 다비도비치 브론슈타인Lev Davidovich Bronstein의 눈을 통해 살펴보자.

레프의 부모도 이주자들이었다. 숲속에서 살던 아버지 데이비드와 어머니 애나는 숲을 나와 이제껏 본 적 없던 큰 강을 건너 수백 킬로미터를 이동하여 초원 지대에 정착했다. 군대에 의해 진압되기 전인 최근까지도 말을 탄 유목민들이 돌아다니던 곳이었다. 세상에서 가장 비옥한 농지였지만, 인구는 매우 적었다. 부부의 농장에서 가장 가까운 우체국은 24킬로미터 떨어져 있었다.

미국의 밀밭 지대에 유럽인이 정착한 이야기인 로라 잉걸스 와일더Laura Ingalls Wilder의 《초원의 집Little House on the Prairie》이 아니다. 브론슈타인의 농장은 우크라이나 야노브카Yanovka에 있었고, 사용하는 언어는 영어가 아닌 러시아어와 이디시어였다. 그들은 아들 레프를 가장 가까운 대도시의 학교에 보냈는데, 그 도시는 미시간호의 항만 도시 시카고가 아니라 흑해의 항구도시 오데사였다.

그곳에서 레프는 공산주의자가 되었다. 그는 차르와 경찰을 두려움에 떨게 만들었고, 그 탓에 잡혀 추방당했다. 1917년 1월 그는 가족—두 번째 아내와 아이들—과 함께 뉴욕에서 10주간의 체류를 시작했다. 1910년대에 구세계를 떠나 신세계를 찾아 뉴욕에 정착한 대부분의 사람들과 달리 공산주의자 레프는 그곳에 머물고 싶어 하지 않았다. 그와 그의 가족은 즐거운 체류가 될 수 있도록 최선을 다했고, 후일 그는 뉴욕에서의 생활을 이렇게 회고했다.

우리는 노동자 구역의 아파트를 임대하였고 할부로 가구를 들였다. 월세는 18달러인데, 전등, 가스레인지, 욕조, 전화기, 자동 서비스 엘리베이터, 심지어 쓰레기 배출구 등 우리 유럽 사람들은 익숙하지 않은 각종 편의 시설이 구비되어 있었다. 아이들은 이런 것들 때문에 뉴욕에 매료되었다. 한동안은 전화가 아이들의 주요한 관심사였다. 비엔나나 파리에도 이런 신기한 기기들은 없었다.

레프의 가족, 특히 아이들은 미국의 번영 그리고 일상생활에서 목격한 기술적 경이로움에 압도되었다.

아이들은 새로운 친구들을 사귀었다. 가장 가까운 친구는 의사 선생님 M 박사의 운전기사였다. M 박사의 아내는 나의 아내와 아이들을 차에 태워 주었다. … 운전기사는 마법사, 타이탄, 슈퍼맨과 같은 사람이었다! 손을 한 번만 돌려도 그 기계를 수족처럼 부릴 수 있었으니까. 그의 옆자리에 앉아있으면 정말로 즐거웠다.

러시아 혁명이 일어나자 레프는 상트페테르부르크St. Petersburg(장기 20세기 동안 먼저 페트로그라드, 다음에 레닌그라드, 다시 페테르부르크로 몇 차례 이름이 바뀌었다)로 돌아갔다. 적절하게도, 레프도 이름을 바꾸었다. 그가 수감되었던 오데사 감옥 간수의 이름을 따 이제 레온 트로츠키Leon Trotsky가 되었다.

트로츠키는 다시는 미국으로 돌아갈 수 없었다. 그는 무력과 폭력으로 미국 정부를 전복시키려는 장기 계획을 가진 위험한 체제 전복 세력이기 때문이었다. 그는 레닌의 오른팔이 되어 러시아 내전을 승리로 이끌었고, 이후의 권력 투쟁에서 이오시프 스탈린Iosif Stalin에게 패배하는 첫 번째 인물이 되었고, 1940년 멕시코시티 외곽에서 소련의 비밀경찰에게 얼음송곳으로 머리를 찔려 숨지고 말았다.

망명 중 암살되기 전 트로츠키는 뉴욕을 떠나던 순간을 회상하곤 했다. 그것을 보면 당시 세계의 많은 사람들이 미국에 대해 품고 있던 생각이 드러난다. 그는 뉴욕을 떠나면서 과거를 향해 미래를 떠나고 있다고 느꼈다. "나는 미래가 만들어지고 있는 용광로를 그저 힐끗 들여다본 느낌을 가지고 유럽으로 떠난다."[26]

트로츠키는 유토피아가 건설되고 있다고 생각했다. 그것은 차르 니콜라이 2세의 퇴위로 열린 정치적 기회를 이용하기 위해 그가 돌아가던 러시아 제국에서가 아니었다. 유토피아의 깃발을 높이 들고 세계의 리더이자 길잡이가 되겠다고 약속하고 있던 것은 미국이었다.

그 용광로의 열기는 전례 없는 속도로 밀려온 기술 진보의 반복적인 물결에서 비롯되었다. 이 물결은 기업 연구소와 근대적 대기업에 의해 만들어졌고, 처음에는 미국에 집중되었지만 곧 외부로, 즉 처음에는 북방세계의 나머지 지역으로, 다음에는 천천히 전 세계로 퍼져나갔다. 1870~2010년 기간에는 한 해에 1500년 이전의 50년간, 1500~1770년의 12년간, 그리고 1770~1870년의 4년간보다 많은 기술적·경제적 발전과 변화가 있었다는 점을 기억하자.

이 발전은 많은 것을 창조하기도 했지만 많은 것을 파괴하기도 했다. 그것이 바로 우리가 이야기하고 있는 시장경제다. 나의 일자리를 유지하기 위한 자금을 조달하려면 수천 킬로미터 밖의 금융가가 수행하는 최대 확률 검사maximum probability test를 만족시키는 가치사슬의 일부가 되어야 한다. 내가 마땅히 받아야 한다고 생각하는 소득을 얻을 수 있는 능력은 나의 잠재적 고용주가 앞의 금융가와 동일한 척도로 내가 할 수 있는 일의 가치를 면밀히 조사한 결과에 좌우된다. 기술 역량이 성장함에 따라 옛날 기술로 일하는 이들은 그러한 검사를 통과할 능력이 줄어든다. 경제학자 조지프 슘페터Joseph Schumpeter가 1942년 썼듯이, "자본주의는 결코 정지해 있을 수 없다. … 자본주의의 엔진에 시동을 걸고 작동시키는 근본적인 자극은 자본주의 기업이 창출하는 새로운 소비재, 새로운 생산 방식이나 운송 방식, 새로운 시장, 새로운 형태의 산업조직이다. … 이러한 창조적 파괴creative destruction야말로 자본주의에 대한 본질적 사실이다."[27] 창조는 막대한 부를 창출하며, 파괴는 빈곤을 가져온다. 그리고 이러한 위협 때문에 불확실성과 불안이 만들어진다. 기술적 가능성의 미래가 현실이 된다면, 파괴의 결과에 따른 반란을 억제하기 위해 누군가가 이 과정을 관리해야 했다.

2006년 이후 미국의 경제성장 속도는 곤두박질쳤다. 내가 다루는 마지막 해인 2010년 당시만 해도 많은 사람들이 2008년에 시작된 대침체가 바닥을 찍은 직후였기 때문에 성장률 하락을 반짝 불꽃이 튀고 지나가는 단기적인 현상이라고 생각했다. 하지만 2006~2016년의 10년 내내 1인당 실질 GDP 성장률은 연 0.6%에 불과했다. 이는 장기 20세기 초기와 비교하면 충격적인 추락이었다. 1996~2006년 경제성장률은 연간 2.3%였다. 그 전인 1976~1996년의 20년 동안에는 2%였고, 2차 대전 이후 '영광의 30년Thirty Glorious Years'(원래는 1830년 7월 혁명의 '영광의 3일'에서 온 말로, 경제가 눈부시게 성장하고 인구가 증가하던 프랑스의 1945~1975년을 가리키기 위해 사용되었다. 이제 같은 시기 서방 선진국에 보편적으로 나타났던 급속한 경제성장과 번영을 일컫는 말로 사용된다—옮긴이) 동안에는 3.4%였다. 2006년 이후 그 예외적이던 미국의 성장 용광로의 불길은 2006년 이후 빠르게 식어갔다. 꺼진 것까지는 아니지만. 최소한 아직까지는.

3장. 북방세계의 민주화

두 용어 **경제적** 그리고 **정치경제적**political economic 사이에는 큰 차이가 있다. 후자는 경제생활이 이루어지는 게임의 규칙을 어떻게 조직할지를 사람들이 집단적으로 결정하는 방법을 지칭한다. 따라서 조직과 제도에 대한 의사결정을 내리는 규칙을 사람들이 집단적으로 어떻게 결정할 것인가와 관련된다. 정치경제가 현실에서 어떻게 작동하는지를 보기 위해 미국 연방정부가 시작되던 순간으로 거슬러 올라가보자.

제임스 매디슨James Madison은 민주주의에 전혀 열광하지 않았다. 그는 1787년 《연방주의자 논집Federalist Papers》에 "민주주의란 항상 혼란과 갈등의 연속이었고, 개인의 안전이나 재산권과 양립할 수 없었으며… 그 죽음이 폭력적인 만큼이나 삶이 짧았다"라고 했다.[1]

다시 말하지만, 18세기 후반에 부자들과 권력자들 사이에서 민주주의에 열정을 가진 이는 거의 없었다고 해도 좋다.

매디슨이 열광했던 것은 어떤 중요한 특정 인구집단—이미 상당한 정도의 안전과 재산을 부여받은 사람들로 이루어지는—이 현명하고 사려 깊고 활기찬 소수의 특정한 집단을 자신들의 대표자로 선택하는 제도인 **공화제**republic였다. 이 대표자들은 그 특정 인구집단의 가치를 공유하고 또 그들의 안녕을 증진시키되, 이 일을 자신의 이익을 추구하기 위해서가 아니라 시민으로서의 덕성을 입중하기 위해 공명정대하게 할 것으로 기대되었다.

매디슨은 민주주의의 "혼란과 갈등"을 어떻게 해서든 피해야 한다고 생각했다. 매디슨과 그의 동료들이 작성한 헌법에 따르면, 주들이 "공화제 형태의 정부"를 유지하는 한 사람들의 참정권을 얼마든지 제한할 수 있었다는 사실을 기억하자.

미국 건국의 아버지들Founding Fathers은 선거권이 제한된 공화제가 좋은 아이디어라는 것을 누구에게나 납득시켜야 하는 어려운 과제에 직면했다. 당시에는 봉건제, 군주제, 제국이 더 지속적이며 더 좋은 정부인 것처럼 여겨졌기 때문이었다. 《연방주의자 논집》에서 매디슨과 해밀턴은 그 안타까운 역사적 과거에도 불구하고 고대 이래의 정부 과학science of government이 발전한 덕분에 공화제를 수립하는 것이 위험을 감수할 가치가 있다는 주장을 펴야 했다. 하지만 토머스 제퍼슨Thomas Jefferson 같은 이들은 해밀턴이 혁명적 공화주의 운동에 대한 야망을 공언했기 때문에 그렇게 "입장을 표명하는" 것일 뿐 사적으로는 그가 미국에 군주제 형태의 정부를 수립하기를 원한다고 생각했다.[2] 민주주의가 우월하다는 생각은 당시에는 전혀 자명하지 않았다.

하지만 1776년부터 1965년까지 민주주의는 북대서양에서 (적어도 적절한 연령과 인종의 한 남성이 한 표를 행사하는 형태로) 크게 발전했다. 그리고 봉건제와 군주제라는 정부 형태는 갈수록 평판을 잃었다.

한 동안 **재력**prosperity이 정치 참여의 가장 중요한 자격 요건으로 간주되었다. 독일제국의 프로이센 지방 의회에서는 1차 대전이 끝날 때까지도 세금 납부액이 상위 3분의 1에 속하는 사람에게만 의석의 3분의 1에 대한 선출권이 주어졌다. 1840년대 초반 프랑스 입헌 군주정 당시 약간 중도좌파이던 총리 프랑수아 기조François Guizot 는 선거권 확대를 요구하는 사람들에게 "부자가 되어라"고 응수했 다. 투표를 하고 싶다면 자격을 갖출 만큼 부자가 되라는 말이었다. 하지만 이런 말은 통하지 않았다. 1848년 2월 23일 프랑스 오를레 앙 왕가의 루이-필립Louis-Philippe 왕 —오를레앙 왕가의 유일한 왕 —은 혁명으로 자신이 폐위당하는 꼴을 피하기 위해 기조를 희생 의 제물로 바쳤다(이날 아침 루이-필립 왕은 총리를 궁정으로 불러 해임 의사를 밝혔고, 기조는 그 즉시 사임했다. 기조는 성난 군중들을 피해 친지 의 집에 숨어있다가 벨기에를 통해 영국으로 망명했다 —옮긴이). 하지만 그 정도 양보로는 턱도 없었고 시점도 너무 늦었다 바로 그다음 날 왕 역시 왕위에서 물러났다.[3]

1870~1914년 사이에 민주주의의 확대는 가장 많은 사람에게 가장 적은 피해를 주는 정치 원리로 입증되었고, 그 결과 민주주 의는 보편적으로 받아들여졌다. 정치사회political society 는 정부를 선 택할 때 일부 또는 대부분의 남성 개인의 선호가 동등하게 고려되 고, 정부는 경제를 어느 정도 통제하고 억제하는 영역이 될 것이었 다. 물론 시어도어 루스벨트가 "큰 부를 가진 악당들malefactors of great wealth"이라 부른 거부들의 영향력을 이러한 정부가 완전히 없애지 는 못하지만, 그래도 어느 정도는 제한을 가하게 될 것이었다.

하지만 이 정도 조치로는 모두를 만족시키기에 충분치 않았다. 결국 선거권을 확장하라는 압력이 지속적으로 나타나게 된다.

자유주의자들이 집권했을 때 그들은 새로운 그리고 가난한 유 권자들이 덜 보수적이고 자신들을 지지할 것이라고 믿었기 때문에 선거권을 확대하려고 했다. 보수주의자들이 집권했을 때 그들은 왕과 조국에 충성하는 노동자들이 자신들을 지지할 것이라고 믿었기 때문에 (드물지만 마지못해) 선거권을 확대하려고 했다. 더 많은 사람들에게 투표를 허용하면 노동자들은 자신들에게 투표권을 준 사람과 주지 못한 사람을 기억할 것이기 때문에 "[자유주의] 휘그당에 타격을 줄 것"이라고 여겼다.[4] 그리고 혁명의 위협이 있을 때마다 정부는 거리의 무장 폭도를 두려워하여 잠재적인 혁명 세력을 분열시키려는 목적으로 선거권을 확대하고자 했다. 1831년 영국에서 선거권 확대 개혁 법안을 두고 논쟁이 벌어졌을 때 수상 그레이 백작Earl Grey 2세는 "원칙은 혁명을 방지하는 것"이라고 말하며 "제가 개혁을 외치는 이유는 전복하기 위해서가 아니라 보존하기 위해서입니다"라고 선언했다.[5]

그렇게 자유주의와 보수주의 정권 아래에서 참정권은 한걸음씩 전진했다. 1914년까지만 해도 최소한 점점 번영하는 북대서양 산업 중심지에서는 번영이 폭넓게 확산되고 민주주의가 안정화될 것이라는 전망이 밝아 보였다. 이 정치경제 시스템은 잘 돌아가는 것처럼 보였다. 즉 귀족들과 금권 대부호들은 갈수록 부가 늘어났으므로, 비록 민주주의의 확대로 자기들의 상대적인 사회적 지위가 서서히 잠식되어 간다고 느끼면서도 이 또한 자신들이 누리는 좋은 것들에 대한 대가라고 받아들였다. 또한 그 아래 계층의 사람들은 비록 상류 계급의 지배가 계속되기는 했지만 이 또한 사회 발전을 위해 치를 가치가 있는 대가라고 여겨 계속 용인했다. 마지막으로 보수주의자들과 자유주의자들 모두 현재 역사의 흐름이 자신들 편에 있고 자신들이 정치적으로 승리할 것이라고 확신했다.

참정권은 여러모로 빠르게 확산되었지만 단계적으로 이루어졌으며, 여성으로까지 확대되는 데에는 훨씬 더 긴 시간이 필요했다.

모든 남성에게 보통선거권을 보장한 최초의 국가는 1792년의 프랑스였다. 하지만 1804년 나폴레옹의 대관식이 개최될 무렵에 모든 종류의 참정권이 사실상 사라졌고, 남성들의 보통선거권은 1848~1851년의 짧은 기간을 제외하면 1871년까지 회복되지 못했다. 미국에서는 모든 백인 남성에게 선거권을 부여하라는 싸움이 1830년경 드디어 승리를 거둔다. 남녀 모두에게 보통선거권을 내놓은 최초의 유럽 국가는 핀란드로서, 이는 1906년의 일이었다. 영국에서는 보통선거권이 1918년에 주어졌으며, 이때에는 21세 이상의 모든 남성과 30세 이상의 여성들에게만 선거권이 주어졌다. 1928년이 되어야 30세 이하의 성인 여성들에게까지 선거권이 확대되었다.

미국의 여성 참정권 운동가들은 수십 년 동안 치열하게 싸웠다. 20세기 초에도 그 싸움은 계속되었다. 나의 증조모인 플로렌스 와이먼 리처드슨Florence Wyman Richardson도 그중 한 명으로 다른 사람들과 함께 여성 참정권 보장을 외치면서 미주리주 의사당 울타리에 사슬로 몸을 묶었는데, 이 사건으로 인해 증조모는 세인트루이스의 베일드 프로핏Veiled Prophet 사교댄스 모임에서 쫓겨났다고 한다. 모든 여성에게 투표권을 보장하는 내용을 담은 수정헌법 19조는 1920년이 되어서야 통과됐다. 프랑스는 19세기 말에는 민주주의를 선도하는 나라였지만 20세기에 들어오면 뒤처지는 신세가 된다. 프랑스에서 여성들의 투표권은 나치에 부역했던 비시Vichy 정권이 축출되고 난 1944년이 되어서야 허용되었다.

참정권이 모든 인종에게 주어지기까지는 더 오랜 시간이 걸렸다. 이는 특히 미국에서 그랬다.

흑인들의 참정권을 위한 투쟁이 1세기가 넘도록 지속되면서 온갖 종류의 영웅적 희생과 파란만장한 사건들이 전개되었다.

1873년 루이지애나에서는 대략 100명의 흑인들이 살해당한 콜팩스 대학살Colfax Massacre이 일어났다. 이렇게 처절한 영웅적 투쟁만 있었던 것은 물론 아니었다. 가장 온건한 실천 형태로는 백인들이 흑인들을 자기 집 저녁 식사에 초대하는 것도 있었다. 나의 증조모 플로렌스도 1920년대에 세인트루이스에서 다른 이들과 함께 도심 지역 동맹Urban League을 만들었을 당시 자기 집으로 흑인들을 저녁 식사에 초대했다가 동네에서 큰 스캔들이 되기도 했다.

투표권법Voting Rights Act이 통과된 1965년이 되어서야 미국의 흑인은 진정한 의미에서 참정권을 부여받았다. 하지만 그 이후에도 흑인들의 참정권은 매우 취약했다. 내가 이 글을 쓰고 있는 시점에서 볼 때, 흑인 유권자들의 투표권을 차별적으로 박탈하려는 목적으로 (그것도 최근에) 관료적, 법적 장애물들이 마련된 주는 미국 전체의 3분의 1에 해당하며, 그 결과 흑인 유권자들의 4분의 1은 선거권 박탈 상태에 놓여 있다. 대법원장이었기 때문에 적어도 제도적으로는 존경받는 인물인 고故 윌리엄 렌퀴스트William Rehnquist는 1960년대 초 '투표 보안ballot security'을 강화해 명성을 얻었다. 이에 따르면 "모든 흑인 혹은 멕시코인[처럼 보이는 이들]은 검문"을 받아야 했다. 도대체 렌퀴스트는 왜 그런 것일까? 누군가의 증언에 따르면, "[이는] 투표의 속도를 일부러 늦추어서⋯ 투표 차례를 기다리는 이들이 지쳐 떠나도록 만들려는 고의적 행위였습니다. ⋯ 기다리는 사람들에게 전단지가 배포되었는데, 제대로 자격도 없으면서 투표를 하겠다고 줄 서 있을 경우에는 기소될 것이라는 경고장이었습니다."[6]

*

매디슨에서 렌퀴스트와 그 이후의 사람들에 이르기까지, 민주주의를 (그리고 투표권 및 이를 통한 영향력과 권력의 행사를) 문제의 해결책이라기보다 문제 그 자체라고 여기는 사람들이 항상 존재했다. 이렇게 논란이 복잡해지면서 풀 수 없는 고르디아스의 매듭이 생겨버렸고, 그 매듭을 풀려는 시도들은 수많은 논쟁과 그보다 훨씬 많은 희생을 낳았다.

민주주의를 둘러싼 이 갈등의 역사는 여러 중요한 면에서 경제사와 서로 교차했다. 이 둘이 어떻게 교차했는지를 이해하기 위해 앞에서 언급한 바 있는 두 명의 비엔나 출신 사상가들에게 다시 한 번 돌아가 보자. 오스트리아 출신 영국계 시카고인인 우파 경제학자 하이에크(1899~1992년)와, 그보다 살짝 나이가 많은 헝가리 출신 유대계 토론토인인 사회사상가 폴라니(1886~1964년)이다.

먼저 하이에크의 주장을 들어보자. 그는 항상 '주신 분도 시장이시요, 가져가신 분도 시장이시니. 시장의 이름을 찬양하라'라는 교훈을 사람들에게 가르치려고 애썼다.

하이에크가 볼 때 시장경제가 소득과 부를 '공정하게fair' 혹은 '정의롭게just' 배분한다는 것은 큰 지적 실수일 뿐만 아니라 치명적인 결과를 가져온다. 어떤 형태의 '정의'와 '공정'이든 마땅히 받아야 할 몫을 받는다는 것을 전제로 한다. 하지만 시장경제는 받을 자격이 있는 사람에게가 아니라 적시에 적소에 있는 사람에게 주도록 되어있다. 미래의 생산에 가치 있는 자원을 누가 통제하는가는 공정의 문제가 아니다. 하이에크는 일단 '사회정의'라는 수렁에 빠지면 '정의롭고' '공정한' 결과를 추구하는 일을 멈출 수 없게 되며, "마침내 사회 전체가… 모든 본질적인 면에서 볼 때… 자유로운 사회와는 정반대의 것으로 … 조직된다"고 믿었다.[7]

그렇다고 해서 가난한 사람들이 굶주리고 다친 사람이 길에서 피를 흘리며 죽고 있는데도 우리의 도덕적 의무가 그냥 방관만 하는 것이라는 말은 아니다. 사회는 "통제할 수 없는 상황으로 인해 극도의 빈곤 혹은 기아 상태에 처한 이들을 어느 정도는 지원"해야 하는데, "이 곤궁에 처한 이들이 벌일지 모를 절망적 행동으로부터" 열심히 일해서 성공한 사람들을 보호하기 위한 제일 값싼 방법일 때 그렇다고 하이에크는 말한다. 하지만 이 이상으로 시장에 개입해서는 안 된다. 시장은 이미 유토피아이거나 최소한 인간이 달성할 수 있는 유토피아에 가장 근접한 상태로 우리를 이끌 것이다. 그러므로 개입은 어리석음 이상의 나쁜 행위라는 것이었다.[8]

시장경제가 덜 불평등한 소득과 부의 분배를 낳을 수 있는 것과 마찬가지로 매우 불평등한 분배도 가져올 수 있다는 사실은 중요하지 않았다. 하이에크는 부의 분배가 어떠해야 하는지에 대한 문제를 제기하는 것조차 잘못된 전제, 즉 사람들이 재산권 이외의 권리를 가지고 있고 계약을 통해 자유롭게 받아들인 것 이상의 다른 사람에 대한 의무를 가지고 있다는 전제를 내포하고 있다고 믿었다.

게다가 불평등을 바로잡는다는 것은 현실성이 없었기 때문에 차디찬 꿈에 불과했다. 하이에크는 인간에게는 더 나은 세상을 창조할 수 있는 지식이 없으며 앞으로도 항상 그럴 것이라고 믿었다. 중앙 집중화는 항상 잘못된 정보와 그릇된 의사결정으로 이어졌다. 하향식top-down은 재앙이었다. 오직 모든 이들이 혼란스럽게 보일 수도 있는 과정에서 자기이익을 추구하는 가운데에 생겨나는 상향식bottom-up '자생적 질서'만이 발전으로 이어질 수 있었다.

이러한 목적에 맞게 인류가 가진 유일한 시스템은 "가격은 우리가 직접 가지고 있는 것보다 더 많은 정보를 구현하는 소통과 안내의 도구"이기 때문에 심지어 준수하게 효율적이고 생산적일 수 있는 시장 자본주의였고, "단지 명령을 통해 분업에 기반한 동일한 질서를 이끌어 내겠다는 생각 자체가 무의미하다"고 하이에크는 썼다. 자격이 있는 사람들을 희생시켜 자격이 없는 사람들에게 보상하기 위해 시장의 소득분배를 재조정하려는 시도는 시장 자본주의를 약화시킬 것이었다. 하이에크는 "사람들의 능력이나 필요⋯에 따라 ⋯ 소득을 안배할 수 있다는 생각"은 "사람들이 각자를 필요로 하는 곳에 가도록 이끌기 위해서는 노동의 가격을 포함한 가격이 필요"하다는 현실과 맞지 않는다고 말했다. 그리고 일단 하향식 계획을 시작하면 그가 "노예의 길the road to serfdom"이라고 부른 길로 들어서게 되며, "계획을 안내해야 하는 가치의 상세한 범주detailed scale of values는 민주적 수단과 같은 것으로 결정되어야 한다는 것을 불가능하게 만든다."[9] 하이에크는 "지금 이대로가 가장 좋다"는 유의 유토피아주의자였다.

하이에크는 평등과 정의 같은 문제는 신경 쓰지 않고 사회를 조직하는 이 더 좋은 방법을 사람들이 한목소리로 '옳소'를 외치면서 받아들일 리 없다는 것도 잘 알고 있었다. 시장경제가 인정하는 유일한 권리가 재산권—그것도 오직 가치 있는 재산의 권리—이라는 사실은 예상대로 많은 사람들에게 영감을 주지 못했다. 사람들은 자신이 소유한 재산에 대한 권리 외에 다른 권리가 있다고 생각하는 것이 분명했다. 이러한 생각이 하이에크에게는 엄청나게 큰 문제가 되었다. 그로서는 칭찬받아 마땅하게도, 하이에크는 자신의 주장이 이끄는 방향을 피하지 않았다. 그는 좋은 (혹은 적어도 좋은 사회가 될 가능성이 있는) 사회의 실질적인 두 가지 적을 **평등주의**

egalitarianism 와 **관용**permissiveness 으로 규정했다. 과도한 민주주의 ─사람들이 원하는 것을 할 수 있어야 하고, 더 많은 재산을 가진 사람들에 의해 지배받지 않는다고 느끼는 민주주의 ─는 한마디로 나쁜 것이었다.

실제로 하이에크에게 평등주의란 "최악의 사람들까지도 사회의 지원을 요구하게끔 조장하는 무제한의 민주주의의 필연적인 산물"이었다. 달리 말하자면, 민주주의란 본질적으로 "규율을 어기는 자들에게도 '다른 이들과 똑같은 관심과 존중의 권리'를 부여하는 것"이다. 하이에크는 그렇게는 어떤 문명도 유지할 수가 없다고 경고했다.[10]

하이에크에게 두려운 결과는 마땅히 따라야 할 규율에 복종하지 않으면서 우리 사회의 부의 일부를 요구하는 사람들을 지지하는, 과학적 심리학의 도움을 받은 **관용**이 될 것이라고 그는 썼다. 교훈은 분명했다. 시장경제는 권위에 의해 보호될 때에만 번영할 수 있었다.

하이에크는 지나치게 민주적이고 평등하며 관용적인 사회는 언젠가 권력을 장악한 누군가가 시장경제를 존중하는 권위주의적 방식으로 그 질서를 다시 수립할 필요가 있다고 보았다. 그러한 단절은 그가 말한 것처럼 (고대 그리스 도시 스파르타의 법률을 만든 신화적 존재의 이름을 딴) 일시적인 "리쿠르고스의 시간Lykourgan moment"일 뿐이며, 그 이후에는 음악이 다시 시작되고 질서 있는 개인의 자유와 시장 주도의 번영이라는 정상적인 춤이 재개된다. 이렇게 하이에크는 거인과 폭군 모두의 어깨 위에 서서 시장경제에 대한 분명한 입장을 제시했고, 덕분에 20세기 내내 정치적 우파는 거듭해서 민주주의에 반대했고 수많은 이들이 민주주의라는 제도를 덜 선한 것이 아니라 진정한 악惡으로까지 보게 되었다. 이러한 관점은 1차 대전이 가까워질 때도 힘을 잃지 않았다.

지금까지는 사회사상가이자 정치운동가로서의 하이에크를 비판적으로 조망했다. 뒤에서는 거시경제학자로서의 하이에크에 대해 더욱 엄격한 판단을 내릴 것이다. 그렇다면 왜 하이에크를 무시하면 안 되는가? 세 가지 이유가 있다.

첫째, 그는 현재 지극히 영향력 있는 사상과 행동을 대표하는 하나의 상징과 같은 인물이다. 특히 부유하고 힘 있는 사람들에게 우호적이고 그들의 지원을 받기 때문에 영향력이 크다.

둘째, 하이에크의 정치경제학이 완전히 틀린 것은 아니다. 민주주의의 정치 영역은 협동과 성장이 아니라 몰수와 재분배의 논리가 지배하는 곳으로 변질될 수 있으며, 이때 '자격이 있는 이들'과 '자격이 없는 이들'은 각각 권력을 가진 이들의 친구와 적으로 대체된다. 이런 시나리오보다는 차라리 '사회정의'에 대한 호소는 그냥 망상으로 무시하고, 사람들이 고개를 숙이고 누이 좋고 매부 좋은 시장 교환을 위한 생산에 집중하는 편이 훨씬 더 나을 수 있다는 하이에크의 주장은 틀린 말이 아니다.

셋째, 그의 사상의 한 가지 핵심적으로 중요한 면에서 하이에크는 혜안을 가진 천재 지킬 박사였다. 이사야 벌린이 그리스 시인 아르킬로코스Arkhilokhos의 말을 인용한 것처럼, 그는 여러 가지 속임수를 아는 여우라기보다는 매우 효과적인 단 하나의 속임수만 계속 쓰는 고슴도치였다.[11] 그는 시장경제가 인류에게 어떻게 득이 되는지를 가장 철저하고 심오하게 이해했던 사상가였다. 모든 사회는 경제 문제들을 해결하고자 할 때 의사결정자들에게 신뢰할 수 있는 정보를 제공하거나 의사결정자들이 공익을 위해 행동하도록 유도하는 데에 심각한 어려움을 겪는다. 그런데 재산권, 계약, 교환의 시장질서—재산권이 적절히 다루어진다면—는 신뢰할 수 있는 정보가 이미 존재하는 탈중앙화된 주변부에서 의사결정이 이루어지게 함으로써 정보 문제를 해결할 수 있다. 자원을 가치 있게 사용하는 사람들에게 보상을 제공함으로써 인센티브 문제 또한 자동적으로 해결된다(거시적 조정과 분배 문제가 여전히 남아있다. 하이에크 사상의 결함 대부분은 이 문제들의 속성을 아예 인식조차 못 하는 데에서 비롯된다. 그래도 네 문제 중 두 문제를 확실히 이해했으니 선방한 셈이다).

종합적으로 보면, 하이에크가 옳았던 부분은 장기 20세기의 경제사를 이해하는 데에 있어서 절대적으로 중요하다. 하이에크의 추론은 수십 년 동안 영향력 있는 의사결정자들이 인용했을 뿐만 아니라, 그의 추론이 규명하는 측면은 의심의 여지없이 작용했다.

이제 "시장이 인간을 위해서 만들어진 것이지 인간이 시장을 위해서 만들어진 것이 아니다"라는 교훈을 갈파했던 인물, 칼 폴라니를 연단에 모시겠다.[12]

하이에크는 시장이 모든 것을 상품으로 바꾼다는 점에 굉장히 흡족해했고, 시장이 만인을 물질적으로 평등하게 하지 못한다는 이유로 시장을 저주하는 이들을 공포의 대상으로 보았다. 이 점에 대해 폴라니는 결단코 반대한다. 《거대한 전환The Great Transformation》에서 폴라니는 토지, 노동, 화폐는 "허구적 상품fictitious commodities"이라고 했다. 이 세 가지는 이윤과 손실의 논리로 다루어질 수 없으며, 종교적 도덕적 차원을 고려하여 사회에 **내재되고**embedded 공동체에 의해 관리되어야 할 필요가 있었다. 그 결과는 긴장과 다툼, 즉 **이중 운동**double movement이었다고 폴라니는 썼다. 시장의 이데올로그들과 시장 그 자체는 토지, 노동, 화폐를 사회의 도덕적·종교적 통치에서 떼어내고자 시도했다. 그러자 사회는 시장의 영역을 제한하고 시장의 결과가 '불공정하다'고 여겨지는 곳에서 개입함으로써 반격했다. 결과적으로 시장사회는 반격 —좌파의 반격일 수도 우파의 반격일 수도 있지만, 반격은 있을 것이다 —에 부딪칠 것이고 그 반발은 강력할 것이었다.

이는 당시에나 지금이나 빛나는 혜안이다. 하지만 폴라니가 처음에 표현했던 것처럼, 이러한 개념들은 안타깝게도 그의 저서를 읽으려고 하는 사람들의 압도적 다수도 이해하기 힘들다. 이해를 돕기 위해 폴라니가 정말로 말하고자 했던 바를 요약하면 다음과 같다.

시장경제에서 유일하게 중요한 권리는 재산권이며, 유일하게 중요한 재산권은 부자들의 수요가 많은 물건들을 생산하는 권리라는 믿음이 지배한다. 하지만 사람들은 자기들에게 다른 권리도 있다고 믿는다.

토지와 관련해서, 사람들은 자신들이 안정된 공동체에 대한 권리를 가지고 있다고 믿는다. 자신이 자라나거나 또 스스로 일구어낸 자연과 주변 환경이 **자신의 것**이라는 믿음도 그중 하나다. 시장의 논리에 따라 그 환경을 달리 사용하거나 —예를 들어 그 한가운데로 고속도로가 통과한다거나 —혹은 다른 사람들이 살 때 더 큰 이윤을 낼 수 있다고 아무리 가르쳐봐야 이러한 믿음은 변하지 않는다.

노동과 관련해서, 사람들은 자신이 적절한 소득을 얻을 권리가 있다고 믿는다. 결국 그들은 자신의 직업을 위해 준비를 했고, 규칙을 따랐기 때문에 사회가 그들의 준비에 상응하는 공정한 소득을 보장해야 한다고 믿는다. 그리고 이는 세계시장의 논리가 어떻다고 말하든 유지된다.

화폐와 관련해서, 사람들은 부지런하게 자신이 맡은 일을 하는 한 경제의 혈관에 흐르는 구매력의 흐름으로부터 자신도 무언가를 얻을 수 있어야 한다고 믿는다. 그리고 수천 마일 밖의 '뿌리 없는 코스모폴리탄' 금융가들—어떤 구체적 공동체와도 관련이 없는 힘 있는 사람들로, 폴라니가 보기에 이들에 대한 반감은 시장 체제에 대한 비판인데 걸핏하면 유대인들에 대한 반감으로 변질되기도 한다—이 그러한 경제의 혈관들 중 어떤 줄기가 수익성이 있는지 없는지를 결정하여 제 맘대로 잘라낼 권리를 가져서는 안 된다고 믿는다. 즉 이들의 결정으로 자신의 일자리가 영향 받아서는 안 된다.[13]

사람들은 단지 재산권만이 아니라 순수한 시장경제는 존중하지 않는 다른 권리도 갖는다고 폴라니는 선언한다. 순수한 시장경제라면 마을 한복판에 고속도로가 지나가고, 소득을 분배할 때 각자 몇 년이나 준비했는지를 깡그리 무시하며, 수천 마일 떨어진 곳에서 더 높은 투자 수익이 가능할 때 사람들의 구매력이 일자리와 함께 사라져 버리는 일도 얼마든지 허용한다. 따라서 사회는 이러한 권리가 충족될 수 있도록 도덕적·종교적 논리로 (좋은 일이든 나쁜 일이든 정부의 법령에 의해서건 좌든 우든 대중의 행동에 의해서건) 개입하여 경제를 재편할 것이다. 이것이 바로 이중 운동의 과정이다. 경제는 사회라는 관계망에서 생산, 거래, 소비의 내재성을 제거하기 위해 움직이고, 사회는 어떻게든 자신을 다시 주장하기 위해 움직인다.[14]

사회가 검증하려는 이 권리들은 산업과 농업의 결실을 **평등하게** 분배하는 것과 같은 권리가 아니라는 점을 기억해야 한다. 이 권리들을 **공정한** 권리로 표현하는 것도 잘못일 수 있다. 이 권리들은 어떤 사회적 질서가 주어진 상황에서 사람들이 기대하는 것이다. 그렇다, 평등한 사람들은 평등하게 대우받아야 한다. 하지만 평등하지 않은 사람은 평등하지 않게 대우받아야 한다. 그리고 사회는 사람들이 똑같은 중요성을 가지고 있다고 전제할 필요도 없고 사실 거의 그렇게 하지 않는다.

이러한 통찰을 어떻게 활용할 수 있을까? 하이에크와 폴라니는 이론가이고 학자였으며, 그것도 아주 뛰어났다. 하지만 이들의 혜안과 이론이 중요한 진짜 이유는 수억 명의 두뇌 깊은 곳에서 벌어졌던 의식의 흐름과 그것으로 추동된 행동들을 포착해 냈다는 점에 있다. 다시 말해서 하이에크가 아니라 하이에크주의자들이, 폴라니가 아니라 폴라니주의자들이, 그리고 폴라니가 찾아낸 여러 동기들에 근거하여 행동을 일으킨 자들이 실제의 역사를 만들어 냈다는 것이다. 이 이야기가 현실에서 어떻게 전개되었는지를 잠깐이라도 살펴보기 위해, 경제학의 논리와 정치학의 논리가 서로 물어뜯고 싸우면서 피가 뚝뚝 떨어지던 장소로 가보자. 1차 대전 이전의 세계에서 가장 빠르게 성장하고 산업화를 이루던 장소, 21세기 중국의 선전深圳에 해당하는 20세기 세계경제의 산업 중심지, 시카고가 바로 그곳이다.[15]

1840년에 일리노이와 미시간 운하가 완공되면서 미시시피강과 오대호가 연결됐다. 당시 시카고 인구는 불과 4,000명이었다. 1871년에 오리어리O'Leary 부인의 소가 가스등을 넘어뜨리는 바람에 시카고의 약 3분의 1이 불타버리는 대화재가 발생하기도 했다. 시카고는 1885년에 세계 최초로 강철 골조의 마천루 빌딩을 올렸으며, 1900년에는 인구가 200만 명에 달했다. 그 인구의 70% 이상은 미국 바깥에서 출생한 이민자들이었다.

1886년 5월 1일, 미국노동총동맹American Federation of Labor, AFL이
8시간 노동을 쟁취하기 위해서 총파업에 들어갔다. 시카고의 맥코
믹 농기계 회사McCormick Harvesting Company 정문을 노동자들이 막고
서서 피켓 라인을 형성했다. 하지만 이 분노한 군중들을 비집고서
'파업 방해자' 즉 땜빵 일꾼들이 공장으로 들어갔으며, 이들을 성난
파업 노동자들로부터 보호하기 위해서 경찰도 모자라 민간 경비업
체인 핑커턴Pinkerton의 경비원 수백 명도 동원되었다. 5월 3일, 드디
어 경찰관들이 파업 노동자들에게 발포하여 여섯 명을 사살했다.
그 다음날 헤이마켓 광장Haymarket Square에서 경찰 폭력에 항의하고
파업 노동자들을 지지하는 집회가 열렸으며, 한 아나키스트가 던
진 폭탄으로 여덟 명의 경찰관들이 살해당했다. 경찰은 즉시 발포
했고, 민간인 사망자만 아마도 26명이었을 것으로 추정된다(그 숫
자를 센 사람이 현장에 누가 있었겠는가). 사망자들은 대부분 영어도 하
지 못하는 이민 노동자들이었다. 엉터리 재판kangaroo court이 열린 가
운데 여덟 명의 무고한(오늘날 우리는 그렇게 믿는다) 좌파 정치인과
노조 활동가들이 여덟 명의 경찰관을 살해한 혐의로 유죄를 선고
받았고, 그중 다섯은 교수형에 처해졌다.[16]

1889년에 미국노동총동맹의 초대 회장인 새뮤얼 곰퍼스Samuel
Gompers는 세계 사회주의 운동 연대 조직—제2인터내셔널—에 매
년 5월 1일에 8시간 노동을 지지하고 1886년 시카고 경찰 폭력의
희생자들을 추모하여 전 세계가 연대 시위하는 날로 지정하자고
촉구했다.

1894년 여름, 그로버 클리블랜드Grover Cleveland 대통령은 양당
으로 갈라진 정치를 중재하는 것이 대통령 역할의 하나라는 전통

을 이어서, 미국 사회에서 노동이 차지하는 지위를 인정한다는 의미로 국경일 하나를 정하자고 의회를 설득했다. 하지만 그 날짜는 5월 1일 세계 노동자의 날이 아니라 9월 첫 번째 월요일로 지정되었다.

모든 미국 정치인들이 그렇게 소심하지는 않았다. 1893년 일리노이주의 새로운 민주당 주지사로 선출된 존 피터 알트겔드John Peter Altgeld —1856년 이후 첫 민주당 출신, 시카고 출신, 외국 출생 이민자 출신 주지사였다—는 이른바 '헤이마켓 폭탄범들' 중 아직 살아서 수감 중인 세 사람을 사면했다. 그의 사면 논리는 분명했다. 그들은 폭탄 테러로 유죄 선고를 받았지만 사실 무고한 사람들이었을 가능성이 컸다. 알트겔드는 폭탄 테러가 벌어진 진짜 이유는 맥코믹과 여타 기업들이 고용한 경호업체 핑커턴의 폭력이 통제를 벗어나 마구 자행되었기 때문이라고 보았다.

유죄를 선고받은 아나키스트들을 사면하고, 미국 중서부의 유력 제조업체들과 그들이 고용한 무장 깡패들에게 폭력의 책임을 물었던 알트겔드는 누구인가? 그리고 그는 어떻게 일리노이 주지사가 됐을까?

알트겔드는 독일에서 태어났다. 그의 부모는 1848년에 그가 태어난 지 3개월이 지났을 때 미국 오하이오로 이주했다. 그는 남북전쟁 때 북부군에서 싸웠고, 버지니아 해안지대 포트 먼로Fort Monroe에서 말라리아에 걸려 평생을 시달리게 된다. 남북전쟁 이후에 고등학교를 졸업했고, 여기저기 떠돌아다니는 철도 노동자가 됐다가 학교 교사로 잠깐 일하는 동안 열심히 법률 서적을 읽어서 법률가가 되었다. 1872년 그는 미주리주 서배너Savannah 시의 검사가 되고, 1874년에는 카운티 검사가 되었으며, 1875년에는 《우리의 사법

처벌 장치와 그 희생자들》이라는 저서를 내고 시카고 시민들 사이에서 명성을 얻었다.[17] 1884년에는 민주당으로 하원의원에 출마했지만 낙선했다. 그리고 민주당 대통령 후보 클리블랜드의 선거 캠프에서 열성적으로 활동했다.

알트겔드는 1886년에 쿡 카운티의 항소법원 판사로 선출됐고, 그 임기 동안 부를 쌓았다. 그는 부동산 투기꾼이자 건축업자이기도 했으며, 당시 시카고에서 가장 높은 건물로 이름 높았던 디어본가Dearborn Street 북쪽 127번지의 16층짜리 유니티 빌딩Unity Building 의 소유자였다.

이민자들로 넘쳐나는 도시 시카고에서 성장한 그 또한 이민자였다. 또한 그는 진보주의자a Progressive (남북전쟁 이후 본격적인 산업화가 진행되면서 대자본의 독점, 정부의 부패, 빈부 격차의 증대 등 미국 자본주의의 여러 모순이 격화된다. 이에 1890년대부터 1차 대전 사이의 시대에 독점 반대, 정부 개혁, 사회적 모순 완화 등을 주창하는 진보주의 운동이 나타났다—옮긴이)이기도 했다. 주지사로서 그는 그 당시까지 미국에서 가장 엄격한 미성년 노동법과 사업장 안전법을 도입하기 위해서 주 의회를 설득했으며, 국가로부터 교육에 대한 재정 지원을 받기 위해서 노력했고, 주정부 고위직에 여성 관료를 임명했다. 그리고 아나키스트들을 사면했다.

당시 대체로 공화당의 후원을 받던 언론 매체들은 헤이마켓 폭탄 테러범들을 사면했다는 이유로 알트겔드 주지사를 비난했다. 투표권을 행사할 수 있는 중간계층인 전국의 (특히 동부 해안의) 중산층 신문 독자들은 그를 외국에서 태어난 이방인 아나키스트, 사회주의자, 살인자 일리노이 주지사로 보았고 이 이미지는 그가 죽을 때까지 따라다녔다. 이들이 어쩌다가 개혁을 진지하게 고려하는 경우에도 그 기수로 삼기를 기대했던 것은 클리블랜드 대통령 같은 온건한 중도파들이었다. 그 결과는 어떻게 되었을까? 풀먼 파업Pullman Strike을 살펴보면 알 수 있다.

1894년 5월 11일 침대차와 관련 설비를 생산하는 풀먼의 노동자들이 임금 삭감에 반발하고 파업에 들어갔다. 알트겔드의 친구이자 동료 변호사이던 클래런스 대로우Clarence Darrow는 자서전에서 자신이 미국철도연맹의 파업노동자들과 유진 V. 뎁스Eugene V. Debs (노동조합 운동가이자 대표적인 미국의 사회주의자 —옮긴이)의 편에 서서 그들을 변호하게 된 배경을 설명했다. 대로우는 시카고 노스웨스턴Chicago and North Western 철도회사의 전문 변호사였고, 아내와 10살 아들이 있었다. 하지만 그는 풀먼 파업을 이끈 뎁스를 변호하기 위해서 직장을 그만두었다.

풀먼 파업의 성격에 대해서 그는 확신을 가지고 있었다.

> 노동쟁의는 그 태도와 심리에 있어서 전쟁과 똑같고, 양측 모두 평화로운 시기에는 꿈에서조차 상상 못할 많은 일을 저지른다. … 대초원에서 불길에 휩싸인 객차를 바라보고 서 있을 때 나는 양쪽 어디에도 적대감을 갖지 않았다. 나는 인간이 아주 보잘것없는 압박도 견디지 못하고 원시인으로 되돌아갈 수 있다는 사실에 그저 슬플 따름이었다. 나는 그 파란만장했던 밤 이후로 매번 이런 생각을 했다.[18]

원래 적대감도 없었지만, 파업 참가자들의 폭력과 방화를 목격한 뒤에도 대로우는 파업 노동자들 편에 섰다. 정부를 자신의 편으로 만들려는 철도회사들의 공공연한 시도를 보았기 때문이었다.

"나는 이것이 공정하다고 보지 않았다"고 대로우는 말했다. 그래서 뎁스와 다른 철도 파업 노동자들이 변호를 부탁했을 때 선뜻 그들의 요청을 받아들였다. 훗날 그는 "가뜩이나 가난한 이들이 생계까지 포기하고 싸우는 모습을 보았기 때문"이라고 썼다.

철도회사들은 정부를 자신들의 편으로 끌어들이는 데 성공했다. 언제나 양당 사이에서 중간자 노릇을 해온 클리블랜드 대통령—그는 제임스 뷰캐넌James Buchanan (1857~1861년)과 우드로 윌슨 Woodrow Wilson (1913~1921년) 사이에 민주당이 배출한 유일한 대통령이었다—은 철도회사의 요청을 들어주기로 결심했다. 그는 모든 열차에 우편열차를 연결시켰다. 우편열차를 공격하면 연방 범죄가 되므로, 노동자들이 열차를 공격하지 못하도록 우편열차를 방패로 삼은 것이다. 한편 법무부 장관 리처드 올니Richard Olney는 파업에 참여한 노동자들이 기차 운행을 방해하지 못하도록 법원 명령을 내렸다. 다음으로 클리블랜드 대통령은 군대를 시카고에 배치했다.

일리노이 주지사로서 알트겔드는 이에 항의했다. 그는 클리블랜드 대통령에게 두 번의 전보를 보냈고, 미국 헌법에 따르면 대통령이 국내의 폭력 사태를 막기 위해 군대를 동원할 수 있는 것은 오직 "[주] 의회나, [의회를 소집할 수 없을 경우] 주 정부의 요청이 있을 때"뿐이라고 지적했다.[19] 알트겔드는 주지사인 자신이나 주 의회 어느 쪽도 군대를 요청하지 않았다고 항의했다. 하지만 클리블랜드 대통령은 알트겔드의 항의를 묵살했다. 그는 폭도, 아나키스트, 사회주의자로부터 재산을 지키는 것이 더 중요하다고 선언했다. "시카고에 엽서 한 장이 배달되는 데에 미국의 모든 육군과 해군을 동원할 필요가 있다면 얼마든지 그렇게 할 것입니다!"[20]

7월 7일 뎁스와 다른 노조 지도자들은 법원 명령을 어긴 혐의로 체포됐고, 풀먼 파업은 그렇게 무너졌다.

알트겔드와 많은 다른 이들에게 이는 하나의 중요한 전환점이었다. 이들은 이제 민주당의 대통령 지명자가 클리블랜드 같은 중도주의자가 아니라 진정한 민주당 후보여야 한다고 마음을 굳혔다. 알트겔드와 그의 지지자들은 훗날 폴라니가 말한 것과 같이 자신들의 여러 권리를 원했으며, 하이에크라면 매도했을 법한 공정성과 정의를 원했다. 이들은 또한 미국이 금본위제를 버리고 금 1 대 은 16의 비율로 은화의 자유로운 주조를 허용할 것을 요구했다.

클리블랜드와 대부분 기업가나 은행가였던 그의 지지자들은 달러 가치를 유지하기 위해 금본위제를 엄격히 고수하고자 했다. 알트겔드의 지지자들은 주로 노동자 혹은 농민이었고, 이들은 확장적인 통화정책 —즉 무제한의 은화 주조 —을 원했다. 이렇게 되면 자기들의 부채 부담도 줄고 또 작물 가격도 올릴 수 있겠다고 믿었기 때문이었다. 요컨대 '은화 자유주조free silver' 옹호자들은 클리블랜드나 그의 지지자들과 정반대를 원했던 것이다. 두 입장 모두 부분적으로는 1893년 금융 공황에 대한 반작용이었다.

1896년 민주당 전당대회에서 알트겔드가 당의 통제권을 확보했다. 당 강령은 이제 금본위제 규탄, 노동조합을 탄압하는 정부 개입 비난, 연방주의 지지 등을 내걸었다. 또한 소득세를 위한 헌법 수정과 대법원이 소득세를 합헌으로 판결하여 연방정부가 점진적으로 부의 재분배와 진보파 강령을 실행할 자원을 조성할 수 있어야 한다는 내용도 포함했다(미국의 연방소득세는 링컨 대통령 시기에 처음 도입되었으나 1872년까지 한시적으로 적용되었고, 1894년 연방 의회 법안을 대법원이 위헌으로 판결한 후 1913년 수정헌법 16조를 통해 그 근거가 마련된다—옮긴이). 이 강령은 또한 노조를 구성할 권리, 개인 및 시민의 확장된 자유를 요구했다.

이러한 운동을 추진하기 위해서 알트겔드는 민주당 대선후보로 전 상원의원 리처드 P. 블랜드Richard P. Bland를 추대하고자 했다. 하지만 네브래스카 출신의 젊은 정치인 윌리엄 제닝스 브라이언William Jennings Bryan은 생각이 달랐다. 그는 금본위제와 가지가지의 금권 대부호들을 규탄하는 연설로 전당대회에 모인 좌중의 경탄을 자아냈다. 그는 곧장 민주당 대통령 후보로 선출됐고, 매력이라고는 찾아볼 수 없는 인물 아서 수얼Arthur Sewall을 부통령 후보로 삼았다.

이렇게 되자 클리블랜드와 그의 지지자들은 민주당을 버리고 국민민주당National Democratic Party을 창당했다. 국민민주당은 공화당 출신의 전 일리노이 주지사이자 전 북부군 장군 존 M. 파머John M. Palmer를 대통령 후보로, 전 남부군 장군 사이먼 볼리버 버크너Simon Bolivar Buckner를 부통령 후보로 선출했다. 이들은 브라이언과 수얼의 표를 모두 흡수하겠다는 열망을 품었다.

공화당은 대통령과 부통령 후보로 윌리엄 매킨리William McKinley와 개릿 호바트Garret Hobart를 선출했다.

1896년 이전 수십 년 동안 대통령 선거에서 양당의 일반 투표 득표수 차이는 크지 않았다. 그렇다 보니 브라이언과 같은 포퓰리스트를 대통령 후보로 지명하면 민주당이 압도적으로 승리할 수 있으리라는 생각을 사람들이 하게 된 것일지도 모른다. 하지만 현실은 그렇지 않았다. 브라이언은 패배했으며, 그것도 최악의 표차로 패배했다. 매킨리는 선거인단 투표에서 최종적으로 271 대 176으로 압승을 거두었고, 일반 투표에서도 상당한 격차로 이겼다. 이런 선거 결과는 부동층이 공화당 쪽으로 몰려갔다는 정도로는 설명될 수 없었다. 브라이언 민주당 후보를 반대하는 대대적인 움직임이 있었고 이들이 투표장으로 쏟아져 나온 덕분이었다. 알고 보니 그전에는 선거에 큰 관심이 없어서 수수방관할 뿐 투표를 하지 않던 이들이 1896년 선거에서는 투표장에 나갔던 것이며, 이들은 알트겔드와 같은 사람들이 원하는 유형의 민주당 후보는 결단코 원치 않았다(1896년의 민주당이 **평등주의적**이지도 않았다는 점에 주의해야 한다. 브라이언이 선거인단 투표에서 얻은 176표 가운데 129표는 흑인들의 투표가 허용되지 않았던 주들에서 나왔다. 만약 여기서 흑인들이 투표할 수 있었다면 그 표들 또한 노예를 해방시킨 링컨의 정당인 공화당 차지가 되었을 것이다).

투표권이 있고 또 이를 행사한 백인 남성들은 재산권을 보호할 것인지 아니면 재산권의 질서를 위협할 게 확실해 보이는 수단들을 통해 기회를 증진할 것인지의 선택을 요구받은 셈이다. 여기서 그들은 재산권을 선택했다. 그들은 소유하고 있고 혹은 곧 소유하게 될 것으로 생각했기 때문이었으며, 또한 재분배를 통해 이익을 볼 많은 사람들이 어떤 의미에서는 그럴 자격이 없다는 사실에 두려워했기 때문이었다. 헤이마켓 사건 이후 누명을 쓴 이들을 사면하거나 풀먼 파업 노동자들을 지지하거나 하는 아주 약한 수준의 평등 추구조차도 20세기 초입의 미국은 견뎌내지 못했던 것이다.

알트겔드는 주지사직을 잃었고, 1899년 시카고 시장 선거에서 패배했고, 1902년 54세로 세상을 떠났다. 대로우는 그보다 더 오래, 더 성공적인 삶을 살았다. 변호사로서 여생 동안 특히 진화 사상과 고등학교 교사, 살인자, 노동조합 임원 등을 변호하는 데 힘썼지만, 기꺼이 대기업을 변호하기도 했던 것이 부분적 이유였다. 그가 폴라니의 생각에 얼마나 친밀감을 가졌는지는 알 수 없지만, 하이에크와 같은 생각이 자신이 사는 사회에 어떤 영향을 미치는지는 잘 알고 있었다. 그가 1890년대 중반에 친구인 제인 애덤스Jane Addams에게 보낸 편지를 보면, "갈등"이라는 핵심어구가 눈에 띈다. "나는 돈도 친구도 없이 [시카고에] 왔어. 그런 주제에 사회가 받아들일 수 없는 이단적인 주장을 하다니. 어떤 사회도 그런 사람에게 생활비를 주지는 않아. 사회는 현존하는 모습 그대로를 받아들이고 거기서 생활비를 벌든가 아니면 굶어 죽든가 둘 중 하나를 선택하라고 해. 나는 아직은 죽는 길을 선택하지 않았지만, 어쩌면 그게 최선일지도 모르겠네"[21] 제인 애덤스는 헐하우스Hull-House라는 사회복지기관을 운영했으며, 여기에는 여러 명의 이상주의자들이 일꾼으로써 거쳐갔다. 그중에는 이후 프랭클린 루스벨트 행정부의 노동부 장관과 미국 사회보장제도의 주요 설계자가 될 프랜시스 퍼킨스Frances Perkins도 있었다.

대로우는 자신의 여러 신념을 양보했지만, 민주당 정치가들에 대해서는 알트겔드와 생각이 같았다. 대로우가 생각하기에 그들은 미국을 유토피아로 조금 더 가까이 이끌 만한 참된 대의의 지도자들이 아니었다. 그는 1932년 회고록에 다음과 같이 설명했다. "나는 항상 윌슨을 존경했고, 그의 뒤를 이은 공화당 출신의 대통령 워런 하딩Warren Harding을 불신했다. 그리고 국정 운영과 관련해서 보면 이 두 사람에 대한 나의 견해는 상당히 정확했음이 분명하다. 그런데 학자이자 이상주의자인 윌슨과 퀘이커 교도인 파머는 유진 뎁스를 투옥시켰고, 하딩과 도허티는 오히려 뎁스를 감옥에서 풀어주었다."[22]

대로우는 1920년대 스코프스Scopes 원숭이 재판(1924년 테네시주는 학교에서 진화론 교육을 금지하는 법안을 통과시켰고, 그럼에도 인간을 동물의 자손이라고 가르쳤던 교사 스코프스를 학부형들이 고소했다―옮긴이)에서 공립학교에서 진화론을 가르치는 것이 타당하다고 변호했고, 사회진화론자Social Darwinist인 우생학자들을 공격하는 데("도대체 심리학으로 무슨 사기를 쳤길래 어려운 책을 읽을 수 있으면 곧 우월한 씨뿌리기germ-plasm를 하게 되어 거기에서 바람직한 시민이 [나온다]는 결론에 도달하게 되었는지, 저로서는 도저히 알 길이 없습니다"[23])에 시간을 쏟았다. 스코프스 원숭이 재판에서 그는 예전의 정치적 동맹이던 브라이언과 대결했다. 브라이언은 1920년대에 남녀평등 헌법수정안, 농업보조금, 연방 최저임금, 정치운동에 대한 공적인 자금 조달, 플로리다 부동산 등을 추구했지만, 거기에 더하여 진화론 반대와 쿠 클럭스클랜Ku Klux Klan, KKK에 대한 관용까지도 함께 추구한 바 있다. 대로우는 1938년 향년 81세로 세상을 떠났다.

1900년경의 민주당은 금권 대부호, 은행가, 독점 자본가들에 맞섰고 대략적인 평등을 추구했다. 하지만 그것은 적합한 사람들 사이의 이상한 종류의 대략적인 평등주의(모든 사람이 아닌 특정 적합한 그룹에만 적용되는 평등주의―옮긴이)였다. 사회주의자-평화주의자들―풀먼 파업에 참여했고 미국의 1차 대전 참전에도 반대했던 유진 뎁스와 같은 사람들―은 여기에 포함되지 않는다. 또한 흑인들도 포함되지 않는다. 윌슨은 진보주의자였고 좌파로부터도 존경받았지만, 그 역시 미국 연방정부 공무원에 대해 흑백 인종분리를 원칙으로 삼았다.

윌리엄 듀보이스William E. B. Du Bois는 1868년 매사추세츠 그레이트 배링턴Great Barrington에서 태어났다. 그는 어머니 메리, 외할아버지 오셀로 버가트Othello Burghardt, 외할머니 세라 램프먼 버가트Sarah Lampman Burghardt와 함께 살았다. 오셀로의 할아버지 톰은 그레이트 배링턴으로 이주한 최초의 흑인이었고, 그곳에서 1787년경에 50세의 나이로 사망했다. 백인 이웃들은 듀보이스가 (내슈빌의 유서 깊은 흑인 대학인) 피스크 대학교Fisk University에 다닐 수 있도록 갹출하여 등록금을 마련했다. 그는 피스크에서 하버드 대학교로 옮긴 후 그곳에서 역사학 학사를 취득했고, 1890년 우등 졸업했다. 그는 졸업 후 베를린 대학교로 갔는데, 훗날 그가 쓴 글에 따르면 베를린의 동료들은 그를 "신기한 물건 혹은 인간 이하의 무엇"으로 본 것이 아니라 "상당히 특권적 위치의 학생"으로 보았으며, "이들은 기꺼이 함께 만나 세상 돌아가는 이야기를 했을 뿐만 아니라 특히 내 출신지인 미국에 대한 이야기를" 즐겨했다고 한다. 그는 "미국이라는 세계의 바깥으로 나가 거기에서 미국 안을 성찰"할 수 있었다. 이후 하버드 대학교로 돌아와서 1895년 27살에 흑인 최초로 박사 학위를 취득했다.[24]

1895년 조지아주 애틀랜타에서는 면화주 국제박람회Cotton States and International Exposition가 열렸다. 과거 남북전쟁 당시 남부연합이던 주들이 기술과 농업으로 무장하고 생산 전선에 되돌아와 세계와 무역을 할 준비가 되어있음을 알리는 행사였다. 하지만 흑인들에 대한 린치 행위는 여전했으며, 1895년에만 최소한 113건의 린치가 벌어졌다. 율리시스 S. 그랜트Ulysses S. Grant 대통령은 백인 우월주의자들의 게릴라 테러 행위로부터 흑인을 보호하는 것을 미국 육군의 임무로 삼았고, 그의 촉구에 따라 의회 또한 폭력을 막기 위한 법안들을 통과시켰다. 하지만 이러한 노력은 그랜트가 백악관을 떠나면서 끝났다. 그의 후임이던 러더퍼드 B. 헤이스Rutherford B. Hayes는 선거에서 더 많은 표를 얻기 위하여 대의와 명분을 내던지고, 백만 명에 달하는 남부 흑인 남성들의 투표권까지 내던졌다.

박람회에서 흑인 지도자 부커 워싱턴Booker T. Washington은 몇 가지 제안을 담아 연설을 했고. 그 제안은 후에 '애틀랜타 타협Atlanta compromise'으로 알려지게 된다. 그는 흑인들은 투표권이나 사회 통합 나아가 백인과 동등한 대우도 추구해선 안 된다고 했다. 대신 교육과 일자리에 관심의 초점을 두어야 하며, 흑인 처지의 향상을 추구하는 북부의 백인들 또한 이러한 노력에 함께 해야 한다고 했다. "지금 당장 공장에서 1달러를 벌 기회가 나중에 오페라하우스에서 1달러를 쓸 기회보다 비교할 수 없이 더욱 가치 있다." 흑인들은 '기초적' 교육을 받아야만 하고, 스스로 복속하는 대가로 법치 질서의 보호를 받을 수 있어야 하며, 백인들의 게릴라 테러 공격은 종식되어야 한다고 했다. "서 있는 바로 그곳에서 물을 길어라Cast down your bucket where you are"가 워싱턴의 구호였다(《모비딕》의 구절. 워싱턴은 남부의 흑인들이 북부로 이주할 것이 아니라 살고 있는 장소에서 상황 개선을 꾀해야 한다고 믿었다 —옮긴이). 당시로서는 이 정도가 흑인들이 얻을 수 있는 최선이라고 그는 보았던 것이다. 흑인들은 먼저 교육 —압도적으로 직업교육 추구—에 전념하고, 그다음에는 역사는 알아서 흘러가도록 내버려두고 일하고 저축해야 한다고 했다.[25]

듀보이스는 워싱턴의 생각에 동의하지 않았고, 완전하고도 즉각적인 사회적·정치적·경제적 평등을 주장하는 무리를 이끌었다. 노예제가 폐지된 이후 상황이 나아졌지만,[26] 그는 충분한 개선이 이루어졌다고 전혀 생각하지 않았다. 게다가 백인 우월주의 운동의 공포 정치가 계속되고 있었다.

워싱턴이 연설을 한 지 4년이 흐른 뒤에 같은 도시에서 흑인 샘 호스Sam Hose가 그의 백인 고용주이자 농장주였던 앨프리드 크랜퍼드Alfred Cranford를 죽인 혐의로 기소됐다. 크랜퍼드는 호스가 어머니를 만나기 위해 휴가를 달라고 하자 총을 꺼내 쏘겠다고 위협했다가 죽음을 당했다. 백인 우월주의 선동가들은 호스가 크랜퍼드의 아내 매티를 강간하려 했다고 거짓 주장을 했다. 최소한 500명의 폭도들이 보안관에게 몰려가서 호스를 탈취했고, 그의 고환, 음경, 손가락, 귀를 자르고, 쇠사슬로 그를 소나무에 묶은 후 소나무를 불태웠다. 폭도들은 가면을 쓰지도 않았고 이름을 숨기지도 않았다. 호스의 숨이 끊어지기까지 무려 30분 이상이 걸렸다. 폭도들은 그다음에 호스의 신체를 더 잘라내었고 뼈까지 조각내어 이를 기념품으로 판매했다.

듀보이스는 훗날 가게에 진열된 호스의 불에 탄 손가락뼈를 봤을 때 워싱턴의 노선과 단절해야겠다는 결심을 했다고 말했다. 흑인들은 동등한 권리, 동등한 대우, 사회에의 통합, 차별 폐지를 요구해야만 한다는 깨달음을 그때 얻었다는 것이다.

듀보이스는 교육이 문제의 해법이라고 보면서도, 워싱턴처럼 기술과 직업교육만을 생각하지 않았다. 그에게 해답은 그가 "재능 있는 상위 10%Talented Tenth"라고 불렀던 잠재적 엘리트들을 위한 완전한 리버럴 아츠liberal arts 대학 교육에 있었다. "교육은 단순히 일을 가르치는 것이 아니라 삶을 가르치는 것이 되어야 한다. '재능 있는 상위 10%'는 흑인들의 사상적 지도자가 되어야 하며 문화의 전파자 역할을 해야만 한다. 다른 누구도 이 일을 해 줄 수가 없으며, 흑인들의 대학은 이를 위해 사람을 키우고 훈련시켜야 한다."[27]

흑인 공동체는 이 '재능 있는 상위 10%'를 지원해야 하며, 이들은 교육과 기업가 정신을 갖춘 흑인들이 어떤 능력과 의지를 가지고 있는지를 세상에 똑똑히 보여주어야 한다. 또한 이 '재능 있는 상위 10%'는 정계로 진출하여 흑인 공동체에 진 빚을 갚아야 한다.

이렇게 하지 않는다면 백인 우월주의는 영원히 흑인 민중을 짓밟을 것이며, 뭔가를 이루는 흑인이란 없다며 자신들을 정당화할 것이다. "장장 3세기에 걸쳐서 이들은 흑인들이 대담하게 용기를 냈을 때 린치를 가했고, 흑인 여성들이 감히 바른 행실을 지키려 들면 강간했고, 검은 피부색의 젊은이가 감히 야망을 가지려 하면 짓밟았으며, 굴종, 외설적 행실, 무기력을 조장하고 강제했다." 하지만 "하나님을 지켜 남은 자들은 계속해서 살아남고 존속"하게 되어있으며, 이로서 "흑인 혈통의 역량, 흑인들의 가능성"을 입증할 것이라고 말했다.

하지만 듀보이스와 그의 동료들은 아주 거센 조류에 맞서야 했다. 1875년에서 1925년경까지는 인종 분리와 차별이 발효했고 '재능 있는 상위 10%'는 나타나는 곳마다 싹이 짓밟혔다. 백인들의 포퓰리즘을 두려워한 정치인과 이익단체들은 백인들의 분노가 부유한 동부 도시의 금권 대부호들을 향할 가능성을 감지하고 이를 게으른 흑인들 쪽으로 돌리기 위해 공을 들였다. 사회진화론에 맞서 상대적으로 평등한 소득분배를 추구했던 사람들은 생존과 번영의 '적합성fitness'을 인종적 속성으로 재정의했다. 그래서 우드로 윌슨은 백인 중산층의 지위는 높이려고 하면서 흑인의 지위는 저하시키려고 했으며, 이에 대해 윌슨의 진보주의 동맹은 야유를 보내지 않았다.

*

미국 예외주의를 구성하는 다른 요소들이 무엇이건, (인종이든 계급이든) 사회적 관계와 사회적 위계를 '유토피아적'으로 재편하는 데 대한 경계가 예외주의 목록의 아주 위쪽에 자리 잡고 있었다. 실상은 미국만 그런 것도 아니었다. 유럽에서도 이제 부, 명예, 혈연의 폐쇄적 귀족정이 사라지고 폭넓은 신분 상승의 기회가 주어지자, 완전한 평등을 지향하는 사회주의나 그렇게 오해받을 수 있는 것은 모두 매력을 잃었다.

우리의 출발 시점인 1870년보다 훨씬 이전부터 이러한 경향이 나타났다. 1848년 6월의 프랑스로 가보자. 그해에는 정치적 불만의 높은 파고가 유럽 전체를 휩쓸었으며, 많은 이들이 자유주의적 개혁을 받아들이도록 이끌었다. 하지만 진정으로 정의롭고 공평한 유토피아가 바로 앞에서 손짓하고 있다고 생각한 이들은 곧 실망한다. 알렉시 드 토크빌Alexis de Tocqueville이 (그리고 곧 유럽 전체가) 알게 되듯, 도시 기술자들의 완전고용 보장 재원을 마련하고자 과세하려는 방침에 대해 대다수의 프랑스인들이 반대했다. 프랑스인들은 실업자에게 부여되는 기회보다 자신들의 재산에 더 높은 가치를 두고 있음이 드러난 것이다.

토크빌이 관찰한 바, 1848년 당시 사회주의자들 —즉 노동자들—이 불법적 억압의 하나라고 본 "자신들의 궁핍 상태로부터 탈출하기 위한… 맹목적이고 뻔뻔스런 하지만 아주 강력한 운동"을 일으키자 농민들은 이들의 반대편에 섰다.[28] 토크빌이 말하는 것은 '6월 봉기June Days'였다. 1848년 혁명으로 수립된 제2공화국은 본래 실업자들에게 일자리를 제공하는 국영 작업장National Workshops을 열었지만 결국 이를 폐쇄하기로 결정했고, 이에 반대하여 노동자들이 봉기를 일으켰다. 이 작업장의 운영 자금은 농민들의 세금으로 마련되었거니와, 농민들은 도시 노동자들을 위한 프로그램이 우후죽순으로 생겨나는 데에 자기들 돈을 내고 싶어 하지 않았다. 격렬한 갈등이 벌어졌고, 결국 사망자 4,500명 외에도 수천 명의 부상자들이 나왔다.

　프랑스 제2공화국의 정치인들은 이를 보고 겁을 집어먹고 노동운동을 손절한다. 1789년 이래로 프랑스 정치에서 내려온 교훈이 하나 있다. 어떤 정부가 들어서든 파리의 군중들은 정부를 무너뜨릴 힘이 있으며, 이를 막기 위해서는 훈련된 군대를 바로 투입하여 군중들에게 총격을 가하고 바리케이드를 날려버리도록 명령할 수 있는 나폴레옹이나 그와 비슷한 인물이 있어야 한다는 것이었다. 하지만 파리의 ‘6월 봉기’는 달랐다. 토크빌은 노동자들의 운동에 반대했던 인물로서 훗날 이렇게 말한다. “프랑스 전역에서 우리 쪽을 돕기 위해 수천 명이 서둘러 찾아왔다.” 그는 농민들, 상점주인들, 지주들, 귀족들이 “유례없는 열정을 가지고 파리로 밀려들어왔다”고 했다. 그들 중 일부는 기차까지 타고 왔으며, “실로 이상하고도 전례가 없는” 장관을 이루었다. “봉기를 일으킨 반란자들은 어디에서도 지원군을 얻을 수 없었지만, 우리는 프랑스 전체를 예비군으로 거느릴 수 있었다.”

　똑같은 원리가 1848년 프랑스에서처럼 1896년 미국에서도 작동한 것이었다.

　1789년 프랑스 혁명의 시기로 되돌아가보자. 당시 계층 피라미드 꼭대기의 사람들을 빼면, 질서라는 말에 큰 매력을 느끼는 사람들은 거의 없었다. 철학자이자 사회비판가였던 드니 디드로Denis Diderot 같은 사람은 아예 “마지막 성직자의 창자를 빼서 마지막 왕의 목을 매달자!”라고까지 말했다.[29] 디드로는 프랑스 혁명 전에 죽었는데, 이것이 디드로에게는 은총이었을 수도 있다. 미국의 민주주의 운동가인 토머스 페인Thomas Paine은 오로지 혁명을 돕기 위해 프랑스까지 왔는데, 프랑스의 혁명가들은 페인조차도 거의 처형할 뻔했으니까. 프랑스인들은 루이 16세를 살해했고 소농들에게 평등주의에 따라 토지를 잘라서 나누어 주었지만, 안정적인 정치 민주주의를 일구어 내는 일에는 실패했다.

1791년 이후 프랑스에는 자코뱅 공포 정치의 독재, 무능하고 부패한 5인 총재정부, '제1통령'인 나폴레옹 보나파르트Napoleon Bonaparte의 독재, 1848년까지의 군주제, 제1공화국, 제2공화국, 나폴레옹의 조카 루이 나폴레옹Louis Napoleon의 제국 아닌 제국, (최소한 파리에서의) 사회주의 코뮌, 코뮌을 제압하고 왕정주의자를 대통령으로 추대한 제3공화국 등이 줄줄이 이어졌다. 그리고 1889년에 독재자를 꿈꾸는 야심가이자 전직 국방장관 조르주 불랑제Georges Boulanger가 (독일에 대한) 복수Revanche, (헌법) 개정Révision, (군주제) 회복Restauration 등의 약속을 내걸고 나섰을 때 정치적 혼란은 정점에 달했다.[30]

토지 개혁은 멈춰 섰다. 미래의 군사적 영광에 대한 희망도 끝났다. 정치적 좌파들의 정치 혁명의 꿈 ─부패한 권력을 전복하고 정의, 자유, 유토피아를 수립하기 위한 도시 시민들의 무장 (혹은 비무장) 행진 ─또한 끝났다. 하지만 체제는 안정되지 않았고, 1870년과 1914년 사이에 프랑스의 '일상 정치normal politics'란 늘 혁명의 위협 아래에서 굴러가거나 혹은 혁명의 꿈에 물들어 있었다.

유럽의 다른 지역도 마찬가지였다. 유럽 대륙의 민족집단들은 통합, 독립, 자치, 안전(특히 독일 지역의 여러 국가에게 안전은 '프랑스의 침략으로부터의 안전'을 의미했다)을 원했다. 이런 결과를 일부라도 달성하기 위해서는 전면적인 부의 재분배가 아니라 이런저런 특권을 제한하고 세계화와 기술 진보의 물결에 올라타기 위해 노력할 필요가 있었다. 그런데 이 세계화와 기술 진보의 물결은 사회의 기존 질서를 뿌리째 흔들었다. 계급적, 민족적 분열이 심각해지면서,

내전과 인종 청소를 피하기가 더 어려워졌다. 귀족들이 민중들과 다른 언어를 쓰는 지역 그리고 선동가들이 나서서 '평화, 토지, 빵'이라는 농민과 노동자의 요구를 자신들이 해결할 수 있다고 외치는 곳에서는 더욱 심했다. 식민 지배자가 없는 지역에서 정치는 참여자들이 즉흥적으로 만들어낸 것을 제외하고는 규칙 없는 게임이 되었다. 거의 모든 곳에서 언제라도 정권의 구조와 정치적 행동 양식이 갑자기 아주 나쁜 방향으로 바뀔 수 있었다. 대의제 기구들은 불안정했고 또 편파적이었다. 정당한 불만들을 해결하겠다고 새로운 헌법을 들고 나온 지배자들의 약속은 보통 공허한 빈말이었다.

결국 이 체제들은 1차 대전 때까지 유지되었고, 정치적 불안정성도 계속되었다. 발칸반도를 제외하면 1871년에서 1913년까지 유럽에서 발생한 유일한 체제 변화는 1910년 11월 포르투갈의 공화국 선언이었다(사상자도 별로 없었다).

혁명이 현실로 다가온다고 기대하는 이들도 있었고 두려워하는 이들도 있었지만, 모두 잘못된 생각으로 판명되었다. 그 이유의 하나는, 1차 대전 이전의 유럽의 어느 곳에서든 좌파 정당 ─심지어 사회주의 정당조차도 ─은 항상 혁명이 아닌 의회 진출을 원했다는 데에 있다. 일단 의회에 진출하고 난 뒤에는 그저 온건한 요구만을 내밀었을 뿐이었다. 독일 사회민주당이 독일 전체 유권자의 급진적인 사람들을 집결하겠다고 내민 다음의 요구들을 한 번 보라.

남성과 여성의 보통선거권
비밀투표, 비례대표, 게리맨더링 종식
선거일의 공휴일 지정
국회의원 임기 2년

국민투표를 제안하고 참여할 권리

자치단체장과 판사 선출

국민투표로 전쟁 여부 결정

국제분쟁 해소를 위한 국제재판소 수립

여성에게 동등한 권리 보장

언론, 집회, 종교의 자유

종교적 목적에 공적자금 사용 금지

무료 공교육

무료 법률지원

사형제 폐지

조산 서비스를 포함한 무료 의료 서비스

누진 소득세와 누진 재산세

누진 상속세

역진적인 간접세의 폐지

일일 8시간 근무제

아동노동법

'노동자가 결정에 참여하는' 실업보험과 장애보험의 국영화[31]

너무 평범하지 않은가?

하지만 그들도 장기적으로는 점진적인 전진이 아니라 진정한 유토피아로 사회와 경제를 완전히 재정립하려고 했다. 독일사회민주당의 강령에도 다음과 같은 요구가 나온다.

모든 합법적인 수단을 동원하여 자유로운 국가와 사회주의적 사회를 이루어낸다. 그리고 임금노동 제도를 제거함으로써 임금철칙을 깨뜨린다. …

자본가들이 사적으로 소유하는 토지와 농지, 갱과 광산, 원자재, 도구, 기계, 운송 수단 등 모든 생산수단을 사회적 소유로 완전히 바꾸고, 재화의 생산은 사회가 사회를 위하여 수행하는 사회주의적 생산으로 완전히 바꾼다. …

전 인류의… 해방을 도모한다. … 하지만 이는 노동계급만이 수행할 수 있는 과업이다. 다른 모든 계급은… 현재 사회의 근본을 보존하는 것을 그들 공통의 목표로 삼고 있기 때문이다.

이 두 가지 종류의 요구는 서로 모순되어 보인다. 독일의 사회주의자들은 이 썩어빠진 시스템을 혁명적으로 전복하려고 했었나? 아니면 지금의 상태를 그저 조금 개선하려고 했었나? 그들은 둘 중 어느 쪽인지 결정할 수 없었고, 결국 이도 저도 하지 못했다.

이제 우리는 이 장기 20세기에 나타났던 여러 변곡점 중 하나를 만난다. 이미 그전부터 사람들은 대략 두 진영으로 갈라져 있었다. 한쪽 진영은 하이에크를 따라 '시장의 이름을 찬양하라'고 외쳤으며, 다른 진영은 폴라니를 따라 '시장이 인간을 위해서 만들어졌다'고 외쳤다. 대체로 그랬었다. 그런데 상황이 훨씬 더 복잡해진다. 이제는 시장에 대한 (다양한 종류의) 믿음을 모두가 공통적으로 가지고 있다. 그리고 그중 어떤 이들의 믿음은 다른 이들에 비해 더 유토피아적이다.

마르크스, 엥겔스 그리고 그들에게서 영감을 얻었던 좌파들은 시장이 사람들로부터 빼앗아간다는 사실에 대해서는 아무런 환상도 없이 냉철하게 보았지만, 시장이 종국적으로 스스로를 초월하여 도달하게 될 '프롤레타리아 혁명'에 대해서는 커다란 환상을 가졌다. 한편 얼 그레이, 벤저민 디즈레일리Benjamin Disraeli 등의 우파 정치가들은 시장은 모두가 아니라 일부만을 위해 만들어졌으며 마찬가지로 전부가 아니라 그 일부만이 거기에서 혜택을 보게 된다는 사실을 알고 있었다. 마지막으로 중도파들은 높아져가는 사회의 긴장을 누르기 위해 여러 개혁 조치와 또 약간의 무력 진압도 사용했다. 이는 대부분 작동했다. 1914년 이전까지는.

이렇게 중도파가 굳건히 버텨주고 또 좌파는 이도 저도 못 하는 틈을 타서 우파는 자신들의 기본 원리를 정당화할 수 있는 새로운 논리를 개발해 냈다. '내 것은 내가 지킨다!' 영국의 박물학자 찰스 다윈Charles Darwin 의《종의 기원》은 지적인 충격파를 가져왔고, 그렇게 해서 생겨난 사상은 사회진화론Social Darwinism 으로 이어졌다. 사회진화론자들은 경제적 불평등을 정당화하기 위해 부자들이 '정복왕' 윌리엄(1066년 잉글랜드를 정복한 노르망디의 대공 —옮긴이)의 부하들의 후손이라는 식으로 과거에 호소하지 않았다. 대신 이들은 현재와 미래를 바라보면서, 인종적 속성으로 경제적 성공을 설명하고 경제적 불평등을 정당화했다. 또한 여기에서 한걸음 더 나아가, 우월한 인종의 번식은 장려하고 그렇지 못한 인종의 번식은 억제해야 한다고까지 주장했다. 한 세대가 지난 뒤 케인스가 말한 대로, 사회진화론자들의 눈으로 볼 때 "우리 인류는 마치 질퍽거리는 대양의 갯벌에서 탄생한 아프로디테 여신처럼 찬란하고도 위대한 탄생의 과정을 오늘도 밟아 나가고 있으며,… 사회주의 운동은 그 위대한 과정을 늦추려고 계산된 불경스러운 훼방질"일 뿐이었다.[32]

이데올로기란 내리고 싶을 때 줄을 잡아당기면 정류장에 내려주는 노면전차와는 다르다. 하지만 어떤 면에서는 노면전차와 똑같다. 노면전차가 정해진 철로를 따라 정해진 목적지로 가게 되어 있는 것처럼, 이데올로기 또한 정해진 논리적 과정을 거쳐 일정한 결론으로 치달을 수밖에 없다. 사회진화론자들은 경제적 불평등을 진화를 통해서 유전자 풀을 개선하는 진보적인 생존 투쟁의 일환으로 정당화했다.[33] 그렇다면 나라들 간의 관계 또한 진화를 통해 유전자 풀을 개선하는 비슷한 생존 투쟁으로 보지 말라는 법이 없지 않은가? '나는 너보다 잘났어'라는 말은 '우리는 걔네들보다 잘났어'로 너무나 쉽게 변할 수 있다. 그리고 혹시 싸움이라도 난다면, 그 '우리'는 스스로 잘났음을 입증하기 위해 무기를 가지고 있어야 했다.

제니 제롬의 아들 윈스턴 처칠은 20세기 초 영국 자유당 정부의 각료였다. 당시 독일 해군 함대의 크기가 갈수록 불어나자 영국 내에서 이에 대한 경각심이 고조되었다. 대영제국의 통일성과 단일성을 유지하기 위해서는 영국 해군이 전 세계의 바다를 통제해야 했기 때문이었다. 게다가 영국은 식량의 절반을 수입에 의존했다. 만약 독일의 함대가 주변의 바다를 장악하면 영국인들의 절반은 굶어 죽을 수 있다는 이야기를 처칠이 특유의 달변으로 토해내자 자유당 정부는 해군과 언론을 달래기 위해 매년 드레드노트 dreadnought 급(20세기 초에 나타난 배수량 2만 5,000톤 이상의 대형 전함으로 대규모 함포를 탑재했다—옮긴이) 전함 4척을 건조할 재원을 약속했다. 그러자 해군은 6척을 요구했고, 처칠에 따르면 "우리는 8척으로 타협했다."[34]

아서 코난 도일 Arthur Conan Doyle 은 1차 대전이 임박하면서 국제적 긴장이 고조되는 상황을 두고 자신의 소설 캐릭터 셜록 홈즈의 입을 빌려 다음과 같이 말했다. "동풍이 불고 있어. 그 동풍은 차갑고 쓰라릴 거야, 왓슨. 그리고 수많은 이들이 그 바람 앞에서 속절없이

스러져 가겠지. 하지만… 폭풍이 지나가고 햇살이 비치면 더 깨끗하고 더 훌륭하고 더 강한 나라가 나타날 거야."[35]

도일이 이 글을 쓴 1917년은 1차 대전이 중반을 훨씬 넘긴 무렵이었다. 하지만 그는 이 말을 홈즈가 1914년 이전에 한 것으로 설정했다. 홈즈는 '모든 희생에도 불구하고 글로벌 전쟁은 피해서는 안 된다. 왜냐하면 종국에 가면 다 그럴 가치가 있었던 것으로 판명될 터이니까'와 같이 예언한다. 당시는 정치적·사회적·문화적·경제적으로 상황이 나빠지고 있었다. 경고 신호는 넘쳐났다. 우파 상류계급은 자신의 사회적 역할을 대부분 상실했고, 정치가들은 허망한 국민적 단결을 외치면서 계급 분열의 현실을 봉합하느라 여념이 없었다. 한 지역이 어떤 언어를 사용해야 하는가의 문제가 아니라 거기에 누구의 후손이 살게 될지를 놓고 (심지어 사람들이 무장하여 군사적으로) 싸워야 한다는 사회진화론적 분위기가 고조되고 있었다. 1914년이 가까워지며 이러한 이슈들에서 나온 문제들이 산적했다. 유례없는 경제성장이 세상을 뒤흔들고 정치를 전환시켰고, 그 전환의 끝자락에서 제국주의와 군국주의가 불거져 나왔다.

1919년 케인스는 현명하고 자신감도 넘치는 기득권 세력인 자신과 동료들과 선배들 모두가, 막상 전쟁이 터지기 전까지 이 경고의 신호들을 모두 무시한 채 그저 수수방관했다며 이렇게 말한다. "[1914년 이전의 경제성장이라는] 낙원에 군국주의와 제국주의, 인종적·문화적 경쟁, 독점, 각종 제약, 배제 등의 문제가 스멀스멀 나타나면서 결국 에덴동산의 뱀처럼 낙원을 망쳐놓는 역할을 하게 되건만," 이런 문제들을 "그저 일간지에 실리는 재미난 읽을거리 이상으로 보지 않았었다." 이제 1차 대전이 끝난 시점에서 되돌아볼 때, 자신과 자신의 무리는 번영을 증대시켜주는 진보적 시스템이 붕괴할 수도 있다는 생각 자체가 "너무나 상궤를 일탈한 [그리고] 혐오스러운" 것이라고 여겼던 탓에 쉽게 외면해 버렸다는 것이었다.[36]

1914년이 가까워 오고 있었다. 하지만 임박한 파국을 막기 위해 군국주의에 맞불을 놓아 맞서려는 지적인 노력도 조직적인 노력도 존재하지 않았다.

4장. 글로벌 제국들

　장기 20세기가 시작된 1870년, 세계 역사상 가장 거대한 제국 하나—대영제국, 이에 견줄 수 있는 유일한 제국은 몽골 정도였다—가 절정에 다다르고 있었다. 영국이 가장 거대한 제국이 될 수 있었던 이유의 하나는 이 제국이 공식적 형태와 비공식적 형태 양쪽을 모두 취했다는 데에 있었다. 상비군, 관료들로 가득한 식민청, 복종을 강제하는 감옥 등도 있었고, 여러 무형적인 방식으로도 그 의지를 행사했다. 대영제국 스토리가 어떻게 끝나는지는 모두 알고 있으므로, 시점을 빠르게 앞으로 돌려도 용서해주실 것으로 믿는다. 1945년에는 전 세계의 지도적인 산업 권력, 상업 권력, 제국 권력의 자리가 영국에서 미국으로 완전히 넘어간다. 여기서 흥미로운 점은, 미국의 경우 일단 세계 최고의 강대국으로 자리를 확고히 한 뒤에는 그 전임자인 영국과 달리 거의 전적으로 비공식적인 형태로 제국을 구축했다는 사실이다.

　바로 여기에서 나의 내러티브에 문제가 생긴다. 1870년부터 1914년까지의 기간에 북방세계 또는 북대서양 지역에 관해서는 하나의 내러티브의 틀을 짜고 거기에 다 (상당히 어거지로) 우겨넣는 일이 그래도 가능하다. 하지만 남방세계 즉 일반적으로 세계의 남쪽에 위치하면서 또한 경제적 주변부에 있는 나라들에는 그런 단일의 내러티브가 성립할 수 없다. 그런데 이 책의 지면도 또 독자들의 관심과 주의력도 무한하지가 못하다. 더욱이 대개 경제의 역사로 규정되어 버린 이 장기 20세기는 무엇보다도 북방세계를 중심으로 한 이야기일 수밖에 없다. 문화나 문명에 대한 부분도 다룰 수 없고, 나아가 북방세계와 남방세계 일반이 혹은 이런저런 나라가 어떤 상대적 능력과 장점을 가졌는지 등에 대해서도 전혀 다룰 수가 없다. 나의 거대 내러티브가 주장하는 범위는 그저 한 지역에서 나타났던 경제활동과 진보가 원인이 되어 세계 다른 모든 곳의 경제활동 및 진보가 추동되었다고 주장하는 것에 불과하다.

이러한 배경을 감안하여 나는 여기에 그저 인도, 이집트, 중국, 일본 네 나라에 대한 짧은 글을 내놓고자 한다. 이 나라들의 역사로 들어가기 전에 1870년이 북방세계의 입장에서는 경제성장에 박차를 가하는 분수령이지만, 남방세계에서는 (우연이 아니게도) 제국주의 시대 중간의 시점이라는 점을 기억해야 한다. 아마도 정확히 중간은 아닐 것이다. 제국주의 프로젝트는 1500년에 시작하여 20세기 후반에 끝이 나는 이야기이니까. 앞에서 말한 이유에서 해석의 발판은 좀 애매해진다는 것을 염두에 두기 바란다. 그리고 앞에서 나왔던 하이에크와 폴라니 두 사람이 이 네 나라의 이야기를 들으면서 고대 그리스 비극에 나오는 코러스 합창단처럼 주시하고, 기다리고, 또 속삭이는 소리도 한 번 들어보자.

유럽 —혹은 스페인과 포르투갈 —은 16세기부터 제국을 구축하기 시작했다. 이들이 전 세계 다른 나라들에 비해 무슨 특별한 기술적 혹은 조직적 능력을 가지고 있어서 그런 것은 아니었다. 단지 이들은 종교, 정치, 행정, 상업 시스템이 모두 서로 하나로 얽혀서 결국 정복 제국의 형태로 권력을 추구하지 않을 수 없도록 맞물려 있었을 뿐이다. 제국을 구축한다는 것은 정치적-군사적으로도,

이데올로기-종교적으로도, 경제적으로도 합리적이었다. 스페인의 정복자들conquistadores은 왕에게 복무하고 하나님의 말씀을 전파하고 부를 긁어모으는 일에 착수했다.[1] 이렇게 여러 시스템들이 하나로 얽혀서 제국주의적 정복의 강력한 인센티브와 역량을 제공한 경우는 지구상의 다른 어떤 모험가들 사이에서도, 제국주의 지망생 나라들에서도 찾아볼 수 없는 모습이었다.

포르투갈인들은 16세기에 오늘날의 말레이시아에 해당하는 곳에 도착했지만, 현지 지배자들의 정치적-군사적 저항, 현지 이슬람 공동체들의 이데올로기적-종교적 저항, 이 지역을 놓지 않으려 하는 중국 무역업자들의 경제적 저항에 부딪혔다. 하지만 명나라의 지배자들은 중국 상인들에게 아무런 정치적 뒷배도 제공하지 않았다. 현지의 술탄 지배자들은 포르투갈인들을 쫓아내기 위해 십자군을 조직할 만큼의 종교적-이데올로기적 에너지를 끌어내지 못했다. 그리고 이곳의 이슬람 공동체들은 먼 곳의 술탄들과 동맹국들에게 지속적으로 개입할 생각이 들 만큼 이윤을 뽑아낼 수 있는 곳이 되지 못했다. 포르투갈인들은 (그리고 스페인인들, 나중에는 네덜란드인들, 프랑스인들, 영국인들도) 이 모든 것을 가지고 있었다. 황금도 있었고, 총도 있었고, 하나님도 있었고, 왕들도 있었던 데에다가 또 이것들을 모두 하나로 합쳐서 활용하는 일도 가능했다.[2]

그리하여 16세기 이후로 세계 곳곳에 유럽 국가의 식민지들이 뿌리를 내리고 또 자라난다. 1500년에서 1770년까지는 제국-상업 시대였다. 이 시기에 제국주의와 세계화가 군사적·정치적·경제적·문화적 차원 모두에서 총체적으로 (좋은 일이건 나쁜 일이건) 진전되었다.

물론 이런 초기 제국들의 팽창에는 한계가 있었다. 바다는 유럽인들이 차지했지만 남미와 북미 대륙을 제외하면 유럽인들이 지상으로까지 팽창한 것은 아니었기 때문이다. 하지만 바다를 통제했다는 것만으로도 엄청난 일이었다. 16세기와 17세기에는 동아시아에서 오는 가볍고 가치 있는 사치재나 남미에서 오는 귀금속을 통제할 수 있었던 개인들이 엄청난 재산을 긁어모았다. 또한 근대 초기 유럽 여러 나라의 왕실 재정을 충실히 채워주었던 것도 이들이었고, 넘치는 힘을 주체하지 못하는 젊은이들과 하나님께 영광 돌리고자 하는 열정이 가득한 선교사들의 에너지를 바깥으로 돌릴 수 있게 한 것도 이들이었다.

이러한 역동성은 서인도 제도를 중심으로 담배, 설탕, 노예무역을 낳았다. 이 때문에 이곳은 여러 유럽 제국들의 상위정치high politics(군사와 안보 등의 문제를 다루는 정치 행위 —옮긴이)에 초점이 되었을 뿐만 아니라 당시까지도 속도가 붙지 못했던 경제성장을 추동하는 엔진 역할을 했다. 그 와중에 아프리카 대륙은 노예무역으로 초토화되었다. 오늘날 아프리카가 지구에서 가장 가난한 대륙으로 머물게 된 여러 조건들은 이 당시에 만들어졌다고 볼 수 있다.[3]

1870년부터 제국 건설의 논리는 내리막길에 들어선다. 우선 사치품들을 유럽의 산업 중심지에서 직접 생산하는 쪽이 대부분 훨씬 더 싸게 먹혔다. 게다가 굳이 정복하기보다 그냥 무역을 하는 쪽이 비용도 훨씬 덜 들었다. 하지만 제국은 논리만으로 만들어진 것이 아닌지라 1870년대 이후에도 계속 팽창해 나간다. 정복, 통제, 착취, 그리고 그와 함께 정복자도 피정복자도 모두 짐승이 되어가는 일들은 계속 이어졌다.

우리의 그리스 비극 합창단의 절반은 이렇게 속삭이기 시작한다. 제국주의는 아마 한심한 짓이었다고 해야겠지. 하지만 불가피한 일이었어. 이 세계를 하나의 단일 시장으로 묶어내면 엄청난 돈을 벌 수 있잖아. 그리고 시장이 작동하려면 그걸 다스리는 무언가가 있어야 하잖아. 주신 분도 시장이시요, 가져가신 분도 시장이시니. 시장의 이름을 찬양하라. 그러면 합창단의 다른 절반이 이렇게 속삭인다. 제국주의 한심한 짓 맞아. 그리고 초월적인 힘의 불가사의한 그런 것이 아니라 대개는 구체적인 인간들이 의도적으로 벌인 짓이고 또 설명도 가능한 사건이지. 시장이 인간을 위해 만들어진 것이지 인간이 시장을 위해 만들어진 것은 아니야.

1870년까지 제국의 중심부와 식민지 간의 힘의 차이는 기술적·조직적·정치적 측면에서 현저하게 벌어졌다. 교통과 통신의 발전으로 전쟁, 정복, 점령은 훨씬 더 쉬워졌다. 서유럽은 이제 마음만 먹으면 전 세계 어디에서든 비용도 얼마 들이지 않고서 무력으로 자기들 의사를 강제할 수 있게 되었다. 하지만 식민지 총독들은 자신들의 지역에서 제국의 중심부로 어떤 자원이 흘러들어갈지에 대해 거의 관심을 기울이지 않았다. 변방의 식민지에는 무언가를 증명하고자 하는 도전적인 젊은이들이나 영혼을 구원하고자 하는 열정적인 선교사들이 거주하며 종종 그곳을 주도했다. 자원을 단순히 거래하고 비용을 지불하는 것이 장기적으로 더 저렴하지 않을지 여부는 많은 사람들에게 부차적인 관심사였다.

이렇게 모험심에 가득찬 젊은이들과 열정적인 선교사들은 필요한 수단과 방법을 모두 갖추고 있었다.

1898년에 수단에서 발발한 옴두르만 전투Battle of Omdurman를 보자. 이 전투에서 수단 마흐디Mahdi 정권의 군인 수만 명이 전사했다. 영국과 이집트 군인들은 48명만이 목숨을 잃었다. 그 차이는 우월한 유럽의 군사기술로만 설명될 수 없었다. 마흐디 정권 또한 원시적인 기관총, 전신, 지뢰 등을 유럽에서 사와 보유했기 때문이다. 정작 이들에게 없었던 것은, 이것들을 효과적으로 사용할 수 있는 조직적 역량과 규율이었다.[4]

우월한 조직적 역량과 뛰어난 규율을 갖춘 북방세계를 따라 세계는 유럽이 지배하는 세계경제로 통합되었다. 그리고 대부분은 유럽의 식민지 총독들의 직접적인 통치를 받거나 영향을 받았고, 유럽의 언어와 유럽식 학교, 문화, 행정, 과학, 기술 등 유럽인이 선호하는 것들이 전 세계로 퍼져 나갔다. 그리고 오늘날 인도네시아의 발리에서 아프리카 가나의 아크라Accra에 이르기까지 항만, 철도, 공장, 플랜테이션 농장 등이 우후죽순으로 생겨났다.

그리고 모든 곳의 사람들은 "너희들은 유럽 지배자들의 발톱에 낀 때만도 못한 존재"라는 이야기를 들어야 했다.

인도를 보자. 1756년 초에 새로 부임한 뱅골의 태수Nawab 미르자 무함마드 시라지 웃다울라Mirza Muhammad Siraj ud-Daulah는 콜카타Calcutta의 영국인들에게 자신이 뱅골의 주인임을 확실하게 각인시킬 생각이었다. 그는 프랑스로부터 포병과 대포를 빌렸고, 그것으로 콜카타 및 그곳의 영국군 요새 포트 윌리엄Fort William을 공격하여 점령했다. 그는 영국이 협상을 원할 것으로 기대했다. 협상 이후에 평화가 찾아오면 프랑스는 자신에게 감사할 것이며, 유럽 상인들에게도 더 높은 세금을 매길 수 있을 것이며, 혼쭐이 난 영국인들의 밀수도 줄어 탈세를 줄일 수 있을 것으로 기대했다.

큰 실수였다.

영국은 바다를 통해 마드라스에서 콜카타로 800명의 영국인과 2,200명의 인도인으로 구성된 3,000명의 군대를 보냈다. 웃다울라도 군사를 동원해 맞섰다. 그런데 영국 사령관 로버트 클라이브

Robert Clive는 웃다울라 휘하의 세 사람을 뇌물로 매수해 버렸다. 그 결과 영국의 동인도회사는 이제 단순히 인도와 무역만이 아니라 정복, 지배, 조세 징수까지 하는 재미를 들이게 된다.

1772년 콜카타는 영국령 인도의 수도가 되었다. 워런 헤이스팅스Warren Hastings가 최초의 총독이었다. 영국의 동인도회사는 무굴 제국의 영토를 두고 벌어진 연이은 전쟁에서 승승장구했고, 식민지를 계속해서 늘려갔다. 한 세대가 지날 때마다 예전의 독립 공국公國들이 영국에 순종하는 동맹국이 됐고, 영국의 괴뢰국이 되었으며, 영국 본국에서 직접 지배하는 영토가 되었다. 클라이브와 웃다울라의 전투가 벌어진 지 거의 1세기가 지난 뒤에 세포이 반란Sepoy Mutiny ―인도 반란, 시파히 반란 Sipahi Rebellion, 1857년 대반란Great Rebellion of 1857 등으로도 부른다 ―이 터졌다. 이 반란은 진압되었다. 그리고 1876년 5월 1일, 영국 정부는 하노버 왕조의 영국 여왕 빅토리아 1세를 인도 여제Kaiser-i-Hind로 선언한다.[5]

마르크스는 생활고 때문에 아내가 은식기를 (반복해서) 전당포에 잡히는 모습을 보다 못해 돈을 벌어야겠다고 마음먹었고, 자신의 대작(《자본론》―옮긴이) 준비 작업까지 중지했다. 그는 1853년 《인도에서의 영국 지배가 장래에 가져올 결과들》이라는 에세이를 썼으며, 거기에서 대영제국의 인도 정복은 인도에 있어서 아주 단기적으로 보면 저주이지만 장기적으로 보면 축복이 될 것이라고 예언했다. "영국은 인도에서 이중의 임무를 달성해야만 한다. 첫째는 파괴이며 둘째는… 아시아에 서구 사회의 물질적 기초를 놓는 것이다. … 인도의 정치적 통일은 이제 영국의 무력을 통해 강제되고 있을 뿐만 아니라 전신을 통해 더욱 강화되고 영구화되게 생겼다. 영국의 하사관들이 조직하고 훈련시키는 토착민들의 군대는 인도가 스스로 해방을 얻는 데에 있어서 필수 조건[이 될 것]이다."[6]

마르크스의 말을 주의 깊게 듣고 있으면 우리 코러스 합창단의 하이에크 쪽 절반이 속삭이는 소리가 여기에서도 메아리치고 있음을 느낄 수 있다. 물론 그 억양은 아주 다르지만 말이다. 마르크스는 부르주아들이 "개인과 민족 전체를 핏빛 진창으로, 빈곤과 타락으로 끌고 가"면서 진보를 이룬다고 했다. 그러나 한편으로는 (완전한 공산주의Full Communism를 만들도록 추동하는 토대를 마련하고 압도적인 인센티브를 제공함으로써 완전한 인간 해방을 가능케 하는) 아주 풍성한 선물을 주기도 한다고도 했다.

하지만 마르크스가 60년 전에 자신 있게 예견했던 경제적이고 사회적인 대변화는 1914년에도 그리 많이 진전되지 못했다. 인도 전역에 걸친 철도망이 설계되었나? 맞다. 철도를 지원하는 데 필요한 산업이 인도에 도입되었나? 맞다. 다른 현대적 산업 부문도 인도 전역에 확산되었나? 별로 그렇지 못했다. 현대적인 교육 시스템이 인도 전역에 확산되었나? 별로 그렇지 못했다. 효과적인 토지의 사적 소유를 창출하여 농업 생산성이 개선되었나? 전혀 그렇지 못했다. 카스트 시스템을 뒤엎었나? 전혀 그렇지 못했다. 영국 식민주의가 전복되고, 인도인의 자치 정부가 회복되고, 영국이 훈련시킨 토착민 군대의 반란 덕에 인도 아대륙 전체에 걸친 단일 국가가 수립되었나? 1857년에 상당히 가까이 갔지만, 그 이상으로 나가지 못했다.

영국의 지배가 인도를 바꾸지 못했다는 사실은 우리 경제학자들 모두에게 엄청난 도전을 던진다. 우리는 모두, 심지어 마르크스주의 경제학자들조차 지적인 계보로는 애덤 스미스Adam Smith의 아이들이다. 듀걸드 스튜어트Dugald Stewart에 따르면 스미스는 이렇게 말했다. "한 국가를 최악의 야만 상태에서 최고 수준의 풍요로 끌고 가려면 오직 평화, 낮은 세금, 납득할 만한 사법행정 정도만 있으면 된다. 나머지는 다 자연스레 나타나게 되어있다."[7] 실제로 19세기 말과 20세기 초 영국 통치 아래의 인도에는 상당한 정도의 대내외적 평화, 낮은 세금, 납득할 만한 사법행정이 있었다. 하지만 "최고 수준의 풍요"로 진보하는 증후는 전혀 없었다.[8]

(이것을 자연적 과정으로 보든 비자연적 과정으로 보든) 현실은 그와는 전혀 다른 결과들을 낳았다.

이집트는 제국주의와 관련하여 우리에게 혜안을 제공하는 또 하나의 사례다. 무함마드 알리(1769~1849년)는 상인이던 알바니아인 이브라힘 아가Ibrahim Agha 와 제이넵Zeynep 사이에서 태어났으나 곧 고아가 되었다. 그는 오스만 제국이 통치하던 그리스 항구도시 카발라Kavala에서 세금 징수원으로 일했는데, 이 생활을 따분하게 여겼다. 그는 1801년 오스만 군대에 용병으로 입대하여 이집트를 다시 정복하려는 전쟁에 참가한다. 이집트는 예전에 맘루크Mamluke 체제가 지배했었는데 나폴레옹의 프랑스 원정군이 이 체제를 몰아냈고, 그 나폴레옹 체제는 다시 영국 해군에 항복했다. 1803년 알리는 자기 동포인 알바니아인들로 구성된 연대의 지휘관이 된다. 그런데 당시 이집트의 오스만 총독은 현금이 부족한 상황이었다. 도저히 재정적 여력이 되지 않자 그는 자신의 알바니아인 부대를 해산해 버린다. 그러자 알바니아 부대가 반란을 일으켜 정부를 장악하는 일이 벌어졌고, 그 뒤에는 이집트를 두고 쟁탈전까지 벌이게 된다.

우여곡절 끝에 무함마드 알리가 권력의 정점에 올랐다. 그는 알바니아인들의 충성심을 무기로 삼아 터키의 전사들과 이집트 전사들을 모두 진압할 수 있었다. 그다음에는 최소한 일시적으로나마 오스만 제국 술탄인 개혁가 셀림 3세 Selim III the Reformer 의 승인도 받아낸다(이후 셀림 3세는 폐위되고 감옥에 갇혀 자신의 친위대에 살해당한다). 알리는 북서쪽의 유럽과 동쪽의 인도를 주시했다. 그는 풍요로운 왕국을 통치했지만, 자신 혹은 후손들의 왕국에 유럽인들이 인도에서와 똑같은 짓을 그대로 할 것임을 알고 있었다.

그래서 알리는 이집트를 위대한 나라로 만들려고 분투했다. 새로운 작물을 도입하고, 토지를 개혁하며, 군대를 현대식으로 바꿨다. 면화 수출에 집중했고, 국영 섬유공장을 세워서 이집트의 산업을 도약시키고자 했다. 그는 이 기계들을 계속 돌리지 못한다면 자신의 후손들이 프랑스 은행가들과 영국 식민지 총독들의 꼭두각시가 될 것임을 알고 있었다. 하지만 기계들은 결국 멈추었다. 이집트가 엔지니어들을 충분히 훈련시키지 않았기 때문일까? 경영진이 관료였기 때문일까? 이집트 군대가 궁지에 몰리자 무기, 탄약, 군복을 당장 외국에서 사들여 올 수밖에 없었고, 알리의 정책이 충분히 오래 지속되지 못했기 때문이었을까?[9]

알리는 1849년에 세상을 떠났다. 만약 그의 후손들이 알리의 걱정을 충분히 공유했다면 그들 또한 개혁을 통해 이집트인들이 그 멈춰선 기계를 고칠 능력을 갖도록 만들었을 것이다. 하지만 이러한 노력은 어디까지나 무함마드 알리라는 한 개인의 프로젝트였을 뿐, 여러 세대에 걸친 국가적 프로젝트가 되지 못했다.[10]

수에즈 운하가 완공되기 6년 전인 1863년에 알리의 손자인 이스마일이 33세의 나이에 이집트의 지도자 khedive 가 되었다. 그는 프랑스에서 교육을 받아 유럽에 개방적이었으며 또 이집트 근대화에 열정이 있었다. 운도 좋았다. 그가 이집트의 지도자가 되었을 때는 미국이 남북전쟁에 빠져드는 바람에 '면화 기근'이 한창이었다. 전 세계 면화 공급망에서 미국 남부가 잠시 사라지는 바람에 다른 모든 곳에서 면화 붐이 불었던 것이다. 산업혁명으로 한창 돌아가던 섬유공장들은 면화를 간절히 필요로 했기에, 공장주들은 거의 부르는 대로 면화 가격을 쳐주었다. 이집트에서는 면화를 재배했다. 그리하여 몇 년 동안은 이집트의 경제적 자원과 부가 무궁무진할 것처럼 보였다.

그런데 실제로는 그렇지 않았다.

이집트 정부는 1876년 파산을 선언한다. 이스마일에게 돈을 빌려준 빚쟁이들이 이집트의 실질적 지배자가 되고 이스마일은 권좌에서 내려왔다. 두 명의 금융 관리자 —영국인과 프랑스인 —가 이집트의 세금과 재정지출을 실질적으로 통제하게 되었다. 이들의 임무는 이제 이스마일의 아들이 통치하는 이집트가 계속 수익을 내서 빚을 갚도록 만드는 것이었다. 막대한 세금을 물게 된 이집트인들은 돈을 펑펑 쓴 이전 지도자의 빚을 어째서 자기들이 갚아야 하는지 이해할 수 없었고, 마침내 반란을 일으켰다. 하지만 1882년에 영국 군대가 다시 질서를 회복했고, 그 이후로 이집트의 지도자는 영국의 꼭두각시로 전락한다. 영국 군대는 다양한 핑계를 내걸고 1956년까지 이집트에 주둔했다.

그렇게 알리의 후손들은 실제로 프랑스 은행가와 영국 식민지 총독의 꼭두각시가 됐다.[11]

중국도 중요한 혜안을 제공하는 사례이다.

1870년, 가난과 혼란이 지배하던 중국은 정부와 경제가 모두 위기에 빠져있었다. 만주족의 청나라가 2세기 넘도록 중국을 지배했고, 이들은 한족 출신으로 유학을 배운 지주-관료-학자들을 무능한 존재로 길들여서 감히 어떤 효과적인 행동도 취할 수 없도록 만들었다. 따지고 보면, 만약 이 한족 관료들이 효과적인 행동에 나서면 중앙정부 보안구역Central Government Security Perimeter (이 말이 자금성 Forbidden City의 올바른 번역일 것이다) 마저 위험해질 수 있었다.

1823년 상하이에서 서쪽으로 약 240킬로미터 떨어진 마을의 학자 집안에서 태어난 리훙장李鴻章도 그런 한족 출신 지주-관료-학자의 한 사람이었다. 후난성 출신 쩡궈판曾國藩을 스승으로 모시고 유학의 고전을 암송하는 진이 빠지는 고생을 한 끝에 리훙장은 1847년에 그 어려운 과거시험에 합격했다. 쩡궈판은 1851년 어머니의 삼년상을 치르기 위해 후난으로 되돌아갔고, 그 직후 태평천국의 난이 일어났다. 관료들이 지휘하는 군대는 무용지물이었고, 엘리트 군대라며 으스대던 청 왕조의 '팔기군' 또한 무능하기는 마찬가지였다. 쩡궈판은 그 혼란의 한복판에서 군사적 재능을 드러냈다. 그는 태평천국 반군에 맞서기 위해 의병 ─상군湘軍 ─을 조직, 훈련, 지휘했다. 리훙장도 여기에 함께했으며 청조의 몇 안 되는 능력 있는 장군의 한 사람이 되었다.

1864년 태평천국의 난이 진압됐고, 리훙장은 또 다른 반란군인 염군捻軍을 진압하기 위해 파견되었다. 1870년에는 외교관이 되었다. 당시 톈진天津에서 폭동이 일어나 그곳의 프랑스 영사와 60명의 가톨릭 신부, 수녀, 신도들이 살해당하자, 리훙장이 분노한 프랑스인들을 무마하는 역할을 맡았다. 1875년에는 청나라의 동치제가 서거하자 그는 군사 쿠데타를 일으켜서 서태후의 당시 4살짜리 조카 광서제를 제위에 올렸다. 리훙장은 본래 2,000년 묵은 철학 원리들을 통치 문제에 적용하도록 관료로 훈련 받은 사람이었다. 하지만 그는 곧 정말 중요한 기술은 장군으로서의 능력 그리고 유럽 열강의 분노를 사지 않고 도리어 원조를 얻어내는 능력임을 깨닫게 된다.

많은 서양의 중국 전문가들은 여기서 일종의 대안적 역사를 그려낼 수 있을 것이다. 즉 19세기 말 중국이 경제적·정치적·사회 조직적 측면에서 우뚝 일어서는 그런 역사이다. 따지고 보면 일본 또한 1905년에 러시아와의 전쟁에서 승리했고, 1921년의 워싱턴 군축 회담에서는 영국 및 미국과 동등한 자격으로 협상을 벌였으며, 1929년에는 세계 8위의 산업 강국으로 뛰어 오르지 않았던가.[12]

하지만 우리 경제학자들은 중국이 그렇게 되었을 가능성에 대해 훨씬 더 회의적이다. 우리는 중국의 관료제가 황하의 제방과 대운하도 제대로 관리하지 못할 만큼 부패하고 무능했던 점에 주목한다. 또 청 왕조가 지방 관리들로 하여금 소금세를 걷는 일조차 시키지 못했다는 점에 주목한다. 우리는 1880년대 중반 청 왕조가 외국에서 금속 가공 기계류를 사들이고 해군, 병기창, 항만 등을 건설한 후 이제 베트남을 지배하는 프랑스에 도전할 만하다고 생각하고 덤볐다가, 그 함대가 한 시간 만에 박살이 났던 사건에 주목한다. 또한 우리는 1895년에 일본이 그 영향력을 조선으로 확장하려 하자 자신의 힘을 과대평가한 청나라가 맞섰다가 또다시 쓴맛을 보았던 것에 주목한다. 그 결과인 시모노세키 조약을 통해 대만, 조선, 남만주가 일본의 영향권으로 들어갔다.

나아가 우리 경제학자들은 1929년이 되어서도 중국의 철강 생산량이 기껏해야 2만 톤, 즉 1인당 57그램도 채 되지 못했고, 철 생산량은 40만 톤으로 1인당 1.6파운드뿐이었던 점에 주목한다. 또한 그해에 중국의 석탄 채굴량은 2,700만 톤 즉 1인당 45킬로그램에 불과했다는 점에도 주목한다. 이를 미국과 비교해 보라. 같은 해인 1929년 미국의 1인당 철강 생산량은 317킬로그램이었으며 이미 훨씬 전인 1900년에 연간 91킬로그램을 생산했었다. 석탄 채굴량은 1929년에 1인당 3,629킬로그램이었고 1900년에 이미 1인당 2,268킬로그램이었다.

탄광 하나를 집중적으로 살펴보자. 장군이자 외교관이자 총독이던 리훙장은 1880년대에 중국 북부 카이핑Kaiping 탄광에 힘을 쏟는다. 그는 중국에 산업이 필요함을 깨달았다. 그래서 이 탄광을 개발하도록 관료들을 움직였고, 또한 1878년 상해의 면화 공장, 톈진 병기창, 톈진과 베이징을 잇는 전신 등 수많은 중국의 '자강 노력'의 뒷배가 되었다. 리훙장처럼 경제 발전을 숙고한 사람들이 많았다면 여러 일들이 가능했을 것이다.[13]

하지만 그들은 관료주의를 뚫지 못했고, 결국 아무것도 제대로 이루지 못했다. 리훙장은 중국 근대화에 도움이 될 대규모의 근대적 산업 탄광을 염두에 두고 부유한 홍콩 상인 탕팅슈唐廷樞에게 카이핑 탄광 개발을 위임했다. 그런데 참으로 특이한 여러 반대에 부닥쳤다. 이부吏部 시랑인 치쉬혜항Chi Shihehang은 "채굴 방식이 땅의 용을 노하게… [그래서] 돌아가신 태후께서 무덤에서도 조용히 쉬실 수 없을 것"이라고 주장했다. 리훙장은 근대적 탄광—그리고 증기기관의 동력으로 사용할 연료—을 확보하려는 자신의 계획을 포기하든가 아니면 이제부터 황실 가족에 덮칠 모든 죽음과 질병의 책임을 뒤집어쓰든가 둘 중 하나를 선택해야만 했다. 그는 근대화의 길을 선택했다. 당시 황실 가족이 얼마나 많았는지 그리고 당시 사망률이 얼마나 높았는지를 생각해 보라. 실로 용감한 선택이었다.

카이핑 탄광은 1881년부터 채굴을 시작했다. 1889년에는

3,000명의 광부들이 3교대로 작업했고, 하루에 700톤의 석탄을 생산했다. 1900년에는 9,000명의 광부들이 일했지만 채굴량은 미국이나 호주 광부들이 채굴하는 양의 4분의 1 수준에 불과했다. 카이핑 탄광은 정부의 공공 프로젝트이자 민간 자본이 투입된 기업이기도 했다. 탄광의 책임자는 홍콩에 있는 그 기업의 주주들에게 고용된 관리자인 동시에 청의 관료이기도 했던 셈이다.

카이핑 탄광의 총괄 책임자 탕팅슈는 1892년에 사망했다. 그의 후임 창리Chang Li —모든 영어 문헌에서는 '옌마오Yenmao'로 불린다 —는 상인도 기업가도 엔지니어도 경영자도 아니었다. 창리는 서태후의 정치적 해결사였고, 1875년 군사 쿠데타의 주요 배후이기도 했다. 1900년이 되면 그는 톈진에서 무릅지기 가장 부유한 사람이 된다. 그에게 중요한 임무는 효율적인 경영이 아니라 청 황실을 위한 정실주의 네트워크 유지였다. 그리고 카이핑 탄광은 중국의 산업화를 위한 핵심 요소가 아니라 이 인맥 좋은 자들을 위한 소득의 원천으로 전락했다. 그러다가 의화단 운동Boxer Rebellion이 일어난다. 서양 열강들은 이 반란을 진압한 뒤 두둑한 배상금을 요구했고, 리훙장은 이들과 마지막으로 한 판 더 외교적 결투를 치른 뒤 1901년에 세상을 떠난다.

1901년, 불과 26살의 외국인 탄광 엔지니어이자 미래의 미국 대통령 허버트 후버가 카이핑 탄광을 넘겨받는다. 후버는 급여를 받는 9,000명의 직원 중 실제로는 3,000명만 일하고 6,000명은 이름만 없고 돈을 타가며, 이렇게 직원 명단을 꾸린 (임금을 수거해간) 자들의 우두머리는 그 자리를 얻기 위해 창리에게 큰 뇌물을 바쳤다고 주장했다.

이 대목에서 '잠깐. 갑자기 왜 허버트 후버가?'라는 질문이 나올 수 있다.

그렇다. 바로 그 후버다. 후버가 1900년 톈진에 도착하던 바로 그 시점에 의화단 반란자들이 톈진을 포위했다. 그 전에 창리는 톈진으로 도망해 있었다. 의화단이 자기를 유럽인들의 부패한 꼭두각시로 몰아 처형할 것이 뻔했기 때문이었지만, 막상 포위된 유럽인들은 그가 의화단에 정보를 넘길까봐 감옥에 가두려고 했다.

여기서부터는 일이 어떻게 된 것인지 모호하다. 이야기를 전하는 사람들 모두가 자신을 미화하는 것으로 보여 믿기가 힘들다. 여하튼 후버는 창리를 감옥에서 빼냈고, 창리는 카이핑 탄광을 후버 혼자서 지배하는 영국 국적의 기업으로 만드는 작업을 후버에게 일임했다. 역사가 엘스워스 칼슨Ellsworth Carlson에 따르면, 톈진 주재 영국 대사관의 부대사는 이를 역겨워했다. 후버와 그의 무리가 "중국인들을 희생시켜서 완전히 한몫 잡았다"고 본 것이다. 부대사는 비록 "법적으로는 그 이사회를 공격할 방법이 없지만… 도덕적으로는 이사회가 아주 큰 잘못을 저질렀다"며, "허풍쟁이 양키 한 놈"의 농간 아래 모두가 놀아나는 가운데 "영국-벨기에 무리의 주머니를 불리자고" "중국인 주주들의 재산을 벗겨먹는 이런 금융 거래"를 영국은 결코 용납해서는 안 된다고 말했다.

후버는 이 주장에 전혀 동의하지 않을 것이다. 한 세기 이상이 지난 지금 우리는 후버의 마음을 한번 읽어볼 수 있다. 아마도 그는 자신과 동업자들이 기존 주주들에게 회사 주식의 62.5%만을 요구한 것에 대해 그들이 감사해야 한다고 생각했을 것이다. 자신들이 아니었다면 대안은 러시아인들이었는데, 그들은 카이핑 탄광 전체를 전쟁 배상금으로 보아 몰수하고 기존 주주들에게 아무것도 남기지 않았을 것이 아닌가. 후버는 창리가 부패한 도둑놈이지만 자신은 탄광을 생산적으로 또 이윤이 남도록 운영한 사람이라고 생각했을 것이다. 실제로 후버는 주식가치를 거의 세 배로 만들었다. 비록 그가 기존 주주들에게 남겨 준 주식은 전체 회사 주식의 37.5%뿐이었지만, 이제 그 주식의 가치는 옛날 주가로 쳤을 때의 100%의 가치보다 더 높아져 있었다.

여기서 또 한 번 우리의 코러스가 속삭이는 소리가 들려온다. 시장은 몰인격적이어서 누군가로부터는 빼앗았고 누군가에게는 주었으며 전체를 크게 늘렸으니, 시장에 축복 있으라. 하지만 톈진 영국 대사관 부대사의 귀에는 다른 속삭임이 들렸을 것이다. 즉 시장이 아니라 사람—이 경우에는 허버트 후버—이 빼앗았고 사람이 주었다. 어떤 이들, 특히 이제 탄광의 다수 주식을 보유한 신규 유럽 주주들은 그를 축복할 수 있다. 덕분에 리훙장이 중국과 중국인을 위한 경제 대도약의 밑천으로 추진했던 카이펑 탄광의 이윤을 자기들이 홀랑 먹을 수 있게 되었으니까. 하지만 다른 이들, 예를 들어 반란을 일으킨 의화단이나 중국 정복을 꿈꾸는 제국주의자들에 맞설 역량을 만들 기회가 사라진 것을 알게 된 청 왕조의 공직자들은 후버를 저주했을 것이다.

더 나아가, 불만과 저항의 마음을 가진 사람들도 유능한 경영자를 발굴해 키우기는커녕 부패한 정치 해결사만 키워냈던 사회경제적 구조를 저주했을 것이다. 그리고 근대화가 이루어지고 있던 몇 안 되는 지역의 지도자 중 한 명이 카이펑 탄광을 정상 궤도에 올리기 위해 끊임없이 관심을 쏟아야 했고 반동 세력으로부터 보호하기 위해 간섭해야 하는 정치-의례 문화를 저주했을 것이다. 또 기술자 대신 문관literati을 배출하고 그래서 모든 것에 외국 기술 인력을 필요로 하게 만든 교육 시스템을 저주했을 것이다. 하지만 그들의 저주는 세상을 거의 바꾸지 못했다. 조차租借 협정을 맺고 열강에 넘겨준 항구 중심의 좁은 지역에서는 근대화의 세례가 벌어지기도 했다. 또 소수의 지역에서는 근대화를 지향하는 지역 총독들이 있는 경우도 있었다. 하지만 그 바깥에서는 근대적 산업은 한마디로 전혀 발전하지 않았고, 근대적 기술들 또한 전혀 쓰이지 않았다.

선구적인 개혁 정치인 쑨원孫文은 1894년 리훙장 아래에서 일을 해보려 했지만 거절당했다. 그 후 그는 중국 정부의 힘이 닿지 않는 중국 이민자들 사이에서 자금과 선전의 네트워크를 구축한다. 위안스카이袁世凱 같은 군인 정치가들 또한 만주족 황실과 무언가 같이 도모할 수 없겠다는 결론을 내린다. 1911년 쑨원은 반란을 일으켰고, 위안스카이 등은 진압을 거부한다. 그리하여 청 왕조는 무너졌다.

6살의 황제는 폐위됐다. 위안스카이는 청나라 이후에 들어선 공화국에서 스스로를 대총통으로 선언하고 나라 전체를 장악하려고 시도했다. 중국은 거의 무정부상태에 빠져 들었다.

1800년대 후반의 제국주의 유럽 국가들과 식민 지배를 받거나 거의 식민지가 될 뻔했던 국가들이 어떻게 대응했는지에 대한 스토리는 무궁무진하다. 하지만 인도, 이집트, 중국만 살펴봐도 많은 것을 알 수 있다. 북대서양의 공식적formal 제국들이 그전부터 구축해 온 권력은 현실적이고 위협적이었으며, 결국 장기 20세기가 시작되는 시점이 되면 심지어 공식적으로는 식민지가 아닌 나라들이라고 해도 비공식적informal 제국의 지배 —압도적으로 대영제국의 지배 —를 받았다. 현실적으로나 이성적으로나 거절할 수 없는 제안들이 이루어지는 세상이었다.

아마도 받아들였을 때의 결과가 너무 좋아서 제안을 거절할 수 없었을 수도 있다. 아마도 받아들이지 않았을 때의 결과가 너무 나빠서 제안을 거절할 수 없었을지도 모른다. 20세기의 사회주의 경제학자 조앤 로빈슨Joan Robinson이 즐겨 말했던 것처럼, 자본가들에게 착취당하는 것보다 더 나쁜 유일한 것은 자본가들에게 착취당하지 않는 것, 즉 그들에게 무시당해 생산과 교환의 회로 바깥에 놓이는 것이었다.

또한 특정 제안을 거절한 결과를 정확히 누가 감당하게 되느냐는 문제도 있었다. 그 나라의 지배 엘리트인가? 현재의 시민들인가? 그들의 후손들인가? 일반적으로 하이에크 쪽의 입장과 폴라니 쪽의 입장은 여기에서 갈라진다. 시장은 (그리고 어느 정도는 제국주의 또한) 주시는 분이니 마땅히 찬양을 바쳐야 한다고 생각하는 이들이 있고, 시장은 빼앗아가는 존재이며 사람들로부터 빵, 주거, 존엄을 빼앗아간 자들은 저주를 받아야 한다고 생각하는 이들이 있다.

공식적인 제국의 경우에는 누구를 축복하고 누구를 저주할지 결정하기가 더 쉬웠다. 하지만 장기 20세기의 처음 몇 십 년 동안은 비공식적인 방식의 대영제국—그리고 정도는 덜하지만 다른 유럽 제국들—이 힘을 얻으면서 그러한 구분을 어렵게 만들었다. 그것이 다음 네 가지 중요한 측면을 갖는 헤게모니의 이점들이다: 자유무역, 집중된 산업, 자유로운 이민, 투자의 자유.

물론 기술적으로는 비공식적 제국의 전진에 저항할 수 있었다. 하지만 그런 제안을 거부한다는 것은 자국민의 보복을 스스로 자초하는 것을 의미했다. 아프가니스탄은 사실 제국들을 수차례 물리쳤지만, 사회 발전과 기술 발전과 기대수명의 무덤이기도 했다.

제안을 거부할 수 없는 상황에 처한 대부분의 국민국가들은 크게 세 가지 이유로 영국의 규칙에 따르기로 동의했다.

첫째, 영국이 그 규칙들을 준수했고, 영국은 분명히 모방할 만한 나라였다. 누가 보아도 성공한 경제 정책을 도입함으로써 자신의 경제도 성공하리라는 희망을 품을 수 있었다. 둘째, 다른 규칙을 적용하는 것 —말하자면 자국의 섬유 수공업을 보호한다든지 — 은 아주 비싼 비용을 치러야 했다. 영국과 관련 국가들은 상품과 산업재industrial goods뿐만 아니라 다른 곳에서는 얻을 길 없는 사치품도 값싸게 공급할 수 있었다. 그리고 원자재 수출에 대해 아주 후한 가격을 지불했다. 마지막으로 다른 규칙을 적용하려고 해도 자국에서 벌어지는 일을 통제하는 것이 제한되어 있었다. 그리고 많은 돈을 벌 수 있었다.

각국이 국제경제 게임의 규칙을 따르게 되면서 다음과 같은 결과가 생겨났다.

우선 세계화와 자유무역의 한 측면으로서, 증기기관이 구동하는 기계는 수공업이 그 노동자의 임금이 아무리 낮더라도 도저히 따라올 수 없는 경쟁 우위를 제공한다는 점이었다. 그리고 드문 예외를 제외하고는 증기기관 기계류는 북방세계에서만 신뢰성 있게 작동했다. 제조업은 산업 중심지 외부에서는 쇠퇴했고, 주변부의 노동력은 농업과 기타 1차 산품으로 전환되었다. 그 결과 주변부는 '저개발underdeveloped' 상태가 되었다. 이 주변부 국가들은 단기적으로는 유리한 교역 조건으로 이득을 보기도 했지만, 더 큰 산업 부국으로 가는 길을 제공할 수 있는 엔지니어 커뮤니티를 형성할 수 없었다.

다른 필수적인 결과는 증기기관이 구동하는 기계는 북방세계에서만 **수익을 낼 수** 있을 만큼 안정적이고 꾸준하게 작동했다는 점이다. '안정적으로' '수익을 낼 수' 있기 위해서는 엔지니어 커뮤니티, 산업기술을 사용하도록 훈련받을 수 있는 읽고 쓸 수 있는 노동력, 기계장비를 유지하고 수리하고 지원할 수 있는 자금력 등 세 가지가 필요했다.[14]

또 다른 결과는 장기 20세기 초반의 자유로운 이민이었다(온대 지방으로 이주하려던 아시아인들은 예외). 유럽의 비공식적 제국 지배로 가능해졌던 자유무역과 자유로운 이민은 마침내 1차 대전 이전의 세상을 크게 풍요롭게 만들었다. 자유로운 투자를 통한 자유로운 자본의 흐름은 세계경제의 바퀴가 순탄하게 돌아가도록 기름칠을 했다

누구에게든 돈을 빌려줄 수 있었고, 누구에게서든 돈을 빌릴 수 있었다. 1차 대전 이전에는 돈을 빌리면 최소한 갚으려고 노력은 한다는 기대가 있었다. 물론 1차 대전 이전에 자본이 유입된 나라들은 **이를 활용할 수 있는 노동력, 기술, 조직적 자원을 갖추고 있을 경우** 엄청난 혜택을 누렸다. 미국, 캐나다, 호주, 아르헨티나는 물론이고 아마도 인도 같은 나라들에게 산업과 인프라를 빠르게 발전시킬 수 있는 대규모 자본 —대개 영국에서 조달된 자본 —은 큰 축복이었다.

자본을 수출한 나라들도 자유로운 자본 흐름에서 혜택을 보았는지는 분명치 않다. 프랑스는 언젠가 독일과 다시 전쟁을 할 것이며(옳았다) 그 전쟁의 승리는 능동적인 대규모 러시아 동맹군이 독일을 두 개의 전선에서 전쟁을 치르도록 내모는 데 달려 있다(그렇게 옳지는 않았다)는 믿음에서 차르 러시아의 산업화를 지원했다. 1차 대전 이전에는 러시아 채권을 샀는지가 프랑스인들의 애국심의 척

도가 되었다. 하지만 1차 대전이 끝났을 때 모스크바에서 차르는 사라지고 차르가 빌린 돈을 갚는 데는 전혀 관심이 없는 레닌이 있었다.

비공식적 제국이 영향력을 행사하는 또 다른 방식은 나머지 세계가 따라할 본보기를 제공하는 것이었다. 대표적인 사례가 대영제국이다. 영국의 제도와 관행은 놀라울 정도로 성공적으로 보였다(실제로 성공적이었다). 비즈니스 정장을 입고, 학교에서 라틴어 구절을 번역하고, 강력한 재산권을 확립하고, 철도와 항구에 투자하는 그 무엇이건 적어도 시험적으로는 영국을 모방하는 것이 설득력 있는 선택이었다. 이 중 대부분은 세계의 다른 곳에서도 상당한 쓸모가 있었다. 하지만 쓸모가 없는 것들도 있었다. 그리고 19세기 중반 영국 상황에는 적합했던 것들이 장기 20세기가 펼쳐짐에 따라 주변부의 정부와 경제에는 적합하지도 성공적이지도 않다는 사실이 드러나게 된다.

공식적 제국과 비공식적 제국의 시대 동안 주변부의 대부분이 이런 상황에 처해 있었다. 인도, 이집트, 중국과 다른 곳에서 펼쳐진 이 패턴은 자연의 섭리라고 할 수 있을 정도로 너무나 흔했다. 하지만 예외가 하나 있었다.

1913년 전의 비유럽 국가들 중에서 유일하게 일본만이 제국주의자들에게 대처하고, 번영하고, 산업화를 이루는 데에 성공했으며, 마침내 스스로도 제국이 되어 제국주의자들의 진영에 합류했다.

일본에서 무슨 일이 있었는지를 정확하게 이해하려면, 17세기 초반 도쿠가와 이에야스가 활동하던 시대로 거슬러 올라가야 한다. 다이묘(각 지역 혹은 번을 다스리던 번주 —옮긴이) 출신인 그는

1603년 쇼군, 즉 민사와 군사에 관한 모든 분야에서 천황을 대신하는 통치자의 칭호를 부여받는다. 그의 아들인 히데타카와 손자인 이에미츠는 이 새 체제를 더욱 공고히 했다. 그리하여 도쿠가와 집안의 에도 —훗날의 도쿄— 막부가 향후 250년 동안 일본을 통치한다.[15]

막부는 처음부터 필리핀을 주시했다. 불과 한 세기 전만 해도 독립적인 왕국들로 이루어져 있던 필리핀에 유럽인들이 상륙했다. 상인들이 먼저 왔고 선교사들이 따라왔다. 현지인들 중에 기독교로 개종하는 이들이 생겨났고, 이들은 유럽의 영향력을 아래로부터 지지하는 효과적인 기반이 되었다. 다음으로 군대가 밀어닥쳤고, 1600년이 되자 스페인이 필리핀을 지배하게 되었다.

도쿠가와 막부는 일본 내의 잠재적 도전자들과 신민을 통제할 수 있다고 확신했지만, 유럽인들의 기술력, 군사력, 종교적 힘에 맞설 능력이 있는지에 대해서는 확신이 없었다. 그래서 막부는 쇄국 정책을 펼쳤다. 무역은 아주 적은 숫자의 선박으로 제한되었고, 이 선박들은 오로지 나가사키 항구에만 접근할 수 있었다. 한번 바다 바깥으로 나간 일본인들이 다시 돌아올 경우에는 처형당했고, 제한구역 밖에서 목격된 외국인들도 처형당했다. 기독교는 가혹한 탄압을 받았다. 수 세기 동안 공식적 제국들이 일본에 발판을 마련해 보려고 기를 썼지만 모두 실패했다.

일본이 다른 주변부 나라들과 구별되는 또 한 가지는 일본인 여섯 명 중 한 명이 도시에 거주했다는 점이었다. 1868년 기준으로 교토, 오사카, 도쿄의 인구는 200만 명에 달했다. 또한 성인 남성의 절반이 글을 읽고 쓸 수 있었고, 도쿄에 600개가 넘는 서점이 있었다. 이러한 문해력과 도시화는 기술적 능력을 닦을 수 있는 근간이 되었다.

경제사학자 로버트 앨런은 나가사키의 번주였던 나베시마 나오마사와 대포를 만드는 그의 주조공장에 대해 이야기한다. 그의 부하들은 네덜란드어로 쓰인 공장 설명서를 입수하여 번역했고, 공장을 똑같이 만들어내는 일에 착수했다. "1850년에 그들은 반사로 reverberatory furnace 를 만드는 데 성공했고, 3년 뒤에는 대포를 주조했다. 1854년에 나가사키 집단은 최첨단의 후장식 암스트롱포를 영국에서 들여왔고, 똑같은 대포들을 복제해 냈다. 1868년에 일본은 철을 주조하는 화로를 11개 보유했다."[16]

도쿠가와 막부는 메이지 유신으로 1868년에 막을 내렸다. 막부를 몰아내기 위해 힘을 합친 사람들이 정권을 잡았다. '메이지 6인'으로 불리는 유신 주도자들—모리 아리노리, 오쿠보 도시미치, 사이고 다카모리, 이토 히로부미, 야마가타 아리토모, 기도 다카요시—은 모두 일본의 문명과 독립을 유지하면서 유럽의 기술을 흡수하는 데 관심이 있었다.[17] 이들의 야망은 아주 투명했다. 메이지 유신은 전 국민과 소통하기 위해 (일본의 정신으로 서양의 기술을 배운다는 뜻의) '화혼양재和魂洋才'라는 사자성어를 사용했고, 이는 '부국강병'을 위한 선택이었다.

이어서 서구의 조직 체계를 빠르게 받아들였다. 도-현의 행정 체제, 관료직, 신문, 도쿄 사무라이 방언에 기초한 표준말, 교육부 신설, 의무 교육, 징병제, 국영 철도, 국내 시장 통합의 걸림돌인 국내 관세 철폐, 표준 노동시간, 그레고리력이 1873년까지 모두 자리 잡았다. 의회를 갖춘 지방 정부도 1879년에 도입되었다. (새로운 귀족 작위 시스템과 함께) 양원제 의회와 입헌군주제가 1889년에 도입되었다. 1890년에는 취학 연령 아동의 최소한 80%가 학생 명부에 이름을 올렸다.

중국에는 근대화와 산업화를 추진하기 위해 과거의 제도와 문화적 조류를 거스를 수 있는 사람이 거의 없었다. 리훙장 같은 사람은 많지 않았다. 일본에는 리훙장 같은 인물이 많았다. 이토 히로부미도 메이지 6인에 속하는 인물이었다. 1863년에 조슈번(지금의 야마구치현에 해당하는 지역으로 조슈와 사쓰마 출신들이 유신을 주도했다 — 옮긴이)의 원로들은 유럽의 시스템과 기술을 필사적으로 배워야 한다고 판단했다. 그들은 불법임에도 유럽으로 다섯 명의 전도유망한 젊은이들을 보내서 여행하고 공부하도록 했다. 이토 히로부미는 130일 동안 페가수스 범선에서 갑판원으로 일하고 영국에 도착해서는 런던의 유니버시티 칼리지University College에서 공부했다. 그는 6개월 만에 학업을 중단하고 조슈로 돌아와 제국주의 열강에 맞서는 정책에 열렬히 반대했다. 일본은 너무 약하며, 조직에서나 기술에서나 힘의 격차가 너무 크다는 게 그의 주장이었다.

1870년에 이토 히로부미는 미국에서 화폐와 은행에 대해 공부했고, 이듬해 일본으로 돌아왔다. 그리고 봉건적 소작료의 지불방식을 금납화하고 이를 보편적인 국가 조세제도로 만드는 법령을 작성한다. 1873년에는 초대 공부경工部卿이 되어 유럽의 기술이라는 기술은 모조리 역설계reverse engineering(완성품을 분해하고 공정을 분석하여 알아내는 작업 —옮긴이)하여 일본의 기술로 만들어낸다. 전신망, 가로등, 섬유공장, 철도, 조선소, 등대, 탄광, 제철소, 유리공장, 제국대학 내 공과대학 설립 등의 무수한 일도 해냈다.[18] 1881년에 그는 동년배인 오쿠마 시게노부를 정부에서 몰아내고 일본의 비공식적인 총리가 되었고, 그로부터 4년 후에는 공식적으로 총리가 된다. 1889년에는 1850년의 프로이센 헌법을 모델로 하여 그가 주도한 일본 최초의 헌법이 발포된다.

1895년에는 청일전쟁을 일으켰다. 일본은 유럽산 전함 11척과 일본산 전함 2척, 프로이센 군인 야코프 메켈Jakob Meckel 소령이 훈련시킨 육군으로 신속하게 승리를 얻어냈다. 중국의 주요 군사기지이자 진지였던 산둥성의 다롄—포트 아서Port Arthur—이 일본의 공격 하루 만에 무너졌다. 그리고 조선과 대만을 일본의 보호령으로 장악했다.

1902년에 일본은 영국과 동맹을 맺었고, 북태평양에서 영국의 식민지 총독 역할을 맡고자 했다. 그로부터 3년 뒤에 일본은 다시 전쟁을 벌였다. 이번 상대는 러시아였다. 일본은 러일전쟁에서도 압도적으로 승리했고 만주를 손에 넣었다.

1909년에 이토는 조선의 민족주의자 안중근에게 암살당했다. 그 대응으로 일본은 1910년에 공식적으로 조선을 합병했다.

일본에는 메이지 6인만 있지 않았다. 일본의 현대화에 중요한 역할을 했던 사람들은 더 많았다. 예를 들어 다카하시 고레키요는 1854년에 도쿠가와 막부 궁중화가의 사생아로 태어나 1867년에 배를 타고 캘리포니아 오클랜드로 갔고, 그곳에서 인부로 일하면서 영어를 배웠다. 그 후 일본으로 돌아와서 관료로 출세의 길을 걸었다(한 번 더 잠깐 태평양을 건너 페루에서 은 채굴에 손을 댔지만 실패했다). 그는 일본은행의 부총재가 되어 1905년에는 러일전쟁에 필요한 자금을 조달하고자 국채를 팔았고, 일본은행 총재가 되었으며, 1921년에는 일본의 총리 자리에 오른다. 이러한 극적인 신분 상승이 메이지 유신 시대의 일본에선 얼마든지 가능했다. 다카하시는 근대적 금융 수단들을 배웠지만 경직된 금융 보수주의를 맹목적으로 추종하지는 않았다. 이는 훗날 1930년대 대공황이 시작되었을 때에 아주 중요한 차이를 만들어낸다. 당시 대장성 대신이던 다카하시는 상황을 편견 없이 폭넓게 파악하였고, 덕분에 일본은 대공황의 소용돌이를 거의 완벽히 피할 수 있었다.[19]

일본은 어떻게 이런 일을 해냈을까?

경제사학자 앨런은 1900년 이전에 성공적으로 발전한 산업경제국들은 정부의 힘을 딱 네 가지의 제도적 여건을 창출하는 데에만 집중했다고 본다. 철도 및 항구, 교육, 은행, 미래 비교우위를 위한 전략 산업의 보호 관세가 그것이다.

제국주의 열강은 메이지 일본이 5% 이상의 수입 관세는 부과하지 못하도록 금지했다. 하지만 일본 정부는 그때 그리고 그 후에도 관세를 다른 방안으로 대체할 의향이 있었다. 일본은 '승자를 뽑는' 방식이 아니라 승자―성공한 수출 기업―를 인정하고 보조금을 지급했다. 일본의 농상무성은 철도 및 전신 시스템을 구축할 때 일본인 기술자를 훈련시킬 학교도 함께 세웠다. 이 사업에 필요한 조달 역시 가능한 한 국내 업체의 공급에 의존했다. 메이지 시대의 일본에는 대형 은행이 없었지만 미츠이, 미츠비시, 스미토모, 야스다 등 아주 부유한 상인 가문들이 기꺼이 산업으로 진출하고자 했다. 메이지 정부의 군부 정치가들은 이 철강과 증기기관의 시대에 일본을 수호하기 위한 병참로를 확보하고 제국을 건설하는 데에 초점을 두었다. 그리하여 면화-섬유의 산업화가 시작되기도 전에 이미 군수 산업화가 진행되었고, 조선소, 병기창, 관련 기업들은 1880년대 초에 1만 명의 산업 노동자를 고용하고 있었다.[20]

하지만 아슬아슬했다. 일본이 예외적으로 성공했던 이유는 그들의 의지 덕분이기도 했지만 또 그만큼 운이 따랐기 때문이었다. 1910년에도 제조업은 일본 GDP의 겨우 20%였으며, 그 이전 10년 동안 일본은 완전히 산업화된 문명이라고 할 수 없었다. 그럼에도 일본은 유일무이한 일을 해냈다. 산업적으로 특권적 위치에 있던 북대서양 바깥으로 상당한 정도의 기술을 이전해 냈을 뿐 아니라 그 기술로 이윤을 낼 수 있도록 계속 운용하는 데에 필요한 전문성까지 갖추어 낸 것이다.

*

유럽의 제국들은 공식적 제국이든 비공식적 제국이든 남방세계 전반에 걸쳐 경제성장과 발전을 가속화시키는 동시에 지연시켰다. 총체적으로 따져보면 성장을 촉진시키기보다는 지연시켰다. 사실 경제개발이 제국의 중점 사업은 아니었으니까. 제국의 중점 사업은… 제국 그 자체였다.

북대서양의 산업 중심부에는 유럽인들의 제국이 신께서 명하신 바라는, 아니면 도덕적으로 요청된 것이라는 보수적 관점이 지배했다. 러디어드 키플링에게 마이크를 넘겨보겠다.

백인의 짐을 기꺼이 져라
너희가 키워낸 최고의 인재들을 내보내라
너희 아들들을 먼 곳으로 추방하라
너희가 잡은 포로들의 필요에 복무하기 위해
무거운 멍에를 묵묵히 지고서
말 안 듣고 몸부림치는 야생의 족속들을 끌고 가는 말이 되기 위해.
네가 갓 잡아들인 뚱한 표정의 사람들은
반은 악마요, 반은 아이인 자들이다.[21]

그 "뚱한 표정의" "포로들"은 자기들을 문명화시키겠답시고 몰려드는 백인들이 싫었을 수도 있다. "반은 악마요 반은 아이인" 이 "야생의… 갓 잡아들인" 사람들은 분명 백인들과 동등한 존재가 아니었다. 그리고 백인들이 파견 가서 할 일은 무슨 재미난 일이 아니라 "추방", "짐", 그리고 "무거운 멍에" 등이었다. 하지만 어쨌든 무슨 이유에서건 백인들은 그렇게 할 필요가 있었다는 것이다.

20세기 초의 계명된 자유주의자들은 이를 말도 안 되는 소리라고 생각했다. 이들은 당시의 제국들은 단지 사기극confidence games 일 뿐이며, 무너지기 직전이라고 보았다.

오스트리아의 경제학자 슘페터는 사람들이 사기를 당하고 있다고 믿었다. 즉 승리에 환호하는 데에 주의가 돌려진 탓에 토지귀족적인 정치권력 구조가 얼마나 말이 안 되는지를 깨닫지 못하게 하고 있다는 것이었다.[22] 그는 토지귀족들도 사기를 당하고 있다고 보았다. 즉 비엔나 헤렌가세Herrengasse 14번지의 카페 센트랄에서 휘핑크림을 얹은 카푸치노나 마실 시간에, 식민지로 파병되어 이질로 죽고 감염으로 죽고 총이나 대포에 맞아 죽고 있다는 것이었다.

제국은 오늘날의 스포츠 팀과 같아서, 승리의 소식이 전해지면 잔치가 시작됐다. 예를 들면 남아프리카공화국 보어전쟁Boer War에서 영국군의 승전보가 전해지자 시작된 '마페킹의 밤Mafeking Night'(마페킹에서의 승리를 기념하여 1900년 5월 17일 영국에서 벌어진 대규모 축하행사 —옮긴이)이 그랬다. 군인 귀족들은 시합을 즐겼고, 국민들은 관전을 즐겼다.

슘페터는 이를 혐오했다. 그리고 그는 제국주의가 저물고 있다고 생각했다. 사람들이 더 부유해지고 번영할수록 부르주아적인 미덕이 승리하고 제국에 대한 열망은 사라질 것이라고 생각했다.

그는 제국주의라는 이 사기극이 막을 내리고, 평화롭고 덜 귀족적이고 덜 제국주의적이고 덜 피에 굶주린 20세기가 펼쳐지리라고 예상했다.

슘페터는 틀렸다.

영국의 운동가 존 홉슨John Hobson은 제국주의의 동력이 무엇인지에 대해 다른 견해를 가지고 있었다. 그는 제국주의의 으뜸가는 요인은 문화와 사회학이 아니라 경제학이라고 보았다.[23] 홉슨은 정부가 사람들을 고용하여 무기를 생산하고, 그 무기로 식민지를 정복하고, 식민지에 본국에서 생산해낸 상품을 수입하도록 강제하여 대량 실업을 피하고 국내의 정치적 평화를 유지하고 있는데, 이는 최선의 방법과는 거리가 멀었다.

홉슨이 볼 때 정부의 주된 임무는 본국의 국민이 계속 일하여 부와 행복을 누리도록 만드는 데에 있었다. 이에 대한 주된 장애물은 파괴적인 경기변동과 이로 인한 대량 실업이었다. 제국은 이 두 장애물을 극복하기 위해 두 가지 방법을 쓴다. 첫째, 제국을 유지할 군대의 장비와 군수품을 만드는 작업으로 사람들에게 일자리를 준다. 둘째, 국내의 공장에서 나온 생산물의 소비시장으로서 식민지를 활용한다. 홉슨은 제국주의를 추구하는 유럽 나라들은 경제난에 직면할 가능성이 적기 때문에 권력을 유지할 가능성이 더 크다고 생각했다. 그는 제국주의에 대한 해법은 본국에서 더 많은 평등을 실현하는 데에 있다고 보았다. 그러면 경기변동이 줄어들고 실업도 줄어 제국의 필요성도 줄어들게 된다는 것이었다.

그리고 홉슨은 민주적이고 평등한 정치적 변화가 다가오고 있으며, 그 여파로 전쟁과 제국은 그 목적을 상실하고 평화롭고 더 평등하고 더 민주주의적이며 덜 제국주의적이고 덜 피에 굶주린 20세기가 펼쳐질 것이라고 생각했다.

홉슨도 틀렸다.

영국의 사회참여 지식인 노먼 에인절Norman Angell은 제국주의와 전쟁이 (아마도 사람들이 자치 정부를 얻기 위해 벌이는 민족해방 전쟁 정도만 예외로 하면) 이미 무의미한 퇴물이 되었다고 생각했다.[24] 그는 정부가 이 사실을 깨닫지 못할 정도로 무능하거나 근시안적일 리는 없다고 확신했다.

에인절 또한 틀렸다.

유럽의 강국들로 하여금 제국을 형성하도록 추동했던 바로 그 힘들이 다시 파괴적인 산업 전쟁industrial war(대략 산업혁명 이후 19세기부터 원자시대까지의 기계화에 기반한 전쟁을 지칭한다 ―옮긴이)을 벌이도록 추동했고, 1914년에는 아예 유럽 전체를 실로 어두운 대륙으로 만들어 버린다. 장기 20세기의 역사는 갑작스레 군사적 방향으로 전환된다. 여기서 질문이 나온다. 이 군사적 방향으로의 전환은 1870년 이후 세계 문명이 이뤄낸 모든 진보를 송두리째 없애버릴 것인가?

5장. 제1차 세계대전

아마도 내 책장에 꽂힌 가장 슬픈 책은 노먼 에인절의 《거대한 환상》일지도 모른다. 1909년에 처음 출간됐을 때의 제목은 《유럽의 착시》였다. 이 책은 '곧 다가올 큰일을 전혀 예측하지 못한 책'이라는 장르에 꼭 들어맞는다. 21세기에 이 책을 돌이켜 볼 때 슬퍼지는 이유는 책이 나온 후 실제로 어떤 일이 벌어지는지를 우리가 너무 잘 알고 있기 때문이기도 하지만, 또한 책을 읽은 수많은 독자들이 이 책의 혜안에 감탄만 할 것이 아니라 그것을 행동으로 옮겼더라면 하는 아쉬움이 너무나 크기 때문이기도 하다.

이 책의 제목은, 전쟁과 영토 정복이 도덕적이고 물질적인 진보의 주요 수단이라는 믿음이 착각이라는 의미를 담고 있다. 에인절은 또 후속작 《평화 이론과 발칸전쟁》에서 "만약 한 국가의 부가 정말 군사적으로 빼앗을 수 있는 것이라면 작은 국가들은 매우 불안할 수밖에 없을 것"이며, 그렇다면 "오스트리아 사람들은 스위스 사람들보다 더 잘 살아야 한다"고 말했다. 하지만 에인절에 따르면 이는 사실과 다르다. 한 예로 벨기에의 군사력은 독일에 비해 훨씬 작고 무시할 만한 수준이지만, "벨기에 국채는 독일 국채보다 20포인트 더 가격이 높다"는 사실을 지적한다. "이렇게 매우 단순한 질문들 그리고 그 근간의 아주 명백한 사실들만 생각해 보아도 여러 민족들 모두가 이 [이익을 위한 정복이라는] 문제에 있어서 더 합리적인 생각을 가지게 될 것이다."[1]

만약 명백한 사실에 주의를 기울여 건전한 개념에 도달했다면, 그의 말이 맞았을 것이다.

에인절은 군사력을 키우고 자국민의 피를 흘려 다른 사람에게서 빼앗는 것보다 원하는 것을 만들어서 거래하는 편이 훨씬 저렴하다고 올바르게 주장했다. 에인절은 전쟁과 제국을 사용하여 왕이 통치할 더 큰 영토를 확보하는 것은 더 이상 누구에게도 실현 가능한 전략이 아니며, 파괴적인 산업 전쟁의 시대에는 사실상 매우 어리석은 행동이라고 생각했다. 또한 제국주의를 사용하여 올바른 신을 올바른 방식으로 숭배하도록 강요하는 것은 인류가 이미 성장하여 뛰어넘은 구시대적인 관습이라고 생각했다.

전쟁은 더 이상 어떤 형태로든 경제적으로 의미가 없다는 그의 믿음은 옳았다. 그러나 인류가 전쟁을 극복했다는 그의 믿음은 완전히, 비극적으로 틀렸다.

*

이야기에는 주인공이 있다. 주인공은 대부분의 결정을 내리고 대부분의 행동을 취한다. 주인공이 주도하는 이야기가 우리가 생각하는 방식이기도 하다. 오토 폰 비스마르크Otto von Bismarck 같은 총리 —하나의 주인공—는 권력을 유지하기 위해 계략을 쓴다. 독일 노동계급 —다른 종류의 주인공—은 국민건강보험을 얻어내기 위해 자신들의 의회 대표들의 표를 비스마르크에게 던지기로 결정한다. 그리고 독일 —세 번째 종류의 주인공—은 시대를 앞질러 사회보험과 사회민주주의의 길로 나아가기로 결정한다.[2] 이런 방식은 종종 순전히 은유일 때가 많다. 밀물과 썰물이 생기는 이유는 바닷물이 하늘을 뚫고 달로 올라가려 하기 때문이라든가, 번개는 땅까지 내려오는 데에 가장 저항이 덜한 경로를 선택한다는 말들도 마찬가지이다. 이렇게 생각하는 것이 사람에게는 가장 쉽다. 아마도 이것이 사고할 수 있는 유일한 방식일지도 모른다.

장기 20세기의 역사 또한 어떤 수준에서는 두 가지 상충하는 생각들이 서로 주인공 자리를 노리게 된다. 첫째는 하이에크와 가장 잘 결부되는 아이디어로서, '주신 분도 시장이시요, 가져가신 분도 시장이시니. 시장의 이름을 찬양하라'이다. 둘째는 폴라니와 가장 잘 결부되는 아이디어로서, '시장이 인간을 위해 만들어진 것이지 인간이 시장을 위해 만들어진 것이 아니다'이다. **경제적인** 것과 경제적인 것의 반복적인 혁명적 변화들이 지배한 장기 20세기에, 우리의 모든 이야기의 거의 모든 주인공들은 이 두 아이디어 중 최소한 하나 혹은 둘 모두에 의해 깊은 영향을 받았다. 이는 테슬라나 비스마르크 혹은 독일 노동계급에게만이 아니라 인류 전체에도 해당된다. 여러 이야기의 주요한 주인공들이 하이에크와 폴라니의 개념을 어떻게 이해하고 어떻게 왜곡하고 그를 바탕으로 어떤 정책을 도입했는지가 큰 차이를 만들었다.

역사의 과정과 사건은 대부분의 경우 불가피한 것으로 보일 수 있다. 특정 개인들의 결정과 행동은 서로 상쇄되고 어떤 기회를 한 사람이 특정 시점에 잡지 못하면 금방 다른 사람이 잡게 된다. 또는 상황이 매우 다르게 전개될 수 있었다고 느끼는 경우에도, 어떤 개인이 오른쪽 대신 왼쪽으로 방향을 튼 하나의 순간을 집어낼 수는 없다. 심지어 테슬라처럼 결정적으로 중요한 개인조차도 단지 하나의—매우 중요한—기술적 시계를 10년 정도 앞당겼을 뿐이다. 후버와 리훙장 및 그 부류들은 중요한 개인들이지만, 그들이 제국주의를 대표하거나 중국을 급속한 산업화의 길로 이끌지 못한 수천 명 혹은 그 이상의 사람들을 대표하는 한에서만 역사적으로 중요하다. 물론 특정 개인들이 정말로 중요한 순간들이 분명히 존재하며, 이때 그들의 선택과 우연이 역사의 전면에 부각된다.

3장에서 우리는 초점을 경제에서 정치경제로 옮겼다. 기술, 생산, 조직, 교환뿐 아니라, 자신과 다른 사람들을 통치하는 사람들이 좋은 사회 ―또는 최소한 자신들에게라도 좋은 사회 ―를 보존하고 만들기 위해 어떻게 경제를 규제하려고 했는지도 살펴볼 필요가 있었다. 4장에서는 제국주의의 정치학으로 초점을 옮겼다. 어떤 나라의 국민들과 그들의 지배 엘리트가 어떻게 자기들을 통치했는지 뿐만 아니라 다른 나라의 국민들을 어떻게 통치했는지도 살펴보아야 했기 때문이었다. 이렇게 두 번 초점을 이동하는 가운데 우리 내러티브의 초점도 계속 좁아졌다. 처음에는 이야기의 주인공이 전 인류였지만, 그다음에는 국민국가로 바뀌었고, 그다음에는 북대서양 산업 중심부와 남방세계의 주변부였다. 이번 장에서는 한 걸음 더 나가겠다. 우리는 전쟁, 거버넌스, 상위정치의 영역으로 들어가는데, 여기에서는 개인들의 선택과 기회라는 문제가 결정적인 요인이 된다. 이 장에서는 이런저런 힘 있는 개인들이 주인공이 된다.

1914년이 시작될 무렵 세계는 전례 없는 속도로 성장하고 있었다. 상당히 평화로웠고, 이런저런 문제도 있었지만 그 어느 때보다 풍요로웠다. 이런 세계라면 인류 문명의 미래에 대한 낙관적 시각도 무리가 아니었다. 하지만 1차 대전 이후에는 세계, 특히 유럽이 완전히 달라진다. 우선 그 대부분이 돌무더기와 잿더미로 뒤덮였다. 이렇게 불과 10년도 안 되는 사이에 나타난 극적인 차이를 논

리적이고 예측 가능한 방식으로 진화하는 구조들의 탓으로 설명할
수는 없다.

그렇다면 이런 비논리적인 역사의 전개는 어떻게 해야 파악할
수 있을까? 우리 경제사학자들이 인간 진보의 자연스러운 패턴으
로 보고자 했던 흐름은 이 전쟁으로 완전히 뒤집히지 않았는가? 내
생각에는 에인절이 《위대한 환상》을 쓰기 10년 전으로 돌아가는
게 좋을 것 같다. 1899년부터 영국이 남아공에서 펼쳤던 보어전쟁
이다. 영국은 어째서 이런 전쟁을 선택했을까?[3]

이 전쟁이 불가피하지 않았고 영국이 선택했기 때문이라는 점
은 그 이전 몇 십 년 동안 영국이 전쟁을 피하는 선택을 했던 패턴
을 보면 분명하게 알 수 있다. 1860년대부터 유럽 제국주의의 팽창
은 현지인들, 정확하게 말하면 현지의 백인들에게 기꺼이 권력을
이양하는 방식으로 진행되었다. 1867년의 캐나다, 1901년의 호주,
1907년의 뉴질랜드가 그러한 예였다. 그리고 1910년 남아공에서
도 동일한 선택을 했다. 하지만 그보다 10년 전인 1900년에는 정반
대의 선택을 했다. 영국은 25만 명 이상의 병사를 남아공으로 보내
20만 명의 보어인들에게 영국 정부가 직접 통치할 것이며 따라서
자치란 없다는 메시지를 분명하게 보냈다.

남아공을 식민지로 만들기 위해 1652년에 아프리카 대륙에 제
일 처음 발을 들인 유럽인은 네덜란드인이었고, 보어인은 이들의
후손이었다. 보어인들은 19세기가 시작될 무렵에 영국의 지배를
받게 되자 이에 불만을 품고 자신들의 공화국인 트란스발주Province
of Transvaal 와 오렌지 자유국가Orange Free State 를 세웠다. 수십 년 동안
영국은 이를 수용했지만, 더는 용인할 수 없는 상황에 이르게 됐다.

영국의 식민장관 조셉 체임벌린Joseph Chamberlain ─1930년대의

영국 총리 네빌 체임벌린Neville Chamberlain의 아버지 —은 트란스발
주와 오렌지 자유국가를 영국 식민지로 병합해야 한다고 주장해
왔다. 1899년 그는 최후통첩을 보낸다. 트란스발주의 영국 시민들
에게도 동등한 권리(채굴한 각종 광물 자원에 대한 문제와 직결되어 있었
다)를 부여하지 않으면 전쟁이라는 것이었다.

  인류 역사상 최강의 제국이던 영국이 이 두 작은 공화국 따위를
두려워할 이유는 없어 보였다. 따지고 보면 이 나라에는 산업화도
이루지 못한 농민들이 살고 있었으며, 비록 황금이나 각종 광물이
발견되곤 하지만 나라의 번영이 그 땅에 살던 흑인 원주민들의 착
취에 의존하는 후진 상태에 있었다. 그런데 뚜껑을 열어보니 이 두
나라는 생각보다 훨씬 무서운 적임이 드러났다. 보어 군대는 공격
을 감행하여 마페킹, 레이디스미스Ladysmith, 킴벌리Kimberley라는 마
을에 주둔한 영국 유격대들을 포위했고, 이들을 구하러 온 병력을
스피온 콥Spion Kop, 바알 크란즈Vaal Kranz, 마거스폰테인Magersfontein,
스톰베르크Stormberg, 투겔라강Tugela River 등지의 전투에서 격파했다.
스톰베르크 전투에서는 윌리엄 가테이커 경Sir William Gatacre이 지휘
하는 3,000명의 영국 군대가 명령에 따라 가파른 낭떠러지를 기어
올라 그 위에서 참호를 파고 소총으로 무장한 보어 군대를 공격하
다가 600명이 포로로 잡혔다. 마거스폰테인 전투에서는 머슈언 경
Lord Methuen이 지휘하는 1만 4,000명의 부대가 보어 참호선을 공격
하다가 1,400명의 사상자를 냈다. 레드버스 불러Redvers Buller가 지
휘하는 2만 1,000명의 부대는 투겔라강을 건너려다가 1,200명의
사상자만 내고 실패하고 말았다. 보어 쪽의 사상자는 겨우 50명이
었다.

  조셉 체임벌린은 금방 전쟁을 이길 것이라고 했지만 전혀 그렇

지 않았다.

비용과 편익을 어떻게 따져보아도, 영국 내각이 평화 회담에 나서는 것이 맞았다. 한발 물러서서 보어인들로부터 영국의 광부와 탄광 개발자들도 백인으로 처우하겠다는 약속을 받는 것이 맞았다.

하지만 오히려 영국은 1900년 2월부터 남아공에 25만 명의 군사를 파견했다. 이것은 엄청난 병력이었다. 2021년 미국을 기준으로 하면 족히 200만 명에 달하는 규모였다. 덕분에 영국은 압도적인 우위를 점한다. 보어 군대 전체와 비교해도 수적으로 5대 1의 우위에 있었다. 거기에 더하여 영국은 능력 있는 육군 원수 로버츠 경Lord Roberts을 보낸다. 오렌지 자유국가의 수도인 블룀폰테인Bloemfontein은 1900년 3월 13일, 요하네스버그는 5월 31일, 트란스발주의 수도인 프레토리아Pretoria는 6월 5일에 함락된다.

하지만 전쟁은 끝나지 않았다. 보어인들은 정규전에서 패배하자 게릴라전으로 전환했고, 1년 반 동안 반란 전쟁을 계속한다. 한때는 영국의 두 번째 사령관인 머슈언 경을 포로로 붙잡기까지 했다.

군사적 초강대국이라고 해도 언어도 통하지 않는 나라에서 게릴라 반군을 만나면 곤란한 처지에 빠지기 쉽다. 대영제국이 고안해 낸 방법은 현대식 수용소였다. 어떤 지역에서 게릴라들이 활동한다면 남녀노소 가리지 않고 모조리 잡아넣고 철조망으로 둘러쳐버린다. 잘 먹이지도 않고, 위생도 별로 신경 쓰지 않는다. 그다음으로 수용소를 작은 요새로 둘러싸고서 여기에 다시 철조망을 둘러쳐서 게릴라들의 이동성을 줄여버린다.

대략 3만 명의 보어인들이 강제수용소에서 사망했는데, 그들 대부분이 16세 미만의 어린아이들이었다. 거의 10만 명이 보어 전쟁으로 목숨을 잃었다. 보어 민간인 사망자 3만 명에 더해 영국군 8,000명이 전투에서 사망했고, 추가로 1만 4,000명이 질병으로 죽었으며, 1만 명의 보어 군인들이 죽었다. 이에 더해서 3만 명 정도의 아프리카 원주민도 죽었다. 실로 기괴한 일이지만, 당시에는 아무도 아프리카 원주민들의 사망자 수를 세지 않았다.

영국은 보어전쟁에 성인 남성의 2.5%를 동원했고, 그 열 명 중한 명이 사망했다.

애당초 보어전쟁이 일어나지 않았다면 더 좋지 않았을까? 지금의 우리야 그렇게 생각하겠지만, 당시 대부분의 영국인은 그렇게 생각하지 않았다.

1900년의 영국 총선은 솔리즈베리 경Lord Salisbury의 지휘 아래에 전쟁을 주도했던 보수당의 엄청난 정치적 승리로 끝났다. 이 선거는 군복 색깔을 따와서 '카키색 선거khaki election'로 불렸으며, 이후 전쟁의 영향을 받는 선거는 모두 이렇게 불리게 된다. 1902년 두 보어인 공화국을 대영제국에 합병하는 평화조약이 조인되었다. 하지만 1910년 남아공은 백인이 자체적으로 통치하는 대영제국 자치령이 되었고, 네덜란드어에서 파생된 아프리칸스afrikaans와 영어가 공식 언어로 지정됐다. 그곳 주민들의 투표 행태를 보면 글쎄, 1910년의 아일랜드 주민들만큼이나 영국 정부에 친화적이었다.[4]

결국 이렇게 되고 말 것을, 영국의 유권자들은 무슨 생각으로 전쟁을 지지했던 것일까? 조금만 현실적으로 생각해 보면 평화 협상을 통하여 백인들의 대영제국 자치령을 수립하는 편이 전쟁보다는 훨씬 낫지 않았던가? 이유가 있다. 그 유권자들은 민족주의자들이었기 때문이었다.

민족주의자란 어떤 것인가? 존경받는 독일의 사회과학자이자

(당시의 기준으로는) **자유주의자였던** 막스 베버_{Max Weber}를 그 한 예로 들 수 있다. 1895년에 독일 프라이부르크 대학교에서 행했던 교수 취임 연설 '국민국가와 경제정책'에서 그는 당시 많은 이들이 공유했던 세계관을 이렇게 요약했다.

> 우리 모두는 동부 지역을 독일적 성격을 지닌 지역으로 보호해야 할 대상으로 봅니다. … 동부 지역의 독일인 농민들 및 일용노동자들이 밀려나고 있는 이유는 정치적으로 우월한 반대 세력들과 공개적으로 충돌해서가 아닙니다. 이들이 최악의 상태에 처한 원인은 지루하고 소리도 나지 않는 일상적인 경제적 생존 투쟁에서의 패배 때문입니다. 이들은 자기들의 땅을 훨씬 열등한 인종에게 넘겨주고 있으며, 흔적도 없이 사라질 어두운 미래로 나가고 있습니다. … 후손들이 우리에게 물을 역사적 책임은 어떤 종류의 경제 조직을 물려주었느냐의 문제가 아닙니다. 그들이 이 세상을 헤쳐 나갈 싸움의 발판과 여지를 어느 만큼이나 확보해주었느냐일 것입니다.[5]

베버는 독일어를 사용하는 검은 머리와 각진 얼굴의 백인 남성이었지만, 폴란드어를 사용하는 검은 머리와 각진 얼굴의 백인 남성을 매우 두려워했다. 이러한 두려움으로 인해 그는 민족주의라는 아주 투명한 코드에 맞추어 다음과 같이 선언한다. "따라서 독일 정부의 경제정책과 독일의 경제이론가가 가져야 할 가치 기준은 독일적 정책_{German policy} 그리고 독일적 기준_{German standard} 이외의 것이 될 수 없습니다."

이 모든 것들이 어떤 귀결을 향하게 되는지 우리는 알고 있다. 다음 여러 장에 걸쳐서 그 결과들을 살펴볼 것이니, 지금은 빠르게 앞으로 필름을 돌려보도록 하자. 어떤 개인도 진공 속에서 결정하지 않는다. 어떤 개인도 당연한 물질적 인센티브나 결과에 그냥 기계적으로 떠밀려서 결정하지 않는다. 베버가 즐겨 말하듯, "물질적 이해관계는 기차가 철로 위를 달리게 만드는 추동력일지 모르지만," 막상 스위치를 조작하여 기차가 달릴 철로를 결정하는 "철도원은 이런저런 사상에 비유할 수 있다."[6] 한 개인이 전쟁을 선택하는 결정을 내릴 때, 그를 둘러싼 많은 사람들이 그 선택의 근간에 깔려 있는 사상에 (속박된 것까지는 아니어도) 사로잡혀 있는지의 여부는 중요하다. 민족주의는 여러 경쟁하는 신념들을 집어삼킬 수도 있고 왜곡시킬 수도 있는 개념이었다.

우리는 이 점을 개인의 수준에서 발견할 수 있다. 베버의 연설로부터 48년 후, 독일어권의 역사상 단일 최대 군단인 아돌프 히틀러의 **남부집단군**이 독일 **민족**Volk 을 위한 '편히 움직일 수 있는 공간elbow-room'을 확보하기 위해 훨씬 더 거대한 붉은 군대와 우크라이나에서 교전을 벌였다. 남부집단군의 사령관은 프리츠 에리히 게오르크 에두아르트 폰 레빈스키Fritz Erich Georg Eduard von Lewinski 라는 이름의 인물이었다.[7]

'폰'은 독일 귀족의 이름임을 의미한다. 하지만 '레빈스키'는 인도-유럽어족의 게르만계 언어에서 기원한 이름이 아니다. 접미사 '-스키'는 슬라브어이고, 그 이름이 폴란드 귀족의 이름임을 나타낸다. 말하자면 '-스키'는 독일어 '폰'에 해당하는 폴란드어다. 그리고 '폰'과 '-스키' 사이에 '레비Levi'가 있다.

유대인의 성에 가장 많이 쓰이는 것이 바로 '레비-'다.

유대인의 피가 흐르는 레빈스키는 히틀러를 성실하고 열렬하게 섬겼다. 그는 쉼 없이 능숙하게 군대를 이끌었고, 병사들은 가능하면 더 많은 유대인을 죽이고자 (그리고 독일 농부들을 위한 '편히 움직일 수 있는 공간'을 마련하기 위해 폴란드인, 러시아인, 다른 슬라브인을 가능하면 많이 죽이고자) 미친 듯이 전투에 임했다. 역사에서 그는 폰 레빈스키가 아니라 '폰 만슈타인von Manstein'이라 불린다. 그는 헬레네 폰 슈페를링Helene von Sperling의 열 명의 자녀 중 다섯째 아들 프리츠 에리히 게오르크 에두아르트로 태어났다. 그런데 헬레네의 여동생 헤드비히에게는 자식이 없었다. 그래서 헬레네는 그를 헤드비히에게 보냈고, 그녀와 그녀의 남편 폰 만슈타인이 그를 입양했다. 그는 폰 만슈타인이란 이름으로 제국주의적 바이마르 공화국과 나치군에서 명성을 쌓았다.

본래는 폰 레빈스키인 프리츠 에리히 게오르크 에두아르트 폰 만슈타인은 민족주의자였다. 베버와 다른 사람들과 마찬가지로, 그는 독일인과 폴란드인들이 뒤섞인 변경 지대—어떤 이들은 독일어를 했지만, 독일인들과 똑같이 생겼으면서 폴란드어를 말하는 이들과 함께 있었다—에서 '지루하고 소리도 나지 않는 투쟁'을 벌이는 꼴을 용납할 수가 없었다. 그뿐만 아니라 수백만의 독일인들이 그렇게 믿는 경향이 너무나 강했기에, 하이에크 쪽과 폴라니 쪽 모두가 주장하는 유토피아로 나아가는 평화로운 시장이라는 생각은 아예 떠오르지도 않았다.

폰 레빈스키가 군인으로 출세하는 길은 아주 쉬웠다. 폰 레빈스키, 폰 슈페를링, 폰 만슈타인 집안을 전부 합치면 프로이센의 장군들이 무려 다섯 명이나 있었고, 특히 폰 레빈스키는 친할아버지 외할아버지가 모두 장군이었다. 헬레네와 헤드비히의 여동생인 게르트루데는 육군 대원수이며 바이마르 공화국의 우파 대통령이었던

파울 폰 힌덴부르크Paul von Hindenburg와 결혼했으니, 에리히 폰 레빈
스키는 곧 힌덴부르크 대통령의 조카였던 것이다.

함부르크나 에센과 같이 기술이 발전한 독일 도시에서는 노동력
이 절실했던 바, 기업가와 상인들은 포메라니아와 프로이센의 농
민들이 활용할 수 있는 잠재적 노동력이라는 점을 깨달았다. 그들
은 농업에 종사하는 노동자들에게 항구도시와 라인란트로 와서 일
한다면 더 높은 임금과 보다 윤택한 생활을 제공하겠다고 약속했
다. 많은 노동자가 그 약속을 믿고 도시로 이주했고, 따라서 독일
동부의 지주들도 그 영향을 받게 된다. 독일 동부의 지주들은 라인
란트의 제철소 주인들이 제안한 임금수준에 맞춰 노동자들의 임
금을 높이는 대신, 동쪽으로 저 멀리에 위치한 비스툴라 계곡Vistula
valley에서 폴란드인들을 노동자로 데려와 그들을 대체했다. 그렇다
면 이 네 집단 모두가 행복한 결말을 맞은 것 아니겠는가?

비스툴라에 남은 폴란드어를 사용하는 사람들은 행복했다. 더
넓은 농토를 갖게 됐기 때문이다. 독일로 이주한 폴란드어를 사용
하는 사람들도 행복했다. 더 높은 임금을 받고 더 나은 생활을 하게
됐기 때문이다. 독일어를 사용하는 지주들도 행복했다. 독일 서부
의 임금수준에 맞추지 않아도 번성하는 독일 서부로 자신들의 곡
물을 더 비싼 값에 팔 수 있었기 때문이다. 서쪽으로 이주한 독일어
를 사용하는 노동자들 역시 행복했다. 더 높은 임금을 받고 더 나은
삶을 살게 됐기 때문이다. 독일어를 사용하는 제철소 주인들과 다
른 기업가들과 상인들 또한 행복했다. 더 많은 노동력을 확보하게
됐기 때문이다. 독일이라는 국민국가를 통치하는 귀족들도 행복했
다. 경제는 더 강해졌고, 세수는 더 많아졌고, 빈곤율이 하락했고,
결과적으로 민주주의, 평등주의, 사회주의적인 소요가 덜 발생했기

때문이었다.

그렇다면 불행해진 사람은 누구였을까? 그것은 바로 막스 베버 등 편견에 가득찬 독일 민족주의자들이었다.

베버는 1차 대전이 발발하기 전 독일에서 살았고, 굳건한 중도좌파였다. 그는 사회주의자는 아니었지만 정치적 민주주의, 대중교육, 경제적 번영에는 호의적이었고, 기생 귀족과 경직된 사회질서에는 반대했다.

소름 끼치는 사실은, 1차 대전 이전의 유럽에서 독일의 민족주의가 유별난 경우가 아니었다는 점이다. 민족주의는 규범까지는 아니었어도 그에 상당히 근사한 수준이었다. 민족주의는 전쟁을 재앙이 아니라 기회로 간주하는, 승자가 대부분 ―아마도 전부―을 가져가는 경쟁에서 운명처럼 받아들여졌다. 즉 전쟁은 국가가 자신의 존재를 강조하고 국가적으로 동원하고 더 강력한 국가 정체성을 창출하는 기회이자 그것이 무엇이건 전리품을 획득할 기회로 여겨졌던 것이다.

하지만 어떤 특정한 민족주의의 마법이 전혀 통하지 않는 사람이 있다고 해보자. 그는 민족주의가 말하는 자신의 존재 강조, 국민적 동원, 정체성 창출, 수익 확보 등에 전혀 동의하지 않는다. 그의 관점에서는, 1차 대전 시작 무렵 의사결정에 간여한 최고위층 정치가 및 군부 인사들은 좋게 말해봐야 큰 실수를 저지른 것이며 아주 나쁘게 말하면 제정신이 아닌 범죄를 저지른 것이다. 왜냐면 다들 끝이 너무나 안 좋았기 때문이다. '전승국'인 영국-프랑스 편 군주정 국가의 왕들은 옥좌를 유지할 수 있었지만, 대륙의 모든 제국 황제들은 자기들 각료들이 시작한 전쟁 때문에 옥좌를 잃었다. 여기서 '전승국'에 따옴표를 친 이유는 이 말이 역설적인 의미를 담고 있기 때문이다. 정말로 '승리'였을까? 1차 대전으로 목숨을 잃은 사람의 숫자는 거의 1,000만 명에 달했다. 1918~1919년 스페인 독감 등 1차 대전이 야기한 인구 이동, 파괴, 기근 때문에 사망자 숫자가 폭발적으로 늘어났다고 하니, 그것까지 감안하면 총 사망자 수는 5,000만 명에 달했다.

오스트리아-헝가리의 지배자들은 세르비아 민족주의를, 좀 더 정확히 말하면 세르비아 민족주의가 북쪽으로 확산되는 것을 오랫동안 두려워했다. 그 민족주의 이데올로그들은 세르비아인, 보스니아인, 크로아티아인, 슬로베니아인, 기타 등등이 사실은 하나의 민족—'유고슬라비아인'—이며, 이렇게 영광스러운 남슬라브 민족이 진즉 출현하지 못한 까닭은 이스탄불의 터키인들과 비엔나의 독일인들이 그것을 막고 있기 때문이라고 주장했다.

1914년 당시 세르비아인들과 크로아티아인들은 피를 나눈 형제였지만(세르비아인들은 크로아티아인들을 외국 세력의 폭정에서 구출하기 위해서 유럽의 열강들과 유혈이 낭자한 전쟁까지 불사했다), 그로부터 80년이 지난 1994년에는 같은 마을이나 지역에 섞여서 살 수 없었다. 정치 지도자들은 다른 쪽을 모조리 추방하거나 아예 절멸시켜야 한다고 부르짖었다. 그런데 1914년이나 1994년에나 변하지 않은 것도 있었다. 지도자들이 외친 그대로 추종자들이 행동한 것이다. 20세기의 초에는 세르비아인과 크로아티아인을 통일시키기 위해 전쟁이 벌어졌고, 20세기가 끝날 무렵에는 서로를 '인종 청소'하려고 전쟁이 벌어졌다. 이쯤 되면 이는 역사가 인간에게 던진, 혹은 인과관계를 바로잡는다면 인간이 역사에 던진 가장 역겨운 농담이라고 해야 할 것이다.

합스부르크 가문이 통치했던 오스트리아-헝가리 제국은 반쯤은 민주주의적인 입헌군주정이었다. 다양한 민족들 위에 군림했지만 (대부분의) 지역 관습 및 전통을 존중하고 평화를 유지했을 뿐 아니라 상업의 자유, 사상의 자유, (한계가 있었지만) 언론의 자유 등을 허용했다. 바람직한 정치체제의 순위를 매겨본다면 중간보다 한참 위쯤에 있는 체제였다고 볼 수 있다. 하지만 1차 대전 당시만 해도 서로를 피를 나눈 형제로 여겼던 (하지만 80년 후 그 자손들은 서로에 대해 인종 청소를 감행하는) 세르비아인들과 크로아티아인들은 그렇게 생각하지 않았다.

1914년 여름에 오스트리아-헝가리 제국으로부터 보스니아가 독립하여 세르비아와 통일하는 것을 목표로 했던 한 보스니아 테러리스트가 오스트리아-헝가리 제국의 왕위 계승자 프란츠 페르디난트Franz Ferdinand 대공과 그의 아내 소피를 암살했다. 테러리스트가 세르비아 왕국의 비밀경찰로부터 일정한 지원을 받기는 했지만, 세르비아 국왕은 이 사안을 잘 알지 못했던 게 거의 분명했다.[8]

오스트리아-헝가리 제국의 황제 프란츠 요제프Franz Joseph 1세와 대신들에게 조카 부부의 충격적인 암살은 무엇이든 조치를 취해야 한다는 신호로 보였다. 그들은 암살자를 처단하고, 세르비아의 기를 꺾고, 오스트리아가 발칸반도의 위대한 강국임을 분명히 하고자 했다. 이러한 목표를 위해서라면 전쟁이라는 위험쯤은 감수할 가치가 있었다. 게다가 20세기 초의 발칸전쟁, 1905년 러일전쟁, 1870년 프로이센-프랑스 전쟁, 1866년 오스트리아-프로이센 전쟁, 1864년 프로이센-오스트리아-덴마크 전쟁, 1859년 프랑스-오스트리아 전쟁 등 모든 전쟁이 아주 짧은 기간에 끝나지 않았던가. 물론 1853~1856년 크림전쟁은 더 길었지만, 전면전이 아니었으며 어느 쪽이든 이 전쟁이 사회 전반을 미쳐 날뛰도록 만들 만큼 중대한 문제라고 생각하지는 않았다. 물론 1861~1865년의 미국 남북 전쟁에서는 성인 남성 20%가 사망하고 또 20%가 불구가 되었지만, 별 관계가 없는 일로 보였다.

사람들이 놓친 중요한 사실이 하나 더 있었다.

상트페테르부르크에서 즉위한 지 얼마 되지 않은 니콜라이 2세와 그의 장관들에게 가장 중요한 우선순위는 제정 러시아가 발칸 반도에서 큰 힘을 가진 강대국임을 입증하는 것이었다. 그렇게 하려면 슬라브어를 사용하는 그곳의 작은 나라들이 오스트리아 패권으로부터 러시아가 자신들을 보호할 수 있다고 믿게 만들어야 했다.

베를린에서 즉위한 지 얼마 되지 않은 빌헬름 2세와 그의 장관들은 프랑스와 러시아 양쪽 모두를 상대로 신속하고 확실한 승리를 거둔다면 독일이 유럽 열강 사이에서 압도적인 '양지바른 자리'를 차지하게 될 것이라고 생각했다. 따라서 오스트리아가 어떻게 대응하건 이를 최대한 지원한다는 결정은 거의 자동적이었다. 달리 행동한다는 것은 상상할 수도 없었다. 19세기에 독일 제국이 일어설 수 있었던 것도 또 강대국으로 자리 잡을 수 있었던 것도 모두 전쟁 덕분이었다. 소위 철의 재상 비스마르크는 이런 전쟁을 벌이고 이를 짧은 시간 내에 독일의 승리로 끝나도록 관리했다. 그는 다음과 같이 선언하여 우레와 같은 환호와 갈채를 얻어냈었다. "오늘날의 큰 문제들은 연설과 논쟁이 아니라, 피와 철로 결정된다."

프랑스 제3공화국의 정치인들에게 독일과의 전쟁은 1870년에 독일이 훔쳐간 알자스와 로렌을 되찾기 위해서라도 언젠가는 반드시 치러야 했다. 그리고 정치인이나 일반 국민 모두 이곳의 수도가 '스트라스부르'라고 불려야지 '슈트라스부르크'로 불려서는 안 되며, 그곳의 시장은 독일어가 아닌 프랑스어를 하는 사람이 되어야 한다고 생각했다. 이는 너무나 중요한 문제여서 무수한 사람이 죽어나가더라도 감수할 가치가 있는 일로 여겨졌다.

런던의 정치인들에게는 영국이 핫바지가 아님을 보여주기 위해서라도 전쟁이 감수할 가치가 있었다. 게다가 1차 대전 이전에 이미 독일은 영국에게 존재의 위협이 될 만큼 엄청난 규모의 전함을 보유하고 있었다. 그래서 영국은 독일의 국방력을 넘어서려면 국방에 막대한 자원을 투입할 수밖에 없는 상황임을 알고 있었다. 1차 대전 이전, 영국 정부가 드레드노트급 전함 제작에 속도를 올리던 것을 두고서 처칠이 던졌던 농담을 기억해 보라. 영국의 자유당 내각은 매년 새로운 전함 4척을 구축하는 데 기꺼이 예산을 지원하겠다고 선언했지만 해군 장성들은 6척을 요구했고, 독일제국이 대대적으로 전면에 나설 것을 우려했던 언론과 대중은 결국 8척을 새롭게 구축하도록 압박을 가했다.

전쟁이 이득이 된다고, 다른 이들은 몰라도 자기들에게는 이득이 될 거라고 믿었던 모든 이들은 자신들이 틀렸음을 알게 된다. 늙은 프란츠 요제프 1세의 합스부르크 왕조는 왕좌와 제국을 모두 잃었다. '스트라스부르'로 도시의 발음을 바로 잡으려던 프랑스는 한 세대의 젊은 남성들을 잃었다. 영국도 한 세대의 젊은 남성들을 잃었고 국력이 쇠했으며, 그 상태로 또다시 독일이 지배하는 유럽과 대결하게 된다. 제정 러시아의 차르는 왕좌, 아내, 나라를 잃었고, 가문 전체가 살육당했다. 러시아도 한 세대의 젊은 남성들을 잃었을 뿐만 아니라, 완전히 불행으로 점철된 20세기의 가혹한 운명에서 빠져나갈 기회까지 잃었다.

1차 대전은 독일에게 유럽 열강 사이에서 강력한 영향력을 행사하는 '양지바른 자리'를 가져다주지 않았다. 빌헬름 2세도 왕좌를 잃었다. 그의 나라는 한 세대의 젊은 남성들을 잃었을 뿐만 아니라 정치적·군사적 자율성까지 잃었으며, 이후 몇 천 년이 지나도 씻어 낼 수 없는 역사의 오점인 히틀러의 제3제국으로 가는 첫발을 내디뎠다. 프랑스 정치인들이 훗날 군대로 독일을 제압하려는 것은 헛된 시도이며 경제적으로 더 큰 유럽을 만들어 거기에 독일을 통합시키는 편이 더 나은 방법이라는 점을 깨닫게 되기까지는 30년이 넘는 시간이 걸렸다.

그렇다면 그들은 왜 전쟁을 벌였을까? 우선 민족주의 때문이었다. 그리고 이 전쟁만 이긴다면 미래의 전쟁에서 패배할 가능성도 또 그로 인한 결과를 감내해야 할 가능성도 줄어든다는 정치적 논리도 작동했다.

그런데 다른 이유들이 더 있었다. 귀족이 문제였다. 1914년의 유럽은 국민, 기업가와 사회주의자, 공장 노동자와 기술자들의 유럽이었다. 반면 1914년 유럽의 정부 ─특히 국방부와 외교부─는 대부분 귀족, 전직 귀족, 예비 귀족들로 채워졌다. 이것은 귀족, 지주, 군사 엘리트층이 선전과 권력의 많은 수단을 통제한다는 뜻이었다. 게다가 귀족들은 경제적 이득을 얻는 데 필사적이었던 산업자본가와 기업가의 지원까지 받았다. 실제로 1879년 독일에서는 제조업체를 보호하기 위해 영국에서 수입하는 철강에 관세를 매기는 동시에, 지주를 보호하기 위해 미국에서 수입하는 곡물에 관세를 부과하는, 이른바 '철과 밀의 결혼' 같은 일이 벌어지기도 했다.[9]

1차 대전의 전야에 이 귀족 엘리트층은 전통적인 신분제의 위치를 누리고 있을 뿐, 자신들의 사회적 기능이 전혀 없다는 것을 알게된다. 미래에는 오로지 영향력과 지위의 잠식, 상대적 부의 잠식,

자신들의 자존감의 잠식만이 기다리고 있었다. 모든 사람들이 시장경제를 통하여 다 함께 이익을 누리는 세상에서 합쳐봐야 몇 천 명도 안 되는 귀족들과 귀족 지망생들의 패배는 피할 수 없는 운명이었다. 그런데 이를 피할 수 있는 방법이 하나 있었다. 온 나라를 전쟁으로 끌고 가는 것이었다.

이들의 권력과 선전은 이데올로기를 통하여 더 강화되었다. 각국은 미래의 모든 문명에 자기 나라 사람들이 가장 지속적인 흔적을 남기는 것이 바로 자국의 이익이라고 단정했고, 이에 평화, 박애, 관용과 같은 기독교적 계몽주의적 가치는 인기를 잃었다.

유럽의 귀족들은 1914년에 마침내 주사위를 던졌다. 그 순간에 자기들이 얼마나 많은 것을 잃게 될지에 대해서 거의 절반도 알지 못했다. 어쨌든 주사위는 던져졌다. 그들은 대중들의 입과 귀를 막은 채, 거대한 메아리방echo chamber을 만들어 대중을 몰아넣었다. 그 방 안에서는 귀족들의 선전과 이데올로기 구호만이 울려 퍼지면서 서로를 증폭시켰다. 인류 역사상 어느 때보다도 잘 교육받고 잘 먹고 잘 입고 잘 살던 서양의 문명화된 대중들은 이 귀족층의 외침에 열성적으로 호응했다.

인과관계와 은유는 중요하다. 당시의 상황을 유럽 국가들이 도미노처럼 연이어 쓰러졌다라고 하는 비유적 설명이 어떤 측면에서는 이해를 도울 수 있다. 나비가 날갯짓을 한 번 하자 멀리 떨어진 대륙에서 토네이도가 발생했다고 할 수도 있다. 시대정신zeitgeist 혹은 역사의 변증법적 전개 혹은 신의 섭리 등—각자 마음에 드는 것을 골라잡으시라—이 도미노 하나를 쓰러뜨렸고, 그 여파로 나머지 도미노가 줄지어 쓰러졌다고도 할 수 있다.

대공은 이미 암살당했다. 세르비아는 오스트리아의 최후통첩을 받아들이지 않았다. 오스트리아는 세르비아를 상대로 전쟁을 선포했다. 독일은 오스트리아가 세르비아에게 확실한 메시지를 주기 위해서는 공격을 해야 하지만 "세르비아 수도 베오그라드에서 멈추고" 협상으로 들어가는 게 좋다고 설득했다. 그런데 러시아가 병력 동원을 시작한다. 이 시점에 독일은 벨기에를 공격한다. 1914년 8월 4일이었다. 실로 한심하고 어리석은 사태 전개였다.

독일의 중포병이 벨기에 요새를 파괴하고 벨기에 군인과 민간인을 죽이기 시작하면서 세상은 총소리로 뒤덮였다. 아무 상관없는 중립국을 기습 공격하다니. 독일은 그러지 않아도 생산력, 화력, 병력에서 모두 열세인 상황에서 세계 최고의 초강대국까지 적국으로 추가했다(영국은 독일에게 벨기에의 중립을 존중하라고 최후통첩을 보냈으며, 1914년 8월 4일 독일이 벨기에를 침공하자 바로 독일에 선전포고를 했다 ─옮긴이). 도대체 독일 군부는 무슨 생각으로 그런 짓을 벌였을까?

나는 이 질문에 대한 답의 상당 부분은 '프로이센'에서 찾아야 한다고 오랫동안 생각해 왔다.[10] 1차 대전 직전 독일 제국은 제국의 한 구성 요소인 프로이센 왕국이 지배하는 상태였다. 그리고 프로이센 왕국은 군대의 지배를 받았다. 프랑스에는 이미 수 세기 전부터 '프로이센 왕국은 군대가 있는 국가라기보다 국가가 있는 군대'라는 농담이 있을 정도였다. 프로이센 군대는 적이 예상치 못한 방향에서 기습적으로 공격하는 군사전략을 전통적으로 사용했다. 왜일까? 프로이센은 외세의 침략을 막아줄 지형지물이 없는 탁 트인 지역에 위치했고, 인구가 더 많고 대체로 더 부유한 잠재적인 적국으로 둘러싸여 있었다. 이런 상황에서는 전쟁에서 빨리 승리하지 못할 경우 패배할 가능성이 매우 컸다. 그래서 이 지역에서 강력한 국가이려면 전쟁을 신속하게 승리로 끝낼 수 있어야 했다. 이것이 프로이센의 군사적 전통이 생겨난 배경이었다. 그리고 역사적인 우연이 겹쳐 1900년경 독일 제국은 하필 프로이센을 중심으로 형성되어 있었다.

실제로 이 전략은 거의 성공할 뻔했다. 만약 영국이 1차 대전에 참전하지 않았다면 독일이 1914년에 프랑스를 점령했을 것이고, 외교관들이 바로 평화회담을 개최했을 수도 있었다. 그런데 영국이 참전했다. 첫 번째 이유는 벨기에와의 조약을 지키기 위해서였다지만, 아마 더 중요한 이유는 독일이 패권을 쥔 유럽을 막아야 했기 때문이었을 것이다. 이 경우 독일은 아주 쉽게 대규모 함대를 구축할 수 있게 되고, 영국은 고립되어 아무런 전략저 선택지도 갖지 못하게 될 것이었다.[11]

그렇게 방아쇠는 당겨졌다. 전쟁을 치르기 위해서 18~21살의 청년들이 대거 징병되었고, 그전 몇 십 년간 군사 훈련을 받았던 나이든 예비군들이 이를 보충했다. 이 각국의 군대는 황제, 귀족, 장군들의 전쟁을 자신들의 전쟁으로 받아들여 소리높이 군가를 부르면서 열정에 가득 차 전장으로 행진했다. 모든 참전국들이 하나같이 이 전쟁을 금방 끝내고 또 승리를 거둘 것이라고 믿어 의심치 않았다.

만약 단기전으로 끝났다면 1차 대전은 그저 나쁜 사건 정도일 뿐, 형언할 수 없을 정도로 끔찍한 재앙까지는 아니었을 것이다. 하지만 참전국들의 전력이 워낙 엇비슷했기 때문에 쉽게 끝날 전쟁이 아님이 분명했다. 실제로 전쟁은 오래도록 이어졌다. 프랑스는 1914년 가을에 독일군에 압도당할 뻔했지만 영국의 지원으로 겨우 위기를 넘겼다. 오스트리아 또한 1914년 가을에 패배할 뻔했지만 독일의 동부전선에서의 지원으로 또한 위기를 넘겼다. 그다음에는 모든 나라들이 참호를 파고 들어앉았다. 종국에 가면 이 전쟁은 총력전이 되었다. 즉 모든 자원을 동원하여 상대방을 먼저 나가 떨어지게 만드는 소모전이 되었고, 그 상태로 4년 이상이나 질질 끌게 되었다.

장군들은 갈수록 더 많은 자원을 전선에 보내달라고 아우성이었다. 전략으로 이길 수 없다면 사람, 금속, 폭약 등의 물량 공세로 이기는 수밖에 없지 않은가. 영국 ―가장 높은 정도로 동원을 이뤄낸 나라 ―은 1916년까지 국민생산의 3분의 1 이상을 전쟁에 쏟아붓고 있었다(여기에 징발된 병사들이 전쟁에 쏟은 시간까지 더해보라).

막대한 물자를 동원하는 총력전 따위는 그 어느 참전국도 계획하지 않은 일이었다. 모든 참전국들이 단기전, 불과 몇 달 동안 한두 번의 전투로 승패가 결정되는 전쟁을 염두에 두고 있었다. 전쟁이 예상과 다르게 흘러가자, 유럽의 각국 정부와 군부는 임기응변을 발휘하여 전쟁에 동원된 군대에 미친 듯이 더 많은 물자를 조달하고 전시 생산을 강화했다. 시장이 아니라 산업의 최대 소비자인 군대가 생산을 좌우했다. 이때 기업가들이 자신의 제품에 멋대로 매긴 비싼 값을 군부가 바가지를 쓰며 다 지불할 수는 없는 일이었다. 그래서 시장의 상당 부분은 배급 그리고 명령 통제 경제로 대체되었다.[12]

그래도 경제가 돌아갔을까? 돌아갔다. 산업-자원-배분 위원회를 운영했던 나라들은 모두 성공했다. 효율적으로 운영하는 것은 굉장히 어려웠지만, 이 정도 성공은 놀랄 정도로 쉬웠다. 그런 독일의 사례를 보면서 레닌과 같은 사람들은 '명령 경제command economy'가 가능하다고 믿게 된다. 사회주의 경제를 시장을 통해서가 아니라 명령 및 통제 관료 조직으로 운영할 수 있다는 생각을 갖게 된 것이다. 그것도 국가적 비상사태 동안만이 아니라 항시적·일상적으로 말이다. 국가 총동원을 필수적인 것으로 만들었던 전쟁의 경험이 바로 그 증거였다.

이 경험에서 배울 수 있는 더 좋은 교훈들이 있었다. 예를 들어 군대에서 자체적으로 연구소를 운영하고 거기에서 나온 결과물을 군대의 관료 조직과 결합하여 큰 규모로 활용하는 것의 중요성을 깨달은 것이 있다. 20세기 내내 가장 큰 공장들을 가진 나라가 전쟁에서 승리하는 경향이 있음을 입증하게 된다.

독일의 신속한 승리가 가로막히고 각자 참호를 파고 들어앉자 프로이센의 전쟁 논리 —빠르게 승리하지 못하면 평화를 청하라— 가 통하지 않게 되었다. 물론 독일 장교들은 여전히 토텐리트 Totenritt —'죽음의 기수a death ride'를 불사하는 군사 작전—에 집착했기 때문에, 논리적으로는 무의미한 명령이라도 최선을 다해 수행하려고 했다.

그렇게 참호에 웅크리고 있는 것도 독일 과학자들과 행정가들의 천재성이 없었다면 아무 쓸모가 없었을 것이다. 그 과학자들 중에는 허공에서 유용한 질소 화합물을 추출하는 방법을 개발하여 1918년에 노벨상을 수상한 프리츠 하버Fritz Haber도 있었다(카를 보슈Carl Bosch는 하버가 고안한 방법을 산업에서 활용할 수 있는 수준으로 확장시켰고, 1931년에 노벨상을 수상했다). 이 발견은 작물을 키울 비료가 필요했던 사람들에게는 엄청난 축복이었다. 그것은 또한 독일이 초단기전 이외의 어떤 전쟁도 수행할 수 있는 능력을 갖추는 데 필수적이었다. 하버-보슈법으로 공기에서 질소를 추출하지 못했다면 독일군의 폭약과 탄약은 6개월 만에 동났을 것이고, 그 덕에 전쟁이 중지되었더라면 거의 1,000만 명의 사람들이 목숨을 건졌을 것이다.

한편으로 보면 하버-보슈법은 대규모 기아를 막아냈다. 매우 한정적인 자원인 천연 암모니아를 추출해서 가공하는 종래의 생산 방식으로는 비료를 공장에서 대량으로 생산할 수 없었다. 다른 한편으로 보면 하버는 종종 불리는 것처럼 화학무기의 아버지였다. 1915년에 독일군은 2차 이프르 전투에서 최초로 독가스를 살포했는데, 이때 사용된 독가스가 하버가 만든 염소가스였다. 하버는 자신이 만든 염소가스가 실전에 쓰이는 것을 직접 보러 서부전선의 참호가 늘어선 곳으로 직접 찾아가기도 했다.

독일계 유대인인 하버는 히틀러가 1933년에 정권을 잡자 독일에서 도망쳤고, 1934년 1월에 스위스 바젤에서 생을 마감했다.

당시의 행정가로는 발터 라테나우Walther Rathenau 와 같은 사람을 들 수 있다. 영국 해군의 봉쇄로 독일이 국제 무역에서 고립되자 라테나우는 적어도 전쟁 물자는 생산할 수 있도록 가치사슬의 기능을 유지하는 산업재를 우선에 둔 명령 통제 시스템을 구축했다. "나는 유대인 출신의 독일인이다. 나의 민족은 독일 민족이며, 나의 조국은 독일이다. 나의 신앙은 모든 교파를 초월하는 독일의 신앙이다"라고 라테나우는 말했다.[13]

그는 1922년 우파 반유대주의 독일 테러리스트에게 암살당했다.

전쟁의 경험에서 배울 수 있었던 또 다른 교훈은 독일 사회민주당SPD의 행보였다. 독일 사민당은 1875년에 창당되어 그 즉시 비스마르크에 의해 불법화되었지만, 1914년 당시 당비를 내는 당원만 100만 명에 달했다. 독일 사민당은 세계 최대의 정당이었고, 독일 제국의회에서 34%의 의석을 차지하고 있었다. 독일 사민당은 자본주의를 전복하고 정의로운 사회주의 사회의 건설을 주도하려는 목표에서 세워진 정당이었다. 다만 그러한 사회주의 사회가 혁명에 의해서 만들어질지, 자본주의의 여러 모순이 스스로를 드러내는 가운데 자연스럽게 진화하는지, 아니면 그 진화 과정을 막고자 하는 반동 세력의 쿠데타가 반드시 일어날 터이니 사회주의 정부를 수호하기 위해 가두 투쟁이 필요한지 등의 일체의 질문에 대한 답은 모호한 상태였다. 사실 독일 사민당은 노동자들의 국제적인 연대를 증진하기 위해 만들어졌으며, 이러한 목적을 염두에 두고서 모든 형태의 군국주의에 대해 반대하겠다는 약속을 분명히 하기도 했다.

그런 독일 사민당은 독일 제국의 장관들이 제국의회에 전쟁 자금을 요구했을 때 어떻게 했을까? 독일 사민당의 원내회의가 1914년 8월 3일에 열렸다. 사민당의 평화파를 이끄는 원내회의 공동의장 우고 하제Hugo Haase는 참전을 외치는 반대파의 주장에 도저히 믿을 수 없다는 반응을 보였다. "지금 호엔촐레른Hohenzollern [황제]의 독일과 [지주-귀족-관료인] 융커Junker들의 프로이센을 위한 전쟁 자금을 우리가 승인해야 한다는 말이요?" 그러자 동료 공동의장인 프리드리히 에베르트Friedrich Ebert가 말했다. "그런 것 아닙니다. 그런 독일을 위해서 전쟁을 하자는 게 아닙니다. 생산적 노동자들의 독일, 대중들의 사회적·문화적 향상이 이루어지는 독일을 위해서 전쟁을 하자는 겁니다. 그러한 독일을 구출하느냐 마느냐의 문제입니다. 조국이 위기에 처한 순간에 조국을 버려서야 되겠습니까. 이건 여성들과 아이들을 보호하느냐 마느냐의 문제란 말입니다." 결국 110명의 독일 사민당 의원들 중 당 노선을 결정하는 이

회의에서 전쟁 반대에 표를 던진 이들은 13명뿐이었다.[14]

그들은 여성들과 아이들을 무엇으로부터 보호하려고 했었나? 8월 당시 그 대답은 분명했다. 러시아의 차르였다. 러시아가 전쟁에서 승리할 경우 뒤따를 차르의 폭정으로부터 독일을 보호한다는 논리였다. 이 전쟁은 독일이 벨기에를 침공하여 시작된 전쟁이 아닌가!

기업 연구소에서의 혁신을 한편으로는 규모의 경제를 추구하는 근대적 대기업 그리고 또 다른 한편으로 질서 잡힌 행정과 결합시키면 엄청난 효율성이 나온다는 사실을 당시 사람들은 알게 되었다. 하지만 원칙이나 이상 등에 입각해 볼 때 지금 생존 자체가, 최소한 민족적 정체성 자체가 위기에 처했다고 여기게 되면 효율성이고 뭐고 모두 뒷전이 되어버린다. 경제성장은 측정이 가능하다. 하지만 민족주의는 그런 것이 아니다. 여러 강대국들이 민족주의적 전쟁을 선택한 상황에서는, 유토피아와 같은 이상 그리고 시장이 인간에 혹은 인간이 시장에 우선한다는 식의 원칙은 꺾이지는 않아도 구부러지게 되어있다. 하지만 그 민족주의라는 대체물은 진정 효과, 유용성, 가치를 가지고 있을까?

독일 사회민주당이 마음을 바꾸지 않고 전쟁 전의 평화주의적 가치를 고수했더라면? 전쟁이 시작된 뒤에라도 독일 제국의 전쟁 노력에 발목을 잡았더라면? 그랬더라면 훨씬 빨리 평화가 찾아왔을 것이며, 독일 민족도 훨씬 더 좋은 결과를 얻었을 것이다. 독일은 패하고 말았기 때문이다. 독일과 그 동맹국을 둘러싼 적국의 인적·물적 물량을 보면 이길 수 없는 싸움이었다. 독일의 동맹국들은 오스트리아-헝가리와 오스만 제국과 불가리아뿐이었지만, 1915년부터는 프랑스, 벨기에, 러시아, 영국, 이탈리아가 그들에 맞섰고, 1917년부터는 루마니아와 미국이 합류했으며, 설상가상으로 1918년 말에는 오스트리아-헝가리 제국의 육군이 붕괴되었다. 군 장성들은 프랑스에 진주한 독일 군대가 패배에 직면했다고 공표했 다. 게다가 영국의 해상 봉쇄로 식량 수입이 중지되어 독일 국민들 은 기아 상태 직전이었다. 독일은 휴전을 요청했다.

1차 대전 동안 무슨 일이 일어났는지, 예를 들어 전투와 지도자, 선전과 사상자 수 등에 대해 더 알고 싶다면, 다른 책을 읽기를 부 탁드린다.[15] 나는 도저히 그 참혹한 이야기를 상세히 풀어낼 배짱 이 없다. 주요 참전국 성인 남성들의 숫자를 합치면 약 1억 명이었 는데, 그중 1,000만 명이 목숨을 잃었고, 1,000만 명이 불구가 됐고, 1,000만 명이 부상을 입었다. 사상자 중 압도적인 다수는 민간인 이 아닌 군인이었다. 이 전쟁 때문에 모든 참전국에서는 각자 한 해 분량의 국민생산 전부가 낭비되었다. 러시아, 오스만 제국, 오스트 리아-헝가리 제국, 그리고 독일 제국의 제국주의적인 권위주의 정 치 질서가 붕괴했다. 이탈리아의 정치 질서도 붕괴 직전이었다. 진 보를 지지하는 선견지명이 있는 국가원수들이 세계를 이끌 것이란 확신도 사라졌다.

1870년부터 1914년까지 글로벌 경제의 역사는 비록 필연적이 지는 않더라도 최소한 개연성이 있거나 혹은 사후적으로는 설명 할 수 있는 논리를 따랐다고 볼 수 있다. 1870년 무렵 우연과 행운 이 겹치면서 인류에게 다섯 가지의 돌파구가 생겨났다. 개방된 세 계라는 이데올로기 및 정책, 새로운 형태의 교통수단, 더 빠른 통신 수단, 그리고 (가장 중요한) 기업 연구소와 근대적 대기업의 등장이 다. 이 다섯 가지가 어우러지면서 발명의 속도를 배가시켰고, 새로 운 기술이 활용되는 속도도 크게 빨라졌다. 1870년부터 1914년까지는 이러한 경제적 논리가 전개되는 시대였다. 발명가들은 더 전문화되고 더 많은 발명품을 쏟아냈고, 대기업은 더 많은 기술을 활용했다. 국제 분업이 발전했으며, 글로벌 경제는 빠르게 지속적으로 성장했던 반면, 저임금 노동력에 기초한 주변부 경제가 빠르게 생겨났고, 산업화와 부는 여전히 북방세계에 집중됐다. 그러는 와중에 인류는 맬서스의 딜레마에서 벗어나기 시작했다. 인구는 계속 늘어났지만 기술 진보의 경향이 드디어 인구 증가의 속도를 따라잡았으며, 일자리의 중심은 갈수록 농장에서 공장으로 이동했다. 종합적으로 이 시기에는 (비록 분배는 엉망이었지만) 충분한 번영이 인류에게 다가오고 있었으며, 이와 함께 최소한 북방세계의 부유한 나라들에서는 인류가 드디어 이전 시대의 사람들이 진짜 유토피아라고 여겼을 무언가에 도달할 것처럼 보였다.

1870년부터 1914년까지 글로벌 정치경제의 역사 역시 거의 필연적이거나 압도적으로 가능성이 높았던 것까지는 아니어도, 대체로 그럴 법한 경로를 따라 전개되었다고 볼 수 있다. 북방세계의 정치와 경제는 갈수록 자유주의적인 질서가 창출되고 또 유지되는 경향이 분명했다. 참정권 확대, 여러 권리의 신장, 늘어나는 부, 증가하는 불평등 ─이와 함께 불평등을 억제하기 위한 각종 정치운동─이 나타났고 대규모의 혁명 같은 것은 사라졌다. 북대서양 지역과 나머지 지역의 힘의 격차가 압도적으로 벌어지면서 공식적 제국 및 비공식적 제국이 나머지 세계를 정복하는 모습도 보았다.

이 모두와 달리 역사가 전개될 수도 있었을 것이다. 다만 1870년에서 1914년까지의 사건들의 전개는 1870년의 세계의 모습을 생각해 보면 놀랍지 않다.

역사가 이렇게 폭넓은 그리고 거의 불가항력의 구조적 논리에 따라 움직인다는 생각은 1차 대전과 함께 사라진다. 이 전쟁은 꼭 벌어져야 할 이유가 없었다. 1914년의 보스니아 위기 정도는 얼마든지 외교적으로 능숙하게 해결할 수 있었고, 전쟁이 어느 쪽에서든 신속하게 압도적인 승리로 끝날 수 있었고, 각국 정부와 지배 엘리트들이 이성과 상식을 회복하여 조속히 평화 협상에 착수할 수 있었다. 그런데 어떻게 1차 대전처럼 완전한 파국이 벌어질 수가 있었단 말인가? 그냥 인류가 불운한 것이었을까?

1차 대전 이전의 세상에서는 개인들이 변덕을 부리고 이상한 선택들을 한다고 해도 여러 힘과 물결들이 교차하는 가운데에 상쇄되는 구조적 패턴이 있었다. 하지만 1918년 이후 역사는 이 패턴으로 회귀하지 않았고, 개인들의 비전, 선택, 행동이 계속해서 중요성을 가지게 된다. 이 개인들은 거대한 강대국의 독재자가 된 개인들만이 아니었다.

케인스는 1차 대전이야말로 이전에는 상상조차도 할 수 없었던 미증유의 참극이라고 여겼고, 영국 재무부의 관료로서 자신이 전쟁 준비에 참여했다는 사실에 큰 혐오를 느꼈다. 그는 과거를 돌아보면서 1차 대전 이전 런던에 거주하던 중상류층이 얼마나 순진무구한 생각에 빠져 있었는지를 경멸적으로 묘사한다. "이들은 과거 역사의 가장 부유하고 강력했던 왕들조차 손에 넣을 수 없었던 편의품, 안락품, 각종 시설 등을 그것도 낮은 비용으로 아무런 수고 없이 손에 넣을 수 있는 삶을 살았다." 그런데 이 런던 사람들은 "이러한 자신들의 상태가 정상이고 확실하며 영원한 것으로 그리고 오로지 앞으로 더 좋아질 일만 남은 것으로" 여겼으며, "여기에서 벗어난 모든 것은… 일탈이고 말도 안 되며 피할 수 있는 것으로" 여겼다고 했다.

물론 이는 케인스 자신에 대한 말이기도 했다. 앞 부분에서 인용했듯이 "[1914년 이전의 경제성장이라는] 낙원에 군국주의와 제국주의, 인종적·문화적 경쟁, 독점, 각종 제약, 배제 등의 문제가 스멀스멀 나타나면서 결국 에덴동산의 뱀처럼 낙원을 망쳐놓는 역할을 하게 되건만", 케인스와 그의 동시대인들은 이런 문제들을 "그저 일간지에 실리는 재미난 읽을거리 이상으로 보지 않았다." 그들에게 "이런 일들은 경제생활 및 사회생활의 일상적인 과정에 거의 아무 영향도 행사하지 않는 것처럼 보였다."[16]

그들의 생각은 완전히 틀렸고, 이 세계는 그 끔찍한 결과를 맞았다. 케인스는 자신도 그렇게 눈이 멀고 완전히 틀렸던 사람들 중 하나임을 잘 알고 있었다. 그리하여 그는 자신의 여생 내내 그 책임을 지고자 했다. 무엇에 대한 책임이었을까? 이 세계를 구하겠다는 책임이었다(웃지 마시라!). 흥미로운 점은 특히나 고위 공직 근처에도 가본 적 없는, 미약하고 고립된 한 개인에 불과했던 그가 얼마나 성공했는가이다.[17]

6장. 포효하는 20년대

　1870~1914년에 나타났던 여러 패턴과 경향은 1차 대전으로 인하여 교란되고 중단되었다. 그렇다면 이제 그 패턴과 경향은 영원히 돌아오지 못하게 되었을까? 아니면 1918년 11월 11일에 총성이 멈춘 이후로 인류의 앞길에 다시 또 다른 분수령이 찾아왔을까? 그리하여 1차 대전을 잠깐의 악몽처럼 치부하고 원래 가던 길로 돌아갈 수 있었을까? 인류는 다시 진보와 번영이라는, 누이와 매부가 모두 좋은 경로를 추구할 수 있었을까? 큰 집단들이 개인적으로 집단적으로 교역하고 제휴하는 세상이 다시 올 수 있었을까? 전쟁 이후 폐허가 된 각국 경제를 어떻게 재건하고 개혁하고 규제할지의 문제에 있어서도 모두에게 이로운 결정이 나올 수 있었을까?

　물론 1차 대전 이전의 패턴과 경향을 완전히 회복하기는 불가능했다. 황제들이 사라졌고, 많은 것이 파괴됐고, 많은 사람이 죽었다. 그래도 인류가 역사의 시계를 4년 6개월 전으로 되돌리고, 상황을 바로 잡고, 흠집과 결함을 고칠 수 있지 않았을까? 그럼으로써 군국주의, 제국주의, 무정부주의, 민족주의 등과 같은 도깨비들이 세상을 또다시 전쟁의 파국으로 몰아가지 못하게, 대신 유토피아를 향해서 다시 힘차게 혹은 웅크리며 걸어가게 만들 수 있지 않았을까?

　1870년부터 1914년까지는 정말로 경제적 엘도라도였다. 세계는 이전에 보지 못한 수준으로, 이전에 경험한 적 없는 속도로 성장했다. 이 40년 남짓한 기간에 자연을 조작하고 인간을 조직하는 데 사용되는 기술들이 발전한 정도가 1500년에서 1870년까지의 발전과 대략 비례할 정도였으니 그야말로 대도약이었다. 또한 기원전 1200년에서 기원후 1500년까지, 즉 성서의 출애굽과 트로이전쟁과 청동기 시대가 끝나던 시점부터 제국-상업시대가 시작되는 시점까지의 모든 기술 발전의 정도에 맞먹는 일이 이 40년 남짓의 기간에 이루어졌으니 대도약이라고 할 수밖에 없었다.

1914년, 인류는 과거 이렇게 좋았던 적이 없을 정도였다. 생산력만이 아니었다. 1914년 상반기의 세계는 이전 어떤 시대보다도 더 친절하고 더 온화했다. 노예는 줄었고 이에 비례하여 사람들의 참정권은 확장되었다. 그러니 1914~1918년의 끔찍한 도살장의 기억 때문에 찍소리 못하도록 위축된 군국주의자-민족주의자들과 함께 전쟁 이전의 원점으로 돌아가서 새로이 시작하는 데에 모두가 합의하기란 쉽고도 당연한 일이 아니었겠는가?

보편적인 평화를 유지하고 국제 분업을 복구하고 심지어 강화하며 생산적인 기술을 효과적으로 활용하는 등의 정치적 과제는 어떤 면에서는 당연히 용이할 수밖에 없었다. 1차 대전의 결과로, 제정신인지 의심스러운 이들조차 다시 **그런 전쟁**을 원하지는 않았기 때문이다. 민족주의는 재앙임이 판명되었다. 그렇다면 민족주의의 반대라 할 세계시민주의cosmopolitanism, 즉 세계 모든 사람들이 '공동주택common home'에서 살고 따라서 서로를 한 지붕 식구로 대우해야 한다는 이념이 분명한 대안이지 않았을까?[1]

게다가 또 멋진 계기도 있었다. 참전국들은 자기들 총생산의 3분의 1—세계 총생산의 9분의 2—을 더 이상 인명 살상과 무차별

파괴에 쓸 필요가 없어졌다. 이제 그 생산 역량을 온갖 멋진 일들로 돌릴 수 있었다. 따지고 보면 1920년대의 기술적 역량은 대략 1870년대의 세 배로 늘어난 상태였다. 비록 인구는 1870년에 비해 1.5배로 늘었고 국가 간 차원에서나 국내적 차원에서나 부의 집중이 심해졌지만, 그래도 이제 인류의 상당수가 의식주 문제에 있어서는 가족들이 당장 굶주림과 추위와 비바람에 쓰러질 걱정은 없다는 자신감을 갖게 되었다. 이는 이전 사람들은 전혀 꿈꿀 수 없었던 것이었다. 사람들은 과거를 회상하며 부르는 이 '고전적 자유주의'—워낙 최근의 일이라서 사이비 고전적pseudo-classical이라고 해야 하고, 세습 신분과 권력에 크게 의존했으므로 오직 절반의 자유주의semi-liberal라고 해야 하지만—는 참으로 좋은 시스템이었고, 그때까지 세상에 나타났던 최상의 시스템이었다.

이렇게 1870년에 비해 1920년의 세계가 더 큰 잠재적 물질적 생산성을 갖도록 만들었던 과정과 시스템인 고전적 자유주의는 비록 여러 심각한 결함이 있다고 해도 충분히 회복시키고 지속시킬 가치가 있지 않았을까? 혹은 수정이 필요했다고 해도 선의를 가진 사람들이 어떻게 수정할지를 대략적으로 합의할 수 있었을 것이다.

그런데 1차 대전 이후에 수정이 아니라 이 사이비 고전적인 절반의 자유주의 질서를 아예 근본적으로 변혁하고자 했던 두 가지 사상 조류가 나타났다. 이 두 사상은 유혈 사태와 파괴를 불러오며 현실화된다. 하나는 레닌의 현실사회주의, 다른 하나는 무솔리니의 파시즘이었다. 둘 모두 뒤에서 더 자세히 다루겠다.

이 둘 외에도, 더 나은 시스템을 찾아 실현하고자 치열하게 고민했던 이들이 있었다. 내가 주제에서 벗어나 이 책 두 배 분량으로 글을 쓸 수 있다면, 이런 동기에서 비롯된 당시의 여러 사상과 행동을 추적해 보았을 것이다.

우선 슘페터로 대표되는 조류를 추적했을 것이다. 슘페터는 오스트리아-헝가리 제국의 수도 비엔나에서 100마일 떨어진 체코어 사용 지역에서 1882년에 태어났다. 그에 따르면, 기술 진보를 현실에 활용하려면 자본 집약도가 늘어날 수밖에 없고 이는 관료화를 불러오게 되는데, 이를 견제하기 위해 경제 조직 및 여타 사회 조직의 패턴들에 대한 '창조적 파괴'가 필요하다. 그리고 창조적 파괴가 가능할 수 있는 여지와 공간을 제공하고 혁신 기업가들의 역할을 중시하는 방향으로 사회가 바뀌어야 한다.[2]

다음으로 칼 포퍼Karl Popper를 대표로 하는 또 다른 흐름을 살펴봤을 것이다. 이들은 자유주의 그리고 모든 형태의 자유를 더욱 강화시켜서 진정으로 '열린 사회open society'를 만들어야 한다고 주장한다.[3]

또한 1909년 빈에서 태어난 피터 드러커Peter Drucker를 대표로 삼는 또 다른 흐름을 살펴봤을 것이다. 그에게 자유방임 시장이나 현실사회주의의 경제계획으로는 자유, 기업가 정신, 협동, 조직 등이 조화를 이룰 수 없다. 관점의 조화를 이루고 어느 정도라도 효율적으로 사람들이 협동하여 일하게 하려면 **경영자와 경영**management 의 형태를 띤 설득이 필요하다.[4]

또 1891년 부다페스트에서 태어난 마이클 폴라니Michael Polanyi를 대표로 삼는 조류를 살펴봤을 것이다. 그에 따르면 총체적인 중앙계획이란 허구에 불과하며, 사회는 이를 필요로 하지 않는다. 사회는 탈중앙화된 상업 제도인 시장뿐만 아니라 이론과 실천에 대한 지식 증진에 초점을 두는 탈중앙화된 신뢰에 기반한 기구들(이윤을 추구하지 않는 대신 지식을 발전시키고 사회와 공유하여 공공의 이익을 증진하는 역할을 한다 —옮긴이)을 필요로 한다. 이 기구들에서는 다른 사람들에게 근대 과학, 엔지니어링 지식, 법률 해석, 수준 높은 저널리즘, 근거 기반 정치 등을 가르침으로써 사회적 지위가 얻어진다. 또한 이 기구들에서 사람들은 절반은 이미 만들어진 그리고 절반은 참여자의 사적 이익과 자유뿐 아니라 더 넓은 공익과 공공의 자유를 증진하기 위해 생겨난 규칙들을 따른다.[5]

하지만 이 모든 사상적 조류를 살펴볼 시간도 지면도 없으니, 이 책에서는 두 개의 사조와 거기서 파생된 집단적 행동들만을 살펴본다. 첫 번째는 앞서 살펴본 사조로서, (1899년에 빈에서 태어난) 하이에크가 그 대표자이다(오로지 시장경제 제도가 더욱 순수하고 완벽해져야 하는 것 그리고 관용에 반대하는 사회적 질서가 뒷받침되는 것이 필요한 전부라는 사상). 두 번째 또한 앞서 살펴봤는데, 마이클 폴라니의 형으로 1886년에 태어난(부다페스트에서 태어났고 1차 대전 이후에 빈으로 망명했다 —옮긴이) 사상가 칼 폴라니가 그 대표자이다(시장은 사람들의 권리란 오직 재산권뿐이라고 전제하지만, 사람들은 자기들이 더 많은 권리를 가지고 있다고 주장한다. 따라서 무릇 사회란 좌파이든 우파이든 현명한 방법으로든 어리석은 방법으로든 이러한 여러 권리들을 부정하는 시장적 전제에 강력하게 맞서게 되어있다는 사상). 그리고 이 두 사조가 어떻게 케인스라는 인물의 축복 아래 강제 결혼을 하게 되었는지를 추적한다. 이것이 장기 20세기의 무엇보다도 가장 큰 거대 내러티브이다.

1차 대전은 그저 잠깐의 악몽이었다는 듯이, 아무 일도 없었던 듯 1914년으로 시계를 되돌려서 다시 시작하는 것은 과연 가능했을까? 1919년 이후의 인류가 그저 몇 가지의 핵심 문제들에서만 다른 결정을 내렸다면, 1870~1914년의 사이비 고전적 절반의 자유주의 질서를 그대로 회복하여 그 길을 갈 수 있었을까?

그러한 분기점 혹은 더 나은 길이 실제로 존재했었는지는 알 수 없다. 여하튼 1차 대전 이후의 역사는 인류가 그런 길을 택하지 않았다고 분명히 말해준다.

한 가지 큰 이유는, 1918년 이후의 세계에는 (나의 스승인) 경제사학자 찰스 킨들버거Charles Kindleberger가 **패권국**hegemon이라고 부르는 역할을 수행할 단일 강대국이 없었기 때문이었다. 경제학자들은 보편적인 번영, 금융의 안정, 빠르고 균형 잡힌 경제성장을 **공공재**라고 부른다. 공공재를 제공하기 위해 개별적으로 노력하는 이는 따로 없지만, 이러한 공공재가 있다면 모두가 혜택을 본다. 대부분의 국가는 자기들 말고 다른 어떤 국가(또는 국가들)가 전체 시스템을 관리하는 역할을 할 것으로 믿는 경향이 있으며, 그렇게 믿는 덕분에 전체를 신경 쓰지 않고서 오로지 자신의 이익만을 추구하는 데에 집중할 수 있게 된다. 그렇다면 전체 시스템을 관리하는 역할은 누가 하는가? 세계경제에서 가장 큰 역할을 수행하는(가장 많은 생산물을 수출하고 수입해서 소비하고, 가장 많은 자본을 빌려주고 빌리는 등) 시민들을 지닌 국가가 결국에 세계경제를 관리하는 데 주도적인 역할을 하게 된다. 그 국가가 바로 패권국이 되며, 대체로 그 나라의 시민들 스스로 자기들 나라가 그런 역할을 맡기를 권장하면서 될 때가 많다. 패권국의 시민들이야말로 글로벌 경제가 성공적으로 관리되느냐의 문제에 가장 민감하게 이해를 같이하는 존재이기 때문이다. 그 나머지 국가들은 이러한 패권국에 '무임승차'를 한다. 세계경제는 항상 패권국을 필요로 한다.

하지만 1919년, 새로운 잠재적 패권국인 미국은 애매하게 발을 뺐다. 1914년 이전에는 영국이 패권국의 역할을 맡을 수 있었고 실제로 그 역할을 맡았다. 하지만 1919년 이후 "영국은 패권국의 역할을 맡을 능력이 없었고, 미국은 패권국의 역할을 맡을 의지가 없었다"고 킨들버거는 말한다. "모든 국가가 자국의 이익만을 보호하려고 들자 세계의 공공 이익은 사라져 버렸고, 그와 함께 각자의 개별적 이익도 사라지고 말았다"고 그는 덧붙였다.[6]

미국도 1차 대전으로 상당한 피해를 입었다. 사상자 30만 명 중 11만 명이 사망했으며, 그 절반은 전투 중에 사망했다(나머지 절반은 스페인 독감으로 사망했다). 하지만 1차 대전은 유럽인들과 달리 미국인들에게는 문명을 뒤엎을 정도의 충격까지 안긴 것은 아니었다. 미국에서는 금주법, 재즈 시대, 플로리다의 부동산 투기 바람, 대량생산 공장들, 라디오와 같은 새로운 첨단산업, 급속한 기술혁명에 대한 공허한 희망 위에 세워진 주식 버블 등, 훗날 '아름다운 시절'이라고 불리게 되는 시대가 1914년 이후에도 여러 다양한 형태로 오래 지속되었다. 즉 유토피아를 향한 인류의 열망이 1920년대의 미국에서 살을 갖춘 (아니 철강으로 된) 몸뚱어리로 구현되었다. 이렇게 세계 질서의 무임승차자로 살아온 미국은 패권국의 역할에 대해 손사래를 쳤다. 대신 국내 문제에만 골몰할 뿐이었다.

미국 국민과 정치가들은 세계 지도자의 역할을 맡는 대신 고립주의를 선택했다. 1차 대전이 끝날 무렵에 윌슨 대통령의 위상은 전 세계적으로 막강했지만—미국은 영토나 정치적 이익과 무관한 유일한 참전국으로서 도덕적 권위를 가졌다—그 기회를 거의 활용하지 못했다. 오히려 그는 영국의 데이비드 로이드 조지David Lloyd George와 프랑스의 조르주 클레망소Georges Clemenceau의 주도적 위상을 받아들였다. 로이드 조지는 생각했던 것보다 윌슨이 자기 말을 잘 듣자 겁을 먹었을 정도였다. 윌슨은 베르사유 조약에서 딱 하나의 목표를 가졌는데, 바로 국제연맹League of Nations의 설립이었다. 윌슨은 국제연맹을 여러 국제 협정을 맺고 또 그 협정을 수정하고 실제 재조정까지 하는 포럼으로 상정했다. 하지만 1920년대 미국의 집권 여당이 된 공화당의 헨리 캐벗 로지Henry Cabot Lodge 매사추세츠 주 상원의원과 그 동료 의원들은 국제 외교 무대에서 미국이 어떤 형태로든 책임을 지는 모습은 아예 생각하기조차 거부했다. 그리하여 국제연맹이 설립되었지만, 막상 미국은 그 회원국이 되지 않았다.[7]

국가 간의 소통을 장려하려는 목적으로 만들어진 국제기구 가입을 거부한 것만이 아니었다. 미국은 1차 대전의 여파로 새로운 이민 제한 규정들을 도입했고 관세까지 높였다. 물론 관세 인상 폭은 1800년대 초의 노골적인 보호무역주의 관세 인상이나 19세기 후반 세수 증가 겸 보호무역을 위해 도입한 관세 인상에는 한참 못 미쳤다. 하지만 미국 바깥의 생산자들로서는 미국 시장에 대한 접근이 안정적으로 계속될 수 있을지 의심하게 만들 정도로 큰 폭이었다. 정상으로의 회귀는 없었다. 경제성장, 풍요, 인류 번영의 기관차를 1차 대전 이전의 궤도로 되돌릴 수 없었다. 구조적 요인과 근본적인 추세가 영향을 미치긴 했지만, 더 나은 방향으로는 이어지지 못했다.

동시에 세계화라는 요정은 사악하게 변해, 독이 묻은 선물을 가져왔다.

사실 비극은 충분히 예상할 수 있었다. 1889년 5월, 우즈베키스탄 부하라에서 사람들이 독감—아시아 독감—으로 죽어가기 시작했다. 당시 중앙아시아 철도trans-Caspian Railway가 있었기에 독감은 카스피해 지역으로 확산되었고, 11월쯤에는 러시아 제국의 강과 철도망을 통해서 모스크바, 키이우, 상트페테르부르크까지 퍼졌다. 그해 말에는 스톡홀름 인구의 절반이 감염된다. 미국에서는 뉴욕시의 일간 신문 〈이브닝 월드〉가 "이 독감은 치명적이지는 않다. 꼭 위험하다고도 할 수 없다. 하지만 사람들이 저마다 얼굴을 가리고 다니게 되었으니, 반다나 목도리의 과잉 물량을 걱정하던 상인들에게는 재고를 털어버릴 좋은 기회가 될 것이다"라고 보도했다. 미국의 사망자는 1890년 1월에 정점을 찍었다.

이후에도 세계화는 계속해서 감염병을 만들어냈고, 감염병은 빠르게 전 세계로 확산됐다. 1956~1958년의 아시아 독감 그리고 1968~1970년의 홍콩 독감으로 각각 100만 명이 넘는 사람들이 사망했다. 2020년에 시작된 코로나19는 이 책을 쓰고 있는 시점 기준 사망자가 450만 명이 넘는 것으로 추산되며, 확산 속도가 느린 에이즈/HIV 또한 지금까지 대략 3,500만 명의 목숨을 앗아갔다. 하지만 지금까지도 근대사에서 가장 치명적이었던 감염병은 단연코 1918~1920년에 발생한 스페인 독감이다. 당시 19억 명에 육박하던 세계 인구 중 5,000만 명이 스페인 독감으로 사망했다. 세계 인구의 2.5%에 해당하는 규모였다.[8]

사실 그것은 스페인 독감이 아니었다. 연합국들은 사기에 악영향을 미칠 것을 두려워해 독감 뉴스를 검열했는데, 이로 인해 신문사들은 특파원이 있는 중립국, 대표적으로 국왕 알폰소 13세도 환자였던 스페인의 독감 소식만 집중적으로 보도했다. 독감은 매일 수만 명의 병사들이 드나든 프랑스 북쪽 에타플의 프랑스 군부대와 병원을 중심으로 급속도로 퍼졌다. 아이들과 노인들뿐 아니라 중장년과 건강한 사람들도 이 병으로 사망했다. 사망자의 거의 절반이 20세에서 40세 사이였다. 내 조상들 중에서도 로드Lord 라는 성을 가진 일가들은 보스턴을 떠나 메인주의 시골로 이주했고, 보스턴에 남은 그들 사촌 대다수는 살아남지 못했다.

독감이 맹위를 떨치자 유럽의 각국 정부는 1914년 봄으로 시계를 되돌리기 위해 안간힘을 썼다. 하지만 그럴 수 없었다. 첫 번째 이유는 1차 대전이 일어나지 말았어야 했다는 공감대는 형성되었지만 패전국을 어떻게 통치할지에 대한 합의는 없었기 때문이다. 1차 대전 이후의 합의에 따르면 승전국인 영국과 프랑스는 전쟁 이전의 독일 식민지들과 오스만 제국 중 터키계 이외의 나라들을 통치할 권한을 부여받았다. 하지만 터키 자체, 전쟁 이전의 러시아 제국, 오스트리아-헝가리 제국, 독일 제국의 영토에 해당하는 곳들은 그들 스스로의 결정, 즉 무기와 투표용지를 조합한 '투표'에 맡겨졌다. 왜냐하면 1차 대전 이후 (대영제국 황제이자 인도의 황제Kaiser-i-Hind인 조지 5세만 예외로 하고) 황제라는 이들이 모두 사라졌고, 이들의 비밀고문단 그리고 또 이들에게 의지하던 귀족들도 모두 사라져 버렸기 때문이었다.

러시아 황제인 로마노프가의 니콜라이 2세는 1917년 3월에 폐위됐다. 레닌과 그의 공산당원들은 1918년 중반에 황제와 알렉산드라 황비 그리고 다섯 자녀들을 그 가신들과 함께 모조리 총살했다. 황제의 퇴위 직후에는 절반쯤 사회주의를 지향하는 알렉산드르 케렌스키Alexandr Kerensky의 임시정부가 헌법을 작성할 제헌의회를 소집하기 위한 선거를 실시했다. 하지만 레닌은 총검을 동원하여 의회를 해산시켰다. 레닌과 볼셰비키는 통치의 정당성을 선거 따위에서 찾으려고 하지 않았다. 러시아에는 총과 대포로 통치하려는 다른 세력들도 있었기에, 레닌은 이들과 한판 전쟁을 벌여야만 했다. 그리하여 1917년부터 1920년까지 내전이 벌어졌다.[9]

독일 황제 빌헬름 2세는 1918년 11월에 폐위되었고, 사민당 지도자 에베르트가 민주공화국의 임시 대통령이 되었다. 당시 독일에는 사유 재산을 몰수하여 국유화하고 부를 재분배해야 한다고 외치는 혁명 세력이 있었는데, 에베르트가 이를 진압해야 한다는 군부와 의견을 같이하자 군부가 에베르트를 지지한 덕분이었다. 다른 독일 사회주의 운동 지도자인 카를 리프크네히트Karl Liebknecht 와 로자 룩셈부르크Rosa Luxemburg는 단순한 정치 혁명이 아닌 명백한 사회주의 혁명을 요구하며 나섰지만, 이들이 이끄는 스파르타쿠스 동맹Spartacus League의 각종 시위는 군인 및 재향 군인들에 의해 금세 진압되었다. 룩셈부르크와 리프크네히트는 재판도 없이 총살당했다. 두 사람의 유해는 그들이 도망치려 했기 때문에 죽었다는 위장도 하지 않은 채 한 운하에 유기되었다. 독일 사민당의 좌파는 당에서 떨어져 나온다. 이들은 이 사건을 결코 잊지도 용서하지도 않았다. 이때부터 이 좌파 사회주의자들의 으뜸가는 적은 왕당파도 금권 통치자들도 중도우파도 심지어 파시스트도 아니었다. 그들의 적은 에베르트의 정당, 즉 독일 사회민주당이었다.

오스트리아-헝가리 제국의 카를 1세도 다른 황제들처럼 1918년 11월에 폐위됐다. 제국의 영토는 민족적-언어적 경계선에 따라서 개별적인 국민국가들로 분할되었다. 하지만 민족적-언어적 경계선은 지극히 모호했고, 국경선과 거의 일치하지도 않았다.

마지막으로 몰락한 황제는 오스만 제국의 메흐메드 바히데딘(신앙의 계시) 6세였다. 그는 술탄이자, 무함마드의 계승자이자, 무슬림 신앙의 수호자이자, 로마 제국의 황제이자, 양대 성지 메카 및 메디나의 수호자이자, 제국 왕조의 창립자인 오스만(1299~1324년)의 검을 마지막으로 휘두른 사람이었다. 1920년 봄, 무스타파 케말 아타

튀르크Mustafa Kemal Atatürk가 터키의 정권을 장악했다.

1차 대전에서 이기고 정치적으로도 안정된 연합국들조차도 전쟁 이전의 상황으로 되돌아가는 것은 간단하지 않았다. 정치인들은 무의미하고 파괴적인 피바다로 국민을 몰고 간 무능한 사람으로 몰려 선거에서 패배하고 정계에서 밀려날 판이었다. 그래서 그들은 자신들이 1차 대전에서 '승리했고', 이제 승리의 과실을 마음껏 거두는 일만 남았다고 기를 쓰고 우겨댔다.

연합국의 살아남은 시민들에게는 이 정치인들의 이야기가 패배한 나라들로부터 자원을 뜯어내어 전쟁 전보다 더 윤택한 생활을 보장하겠다는 약속으로 들렸다. 그렇게만 되면 전쟁뿐만 아니라 여러 희생도 다 보람 있는 일이 될 터였다. 그런데 윌슨 대통령은 "승리 없는 평화", 즉 "굴욕과 협박 속에서 받아들여야 하는 평화"가 될 것이라며 아주 다른 어조로 말했다. 이어서 그는 승리에 대한 주장은 "평화의 조건을 영구적인 것이 아니라 사상누각으로 만들… 쓰라린 기억을 남기게 될 것"이라며, "평등한 평화만이 지속될 수 있다"라고 강조했다.[10] 하지만 그는 프랑스 총리 클레망소와 영국 총리 로이드 조지에게 허를 찔린 상황 —케인스는 이를 두고 "야바위꾼에게 당했다bamboozled"라고 표현했다 —에서도 자신의 의견이 무시되는 것을 보고만 있었다.[11] 이들은 영국과 프랑스는 독일에 '전쟁 배상금'이 아니라 전쟁 피해에 대한 '수리비repair'를 청구할 뿐이라고 말장난을 했다. 독일이 그런 수리비를 어떻게 낼 수 있단 말인가? 독일에서 생산된 상품을 배에 실어 영국과 프랑스로 옮겨달라고 요청할 수도 있었다. 독일이 선적할 수 있는 상품은 영국과 프랑스의 중공업 생산을 대체하게 될 것이었다. 영국과 프랑스는 이를 원하지 않았다. 그랬다가는 대량 실업이 발생할 수 있기에 불가능한 일이었다.

　1차 대전 이후의 유럽에서 민족주의가 사그라지기는커녕 오히려 강해지게 된 세 번째 이유가 있었다. 윌슨은 전후 세계의 국경선은 "사람들 사이에 민족성과 애국심이 뚜렷이 구별되도록 역사적으로 확립된 선에 따라" 그어져야만 한다고 했다. 그래야만 그렇게 해서 생겨날 민족들의 자율적인 발전이 가능하다는 것이었다. 문제는 어떤 민족들도 그런 식의 '선'에 따라 경계선이 나누어져 있지 않다는 것이었다. 유럽의 모든 국가에는 불만이 가득한 소수 민족들이 있었다. 과거에는 불만에 가득 찬 소수 민족이었다가 나중에 지배적 민족이 된 나라들도 많았다. 이 민족들은 이제 자신들이 그전에 당했던 바를 그대로 똑같이 다른 민족에게 행할 권력과 권리를 갖고 있다고 여겼다.

　연합국의 정치인들이 현명하고 선견지명이 있었다면 국민들에게 기대와 요구의 수준을 낮추어야 한다고 설득했어야 했다. 패배한 동맹국들the Central Powers에서는 참극을 일으킨 전쟁광들 —이제는 사라져버린 황제, 군 장성, 전사 귀족—과 일반 국민을 확실하게 구분했어야 했다. 케인스의 표현대로, 이 전쟁을 시작한 자들은 "정신 나간 망상과 무절제한 자기 존엄이라는 동기로 움직였던" 반면, 그들이 벌였던 짓 때문에 "우리 인류 모두가 삶을 구축해 온 그 주춧돌 자체가 뒤집혀 버리고 말았기" 때문이었다. 이런 자들 아래에서 억압받던 국민들은 이제 연합국의 편에 서서 각자의 민주주의를 수립할 수 있었다.[12]

　한 가지 기억해야 할 것이 있다. 케인스는 "정신 나간 망상"이라는 표현을 그의 1919년 저서 《평화의 경제적 결과》의 제일 첫 문단에서 사용했다. 그가 이 표현으로 비난하고자 했던 대상은 군국주의자, 전사 귀족, 황제만이 아니라 '독일 국민' 전체였다. 케인스는 연합국 진영에서는 독일인에게 매우 동정적인 인물이었는데, 심지어 그조차도 독일인에 대한 태도가 이러했던 것이다.

비록 케인스도 전쟁과 모든 파괴와 죽음의 죄가 '독일 국민'에게 있다고 보았지만, 그는 연합국들이 이 모든 것을 즉각 잊어버려야만 한다고 믿었다. 그는 그 "정신 나간 망상"이라는 표현이 나오는 문단의 마지막에 흘러간 일들은 잊어야 한다고 썼다. 왜냐하면 연합국을 대변하는 이들이 독일로 하여금 전쟁 피해의 일부라도 배상하도록 하고 독일을 가난한 상태로 묶어두고자 한다면, "프랑스 국민과 영국 국민의 대변인들은 독일을 완전히 파멸시킬 위험을 감수하고자 할 것"이기 때문이었다. 이런 식의 평화는 "이미 전쟁으로 손상되고 위태로워진 유럽의 미묘하고 복잡한 조직"을 "더욱 손상시키는" 결과가 되리라는 것이었다.[13]

이 지점에서 케인스는 당시 대중들은 물론 승리한 연합국 엘리트들 사이에서 지배적으로 공유되던 생각과 극명한 차이를 보인다. 베르사유 궁전의 파리강화회의에 모인 각국 지도자들에게 조언을 하던 그는 갈수록 이 회담의 목표가 독일로부터 최대한 뜯어내는 것임이 분명해지자 경악을 금치 못했다. 그가 볼 때, 이렇게 되면 1차 대전 이후의 세계 재건이라는 프로젝트 전체가 궤도에서 탈선할 가능성이 높았다.

남아프리카공화국 총리 얀 크리스티앙 스뮈츠Jan Christian Smuts도 대영제국의 자치령 지도자로서 파리강화회의에 참석했다. 그는 친구 M. C. 질렛M. C. Gillett에게 보낸 편지에서 회의가 어떠했는지를 이야기한다.

불쌍한 케인스는 밤마다 저녁을 배불리 먹은 뒤 이 세계와 다가올 대홍수에 대해 나와 함께 언성을 높여 성토한다네. 나는 그에게 지금은 그리쿠아족 기도Griqua prayer의 시간이라고 말하지(지금은 아이들이 어떻게 할 수 있는 때가 아니니까 하나님께서는 이제 독생자를 보내실 게 아니라 직접 내려오시라는 기도일세). 이런 농담을 하면서 웃기는 하지만, 마음 한 구석에서는 후버가 보여주는 끔찍한 그림, 즉 당장 어떤 큰 개입이 있지 않으면 3,000만 명이 굶어 죽을 수밖에 없다는 이야기가 떠올라 다시 어두워진다네. 그래도 그렇게까지 끔찍한 일이 벌어질 리는 없을 거야, 뭔가 수가 있겠지, 그런 최악의 상황은 절대 벌어지지 않겠지라고 하며 서로 마음을 위로한다네 이러한 감정들 하나하나가 어떤 의미에서는 다 사실이고 올바른 것들이야. 이런 이야기들 속에서 자네가 무척 그리워지네. 자네와 아더Arthur와 내가 함께 했다면 어떤 대화를 나눴을지 궁금하군.[14]

여기서 후버라는 이름이 또 나온다. 앞에 나왔던 그 후버인가? 그렇다. 1차 대전이 터졌을 때, 후버는 벨기에가 기근의 위협에 처할 것임을 금방 알아차렸다. 영국이 독일을 봉쇄하여 식량 수입이 불가능해지기 때문이었다. 독일은 벨기에를 점령했고, 군대가 그곳을 통과하는 과정에서 벨기에를 거의 쑥밭으로 만들었다. 게다가 영국의 해상 봉쇄로 독일에서도 식량이 부족해지자 벨기에에 대한 식량 공급은 독일 정부의 우선순위에서 맨 뒤로 밀리게 된다. 그러자 후버가 등장하여 수완 좋게 영국 정부를 설득한다. 후버 자신이 선박으로 식량을 벨기에에 가지고 들어가도록 해준다면, 독일군 손에 식량이 들어가지 않게 하면서도 벨기에로 하여금 연합국

쪽으로 더 확실하게 기울어지게 만들 수 있다는 논리였다. 다른 한 편으로 후버는 독일 정부 또한 설득했다. 자기가 식량을 싣고 갈 배가 벨기에에 들어가도록 허용한다면, 벨기에로 보낼 식량을 아껴서 독일군에 공급할 수 있으며 그와 동시에 독일의 벨기에 점령으로 벌어진 혼란에 대한 벨기에 사람들의 불만도 달랠 수가 있다는 논리였다. 후버의 설득력은 타의 추종을 불허했다.

전쟁이 끝난 뒤에도 후버는 기근 퇴치 사업을 계속했다. 그는 그렇게 '위대한 인도주의자'로서 새로운 이력을 쌓아나갔다.[15] 또한 그는 무언가 구호 활동이 조직되지 않는다면 전쟁의 여파로 약 3,000만 명이 굶어 죽을 것이라고 경고하기도 했으며, 러시아부터 프랑스까지 유럽 전체를 도울 돈을 모금하고 식량을 보내기 위해서 온 세상을 들었다 놓았다 할 정도로 활발한 활동을 전개했다.

전후 더 나은 세계를 건설하기 위한 후버의 해결책은 식료품을 배에 실어 보내는 것이었다. 케인스는 글을 써서 사람들의 생각을 바꾸고자 시도했다. 그는 영국으로 돌아오자마자 《평화의 경제적 결과》라는 폭탄 같은 저서를 내놓아 단박에 유명해진다. 이 책에서 그는 평화에는 관심이 없고 오로지 자국의 승리에만 집착하는 근시안적인 정치인들을 잔인할 정도로 매섭게 비판한다. 그러면서 대안적인 제안들을 개략적으로 제시하고, 또한 파멸을 예언하기도 했다. "우리가 의도적으로 중부 유럽의 빈곤화를 목표로 삼는다면, 감히 예측하건대 곧바로 무서운 후과가 밀어닥칠 것이다. 절망에 빠진 사람들 사이에 혁명의 경련이 여러 번 지나갈 것이고 이를 반동 세력들이 막고 서면서 최후의 내란이 곧 터질 것이니, 이를 아무도 막을 수가 없을 것이다. 그리고 이렇게 벌어질 최후의 내란은 우리 세대가 이루어놓은 문명과 진보를 완전히 파괴할 것이며, 그 끔찍한 공포 앞에 비교한다면 지난 독일 전쟁 따위는 아무것도 아닐 것이다."[16]

무서운 예언이지만, 실제로 닥칠 일들에 비추어 보면 오히려 과소평가였다 할 것이다.

1차 대전 이후의 고통은 인플레이션으로 시작되었다. 시장경제는 모든 개인들이 가격 신호를 보면서 경제적 의사결정을 하는 방식으로 굴러간다. 생산자들은 가격 신호를 보면서 무엇을 해야 돈을 벌 수 있는지를 알아낸다. 가격이 제대로 형성된 상태라면 큰돈을 벌 수 있는 일이 곧 사회 전체의 후생을 증진시키는 일이기도 하다. 하지만 사람들이 경제적 의사결정을 할 때에 가격 신호를 이해할 수 없다든가 또는 가격 신호가 체계적으로 잘못되어 있다든가 하면 정확한 경제적 계산이 아주 어려워지며 경제성장 또한 가라앉게 된다. 여기에서 우리가 이야기하는 인플레이션은 스멀스멀 기어올라오는 연평균 1%나 2%나 혹은 5%의 인플레이션이 아니다. 이런 정도로는 큰 혼란이나 문제가 일어나지는 않는다. 하지만 연평균 10%, 20%, 혹은 100%나 그 이상의 인플레이션이라면? 케인스는 바로 이 문제에 대해 1924년에 이렇게 말한 바 있다.

레닌은 자본주의 체제를 파괴하는 최선의 방법은 화폐를 마구 풀어 가치를 망가트리는 것이라고 선언했다고 한다. 각국 정부는 지속적인 인플레이션을 통해 사람들이 눈치채지 못하는 사이 부의 상당한 부분을… 무작위로… 몰수할 수 있다. … 어떤 이들은 이로 인해 자신의 노력 심지어 자신의 기대나 욕망을 넘어서는 뜻밖의 횡재를 누리게 되며, 이 '폭리취득자들profiteers'은 인플레이션으로 인해 빈곤해진 부르주아들에게는 증오의 대상이다. … 자본주의의 근간을 이루는 채무자 채권자 사이의 영속적인 관계는 완전히 무질서 상태가 되어 거의 무의미할 정도가 된다. 그리고 부를 얻는 과정이 도박이나 복권 당첨의 수준으로 전락하고 만다. 레닌의 말은 분명히 맞다. 기존의 사회 기반을 뒤엎는 데는 화폐를 마구 풀어 가치를 망가트리는 것만큼 교묘하면서도 확실한 수단이 없다. 이 과정은 경제 법칙의 모든 힘들이 파괴적으로 작동하도록 만들고, 이러한 일이 벌어지는 방식은 100만 명 중 한 명도 원인을 알아낼 수 없다.[17]

*

그렇다면 왜 정부 ─ 레닌의 정부는 제외 ─ 는 고高 인플레이션 정책에 의지하는 것일까?

어떤 정부가 국민에게 정부가 세금을 통해 조달할 수 있는 금액 또는 실제로 경제가 생산할 수 있는 금액보다 훨씬 더 높은 소득을 보장하여 좋은 물건들을 구매할 수 있도록 하겠다고 큰 약속을 했다고 가정해 보자. 정부는 이 약속을 어떻게 실현할 수 있을까? 한 가지 방법은 정부가 채권을 발행하여 돈을 빌리는 것이다. 즉 차입을 통해 일부 사람들에게 좋은 물건을 구매하지 않도록 요청하고, 그 대가로 미래에 좋은 것들에 대한 더 많은 사회적 권력 ─ 더 많은 돈 ─ 을 갖게 될 것이라고 약속한다. 한편으로는 시민들이 정부가 지불하기를 원하는 재화 및 서비스와, 다른 한편으로는 부유층이 기꺼이 지불하려는 세금 사이에 차이가 있을 때, 정부는 그 차이를 메워야 한다. 이를 할 수 있는 명백한 방법이 이자를 지급하는 채권을 발행하고 현금을 조달하는 것이다.

이것이 작동할지의 여부와 작동 방법은 채권을 구매하고 보유하는 개인 ―주로 금융가 ―의 기대에 달려 있다. 이들은 얼마나 인내심이 있을까? 채권을 팔지 않고 보유하는 것에 대해 어떤 종류의 보상을 요구할까? 이들은 정부를 얼마나 신뢰할까? 이 신뢰는 얼마나 오래 지속될까? 1차 대전의 여파로 금융가들은 인내심이 바닥났고 확실한 수익을 요구했다. 금융가들의 심리가 이럴 때, 정부가 대규모 부채 금융에 의존하는 데 따른 가장 가능성 높은 결과는 경제학자들이 **재정적 물가이론**fiscal theory of the price level 이라 부르는 한 방정식 모델로 설명될 수 있다.

물가수준 = 명목 부채 × 이자율 / 실질 부채 상환 한도

1919년 프랑스의 예를 들어보자. 1919년 6월에 프랑스 화폐 1프랑의 가치는 미화 0.15달러였다. 프랑스는 명목 국가 부채는 2,000억 프랑이었고 이자율은 4%여서 연간 80억 프랑의 이자비용을 지불했다. 프랑스의 실질 부채 상환 한도real debt service limit ―프랑스 정부와 유권자가 부채의 이자 지불을 위해 동원할 수 있는 실물 자원 ―가 1919년 평균 물가를 기준으로 연간 80억 프랑이었다면, 방정식이 균형을 이뤄서 프랑스는 1920년대 인플레이션을 경험하지 않았을 것이다.

1.00 = (명목 2,000억 프랑 × 연간 4%) / (실물 80억 프랑 / 연)

하지만 프랑스 정부와 유권자들이 국채 이자를 지급하기 위해 동원할 수 있는 실물 자원은 (1919년 물가를 기준으로) 겨우 32억 프

랑인 것으로 드러났다. 그리고 금융가들은 프랑스 정부에 대한 신뢰가 충분치 않아 연 이자율로 4%가 아닌 6%를 요구했다. **재정적 물가이론**의 방정식은 다음이 된다.

$$3.75 \ = \ (\text{명목 2,000억 프랑} \times \text{연간 6\%}) \ / \ (\text{실물 32억 프랑 / 연})$$

균형을 이루려면 프랑스의 평균 물가수준은 1919년의 3.75배여야 했다. 이는 1프랑의 가치가 미화 0.15달러가 아니라 0.04달러가 되어야 한다는 뜻이다. 결국 1926년 프랑화의 가치가 안정되었을 때 1프랑의 달러 가치는 얼마였을까? 맞다. 0.04달러였다. 그리고 이것은 7년 동안 프랑스가 평균 20%의 인플레이션을 겪었음을 뜻한다. 즉 1920년대 내내 경제의 계획도 왜곡시키고 실질 성장을 방해할 만큼 충분히 통화가 남발되어 가치가 하락했다는 뜻이다.

여기에다가 금융가들의 신뢰가 완전히 무너지면서 더 나쁜 결과가 터진다. **하이퍼인플레이션**이었다. 하이퍼인플레이션에서는 화폐가 일반 인플레이션처럼 '가치가 하락'하는 정도가 아니라 아예 '휴지 조각worthless'이 된다. 1차 대전 이후 첫 번째 하이퍼인플레이션은 오스트리아-헝가리 제국이 무너지고 수립된 정부에서 터졌다. 본래 하나의 단일 경제 단위였던 오스트리아-헝가리 제국은 전쟁 후에 일곱 개의 나라로 갈라졌으며, 각국은 모두 자국 통화를 보유했고 높은 관세까지 매겼다. 지역 차원의 기존 분업 구조는 해체되었다.

당시 겨우 34세의 청년이던 슘페터는 1차 대전이 끝나기 전부터 앞으로 터질 문제들을 고민했다. "군대가 필요로 하는 물자"가 군대에 제공됐고, 앞으로도 계속 제공될 것이라고 그는 말했다. 그리하여 "전쟁이 끝난 뒤에는… '화폐 문제'가 터지게 될 것"이라고 덧붙였다. 그는 비유를 사용하여, 전비를 조달해야 하는 국가들은 "공장이 불타 없어져서 회계 장부에 여러 손실 항목을 기입해야 하는 기업가의 처지"에 있다고 말했다.[18]

슘페터는 1919년에 새로이 수립된 오스트리아 공화국의 재무장관이었다. 그는 부채를 상환하기 위해서 모든 부동산, 산업, 상업, 주거, 금융자산에 즉각적이고 실질적인 부유세wealth tax를 부과하고자 했다. 오토 바우어Otto Bauer 외교장관 등 다른 장관들도 그의 부유세 제안에 동의했다. 하지만 그들은 그 세수를 '사회화socialization'에 사용하길 원했다. 말하자면 그것으로 오스트리아 대기업들을 인수하여 더 효율적으로 만들고, 향상된 효율성에서 창출된 수익으로 먼저 노동자들의 임금수준부터 올리고 나서 그다음에 국가 부채를 갚자는 것이었다. 슘페터는 사회화가 '효율적'이라면 굳이 부유세로 자금을 조달할 필요가 없을 것이라고 응수했다. 기업 소유권의 인수는 요즘 말로 차입 매수leveraged buyout, LBO를 통해 가능하며, 정말로 그 차입 매수가 효율적이라면 그 자금 조달은 자체적으로 얼마든지 해결이 된다는 것이었다.

슘페터는 해고됐다. 내각은 서로 옥신각신하다가 해산됐다. 결과적으로 부유세는 부과되지 않았다.

그 대신에 오스트리아 정부의 윤전기가 '부르릉' 소리를 내며 화폐를 펑펑 찍어냈다. 1차 대전 이전에 오스트리아 화폐 1크라운의 가치는 미화 20센트에 약간 못 미치는 정도였다. 1922년 늦은 여름 그 가치는 미화 0.01센트로까지 떨어졌다. 1차 대전이 끝나면서 설립된 국제연맹은 오스트리아 정부가 통화와 재정에 대한 통제권을 이양한다는 조건으로 경화hard-currency로 돈을 빌려줬다. 국제연맹은 예산의 균형을 맞추기 위해 정부지출을 대폭 삭감하고 세금을 대폭 인상했으며, 이로 인해 오스트리아는 5년 동안 높은 실업과 함께 불황에 빠졌다.

독일에서는 물가가 1조 배나 치솟았다. 1914년에 4라이히스마르크였던 물건 값이 1923년 말에는 4조 라이히스마르크가 됐다. 1차 대전 이후 금융가들은 독일 정부에 대해 인내심이 바닥났고, 천정부지의 수익을 요구하고 나섰다. 문제는 연합국이 베르사유 조약에서 독일에 부과한 전쟁 배상금이었다. 독일의 어떤 정치인이든 이를 실제로 지불하기 위한 계획을 세운다는 것은 선거에서 반드시 패배하는 자살행위나 마찬가지였다. 영국과 프랑스의 정치인들도 전쟁 배상금을 실제로 받아낼 수 있는 현실성 있는 계획을 수립하려 들지 않았다. 이 역시 그들의 정치 인생을 끝낼 수 있는 자살행위였기 때문이다. 이러한 계획은 결국 독일의 산업을 부흥시켜 수출을 통해 갚을 돈을 마련하도록 하는 내용이 될 수밖에 없고, 이렇게 된다면 영국과 프랑스의 산업이 독일 산업에 밀려 결과적으로 독일 노동자들이 영국과 프랑스 노동자들의 일자리를 빼앗는 상황이 벌어질 것이기 때문이었다.[19]

아마 좀 더 부드럽고 세련되게 문제를 처리할 수도 있었을 것이다. 예를 들어 프랑스와 영국은 독일에서 받은 배상금으로 독일 기업들의 소유 지분을 매입하고, 거기에서 나오는 소득으로 만족할 수도 있었다. 독일은 자기 나라의 부유한 시민들에게 더 높은 세금을 거두어 그들이 소유한 기업 지분의 일부를 매각하도록 유도할 수도 있었다. 하지만 이러한 안배가 성립하려면 연합국 정부들은 배상금 지불의 단기적 요구를 장기적인 기업 소유 지분으로 전환하는 방안을 받아들여야 했고, 독일 정부가 조세를 부과할 만큼의 강력한 권력을 회복하는 것도 허용해야 했다. 게다가 독일 정부 또한 배상금 지불 방식을 구체화하려고 하지 않았다.

결국 독일이 걸머진 전쟁 배상금의 상당 부분은 지불되지 않았다. 그나마 지불된 배상금은 미국 투자자들이 빌려준 돈이었다. 미국 투자자들이 독일에 돈을 빌려줬고, 독일은 그 돈으로 배상금을 갚았다. 결국 미국이 내어준 대출은 전후 바이마르 공화국 정부가 정치적으로도 경제적으로도 성공하리라는 데에 돈을 건 일종의 투기였지만, 사후적으로 보면 이 투기는 현명하지 못했다. 대공황 기간에 들어오면 독일의 전쟁 배상금은 탕감되고 만다.

애초부터 전쟁 배상금이라는 정치적 결정 자체가 훗날 아주 큰 대가를 초래하게 되어있었다. 이 때문에 생겨난 여러 사건들이 일련의 연쇄 고리를 이루어 결국 대공황으로 이어지게 되기 때문이다. 물론 전쟁 배상금 계획이 안고 있는 여러 약점들이 곧바로 히틀러의 발흥으로 이어지진 않았다. 그는 훨씬 나중에 등장한다. 하지만 그 약점들은 바이마르 공화국을 불안정하게 만들고, 히틀러 이전에 이미 의회민주주의를 대통령의 법령에 의해 카이저 통치 체제로 무너지도록 만든 핵심적인 원인이었다.

독일의 하이퍼인플레이션은 얼마나 크고 심각했을까? 1914년에 독일 화폐였던 1라이히스마르크의 가치는 미화 25센트였는데, 1919년 말이면 겨우 1센트에 불과해진다. 이후 다소 회복되어 1920년 말에는 2센트 수준이 되는데, 독일 정부가 계속 돈을 쓰고 찍어내자 1921년 말에는 결국 0.33센트까지 하락한다. 당시 연간 물가상승률은 500%, 월간 물가상승률은 16%, 심지어 일간 물가상승률까지도 0.5%였다. 1922년 말이 되면 1라이히스마르크의 가치가 겨우 0.0025센트였고, 물가상승률은 연간 1만 3,000%, 월간

50%, 일간 1.35%였다.

잠깐이지만 독일 정부는 인플레이션을 환영하기도 했다. 세금을 거두려고 애쓰기보다 화폐를 발행하여 정부지출의 재원을 마련하는 것이 더 쉬웠다. 산업과 상업의 이해관계자들도 수혜를 입었다. 그들은 은행에서 돈을 빌린 후 극심하게 가치가 떨어진 라이히스마르크 화폐로 부채를 상환했다. 잠시 동안이지만 노동자들 또한 수혜를 입었다. 실업자는 거의 사라지다시피 했고, 인플레이션 초기 단계에는 최소한 실질임금과 노동자의 구매력이 하락하지 않았다.

1923년 1월, 국민들에게 점수를 따기 위해 노력하던 프랑스 정부가 군대를 파견해 루르 지방을 점령하고 총구를 겨누며 물자를 수탈했다. 독일 정부와 국민들은 여기에 적극적으로 저항하지 못했다. 결국 루르 계곡의 거주자들은 파업에 들어갔다. 독일 정부는 이들의 소득을 메꿔주기 위해 훨씬 더 많은 화폐를 발행했다. 1923년 말 1라이히스마르크의 가치는 미화 0.000000000025센트였다. 연평균 물가상승률은 9,999,999,900%, 월평균 물가상승률은 364%, 일일 평균 물가상승률은 5%였다.

1차 대전 이후 인플레이션을 경험한 나라들 중에서 독일이 최악의 타격을 받았다. 앞서 언급했듯이 독일의 물가는 1조 배 치솟았다. 다른 나라들에서도 물가는 경제를 파괴할 정도의 수준으로 올랐다. 러시아에서는 40억 배, 폴란드에서는 250만 배, 오스트리아에서는 2,000배 상승했다. 프랑스에서는 겨우 일곱 배 올랐다지만, 이 말은 1918년에 프랑스 국채를 산 투자자들이 1927년까지 그 국채를 보유했다면, 그 국채의 가치는 1918년에 차라리 그 돈을 다 써버렸을 경우의 7분의 1로 떨어졌다는 것을 뜻했다.

이렇게 엄청난 인플레이션의 물결을 추동했던 요인은, 유럽이 1차 대전을 치르고 살아남은 사람들의 마음을 어떻게든 달래야 했다는 데에 있었다. 불구가 된 사람, 굶주린 사람, 형제, 아버지, 남편, 아들을 잃은 사람 등 이 무수한 사람들은 그렇게 스러져간 이들의 죽음이 헛되지 않았다는 확신을 얻어야 했다. 그래서 정치 지도자들은 '전쟁 영웅들에게 걸맞은 나라'를 창출하려고 노력했다. 이것이 현실적으로 뜻하는 바는 사람들의 삶을 개선하기 위해 사회복지 및 인프라 프로그램을 정부가 책임지고 떠맡는다는 것, 그리고 노동계급 남성들에게, 나아가 모든 여성들에게까지 투표권을 확장한다는 것이었다. 이 참정권 확대에는 중요한 정치적 결과들이 따라왔다. 한 예로 영국에서는 1차 대전 이전에는 투표권을 가진 이들이 성인 남성의 절반에 미치지 못했다. 하지만 1918년 선거에서는 사회주의를 내건 노동당의 득표율이 무려 일곱 배나 높아졌다.

여러 요구들이 줄줄이 나타났다. 참전용사를 위한 장애보험, (집으로 돌아온 군인들이 거리에서 구걸하지 않도록 지원하는) 실업보험, (전쟁 피해를 복구하기 위한) 엄청난 정부지출, (전쟁 기간 중단된 모든 인프라 건설과 투자를 진행할) 더 엄청난 정부지출, (전쟁 부채를 갚을) 훨씬 더 엄청난 정부지출이 이어졌다. 유권자들과 영웅들은 정부에게 전쟁 동안 파괴되거나 전쟁이 야기한 혼란으로 가치를 상실한 자신의 재산에 대해 보상을 요구했다. 그리고 자신들의 폴라니적 권리들을 새로운 형태로 바꾸어 요구했다. 노령연금, 공공주택, 공중보건이 의제로 떠올랐다. 이러한 요구사항들을 충족시키려면 막대한 자원이 들어갈 터였다. 각국의 정부와 국민은 1914년보다 더 가난한 상태였지만, 그런데도 더 많은 돈을 쓰고자 하는 욕구는 엄청났다. 우파는 감히 여기에 저항할 수 없었다. 좌파는 부자들에게 더 많은 돈을 내도록 명령할 수 있을 만큼 충분한 표를 얻지 못했다. 그 간격을 메꾸기 위해 국채가 발행되었지만, 금융가들은 그 국채를 계속 보유하고 있을 만큼 정부를 신뢰하지 못했다. 그 결과 재정적 물가이론이 작동했고, 인플레이션이 생겨났다.

경제학의 좁은 시각으로만 보면, 인플레이션은 그저 세금, 재조정, 혼란일 뿐이다. 우선 인플레이션은 현금에 대한 세금이다. 현금의 가치가 그것을 획득한 시점과 그것을 사용하는 시점 사이에 하락하기 때문이다. 또한 인플레이션은 재조정이다. 돈을 빌린 사람들이 가치가 떨어진 통화로 대출을 상환하고, 돈을 빌려준 사람들은 가치가 떨어진 통화를 받기 때문이다. 그리고 인플레이션은 혼란의 근원이다. 계좌에 입금되는 금액이 그 입금 날짜마다 각자 다른 구매력을 가지므로 기업, 가정, 개인으로서는 무엇이 경제적으로 합리적인 행동인지 파악하기 어렵기 때문이다.

세금, 재조정, 혼란이라는 인플레이션, 특히 하이퍼인플레이션의 세 요소 모두가 신뢰를 파괴한다. 경제에 대한 신뢰, 사회에 대한 신뢰, 정부에 대한 신뢰가 모두 무너진다. 케인스에 따르면 신뢰의 파괴로 인해 "19세기의 사회경제적 질서를 지속하기가 불가능해졌다. 하지만 [유럽의 지도자들은] 19세기의 질서를 대체하기 위한 아무런 계획도 갖고 있지 않았다." 비록 부자는 아니지만 안정된 삶을 영위하면서 공동체의 기둥 역할을 하는, 일반적으로 좌파의 재분배주의 계획이 두려울 때조차 우파로 옮길 필요를 느끼지는 않는 사람들도 이제는 사기를 당했다고 느끼게 되었고, 정부가 발행한 공채를 믿고 그대로 쥐고 있던 이들도 정부에 사기를 당했다고 느끼게 되었다. 이들로서는 시장이 꼭 주는 만큼만 가져간다고 (그러므로 사실상 시장은 저주가 아니라 축복이라고) 생각할 수가 없었다. 이는 당연했다. 이들은 안정된 재원과 일정한 생활수준에 대해 폴라니적 권리가 있다고 믿었건만, 이제는 그러한 자신들의 권리가 급작스럽게 철폐되는 과정을 두 눈으로 똑똑히 목도하게 되었으니까.

*

권력이나 재산을 가진 거의 모든 사람은 미국 대통령 워런 하딩이 말한 "정상normalcy"으로 돌아가고자 했다. 1차 대전 동안에 망가진 것은 무엇이든 다 복구할 필요가 있었다. 많은 이들에게 이는 곧 금본위제의 수리를 뜻했다. 1차 대전 이전의 약 반세기 동안 전 세계의 가장 큰 무역국들은 자국 통화를 일정한 가격으로 고정하여 금과 태환한다는 보편적인 약속을 내걸었다. 전쟁이 끝난 직후, 여러 나라들이 자국 통화의 가치를 다시 금에 고정시키는 데 동의했고, 결국 그렇게 했다.[20]

이러한 조치는 부자들을 기쁘게 했다. 금본위제로 돌아가면 인플레이션을 막는 또 하나의 안전장치가 생길 터이기 때문이었다. 즉 어떤 나라에서 인플레이션 경향이 나타나면 자본이 빠져나가고 수입품에 대한 수요도 늘어나므로 중앙은행에는 자국 통화를 금으로 바꾸려는 은행가들이 길게 줄을 서게 될 것이며, 이에 인플레이션 압력 또한 가라앉게 되리라는 것이었다. 국내에서 이자율을 올리고 내려야 하는 나라는 영국뿐이었다. 영란은행Bank of England이 국제 금본위제 질서의 지휘자 노릇을 했기 때문이다. 이는 영국에나 세계 무역에나 좋은 시스템으로 여겨졌다. 지금 돌이켜 보면, 1차 대전 이전의 금본위제는 그때까지 인류의 역사에 나타났던 가장 빠르고 가장 폭넓었던 경제성장의 시대를 떠받치는 역할을 했던 것이다.

1차 대전 동안 유럽 재무장관들은 인플레이션의 여러 혜택을 알게 되었다. 사실 각국 정부가 전쟁 재원 조달 방법으로 세금을 충분히 인상하는 것을 꺼렸다는 점을 감안하면, 인플레이션은 불가피했다. 하지만 자국 통화를 고정된 금 가격으로 태환해 주어야 한다면 마음대로 인플레이션을 발생시킬 수 없었다. 그래서 유럽 국가들은 1차 대전 동안에 금본위제를 포기했다. 전쟁이 끝난 후 '정상'으로의 복귀를 추구했던 나라들은 따라서 금본위제로 되돌아가고자 했다.

뭘 해보겠다는 것은 쉽지만 실제로 달성하기는 어려운 법이다. 전쟁과 전후의 인플레이션을 거치면서 전 세계적으로 물가는 대략 세 배가 올랐다. 각국 정부와 은행들은 자기들의 거래를 보장하기 위해서 지급금의 일정한 부분을 금 자산의 형태로 준비금으로 보유했다. 물가가 세 배가 되었으니 모든 거래의 명목 가치가 세 배가 되었고, 그러니 보유하고 있어야 할 금의 양도 세 배가 되었다. 이를 달성하지 못한다면, 보유하는 자산에서 금과 자국 통화의 비율을 재조정해야만 했다.

전시와 전후의 (하이퍼)인플레이션을 거치고 나타난 전간기의 금본위제는 거래에서 차지하는 금 준비 자산의 비율이 1차 대전 이전 수준의 불과 3분의 1밖에 되지 않았다. 사실 1차 대전 이전의 금 준비 자산의 비율도 거래를 완전히 원활하게 만들 수 있는 수준이 못 되었으니, 그 3분의 1을 가지고는 금본위제를 효과적으로 운영할 수 없었다.

이를 잘 보여주는 나라가 바로 영국이었다. 영국은 비록 전시 그리고 전후의 인플레이션이 가장 작았던 나라였지만, 그래도 우려되는 상황이었다. 우선 파운드화의 가치가 크게 떨어졌다. 1914년 7월에 1파운드의 공식적 고정 환율은 미화 4.86달러였지만, 이제 시장에서의 실제 환율은 4달러에 살짝 못 미치는 수준으로 귀결되는 듯했다. 금융가들은 이에 대한 대처방안을 영국 관료들에게 자문해주었던 바, 영국 정부가 긴축 정책을 시행하면 장기적인 시장 신뢰를 상당히 회복할 수 있고 이를 통해서 1파운드의 가치를 1차 대전 이전 수준인 4.86달러로 회복할 수 있을 것이라고 확언했다. 그렇게만 되면 경제의 안정성, 낮은 이자율, 더 빠른 경제성장 등을 달성할 수 있을 것이라고도 말했다. 이 모든 금융가들의 조언은 확신에 차 있었고 또 충분히 설득력이 있었다.

그리하여 여당 의원들은 금융가들의 조언을 따르기로 했다, 하지만 시장에서 미화 3.80달러로 매겨지는 파운드화의 가치를 다시 4.86달러로 올려놓기 위해서 필요한 긴축 조치란 모든 임금 및 물가 수준의 평균 가치가 30%나 떨어지도록 만드는 극단적인 것이었다. 다른 말로 하자면, 비현실적인 환율을 고시하여 외국과의 경쟁에서 영국 기업들이 파산하게 만들고, 이로 인해 대량 실업이 나타나는 디플레이션 상황을 의도적으로 연출해 내야 한다는 것이었다.

1920년대 중반에 영국의 재정정책 결정권은 재무장관인 윈스턴 처칠에게 있었다. 그의 보좌관인 P. J. 그리그P. J. Grigg에 따르면, 1924년에 처칠이 마련했던 한 저녁 식사 자리에서 파운드화를 전쟁 이전 수준의 가치로 고정하는 데에 찬성하는 이들과 반대하는 이들 사이에 논쟁이 벌어졌다고 한다. 그중 한 사람이 나서서 그런 조치를 할 경우 수출 감소, 실업, 임금에 대한 큰 하방 압력, 파업의 물결 등이 나타날 것이라는 암울한 전망을 했다. 그 사람은 바로 케인스였다.

하지만 케인스는 전후 영국 정부의 협상 전략을 심하게 비난했던 인물이 아닌가? 그 결과 그와 영국 권력 엘리트들과의 관계는 이미 회복하기 어려운 정도이지 않았던가? 그렇기도 했고 아니기도 했다. 이때쯤이면 케인스는 악화되었던 관계도 대충 넘어갈 수 있는 정도의 사회적 위상을 갖고 있었다.[21]

《평화의 경제적 결과》로 케인스는 유명 인사가 되었다. 케인스의 전기작가 로버트 스키델스키Robert Skidelsky의 말을 빌리면, 케인스는 "전문가의 지식을 천사의 언어로" 이야기했다. 케인스는 "열정과 절망"에서 추진력을 얻었고, 경제학뿐 아니라 경제학의 설득력을 높이는 데에 필요한 언어 활용 능력 또한 비범한 인물이었다. 케인스는 이미 누구든 회유해서 자기편으로 만들어둘 필요가 있는 하나의 권력이었고, 최소한 모든 사람들이 경청해야 할 존재가 되어있었다.

1차 대전 이후 케인스는 자신이 동원할 수 있는 권력을 최대한 이용하여 문명을 복구해야 한다고 느꼈다. 전쟁 이전의 세계는 경제적으로나 사회적으로나 문화적으로나 정치적으로나 좋은 상태였는데, 지배 엘리트들이 이를 망가뜨렸다. 이제 과거로 돌아가는 길을 찾아야 했다. 단순히 시계를 1914년 고정 환율 —1파운드 미화 4.86달러 —로 되돌리는 것으로는 부족했다. 경제의 기본 여건들이 근본적으로 변화했기 때문이다. 따라서 좀 더 현명한 현실 적응이 필요하다는 게 케인스의 이야기였다. 하지만 케인스의 영향력은 처칠의 역사적인 저녁 식사 자리에 초대받을 정도는 됐지만, 역사를 (정확하게는 정치가들을, 좀 더 정확하게는 처칠을) 원하는 방향으로 움직이기에는 충분하지 않았다.[22]

1919년에 파운드와 금과 달러의 환율을 전쟁 이전의 법정 비율로 되돌리는 데에 어떠한 경제적 리스크들이 있을지는 모호하고 멀고 불확실해 보였다. 금본위제에서 이탈하는 실험을 더 진행해볼 수도 있었겠지만, 거기서 무슨 이득을 얻을 수 있을지도 불확실했다. 반면 전쟁 이전의 법정 환율로의 복귀를 뒤로 미룰 경우의 정치적 리스크는 크고 즉각적인 것으로 보였다. 물론 전전 환율로의 복귀에도 여러 정치적 리스크가 있었지만, 이는 그 경제적 리스크와 마찬가지로 모호하고 멀고 불확실해 보였다. 그리하여 마침내 영국은 금본위제로 복귀한다는 결정을 내렸다.[23]

　　영국은 1925년에 금본위제로 되돌아갔다. 그리하여 탄광산업부터 섬유, 화학, 철강까지 영국의 산업은 심각한 가격 경쟁력 저하에 직면했다. 수출산업에서 실업이 발생했고, 경쟁력을 높이기 위해 임금 인하 압력이 나타났다. 게다가 파운드화 투기꾼들은 영란은행이 보지 못한 것을 볼 수 있었다. 즉 파운드 환율을 지나치게 높게 평가하여 금본위제로 복귀하면 파운드화를 약화시켜 취약성을 초래할 수 있었다. 이들은 영국에서 돈을 빼내기 시작했다. 이 대량의 자본 유출로부터 국제수지 균형을 지키기 위해서 영란은행은 이자율을 미국 금리보다 높은 수준으로 유지해야 했다. 이자율이 너무 높아 투자가 위축되었고, 이 때문에 실업은 더욱 악화되었다.

　　이렇게 전후의 조정을 위한 부담이 과도하게 노동자들에게 쏠리면서 사회적 갈등이 터져 나왔고, 마침내 1926년에는 총파업이 벌어진다. 그 결과 영국 정부는 이미 사양길에 접어든 경쟁력 없는 산업들에까지 보조금을 지급하기 시작했다. 이러한 대응으로 인하여 영국 경제는 변화된 상황에 전혀 적응할 수가 없게 되었다. 이런 상황에서 호황으로의 전환이 어떻게 벌어질 수 있겠는가?

결국 1920년대 말이 되면 서유럽의 투표권을 가진 시민들은 과거를 돌이켜 보면서 최소한 천박한 거짓말이 지배했던 것은 전쟁이 벌어진 1910년대만이 아니라 그 후의 1920년대도 마찬가지였다고 확신하게 된다. 1차 대전이 벌어진 1910년대는 황제, 귀족. 장군, 정치가, 군인 등이 안장에 앉아 세상을 이끈 시대의 마지막 헐떡거림이었으며, 그 결과는 거의 완벽한 파국이었다. 그다음 1920년대에는 전쟁의 여파로 계산꾼들, 경제학자들, 정치가들이 안장에 앉았다. 이들이 내놓은 정책들은 그전처럼 1,000만 명을 죽이지는 않았지만, 어쨌든 신속한 성장, 안정된 소득, 물가 안정, 완전고용 등을 가져오는 데에는 실패했다.

*

1920년대 미국에서는 복잡한 외교 및 군사적 개입을 회피하려는 고립주의가 나타났는데, 이는 외교에만 한정되지 않았다. 상업적 세계화 또한 역전되었고, 이는 미국에서만 나타난 현상도 아니었다. 1950년까지 세계화는 전 세계계적으로 계속해서 후퇴했다.

부분적으로 이는 당시 실업이 심각하다 보니 나라마다 철저하게 국내 생산업체들을 위해 자국 시장을 보호했기 때문이었다. 또 여러 나라의 국민과 지도자들이 세계화로 상호의존이 커지면 금수조치와 같은 무기가 쓰일까봐 두려워했던 것도 이유였다. 정치적인 리스크를 넘어서 안보 리스크로까지 여겨지게 된 것이다. 이보다 더 중요한 원인은 정부의 민주화 혹은 선동 정치화가 갈수록 심화되는 가운데, 세계화로 인해 경쟁에서 밀리고 가난해진 이익 집단들이 더 큰 정치적 발언권을 확보하게 되었다는 것이었다. 하지만 가장 중요한 원인은 따로 있다. 각국의 국내 제조업 생산성 수준

자체가 너무나 급속하게 비약한 데에다 나라별로 큰 차이가 나지 않았다는 점이다. 산 넘고 바다 건너는 무역이 과연 남는 장사일지를 결정하는 것은 두 가지 요인이다. (a) 생산비용은 운송비용에 비해 얼마나 높은가, (b) 생산비용과 수요 간 비율의 격차가 나라별로 얼마나 다른가 등이다.[24] 그런데 대량생산과 조립라인의 등장은 (a)를 크게 줄였고 (b)는 증가하지 않았다. 이 모든 요인들이 합쳐져서 결국 1950년이 되면 국제 무역이 글로벌 경제활동에서 차지하는 비중이 다시 1800년 수준인 9%로 되돌아간다. 세계화의 사이클이 완전히 역전된 것이다.[25]

게다가 영향력이 큰 미국인들 다수는 이민 억제가 가장 시급한 우선적 과제라고 생각하고 있었다.

1차 대전이 발발하기 오래전부터 자유로운 이민과 국경 개방에 대한 반대는 존재했다. 백인-앵글로색슨-개신교도 WASP 보스턴 브라만이고 또 공화당원이자 미국 상원의원인 헨리 캐벗 로지는 오래전부터 이민 반대를 열렬히 선동했으며, 이는 진보주의자였던 우드로 윌슨 또한 마찬가지였다. 로지는 백인만 미국인으로 간주했고 백인의 범위도 아주 좁게 정의했다. 그는 이민이 늘어나 다른 인종들이 마구 들어오면 순수한 미국 백인 인종이 사회진화론의 의미에서 타락할 것이니 이를 피해야 한다고 주장했다.[26] 로지는 대부분의 이탈리아계 이민자들이 선량하고 착실하지만, 그중에는 마피아 단원들도 섞여 있으므로 이들은 배제해야 한다고 생각했다. 또 대부분의 폴란드계 이민자들도 선하고 착실한 사람들이지만 그들 중에는 테러리스트들이 섞여 있었다. 따지고 보면 매킨리 대통령을 암살했던 것도 레온 촐고츠Leon Czolgosz라는 폴란드계 미국인 2세 아나키스트가 아니었던가. 그러니 폴란드인들도 배제해야 했다.

로지는 또한 대부분의 아일랜드계 이민자들도 선량한 사람들이라고 주장했다. 여기에는 몇 세대 동안 미국에서 살았던 사람들, 특히 매사추세츠의 유권자이자 상원의원으로 로지를 추대한 주의회 의원들에게 투표한 이들이 여기에 들어갔다. 하지만 최근에 미국으로 건너온 아일랜드계 이민자들 중에는 사회주의 아나키스트 폭탄 테러범 몰리 맥과이어스Molly McGuires가 있었다. 그러니 아일랜드인들도 배제해야 했다.

아나키스트들은 위험 분자로 여겨졌다. 유대인 중 아나키스트는 극소수였지만, 아나키스트 중에는 유대인이 많았다. 게다가 유대인들은 일반적으로 골칫덩이였으며 특히 정치적으로 골치 아픈 존재였다. 민주당은 유대인들의 표심에 구애하기도 했다. 로지가 전혀 자격도 없고 위험한 급진파라고 선언했던 유대인 루이스 브랜다이스Louis Brandeis를 윌슨은 대법원 판사로 임명하지 않았던가. 이 때문에 미국 정치는 끔찍하고 음모적인 방식으로 왜곡되기도 했다. 이민 반대론자들이 볼 때, 영국, 독일, 네덜란드, 프랑스, 스칸디나비아의 백인 후손들은 미국의 자산이었고, 아일랜드계 이민자들은 애매하게 경계선에 걸쳐 있었으며, 아일랜드 이민자들 공동체가 큰 힘을 가진 지역구에 출마한 정치가들은 잽싸게 이들을 '영국인British'으로 동화시켰다. 하지만 다른 민족들은 미국에 보탬이 되기보다는 골칫덩이였다.

이따금씩 자기 잇속에 따라 이민자들을 옹호하는 예외적 경우들도 있었지만, 투표권을 가진 미국인 다수는 로지와 비슷하거나 혹은 더 적대적이었다. 미국의 흑인 중산층들 —듀보이스가 말한 "재능 있는 상위 10%"—은 1900년에서 1930년 사이 동안 경제적·사회적 지위가 완전히 무너져 버렸다. 할리우드는 KKK를 다시 살아나게 만들었다. 중도좌파 대통령이던 윌슨 또한 연방 공무원들의 인종 분리를 제도화하고 흑인 노동자들을 강등시키는 인사 관리를 시행했다. 윌슨보다 훨씬 전에 진보파 공화당 대통령 시어도어 루스벨트는 흑인 지도자 부커 T. 워싱턴을 백악관의 점심 식사에 초대한 바 있지만, 그의 사촌인 프랭클린 D. 루스벨트는 1차 대전 시기 백악관 내 국무부, 전쟁부, 해군부 건물의 화장실에 인종 분리를 시행하라는 행정 명령에 서명했다.[27]

미국은 1920년대 중반에는 동유럽인들과 남유럽인들의 이민을 규제하기 시작한다. 1914년에만 해도 120만 명 이상의 이민자들이 미국으로 왔었다. 하지만 1920년대 중반이 되면 각종 이민 제한 조치들로 인해 한 해에 허용되는 이민자들의 숫자가 불과 16만 명 정도로 묶이게 된다. 게다가 출신 국가별로 이민자 수를 할당했다. 북유럽 및 서유럽 할당량은 수요를 모두 감당할 만큼 충분했다. 하지만 남유럽과 동유럽 사람들에 대한 할당량은 너무나 적었다. 1924년에 헨리 캐벗 로지와 그 무리들의 법안이 통과되는 바람에, 1930년에 미국 이민을 원했으나 오지 못한 이들의 숫자는 700만 명에 달했다. 하지만 미국에서는 그 700만 명이 마치 이민을 와서 미국에 거주하는 것처럼 계속해서 집들이 지어졌다. 또한 미국의 주택 및 아파트 건물의 가치 또한 그 700만 명이 주택을 구입하거나 집세를 내고 있는 것처럼 매겨졌다.

솔직히 많은 미국인들이 이렇게 고립주의로 전환하는 데에 전혀 경각심을 느끼지 못했다. 1920년대의 미국은 국내적으로도 해야 할 일들이 차고 넘쳤기 때문이다. 그중에서도 중요한 과제는 라디오, 가전제품, 자동차, 교외 주거지 등을 소비하는 중산층 중심의

경제로의 전환이었다. 이때의 미국은 재즈 시대로서 유토피아적
성격이 넘쳐났다. 당시 금주법으로 인해 술도 살 수 없었건만, 이
재즈 시대의 미국인들은 유토피아의 꿈에 깊이 취해 깨어날 줄 몰
랐다. 1929년에 차량 숫자는 거의 3,000만 대로, 미국인 다섯 명 당
한 대 꼴이었다. 노동자들의 편의를 위해 설치된 전기 모터로 돌아
가는 공장의 조립라인은 1차 대전 이후의 미국을 역사상 가장 부유
한 나라로 만들었다. 그리고 전 세계가 미국을 주목했다.

이미 19세기 중반 영국의 엔지니어들은 미국인들의 작업 방식
에서 일정한 패턴을 간파했다. 미국 제조업체들의 상품은 더 단순
하고 투박했다. 미국 제조업에는 숙련 노동자의 숫자가 훨씬 적었
다. 미국의 제조업체들은 또 엄청난 양의 원자재를 소비했다(영국
인들이라면 '낭비했다'고 했을 것이다). 미국의 제조업체들은 노동자들
에게 (심지어 미숙련 노동자들에게도) 영국인들보다 훨씬 더 높은 임
금을 지급했다. 미국 제조업체들은 노동자들의 두뇌와 손재주보다
기계와 조직에 의지하여 생산하는 것으로 보였다.

이러한 '미국식 제조업 시스템'이라는 개념은 엘리 휘트니Eli
Whitney의 머리에서 나왔다. 그는 미국산 단면短綿에서 방적의 원
료를 뽑아내는 조면기를 발명한 것으로 유명한 발명가-사업가
inventor-promotor였다. 진실을 말하자면, 휘트니는 발명가, 세일즈맨,
미치광이, 사기꾼의 성격을 4분의 1씩 가진 인물이었다. 이런 성
격이 합쳐져 나온 그의 아이디어는 미국식 제조업이 부품을 더 엄
격한 사양에 따라 만들어 부품들 간에 **서로 호환되도록** 할 수 있다
는 것이었다. 예를 들어 어느 총기의 총열을 떼어 다른 총기에 붙여
도 들어맞도록 만드는 식이다. 휘트니 본인은 이런 아이디어를 현실
에 구현하지 못했지만, 그래도 대단히 매력적인 아이디어로 남아있

었다.

미국식 시스템의 확산은 19세기 후반 미국 제조업의 성장에 상당한 역할을 했다. (재봉틀을 만드는) 싱어Singer, (수확기와 기타 농기계를 만드는) 맥코믹, (자전거를 만드는) 웨스턴 휠 웍스Western Wheel Works와 같은 기업들이 부품을 교환할 수 있도록 하여 숙련 노동자의 시간을 많이 소모했던 취급handling, 조립, 마감 비용을 절약하는 전략을 선택했다.[28]

비용 절감은 분명히 19세기 제조업자들에게 중요한 문제였다. 하지만 비용 절감만으로는 충분하지 않았다. 그들은 같은 비용으로 더 높은 품질 ─최고의 품질을 목표로 삼지는 않았다─의 제품을 생산하고 이를 높은 가격에 판매하고자 했다.

헨리 포드는 자동차산업에 미국식 시스템을 도입했는데, 그는 이전의 자동차 회사들은 물론 외국의 경쟁자들과도 차이를 벌리는 중요한 혁신을 이룩했다. 포드는 운전수가 딸린 부자에게 판매할 최고의 제품이 아니라 저렴한 자동차를 만들어 가급적 많은 사람에게 판매하는 데에 초점을 두었다.

방법이 무얼까? 포드는 오로지 자동차 생산에만 특화된 자본 집약적인 공장을 건설했다. 이 공장은 다른 것은 전혀 만들지 못하지만 자동차를 만드는 데에 있어서만큼은 아주 뛰어났다. 하지만 큰 리스크가 있었다. 포드 공장의 생산성과 수익성은 생산수율을 어디까지 올릴 수 있는지에 좌우되었다. 이는 부분적으로는 (대량생산의 또 다른 기본 원칙이 된) 조립라인을 통해 '작업을 사람에게 이동시킴'으로써 달성되었다. 포드의 엔지니어들은 속도가 느린 작업자의 속도를 높이는 방법을 찾아냈고, 실제로 작업 속도를 높일 수 있었다. 노동자에 대한 모니터링도 강화되었다. 이로써 숙련 노동자들을 미숙련 노동자들로 대체할 수 있었다. 덕분에 공장의 관리 업무는 그 어느 때보다도 훨씬 더 간단해졌다. 동작이 느린 노동자들도 조립라인으로 일정한 속도를 강제할 수 있었고, 공정에 병목이 있을 경우에도 어디가 문제인지 금방 알 수 있었다. 고정된 경상비용은 생산량이 늘어나면서 충분히 분산됐고, 결과적으로 가격을 더욱 낮추는 일이 가능해졌다.[29]

자신의 조립라인에서 낮은 급여에도 일할 양질의 노동자들을 찾을 수 있었다면 포드도 행복했을 것이다. 하지만 이는 불가능했다. 막 생겨난 포드 조립라인에서의 노동은 실로 비인간적이었다. 포드의 디트로이트 공장에서 미숙련 노동의 평균 임금―일당 2달러 조금 못 미쳤다―을 받는 노동자들은 놀라운 속도로 공장을 그만두었다. 1913년에 공장의 평균 노동자 수가 1만 3,600명이었는데, 그해에 그만두거나 해고된 노동자는 5만 400명이었다. 작업 속도가 빠르고, 기계적으로 같은 작업을 반복하고, 외부와 고립되고, 언제 그만둘지 모를 포드의 노동자들은 당연하게도 세계노동자연맹 Industrial Workers of the World, IWW('워블리'라고도 불리우며, 직종, 숙련도, 인종 등에 따라 제각기 소규모 단위로 조직되던 노동운동을 넘어서 초당적 연대에 기반했던 노동운동의 대명사이다. 2차 산업혁명의 대규모 작업장 조건에 맞게 새로운 노동관 특히 사회주의적 아나키즘과 생디칼리즘의 세계관과 친화성을 가졌다. 특히 1912년 매사추세츠주 로렌스에서 벌어진 소위 '빵과 장미' 파업에서 큰 힘을 발휘했다―옮긴이)에 떼를 지어 가입했다. 또한 포드사의 이윤은 IWW식의 들고양이 파업 wildcat strike(노동자들의 개별적이고 산발적인 직접 행동에 의해 벌어지는 파업. 소수의 파업으로도 조립라인으로 돌아가는 포드 자동차와 같은 대규모 사업장은 공장 전체가 멈추면서 파업 일수의 증가로 큰 손해를 보게 된다―옮긴이)에 대단히 취약했다.

포드가 생각해 낸 해결책은 큰 폭의 임금 인상이었다. 포드는 가정환경과 행실만 마음에 들면 미숙련 노동자들에게도 하루 5달러를 지급했다. 그러자 370%에 달하던 연간 이직률이 1915년에는 16%까지 하락했다. 하루 1.75달러로는 포드 공장에서 일하지 않겠다던 사람들이 하루 5달러 정도면 그곳의 고된 노동을 받아들이고도 남는다고 생각했다. 포드 공장 주변에는 (조립라인의 작업 속도를 크게 신경 쓰지 않는 이들에게는) 믿을 수 없을 정도의 땡보직boondoggle 일자리를 잡기 위해 많은 사람들이 줄을 섰다.[30]

1910년대와 1920년대만 해도 미국은 굉장히 불평등하고 계층적인 사회였다. 반숙련의 블루칼라 노동자가 고수득자가 되어 수득분배의 위쪽에 자리 잡는다는 생각은 급진적인 것으로 여겨졌다. 그런데 디트로이트에서는 이런 일이 실제로 벌어지고 있었다. 또한 사회비평가들과 포드의 모방자들은 이러한 대량생산이 경제 전체로 확산되어 디트로이트가 예외가 아닌 일반적 규범이 되는 비전을 품고 있었다. 포드는 이제 유명 인사를 넘어서 하나의 상징이 되었다. 이름을 알 수 없는 어느 홍보 담당자가 이런 생산 방식을 '대량생산mass production'이라고 불렀다. 대량생산의 놀라운 생산성은 기술 하나만으로도 유토피아에 이를 수 있다는 비전을 제시했다. 전간기에 포드는 전설, 신화, 거의 모세와 같은 인물이었다. 올더스 헉슬리Aldous Huxley는 모호하게 디스토피아적인 소설 《멋진 신세계》에서 포드를 이런 인물로 그렸다.

하지만 모두가 이렇게 생각하지는 않았고, 소수이지만 대놓고 의심하는 사람들이 있었다. 상원의원 로지의 경고에 나오는 괴물인 아나키스트와 사회주의자들은 실제 사건에 미치는 영향력은 크지 않았지만 실제로 존재했다. 헉슬리의 《멋진 신세계》는 미래 사회를 양가적으로 묘사했지만 그래도 분명 디스토피아적이었다. 헉슬리가 소설화한 포디즘은 사람들이 살고 싶어 하는 세상도 살아야만 하는 세상도 아니었다.

장기 20세기 대부분의 저명인사들과 마찬가지로 포드도 갈수록 거칠고 기괴하고 잔인하고 편견이 심해졌지만 여전히 세상의 존경을 받았다. 대량생산의 멋진 신세계는 폴라니와 마찬가지로 사회의 안정성이 응당 있어야 한다고 믿었던 이들에게는 분명히 충격이었다. 하지만 그것은 라디오, 자동차, 넓은 공간의 건물 등 새롭고 눈에 보이며 손에 잡히는 온갖 멋진 것들을 세상에 가져왔다. 그렇다면 세상이 좀 불안정해도 참을 수 있으며, 거칠고 기괴하고 잔인한 일들 역시 눈감아 줄 수 있는 것 아닌가. 전체적으로 보면 미국의 대량생산이 가져올 미래는 아주 밝았다.

미국의 의사결정자들은 점차 현대적 기업의 열쇠는 엄청난 규모의 경제 창출에 있다고 믿게 되었다. 그리고 규모의 경제는, 공장으로 원자재가 들어오는 흐름에서부터 유통 채널을 따라 완제품이 나가는 흐름까지 모두 계획할 능력을 갖춘 수직적으로 통합된 대규모 조직을 통해서 가능하다고 생각했다. 이러한 규모의 경제를 실현하려면 판매를 보장할 수 있는 달성 가능한 가장 낮은 가격과 가장 많은 산출을 이루어야만 했다. 포드와 같은 기업들은 이러한 공식을 현실에 구현할 수 있거나 최소한 시도해 볼 만큼은 된다는 것을 입증하고 있었다.

20세기 초 미국 전화 회사 AT&T American Telephone and Telegraph 의 회장 시어도어 베일Theodore N. Vail 은 이익을 창출하는 두 가지 전략을 구별했다. "작은 회사로 큰 폭의 이윤을 내거나, 아니면 큰 회사로

작은 폭의 이윤을 내기." 그리고 미국에서는 두 번째 전략이 최선이라고 했다.[31]

하지만 대량생산 체제의 제조업자들은 말 그대로 스스로 만들어낸 문제에 봉착한다. 시장이 포화 상태에 이르자 동일한 제품에 대한 교체 수요는 크게 줄었다. 생산자들은 단순히 '교체'만 하는 소비자가 아니라 '업그레이드'할 소비자를 필요로 했다. 이는 포드에게 큰 문제였다. 포드는 이념적인 이유에서뿐 아니라 생산의 관점에서도 무변화changelessness 원칙을 고수했기 때문이었다. 이는 특히 소비자들은 포드와 달리 새로움을 원한다는 사실이 드러나면서 아주 골치 아픈 문제가 되었다. 소비자들은 자신의 차가 이웃의 차와 다르기를 원하며, 그런 차를 갖기 위해 프리미엄까지 지불할 의향이 있었다.[32]

헉슬리는 대량생산 체제가 작동하려면 거기서 쏟아져 나오는 제품을 사람들이 사도록 세련된 심리 조작이 필요할 것이라고 믿었으며, 《멋진 신세계》에서 바로 그런 심리 조작을 그려냈다.[33] 하지만 현실은 그의 소설보다 훨씬 단순했다. 무언가를 만들고, (인생에 다시없을 정도로 즐거워하는 모습으로 사람들이 그것을 사용하는 사진과 함께) 만들었다고 말하면 된다. 그러면 대중이 그것을 살 것이다.

제너럴 모터스GM의 앨프리드 P. 슬론Alfred P. Sloan은 포드가 끙끙 앓던 문제를 그냥 인정하고 받아들인다. 새로운 차 모델을 출시한다. 내부는 이전 모델과 똑같이 만들어 규모의 경제를 십분 뽑아낸다. 단지 차 외부만 다른 색으로 두르는 것뿐이다. 그다음에는 광고에 의지한다. 즉 사람들이 보기에 다른 모델이라는 아우라를 듬뿍 씌워준다. 소비자 심리를 잘 이해하기 위해 심리학을 연구할 필요도 조금은 있지만, 세련된 심리학까지는 전혀 필요하지 않다.

이런 식의 제품 차별화가 유행하는 것을 보면 자연스럽게 양가적 감정이 생긴다. 한편으로 보면 이건 순전히 낭비 조장에다 소비자 기만행위일 뿐이다. 하지만 제품 차별화, 독점적 경쟁, 심지어 대중 광고는 모두 널리 사용되는 영업 전략들이다. 대량생산에 더한 대량소비는 미국을 중산층 사회middle-class society로 만들었다. 중산층 사회의 사람들은 교외에 거주하며, 출퇴근과 쇼핑에 자동차를 이용하고, 세탁기, 냉장고, 전기다리미, 전기와 가스스토브 등을 사용했다. 가정이라는 범주 안에서 이루어지는 경제생활을 새로운 발명품과 기술이 완전히 바꿔놓았고, 사람들은 이를 자신들이 가진 폴라니적 권리로 여기기 시작했다.

미국은 1차 대전 훨씬 이전에 산업화된 세계에서 가장 파멸적인 경기변동을 겪은 바 있었다. 1873년에 미국의 최대 투자은행인 제이쿡앤컴퍼니Jay Cooke and Company는 기대하던 정부 보조금이 노던퍼시픽Northern Pacific 철도에 투입되지 않자 파산했고, 이로 인해 미국 경제는 붕괴되고 침체에 빠졌다. 1884년에 또 하나의 주요 철도회사의 파산으로 미국 경제는 또다시 침체에 빠졌다. 미국이 금본위제를 포기할 것이란 두려움 때문에 영국과 동부 도심의 자본이 해외로 빠져나가면서 1890년대 초반에 또 다른 경기침체가 이어졌다. 하지만 J. P. 모건만은 상당한 돈을 벌었는데, 대통령인 클리블랜드가 금본위제를 유지할 것이라는 쪽에 돈을 걸었으며 또 그렇게 할 수 있도록 정부에 현금을 빌려줬던 덕분이었다. 1901년에도 금융 공황이 찾아왔다. 이는 철도왕 E. H. 해리먼E. H. Harriman과 모건이 노던퍼시픽 철도를 두고 힘겨루기를 하다가 의도치 않게 벌어진 일이었다. 이어 1907년에 또 다른 금융 공황이 미국을 덮쳤다. 자칫하면 1930년대의 대공황과 같은 사태로까지 번질 수 있었지만, 1820년대 이후 영란은행이 해온 역할 — 위기가 지나갈 때까지 문제가 된 은행들을 지원했다 — 을 모건이 스스로 떠맡기로 결심하면서 그런 사태를 피할 수 있었다. 영란은행은 법화로서의 은행권을 찍어냈지만, 모건은 '청산소 증서clearing house certificates'를 발행하여 모두에게 이를 현금처럼 받으라고 명령한 뒤, 따르지 않는 자들은 잘 기억해 두었다가 — 모건은 기억력이 아주 좋았다 — 위기가 끝난 뒤에 반드시 박살을 내겠다고 으름장을 놓는 방법을 사용했다.[34]

그 후 정치인들과 은행가들은 이런 해법이 최선이 아니라고 생각하기 시작했다. 매우 유능할지는 모르지만 무자비하고 탐욕스러운 민간의 금융가가 중앙은행을 대신하도록 해서는 안 된다는 것이었다. 미국에서는 1830년대 앤드루 잭슨Andrew Jackson 대통령이 자유에 대한 위협이라는 이유로 미국 제2은행Second Bank of the United States의 인가 갱신을 거부한 이후로 중앙은행과 같은 기관이 존재하지 않았다. 하지만 1913년이 되면 미국에서도 연방준비제도Federal Reserve라는 이름의 중앙은행이 생겨난다. 그 임무는 금융 시스템이 건전성과 유동성을 유지하여 상업과 산업이 부드럽게 돌아갈 수 있게 하는 것이었다. 1차 대전이 끝난 뒤 10년 동안 시장경제는 순조롭게 돌아갔고, 대부분의 미국인들은 시장이라는 존재를 '주시기만 하지 가져가시는 법은 거의 없으니, 그 이름을 찬양해야 할' 대상으로 여겼다. 게다가 전 세계를 안정시키는 패권국의 귀찮은 책임을 굳이 떠맡지 않으면서도 이런 일이 가능했으니, 세계경제고 뭐고 그저 미국만 안정시키면 그것으로 충분한 일이라고 여겼다.

1920년대 미국의 급속한 산업화의 중요한 치어리더이자 조정자 역할을 했던 사람이 있었는데, 바로 허버트 후버였다. 윌슨 대통령은 벨기에 구호 프로젝트 책임자이던 후버를 미국의 '식량 총책임자food czar'로 영전시켰다. 1919년 미국 의회는 후버에게 1억 달러의 예산으로 전후 식량지원 프로그램을 운영하도록 했다. 후버는 이 프로그램을 위해서 직접 1억 달러의 자금을 추가로 조성하기까지 했다. 1921년에 공화당이 민주당에게서 정권을 되찾았고, 공화당 행정부가 들어섰다. 당시 대통령 워런 하딩은 후버를 상무부 장관에 임명함으로써 초당파주의bipartisanship 혹은 진보주의에 양보를 했다. 후버는 1921년부터 1928년까지 상무부 장관직을 수행한다.[35]

후버는 상무부 장관이란 미국 기업 하나하나를 자문하고 정부의 다른 부처들도 산업을 진흥하기 위해 두 팔을 걷게 만드는 역할을 해야 한다고 믿었다. 그는 항공산업을 장려했다. 라디오 산업도 장려했다. 1927년 미시시피 대홍수 때에는 연방정부 차원의 구호 활동을 널리 알리는 홍보단장 역할을 맡기도 했다. 1928년에는 공화당 대선 후보가 되어 민주당의 앨 스미스Al Smith를 누르고 대통령에 당선됐다.

캘빈 쿨리지Calvin Coolidge 대통령은 1928년 말 그의 마지막 신년사를 다음의 문장으로 시작했다. "미합중국 의회가 지금보다 더 낙관적인 전망을 가지고 한자리에 모였던 적은 없습니다." 퇴임을 앞둔 그는 또 우리 모두는 "현재를 만족스럽게 바라보면서 장래를 낙관적으로 바라보고 기대"할 수밖에 없다고 선언했다. 실제로 1920년대의 거의 모든 미국인들이 이러한 낙관주의를 품을 만도 했다. 미국은 혁신과 발명의 파도 위에 올라타서 이전 세대가 상상했던 것보다 빠른 속도로 더 높은 번영을 향해 나아가고 있었다.[36]

자동차산업과 소비내구재산업이 발전을 이끌었다. 소비내구재 중에서 특히 라디오가 큰 시장을 형성했다. 전기 모터와 전기는 산

264

업생산의 주요 동인이 됐다. 유틸리티 부문(전기, 가스, 물 등을 공급하는 부문 —옮긴이)이 이와 함께 성장했다. 전기화가 이루어지며 유틸리티 회사가 제공하는 서비스에 대한 수요가 엄청난 규모로 빠르게 성장했고, 앞으로의 성장도 예측할 수 있었다. 유틸리티의 경우 초기 투자를 제외하면 비용이 고정되어 있었고, 거의 모든 유틸리티 회사들이 사실상 독점이었다.

유틸리티 회사들의 명확한 전략은 이 산업의 안정적인 성격을 담보로 은행에서 대출을 받고, 그 돈으로 더 많은 유틸리티 설비를 구입하며, 규모의 경제를 활용하여 비용을 낮추고 이윤을 거둬들이고, 적임자(규제 당국의 관계자를 말하는 것으로 보인다 —옮긴이)와 이윤을 함께 나눔으로써 잠재적인 규제 당국을 잠잠하게 만드는 것이었다. 시카고에 기반한 유틸리티 부문의 거물 새뮤얼 인설 Samuel Insull(미국의 송전 인프라, 즉 그리드를 만드는 데 기여했다 —옮긴이)은 이러한 전략으로 사회 인프라 왕국을 건설했고 나아가 20세기 중반의 미국 자본주의 전체를 지배하는 인물이 될 뻔했다. 하지만 그의 성공에 질투를 느낀 탐욕스런 투자은행가들이 그에 대한 지지를 철회해 버렸다.

불만이 없었던 것은 아니다. 미국에서 부의 집중이 심각해지자, 사람들은 서서히 뭔가 잘못되고 있음을 느끼기 시작했다. 하지만 정확히 무엇이 잘못된 것인지 알기 어려웠고, 불만을 정치적 힘으로 효과적으로 전환시킬 수 있는 분파나 집단도 없었다. 예전에 포퓰리즘 운동이 있기는 했지만 흑인에 대한 편견과 불평등은 지역 문제이고 빈곤은 농촌 문제라는 편향까지 겹쳐져서 1890년대에 몰락한 바 있었다. 진보주의 운동의 물결도 퇴조하여 온건한 개혁만을 주장하는 운동으로 물러선 상태였다. 게다가 유권자들은 계속해서 공화당 출신의 대통령을 선출했으며, 이들은 미국의 사회경제적 발전에 그런대로 만족하면서 "미국의 비즈니스는 바로 비즈니스"라고 믿는 이들이었다.[37]

그래도 미국의 경영자들과 선출된 정치인들은 진보주의자들의 도전을 완전히 망각하지는 않았다. 경영자들은 노동자들의 조직화나 좌경화의 가능성을 두려워했으며, 노동자들의 복지에 관심을 가졌다. 그리하여 이들은 1920년대에 들어 '복지 자본주의'를 발전시켰다. 기업마다 고용한 사회복지 전문가들이 노동자들에게 상담과 가정 방문을 제공했다. 경영자들은 노동자들이 은퇴, 질병, 사고, 생명보험 등을 준비하는 저축을 돕기 위해 종업원지주제도stock-purchase plan(임직원이 연봉의 일정 비율에 해당하는 자사주를 매입할 경우 회사 측이 이의 절반에 해당하는 주식을 매입하여 보관하고 일정 기간이 지난 후 그 임직원에게 무상으로 양도해주는 제도 ―옮긴이)를 도입했다.[38]

이렇게 기업 주도로 '복지 자본주의'가 사회의 여기저기에 불균등하게 나타난 대신 사회주의와 사회민주주의는 미국적 풍토에 맞지 않으므로 일고의 가치도 없는 정치경제 시스템으로 여겨졌다. 미국 기업들의 장기적인 관심은 자신의 노동자들을 살피는 것이었다. 이는 포드가 노동자에게 하루 5달러의 높은 임금을 지급하고 풀먼이 노동자에게 사택을 제공하는 데서 분명하게 드러났다.

1920년대가 펼쳐지면서 미국인들은 1차 대전 이전의 극심했던 불황을 까맣게 잊어버렸고, 자신들이 경제의 급속한 성장과 전반적 번영이 구현되는 '새로운 시대'에 살고 있다고 여기기 시작했다. 최근에 설립된 연방준비제도는 경기변동을 완화시킬 수 있는 여러 도구를 갖고 있었다. 기업 연구소에서는 과학을 체계적으로 기술에 활용하고 있었으니 새로운 발명품들이 갈수록 빠르게 쏟아져 나왔다. 보고 싶은 사실들만 골라서 본다면, 멋진 신세계가 찾아와 분명한 유토피아가 되었다고 믿을 수밖에 없었다. 1920년대의 미국인들로서는 당시의 번영이 앞으로도 계속되고 경제성장이 가속되리라고 기대하는 것이 너무나 당연했다.

이렇게 영원할 것 같았던 '새로운 시대'가 가져온 결과의 하나는 금융자산 가격의 상승이었다.

특정 금융자산의 가치를 제대로 평가하려면 첫째, 시장에서 요구하는 안전자산—이를테면 세계에서 가장 신뢰할 수 있는 정부의 국채—의 수익률을 고려해야 한다. 둘째, 해당 자산의 리스크를 감안하여 적절히 수익률을 조정한다. 셋째, 그 자산에서 나오는 지급액이 증가할 것으로 예상되는 비율을 뺀다. 고정 이자부 채권이라면 이 수치가 0이며, 주식의 경우에는 수익증가율 기대치가 된다. 이를 '조정된 수익률 요소adjusted yield factor'라고 부르자. 넷째, 해당 자산에서 나오는 지급금—즉 채권의 경우에는 이자, 주식의 경우에는 배당금—을 그 '조정된 수익률 요소'로 나눈다. 이렇게 하면 그 자산의 판매 가격이 산출된다. 1920년대에도 이 네 단계의 절차를 모두 거치는 수고를 감수하면서 자산의 적정 가치를 계산한 이들이 있었다. 이들은 그 자산의 가격이 최소한 그 적정 가치만큼은 오를 것이라고 믿었다.

그리하여 거시경제의 안정화가 성공적으로 이루어져 리스크와 이자율이 낮고, 새로운 기술로 경제가 빠르게 성장하고, 장래에는 경기침체가 거의 발생하지 않고 발생하더라도 규모가 크지 않으리라고 확신하는, 영구적인 '새로운 시대'가 도래했다는 신념이 확산됐다. 구체적으로 말하면, 이는 각종 금융자산, 특히 주식, 그것도 하이테크 기업들의 주식 가격이 아주 높아질 것이라는 결론이었다. 통화경제학자 (그리고 열성적인 금주법 지지자였던) 어빙 피셔Irving Fisher는 1929년 말 "이제 주식시장은 영원한 고원高原처럼 보이는 수준에 도달했다"고 선언하며 경제예측가로서의 자신의 명예에 먹칠을 했다. 하지만 사실 그의 선언에 거의 모든 이들이 고개를 끄덕이며 동의했었다.[39]

이미 이때쯤에는 미국 증시가 확실히 정상 궤도를 벗어나 있었다. 주식시장에서는 이례적 현상이 빈번하게 발생했다. 이러한 사실은 1929년 여름과 초가을에 사람들이 정말로 아무 생각 없이 묻지마 심리로 주식을 사들이고 있다는 점에서 뚜렷이 나타났다.

폐쇄형 투자펀드closed-end investment fund의 경우를 보자. 폐쇄형 투자펀드는 순수 지주회사다. 당시 투자자들은 자신들의 자원을 한곳으로 모아 지주회사를 설립한 뒤 주식을 구매하는 방식을 취했다. 이를 통해 자기들의 리스크를 유한하게 만들었다. 이 폐쇄형 투자펀드는 100개 혹은 그 이상의 상장 기업들의 주식을 구입하여 보유했다. 이런 펀드의 근거는 펀드의 매니저가 주식의 선별과 리스크 관리에 있어서 개인 투자자보다 더 뛰어나리라는 점이다.

현실에서 이는 폐쇄형 투자펀드의 자산은 오직 금융자산, 즉 그 펀드가 보유한 주식과 채권뿐이라는 뜻이다. 합리적인 금융의 기본 원칙에 따르면 폐쇄형 투자펀드의 기본 가치란 그 포트폴리오를 구성하는 주식 및 채권의 현재가치 이상도 이하도 아니다. 하지만 1929년 가을 미국 주식시장에서는 폐쇄형 투자펀드가 그 순자산 가치에 비해 40%의 프리미엄이 붙어서 판매되고 있었다.[40]

금본위제의 '게임의 법칙'에 따르면, 금이 유입되는 국가는 유입된 금을 사용하여 통화량을 팽창시키게 되어있고, 이로 인해 인플레이션이 촉발된다. 인플레이션이 나타나면 그 나라의 수입은 늘어나고 수출은 감소하여 무역수지가 다시 균형을 되찾는다. 그런데 당시 미국과 프랑스 모두 금 유입에 따른 인플레이션을 감수할의사가 전혀 없었다. 이들은 유입된 금을 비상시 대비용으로 정부금고에다가 꽁꽁 숨겨두었다. 두 나라 모두 자기들의 금 준비를 국제수지에 가해지는 충격을 흡수하는 장치가 아니라, 쌓아두고 지켜야 할 국가의 보화national treasure로 보았다. 금의 국외 유출은 패배로 여겨졌다.

미국과 프랑스는 1929년 전 세계 통화용 금의 60% 이상을 보유했다. 글로벌 물가는 이제 1914년의 2배에 달했다. 미국과 프랑스이외의 나라들이 무역을 결제할 때 금이 차지하는 비중도 크게 줄어들었다. 그 결과 금화 한 닢 혹은 금괴 한 덩어리가 감당해야 하는 충격 흡수, 유동성 공급, 신용창출 기능의 몫은 정상적인 경우와비교하여 다섯 배가 늘어나야만 하는 상황이 되었다.[41]

대공황 한참 후에 경제학자 하이에크와 라이오넬 로빈스Lionel Robbins는 1929년 시작된 대공황의 원인은 연방준비제도가 금리 인상을 서두르지 않았던 데에 있다고 주장했다. 이들은 연준이 (독일중앙은행과 영란은행의 요구에 따라) 1927년 봄에 은행에 대한 재할인율 금리를 4%에서 3.5%로 인하했던 사실을 지적했다. 이들은 이러한 금리 인하가 명백하게 인플레이션을 자극했고, 싼값으로 화폐가 이용 가능하게 되었으며, 결국 인플레이션 붐이 벌어져 그것이1929년 투기의 광기를 낳았다고 주장했다.[42]

당시와는 달리 오늘날에는 과도한 확장적 통화정책이 어떤 것인지 잘 알고 있기 때문에 이들의 주장이 틀렸다는 것을 알고 있다.그런 통화정책은 1965년과 1973년 사이의 미국에서 나타난 바 있었다. 1920년대 후반은 전반적으로 물가가 일정하게 유지되었던,

전혀 종류가 다른 상황이었다. 또 상품시장 어디에서도 화폐는 넘쳐나지만 상품이 부족하다는 징후는 보이지 않았다.

밀턴 프리드먼Milton Friedman과 같은 경제학자들은 더 설득력 있는 주장을 편다. 이들은 연방준비제도가 1929년 증시 폭락을 앞두고 지나친 확장적 통화정책이 아니라 오히려 과도한 긴축 통화정책을 폈다고 주장했다. 1928년부터 연준 당국자들은 금리를 인상하지 않으면 금이 미국 밖으로 빠져나갈 것을 걱정하기 시작했다. 동시에 이들은 주가가 너무 높아서 증시가 폭락할까봐 우려했으며, 다시 그러한 폭락이 경기침체를 가져올 수 있는 가능성도 염려했다. 그리하여 이들은 금 유출과 주식시장 투기 열풍을 모두 누르기 위하여 금리 인상을 단행했다고 한다. 전자의 목표는 달성되었지만, 후자의 목표는 실패했다.[43]

연준은 주식시장의 버블이 너무 커져서 심한 폭락과 붕괴를 촉발시킬 정도가 되는 사태를 미연에 방지하고자 이런 시도를 했던 것이었지만, 이것이 오히려 역효과를 낳았던 것으로 보인다. 사실 주식시장 대폭락을 (그리고 그다음에는 경기침체를) 촉발시킨 것은 순전히 연준이었던 것이다. 미국 경제는 1929년 6월에 경기변동의 하강 국면에 접어들었다. 그 시점에 독일 경제는 이미 거의 1년 동안 침체 상태였다. 대공황은 이미 시작되었다.

7장. 대공황

　대공황을 이해하려면 먼저 19세기 초반 경제학자들이 벌였던 첫 번째 논쟁을 돌이켜봐야 한다. 시장경제의 출현을 목도하던 당시 경제학자들은 시장경제에서 모든 일이 유기적으로 맞물려 돌아기지 않을 수도 있다는 우려를 품고 있었다. 예를 들어 이런 일이 벌어지면 어떻게 할 것인가? 상인들이 농부들에게 공예품을 팔려 하지만 농부들은 살 생각이 없다. 그래서 상인들은 팔리지도 않을 장인들의 공예품을 사지 않으며, 장인들은 소득이 없어서 농작물을 살 수 없고, 결국 농부들도 자기들이 기른 작물을 판매할 수 없게 되는 사태이다.

　프랑스 경제학자 장바티스트 세Jean-Baptiste Say는 1803년에 그런 걱정은 기우일 뿐이라고 했다. 그러한 '전반적 과잉 상태general glut'―경제 전체에 '과잉생산' 혹은 '과소수요'가 나타나서 그 결과 대량 실업이 발생하는 상태―는 논리적으로 성립할 수 없다는 것이었다. 누구든 자신이 번 돈을 무언가를 사기 위해 사용한다고 기대할 수 없다면, 그 누구도 팔기 위해서 무언가를 생산하지 않을 것이라고 그는 주장했다.[1] 그다음 세대의 경제학자인 밀은 1829년에 세의 주장을 다음과 같이 요약한다. 판매하기 위해 계획된 생산의 총가치, 계획된 판매의 총가치와, 계획된 구매의 총가치 사이에는 "형이상학적인 논리적 필연에 따라" 절대로 불균형이 생겨날 수 없

다. 이것이 바로 '세의 법칙'이라는 것이었다.[2]

세는 이러한 등가의 법칙이 어디까지나 전체 경제에서의 가치 총계 차원에만 적용된다고 강조했다. 각각의 상품들에 대해서는 얼마든지 초과수요가 존재할 수 있고, 실제로 그런 일은 흔하다. 이 경우 구매자들은 자신의 욕구를 충족시키지 못했으므로 더 높은 값을 기꺼이 지불하겠다고 나선다. 또 과잉공급이 발생할 수도 있으며, 이때는 판매자들이 가격을 빠르게 내린다. 이렇게 수요가 공급을 초과하는 희소한 상품 ─따라서 이를 생산하여 판매하면 큰 이윤을 얻을 수 있다─이나 공급이 수요를 초과하는 과다한 상품 ─따라서 이를 생산하면 손실만 본다─은 시장경제의 특징이지 결함이 아니다. 시장은 이러한 불균형을 제거하도록 자원을 신속하게 이동시키는 인센티브를 제공하는 장치라는 것이었다. 하지만 만약 거의 모든 상품에 있어서 생산에 비해 수요가 부족한 상태가 벌어진다면? 세는 그런 일은 있을 수 없다고 말했다.

다른 경제학자들은 세의 결론에 의문을 제기했다. 어떤 것을 판매하기도 전에 무언가를 사고 싶다면? 예를 들어 옷감을 생산하는 장인은 상인이 그에게서 옷감을 사기 전에도 식량을 구매할 필요가 있을 수 있지 않은가? 세는 그런 경우를 대비해서 은행과 상업 신용이 존재한다고 했다. "상인들은 교환의 매개 역할을 할 수 있는 것들을 찾아내어 그것으로 그 생산물을 대체하는 방법을 잘 알고 있다." 마르크스는 이러한 주장을 "세의 유치한 잡소리"라고 혹평했다.[3] 무언가를 판매하는 목적은 다른 상품을 구매하는 데에만 있지 않다. 만약 은행에서 돈을 꾸었는데 은행이 채무 상환을 연장해 주지 않는다면 그는 소비가 아니라 그 빚을 갚기 위해서 무언가를 팔아야 하는 상황도 얼마든지 올 수 있다. 이 경우 상품의 수요는 과거의 것이고, 현재의 공급과 균형을 이룰 수 없다. 만약 모든 사람이 이렇게 옛날에 진 빚을 상환하기 위해 판매를 하려 든다면, 실제로 "전반적 과잉 상태"가 생겨날 것이다. 그리고 은행은 파산하는 회사들을 보며 기왕의 대출을 회수하기만 할 뿐, "교환의 매개물로 기능할 수 있는, 생산물의 대체물들"을 제공하려 하지 않으리라는 것이었다.

세는 틀렸다. 맬서스가 1819년에 어렴풋이 직감했고 젊은 밀이 1829년에 확신했던 바대로, 거의 모든 상품에 대한 과잉공급과 동시에 화폐에 대한 초과수요가 생겨날 수 있었다.[4]

어떤 상품에 초과수요가 있다면, 제조업자는 상품 가격을 올릴 수 있다. 그 상품을 정말로 원하는 수요자 또한 더 높은 가격을 지불하고자 할 수 있다. 이제 이 수요자는 그렇게 해서라도 그 상품을 사기 위해 더 많은 돈을 가지려 들게 된다. 한편, 화폐에 초과수요가 있을 때에도 비슷한 일이 벌어진다. 더 많은 화폐를 수요하게 되는 이들이 더 긴 시간 더 열심히 일하여 더 많은 돈을 '구매하는' 일이 벌어지기 때문이다. 그런데 화폐는 특별한 상품이므로, 다른 선택지가 또 하나 있다. 바로 지출을 줄이는 것이다. 누군가가 이렇게 지출을 멈추면 그 사람에게 상품을 판매하려고 했던 공급자는 시장을 잃게 되며, 결국 그렇게 시장을 잃은 공급자는 소득 나아가 일자리까지 잃는다.[5]

화폐에 대해서 초과수요가 형성되고, 그로 인해 더 많은 상품과 서비스가 과잉공급 되면 공장은 문을 닫고 노동자는 일자리를 잃는다. 주주는 배당금을 받지 못하고 대출업자도 이자 수익을 얻지 못하며, 노동자들은 소득을 잃는다. 그러면 이미 경제의 잠재적인 총공급 수준과 현재의 총수요 수준 사이의 격차가 더욱 벌어진다.

세는 1825년의 영국 운하 공황British Canal Panic 이후 마르크스와 밀의 (그리고 다른 경제학자들의) 반론이 일리가 있음을 인정한다.[6] 1825년 후반, 영국의 은행과 상인들은 투자 결과가 신통치 않은 너무 많은 이들에게 너무 많은 돈을 꾸어주었다고 결론을 짓는다. 그리하여 이들은 할인업(고객이 미래수익을 담보로 발행한 증서를 현금으로 바꾸어주는 업—옮긴이)을 중단한다. 세의 말에 따르면, 이렇게 "할인업이 일으킨 뇌졸중 한 방으로 거기에 의지해 왔던 상업 전체가 순식간에 빈털터리가 되었"으며, 이로 인해 결국 금융도 그리고 나아가 경제 전체까지 붕괴하여 진짜로 '전반적 과잉 상태'가 나타나고 말았다. 화폐와 신용은 유동성의 모습을 띠고 있지만, 따지고 보면 그 유동성의 핵심은 신뢰에 있다. 만약 상대방이 지급능력이 충분하다는 신뢰가 사라진다면 화폐도 신용도 함께 사라지게 되어있다.

하지만 화폐에 관해서라면, 거의 언제나 믿을 수 있는 조직이 하나 있다. 바로 정부다. 정부는 사람들이 스스로 발행한 화폐로만 세금을 내게 한다. 이 때문에 납세자들은 누구든 정부가 발행한 화폐를 가져오는 사람에게는 기꺼이 자기 상품을 내어준다. 따라서 정부의 장기적인 재정 상태에 대한 신뢰가 존재하는 한, 수요와 소득의 부족으로 경제 전체가 얼어붙을 때에는 언제든 정부가 나서서 사태를 해결할 수 있다. 정부가 화폐를 발행하여 사람들에게 더 많은 현금을 쥐어주면, 사람들은 상품을 살 수 있다. 이들의 상품 구매는 다른 사람들의 추가적 소득이 된다. 이 추가적 소득을 얻은 이들은 또 자신의 구매 규모를 더 키울 수 있다. 그리하여 얼어붙어 꼼짝 못 하던 경제 전체가 다시 움직일 수 있게 된다. 정부가 적절한 방식으로 행동하기만 한다면 말이다.

정부가 불황을 해결하기 위하여 대중의 주머니에 추가적인 구매력을 제공하는 방법은 여러 가지가 있다.

우선 공무원들을 시켜 헬리콥터에서 공중에 돈다발을 뿌리는 방법이 있다. 이렇게 멋진 아이디어를 처음 제안한 사람은 프리드먼이었다(벤 버냉키Ben Bernanke 연준 의장이 '헬리콥터 벤'이라는 별명을 얻은 것도 이런 맥락이다).

정부가 사람들을 고용해서 일을 시키고 급여를 줄 수도 있다.

정부가 그냥 유용한 물품을 구매하는 방법도 있다. 그러면 그 물품을 생산하는 이에게는 추가적 수요가 생기는 셈이니, 그 사람은 더 많은 이들을 고용하여 일을 시키고 월급을 주면서 이윤을 얻을 수 있다.

정부는 또한 각종 금융자산을 현금으로 바꾸어주는 기관 —중앙은행—을 동원할 수 있다.

이 마지막 선택지가 보통 최근의 역사에서 각국 정부가 가장 선호하는 방법이었다. 1825년 운하 위기 당시 영란은행은 영국 내의 은행, 기업, 개인의 현금 보유 —그리고 현금 지출 —를 높이기 위해 대대적인 조치들을 취했다.[7] 당시 영란은행 임원이던 제레미아 하먼Jeremiah Harman 의 말에 따르면, "우리는 가능한 모든 방법을 써서 또 이전에 한 번도 채택한 적이 없는 형식으로 [현금을] 빌려줬다. 주식을 담보로 받았고, 재무성 증권을 매입했고, 재무성 증권을 담보로 현금을 대출해 주었으며, 환어음의 즉각적인 할인뿐 아니라 그것을 담보로 엄청난 현금을 지급했다. 요컨대, 영란은행의 안전을 해치지 않는 한 가능한 온갖 수단을 동원했다. 사람들이 어떤 끔찍한 상태에 있는지를 충분히 보았는지라 우리 또한 할 수 있는 모든 지원을 해주었다."[8]

영란은행의 이러한 노력에도 불구하고 영국 경제는 불황에 빠졌다. 1826년의 면사 생산량은 1825년 대비 16% 하락했다. 하지만 불경기는 오래 지속되지 않았다. 1827년의 면사 생산량은 전년 대비 30% 증가했다. 이 정도면 선방한 것일까? 말할 필요도 없다. 만약 영란은행이 1930년대 초의 미국 재무부 및 연준처럼 행동했더라면 경기침체가 더 심각했을 것이라고 생각할 만한 충분한 이유가 있다.

*

세계는 1929년부터 1933년까지 대공황으로 빠져들었다. 하지만 각국의 중앙은행은 대중의 손에 현금을 쥐여주는 대규모 비상대책을 실행하지 **않았다**. 세계경제가 대공황에 빠지게 된 과정은 아주 이해하기 쉽다. 하지만 중앙은행들이 아무것도 하지 않았던 이유를 이해하기는 훨씬 어렵다.

1920년대 미국 증시는 호황이었다. 이것은 미국 전반에 퍼진 낙관주의의 결과였다. 기업가들과 경제학자들은 새롭게 탄생한 연방준비제도가 경제를 안정시키고 빠른 기술 진보가 생활수준을 빠르게 개선하고 시장을 확장시킬 것이라 믿었다. 하지만 연준은 주식투기가 계속되면 자산 가격이 조금만 하락해도 파산하는 레버리지가 과도한 금융기관이 대거 생겨날 것을 우려했다. 그렇게 줄도산이 발생하면 사람들은 엄청난 두려움에 휩쓸려 모두가 현금을 찾게 되며, '전반적 과잉 상태'의 이면인 현금에 대한 초과수요를 초래하게 될 것이었다. 따라서 연준은 그러한 투기를 미연에 방지하기 위해 주식시장 버블에 제동을 걸어야 한다고 판단했다. 그렇게 미래의 불황을 막으려던 시도가 현재의 불황을 초래하는 일이 벌

어진다.[9]

과거의 불황이든 미래의 불황이든 대공황만큼 큰 불황은 없었다. 대공황 이전 미국의 경기 하강들은 그 피해가 훨씬 덜했다. 1894년의 불황 때에는 실업률이 정점에 달했지만 그래봐야 12%였으며, 1908년에는 6%, 1921년에는 11%였다. 2차 대전에서부터 2020년 코로나19 팬데믹에 이르는 시기에 기록된 가장 높은 실업률 또한 11%였다. 하지만 대공황 시기에 실업률은 최고 23%까지 올라갔으며, 비농업 노동자들의 실업률은 무려 28%였다(가족농 부문에서는 '실업'이라는 현상 자체를 측정하기 어렵다). 대공황이 더욱 극심하게 되었던 것은, 비농업 부문이 가족농 부문을 희생시켜서 상대적으로 더 팽창한 결과였다. 가장 유용한 가용 데이터를 바탕으로 내가 추산한 바로는, 비농업 부문의 실업률은 시간 역순으로 1921년에 14%, 1908년에 8%, 1894년에 20%, 1884년에 11%에서 정점을 찍은 것으로 보인다. 대규모 실업이 동반된 불황은 노동자들과 기업가들로 구성된 비농업 경제의 질병이지, 자영농 심지어 독립 장인으로 구성된 경제의 질병은 아니다.

하지만 공업과 비농업 부문의 상대적 규모가 커지고 있던 상황을 고려하더라도, 대공황은 이전의 그 어떤 불황보다 더 심각했고 더 길었다. 이전의 불황들 또한 사람들이 일자리를 잃고 공장과 기업이 문을 닫는 충격을 주었지만, 어쨌든 때론 빠르게 때론 천천히 경제가 회복되었다. 사람들은 스스로를 추슬렀고, 경제에 대한 신뢰와 자신감도 돌아왔으며, 화폐에 대한 초과수요도 사그라지고, 사람들은 미래의 위기 상황에 대비해 많은 현금을 비축하려고 하지 않게 됐다.

대공황은 달랐다. 1929년 중반에 경기침체가 시작되면서 이것이 시장의 자신감에 첫 번째 충격을 가했다. 이 충격에 과도한 레버리지가 겹쳐져 1929년 말에 주식시장이 무너졌으며, 이것이 시장의 자신감에 두 번째 충격이 되었다. 그리고 1년 뒤 은행 위기가 닥쳤다. 은행에 맡겨둔 예금을 찾을 수 없다는 (혹은 완전히 사라질 수 있다는) 불안이 확산되면서 뱅크런이 야기되었다. 필요할 때에 꺼내 쓸 수 있다는 확신이 사라졌으니 예금은 더 이상 온전한 '화폐'가 아니었다. 사람들은 더 많은 화폐를, 그것도 분명히 손에 잡히는 가시적 현금의 형태로 달라고 요구했다. 이것이 다시 화폐에 대한 초과수요를 부추겼다. 1931년 3월에 두 번째 은행 위기가 터진다. 1931년 여름과 가을에는 다른 나라들에서도 공황이 발생했다, 이로써 대공황은 전 세계로 확산되었다. 특히 독일의 상황이 심각했다.[10]

1930년대 말까지 사람들은 현금을 달라고 아우성쳤다. '포효하는 20년대'는 끝났고 주식시장은 약세를 면치 못하며 현금에 대한 사람들의 수요가 급격히 늘어났다. 하지만 은행들은 주식시장 붕괴 이후 겁을 집어먹고서 기존 대출은 회수하는 한편 신용 대출은 줄였다. 예금에 대한 준비금 비율을 올려야 했기 때문이다. 그러자 가계 또한 자신들의 통화-예금 비율currency-to-deposits ratio, 즉 은행에 갖다 맡긴 돈에 대한 이불 밑에 깔아놓은 현금의 비율을 올리려 들기 시작했다.

1930년 말에서 1933년까지 시장의 자신감이 떨어지면서 은행의 예금 준비금 비율과 가계의 통화-예금 비율이 모두 올라갔고, 매달 화폐 공급량은 줄어들었다. 이 기간을 보면 1931년은 물론 은행업과 국제 금융의 위기의 해였지만 1932년에는 추가적인 큰 위기가 없었다. 하지만 회복의 기미도 없었다. 너무 절박하고 유례가 없는 상황이었던지라 시장이 자신감을 회복할 수 없었던 것이다.

케인스주의에 반대되는 종래의 경제학은 임금과 물가가 명목상 하락하도록 장려하면 (혹은 강제하면) 불황이 더 빨리 치유될 수 있다고 주장했을 것이다. 이렇게 되면 같은 액수로 더 많은 물건을 살 수 있으며 또 더 많은 이들에게 일자리를 제공할 수 있기 때문이다. 하지만 문제가 있다. 임금과 물가가 떨어져도 부채까지 함께 줄어들지는 않는다. 결국 대공황 기간의 물가 하락—디플레이션—은 기업들로 하여금 자신의 부채를 상환할 수 없도록 만들어 대규모 파산 사태를 가져왔고, 이로 인해 생산은 더욱 위축되고 추가적인 물가 하락과 기업 파산으로 이어졌다.

은행 패닉과 세계 통화 시스템의 붕괴로 모든 이들의 신용이 흔들리게 되자 1930년대 초에는 기다리며 관망해야 한다는 믿음이 강해졌다. 그리하여 현금 수요는 폭증했고, 재화와 서비스의 과잉 공급이 심화됐다. 물가가 매년 10%씩 하락하자 투자자들은 아무 것도 하지 않고 있어야 하는 상황에 처했다. 돈의 가치가 계속 올라가므로 기다렸다가 다음 해에 투자를 하면 더 큰 규모의 투자가 되어 수익도 더 커질 터이기 때문이었다. 새 대통령으로 선출된 후버의 임기 내내 이렇게 실업이 늘어나고, 생산이 줄어들고, 물가가 떨어지는 대공황으로의 추락 현상이 계속되었다.

최악에 달했을 때의 대공황은 집단적 광기와 같았다. 기업이 기계를 작동시킬 사람들을 고용하지 않았기 때문에 노동자들은 할 일이 없었다. 만들어 봐야 팔 시장이 없기 때문에 기업은 기계를 작동시킬 노동자를 고용하지 않았다. 노동자들은 지출할 소득이 없었기 때문에 상품을 판매할 시장이 없었다. 저널리스트이자 소설가였던 조지 오웰은 1936년 《위건 부두로 가는 길》에서 영국의 대공황을 설명한다. "수백 명의 사람들이 남녀 할 것 없이" 부스러기 더미에서 "작은 석탄 쪼가리라도 찾아내려고 목숨을 내걸고 몇 시간씩 진창을 헤매고 있다." 집에 불을 때고자 함이다. 이들에게 이 "공짜" 석탄은 "거의 식량보다 더 중요하다." 이들이 이렇게 목숨을 걸고 헤매는 와중에, 이들이 전에 사용했던 석탄 채굴 장비들은 멈추어 있었다. 이 기계만 돌리면 이들이 하루 온 종일 모을 석탄을 불과 5분이면 채취할 수 있을 터인데 말이다.[11]

　대공황이 어째서 터졌는지, 하필이면 그 시점에 터졌는지, 왜 전무후무한 대공황이 되었는지 등을 완전히 만족스럽게 설명할 방도는 없다. 규제가 없는 자본주의 경제에서는 그렇게 엄청난 공황이 언제라도 터질 가능성이 있다고 말하는 이도 있지만, 그렇다면 어째서 2차 대전 이전의 긴 세월 동안 그런 대공황이 두 번 세 번 아니 그 이상 터지지 않았던 것일까? 훗날 프리드먼과 애나 슈워츠Anna Schwartz는 대공황은 믿을 수 없을 만큼 어이없는 실수가 통화정책에서 연이어 발생한 결과라고 주장했다. 하지만 1930년대 초에 정책을 관장했던 사람들은 전임자들이 사용했던 것과 동일한 금본위제 준칙을 따르고 있다고 생각했다. 그들이 틀렸을까? 만약 틀리지 않았다면, 왜 그 대공황은 **유일한** 대공황이었던 것일까?

　대공황은 분명 수많은 악재들이 겹치면서 발생했다. 미국은 1924년 이민을 제한하기로 결정했고, 이로 인해 1920년대 중반 건설된 수많은 집이 사줄 사람이 없는 상황에 처한다. 금융시장이 급속하게 팽창하고 여기에 뛰어드는 이들이 늘어나면서 투기와 금융공황에 더욱 취약해졌다. 프랑스와 미국이 금을 몽땅 금고 속에 쟁여놓는 바람에 경기변동의 충격을 흡수할 수 있는 금 통화가 부족해졌다. 국제통화시스템이 금뿐만 아니라 달러와 같은 다른 자산

—마찬가지로 쇄도$_{run}$가 빚어질 수 있는 자산들—에 의존했던 것
도 영향을 미쳤다.

　나도 이 책을 쓰기 시작했을 때에는 다른 많은 이들처럼 1929년
부터 1933년까지의 시기가 유별나게 취약한 시점이라고 생각했
고, 따라서 이 시기 대공황의 원인을 설명하는 데에 상당한 지면
을 할애할 계획이었다. 하지만 2008년에 또 다른 대공황의 가장
자리로 미끄러지는 모습을 보며(이는 17장에서 자세히 살펴본다),
1929~1933년이 자본주의의 역사에서 그렇게 유별나게 취약한 시
기가 아니었다는 점을 뼈저리게 깨달았다. 오히려 우리는 1929년
만 빼고 그 이전과 이후에 기가 막힐 정도로 운이 좋았을 뿐이다.

　상황이 대공황으로 치닫고 있는데도 정책 엘리트들은 1920년대
말에 추진했던 각종 긴축 조치를 더욱 강화했다. 불황이 심화되자
각국 정부와 중앙은행이 본능적으로 취했던 조치는, 말하기도 민
망하지만 아무것도 하지 않는 것이었다. 기업가, 경제학자, 정치인
들은 1929~1930년의 경기침체에서 저절로 회복될 것이라고 기대
했다. 즉 손 놓고 놀고 있는 노동자들과 기계를 놀리고 있는 자본가
들이 일하고 있는 경쟁자들보다 더 싼 값으로 노동력과 상품을 시
장에 내놓는다. 그러면 물가는 하락한다. 물가가 충분히 떨어지면
기업가들은 시장의 수요가 아직 신통치 않아도 낮은 임금의 노동
력으로 생산하여 이윤을 거둘 수 있겠다고 판단하고 생산에 과감
히 뛰어든다. 이렇게 생산이 재개된다는 논리였다. 사실 1929년 이
전의 여러 불황들은 이런 식으로 끝이 났었다.

　경기가 하강—미국 노동자의 거의 4분의 1이 실업자, 1인당 생
산성은 1929년 수준의 40% 이하로 감소—하는 내내 정부는 총수
요를 떠받치려는 노력을 일체 하지 않았다. 화폐 공급이 줄어들고

있었는데도 연준은 공개시장조작으로 현금을 공급하려 하지 않았다. 대대적이고 체계적으로 공개시장조작이 활용된 경우가 딱 한 번 있었는데, 방향이 정반대였다. 1931년 가을 영국이 금본위제를 탈퇴하자 미국에서 금이 유출되는 것을 막기 위해서 연준이 금리를 인상했던 것이다.[12]

연준은 자신들이 제대로 대처하고 있다고 믿었다. 그들은 민간 부문이 대공황을 스스로의 방식으로 대응하도록 내버려두었다. 재조정을 위해서는 민간 부문이 반드시 거쳐야 하는 과정이 있거니와, 만약 연준이 확장적인 통화정책을 펴거나 과도한 정부지출로 재정 적자가 나면 민간의 재조정이 방해받을 수도 있다고 우려했던 것이다.

연준의 이런 '거의 혹은 전혀 아무것도 하지 않는' 접근법은 세간의 일치된 지지를 받았으며, 거기에는 당대의 가장 저명한 경제학자들도 들어있었다.

예를 들어 하버드 대학교의 슘페터는 "불황은 단순히 우리가 억제하려고 시도할 수 있는 악이 아니라 행해져야 하는 무언가, 즉 변화에 대한 조정과 같은 것이다"라고 말했다.[13] 하이에크는 이렇게 말했다. "그러므로 가용한 모든 자원을 영구적으로 동원하는 유일한 방법은 생산의 구조를 적응시키는 느린 과정을 통해 영구적인 치료가 이루어지도록 그저 시간에 맡겨두는 것뿐이다."[14]

하이에크와 그를 지지하는 이들은 사업이란 때로는 실패하는 도박과 같다고 믿었다. 그런 상황에서의 최선은 미래 수요를 잘못 판단하여 진행한 사업을 폐쇄하는 것이다. 그런 회사나 투자를 청산하면 수익을 내지 못하는 쓰임새에 붙들려 있었던 생산요소들이 재배치될 수 있다. 불황이란 바로 이러한 청산 과정이자 생산요소들의 재배치를 준비하는 과정이라는 게 하이에크의 설명이었다.

슘페터는 이런 방식으로 설명한다. "인위적인 부양책에만 의존하여 경제를 회생시킬 경우 불황이 마땅히 했어야 할 작업이 제대로 완수되지 못하며, 적응 실패자들이 청산당하지 않고 그대로 남아있게 된다. 게다가 그러한 인위적 부양은 또 다른 청산되어야 마땅할 적응 실패자들을 시장에 추가적으로 출현시키게 되므로, 경제는 장차 또 다른 [더 끔찍한] 위기의 위협을 안게 된다."[15] 요컨대, 주신 분도 시장이시요 가져가신 분도 시장이시니 아무리 고통스러워도 이를 악물고 버티면서 시장을 찬양하라는 말이었다. 하지만 사람들은 그저 이를 악물고 묵묵히 버티지 않았다. 이들은 아주 큰 소리로 반복해서 시장에 저주의 말을 퍼부었다.

상무부 장관이던 후버가 1929년 3월 4일에 미국 대통령이 됐다. 경기침체가 시작되기 3개월 전이었고, 1929년 증시 폭락 6개월 전이었다. 그는 재무장관 앤드루 멜런Andrew Mellon을 유임시켰다. 멜런은 하딩이 재무장관 후보로 지명하여 하딩의 임기 시작 5일 후인 1921년 3월 9일에 인준을 받았다. 멜런은 하딩이 1923년에 심장마비로 세상을 떠나고 쿨리지 행정부가 들어선 뒤에도 재무장관으로 남았다. 쿨리지가 대선에서 승리를 거두고 1925년에 대통령으로 취임했을 때도 재무장관이었다. 그는 1929년에 후버 행정부가 들어섰을 때도 재무장관 자리를 지켰다. 멜런보다 오래 재무장관을 역임한 인물은 앨버트 갤러틴Albert Gallatin —제퍼슨, 매디슨, 먼로의 재무장관이었다—뿐이다. 세금, 예산, 통화정책 모두—당시에는 재무장관이 연방준비제도 의장의 역할도 수행했다—가 멜런의 권한 안에 있었다. 후버는 그 자신이 광산 기술 전문가고 경영자로서도 전문가를 믿고 맡기는 유형이었다. 후버는 대공황을 다루는 일

또한 멜런을 전문가로 삼아 그에게 일임했다.

후버는 훗날 1950년대에 미국 경제와 자신의 정치 경력이 파탄 난 대공황 당시를 회고하면서 경기가 하강하는 동안 아무것도 하지 않도록 조언했던 멜런과 그의 지지자들에게 저주를 퍼붓는다.

> 재무장관 멜런이 이끌던 '자유방임적 청산주의자들leave-it-alone liquidationists'은 불황이 스스로를 청산하도록 정부는 손을 떼고 있어야 한다고 생각했다. 멜런에게는 오직 하나의 공식만이 있었다. "노동을 청산하고, 주식을 청산하고, 농부들을 청산하고, 부동산을 청산하라." 그는 공황이라고 항상 나쁜 것만은 아니며, "공황은 시스템에서 썩은 부분을 도려낼 것이다. 높은 생활비와 호화스러운 생활은 정상적인 수준으로 내려올 것이다. 사람들은 더 열심히 일하고, 더 도덕적인 삶을 살 것이다. 가치는 다시 조정될 것이며, 진취적인 기업가들이 유능하지 못한 사람들에게서 난파한 기업들을 건져 올릴 것"이라고 했다.[16]

회고록에서 후버는 자신은 더 적극적인 정책을 추진하고자 했던 것처럼 썼다. 단순히 구호물자를 배포하는 것 이상을, 그리고 번영이 바로 코앞은 아니어도 가까이 있다고 사람들을 그저 안심시키는 것 이상을 하려고 했다는 것이다. 하지만 멜런이 후버의 의견을 묵살하여 자신은 그를 따를 수밖에 없었다고 한다. 후버와 멜런 중 누가 행정부의 수반이었나? 멜런은 단지 재무부 장관이 아니었던가?

이 지배적인 교리 ─장기적으로 볼 때 대공황은 경제에 좋은 약으로 판명될 것이며, 부양책 옹호자들은 근시안적이며 공공 후생의 적이라는 교리 —는 솔직히 말해서 완전히 정신 나간, 그저 헛소리이다. 이미 1829년에 존 스튜어트 밀은 이 점을 정확하게 분석하여 제시한 바 있다. 화폐에 대한 초과수요가 '전반적 과잉 상태'를 낳는 원인이니, 만약 경제 전체의 화폐 공급이 화폐 수요를 충당한다면 불황은 나타나지 않는다는 것이었다.[17] 현실의 금융을 다루는 중앙은행가들 또한 이러한 상황에 대처하는 매뉴얼을 가지고 있었다.[18] 하지만 아무도 매뉴얼을 따르지 않았다.

왜 그랬을까? 이전 여러 차례의 경기 하강 때에는 화폐에 대한 초과수요의 성격이 **유동성** 쟁탈전이었다. 사람들은 오로지 현금을 얻기 위해 다른 모든 자산을 미친 듯이 팔아치웠고, 보유하고 있던 국채도 마찬가지로 처분했다. 그렇게 국채 가격이 하락하자 국채 금리는 상승했다. 중앙은행은 이렇게 국채 금리가 급등하자 경제에 더 많은 현금이 필요하다는 신호로 해석했다.

대공황은 이러한 그 이전의 경기 하락과 달랐다.

대공황 당시는 화폐에 대한 초과수요만이 아니라 사람들의 미래에 대한 공포도 워낙 심해서 화폐에 대한 초과수요가 **안전자산** 쟁탈전의 성격을 띠었다. 사람들은 현금은 물론이고 쉽게 현금으로 전환할 수 있는 자산 또한 필사적으로 찾아 헤맸다. 불황이 상당 기간 계속될 것이라고 믿었기에 사람들은 그렇지 못한 여타 자산들을 (투기성 주식, 산업기업 주식, 유틸리티 부문 주식, 온갖 종류의 채권, 심지어 안전한 철도 주식, 나아가 조상 대대로 내려오는 집안 가구와 여름 별장 등까지) 집어 던졌다. 쟁탈전이 벌어진 대상은 현금과 국채 둘 다였다. 그 결과 온갖 자산 가격이 하락하고 집안의 가구까지 가격표가 붙은 채 길가에 나앉는 판이었지만, 국채 가격은 하락하지 —국채 금리는 상승하지 —않았다. 그 결과 중앙은행은 무슨 일이 벌어지고 있는지를 확신할 수 없었다.

각국 정부는 수출 경쟁력을 회복하기 위해 그리고 재정 균형을 회복하기 위해 젖 먹던 힘까지 쏟아부었다. 이는 현실적으로 수요를 더욱 압박하여 다시 임금과 물가를 낮추는 효과가 있었다. 독일의 경우 재상─총리─인 하인리히 브뤼닝Heinrich Brüning이 물가는 10%, 임금은 10~15% 떨어지게 하라는 명령을 내렸다. 이렇게 보수적인 금융 및 재정정책을 추구하는 조치를 취할 때마다 상황은 더욱 악화되었다.

대공황 시기의 이자율을 살펴보면, 국채의 안전한 이자율과 대출이 가능한 기업이 지불해야 하는 이자율 사이의 격차가 꾸준히 벌어지고 있음을 알 수 있다. 유동성이라는 의미에서의 신용은 (하자 없는 완벽한 담보를 가진 매우 낮은 이자율로 대출을 받을 수 있었다는 점에서) 풍부했지만, (불완전하고 손상된 담보를 가진) 생존을 위해 몸부림치던 대다수의 기업은 투자에 필요한 자본을 조달하기가 거의 불가능해졌다. 설비와 장비에 대한 신규 투자지출은 리스크를 동반하는 일인데 당시의 금융 부문은 안전을 미친 듯이 갈망하는 상황이었기 때문이다.

은행 시스템은 얼어붙었다. 은행은 더 이상 저축자에서 투자자에게 구매력을 이동시킨다는 본래의 사회적 기능을 수행하지 못했다. 민간 투자는 붕괴했고, 투자가 사라지면서 실업, 과잉 설비, 추가적인 물가 하락, 디플레이션 등이 줄줄이 벌어졌다. 디플레이션이 심화되자 투자자들은 더욱 투자할 의지가 사라졌고, 은행은 더 부실해지며 더 심하게 얼어붙었다.

디플레이션의 악순환은 물가가 더 하락하리라는 예측을 깨는 방식으로 은행 시스템의 지급 능력을 회복시켜 줄 수 있는 무언가의 조치가 있을 때까지는 경제를 계속 압박할 것이었다. 하지만 대공황 당시 이러한 과정을 이해했던 경제학자는 거의 없었고, 있었다고 해도 권력과는 거리가 멀었다.

그리하여 앞에서 본 '청산주의자'의 교리가 현실을 지배했다. 이론의 눈가리개를 벗고 조금이나마 현실을 직시한 사람들 —뿐만 아니라 실업자, 굶주린 사람, 길거리로 내몰린 사람들 —의 비통한 외침은 묵살됐다. 영국의 통화경제학자 R. G. 호트리R. G. Hawtrey는 이렇게 말한다. "환상 속에서나 가능할 인플레이션을 두려워했다. 노아의 홍수로 온 세상이 물바다가 된 상황에서 '불이야'를 외치는 격이었다."[19]

대공황은 인류가 자초한 20세기 최악의 경제적 재난이었다. 대공황이 막 시작되던 1930년에 케인스가 쓴 것처럼 세계는 "이전과 마찬가지로 모든 사람에게 높은 수준의 삶을 제공할 수 있는 능력"을 갖추고 있었다. 그럼에도 전망은 불길했다. "오늘날 우리는 우리가 이해하지 못하는 섬세한 기계의 제어에 실수를 저지르면서 거대한 혼란에 빠져들었다." 케인스는 1930년의 "침체"가 "물가 하락과 함께 불황으로 넘어가 모든 국가의 물질적 부와 사회 안정에 막대한 피해를 주면서 수십 년 동안 지속될 수도 있다"며 두려워했다. 그는 "국제 장기채 시장에 대한 신뢰를 회복하고… 물가와 이윤을 회복하여[끌어 올려], 결국 세계 상거래의 바퀴가 다시 돌아가도록 하는 것"을 목표로 하는 주요 산업국의 단호하고 조율된 통화 팽창 정책을 촉구했다.[20] 그의 목소리는 카산드라의 울부짖음이었다(테베 사람들이 카산드라의 경고를 무시했던 것처럼 케인스의 주장 역시 시끄러운 잡음 정도로 치부되었다 —옮긴이).

하지만 그러한 행동은 미리 잘 준비되지 않는 한, 위원회나 국제

회의 같은 데에서 결코 나오지 않는다. 이러한 행동은 패권국으로부터 나온다. 글로벌 경제가 잘 작동하기 위해서는 바로 이런 패권국가가 필요하다. 1차 대전 이전에는 영국이 그런 패권국이라는 것을 모두가 알고 있었고, 런던에서 정해진 게임의 규칙에 스스로의 행동을 맞추었다. 2차 대전 후에는 마찬가지로 모두가 미국이 그러한 패권국이라는 것을 알고 있었다. 미국은 혼자서도 국제금융의 패턴을 정하는 데 필요한 효과적인 행동을 할 힘이 있었다. 하지만 양차 대전 사이의 기간에는 미국이 패권국으로서 행동하지 않았다. 그 결과, 당시 꼭 필요했던 행동이 어디에서도 나오지 않았다.

그렇게 케인스가 언급한 두려움이 현실이 됐다.

1차 대전 동안과 그 이후에 주요 참전국들은 "유럽인들이 스스로를 고용하고 삶을 영위할 수 있게 해주는 섬세하고 복잡한 조직"을 뒤흔들었다고 케인스는 말했다. 전쟁으로 망가진 그 시스템은 이제 대공황으로 산산조각이 났다. 이러한 신뢰의 붕괴로 인해 "19세기의 사회적·경제적 질서를 이어나가기는 곧바로 불가능해졌다. 하지만 [유럽의 지도자들은] 그것을 무엇으로 대체할지 아무런 계획이 없다." 케인스는 그 결과가 아주 심각할 수 있다고 경고했다. "감히 예측하건대 무서운 후과가 밀어닥칠 것이다." 그가 옳았다. 일단 대공황이 시작되자, "절망에 빠진 사람들 사이에 혁명의 경련이 여러 번 지나갈 것이고 이를 반동 세력들이 막아 서면서 최후의 내란이 곧 터질 것이니, 이를 아무도 막을 수 없을 것이다. 그리고 이 최후의 내란은 우리 세대가 이루어놓은 문명과 진보를 완전히 파괴할 것이며, 그 끔찍한 공포에 비하면 지난 독일 전쟁 따위는 아무것도 아닐 것이다."[21] 물론 케인스의 경고는 지나치게 비관적이었다. 실제로는 문명이 '파괴'된 것은 아니고, '불구'가 되었다.

대공황이 그토록 고통스러웠던 이유는 그 불황이 깊었을 뿐만 아니라 길었기 때문이기도 했다. 여기에는 여러 이유가 있는데, 세 가지만 살펴보자.

첫째, 노동자들이 리스크를 감수할 의사가 없었기 때문이었다. 경제 전체에 불안정성이 극심했으므로, 대부분의 사람들은 가장 안전하다고 여겨지는 삶의 방식에 안주했다. 높은 실업률이 오래 지속되면서 노동시장에 크고 짙은 그림자가 드리워졌다. 리스크가 있지만 수익이 클 수 있는 사업을 하는 업체들은 필요한 노동력을 구하는 데 어려움을 겪었고, 따라서 투자도 활성화되지 못했다.

둘째, 과거 금본위제에 대한 기억 그리고 금본위제로 돌아가야 한다는 믿음 때문에 대공황이 길게 이어졌다. 바로 이 때문에 1930년대의 각국 정부는 생산과 고용을 부양하는 여러 정책을 얼마든지 추구할 수 있었음에도 그렇게 하지 않았다. 막상 금본위제는 1931년이 되면 죽음을 맞지만, 그 망령은 계속해서 세계경제를 따라다녔다. 그래서 절실히 필요했던 많은 정책과 조치 중 아무것도 실제로 이루어지지 않았다. 각국 정부가 분명히 취했던 조치가 하나 있었다면, 자국 통화의 평가절하였다. 외국 제품에 대한 수요를 국내 생산품에 대한 수요로 전환시킴으로써 순수출을 자극하기 위한 정책이었다. 평론가들은 이러한 동기에서 나온 평가절하 정책을 '이웃 궁핍화beggar-thy-neighbor'라고 폄하했다. 실제로 이 정책은 이웃 나라를 가난하게 만들었다. 어쨌든 이것이 그나마 뭔가 효과를 가지는 정책으로서 거의 모든 나라에서 보편적으로 취해진 유일한 정책이었다.[22]

셋째, 패권국이 없었다. 국제 통화 문제에서 여러 나라의 일치된 행동을 이끌기 위해서는 패권국이 반드시 필요하지만, 이런 나라가 없었기에 예방적 개혁들도 불가능했고 여러 나라의 일치된 글로벌 차원에서의 대응도 불가능했다. 세계의 주요 통화 강대국들이 함께 건설적인 무언가를 시도할 기회를 놓쳐버리고 말았다. 공황에서 회복된 경우가 있어도 일국적 차원의 일이었지 글로벌 차원은 아니었다.

전반적으로 볼 때 금본위제에서 빨리 벗어난 나라일수록, 그래서 금본위제 관습에 따른 교조적인 태도의 제약을 덜 받았던 나라들일수록 상황이 더 나았다. 금본위제로부터 가장 먼저 빠져나간 북유럽 나라들이 가장 훌륭하게 공황에 대처했고, 그다음은 일본이었다. 영국도 1931년에 금본위제를 폐기하지만, 좀 더 철저하게 확장적 정책을 밀고 나갔던 것은 일본이었다. 미국과 독일도 1933년에 금본위제를 폐기한다. 루스벨트 대통령의 뉴딜은 해볼 만한 것은 모두 시도해 본다는 태도였던 데에 반하여, 히틀러는 사람들에게 일자리를 줄 수 있는지가 성패의 기준임을 훨씬 명확하게 인식하고 있었다.

하지만 큰 권력을 가진 이들과 선량한 이들 모두 대공황 이전인 1929년 수준으로 지출의 흐름과 물가수준을 회복하기 위한 정책, 즉 '리플레이션reflation'(디플레이션에서 벗어나 아직 심한 인플레이션에는 이르지 않은 상태를 가리킨다 —옮긴이) 정책에 반대했다. 권력을 가진 이들—루스벨트는 1933년의 대통령 취임 연설에서 이들을 "우리 문명의 신전의 높은 자리를 차지하고 앉아있는… 환전업자들"이라고 불렀다 —은 한목소리로 '긴축 정책'을 요구했다. 통화의 가치를 건전하게 지키고, 정부지출을 삭감하고, 균형 재정을 구현해야 한다는 것이었다.[23] 우파는 무언가 행동을 취해야 한다고 주장하는 이들을 모두 사기꾼이라고 매도했다. 처칠의 개인 비서 그리

그의 말을 빌리자면, "어떤 나라든 정부 재정의 꼼수로 수입보다 더 풍족한 삶을 영원히 누릴 수는 없기 때문"이었다.[24]

시카고 대학교의 제이컵 바이너Jacob Viner는 케인스 비판자 중 가장 명민한 이는 아니었지만 가장 날카로운 논점을 내놓았다. 그는 케인스의 정책이 "고용의 질에 관계없이 고용의 양만이 중요하다고 여겨질 때만" 효과가 있을 수 있다고 말했다. 그는 "노동조합 대표 business agents of the trade union"와의 피할 수 없는 경쟁에서 "인쇄기(화폐를 찍어내는 중앙은행 —옮긴이)가 일정한 우위를 유지할 수 있는 한" 경제는 자기 파괴적인 인플레이션을 피할 수 있다고 덧붙였다.[25]

다시 한번, 1930년대 대공황의 역사와 2008년 이후의 대침체의 역사가 여러 면에서 운율이 맞다rhyme는 점에 주목하지 않을 수 없다. 2차 대전 이후 '긴축 정책'은 퇴조했지만 수면 아래 잠재해 있었고, 2008년에는 수면 위로 올라와 복수의 화신이 되어 파괴적인 결과를 가져왔다. 2008년에도 1930년대의 슘페터처럼 대량 실업은 경제성장의 필수불가결의 요소이며 비생산적인 이들의 실업을 막자고 펼치는 인위적인 정책은 미래에 해결해야 할 문제만 잔뜩 발생시킨다고 주장하는 이들이 있었다. 시카고 대학교의 존 코크레인 John Cochrane은 2009년 11월 자신은 경기가 후퇴할 기미를 환영한다며, 이는 "네바다의 건설 현장에서 못을 박던 이들이 이제 다른 일자리를 찾을 필요가 있기 때문"이라고 말했다. 즉 경기침체로 인한 실업은 바로 그러한 반가운 자극이라는 생각이었다.

케인스는 이런 주장을 신랄하게 비판하며 되받아쳤다. 정부의 적극적인 행동과 리플레이션 정책은 자유방임주의 경제학의 정통 교리에는 벗어나지만, 무릇 어떤 경제 시스템을 판단하는 기준은 사람들에게 일자리를 내놓을 수 있느냐가 되어야 한다. 정부의 적극적 행동과 리플레이션은 "기존의 경제적 형태들이 완전히 파괴되는 사태를 피할 수 있는 유일의 현실적 수단"이라는 것이었다.[26]

이어서 케인스는 자신을 비판하는 사람들이 절반만이라도 똑똑했다면, 그러한 정부의 지원 없이는 운 좋은 혁신가들만 살아남고 미친 사람만이 혁신가가 되려고 시도할 것이기 때문에 성공적인 자본주의는 완전고용을 보장하는 적극적인 정부의 지원을 필요로 한다는 사실을 이해했을 것이라고 비꼬았다. 그러므로 성장은 필요한 것보다 훨씬 둔화될 것이었다. "유효 수요가 부족하다면" 기업가는 "자신에게 불리한 확률을 안고 사업을 하는 것"이다. "세계의 부"는 "개인들의 저축에 미치지 못했고, 그 차이는 용기와 진취성이 특출한 기술이나 예외적인 행운으로 보완되지 않은 사람들의 손실로 메워졌다." 1914년 이후의 세계 상황에서, 긴축과 정통적 경제 교리 그리고 자유방임은 치명적인 실수였다. 그리고 그토록 정부지출을 줄였는데도 대공황이 오래 지속되었다는 사실은 케인스가 옳았다는 것을 보여주었다.

대공황이 심하지도 않았고 금방 끝났으며, 이후 10년간 강력한 경제성장이 나타났던 지역이 한 군데 있었다. 바로 북유럽이다. 양차 대전 사이 이 북유럽 나라들의 사회주의자들은 선거로 권력을 획득한다. 영국과 프랑스의 사회주의자들 —좌파가 정치권력을 실행한다는 것이 어떤 것인지 전혀 생각이 없던 이들—과는 대조적으로, 이들은 집권하자 주거비 보조금, 유급 휴가, 육아 수당, 공공부문의 고용 확장, 신혼부부에 대한 정부 대출 등의 정책을 펼쳤다. 이 모든 정책은 북유럽 나라들이 다른 나라들보다 먼저 금본위제에서 빠져나와 통화정책을 펼칠 수 있었기 때문에 가능했다. 이렇게 북유럽의 사회주의자들은 사회민주주의자가 되었다. 이들은 종말론적인 사회주의 교리에 대한 신념을 버렸으며, 모든 사적 소유는 본질적으로 사악하다는 신앙도 버렸으며, 오로지 급작스런 대규모의 혁명적 변혁만이 더 나은 사회를 가져올 수 있다는 믿음도 버렸다. 이들에게 민주주의는 전술이 아니라 목적이 되었다.[27]

대공황을 가볍게 앓고 지나간 나라로는 북유럽 바로 뒤에 일본이 있었다. 1931년에 보수적인 재정 준칙과 균형 재정을 포기한 일본의 대공황은 심각하지 않았고 1932년에 끝이 났다.[28] 이것은 다카하시 고레키요의 공이었다. 그는 '메이지 6인'은 아니었지만, 일본을 근대화로 이끈 이들 중 그다음 반열에 들어가는 인물이다. 1931년 72세의 나이에 세 번째로 대장대신이 된 그는 유럽식의 '건전 재정' 모델을 일체 용납하지 않았다. 일본은 수출산업의 가격 경쟁력을 강화하여 수출 붐을 일으키기 위해서 엔화의 평가절하를 단행했다. 또한 대규모의 군수 제조업 진흥 프로그램도 출범시켰다. 1936년 일본의 산업생산은 1928년의 1.5배 수준으로 늘어났다. 이 군수 제조업 프로그램은 단기적으로는 효과적이었지만, 장기적으로는 좋지 못한 전략이었던 것으로 판명되었다. 무기 생산이 늘고 민간이 군부를 통제하지 못하게 되면서 일본은 아시아에서 지상전을 벌였고, 이는 결국 세계 양대 초강대국인 영국과 미국에 대한 공격으로 이어졌다.

다행인지 불행인지 다카하시 본인은 2차 대전의 공포와 비극을 보기 전에 세상을 떠난다. 그는 1936년 2월 26일 육군 황도파皇道派의 쿠데타 과정에서 암살당한 3인의 원로 정치가 중 한 명이었다. 다카하시는 군사 예산을 늘렸지만, 쿠데타 세력을 만족시킬 정도는 아니었던 것이다.

다른 곳들에서는 대공황이 길고 긴 재앙이었다. 독일의 상황이 가장 나빴고, 결과적으로 히틀러에게 권력이 돌아갔다. 그에 대한 대중들의 지지는 1920년대의 인플레이션이 아니라 1930년대의 대량 실업 때문이었다.

히틀러는 권력을 장악한 뒤 정통적인 통화정책과 재정정책의 원칙을 깼고, 이로써 나치 독일의 경제는 회복할 수 있었다. 게슈타포가 배후에서 지원하고 공공사업과 군사 프로그램들로 정부가 큰 수요를 창출하자 1930년대 독일의 실업률은 빠르게 하락했다.[29] 히틀러는 산업 시설을 늘리고 국가의 부를 증대시키는 쪽이 아니라, 일자리와 무기를 만드는 데에 집중했던 것으로 보인다. 정치적 효과성과 군사적 역량 강화를 최우선에 두었기 때문이었다.[30]

정치적 효과성이 최우선이었던 것은 이해할 수 있다. 그런데 무기와 군대? 1차 대전의 경험은 독일인들에게 심지어 나치와 히틀러에게도 이제 다시 **전쟁**만은 안 된다는 교훈을 가르치지 않았던가? 아니. 전혀 그렇지 않았다.[31]

전반적으로 볼 때, 당시 세계의 주요 통화 강대국들은 세계 통화 시스템 회복에 도움이 될 수 있는 무언가를 시도할 기회를 번번이 놓쳤다. 그 마지막 기회였던 1933년의 런던경제회의London Economic Conference도 이견 때문에 실패로 돌아갔다. 프랑스는 금본위제를 유지해야 한다고 믿었다. 이미 금본위제를 포기한 영국은 경제학자 배리 아이켄그린Barry J. Eichengreen의 말을 빌리자면, "그 의도를 확신할 수 없는 외국 파트너[미국]의 정책에 자국 정책을 연동"시킬 의사가 없었다.[32] 분명 세계 각국의 협력을 바탕으로 한 리플레이션 정책이 무엇보다도 시급한 상황이었다. 하지만 이는 시도조차 되지 않았다. 그다음으로 각국 정부의 재정 팽창 전략이 필요했다. 이또한 1930년대가 끝날 무렵에야 시도된다. 이때쯤에는 전쟁 위협이 현실화되어 각국 정부가 균형예산이라는 원칙보다 무기를 만들기 위한 공적 자금 투입을 더 중요하게 생각하게 되었기 때문이었다.[33]

영국은 경제 회복을 향한 경주에서 거의 꼴등의 자리를 차지했다. 영국은 1931년 9월에 어쩔 수 없이 금본위제를 포기했지만, 금본위제 이탈이 대규모 리플레이션 정책으로 이어지지는 않았다. 영란은행은 단기 금리를 깎으면서 자기 역할을 했으나 보수당이 이끌던 정부는 역할을 하지 않았다. 1931년 10월 총선에서 보수당이 압승하며 하원 의석의 78%를 차지했다. 그 결과, 대공황에서 벗어나기 위해 영국은 더디고 고통스러운 길을 거쳐야 하게 되었다.[34]

1937년까지도 금본위제를 고수했던 프랑스는 여러 국가 중 최악이었다. 1920년대에 물가가 일곱 배나 뛰자 프랑스 정부는 프랑화의 공식 가치를 실제보다 더 낮은 환율로 고정했고, 이로 인해 일시적으로 엄청난 수출 강국이 되었다. 덕분에 대공황이 처음 시작되었을 때 프랑스는 그 영향을 거의 받지 않았다. 하지만 다른 나라들도 수출이 줄자 자국 통화를 평가절하했다. 평가절하를 하지 않은 나라들은 갈수록 수출 경쟁력이 떨어졌고, 국제수지 적자가 났다. 이 상황에서는 자국 통화의 태환성을 유지하는 것이 국내 경제에서의 대량 실업의 원천이 될 수밖에 없었다. 왜냐면 국제수지가 적자이니 외환시장의 투기꾼들은 그 나라 통화의 환가치가 떨어질 것이라고 보아 외환시장에서 공격을 감행할 것이고, 이들의 탐욕을 상쇄할 정도의 공포를 불어넣기 위해서는 금리를 높게 유지할 뿐만 아니라 더 많은 디플레이션 정책을 취하지 않을 수 없었기 때문이었다. 이 때문에 유권자들의 뜻은 하나로 모아지는 게 아니라 여러 갈래로 파편화되었으며, 선거 결과 또한 불안정한 연립정부로 나타났다. 1929년의 주식시장 붕괴에서 1936년에 이르는 기간 동안 프랑스의 수상은 순서대로 아리스티드 브리앙Aristide Briand, 앙드레 타르디외André Tardieu, 카미유 쇼탕Camille Chautemps, 다시 타르디외, 테오도르 스태그Theodore Steeg, 피에르 라발Pierre Laval, 또다시 타르디외, 에두아르 에리오Édouard Herriot, 조제프 폴-봉쿠르Joseph Paul-Boncour, 에두아르 달라디에Édouard Daladier, 알베르 사로Albert Sarraut, 다시 쇼탕, 다시 달라디에, 가스통 두메르그Gaston Doumergue, 피에레티엔느 플랑댕Pierre-Étienne Flandin, 페르낭 뷔송Fernand Bouisson, 다시 라발, 다시 사로, 마지막으로 (인민전선Popluar Front의 수상으로서 어려운 상황과 씨름해야 했던) 레옹 블룸Léon Blum 등으로 정신없이 바뀌었다. 마침내 프랑스, 네덜란드, 스위스처럼 끝까지 금본위제를 고수했던 국가들도 결국 1936년에서 1937년 사이에 금본위제를 폐지하게 된다.[35]

블룸은 연금과 공공 부문 임금을 예산 삭감 이전의 수준으로 회복시키겠다고 약속했다. 또한 실업수당을 대폭 인상하고, 프랑화를 방어하고, 예산 균형을 달성하고, 국방비 지출을 줄이고, 마지막으로 노동시간을 단축하고 파업을 지지해서 일자리와 부를 공유하겠다고 약속했다.

하지만 이 약속들은 서로 앞뒤가 맞지 않았다.

블룸은 결국 금본위제를 포기했다. 하지만 이것이 총수요의 실질적인 팽창으로 이어지지는 않았다. 예산 균형을 **맞추어야 한다**는 신념을 고수하여, 정부가 군사 부문 이외의 지출 프로그램들을 축소했기 때문이었다. 또한 프랑화를 한 번 더 평가절하하여 긍정적인 경기 부양의 효과가 있었지만, 사회주의(블룸이 이끈 '인민전선' 내각은 사회주의 성향이었다 —옮긴이)에 대한 투자자들의 공포로 그 효과가 금방 상쇄되었다. 2차 대전에 뛰어들기 1년 전인 1938년의 프랑스의 산업생산 수준은 여전히 1929년에 미치지 못했다.

대공황이 오래 지속되었다는 사실은 곧 대공황에 어떻게 대응했느냐가 이후 오랫동안 각국의 정치와 사회에 영향을 미쳤다는 것을 의미했다. 조지 오웰은 대공황을 초래한 시스템이 인류의 기대나 필요를 충족시키는 데 어떻게 실패했는지를 가장 설득력 있게 표현한 사람 중 하나였다. "많은 사람들이 실업자가 된 것을 **수치스럽게** 여긴다는 사실을 알고 정말로 놀라고 두려웠다. 나는 무지한 사람이지만, 해외시장에서 손실이 나는 바람에 일자리를 잃은 200만 명이 캘커타 스윕Calcutta Sweep(추첨으로 참가자를 선정하는 경쟁의 형식—옮긴이)에서 떨어진 사람보다 더 잘못이 있다고 생각할 만큼 무지하지는 않다."[36]

실업이 더 이상 실업자의 잘못이 아니라고 보면, 노동이 즐겁지 않은 것이 개인의 잘못에서 비롯된 게 아니라는 생각이 가능해진다. 그리하여 오웰과 같은 이들은 광부들을 노조 덕분에 아마도 과도한 임금을 받는 미숙련 노동자로서가 아니라, 우리가 제대로 인정하지 않았던 은인으로서 재구성할 수 있었다.

얼음을 먹는 것부터 대서양을 건너는 것까지, 빵을 굽는 것부터 소설을 쓰는 것까지, 인간이 하는 모든 일은 석탄의 사용과 관계가 있다. … 광부들이 만신창이가 되도록 땀을 흘리지 않으면 우월한 인간들이 계속 우월할 수가 없다. 여러분이나 나나 또 《타임스 문예 부록》의 편집인이나, 낸시 포이트들Nancy Poets (여성적인 남자 동성애 시인들—옮긴이)이나 캔터베리 대주교나 《유아도 이해하는 마르크스주의》의 저자 'X 동지'도 마찬가지다. 우리 모두가 상대적으로 품위 있는 생활을 즐길 수 있는 것은, 땅속에서 힘들고 지루한 일을 견뎌내는 가여운 사람들 덕분이다. 그들은 시커먼 얼굴에다가 목까지 차오른 돌가루로 쿨럭이면서 강철 같은 팔 근육과 복근으로 삽을 찔러 넣는 일을 계속한다.[37]

오웰이 사회 시스템을 판단하는 기준은 정직, 예의decency, 번영, 자유의 조합이었는데, 그중에서도 그는 예의에 방점을 찍었다. 사회적·경제적 시스템은 이들을 잘 대접해야 할 도덕적 의무가 있었다. 그들에게 일이 없는 상황은 예의가 아니었다. 그리고 시스템은 자신이 맡은 의무를 다하지 못했기 때문에 존중받을 자격이 없었다.

대공황이 시작되면서 이제 옛 질서는 파산했다는 결론을 피할 수 없게 되었다. 옛 질서가 붕괴되자 대의제 민주주의도 함께 몰락했다. 1939년경 대의제 민주주의는 영국과 영국 자치령, 미국, 프랑스, 스위스, 룩셈부르크, 벨기에, 네덜란드, 덴마크, 노르웨이, 스웨덴, 핀란드 등 작은 북서유럽 국가들에서만 존재했다.

*

북유럽의 사회민주주의 정당들은 대공황을 벗어나는 데 성공하면서 이후 반세기 동안 권력을 유지했다. 유럽 대륙 대부분에서는 대공황이 반동을 강화시켰다. 즉 이탈리아에서는 무솔리니가 옳다는, 파시즘이야말로 산업사회를 조직하는 최상의 방법이자 미래라는 생각이 강화되었다. 그리하여 대공황이 세상에 가져온 선물 중하나는 1930년대 스페인 내전에서 승리하여 가장 장기 집권하는 독재자 중 한 명이 되는 인물, 프란시스코 프랑코Francisco Franco 대원수 체제였다. 두 번째 선물은 독일의 히틀러였다. 반동이 강화되지 않은 곳에서는 과거의 시스템은 되돌릴 수 없을 정도로 망가졌고 혁명적 변화가 필요하다는 믿음이 확대되었다. 그 믿음은 모스크바 크렘린의 스탈린이 절대 권력을 휘두르는 곳에서 벌어지던 일에 대한 사람들의 환상에 근거했던 것 같다.

비록 미국은 대공황에서의 회복이 다른 나라들보다 뒤처졌지만, 이보다 훨씬 더 중요한 사실이 있었다. 1932년 말 압도적인 차이로 당선된 중도좌파 프랭클린 루스벨트가 경제 회복의 가장 중요한 원칙, 즉 화폐를 지출하여 물건을 구매해야 한다는 원칙을 학습하고 이를 현실에 적용했다는 점이었다. 루스벨트의 여러 정책들은 성공적이었으며, 그는 지속적인 다수의 지지를 얻을 수 있었다.

이는 엄청난 결과를 가져왔다. 첫째, 미국 역사상 네 번이나 선출된 유일한 대통령일 정도로 정치적 규범에 얼마든지 도전할 의사가 있었다. 루스벨트는 12년 동안, 그가 지명한 해리 트루먼Harry S. Truman은 8년 동안 미국을 이끌었다. 둘째, 루스벨트는 보수적인 급진주의자였다. 그는 미국의 좋은 점을 보존하기 위해서 그것을 가로막는 어떤 것도 과감히 폐기하고자 했다.

1930년대 이전에 미국 대선 후보들은 전국 전당대회에 전혀 모습을 드러내지 않았었다. 그들은 정당 관계자가 자신이 대선 후보로 선출됐다는 소식을 전해줄 때까지 (전당대회가 마무리되고 1주일 정도) 집에 머무르면서 개인사를 챙겼다. 로마 정치인 킨킨나투스Cincinnatus를 모방한 것인데, 전해지는 이야기에 따르면 킨킨나투스는 자신이 로마군의 총사령관이자 로마의 독재관dictator으로 뽑혔다는 소식을 들을 때까지 집에서 텃밭을 일구었다. 사람이 자리를 선택하는 것이 아니라 자리가 가장 알맞은 사람을 선택한다는 외관을 연출하는 관습이었다.

하지만 1932년에 뉴욕 주지사였던 루스벨트는 이 전통을 과감히 깨고 시카고로 날아갔다. 역사학자 윌리엄 로이히텐버그William Leuchtenburg에 따르면, 이것은 소아마비로 왼쪽 다리가 마비된 그가 너무 약해서 대선을 완주하지 못할 것이라는 소문을 잠재우기 위한 행보였다. 루스벨트는 선거인단에게 다음과 같이 말했다.

나는… 대선 후보는 몇 주 동안 무슨 일이 일어나고 있는지 모르는 척하며 자기 집에서 기다리는 터무니없는 전통을 깨고자 합니다.

… 여러분이 나를 후보자로 선택했다는 것을 나는 알고 있습니다. 나는 그런 영광을 내게 준 여러분께 고마움을 전하고자 여기에 왔습니다.

… 그렇게 하면서 저는 전통을 여럿 깨버렸습니다. 지금 이 순간부터, 어리석은 전통들을 과감히 깨버리는 것이 우리 당의 임무라고 선언합니다.

… 나는 미국 국민을 위해 '새판 짜기New Deal'에 나설 것임을 여러분에게, 나 자신에게 서약합니다. [38]

그리고 정말로 '새판'이 벌어졌다. 딜러는 판 중앙에 카드를 던졌고, 몇 장을 골랐고, 그리고 다시 섞어 다시 카드를 던졌다. '새판 짜기'라는 루스벨트의 말은 진심이었고, 그는 이를 실행으로 옮겼다. 북방세계 대부분의 나라와 매우 대조적으로, 미국은 대공황을 통해 반동이 강화되기는커녕 광범위한 진보 및 사회민주주의 실험이 큰 탄력을 얻었다.

이는 상당히 놀라운 일이다. 어째서 대공황은 미국을 다른 많은 나라들처럼 우파로, 반동으로, 원시 파시즘이나 파시즘으로 몰아가지 않고 오히려 좌파로 기울게 만들었을까? 내 추측으로 그것은 순전히 운이었다. 대공황이 시작됐을 때는 하필 후버와 공화당원들의 정부였고, 그들은 1932년에 정권을 내놓게 된다. 루스벨트가 중도우파가 아닌 중도좌파에 가까웠고, 대공황이 오래 지속되었던 까닭에 그 시기에 마련된 제도들 또한 오래 지속됐고, 미국은 세계의 떠오르는 초강국이었고, 2차 대전으로 큰 피해를 입지 않은 유일한 강대국이었다는 것, 이 모든 요소들이 커다란 차이를 만들어냈다. 2차 대전 이후 미국은 철의 장막 바깥의 세상을 만들어낼 힘과 의지를 가지고 있었다. 뿐만 아니라 이를 실행에 옮겼다. 이는 곧 세계의 대부분이 반동 세력이나 파시스트의 방식이 아닌 뉴딜 정책에 따라서 개조됐다는 것을 의미했다.

미국의 정치는 통상 사실상 교착의 정치(변동이나 진전이 없는 — 옮긴이)라는 특성이 있다. 하지만 1930년대의 선거는 달랐다. 루스벨트는 1932년에 59%를 득표하면서 대통령이 됐다. 공화당 후보 후버보다 18%p 앞선 것이었다. 민주당은 하원과 상원 모두에서 다수당이 됐다. 남북전쟁 이후 볼 수 없었던 수준으로 대통령과 그의 정당이 안정적인 다수를 차지했다. 그런데 루스벨트는 앞으로 무엇을 해야 할지에 대해서는 아무 아이디어도 없었다. 그래도 뭔가 큰일을 해낼 것이라는 확신만큼은 분명했다. 그는 후버가 거의 모든 일을 잘못했다고 생각했다. 후버는 고용을 촉진할 공공사업을 시도되는 족족 가로막고, 균형 재정이 필요하다며 공격적으로 지출을 삭감하고, 관세를 인상하고, 금본위제를 유지했다. 루스벨트는 그것과 정반대로 하기로 결정했다. 다른 무슨 길이 있단 말인가? 가능성이 절반밖에 되지 않는 아이디어라고 해도 그는 기꺼이 귀를 기울이고 곧바로 실행에 옮겼다. 시도한 뒤 효과가 없다 싶은 것들은 중단하고 폐기했으며, 효과가 있는 것들은 더욱 세게 밀어붙였다.

1차 뉴딜정책은 그래서 여러 프로그램으로 구성되었다. 정부와 산업계가 공동으로 계획하고 담합을 규제하고 협력하는 강력한 '코포라티즘corporatist' 프로그램, 상품 가격을 강력히 규제하며 전체 농업 부문에 무기한으로 연방정부 수당을 지급하는 프로그램, 유틸리티 시설을 만들고 운영하는 프로그램, 엄청난 액수의 공공 근로 지출, 금융시장에 대한 연방정부 차원의 유의미한 규제, 소액 예금자를 보호하기 위한 보험, 주택담보대출 상환으로 어려움을 겪는 이들의 구제, 실업 구호 등과 함께 관세를 낮추고 노동시간을 줄이고 임금을 올리겠다는 여러 약속들도 함께 내놓았다.[39]

이 중 일부는 실제로 큰 효과를 거두었다. 달러의 평가절하와 1933년 국가산업부흥법National Industrial Recovery Act, NIRA 같은 충격 효과 덕분에 디플레이션 기대심리는 완전히 잡을 수 있었다. 예금자 보험제도와 은행 시스템의 개혁 덕분에 사람들이 다시 안심하고 은행에 돈을 맡겼으며, 통화 공급이 다시 확대되기 시작했다. 코포라티즘과 농가 보조금은 고통을 널리 분담시켰다. 더 이상 균형 재정을 목표로 삼지 않은 것도 큰 도움이 되었다. 실업 수당과 주택담보대출 구제 조치 등도 도움이 됐다. 공공사업을 통한 재정지출 확대의 약속도 대공황을 극복하는 데 도움이 됐다. 이 모든 정책 덕분에 상황은 더 이상 악화되지 않았고, 분명 어느 정도는 더 좋아졌으며, 즉각적으로 상당히 좋아졌다. 하지만 평가절하, 통화 팽창, 디플레이션 기대 심리와 정부지출 삭감 압력의 종식 등을 빼고 나면, 루스벨트가 대통령이 되고 '첫 100일' 동안 추진한 정책들이 과연 어떤 효과를 낳았는지는 불분명하다. 즉 1차 뉴딜의 나머지 정책들이 최종적으로 좋은 결과를 가져왔는지 부정적인 결과를 가져왔는지는 분명치 않다. 경제의 완전한 회복을 가져오지 못했다는 것은 분명했다.

따라서 루스벨트는 계속 시도하는 수밖에 없었다. 그는 2차 뉴딜을 출범시킨다.

이 2차 뉴딜—이번에도 루스벨트는 과감한 행동을 취하겠다는 마음만 있었을 뿐 어떤 방향으로 나가야 할지에 대한 강력한 믿음은 없었다—에서 가장 큰 영향력을 발휘했던 루스벨트의 부관은 노동부 장관 프랜시스 퍼킨스였다. 퍼킨스는 여러 불리한 상황을 이겨내야 했다. 미국 최초의 여성 각료였고, 조울증으로 자주 병원에 입원했던 남편 폴 윌슨Paul Wilson을 돌보아야 했으며, 사측과 노측 모두 완전히 자기편이 아니라는 이유로 그녀를 신뢰하지 않았고, 우파들은 그녀가 서해안의 항만노조 지도자이자 공산주의자였던 해리 브리지스Harry Bridges의 해외 추방 절차를 지연시키고 가로막았다면서 공산주의자라는 비난까지 퍼부었다. 그럼에도 그녀는 노동부 장관으로 12년을 일하면서 미국 역사상 가장 유능한 각료 중 하나가 된다.

2차 뉴딜에서 가장 오래 지속되고 가장 큰 힘을 발휘했던 성과는 바로 그녀가 만든 사회보장법Social Security Act이었다. 이 법은 과부, 고아, 아버지 없는 아이들, 장애인 등에게 연방정부 차원에서 현금을 지원했으며, 연방정부 재원으로 거의 보편적 시스템에 가까운 노령 연금을 도입했다. 비록 달러의 평가절하는 큰 효과를 보지 못했지만, 노동조합 운동을 강화시켰던 것은 큰 효과를 보았다. 1935년에 통과된 와그너법 Wagner Act 으로 노사 갈등을 관리하는 새로운 규칙들이 정해졌는데, 이로써 노동운동이 크게 강화되었고 미국 민간 부문의 대규모 노조 조직화는 1930년대 이후 반세기 동안 계속되었다.

이러한 뉴딜 질서 — 그리고 자유방임 사상에 대한 거의 총체적인 거부 — 는 오랫동안 지속되었다. 진실을 말하자면, 경제학자들 사이에서 자유방임이라는 합의가 나타난 적은 결코 없었다. 그것을 정부가 현실에 적용하고 경제학자들이 가르쳤다고 다른 사람들이 믿었던 것에 불과하다. 그럼에도 이 자유방임은 대공황 전에도 또 그 직후에도 강력한 경제 교리의 지위를 유지했다.

대공황이 시작되고 조금 시간이 지나자 자유방임과 그 사촌 격인 '긴축 정책'의 힘은 크게 줄어들었다. 미국 경제는 1933년을 저점으로 루스벨트의 뉴딜 아래 비록 불완전하지만 회복하기 시작했다. 1941년에는 미국 가정의 82%가 라디오를, 63%가 냉장고를, 55%가 자동차를, 49%가 진공청소기를 갖고 있었다. 1914년에는 그 어느 가정에도 이런 것들이 전혀 없었다.[40]

1950년대 공화당 대통령이던 드와이트 아이젠하워 Dwight D. Eisenhower 는 동생 에드거에게 보내는 편지에 시장의 기능을 절대 "축복받은 것"으로 여겨서는 안 되며, 자유방임은 죽었으며(또는 마땅히 죽어야 하며), 그것을 되살리려는 시도는 한마디로 "멍청한 짓"이라고 썼다.

많은 사람들이 마땅히 정부가 책임져야 하는 일이라고 굳게 믿고 있다면, 연방정부는 그 책임을 피할 수 없어. … 이성의 지배가 적용되지 않는다면 우리는 모든 것을 잃고 심지어 헌법마저 크게 바뀔 수도 있어. 이것이 내가 정부의 '절제moderation'를 끊임없이 주장해 온 목적이야. 혹시라도 어느 정당이 사회보장연금과 실업보험을 폐지하고 노동법과 농가 지원 프로그램을 없애려고 한다면, 그 정당은 아예 우리 정치사에서 완전히 사라지게 될 수도 있어. 물론 이런 짓을 할 수 있다고 믿는 아주 작은 분파도 있지. … 하지만 그들의 수는 한 줌도 안 되고 또 그들은 멍청해.[41]

1930년, 대공황이 시작되고 있는 와중의 어느 날 저녁에 케인스는 〈우리 후손들의 경제적 가능성〉이라는 제목의 강연으로 청중들의 관심을 현실로부터 돌려놓았다. 다음과 같은 경제 문제들이 모두 해결되었다고 가정해 보자. 즉 완전고용을 유지하도록 경제를 관리하는 문제, 기술적인 발견과 발전과 활용을 위한 인센티브 시스템의 문제, 저축과 투자의 인센티브의 문제, 평등한 자들이 너무 불평등하게 또 불평등한 자들이 너무 평등하게 취급되지 않는다는 의미에서 사회가 제대로 작동하고 있다는 자신감을 사람들에게 심어주는 문제 등이다. 그렇다면 2030년이 되었을 때 최소한 북방세계에서, 인류에게 남은 경제적 문제는 (혹은 가능성들은) 어떤 것이 될까?

케인스는 과학과 기술과 복리 이자의 마법이 결합되어 향후 1세기 안에 놀라운 물질적 풍요가 찾아오고, 그리하여 "경제 문제"는 더 이상 "인류의 영원한 문제"가 아니라는 사실이 입증될 것이라고 결론지었다. "생존 투쟁"은 "오늘날까지 항상 가장 으뜸가는 또 가장 절박한 문제"였지만, 이러한 경제 문제들이 해결되면 인류는

"자신의 전통적 목표를 상실"하고, 대신 "진정한… 영구적인 문제, 즉 절박한 경제적 걱정에서 벗어나 얻은 자유를… 어떻게 활용하여 지혜롭고 유쾌하고 행복한 삶을 살 것인가"의 문제와 맞부딪치게 될 것이라고 했다.[42]

정말 황홀할 정도로 희망 가득한 비전이었다. 눈앞에 닥친 대공황의 불안과 공포 속에서도 케인스는 그 어두운 터널의 끝에서 기다리는 밝은 빛을 바라보고 있었다.

8장. 현실사회주의

대공황은 그 시기를 겪은 대부분의 사람들에게 1차 대전의 충격 이후, 어쩌면 그 훨씬 이전부터 형성되어 온 신념, 즉 세계경제 질서와 개별 국가의 정치 질서가 모두 실패했다는 인식을 강화시켰다. 그들은 빠른 번영의 추세를 회복하는 데 실패했다. 전쟁 영웅들이 살 만한 나라를 만들지도 못했다. 안정적이고 높은 수준의 고용을 창출하지도 못했다. 그리고 대공황이 중반에 이르자 이 정치-경제 질서는 시민들의 폴라니적 권리를 옹호하는 데에도 명백히 실패했다.

사람들에게 안정적인 공동체의 안전한 장소를 제공하지도 못했다. 일자리의 안정감을 주지도 못했다. 마땅히 자기들이 얻을 자격이 있다고 생각하는 소득을 보장하지도 못했다. 정치경제 질서는 심지어 시장사회라면 확실하게 보장해야 할 권리, 즉 재산을 소유하면 안전, 번영, 권력을 얻을 수 있다는 것조차도 제공하지 못했다.

진실은 그 정반대로 보였다. 경제가 제대로 작동하지 못하면 심지어 재산권조차도 제한될 수밖에 없다는 것을 대공황은 명확히 보여주었다. 1차 대전 이후 나타난 여러 정치적 반란과 소요 사태로 재산권 자체가 몰수될 수도 있다는 것이 분명해졌다. 그리고 진정한 대중 정치mass politics가 나타나고 이것이 또 라디오 및 황색 신문으로 강화되면서 사회적 합의가 이루어지기 어려워지고, 안정적이고 풍요로운 엘리트에 대한 존경과 권위에 대한 존중이 사라져버렸다. 요컨대, 기존의 시스템은 작동을 멈추었다.

1870년에서 1914년까지 폭발적인 경제성장과 자유의 확산을 이뤄냈던 이 '구질서Old Order'란 대체 무엇이었던가? 고전적 자유주의라고 불렸던 이 구질서는 실은 사이비 고전적이었다. 왜냐면 이는 오래된 질서가 아니라, 1870년 이전부터 사회를 지배했고 자신들의 권력을 계속 유지하고 싶어 했던 사람들이 새롭게 고안해 낸 질서였기 때문이다. 동시에 주세페 토마시 디 람페두사Giuseppe Tomasi di Lampedusa의 소설 《표범》에 나오는 살리나 대공의 조카 탄크레디 팔코네리 대공이 말했듯, "지금의 세상을 그대로 유지하고 싶다면 세상을 몽땅 바꾸어야만 할 걸세. 내 말 알아듣겠나?"라는 점 또한 인식하고 있는 이들이었다.[1]

또한 그것은 기껏해야 절반의 자유주의였다. 시장의 힘들에 더 많은 자유를 주어야 한다는 압력은 저항에 부딪혔고, 또 경제생활을 규제에서 '자유화'하려던 모든 노력들은 부자와 귀족들의 부에 악영향을 미칠 경우에는 무자비하고 장구한 투쟁을 거쳐야 했고 결과도 절반의 승리에 불과했다. 물론 지갑의 무게가 달라도 사람들을 평등한 존재로 판단해야 한다는 압력도 분명히 존재했지만, 사실 그 속뜻은 누구든 부유하면 사회적 네트워크와 우월한 지위를 갖춘 위계적 엘리트 집단으로 편입될 수 있다는 말이었다.

1920년대의 많은 사람들 그리고 1930년대에도 여전히 일부에게 이 사이비 고전적인 절반의 자유주의는 하나의 이상으로 남아있었다. 비록 사그라들고 있었지만, 북방세계에는 1차 대전과 대공황이 초래한 변화들을 되돌려 이 구질서로 돌아가고자 하는 욕망을 노골적으로 표현하는 정치와 정부의 거대한 동맹이 버티고 있었다. 후버는 자신의 후임자인 루스벨트가 균형 예산과 금본위제 유지에 눈이 멀게 하려고 계속 노력했다.

그러나 1930년대 중반이 되자 과거로의 회귀를 주장하는 사람들의 수와 자신감이 크게 줄어들었다. 대공황의 가운데에서, 시장을 자유화하면 사회의 가장 강력한 집단이 정치 게임판을 뒤엎을 때라고 결론 내리지 못하게 할 정도로 충분한 경제성장과 재분배가 이루어질 수 있다고 믿는 사람은 거의 없었다. 많은 사람들이 명백히 작동을 멈춘 시스템을 재건하려는 시도를 지지하는 것보다 승리하는 편에 서는 것이 더 낫다고 생각했다.

그렇다면 어떤 대안들이 있었을까? 한편으로는 (그 창안자들의 머리에서 이제 막 만들어진) 파시즘, 다른 한편으로는 (멀리 마르크스와 엥겔스 그리고 그 동료들의 사상으로부터 내려온) 사회주의가 있었다. 파시즘은 눈에 보이고 손으로 만질 수 있는 것으로, 그것이 어떤 결실을 낳는지를 보고서 판단하면 되었다. 하지만 사회주의는 꿈의 해석이었다. 이 땅에 구현된 현실이 마땅히 이루어져야 할 (그리고 언젠가는 이루어질 수 있는) 세상에 엄청나게 못 미친다는 것은 누구나 동의하는 바였으니까.

레닌의 체제는 마르크스의 꿈의 왕국을 실현하려던 그의 사도들이 최초로 장악한 권력, 즉 '프롤레타리아 독재'라는 것을 통해 구현된 현실사회주의really-existing socialism였다. 이 '독재'라는 용어를 처음 사용한 요세프 바이데마이어Joseph Weydemeyer에 따르면 —마르크스와 엥겔스에게도 마찬가지 의미였다—정부가 필요한 변화를 이루고 실질적으로 통치할 수 있도록 견제와 균형, 절차상의 장애, 기성 권력 등을 일시적으로 (그리고 반동의 반대를 넘어서기 위해 필요하

면 폭력적으로) 보류시킨다는 의미였다.[2] 레닌에게도 본래 영구적이지 않은 체제를 의미했다.[3]

그 독재는 누구의 이익을 위해 통치하는가?

레닌이 생각하기에 그 집중된 권력은 프롤레타리아의 이익을 위해 행사되어야 했다. 왜 인민 전체의 독재 ─ 민주정 ─ 가 아닌가? 사회의 모든 비프롤레타리아 계급들은 이기적 이해관계를 가지고 있기 때문이었다. 혁명 이후 최초의 독재 권력에서 이 계급들에게 조금이라도 권력을 허용하면 역사의 필연적인 진보를 지연시킬 뿐이다. 필연적인 진보란 유토피아를 향한 것이었고, 그것이 진정한 사회주의였다.

나는 현실사회주의가 그 신도들의 손아귀에서 20세기의 여러 전체주의 가운데에서도 가장 살인적인 이데올로기가 되었다고 믿는다. 지금 이 점을 분명히 하는 것이 우리의 주의를 집중시키는 데에 도움이 될 수 있다.

'사회주의'라는 말은 현실에 나타나기 전까지만 해도 레닌이 만들고 스탈린이 확고히 한 체제라는 것 말고도 많은 의미를 담고 있었다. 1차 대전 당시 서유럽과 북미에서 어떤 결로든 자신을 '사회주의자'로 칭했던 대부분의 사람들은, 좋은 사회에서는 개인의 창의성, 다양성, 의사결정의 분권화, 자유주의적 가치, 심지어 중요하지 않은 산업 및 부문non-commanding heights의 사적 소유가 폭넓게 허용되어야 한다고 주장했다. 결국 진정한 자유가 요점이었다. 자본주의 아래에서는 불평등한 소득분배로 인해 형식적으로는 자유를 누리는 대다수의 사람들이 여전히 고된 삶에 갇혀 있으니, 그 불평등한 분배를 제거하는 것이 목표였다.

가격 규제와 공적 소유 등은 어디까지나 경험적인 문제였다. 사적 소유가 어울리면 사적 소유를 유지하고, 공적 소유가 필요할 경우에는 공적 소유로 전환하면 됐다. 그리고 대부분의 사람들은 대의제 민주주의와 합리적 논쟁을 통해 여러 문제들을 사안별로 해결할 수 있다고 믿었다. 물론 어떤 이들은 좀 더 급진적인 관점을 취하여, 이렇게 개혁을 통해 관리되는 보다 인간적인 시장경제를 넘어서는 어떤 것으로까지 사회주의를 밀고 나가려고 했다. 사람들이 시장의 권력을 파괴하는 데에 주안점을 둔 현실사회주의의 상층관계를 깨닫기 시작한 것은 레닌이 권력을 휘두르게 된 이후의 일이었다.

레닌과 그의 추종자 및 계승자들에게는 변치 않는 보편적인 교리가 있었으니, 그것은 마르크스가 옳다는 신념이었다. 모든 문제에 있어서. 제대로 해석만 한다면.

마르크스는 당시의 냉철한 기업가들을 조롱했었다. 그들은 혁명이 공포스럽다고 외치지만, 어떤 의미에서는 그들 스스로가 인류 역사상 가장 무자비한 혁명가들이라는 게 그의 주장이었다. 기업가 계급business class ─마르크스가 **부르주아**라고 부른─은 (그때까지의) 역사에서 가장 큰 혁명을 일으켜서 인간의 조건을 바꾸어버렸다. 더 좋은 방향으로. 그때까지 인류의 운명이었던 희소성, 결핍, 억압에 종지부를 찍은 것은 바로 이 기업가 계급(혁신가와 투자자들) 및 이들을 서로 경쟁하게 만든 시장경제였다.

하지만 마르크스는 또한 불가피한 위험도 인지하고 있었다. 부르주아들이 만들어낸 경제 시스템은 필연적으로 인류의 행복을 가로막는 주요한 장애물이 될 수밖에 없다는 것이었다. 이 시스템은 부를 창출할 수는 있지만, 부를 고르게 분배하지는 못한다. 번영을 이루되 필연적으로 부의 불평등도 갈수록 심해진다는 것이었다.

부자들은 더욱 부유해질 것이다. 가난한 이들은 더욱 가난해지고 필요 이상의 빈곤 속에 머물게 될 것이다. 따라서 유일한 해결책은 사람들 머리 위에서 군림하는 이 시장 시스템의 권력을 완전히 분쇄하는 것뿐이었다.

여기서 사용한 '불가피한' 혹은 '필연적'이라는 표현은 단순히 극적인 효과를 내려고 쓴 말이 아니다. 마르크스와 그의 사상을 물려받은 이들에게 필연성inevitability이라는 개념은 치명적인 결함에 대한 해결책이었다. 마르크스는 자신의 주장을 최대한 단순하고 이해하기 쉽고 물샐틈없게 만들기 위해 평생을 바쳤다. 하지만 실패했다. 그의 실패는 그가 틀렸기 때문이었다. 시장경제에서 부가 증가하면 반드시 불평등과 궁핍 또한 갈수록 커진다는 주장은 전혀 사실이 아니다. 그렇게 될 때도 있다. 그렇게 되지 않을 때도 있다. 그리고 그렇게 되느냐 마느냐는 스스로의 목적에 맞추어 소득과 부의 분배 폭을 넓힐 수도 또 줄일 수도 있는 충분히 강력한 도구들을 갖추고 있는 정부가 통제할 수 있는 문제이다.

하지만 어떤 정부가 어떤 결정을 내리느냐에 따라 결과가 이렇거나 저렇고 또 더 좋게도 더 나쁘게도 될 수 있다는 식의 이야기는 유토피아적 사고방식(디스토피아적 사고방식도 마찬가지)과 잘 맞지 않는다. 필연성은 이런 우발적 불확실성이라는 결함에 대한 보완책이었다. 그래서 마르크스는 기존 시스템을 그냥 두면 디스토피아가 올 수밖에 없다는 것을 증명하려고 들었다. "생산 자본이 증가할수록 분업과 기계 사용은 늘어나고, 노동자들 사이의 경쟁은 더욱 치열해지고 임금은 더욱 줄어든다. 노동자들의 팔뚝은 더 가늘어지지만, 일자리를 요구하며 치켜드는 그들의 팔뚝은 점점 떡빽빽한 숲을 이루게 된다."[4] 마르크스는 또한 이러한 후기자본주의의 디스토피아적 비전이 인류 역사의 최종 상태는 아닐 것이라고 확신했다. 왜냐하면 이 을씨년스런 자본주의 시스템은 생산수단을 국유화하고 사회화한 시스템에 의해 전복될 것이기 때문이다. 기업가 계급의 지배는 진정으로 번영하는 사회를 창출한 뒤에는 "다른 무엇보다도… 그 스스로가 묻힐 무덤을 파는 이들을… 생산한다."

혁명 이후의 사회는 어떤 모습일까? 사유 재산 대신 "협동과 토지 및 생산수단의 공동 소유에… 기초한 개인 재산"이 나타날 것이었다. 그리고 이러한 전환은 쉽게 현실화될 것이었다. 왜냐면 사회주의 혁명은 "한 줌도 안 되는 찬탈자들을 다수의 인민 대중들이 징발"하도록 요구하는 것에 불과하며, 그다음에는 "인민 대중들이 모여 국가가 소유하는 생산도구 및 공장의 확장 그리고 버려진 땅의 경작과 전반적인 토양의 개선을 위해" 공동의 계획을 마련하여 민주적인 방식으로 결정을 내리면 되기 때문이다. 보아라, 찬란한 유토피아를.[5]

다 좋다. 마르크스가 틀렸다는 점만 빼면.

무엇보다도 이와 같은 불평등-궁핍화-필연적 사회주의 혁명은 일어나지 않았다. 우선 궁핍화는 적어도 영국의 경우 1850년 이후에는 나타나지 않았다. 불평등은 서유럽에서는 1914년, 북미에서는 1929년에 절정에 달한 이후 감소했다. 대신 1870년 이후 경제의 비약적인 성장으로 인해 전 지구에 걸쳐 노동계급 또한 그 이전 세대에 비해 훨씬 더 부유해졌다.

마르크스의 오류는 놀랍지 않다. 이론가로서 그가 참고할 수 있는 산업화 사례는 영국밖에 없었다. 그리고 영국에서는 노동자 계급의 상당수가 1790년보다 1840년에 더 끔찍한 삶을 살았다. 기술적 실업이 큰 요인이었다. 랭커셔에 어두운 사탄의 맷돌들(윌리엄 블레이크의 시에 나오는 구절로, 사람을 해고하고 자연을 파괴하는 당시의 공장mill을 악마가 갈아대는 맷돌mill로 표현했다—옮긴이)이 들어서면서 농촌의 방직 기술은 쓸모없어지고 사람들은 가난해졌다. 마르크스의 어둡고 음울한 비전의 일부, 아니 많은 부분이 현실성이 있어 보였다. 하지만 《공산당 선언》이 발표된 1848년만 해도 시장자본주의가 도저히 감내할 수 없을 정도의 소득분배를 필연적으로 초래한다는 믿음은 합리적이지 않았다.[6] 마르크스가 사망한 1883년에는 그러한 믿음을 변호하기란 불가능해졌다. 1914년이 되면 필연적 궁핍화라는 교조는 그야말로 **교조**, 즉 인간 이성의 문제가 아니라 순수한 초월적 믿음의 문제가 되었다.

하지만 마르크스가 그토록 틀렸다면, 왜 그를 놓고 그리 많은 토론과 논쟁이 벌어졌을까? 그가 예언자가 되었고, 그의 저작은 메이저세계종교Major World Religion의 신성한 경전이 되었기 때문이다. (최소한 나의 경우) 마르크스를 읽으면 밧모섬에 갇혀 마법의 버섯으로 영감을 얻었던 사도 요한에게 들린 바로 그 목소리가 항상 떠오른다. "내 그들의 눈에서 모든 눈물을 닦아주리니. 더 이상의 죽음은 없을 것이고, 애통한 것이나 곡하는 것이나 아픈 것이 다시는 있지 아니하리니. 처음 것들이 다 지나갔음이리라"(요한계시록 21장 4절—옮긴이). 혁명 이후에 나타날 사회주의는 바로 천국으로 여겨졌다. 새로운 예루살렘이 내려왔다.

마르크스의 신봉자들 중에는 레닌, 트로츠키, 스탈린 등을 포함하는 소규모 간부 집단이 있었다. 다른 사람들—소련의 첫 번째 정치국Politburo을 설립했던 레프 카메네프Lev Kamenev와 니콜라이 크레스틴스키Nikolai Krestinsky 등—도 있었지만, 워낙 적은 수의 집단이라서 만약 이들 말고 다른 성격과 관점을 가진 다른 사람들이 권력을 가졌더라면 어떤 일이 생겨났을까라는 질문도 던져볼 만하다. 하지만 그런 일은 없었다. 권력을 잡은 이 소집단이 단지 학자나 언론인 혹은 아무 경륜도 없는 몽상가가 아니라, 충분히 유능하고 시의적절했고 무자비했기 때문이었을 것이다.

레닌과 그의 후계자들은 1990년까지 내내 예언자 마르크스의 여러 교조를 받아들였고 그것을 실현하고자 했다. 하지만 그들은 신이 아니었다. 그들은 '진정한 사회주의가 도래할 지어다'라고 했지만, 그들이 현실에서 만들어낸 것은 고작 **현실사회주의**였다. 그들은 이것이 마르크스 및 여타 사회주의자들의 희망에 최대한 근접한 것이며 그런 의미에서 **사회주의**라고 했다. 또한 그 전성기에는 전 세계 인구의 3분의 1을 지배했던 현실의 체제이기도 했다. 이는 지식인들의 유토피아적 몽상이 아니라, 복잡한 현실 세계와의 타협이었다. 그래서 현실사회주의의 선전가들과 공산당 기관원들은 이것이 유토피아에 최대한 근접한 가능태라고 주장했다.

현실사회주의가 존속했던 대부분의 기간에 막상 마르크스 본인은 그것을 음울한 아마도 경멸 가득한 표정으로 보았을 가능성이 높다. 예언자들이 빈번하게 맞게 되는 숙명 아닌가. 사회주의를 현실로 만들기 위해서는 그 예언자의 예언들(그리고 지시들)로부터 상당한 정도로 이탈할 수밖에 없었다. 오믈렛을 만들려면 계란을 깨지 않을 수 없으며, 그렇게 해서 만든 오믈렛 —우리가 만든 걸 오믈렛이라고 부를 수 있다면 —은 어떤 계란을 사용했느냐에 따라 크게 좌우되게 마련이다. 이 문제가 중요한 이유는 초기 이론가들 중 어느 누구도 20세기 초의 러시아에서 처음으로 사회주의가 나타날 것이라고는 생각지 못했기 때문이었다. 그럴 만한 이유도 있었다.

1914년의 러시아는 아마 미국의 절반 그리고 독일의 3분의 2 정도로나 부유했고, 불평등은 두 나라보다 심했다. 하루 4달러가 전형적인 생활수준이었으니까. 출생 시 기대수명이 서유럽은 50세이고 미국은 55세였을 때 러시아는 겨우 30세 정도였다. 러시아에서 부유하고 교육받은 계급들은 어떤 사회적 역할도 없는 귀족 지주들이 태반이었다. 인구의 대다수는 영주제와 봉신제의 봉건적 지배를 받았으며, 사유 재산과 프롤레타리아나 부르주아 등의 통치는 요원한 이야기였다.

러시아는 비록 서유럽의 산업혁명은 거의 공유하지 못했지만, 법 앞의 평등, 피통치자의 합의에 의한 정당한 권력의 정부, 능력에 기반한 대우, 신분적 특권의 철폐 등과 같은 서유럽의 사상은 빠르게 흡수했다. 이러한 사상은 수세기 전 표트르 대제가 유럽으로 낸 창이자 발트해 연안의 수도로 건설했던 상트페테르부르크를 거쳐 들어왔다. 그렇게 들어온 사상 중에는 마르크스와 엥겔스의 것도 있었다.

1917년 2월 차르 체제가 무너졌다. 임시정부가 들어섰지만 10월에 레닌은 쿠데타로 이를 전복했다. 민주적 헌법을 만들려던 제헌의회는 12월에 레닌이 해산했다. 그 결과 소련 공산당과 당 정치국이 권력을 잡았다. 그들이 가진 자산은 권력을 잡았다는 그것뿐이었다. 홉스봄이 썼듯이 "레닌은⋯ 자신의 정부에게 유리한 점은 그것이 이 나라의 유일한 정부라는 사실뿐임을⋯ 알고 있었다. ⋯ 그것 말고는 아무것도 없었다."[7]

잔혹한 적백내전이 뒤따랐다. 차르의 백군 지지자들, 실질적인 독립을 추구하는 지역의 전제군주들, 레닌의 '붉은' 지지자들, 여기에 일본군, 미국 원정대, 그리고 얼마간 시베리아를 실질적으로 통치했던 전쟁 포로 출신의 체코 군대 등 온갖 세력들이 참전했다. 3년 동안 백군과 붉은 군대는 러시아 전역에서 접전을 펼쳤다.

이 전쟁에서 버티기 위해 그리고 승리의 희망을 갖기 위해 공산당 정부는 옛 차르 군대 장교들의 기술을 활용할 필요가 있었다. 그러나 그들을 신뢰할 수 있을까? 전쟁 정치위원이던 트로츠키가 답을 내놓았다. 장교들을 선발하여 자리에 임명하고, 각자마다 이념적으로 순수한 정치위원을 붙인다. 모든 명령에는 정치위원이 서명해야 하며, 이들은 군인들에게 사회주의를 주입시킨다. 이 '이중행정' 시스템은 군대 말고도 만사에 적용될 수 있었고, 실제로 적용됐다. 그것이 소비에트 사회 전역에 공통적이던 행정 패턴의 기원이었다. 당은 테크노크라트들이 (적어도 공산주의 통치의 공식에) 복종하는지 감시했다. 테크노크라트들이 잘못 처신하면 바로 강제수용소Gulag로 보내졌다.[8]

레닌 정권이 직면한 첫 번째 절박한 과제는 생존이었다. 하지만 레닌 정권이 **생각했던** 최우선의 과제는 소유주를 경영에서 배제하고 사유 재산을 국유화하여 자본주의를 없애는 것이었다. 그런데 기업에 소유자가 없는 상태로 산업과 경제가 돌아갈 수 있을까? 즉 자신의 소득 및 사회적 지위가 회사의 성패와 직결되기 때문에 회사의 모든 부분을 샅샅이 생산적으로 만들려고 들 만한 동기와 권력을 가진 이가 있어야 회사가 굴러가는 게 아닌가? 레닌의 답은 경제를 군대처럼 조직하는 것이었다. 즉 경제 통수기관이 하달한 임무를 얼마나 잘 달성했는지에 따라 관리자의 승진, 해고, 총살이 결정되는, 하향식의 위계적인 조직이었다.

적백내전이 벌어지던 절박한 상황에서 레닌은 '전시 공산주의'

를 시도했다. 그는 1차 대전 당시 독일이 달성한 수준에 필적하는 경제의 군사적 동원 체제를 만들려고 노력했다.

레닌은 1차 대전 당시 독일이 중앙에서 전시 경제를 총괄하는 모습을 인상 깊게 지켜보았다. 그는 그 전쟁을 통해 자본주의가 "사회주의로 전환될 수 있을 만큼 온전히 성숙해졌다"고 판단했다. "독일이 단일 중앙기관을 통해서 6,600만 명의 경제생활을 지휘"할 수 있었다면, "무산대중 또한" "계급의식을 갖춘 노동자들의 지휘를 따른다면" 마찬가지의 위업을 달성할 수 있을 것이다. "은행을 몰수하라. 그리고" 독일의 전쟁 기계가 했던 것과 "똑같은 일들을 하되, 대중에 의지하여 그들의 이익에 따라 수행하라"는 것이었다.[9] 하지만 정확히 어떻게 작동하는 것인가? 사유 재산과 시장경제가 없이 어떻게 경제를 운영할 수 있다는 말인가?

발터 라테나우와 전쟁부의 원자재국Raw Materials Section 이 운영했던 1차 대전 당시의 독일 전시 경제는 국채를 팔고 화폐를 찍어내어 시장이 요구하는 어떤 가격에서든 전쟁에 필요한 물자를 사들이면서 시작했다. 이것은 생산자들도 만족시켰다. 이윤을 얻었으니까.

그런데 물가가 오르고 재정 적자 우려가 커지자 독일 정부는 가격 통제를 시작했다. 모든 물품에 대해 지난달에 지불했던 만큼 이상으로는 지불하지 않겠다고 통보했다. 그러자 정부가 원하는 물자들이 민간 부문으로 빠져나가기 시작했다. 독일 정부는 할 수 없이 배급제를 강제한다. 비군사적인 혹은 우선순위가 높지 않은 상품의 생산에 '전략' 물자를 사용하지 못하도록 했고, 물자의 재고를 추적하기 시작했다. 분석가들이 생산 설비를 어떤 용도로 사용할지 결정하게 됨에 따라 이제 물품 구매를 위한 화폐의 흐름은 그저 단순한 회계 도구가 되었다. 특정한 물자들이 어떤 군사적 용도로 사용될지는 계획 당국이 결정했다.

독일에서는 전쟁 물자, 특히 탄약과 폭약 ─질소 화합물을 뜻한다─이 최우선적으로 정부 계획의 가호를 받았다. 그다음은 식료품이었다. 전쟁 지출은 국민소득의 6분의 1에서 3분의 2로 증가했다. 곧 정부는 단지 핵심 원자재를 공장으로 보내고 완제품이 전선에 보급되도록 관리하는 역할만이 아니라, 추가적인 전시 생산을 위해 공장들을 확장하고 건설하도록 명령하는 기능도 수행했다.

이처럼 1차 대전 당시의 독일은 소련의 전시 공산주의의 영감이 되었다.

소련의 전시 공산주의는 정부의 산업 국유화로 시작됐다. 국유화된 산업에는 고정된 가격으로 원자재가 공급되었다. 우선순위가 떨어지는 프로젝트에 희소한 물자가 필요하면 사용을 제한하고 배급제를 시작했다. 이렇게 소련의 중앙계획경제가 출범했다. 몇 가지 핵심 상품들은 중앙에서 자재 잔고를 관리했고, 공장 관리자들에게는 중앙으로부터의 요구가 날아들었다. 그러면 공장 관리자들은 자신에게 주어진 것 이상의 자원을 구걸을 하든, 빌리든, 물물교환을 하든, 구매를 하든 아니면 도둑질을 해서라도 확보하여 최대한 생산량을 맞추어야만 했다. 지독하게 비효율적이었다. 또한 지독하게 부패했다. 어쨌든 중앙이 가장 높은 우선순위를 부여하는 상품을 생산하는 데에 주의를 집중하여 자재 잔고 중 핵심 자원을 그 상품의 생산에 투입했다.

전시 공산주의는 많은 참사를 낳았지만, 으뜸가는 참사는 농업이었다. 볼셰비키는 농민들이 알아서 토지를 재분배하도록 장려했고, 이는 아주 큰 인기를 얻었다. 하지만 정부는 도시로 보낼 식량도 필요했다. 과거에 귀족과 지주들은 도시의 사치품을 얻기 위해 기꺼이 식량을 판매했지만 이들은 이제 다 쫓겨나거나 죽었고, 새로 땅 임자가 된 농민들은 이들만큼 사치품들에 관심이 없어서 그만큼의 식량을 내주려고 하지 않았다. 그러자 정부는 식량을 징발했다. 그러자 농민들은 곡식을 숨겼다. 굶주린 도시 노동자들은 배를 채울 수 있는 자기 친척들의 농장으로 돌아갔다. 공장에 남은 노동자들은 배를 곯았고, 공장도 제대로 돌아갈 수 없었다.

이렇게 비효율적이고 부패하고 심지어 재앙과도 같았지만, 전시 공산주의는 충분한 자원을 생산하고 통제하여—트로츠키가 이끄는 붉은 군대는 충분한 무기를 확보하고 충분히 많은 전투에서 승리했다—볼셰비키는 적백내전에서 승리할 수 있었다.

때로 의사결정권을 쥔 개개인들이 아주 큰 영향력을 갖게 되기도 한다.

레닌과 공산당은 적백내전에서 승리했는데, 이는 부분적으로는 트로츠키가 붉은 군대를 훌륭하게 조직한 덕분이었고, 부분적으로는 농민들이 (곡식을 몰수하는) 빨갱이들을 싫어했지만 (지주들을 되살리려는) 백색 세력을 더욱 싫어한 덕분이었고, 펠릭스 제르진스키Feliks Dzerzhinsky가 뛰어난 솜씨로 비밀경찰을 조직한 덕분이었다. 마지막으로, 공산당이 사회 전체뿐만 아니라 당내의 활동가들에 대해 무자비했던 것도 승리에 기여했다. '명령 경제'는 '명령 정치체command polity'를 필요로 한다는 것이 입증되었다.

레닌은 이러한 무자비한 풍조를 조장하고 실현하는 데에 최고로 알맞은 인물이었다. 작가 막심 고리키Maxim Gorky는 레닌이 베토벤의 음악, 특히 '열정 소나타'를 좋아했다고 말했다. "이런 음악은 정말 매일같이 듣고 싶다. … 인간은 얼마나 놀라운 일들을 할 수 있는 건가!" 하지만 음악은 "멍청하지만 좋은 말을 하고 싶게 만들고,

이렇게 끔찍한 지옥에서도 이렇게 아름다움을 창조할 수 있는 사람들의 머리를 쓰다듬고 싶게 한다. 이제 다른 사람의 머리를 쓰다듬어서는 안 된다. 당신 손을 물릴 수도 있기 때문이다. 인정사정없이 그 머리통을 내리쳐야 한다. 우리의 이상이 누구에게도 폭력을 사용하지 않는 것이지만 말이다. 음. 음. 우리의 임무는 지독하게 어려운 일이다."[10]

적백내전 동안 러시아 제국의 1억 6,500만 명 중에서 대략 1,000만 명이 사망했는데, 그중 100만 명이 붉은 군대이고, 200만 명이 백군이며, 700만 명이 민간인이었다. 이는 스페인 독감으로 죽은 700만 명, 1차 대전 당시 죽은 200만 명, 러시아-폴란드 전쟁으로 죽은 10만 명을 넘어서는 인명 피해였다. 1921년까지 러시아의 경제 규모는 3분의 1로 줄었고, 산업생산은 5분의 1로 줄었으며, 기대수명은 20세로 하락했다. 게다가 제정 러시아의 서쪽 변방이던 큰 지역을 상실했다(1918년 3월 독일과 볼셰비키 사이에 체결된 브레스트-리토프스크 조약의 결과—옮긴이). 수많은 제정 러시아의 장군들과 관료들이 죽거나 추방되었다. 그리고 자유민주주의나 사회민주주의의 중도 세력은 백군과 적군 모두에 의해 숙청당했다. 1차 대전 이전 제정 러시아의 대부분이 소비에트연방공화국Union of Soviet Socialist Republic, USSR, 즉 소련이 되며 레닌의 손아귀에 들어왔다.

혁명 이전 레닌의 깃발 아래에 모인 사회주의자들은 비교적 소수의 집단이었다. 내전을 거치며 첫 연마를 시작한 이들은 이제 자신들이 한 나라를 운영하고 현실사회주의라는 수단으로 유토피아를 건설해야 한다는 엄청난 과제에 직면했음을 알게 되었다.

이들은 조만간 도움이 있을 것이라는 기대를 품었는데, 그 기대의 기초는 신앙일 뿐이었다. 마르크스-엥겔스의 과학인 변증법적 유물론과 역사적 유물론이 이를 장담했기 때문에, 레닌과 그의 동지들은 러시아의 뒤를 이어 보다 선진적인 서유럽의 산업국가에서 유사한 공산주의 혁명이 이어질 것이라고 굳게 믿었다. 이 나라들이 일단 공산주의 국가가 되면 가난한 농업국인 러시아를 원조하고, 이를 통해 마르크스가 약속했던 방식대로 사회주의가 작동하는 산업 발전의 단계로 러시아를 이끌겠다는 계획이었다. 레닌은 유럽의 가장 산업화된 나라이자 최대 규모의 그리고 가장 활발한 사회주의 정당을 갖춘 나라, 즉 독일에 희망을 걸었다.

공산주의 공화국은 헝가리에서 잠깐 권력을 잡았다. 또 독일 남부의 바이에른에서도 잠깐 공산주의 공화국이 나타났다. 하지만 계속 유지된 것은 러시아 혁명뿐이었다. 1차 대전이 끝났던 시점에서의 현실사회주의란 레닌이 이끄는 단 한 나라—물론 아주 큰 나라이기는 했다—뿐이었다. 그때까지 러시아는 어떤 형태이든 사회주의가 시도될 것이라고 그 누구도 상상하지 않았던 나라였다.

처음에는 전시 공산주의로부터 '신경제정책New Economic Policy, NEP'으로 후퇴해야 했다. 신경제정책 아래에서는 가격이 오르내리고, 사람들은 물건을 사고 팔며 부자가 될 수 있었고, 정부 소유 공장의 경영자들은 이윤을 창출하고(혹은 알거지가 되고), 케인스가 "용인된 무법자들"이라고 불렀던 상인들과 중개인 계급도 성장할 수 있었다. 그것은 편의적 조치였다. 자본주의이지만 국가 통제 아래에 있고, 이윤 기반으로 운영되지만 사회화된 국가 기업들이었다. 목줄은 좀체 당겨지는 일이 없었지만, 어쨌든 남아있었다.

이러한 편법이 실행된 부분적인 이유는 중앙집권적 소련 정부의 장악력이 아주 제한적이었다는 사실에 있었다. 심지어 1930년대 중반에도 계획 당국이 자재 잔고를 추적할 수 있던 상품은 불과

100개 품목 정도였다. 물론 이러한 상품들의 이동은 중앙의 계획에 따라 이루어졌다. 계획 당국에서 내려온 목표를 달성하지 못한 생산자들은 처벌을 받았다. 계획을 초과해 만들어진 상품들은 기업들 사이에서 교환되었고, 정규적인 시장에서 현금으로 거래되거나 아니면 **블라트**blat, 즉 뒤를 보아주는 거물과의 연줄에 따라 거래되기도 했다. 그래서 누구를 아느냐가 중요했다.

기업들이 중앙계획, 시장 교환, 블라트로도 필요한 원자재를 구하지 못할 때에는 **톨카치**tolkachi 라는 물물교환 중개업자에게 의존했다. 톨카치는 그 업체가 필요로 하는 물건을 누가 가지고 있는지, 그 가치가 얼마인지, 물물교환으로 얼마나 확보할 수 있는지 등을 알아내는 역할을 했다.[11]

왠지 익숙하게 들린다면, 그럴 만하기 때문이다.

자본주의 기업의 숨은 비밀 중 하나는, 대부분 기업의 내부 조직이 소비에트 계획 당국의 거칠고 조야한 자재 잔고 계산과 매우 비슷하게 움직인다는 것이다. 기업 내부에서 여러 상품과 시간은 전혀 시장의 방식으로 배분되지 않는다. 개개인은 조직이 부여한 임무를 달성하기를 원하고, 상사를 기쁘게 해서 승진을 하거나 최소한 해고되지 않기를 원하며, 다른 사람을 돕고 싶어 한다. 그들은 공식적으로 또는 비공식적으로 호의를 주고받는다. 그들은 특정 목표와 기준이 최우선적으로 달성돼야 하며, 그렇지 않으면 조직의 최고 권력자들이 화를 낼 것이라고 생각한다. 그들은 사교나 강압적인 방법을 사용하기도 한다. 그들은 외주로 해결하겠다고 허락을 구하기도 하고, 우발적인 비용이 발생할 경우에는 자기 주머니를 털기도 한다. 비록 그 비율은 다르겠지만, 인간 세상 어디에서든 시장, 물물교환, **블라트**, 계획 ─이때의 계획이란 그 조직의 으뜸가는 목표들과 조직에 대한 사람들의 충성심이다—은 자본주의이든 사회주의이든 세상을 지배하는 법칙이다.

아마도 핵심적인 차이는, 자본주의의 표준적인 영리기업은 훨씬 더 큰 시장경제에 있으므로 항상 '만드느냐 사느냐make-or-buy'의 결정에 직면한다는 점이다. 즉 어떤 자원을 기업 내부의 다른 곳에서 사교나 강압이나 연줄을 통해 가장 효율적으로 확보할 수 있을까 아니면 예산 부서에 말하여 외부에서 구입할 것인가의 문제이다. 이 '만드느냐 사느냐'의 결정이야말로 자본주의 시장경제의 기업들을 항상 긴장하게 만들고 더욱 효율적으로 유지하는 강력한 요인이다. 자본주의 시장경제에서는 공장을 가진 기업들을 구름떼 같은 중개상들middlemen이 감싸고 있다. 하지만 소련에서는 개별 공장들이 시장과 마주할 수 있는 폭넓은 인터페이스도 또 구름떼 같은 중개상도 존재하지 않았다. 그 결과 소련의 경제는 매우 비효율적이었다.

자재 잔고 통제는 비록 비효율적이지만 전시에는 대부분의 사회가 채택하는 수단이다. 그 경우 소수의 특정한 생산 목표 달성이 최고의 우선적 과제가 된다. 총동원의 시간에는 명령과 통제가 우리가 할 수 있는 최선인 듯하다. 하지만 우리가 언제나 총동원의 시간인 사회를 원할까?

레닌은 자신의 혁명 이후 오래 살지 못했다. 1922년 5월에 그는 뇌졸중으로 쓰러졌고 7월에 다시 일어서서 복귀했다. 12월에는 두 번째 뇌졸중이 찾아온다. 1923년 3월 세 번째 뇌졸중이 왔을 때에는 일시적으로 실어증까지 겪었다. 1924년 1월, 그는 마침내 혼수상태에 빠져 세상을 떠난다. 그는 후계자에 대해 생각할 시간이 있었다. 어떤 위원회나 개인이 그의 뒤를 이어서 프롤레타리아 독재를 이끌어야 할까?

그는 와병 중 오늘날 '레닌의 유언장'으로 불리는 문서에 자신의 후계자에 대해 어떤 생각을 했는지를 다음과 같이 썼다.[12]

> 스탈린은 "무제한의 인사권을 갖고 있지만,… 그 권한을 항상 충분히 신중하게 사용하지는 못할 수 있다."
> 트로츠키는 "아마도 개인으로 보면 가장 유능한 인물"이겠지만 "과도한 자신감"에 차 있고 "순수히 행정적인 측면에 과도하게 몰두하는 성향을 보였다."
> 펠릭스 제르진스키Felix Dzerzhinsky, 세르고 오드츠호니키즈Sergo Ordzhonikidze, 스탈린 세 사람 모두 "대러시아주의의 국수주의"를 드러냈다.
> 니콜라이 부하린Nikolai Bukharin의 "이론적 견해가 과연 온전히 마르크스주의로 분류될 수 있을지는 매우 유보적이다. 그에게 는 무언가 스콜라주의적인"—즉 중세적이고 신비주의적인 — "무언가가 있기 때문"이다.
> 게오르기 피아타코프Georgy Pyatakov는 "심각한 정치적 문제에 있 어서 행정적인 측면에 지나친 열의를 보인다."

그리고 스탈린은 "너무 거칠다"며, 이는 "서기장으로서는 용납할 수 없는 문제"라고 덧붙였다. 일부 세력은 스탈린을 공산당 서기장에서 끌어내리고 "동지들에게 더 관대하고 충성스럽고 예의 바르고 사려 깊으며, 덜 변덕스러운 등"의 사람으로 대체할 방법을 모색할 정도였다고도 했다. 레닌은 이러한 "세부적인 측면"이 "결정적으로 중요하다"고 말했다.

레닌은 적백내전 이후에 스탈린을 서기장으로 임명했다(1922년 4월. 당시 레닌은 인민위원평의회 주석이었고, 레닌 사후 서기장이 최고지도자가 된다 —옮긴이). 레닌과 그의 측근들 모두 서기장은 지루하고 단순한 자리이며, 그래서 당에 헌신하며 성실한 직업윤리를 갖추되 다른 대단한 재능은 없는 사람에게 적합하다고 보았다. 하지만 스탈린이 갖게 된 인사권은 레닌과 다른 사람들이 깨달았던 것보다 훨씬 더 강력한 무기였다.

말년에 이렇게 끄적인 경고만으로는 불충분했던 것은 레닌이 범한 여러 실패 중 하나였다. 레닌은 자신의 명성을 활용하여 후계자를 지명하지 않았다. 그는 인민 혹은 심지어 산업 프롤레타리아의 의지라도 확인할 수 있는 메커니즘 만들기를 거부했다. 그는 실제로 '결정적으로 중요'한 것으로 드러난 '세부 사항'에 주의를 기울이는 데 실패했다.

그래서 레닌의 후계자는 당이 선택하도록 되었다. 당은 누구인가? 당은 인민이었다. 그러면 인민은 누가 선택하는가? 스탈린이었다. 대대적인 모집을 통해 당시 당원은 100만 명까지 늘어났다. 공산당의 지역위원회 서기를 임명하는 사람은 서기장인 스탈린이었다. 지역위원회 서기들은 제출된 입당 원서를 선별하고 공산당 대회에 참석할 (자신을 뽑아준 사람을 뽑아준 사람이 하자는 대로 거수기 노릇을 할) 지역 대표를 고르는 사람을 임명했다.

그들을 뽑아준 사람들을 뽑아준 사람은 스탈린이었다.

레닌이 죽고 3년의 공석 기간을 거친 후, 1927년 공산당은 스탈린을 최고지도자로 선택했다.

그가 어떤 인물인지 그리고 그가 결정한 일들의 결과를 살펴보기에 앞서, 당시 소련의 상태를 잠깐 살펴보자. 1927년에 소련은 기대수명, 인구, 산업생산, 생활수준에 있어서 1914년의 수준을 회복했다. 가장 절박한 생존의 문제는 해결되었다. 자원만 축내고 봉건적으로 생각하고 행동하는 차르 체제의 귀족정이라는 무거운 짐도 사라졌다. 레닌의 계승자들이 스스로 실수를 범해 나라를 파괴하지 않는 한, 또 인민들이 예전의 전쟁과 혼란의 시대를 기준으로 자신들의 치세를 판단하도록 할 수 있는 한, 인민들의 지지를 받지 않기가 어려운 상황이었다.

소련은 회복했다고는 해도 분명 여전히 존재적 위협에 시달리고 있었다. 소련 정부 고위층은 선진 산업지역의 자본주의 세력이 자신들의 체제를 전복시키기로 결정할까 봐 크게 두려워했다. 그들은 가까운 미래에 현실사회주의 정권이 생존을 위한 또 한 번의 전쟁을 치러야 할지도 모른다고 생각했다. 이들은 이미 두 번의 전쟁을 치렀다. 적백내전에서는 영국과 일본이 그들의 적을 지원하기 위해 상당한 정도로 개입한 바 있었고, 서쪽으로는 폴란드와 전쟁을 치러야 했었다. 그들은 소련이 경제적·정치적으로 힘이 약하다는 점을 절실하게 느끼고 있었다. 이러한 외부의 위협에 맞서 소련의 지도자들에게는 이데올로기가 있었고, 물불을 가리지 않고 충성하는 소수의 간부 집단이 있었으며, 경제를 1914년 수준으로 회복시켜 놓은 관료 조직도 있었다. 하지만 그들에게는 시간이 없었다.

그들의 생각은 틀리지 않았다.

옆길로 다시 잠깐 새자면, 실제 1941년 6월 22일에 히틀러의 나치 독일이 소련을 공격했다. 나치 독일의 목적은 두 가지였다. 첫째는 사상, 정치운동, 체제로서의 유대인 볼셰비즘을 박멸하는 것이었다. 둘째는 소련 거주자들 대다수를 보호구역으로 몰아넣거나 노예로 만들거나 몰살시키는 것이었다. 이들이 점유했던 땅은 독일 농민을 위한 더 큰 농토와 독일 국민을 위한 더 넓은 '생활권Lebensraum'(원래 '서식지'라는 생물학 용어였으나 독일에서는 농본주의와 연관된 식민 이주 정책을 의미했고, 이를 나치 독일이 변형하여 영토 확장의 이념으로 활용했다—옮긴이)으로 제공할 계획이었다.[13]

다른 길도 있었을 수 있다. 소련이 공포스런 수용소로 변할 수밖에 없다는 숙명 따위가 있었던 것은 아니기 때문이다. 하지만 레닌은 승계를 준비하거나 공산당 내부에 정상적인 정치를 가능하게 하는 메커니즘을 마련하기를 거부했는데, 이는 소련이 다시 과거의 정치적 패턴으로 회귀할 가능성이 있다는 의미였다. 이는 소련이 차르를 다시 세울 수도 있다는 뜻이었다. 혼란과 고통의 시대였기에, 새로운 차르는 이반 뇌제Ivan the Terrible(terrible은 예전 영어에서는 '공포를 불러일으키는' 혹은 '두려운'의 의미였는데, 오늘날에는 '형편없는' 혹은 '끔찍한'의 의미를 지닌다—옮긴이)로 불리는 류리크Rurik 왕조의 이반 4세Dread Ivan IV처럼 행동할 가능성이 있었다. 그들이 세운 차르는 바로 이오시프 쥬가시빌리Ioseb Djzhugashvili라는 이름으로 태어난, 즉 스탈린 뇌제였다. 피해망상의 사이코패스이자, 인류 역사상 가장 많은 사람을 죽인 살인마의 한 사람이다.

스탈린은 정교회의 신학대학교에서 쫓겨난 뒤에 혁명 정치로 눈을 돌렸다. 그는 네 번이나 시베리아로 추방당했다. 네 번 모두 도망쳤고 조지아로 되돌아왔다. 어떤 사람들에게 이 사실은 의심스럽게 보였다. 어떻게 그렇게 쉽게 탈출했을까? 왜 탈주 후에 두려움 없이 옛 터전으로 돌아왔을까? 훗날 트로츠키와 다른 이들은 스탈린이 1차 대전 이전에 차르의 비밀정치경찰인 오크라나Okhrana의 앞잡이로 공산주의자들을 염탐하는 공작원이었다고 주장했다.

상관없었다. 1912년에 레닌은 제국의 변방에서 선동과 소요를 일으킬 사람이 필요했고, 스탈린을 선택했다. 스탈린은 1917년에 황제가 폐위된 뒤 수도 상트페테르부르크 혹은 페트로그라드로 되돌아온 첫 번째 주요 볼셰비키였다. 레닌은 스탈린에게 당 기관지인 〈프라우다〉의 편집자 역할을 주었다. 적백내전 동안 그는 10년 전에 자신이 소요와 반란을 선동했던 바로 그 소수 민족들 사이에서 혁명을 공고히 하는 작업을 맡았다. 공산당 서기장이 된 후에는 공산당에 누가 가입할 것인지를 결정했다. 이는 곧 공산당의 구성과 성격을 결정할 권한을 쥐었다는 의미였다. 2차 대전 이후에 동독 극작가 베르톨트 브레히트Bertolt Brecht는 동독의 현실사회주의 지도자들이 이상으로 삼는 바는 "인민을 해산하고 다른 인민을 선출하는 것"이라고 말한 적이 있다. 동독에서는 이상에 불과했을지 모르지만, 스탈린에게는 현실이었다.[14] 비록 그 과정에서 수많은 적을 만들어냈지만, 당연하게도 스탈린은 최고 자리에 올랐다. 또한 스탈린에게 피해망상이 있고 힘 있는 자들을 포함한 많은 적이 있었다는 점을 고려하면, 그가 취한 다음 행보 역시 전혀 놀랍지 않다.

제르진스키는 스탈린이 권력을 굳히기 전인 1926년에 심장마비로 사망했다. 스탈린은 트로츠키와 아마도 오드츠호니키즈를 빼고 레닌이 유언장에서 언급했던 그 외 모든 인물을 총살했다. 트로츠키는 추방되었는데, 1940년에 멕시코시티에서 소련 비밀경찰에 의해 얼음송곳으로 살해당했다. 오드츠호니키즈는 비밀경찰의 손에 죽기 전에 총으로 자살한 것 같은데 정확하게 알려진 바는 없다. 한마디로 스탈린은 그의 이전 동료들을 침묵시키고, 그다음에는 처형했다. 그리고 철저히 자신에게 의존하고 자신의 입맛대로 움직이면서 목숨을 보존한 사람들을 자신의 바로 밑으로 승진시켰다.

볼셰비키들은 비사회주의 세력이 자신들을 존재적 위협으로 간주할 것이라고 생각했다. 그리고 생존을 위해서 러시아가 빠르게 산업화해야 한다는 데에는 모든 볼셰비키가 동의했다. 하지만 곡물과 거래할 공산품이 없는 상황에서 그들은 농업 생산을 늘리도록 농민들을 어떻게 설득해야 했을까?

마르크스는 영국의 경제사를 '본원적 축적'의 역사로 해석했다. 지주들은 농민들로부터 땅을 훔치고 그들의 생활수준을 쥐어짜기 위해 정치체제를 이용했다. 이로 인해 농민들의 일부는 어쩔 수 없이 도시로 이주했고, 그곳에서 빈털터리 도시 노동자계급으로 전락했다. 도시의 제조업자들과 생산수단의 소유자들이 농민들이 공장에서 일할 수밖에 없도록 만들기 위해 정치체제를 이용했다는 것이다.

마르크스에게는 이 끔찍한 결과가 자본주의를 인류의 발전과 번성을 가로막는 장애물로 만든 여러 가지 중 하나였다. 볼셰비키들은 영국의 근대화에 대한 마르크스의 비판을 가져다가 자신들의 비즈니스 모델로 만들었다. 스탈린뿐 아니라, 트로츠키, 예브게니 프레오브라젠스키Yevgeni Preobrazhensky, 여타 엘리트들 또한 급속한 산업화는 집권 공산주의자들이 먼저 러시아의 농민들을 상대로 경제전쟁을 치를 경우에만 가능하다고 결론 내렸다. 그들은 성장하는 산업도시들로 노동자들을 이주시키고 먹여 살리기 위해, 농민들의 생활수준을 최대한 쥐어짰다. 그리고 도시로 인구가 꾸준히 유입될 수 있을 정도까지만(더 높지는 않게) 임금수준을 유지하려고 했다. 이 전략이 결국 일련의 '5개년 계획'이 되는 정책의 첫 번째 시도였다.

이 정책이 야기한 '재화 기근goods famine'으로 도시의 생산은 소비재에서 자본재, 경공업에서 중공업으로 이동했고, 결국 '곡물 기근'을 야기했다. 결과는 이른바 '가위 위기scissors crisis'였다. 정부가 정한 투자 목표를 맞추려다 보니 도시에서 생산되는 공산품 가격은 계속해서 올랐지만, 농산물 가격은 또 계속 하락했다. 이를 그래프로 그려보면 양쪽 가격의 격차가 쭉 벌어지는 그림이 가위처럼 나타난다. 농민들은 공산품을 살 수 없었고(그래서 점점 흥미를 잃었고), 농산물을 팔 수도 없었다. 도시에서는 식량이 부족하여 대혼란이 벌어졌고, '5개년 계획'은 물론 볼셰비키가 체제의 생존에 결정적이라고 믿었던 러시아의 산업화 능력까지 위협했다(트로츠키와 프레오브라진스키 등의 경제 발전 이론은 이른바 '경사傾斜 생산방식'이라고 할 만한 것이었다. 즉 자본재 생산부문(1부문)에 계속 자원을 투입하여 자본재를 풍부하게 생산하여 그 생산력이 다른 생산 부문으로 넘쳐나도록 한다는 것으로서, 이에 따라 산업 및 제조업 그중에서도 중화학공업 분야 생산물의 가치를 압도적으로 높게 평가했고, 여타 공산품 특히 농산물의 가치를 아주 낮게 깔아두는 노선이었다. 그리고 농업을 계속 집단농장으로 집산화시키면서 농민들에게 낮은 가치와 악화된 교역조건으로 공산품과 교환하도록 강제하는 방식을 택했다. 즉 산업화를 위해 '농민들을 착취하는' 노선을 택한 것이다. 그러자 농민들은 이 불리한 조건으로 도시 특히 중공업에 의해 착취되는 것을 거부하고, 집산화 자체를 거부하고 나섰으며, 종래의 자급자족 농업으로 회귀하는 경향을 보였다. 그러자 농산물의 유통량이 줄어들면서 도시에서는 식량 위기가 터지게 된다 ―옮긴이).

스탈린은 가위 위기가 소수의 썩은 사과, 즉 쿨라크kulaks 때문에 발생했다고 주장했다. 스탈린은 러시아의 부농인 쿨라크들이 자신들이 생산한 곡물을 비싸게 팔기 위해 감추고 내놓지 않는다고 생각했다. 쿨라크, 이들이 문제다.

쿨라크를 없앤다면, 문제도 없어진다.

정부는 쿨라크, 즉 여분의 농산물을 생산하고도 그것을 당에 내놓으려 하지 않는 농민들에게 무언가 조치를 취해야 한다고 결정했다. 해결책은? 그들의 토지와 가축을 몰수하고 다른 농민들과 함께 집단농장에서 일하도록 만든다. 단, 그들의 생활수준을 다른 농민들보다 좀 더 낮춰서 약간 더 힘들게 살게 만든다. 그러면 다른 농민들이 행복할 것이라고 당은 생각했다. 쿨라크들은 불만을 품을 테지만, 이들의 저항 정도는 감당할 수 있다. 그렇게 하면 농촌에 소비재를 전혀 공급하지 않고도 잉여 농산물 전체를 도시로 보낼 수 있을 것이다.

하지만 이는 틀린 생각이었다.

소련 정부는 2,500만 명의 농민들 중 94%를 국가 소유의 집단농장으로 모았고, 집단농장 하나당 농민의 숫자는 평균 50명이었다. 그 과정에서 무수한 농민이 총살당했고, 또 무수한 이들이 굶어죽었다. 1930년대 내내 수많은 농민들이 시베리아의 강제수용소로 보내졌고, 아마도 1,500만 명 정도가 죽었다. 농업 생산은 3분의 1이 줄었다. 소련의 가축 수도 절반으로 줄었다.[15]

이런 정책에서 무슨 좋은 결과가 나오겠는가? 나올 수가 없었다. 도시에서 필요한 식량은 도시 산업생산 능력의 일부를 농민들이 유용하다고 여겨 구매하려고 하는 소비재를 생산하게 함으로써 조달할—더 좋은 조건으로 더 많은 식량을—수 있었다. 하지만 소련 정부가 취한 사실상의 농노제는 농촌에서 식량을 쥐어짜내는 데에는 전혀 효율적이지 못한 방식이었다. 게다가 농민들은 농노제의 시행을 간파하고 정부의 관료들이 빼앗아가기 전에 자기들 가축을 도살하여 먹어치우는 일도 빈발했다. (200만? 500만?

1,500만? 명의) 사람들을 죽이는 대신 살려 두고서 그들의 농작물을 소비재와 교환하도록 만드는 편이 훨씬 더 효율적이었을 것이다.

더 좋은 방법이 있었다고 해서 볼셰비키가 아무런 효과도 보지 못한 것은 아니었다. 소련 통계학자들의 주장에 따르면, 제1차 및 제2차 5개년 계획 동안 (1928년에 1913년에 비해 11% 높은 수준이었던) 산업생산은 1933년에 181%, 1938년에 558% 높아졌다. 석탄, 철강, 화학, 전기 등 중공업이 최우선순위였다. 소비재는 그다음이었다. 우선순위라는 게 있었다면 말이다.

5개년 계획은 어떤 대가를 치르더라도 달성해야 하는 일련의 선별된 목표 ─댐을 완공하고, 많은 용광로를 건설하고, 많은 탄광을 개발하는─로 이루어졌다. 목표는 철강과 같은 중금속 제조업을 구축하는 것이었다. 이를 위해서는 미국의 중공업이 사용하는 기술을 확보해야 ─해외에서 사오든 직접 개발하든─ 했다. 이러한 뜻에 따라 '철강 도시'를 우랄산맥의 마그니토고르스크에 조성했고, 석탄은 중국 국경에서 조달했다. 마그니토고르스크가 없었다면 스탈린은 2차 대전에서 승리할 수 없었을 것이다. 왜냐하면 서부 러시아의 공장들은 1941년 7월부터 1943년까지 독일에게 점령되어 있었으며, 댐, 자동차공장, 트랙터(또는 탱크) 공장은 모두 모스크바 동쪽 먼 곳에 지어졌기 때문이다. 모스크바 동쪽의 인구가 훨씬 적었던 것은 얼마든지 해결할 수 있는 문제였다.

스탈린은 더 높은 임금을 지불할 수도 없었는데도 어떻게 이 새로운 중공업 공장으로 노동자들을 끌어들였을까? 해답은 징발이었다. 국내용 여권은 이동의 자유를 박탈했다. 일자리를 갖고 있느냐(그리고 고용주를 만족시키느냐)를 기준으로 주거와 배급 통장을 배정했다. 고용주를 만족시키는 일은 또한 목숨을 부지하는 데에도 도움이 되었다. 일단 직장 상사에게 '사보타주' 혐의를 받으면 바로 시베리아의 강제수용소로 추방되거나 목에 총알이 박힐 위협이 항시 있었기 때문이었다. 산업화 추진 초기에 이미 엔지니어들을 '계획 파괴자들'로 지목하고 여론 조작을 위한 공개 재판이 벌어진 적이 있었다.

농촌의 생활수준을 쥐어짠 결과 대규모 인구 이동이 벌어졌다. 비록 도시에서의 삶도 저임금에 건강에도 나빴지만, 집단농장에서의 반半농노 생활은 더욱 끔찍했다. 1930년대 내내 2,500만 명을 넘는 사람들이 도시와 공장으로 이주했다. 이런 방식으로 5개년 계획은 효과를 거두었다. 소련은 2차 대전 동안 전쟁 무기 생산에 있어서 독일과 영국을 앞질렀다. 많은 경우 무기의 질도 쓸 만한 수준이었다. 하지만 쓸 만하다는 기준은 높지 않았다. 소련의 T-34C 탱크는 6개월 동안 쓸 수 있도록 설계되었고, 격렬한 전투를 수행할 수 있는 시간은 딱 24시간이었다.

소련의 산업생산이 1913년부터 1940년까지 거의 일곱 배 뛰었다는 주장은 상당한 과장이다. 아마도 1940년의 산업생산은 (표준 기법을 이용해서 계산했을 때) 1913년의 3.5배 정도였을 것이다. 한 학자의 추정에 따르면 소련의 실질 국민생산은 1928년부터 1958년까지 평균적으로 매년 4.5% 성장했고, 이는 인상적인 수치이다. 하지만 그 대가(많은 사람들의 죽음 —옮긴이)는 엄청났다.

공장 노동자들은 위에서 할당한 생산 목표를 달성하지 못하면 총살당하거나 강제수용소로 보내졌다. 지식인들은 스탈린을 충분히 지지하지 않거나 협조하지 않으면 총살당하거나 강제수용소로 보내졌다. 작년에는 스탈린의 정책을 지지했더라도, 올해 지지하지 않으면 바로 죽을 수 있었다.

공산주의 활동가들, 관료들, 비밀경찰들이라고 해서 상황이 나은 건 아니었다. 1930년대의 대숙청에서 죽거나 유배된 당원과 정부 공직자는 500만 명이 넘었다. 1930년대 소련에서 가장 위험한 곳이 공산당의 간부 집단이었다는 사실은 암울한 역사적 아이러니다. 1934년 소련 공산당 제17차 인민대표회의에 참석한 1,800명 중 1939년 제18차 인민대표회의에 다시 참석한 사람은 10%도 채 되지 않았다. 나머지는 죽었거나 감옥에 있거나 시베리아로 유배되었다. 2차 대전이 시작될 무렵 소련 공산당원 중 절반 이상은 1930년대 후반에 입당한 사람들이었고, 그들 모두는 자신의 일자리 —그리고 소련 사회에서의 지위—가 스탈린과 스탈린이 키운 이들과 스탈린이 키운 이들이 키운 이들에게 빌붙은 덕분임을 분명히 알고 있었다.

　　빈약한 기록 탓에 우리는 얼마나 많은 이들이 죽었는지 알지 못한다. 얼마나 많은 스탈린의 반대자들과 날조된 적들과 방관자들이 살육당했는지를 1930년대에 도살된 소와 양의 숫자만큼도 제대로 알지 못한다. 다만 시베리아의 강제수용소가 수백만 명의 사람들로 다시 또다시 또다시 채워졌다는 것은 분명히 알고 있다. 농업 집산화의 시기에는 수백만을 헤아리는 추방된 쿨라크들이 여기를 채웠으며, 이들로 인해 '수용소 군도Gulag Archipelago'는 엄청나게 불어났다. 소련이 2차 대전을 하루 앞두고 다른 영토들을 합병하면서 이 '수용소 군도'는 이제 폴란드인, 리투아니아인, 에스토니아인, 라트비아인, 몰도바인으로 다시 가득 찼다. 2차 대전 동안에는 징계를 받은 군인들, 스탈린의 전시 지도력에 비판적인 사람들, 친독일계로 간주된 러시아인들이 이곳으로 유배되었다. 전쟁 후에는 소련 군인들 중 독일군에 포로로 잡혔지만 히틀러가 죽이지 않은

(아마도 400만 명 정도의) 사람들 또한 수용소 군도로 보내졌다. 그들
은 그곳에서 죽고, 썩어나갔다.

9장. 파시즘과 나치즘

러시아의 소설가 알렉산드르 솔제니친Aleksandr Solzhenitsyn은 다음과 같은 글을 남겼다.

맥베스의 자기정당화 논리는 너무 약했다. … 이아고는 순한 어린 양이었다. … 셰익스피어 작품에 나오는 악인들의 상상력과 정신력은 기껏해야 열 몇 구의 시체에서 끝나버리고 만다. 그들에게는 **이데올로기**가 없었기 때문이다. 이데올로기. 악행이라는 놈은 태초 이래 오랫동안 찾아 헤맸던 최고의 정당화를 여기에서 찾아내며, 악행을 저지르는 자들은 나쁜 짓에 필요한 의지와 결단력을 여기에서 찾아낸다. 이데올로기의 힘을 빌면 악인들의 행동이 본인들 눈에도 또 남의 눈에도 악행이 아니라 선행인 듯 보이게 되며, 그래서 비난과 저주 대신 칭송과 명예를 얻게 되니, 이데올로기는 바로 이러한 힘을 발휘하는 사회 이론이다. … 20세기는 숙명적으로 수백만을 기본 단위로 삼는 규모의 학살을 겪어야 했거니와, 이는 모두 이데올로기 때문이다. 이는 부인할 수도 무시하고 지나갈 수도 또 억누를 수도 없는 진실이다.[1]

솔제니친은 '기독교를 들먹이며' 범죄를 정당화한 종교재판, '모국의 영광'을 부르짖으며 범죄를 저지른 정복자들, '문명'을 내세우며 스스로의 행동을 정당화한 식민주의자들, '인종'을 내세우며 범죄를 정당화한 나치, 그리고 '평등, 인류애, 미래 세대의 행복'을 내세웠던 프랑스 혁명의 가장 급진적 분파 자코뱅들을 사례로 들었다. 마음의 눈으로 유토피아적 미래를 보고, 그런 미래가 손에 잡힐 듯이 가까이 있으니 그 유토피아를 판타지가 아니라 현실로 만들 수 있다면, 설령 가혹하고 잔혹한 행동이라고 해도 얼마든지 벌일 수 있다는 생각. 그것이 바로 이데올로기의 저주다.

경제의 역사 또한 이데올로기에 얼마든지 침윤될 수 있는 영역이다. 그 큰 이유는 경제사가들이 이데올로기로부터 자유롭지 못하기 때문이다. 숫자나 지표가 여러 해석을 뒷받침하지만, 솔제니친이 지적했듯이 한계가 있다. 수천만 명 규모의 의도적 학살은 부정하거나 넘어가거나 숨길 수 없다. 가령 기근과 같이, 수천만 명의 죽음을 초래하는 재앙적인 규모의 경제 실패는 부정하거나 넘어가거나 숨길 수 없다. 장기 20세기 한중간의 기괴한 이데올로기들로 점철되었던 수십 년을 우리는 어렵더라도 꼭 짚고 넘어가야 한다. 그 경험은 정치적·경제적 이데올로기라는 것 자체의 의미를 퇴색시켰다. 그래도 나는 여전히 이데올로기들을 마주할 때마다 치명적인 정도는 아니지만 항상 충격을 받는다. 요컨대, 전간기에는 경제와 사회의 근본적인 재조정을 요구하는 세 개의 거대 이데올로기들이 서로 대립했다.

우리는 1차 대전 이전에도 20세기의 압도적이고 총체적인 이데올로기 셋 중 하나—셋 중 가장 온건한—를 만났다. 바로 '주신 분도 시장이시요, 가져가신 분도 시장이시니. 시장의 이름을 찬양하라'라는 이데올로기였다. 그리고 1차 대전 이전의 질서를 정화하기 위해서는 큰 변화가 필요했다. 그래야 이 이데올로기가 강력해질 수 있었다. 이데올로기는 '축복받은blessed'이라는 단어 안에 거한다. 이 단어와 사회진화론의 결합은 특히나 해로운 것으로 드러났다. 미국의 철강왕이자 자선가였던 앤드류 카네기Andrew Carnegie의 말이 이를 잘 보여준다. "경쟁의 법칙 때문에 사회가 치러야 하는 대가도… 엄청나다"고 인정하면서도, 그는 이렇게 덧붙인다. "우리는 그 경쟁의 법칙을 피할 수 없다. … 그리고 개인에게는 때로 이 법칙이 힘겨울 수 있지만, 인종 전체의 입장에서 보면 최상이다. 왜냐하면 이 법칙을 통해 가장 적합한 자the fittest의 생존이 보장되기 때문이다."[2] 그러니 자유방임 시장경제가 만들어내는 것이라면 설령 나쁜 점이라고 해두 좋은 점으로 보아야 했다.

우리는 8장에서 두 번째 이데올로기, 즉 레닌과 스탈린의 현실사회주의를 만났다. 그것 역시 **경제**의 재편reconfiguring the economy에 막대한 노력을 기울여야 한다고 처방한 이데올로기였다. 이 경우에 이데올로기는 시스템으로서의 시장을 제거하라고 말했는데, 이는 산업화의 물질적 풍요로움을 이용해 미래에 그리고 곧 존재할 유토피아를 건설하는 것을 막는다는 점에서 시장이 모든 미래 악의 근원이었기 때문이었다.

20세기가 시작될 때에는 레닌과 스탈린의 현실사회주의가 그 어떤 이데올로기보다 많은 살육을 저지를 것이라는 점이 명확하지 않았다. 1차 대전이 끝날 무렵에도, 2차 대전으로 이어지던 시기에도 여전히 명확하지 않았다.

사려 깊고 관찰력이 뛰어나며 열정적인 많은 사람들이 주저 없이 세 번째 주자인 파시즘에 운명을 걸었다. 그들은 충분히 그럴 만한 까닭이 있었다. 실제로 파시즘은 가장 끔찍하고 가장 파괴적인 이데올로기로 보였다. 사실 다른 모든 이들 ─실용주의자, 사회주의자, 시장 숭배자, 진정한 자유주의자 ─이 한데 뭉쳐서 막지 않았다면 파시즘이 이 공포의 경주에서 승리했을 것이다. 파시스트 운동으로 목숨을 잃은 5,000만 명은 파시스트들이 이 세계에 대접하고자 꿈꾸던 만찬 중의 애피타이저 수준에 불과했기 때문이다.

파시즘 또한 근본적으로 **경제**를 재편하기 위해 큰 노력을 기울이라고 처방한 이데올로기였다. 파시즘 이전의 경제는 사람들을 계급으로 나눴고, 협상하고 충돌하는 이해집단의 정치를 만들어냈다. 파시즘은 통일된 국민, 연대 그리고 공통의 목적을 추구하는 정치가 필요하다고 말했다. 부유한 사장들이 노동자 집단과 교섭하는 시장경제로는 이러한 통합을 만들 수 없다. 게다가 당시의 세계경제에서의 당면 과제는 글로벌 자원의 재분배라고 이들은 주장했다. 정작 중요한 문제는 가난하고 과도한 노동의 부담을 진 프롤레타리아 **계급**이 아니라 자원, 식민지, 토지를 빼앗긴 프롤레타리아 **국가**다. 파시스트 지도자의 한 가지 주요한 목적은 세계경제를 '뿌리 없는 세계시민'으로 이루어진 일부의 초국적 글로벌 엘리트가 아니라 자국 국민의 이익을 위해 작동하게끔 만드는 것이었다.

유럽에서 2차 대전이 발발할 때까지는 이탈리아의 무솔리니가 세계 파시즘의 지도자였다. 그는 이탈리아 사회당의 기관지인 〈전진!〉의 편집자로 이력을 시작했다. 스위스의 이탈리아 노동자들을 선동하여 총파업을 일으켰고, 체포되어 추방당했다. 오스트리아-헝가리 제국의 이탈리아어권 알프스 지역에서 사회주의 선동가로 활동했고, 리비아를 정복하려는 이탈리아 제국주의의 모험적 행동에 저항했다. 1차 대전이 터지기 직전, 그는 이탈리아의 가장 저명한 사회주의 언론인이자 정치인 중 하나였다.[3]

오스트리아-헝가리 제국이 세르비아를 상대로 선전포고를 하고 그다음 날인 1914년 7월 29일 군대 동원령이 떨어졌을 때, 유럽의 사회주의 지도자들도 움직이고 있었다. 그들은 제2인터내셔널 회의를 위해 브뤼셀로 모였다. 앞서 1912년과 1907년의 회의에서는 모두가 다음과 같이 결의했었다. 노동자계급에게는 조국이 없다. 전쟁의 위협에는 총파업으로 맞서야 한다. 작업 도구를 내려놓고, 기계를 멈추고, 글자 그대로 열차를 철도 위에 세우고, 군수 공장의 문을 내린다. 그다음엔 외교관들이 역할을 하여 평화를 유지할 수 있다.

하지만 그날 브뤼셀에서 오스트리아 사회주의 지도자인 빅토르 아들러Victor Adler는 빈의 노동자들이 평화 시위가 아니라 전쟁을 외치면서 거리로 쏟아져 나오고 있다고 발언했다. "노동자계급에 맞서 옳은 일을 하는 것보다 그들과 더불어 잘못을 저지르는 편이 낫다"는 것이 아들러의 오래된 격언이었다.[4] 오스트리아 사회주의자들은 그들의 황제를 지지하게 된다. 프랑스에서는 총리 르네 비비아니Rene Viviani가 사회주의자였다. 비비아니는 프랑스 노동자들에게 사회주의적 신념으로 보자면 가장 중요한 동지인 외국의 노동자들에 맞서 조국을 수호하자고 호소했다. 참전국의 사회주의 지도자들 중 전쟁에 반대한 이들은 독일의 우고 하제, 로자 룩셈부르크, 카를 리프크네히트, 그리고 러시아의 레닌 등 소수에 불과했다.

이탈리아의 사회주의자들은 이러한 딜레마에서 자유로웠다. 그들은 반전 평화의 원칙과 조국을 위한 전쟁 사이에서 하나를 선택할 필요가 없었다. 1882년에 이탈리아는 독일과 오스트리아와 **방어**defensive 동맹을 체결했었다. 이탈리아 정부는 독일과 오스트리아가 방어자가 아닌 침략자라고 선언했다. 결과적으로 이탈리아는 중립을 지켰고, 이탈리아의 사회주의자들은 정부의 결정에 갈채를 보냈다.

하지만 무솔리니는 브뤼셀에서 일어난 사태와 주변국에서 벌어진 일들을 보면서 생각이 근본부터 흔들리게 된다. 제2인터내셔널은 민족주의 세력에 맞섰다가 붕괴하고 말았다. 독일 황제 빌헬름 2세는 "내 눈에 정당은 보이지 않는다. 오직 독일인들만 보인다"고 선언했다. 그리고 이 시점에서는 빌헬름 2세가 옳았다. 압박이 가해지자 국제 노동계급이 해체되고 계급 구분의 중요성이 사라진 국가들이 공고화되었다는 사실은 무엇을 의미했는가?

무솔리니가 알고 좋아했던 이탈리아 사회주의자들은 속속 민족주의의 편에 섰다. 그들은 이탈리아가 연합국으로 참전하여 오스트리아의 이탈리아어 사용 지역들을 정복해야 한다고 주장하기 시작했다. "카르디Cardi, 코리도니Corridoni, 라 리지에르la Rygier," 무솔리니는 그런 주장을 하는 사회주의자들을 호명했다. "전쟁 옹호자들! 전쟁 지지는 모두를 감염시키고 있다. 나는 끝까지 성곽을 사수하고 싶다(무솔리니는 1차 대전 개전 직후에는 강력한 반전 혹은 중립의 입장을 취했다 —옮긴이)."[5] 하지만 무솔리니는 대중운동의 지도자가 되고 싶은 욕망이 너무나 컸다. 조지 오웰은 "한 치 앞도 보이지 않는 상황이라도, 대중이 틀렸으면 거기에 당당히 맞서서 틀렸다고 외치는 것이 의무"라고 생각했지만, 무솔리니는 오웰과는 전혀 종자가 다른 사람이었다.[6]

1차 대전이 3개월째 접어들 무렵 무솔리니는 자신이 공언했던 전쟁 반대의 성곽을 포기한다. 그가 이끌던 이탈리아 노동자들이 사회주의보다 민족주의를 앞세우자 그들과 함께 민족주의의 대열에 합류했다. 1914년 늦가을 무렵, 그는 제2인터내셔널의 붕괴와 열렬하게 전쟁을 지지하는 노동계급 대중을 목도하면서 중요한 교훈을 끌어낸다. 계급이란 대단치 않은 압력에도 산산조각이 나니, 강력하고도 지속적인 대중운동에 필요한 무게를 감당할 수 없다. 반면 민족은 그걸 감당할 정도로 충분히 강할 수 있다.

무솔리니는 마르크스의 사회주의가 사람들의 심리를 움직이는 힘이 부족하다고 확신하게 된다. 사회주의는 그가 전쟁 동안 목도했던 민족주의적 열정의 폭발적인 분출과 같은 것을 불러일으키지 못했다. 사회주의 지도자들은 연대의 감정이 국제적 계급이나 보편적 인류애가 아니라 민족 공동체와 결부되어 있다는 사실을 충분히 인식하지 못하고 있는 듯했다.

사회주의자인 것과 대중적인 **민족주의** 운동을 이끈다는 것은 서로 부합하지 않아 보였고, 민족주의 운동이 대중적일 수 있는 유일한 종류로 보였다. 이에 무솔리니는 새로운 일간지 〈이탈리아 인민〉을 창간하고, 이탈리아가 프랑스와 영국의 편에 서야 한다고 주장했다. 그의 옛 동지들은 무솔리니가 프랑스 정보기관의 뇌물을 받았다고 비난했다(그가 입장을 바꾸기 전에는 아마 안 받았을 것이지만, 입장을 바꾼 뒤에는 뇌물을 받았던 것이 거의 확실하다. 프랑스인들 입장에서 보면, 프랑스의 편에 서서 참전할 것을 외치는 이탈리아 내의 운동을 지지하지 않을 수 없었을 것이다). 1914년 11월 24일에 무솔리니는 이탈리아 사회당에서 제명당한다. 이제 퇴로가 끊겼다. 더 이상 사회주의자가 아니었다. 그는 사회주의와는 다른 하지만 더 강력해질 운동의 지도자가 되었다.

그런데 그 운동의 정체는 대체 무엇인가?

원래 무솔리니에게는 그 빈자리를 임시로 채워 넣은 '파시즘'이라는 단어 달랑 하나밖에 없었다. 원래 그는 단지 다음 사실을 보고 배웠을 뿐이었다. 빈곤 종식과 존중을 요구하며 시위, 저항, 파업, 투표 등 대규모 국내적 경제 투쟁에 노동계급을 끌어내기는 어렵다. 반면, 알토 아디제, 트렌티노, 프리울리, 우디네, 트리에스테 등의 지역을 되찾거나 아예 빼앗자며 피비린내 나는 파괴적 전쟁을 선동하면 노동계급을 쉽게 동원할 수 있다. 핏줄과 땅에 뿌리를 둔 민족국가에 대한 호소는 추상적인 이상, 도덕적 원칙, 보편적 연대 따위에 호소할 때와는 다른 방식으로 대중을 행동하게 했다. 무솔리니는 자신의 교리로 나아갈 길을 찾아냈다. 그리고 무수한 사람들이 무솔리니를 뒤따랐다.[7]

운동movement 으로서의 파시즘의 핵심은 한계, 특히 이성에 근거한 주장으로 이런저런 한계를 두는 것에 대한 경멸이었다. 이들은 오로지 의지만으로 현실을 바꿀 수 있다고 믿었다. 또한 의지를 폭력으로 관철시키는 것이야말로 주장을 개진하는 최고의 방법이라고, 아니 사실상 유일한 방법이라고 찬양했다. **이데올로기**로서의 파시즘의 핵심은 비판, 절반쯤 자유주의적이던 산업자본주의와 대의제 정부가 주어진 기회를 날리고 실패했다는 비판이었다. 실패는 다양한 방식으로 나타났지만, 모두 서로 연결되어 있다. 파시즘에서 이데올로기는 부차적이지만 그래도 중요한 문제였다. 사람들이 스스로의 의지를 파시스트 지도자의 의지에 복속시키도록 만들기 위해서는 이데올로기가 이들로부터 호응과 공감을 끌어내야 했다. 그러니 1차 대전 이후 기성 정치가들이 재건하려고 했던 사이비 고전적인 절반의 자유주의 질서의 실패를 알아보자. 파시즘이 이 질서의 실패에 모든 혼란의 책임을 돌렸기 때문이다. 단, 분명히 하자. 그 실패는 파시스트들이 꾸며낸 이야기가 아니라 모두 사실이었다.

첫째, 거시경제의 실패. 절반쯤 자유주의적인 자본주의는 고용과 신속한 경제성장을 보장하는 데에 실패했다.

둘째, 분배의 실패. 절반쯤 자유주의적인 자본주의는 부자는 더 부유하게, 다른 모든 이는 여전히 가난하게 만들었다. 혹은 더 교육받고 더 존중받아야 할 중하층lower middle class과 미숙련 산업 프롤레타리아 간의 충분한 소득 격차를 만들지 못했다. 이런 자본주의는 사회적으로 승리할 수 없다. 소득분배의 어떤 측면에 방점을 두느냐에 따라 산업 자본주의는 너무나 불평등한 소득분배(빈익빈 부익부) 혹은 충분히 불평등하지 않은 분배(점잖은 중하층이 몰락하여 미숙련 프롤레타리아와 똑같아져 버린다)를 초래했다. 특히 후자의 '충분히 불평등하지 않은 분배'라는 문제는 암묵적 혹은 명시적으로 민족-인종-종교적 차별을 함축하고 있었으니 ―유대인 놈들, 폴란드 놈들, 슬라브 놈들, 기타 소수자 놈들을 너무 평등하게 대우하는 거 아니냐―국민적 차원에서 대중적 행동을 촉발할 수 있는 파괴력이 더 컸다고 할 수 있다.

셋째, 도덕적 실패. 시장경제는 모든 혹은 많은 인간관계를 당사자들의 독립적인 시장 거래 ―네가 이걸 해주면 나는 네게 돈을 주겠다―로 환원해 버렸다. 사람들은 서로를 단지 돈을 유용한 상품으로 바꾸거나 혹은 자신의 노동을 돈으로 바꾸는 기계 장치로 취급하는 것을 불편해한다. 차라리 경쟁과 선물 교환이 인간에게는 훨씬 더 심리적인 호소력을 갖는다. 사람은 물건을 사는 것보다 같은 물건을 선물로 받거나(혹은 주거나) 상으로 받는 것에 더 큰 만족을 느낀다. 자신의 공연에 박수 부대를 동원하는 것보다 진심 어린 갈채를 받는 것에 더 큰 만족을 느낀다. 돈을 받고 군중에 합류하는 것보다 마음에서 우러나와 지도자를 따르는 것이 더 고무적이다.

시장사회는 이러한 차원을 무시하고 억누름으로써 —모든 것이 현금이라는 연결고리를 통과하도록 요구한다—삶의 많은 부분을 비인간적으로 만든다.

넷째, 연대와 인정의 실패. 사이비 고전적이며 절반쯤 자유주의적인 질서는 모든 이들—즉 일정한 문화로 결속되고 주어진 지리적 경계 안에 함께 사는 모든 시민들—이 하나로 뭉친다는 것, 즉 한 민족 집단의 주민들은 어떤 한 개인의 이익보다 훨씬 더 강력한 공통의 이해관계를 갖는다는 것을 인정하지 않았다. 따라서 경제 정책은 '생디칼리즘'이나 '코포라티즘'의 방식으로 마련될 필요가 있었다. 즉 국가가 사용자들과 노조를 중재해야 했고, 필요하다면 사용자와 노조가 올바른 일을 하도록 국가가 나서서 제재를 가해야 했다. 노동의 가격과 고용 총량 등은 재산의 분배와 시장의 작동 등에 의해 결정되기에는 사회의 건강에 너무나 중요하기에, 시장의 힘이 아닌 정부의 규제로 정해져야만 했다.

다섯째, 정부의 실패. 절반쯤 자유주의적인 경제도 결함 투성이였지만, 절반쯤 자유주의적인 정부도 마찬가지였다. 의회는 무능했다. 무능을 넘어 백치였다. 의회는 아무런 창의성도 주도성도 없는 시류에 편승하는 자들, 특정 이익집단에 치우친 부패한 자들, 공공의 이익에는 관심이 없고 자신의 한 줌뿐인 지지자들을 즐겁게 해주는 데에만 정신이 팔린 이데올로기 투사들 등으로 이루어져 있었다. 국가에 필요한 것은 규범에 얽매이거나 눈치를 보지 않고 할 말을 하고 필요한 일을 실행하는 강력한 지도자였다.

이러한 실질적이고 명백한 결함들이 다수의 사람들을 불만으로 들끓게 만들었다. 파시즘은 그 강령에 내건 처음 두 항목으로 이러한 대중의 불만에 형식과 방향을 부여하고자 했다.

무솔리니가 내건 첫 번째 항목은 민족주의적 주장이었다. 그는 이탈리아가 '존중받아야' 한다고 주장했다. 국경을 북쪽으로는 알프스 산맥으로, 동쪽으로는 경계선을 훗날 유고슬라비아가 되는 곳까지 확장해야 한다고 요구했다. 얼마나 멀리 확장하자는 것인가? 가능한 한 멀리. 그가 내건 두 번째 항목은 반反사회주의였다. 이는 젊은 불량배들을 모아 거리에서 사회주의자들을 두들겨 패고 노동계급 조직들을 분쇄하겠다는 것이었다.

그가 내건 세 번째 항목은 '코포라티즘'이었다. 즉 시장의 무정부 상태 대신 정부의 경제계획으로 최소한의 임금 및 소득 수준을 관리하겠다는 것이었다. 파시즘은 노동과 직업의 존엄을 신봉하며, 무조건 시장 임금으로만 모든 형태의 노동과 모든 노동자들을 평가하지 않는다는 의미였다.

그리고 사람들이 일어나서 행동하게 만들려면 —즉 자신들의 계급적 이익을 그들의 민족적 이해에 복속시키도록 만들려면 —강력한 지도자가 필요했다. 바로 무솔리니. 이는 파시즘의 강령이라기보다는 파시즘이 성립하기 위한 전제 조건이었다. 사람들이 저마다의 이해관계를 가지고 있고, 정치가들은 이를 충족시키기 위해 존재하는 것이 아니었다. 오히려 지도자가 사람들에게 그들의 이익이 무엇인지 알려줌으로써 그들을 이끌고 국가적 목적의식을 부여해야 했다. 지배자들은 인민들에게 귀를 기울이고 순종해서는 안 된다. 인민들에게 말하고 명령해야 한다.

'파시즘'이라고 불린 이것은 진짜 이데올로기였을까? 아니면 그저 희대의 사기극이었을까?

아마도 그저 사기극이었을 것이다. 정상적인 정치운동은 이익집단에 그 기초를 둔다. 이들은 자신들의 안녕을 좋은 사회의 부분으로 간주하고, 자신들의 세계관을 기반으로 그 안녕을 증진시키기 위한 정책을 도출하며, 그 정책들을 실현하기 위해 다른 세력들과 연합을 도모한다. 이런 의미에서 볼 때, 파시즘은 분명 정상적인 정치운동이 아니었다.

권력을 잡기 위해 무솔리니는 자신을 새로운 이데올로기의 예언자로 내세울 필요가 있었다. 그는 자신의 1인 독재를 은폐할 수 있는 교리가 필요했고, 반대자들을 분열시키고 무력화할 필요가 있었다. 파시즘은 기회주의였고, 그 지도자 원리란 이런저런 모순들을 덮기 위한 장치였을 뿐이다. 이러한 관점에서 파시즘이란 언제나 일급 사기꾼들이 저지른 뒤통수 치기였을 뿐이다. 파시즘을 추진하는 자의 목표란 지도자가 되어 지위, 부, 권력을 획득하겠다는 것뿐이었다. 무솔리니는 이러한 목적을 달성하기 위해서, 자신의 지도를 갈망하는 인민을 만들어내야 했다. 그래야만 인민들을 매료시키고 그들의 주머니를 털 수 있었다.

무솔리니의 가장 대단한 속임수는 전 세계 혹은 적어도 이탈리아인들에게 자신과 파시즘이 실체가 있는 무언가라고 확신시킨 것이었다고 선언하고 싶은 유혹이 있다. 그는 분명 한동안 성공했다. 이탈리아의 선출된 정치인들은 처음에는 파시즘에 대한 탄압과 협력을 번갈아 시도했다. 1922년 선거에서 승리한 후, 무솔리니는 자신이 수상으로 임명되지 않는다면 이탈리아가 대규모 정치적 폭력사태로 통치불능의 사태에 처할 것이라고 협박했다. 국왕은 무솔리니를 수상에 임명했다. 그는 이를 바탕으로 이탈리아의 독재자인 '두체Il Duce' 혹은 '지도자'가 되었다. 그는 사법 살인, 투옥, 정치협잡 등의 방법을 구사하면서, 마침내 1943년 영국과 미국의 연합군이 쳐들어올 때까지 이탈리아의 최고 권력자로 군림했다.

하지만 이것만으로 파시즘이 아무런 실체가 없다고 말할 수 있을까? '파시즘'이 무질서하고 자기모순적이며 혼란스럽고 애매모호한 것임은 분명하지만, 대부분의 정치운동들도 마찬가지이다. 하나의 연합이나 정당을 형성할 때 그 목표는 여러 다른 세력 사이의 연대와 동맹을 유지하는 것이므로, 그 사이의 차이점들을 모호하게 뭉개고 개념적 명확화를 회피하는 일은 아주 자연스럽다. 명확성과 차이점을 강조하면 추종자들 사이에 필연적으로 분열이 생기기 때문이다.

실체가 있는 무언가라는 파시즘의 주장이 근거하는 또 다른 반박 불가한 사실이 있다. 20세기에 거의 항상 대부분의 파시스트들이 얻고자 하는 것보다 반대하는 것에 대해 더 명확했음에도 불구하고, 환상과 같은 사기극이라고만 하기에는 추종자들이 너무나 많았다. 그래서 스스로를 '파시즘'이라고 불렀던 체제들에서 거의 항상 발견되는 여섯 가지 요소들을 열거하고자 한다. 대표하기보다는 명령하는 리더십, 혈연과 지연에 기반한 통일된 공동체(그리고 공동체의 일원이 아닌 자들에 대한 거부와 멸시), 조정과 선전선동, 최소한 약간의 전통적 위계에 대한 지지, 사회주의자와 자유주의자에 대한 혐오, (거의 항상) '뿌리 없는 세계시민들'—이들의 반유대주의 세계관에서는 유대인과 어떤 형태로든 유대인처럼 행동하는 사람들을 의미—에 대한 혐오 등이 그것이다.

또한 파시즘은 종종 유일한 선택지로 여겨졌다. 자유민주주의를 인정하지 않는다면 혹은 사회주의를 두려워하고 노동계급이 투표의 힘을 깨닫고 나면 자유민주주의는 필연적으로 사회주의로 이어질 것이라고 생각한다면, 이는 분명 사실이었다. 1차 대전이 끝난 후 많은 사람들이 19세기의 옛 질서를 복구하기는 불가능하다고 보았다. 따라서 사회주의를 반대하는 이들에게 파시즘은 유일하게 남은 선택지로 보였다. 군주정은 끝났다. 태생과 서열이 중요한 귀족정은 끝났다. 신정도 끝났다. 금권정치는 대중적 기반을 유지하기 어렵다. 파시즘이 답이었다. 그리고 많은 이들이 파시즘을 기꺼이 승인하고 지지했다(오늘날도 그렇다).

실제로 양차 대전 사이에 살았던 사람이 당시의 유럽과 남미 각국의 정부들을 지켜보았다면 파시즘이야말로 미래의 물결이라고 쉽게 확신할 수 있는 상황이었다. 거의 모든 곳에서 민주주의는 후퇴했고, 대공황의 경제 이슈들에도 대응하지 못했으며, 사회적 갈등도 해결하지 못하고 있었다. 2차 대전 직전의 세계에는 민주주의 국가는 드물었던 데다가 드문드문 떨어져 있었다. 영국과 영국 자치령 나라들(오스트레일리아, 뉴질랜드, 캐나다, 그리고 아마도 남아공), 미국(백인들의 경우), 아일랜드, 프랑스, 저지대 국가들(벨기에, 네덜란드, 룩셈부르크), 북유럽(핀란드, 스웨덴, 노르웨이, 덴마크), 이 정도가 다였다. 그 외에는 어디에서나 좌파이든 우파이든 권위주의, 비민주주의 혹은 반反민주주의 정부가 있었다.

*

1차 대전 이후의 독일에서는 독일 사회당 지지자들을 소치스 Sozis —사회주의자들Sozialist 의 앞 두 음절을 따서 —라고 불렀다. 그리고 바이에른의 도시민들은 이유는 분명치 않지만 촌스럽고 어리석고 행동이 어설픈 이들을 '촌닭'이라는 의미에서 이그나츠Ignatz 라고 불렀다. 이그나츠는 약칭도 있었는데, 그것이 나치Nazi 였다. 그래서 1920년대 바이에른에서 히틀러와 그의 국가사회주의노동자당National Socialist German Worker's Party 이 활동하던 때, 그 적들은 위의 용어들을 마구 뒤섞어서 이들을 나치스Nazis라고 부르기 시작했다. 그리고 이 이름이 영구적으로 굳어졌다.

1933년에 권력을 잡고 1934년에 그 권력을 공고히 할 당시 히틀러는 합당한 이유로 큰 대중적 인기를 누렸다.[8] 히틀러가 권력을 잡자마자 재정 및 통화정책에서의 보수적 정통주의와 단절했고 금본위제를 포기하면서 독일이 신속하게 대공황에서 회복했기 때문이다. 한편으로는 게슈타포를 움직여 임금 인상, 근로환경 개선, 노동쟁의권을 요구하는 노동계의 움직임을 짓밟았고, 다른 한편으로는 공공사업과 국방사업으로 강력한 수요를 창출했다. 그러자 1930년대의 나머지 기간에 실업률이 하락했다. 미국을 제외하면 독일에서 대공황의 수렁이 제일 깊었다. 하지만 회복은 일본과 스칸디나비아반도를 제외하면 독일이 제일 빨랐다.

평화적인 시기에 집권한 히틀러는 산업 역량을 강화하고 국부를 증진하는 것보다 고용을 늘리고 무기를 만드는 데 집중했다. 전국적인 고속도로망을 건설하라. 그런데 개별적인 도시와 도시의 연결 혹은 자원과 산업의 연결을 위해서가 아니라 가능한 한 많은 사람들에게 과시할 수 있는 곳부터 착수하라. 즉 정치적 효과성과 군사적 역량을 우선시했다.

정치적 효과성이라는 의제는 이해할 만한 것이었다. 나치 운동은 여전히 소수의 운동이었다. 나치당은 독일 제국의회에서 가장 큰 세력을 얻었을 때조차도 다수당이기 위해서는 사회민주당과 공산당을 의회에서 배제해야만 했다. 그때조차도 제국의회 의사당 건물에 '알 수 없는' 화재(1933년에 발생한 사건으로, 나치의 자작극으로 여겨진다—옮긴이)가 발생한 직후의 공황 상태에서 히틀러에게 비상사태와 독재 권력을 부여하는 투표에 기꺼이 찬성했을 뿐이었다. 히틀러와 나치당은 이렇게 다수당인 듯 소수당인 상황 때문에, 더 많은 그리고 더 강력한 정치적 지지를 구축하는 작업을 우선으로 삼았다. 따라서 일자리 정책과 정부가 대규모 인프라 건설 프로젝트를 추진하는 외양이라도 갖출 필요가 있었다.

하지만 무기? 군대? 대체 어떻게 이런 것들이 우선 과제가 되었던 것일까? 어쩌다가 실수로 한 번은 세계 대전을 벌일 수 있다 치자. 대체 왜 누가 두 번씩이나 세계 대전을 벌일 수 있단 말인가?

히틀러의 생각은 달랐다. 그는 사실 1차 대전을 반겼다.

히틀러는 1차 대전 동안 보통 사람이 '좋은 전쟁'이라고 여기는 것과는 다른 경험을 한 것 같다.[9]

히틀러는 1914년 8월에 바이에른 군대에 훈련도 받지 않은 채로 입대했다. 그 전에는 모국인 오스트리아에서 입대를 희망했으나 군 복무에 부적합하다는 판정을 받은 적이 있었다. 10월에 그는 (첫 번째 연대장의 이름을 따서) 리스트List 연대라고 불렸던 제16 바이에른 예비연대에 들어갔다. 이 부대는 훈련을 거의 받지 않은 병사들로 구성된 9개의 신생 보병 부대의 하나로서, 비상시에 즉각 전투에 투입되도록 되어 있었다. 리스트 연대는 독일군과 영국군이 격돌한 1차 이프르 전투에 투입되면서 첫 번째 전투를 치른다.

독일인들은 이 전투를 '베들레헴의 영아 학살Kindermord'이라고 불렀다. 이는 베들레헴에서 그리스도가 태어나자 유대의 왕 헤롯이 무고한 영아들을 대량 학살했던 사건을 명시적으로 지칭한다. 아마도 적절한 비유였을 것이다. 20일 만에 9만 명의 독일인 중 4만 명이 죽거나 다쳤으니까. 전투가 끝났을 때, 250명이던 히틀러 소속 중대원 중 살아남아 성한 몸으로 다음 임무를 수행한 이들은 42명에 불과했다.

리스트 연대는 1차 대전의 많은 다른 부대들과 마찬가지로 익숙한 패턴을 뒤따랐다. 경험도 없는 상태에서 전투에 투입되고 박살이 난다. 적당한 비율의 병사들은 죽거나 다쳐서 내던져지고, 적당한 비율의 병사들은 살아남아 재배치된다. 이것의 반복. 리스트 연대는 솜 전투(1916), 프로멜 전투(1916), 아라스 전투(1917), 파스샹달 전투(1917)에서 이 패턴을 반복하며 희생당했다. 전투마다 끔찍한—수십만 명에 이르는—수의 사상자가 발생했다. 히틀러는 1916년에 참호 입구에서 폭발한 폭탄 때문에 허벅지에 부상을 입었다. 그는 두 달 동안 병원에서 치료를 받았고, 뮌헨의 후방 예비연대로 보내졌다. 동지들은 포화 속에서 목숨 걸고 싸우고 있는데 자신만 후방에 있다니. 히틀러는 용납할 수 없었다. 그래서 다시 최전선으로 보내달라고 청원했고, 허락이 떨어졌다. 전선으로 돌아온 그는 1918년 10월에 영국의 독가스 공격으로 (잠시) 시력을 잃었으며, 1차 대전의 마지막 25일은 병원에서 보냈다.

이런 모든 경험에도 불구하고 그는 전쟁을 사랑했다.

소집 해제된 히틀러는 어디에도 소속되지 않았다. 그의 헌신에도 불구하고, 그는 총참모부가 평화기의 군대에 유지하고 싶어 했던 유형의 군인이 아니었다. 그런데 정보부대의 카를 마이어Karl Mayr 소령이 1919년 중반에 비밀공작원으로 그를 발탁했다. 마이어는 그에게 사회주의자들을 염탐하는 임무를 맡겼다. 히틀러가 염탐했던 소규모 사회주의 그룹은 안톤 드렉슬러Anton Drexler의 독일노동자당이었다. 드렉슬러는 히틀러를 그저 '쪼끄만 얼간이' 정도로 여기면서도, 그의 언변에 깊은 인상을 받았다. 그는 1919년 9월에 히틀러를 입당시켰다.

드렉슬러의 정당은 5개월 뒤에 나치당이 되었고, 그때 '국가'와

'사회주의'가 당명 앞에 더해졌다. 히틀러는 '국가'는 열정적으로 지지했지만 '사회주의'에는 반대했다. 당명을 이렇게 바꾼 건 사회주의 모임을 찾아 방황하는 독일인들도 유인할 수 있다고 생각해서였던 것 같다. 나치 또한 사회주의자들처럼 사회 시스템의 작동에서 소외된 집단들로부터 당원을 끌어들이고 있었기 때문에, 그렇게 방황하던 사람들이 들어와 머무를 수 있었다. 나중에는 당명을 바꿀 수도 없게 되고, 무엇보다도 나치당이 히틀러의 1인 정당이 되어버린 시점에서 당명은 아무런 의미도 없어진다.

히틀러가 나치당에 입문하는 계기를 만든 사람들이 어떤 대접을 받게 되는지를 잠깐 살펴보자. 이는 작은 일화에 불과하지만, 히틀러라는 인물의 성격을 잘 보여준다.

먼저 드렉슬러를 보자. 그는 히틀러를 당으로 불러들였고 그 후 멘토 역할도 했지만, 1921년에 히틀러는 그를 나치당 지도부에서 쫓아낸다. 드렉슬러는 1923년에는 당에서도 나간다. 히틀러가 멘토이던 드렉슬러로부터 수년간 많은 도움을 받고 난 후인 1925년에 《나의 투쟁》에서 그를 어떻게 묘사했는지 보자. "그냥 노동자, 재능 없는 연설가, 군인다운 모습이라고는 찾아볼 수 없는 인물"이라고 했다. 또한 "나약하고 신념이 없으며", "진정한 지도자가 아니며", "진심으로 이 운동을 이끌 만큼 정열이" 넘치거나 또 "새로운 사상에 대한 반대를 짓누르는 데에 잔혹한 수단을 사용할 배짱"이 있는 인물이 못 된다고 했다.[10] 드렉슬러는 1942년에 뮌헨에서 노환으로 세상을 떠났다. 그는 상대적으로 쉽게 히틀러의 손아귀에서 벗어난 셈이었다.

드렉슬러의 당을 염탐하도록 히틀러를 채용했던 마이어는 독일 우파에서 시작하여 좌파로 서서히 변해갔다. 1925년에 그는 사회민주당에 합류했고, 거기서 당내 좌파의 준군사적 행동대원을 이끌었다. 1933년에 히틀러가 독재 권력을 얻은 뒤 마이어는 프랑스로 망명한다. 나치당이 1940년에 프랑스를 정복했을 때 그의 이름도 게슈타포의 명단에 있었다. 처음에는 작센하우젠 수용소로 보내졌고, 그다음에 부헨발트 수용소로 보내졌다. 그곳에서 그는 1945년 2월 9일에 살해당한다.

19세기 초의 경제학자 맬서스의 연구를 히틀러가 굉장히 진지하게 받아들였다는 사실을 염두에 두면, 나치즘이 무엇을 의미했는지를 대체로 이해할 수 있다.

이 책 앞부분에도 나왔던 맬서스는 인구가 식량 공급을 초과할 것이라는 우울한 예언을 내놓은 비관론자였다. 인구와 식량이 균형이 무너져 식량에 비해 인구가 너무 많으면 자연 혹은 인류가 해결책을 내놓게 된다고 주장했다. 그 해결책이란 전쟁, 기근, 질병, 죽음 중 하나 또는 전부로 나타날 수 있고, 혹은 (더 나은 대안인) '도덕적 절제'일 수도 있다. 이 후자의 예로는 만혼晩婚 그리고 강력한 종교적 신앙심과 결합된 성행위 절제가 있다. 맬서스가 볼 때 평균적인 생활수준과 빈곤기아선의 아슬아슬한 작은 격차를 그나마 유지하는 것은 바로 이러한 관습 덕분이었다.

우리는 앞에서 맬서스의 주장이 그의 시대 이전의 역사에 대해서는 아주 훌륭한 묘사이지만, 그 이후의 역사에 대해서는 빗나갔다는 것도 보았다. 돌이켜 보면 그가 도출한 교훈은 교훈이라기보다 함정, 그 당시로서는 피할 수 없는 함정이었다. 즉 인구 증가는 불충분한 식량 탓에 빈곤을 낳으리라는 것이었다. 하지만 맬서스 이후의 역사에서는 과학적 발견과 기술적 혁신과 대규모 활용이 합리화되고 일상화되면서 맬서스의 악마를 추방해 버렸다.

그런데 히틀러는 맬서스로부터 전혀 다른 교훈을 끌어낸다. 그는 사회진화론을 가미한 맬서스의 함정이 대외 정책을 사고하기에 유용하다고 주장했다. 그는 "독일은 매년 약 90만 명씩 인구가 늘어난다. 이 새로운 국민의 대군을 먹여 살려야 하는 곤란은 해마다 커지고 결국에는 파국으로 끝날 수밖에 없다"라고 《나의 투쟁》에 썼다.[11]

히틀러는 네 개의 선택지를 제시한다. 첫 번째는 인구 증가를 억제하는 산아 제한이었다. 하지만 히틀러는 독일인의 머릿수를 억제하는 방법은 독일 인종을 약화시킨다고 생각했다. 두 번째는 농업 생산성을 높이는 것인데, 그는 이러한 노력이 결국 맬서스가 말했던 수확 체감으로 인해 실패할 운명을 벗어날 수 없다고 생각했다. 세 번째는 "산업과 상업을 통해 외국에서 필요한 식량을 생산해서" 해외로부터 식량을 구입하는 것이었다. 히틀러는 이 방법이 "건강하지 않다"고 봤다. 게다가 그는 이것이 비현실적이라고 생각했다. 독일이 주요한 공업과 상업 국가가 되도록 영국이 가만히 놓아둘 리가 없고, 그래서 전쟁을 하게 되면 영국이 독일인들을 굶주림으로 몰아넣음으로써 ─1차 대전 때 해상 봉쇄로 그랬던 것처럼─ 영국이 이길 것이었다.

그렇다면 남은 선택지는 무엇일까? 네 번째 방법, 즉 영토 확장이었다. 히틀러는 이어서 이렇게 말한다.

사람들은 냉정하고 객관적으로 어떤 민족에게 이 세계에서 다른 민족보다 50배나 많은 토지나 영토가 주어지는 것은 분명 신의 뜻일 수는 없다고 하는 관점을 가져야 한다. … 정치적 경계선에 눈이 멀어서 내적 정의의 경계선을 보지 못해서는 안 된다. 현실을 지배하는 유효한 법칙은 바로 자기 보존의 법칙이다. 그리고 좋게 말로 했다가 거부당한다면 주먹을 쓸 수밖에 없다. … 유럽에서 땅이 필요하다면 러시아를 희생시켜야만 하며, 이는 곧 새로운 독일 제국은 독일의 칼로 농민을 위한 농토와 독일 민족이 일용할 양식을 얻기 위해 다시 저 옛날의 튜턴 기사단의 길을 따라 행진해야 한다는 것을 의미한다.[12]

히틀러는 역사적으로 정확하지도 않은 이야기들을 가져와 자신의 주장을 정당화하면서 독일은 바로 이 야만적이고 피비린내 나는 과업을 계속해야 한다고 결론 내린다. "우리는 600년 전에 멈추어 섰던 지점에서 다시 출발한다. 자꾸 남쪽과 서쪽으로 향하는 끝없는 게르만인의 이동을 멈추고, 이제 동쪽의 땅으로 눈을 돌린다. 드디어 우리는 1차 대전 이전의 식민지 정책 및 상업 정책과 단절하고, 미래의 영토 정책으로 전환한다."[13]

하지만 독일이 어떻게 동쪽으로 영토를 확장할 있을까? 히틀러는 이미 숙명 ─또는 하늘의 뜻, 우주의 업보, 자기보존 법칙 등─에 의해서 독일은 동쪽으로 나아가게 되어있다고 확신했다. "러시아가 볼셰비키의 손에 넘어가면서, 러시아는 지배층인 게르만족 핵심 집단을 빼앗겼다." 그 집단은 "[볼셰비키] 유대인이 대체했다"고 그는 덧붙였다. 히틀러는 수천 년의 반유대주의적 혐오, 공포, 증오를 사회진화론이라는 사이비 과학으로 치장하여 이렇게 선언한다. "유대인들이 저 거대한 [러시아] 제국을 영원히 유지하는 일은 불가능"하다. 따라서 "저 동방의 거대 제국은 무너지기 직전"이라는 것이었다.

그러니 독일은 러시아가 붕괴할 순간에 맞춰 큰 군대를 준비해야 한다. 준비하라, 또한 서둘러라. 히틀러는 1941년 6월 나치 군대의 러시아 출정식에서 이렇게 말한다. "제군들은 그저 문을 걸어차기만 하면 된다. 그러면 그 썩은 건물 전체가 스스로 무너져 내릴 것이다."

여기에서 우리는 나치즘의 핵심에 네 개의 명제들이 하나로 얽혀 있음을 본다. 첫째는 독일식 반유대주의가 아주 강하게 들어있다는 점이다. 둘째는 독일 민족과 '아리아인' 게르만 인종은 특별하고 영웅적인 운명을 타고난 단일의 존재라는 믿음이었다. 셋째는 어떤 민족과 인종이 스스로의 가치와 힘을 입증하는 최종적인 시험대는 바로 전쟁이라는 생각이었다. 넷째는 독일인들, 특히 거대한 토지를 관리하면서 독일 민족이 먹을 농산물을 생산하는 독일 농민들을 위해 더 넓은 '생활권역'을 확보해야 하며, 이를 위해서는 어떤 집단의 인구 전체를 제거 혹은 몰살해야 한다고 명시적으로 밝히는 것이었다.

이 네 개의 명제들이 하나로 꼬여서 이루는 밧줄을 나치즘이라고 했을 때, 거기에는 필수적인 세 가지 전제 조건이 있었다. 첫째, 지도자 원리이다. 이는 단순히 좋은 정치 질서에는 탁월한 지도자가 있어야 한다는 믿음이 아니다. 이는 그러한 지도자의 야망을 방해하는 모든 장애물, 특히 히틀러가 이익집단들을 대표하여 한심하고 꼴불견의 협상이나 벌이는 존재들이라고 믿었던 의회의 기관들에 대한 적극적인 경멸 —심지어 혐오—이었다. 둘째, 순종을 얻어내기 위해서는 공포를 활용해야 한다. 셋째, 시민들과 각종 조직들에 이르기까지 사회 전체가 국가의 대의에 복무하도록 만들겠다는 욕망이다.

이것이 바로 나치즘이다. 소련의 현실사회주의가 유토피아적 기대를 품고 시작하여 디스토피아적 끔찍함으로 끝났다면, 나치즘은 민족들과 인종들의 폭력적인 충돌을 피할 수 없다는 디스토피아적 기대와 함께 시작하여, 그 디스토피아적 끔찍함을 완전히 실현시켰다.

히틀러는 1939년 3월 15일 독일 전차부대에 프라하로 진군하라는 명령을 내리고 (저항 없이) 체코슬로바키아를 병합하며, 맬서스 경제학에 기반한 아리아 인종의 지배라는 자신의 이데올로기, 즉 나치즘을 시험대에 올렸다. 1939년 9월 1일 폴란드 국경을 넘어간 탱크들이 이번에는 저항에 부딪혔지만 폴란드 군대를 (3주 만에) 쉽게 격파하며 2차 대전의 유럽 국면을 시작했을 때, 자신의 이데올로기를 더 진지하게 받아들였다. 다음으로 1941년 6월 22일 독일의 전차가 (저항을 뚫고) 소련 국경을 넘어가며 독일 ―여전히 대영제국과 무자비한 전쟁을 벌이고 있었다 ―이 소련마저 공격했을 때, 실존적 절박함으로 자신의 새 이데올로기를 추구했다. 기실 히틀러의 외교정책의 요점은 동쪽으로 전진하여 독일 민족에게는 빵을 그리고 독일 농민에게는 농토를 무력으로 얻어내는 것이었다. 그렇게 하기 위해서 그는 독일의 동쪽 경계 너머의 모든 슬라브 민족들을 말살시키고 쫓아내고 노예로 만들고자 했다.

그다음에는 네 명제가 꼬여 만들어진 나치즘의 논리를 완전히 새로운 차원으로 밀고 나간다. '유대인 문제'에 대한 '최종 해결책'을 수백만의 동조자들과 함께 실행에 옮겨 인종청소를 본격적으로 시작한 것이다.[14]

히틀러의 전쟁으로 인해 아마도 5,000만 명의 사람들이 죽었다. 만약 나치가 전쟁을 이겼다면 ―우랄산맥까지 유럽을 정복하여 그 땅을 독일인 지주-농부의 농장으로 채웠다면 ―그 수는 아마 세

배 이상 늘어났을 것이다. 승리에 광분한 인종주의자들이 아프리카에서는 무슨 짓을 했을까? 우랄산맥의 동쪽과 남쪽의 아시아에서는 또 무슨 짓을 했을까?

역사와 이데올로기가 답할 질문이다.

*

파시즘을 나치즘과 하나로 도매금으로 묶어 논의하는 것은 잘못이 아닐까?

많은 이들이 파시스트들에게 박수갈채를 보냈었다(일부는 여전히 그런다).

1899년 독일에서 독일계 유대인 부모에게서 태어난 정치철학자 레오 슈트라우스Leo Strauss는 1932년에 파리로, 1937년에 미국으로 이주했고, 시카고 대학교의 교수가 되었다. 미국 우파 지식인들 중 다수의 사랑을 받았고 일부의 스승이기도 했던 슈트라우스는 1933년에 비록 나치가 잘못 적용하고 있지만 자신은 여전히 "파시즘, 권위주의, 제국주의"의 신봉자라고 밝혔다.[15]

지금의 우크라이나인 오스트리아-헝가리 제국에서 유대인 부모 아래 태어난 경제학자이자 극우 세력의 사랑을 듬뿍 받았던 루드비히 폰 미제스Ludwig von Mises는 1927년에 파시즘에 대해서 이렇게 말했다. "파시즘처럼 독재정권의 수립을 목표로 삼는 정치운동들은 가장 선한 의도들로 가득하며… 현재로서는 이 운동들이 개입하여 유럽 문명을 구했다. 파시즘이 세운 공은 청사에 길이 빛날 것이다."[16] 물론 같은 글에서 그는 파시즘을 "비상시의 임시변통"이라고 불렀으며, "파시즘을 그 이상의 무언가로 보는 것은 치명적인 오류가 될 것"이라고 경고했고, 파시즘이 "폭력의 절대적인 힘을 전적으로 신봉한다"고 비난했다. 그가 보기에 사회주의를 완전히 무너뜨리기 위해서는 주먹과 몽둥이보다 사상과 아이디어가 필요하기 때문이었다. 1934년에 스위스를 거쳐 미국으로 이주한 유대인 태생의 미제스는 1940년에는 주먹이 선한 의도를 이긴다는 것을 인정하지 않을 수 없었다.

1980년대가 시작될 무렵, 자유지상주의자libertarian 들이 애정하는 하이에크는 대처에게 편지를 보내, 파시스트적인 아우구스토 피노체트Augusto Pinochet의 방식을 영국도 더욱 충실히 따라야 한다고 조언했다. 피노체트는 냉전이 한창이던 1973년 쿠데타를 일으켜서 대통령 살바도르 아옌데Salvador Allende 대통령을 살해했던 인물로서, 하이에크는 피노체트가 칠레를 노예의 길에서 구해냈다고 크게 칭송한 바 있었다. 대처의 정중한 답신을 보면 하이에크의 간곡한 심정을 엿볼 수 있다. "칠레가 취한 조치들 중 일부는 도저히 받아들일 수 없습니다. … 우리는 우리의 개혁을 우리의 방식으로 또 우리의 시대에 맞게 달성할 것입니다."[17]

이들 모두는—대처를 제외하면—적어도 파시즘과 일시적이고 전술적인 동맹을 맺고자 했거나 파시즘에 대한 충성심에 사로잡혀 있었으며, 그들 중 일부는 훨씬 더 나간 경우도 있었다. 즉, 대의제 민주주의로는 도저히 현실사회주의에 저항할 힘을 끌어낼 수가 없고, 문명 전체가 재앙과도 같은 위협에 시달리고 있으므로 아주 극단적인 조치와 동맹이 필요하다고 믿었던 것이다.

이처럼 역사적으로 파시스트들이 수십 년간 여러 대륙에 걸쳐서 다양한 모습으로 불쑥불쑥 나타난 바 있는데, 그들을 집단 학살을 저지른 미치광이들인 히틀러와 그 일당들과 동일한 족속으로 취급한다면 그들의 관점을 부당하게 비난하는 게 아닐까? 파시스트들이 모두 똑같은 족속들이라고 해도, 나치보다 훨씬 더 부드러운 경우도 분명 많이 있었다. 파시스트들이 내놓은 경제 이론과 교리는 대개 무언가에 부정적이었다. 그들은 사회주의자가 아니었고, 산업의 국유화와 자본가계급의 수탈이 경제를 운영하는 옳은 방식이라는 마르크스주의의 강령도 신봉하지 않았다. 그렇다고 그들이 히틀러가 말한 '민족의 생존 공간'과 같은 교리를 신봉하는 것도 아니었다. 그들은 나치만큼 반유대주의적이지도 않았고 잔혹하지도 않았다.

하지만 이렇게 다른 파시스트들도 이데올로기적으로는 나치와 동일한 속屬, genus에 들어간다. 그들은 서로를 알아보고 인정했다. 히틀러가 파시즘의 창시자인 무솔리니를 놓고 "알프스산맥 남쪽의 위대한 인물에 깊은 경의"를 표했던 것은 결코 우연이 아니다.[18] 무솔리니가 2차 대전 동안 히틀러와 동맹을 맺고, 두 사람 모두 1930년대 스페인 내전 당시 프랑코의 왕당파 반군을 지원했던 것 역시 우연이 아니다. 히틀러의 제3제국이 붕괴한 후에 유럽에서 달아난 나치들이 후안 페론Juan Peron의 아르헨티나에서 환영받았던 사실도 절대 우연이 아니다.

내가 파시즘과 현실사회주의를 하나로 묶지 않은 것 또한 실수가 아닐까? 따지고 보면 파시즘이나 현실사회주의나 그 사이의 간격이 얼마나 될까?

무솔리니를 시작으로 두 이념의 한쪽에서 다른 쪽으로 곧바로 넘어간 사람들은 놀랄 정도로 많다. 이는 두 이념이 좌-우라는 정치적 스펙트럼의 문제라기보다는 말굽의 편자와 같은 형상이거나 아니면 심지어 색상환color wheel과 같은 문제에 가깝다는 것을 뜻한다. 빨간색과 파란색은 가시광선의 파장으로 보자면 멀리 떨어져 있다. 하지만 자홍색에 약간의 청록색을 섞으면 파란색이 나오고, 자홍색에 약간의 노란색을 섞으면 빨간색이 나온다. 조지 오웰은 "하지만 우리는 모두 사회주의자가 아닙니까?"라는 유명한 질문을 던진 바 있다.[19] 그는 1937년 바르셀로나에 있었는데, 스탈린의 지원을 받은 사회주의자들이 오웰 그 도시에 도착하자마자 가입했던 스페인 마르크스주의 분파—마르크스주의 통일노동자당Worker's Party of Marxist Unification—를 참혹하게 몰살시키는 중이었다. 바르셀로나 바깥에는 프랑코의 파시스트들이 대기하고 있던 와중에서 말이다.

둘 사이에는 중요한 정책적 차이들이 있었다.

헤르만 라우슈닝Hermann Rauschning의 주장에 따르면, 히틀러는 자신에게 이렇게 말했다고 한다. "왜 수고스럽게 은행과 공장을 사회화하는가? 우리는 사람들을 사회화한다!"[20] 다시 말하면, 현실사회주의는 제도와 상품의 흐름을 통제하는 데에 우선적인 초점을 두고, 사람들이 말하고 생각하고 행동하는 것에 대한 통제는 그다음 순서가 되는데, 자신들은 사람들이 말하고 생각하고 행동하는 것에 우선적인 초점을 둔다고 말한 것이다. 이것은 과연 얼마나 큰 차이였을까? 사회주의자들에게도 지위의 불평등은 (체제의 작동과 유지를 위해—옮긴이) 중요하지만, 물질적 불평등이나 지배계급의 사치는 당혹스러운 일이었다. 이와 달리 파시스트들에게는 누군가가 물질적 불평등과 지배계급의 사치를 불편하게 여긴다면, 이는 그 사람이 불순분자라는 사실을 증명하는 것일 뿐이다.

하지만 둘 간의 이러한 차이는 다른 종이라는 뜻일까 아니면 '전체주의'라는 적절한 이름의 종 안에서의 변이일 뿐일까?

(2차 대전 이전부터 1956년까지 열성적인 공산주의자였다가 그 이후에

는 훨씬 온건해진) 영국의 사회주의 역사가 홉스봄을 참조해 보자. 그가 책에서 소리 낮춰 이야기하는 몇 구절들은 나를 놀라게 만든다. 그 첫 번째는 홉스봄의 1994년 저서 《극단의 시대》에 나온다. 그가 '단기 20세기'라고 칭했던 1914년 1차 대전부터 1991년 소련 붕괴까지의 역사를 다루는 책이다. 노년의 홉스봄은 여전히 "모스크바의 명령을 따르는 공산당"에 가입하는 것이 세계 혁명을 열망하는 이들에게는 "현실적인 유일한 선택"이라고 믿었다. "레닌이 만든 '새로운 유형의 당'은… 심지어 작은 조직도 그 몇 배의 효과를 발휘할 수 있었다. 당이 군사적 기율과 응집력을 넘어서 성원들의 놀라운 헌신과 자기희생을 요구할 수 있었고, 당의 결정은 어떤 희생을 치르더라도 수행할 수 있도록 집중하는 조직이었기 때문이다." "이를 보면서 심지어 적대적인 관찰자들마저도 깊은 감동을 받았다."[21]

파시스트들의 영웅적 지도자에 대한 숭배와 자신의 동료를 거의 다 살해한 모스크바의 독재자—그가 누구든—에 대한 무비판적 순종은 찬양할 만하고 깊은 감동을 준다는 홉스봄의 믿음 사이에 머리카락 한 올만큼의 차이라도 있는가? 추종자가 된다는 것은 곧 어떤 희생이라도 감수하는 헌신과 자기희생이라고 말한다면 무솔리니나 히틀러도 흐뭇하게 동의했을 것이다. "이것은 파시스트 쿠데타다." 스탈린의 동료 볼셰비키였던 그레고리 지노비에프Gregory Zinoviev가 스탈린의 부하들이 쏜 총을 맞으며 남긴 아마도 마지막 말이었다.[22]

*

20세기 이전에는 **이데올로기** —종교와 달리—가 수백만 수천만의 사람을 죽이지 않았다. 그럴 가치가 있다고 여겨지질 않았다. 사람을 그렇게 대량으로 학살할 정도의 열광이 나오려면 귀족적 군국주의, 현실사회주의, 파시즘이 결합될 필요가 있었다. 20세기가 되어서야 경제를 조직하는 방법에 대한 유토피아적 열망이 여러 나라, 나아가 온 지구를 그러한 유토피아 건설의 노력으로 끌어들였고, 그 결과 디스토피아들을 세우고 말았다. 그래 놓고 그들은 돌아서서 디스토피아를 정당화했다. 타협하는 수밖에 없어서 혹은 지금 이 세상이 이룰 수 있는 최선이라며.

나는 디스토피아적, 심지어 전체주의적 열망으로 분류되는 운동들 사이의 차이점들을 분석하는 데에 너무나 많은 정신적·역사적 에너지가 소모되었다고 생각한다. 그들의 공통점 ─공식적 교리에서는 아니더라도 최소한 작동 방식에서 나타나는─을 고려할 때, 이런 일에 힘을 쏟는 것은 그저 시간 낭비일 뿐이다. 아우슈비츠, 마이다네크, 트레블링카, 다하우 그리고 다른 나치 수용소의 경비원들은 소련 '수용소 군도'의 경비원들과 매우 흡사했다.

오히려 이러한 운동들이 어디에서 에너지를 얻었는가 하는 문제에 정신적·역사적 에너지를 집중해야 한다. 왜 세상은 사람들이 잘 살 수 있는 사회를 제공할 수 없었을까? 왜 사회와 경제의 완전한 재편이 필요했을까? 폴라니는 파시즘과 사회주의란 시장사회가 사람들의 폴라니적 권리들을 충족시킬 능력도 의사도 없는 것에 대한 반작용이라고 보았다. 시장사회는 살기 좋은 공동체를 보장하지 못했는데, 그 토지의 쓰임새가 수익성 테스트를 통과해야 했기 때문이다. 시장사회는 사람들이 받아 마땅한 소득을 보장하지 못했는데, 그 직업에 지불되는 임금이 수익성 테스트를 통과해야 했기 때문이다. 시장사회는 또한 안정적인 일자리를 제공하지 못했는데, 그 일이 포함된 가치사슬에 자금을 조달하는 것 역시 수익성 테스트를 통과해야 했기 때문이다. 이렇게 시장사회가 공동체도 소득도 안정된 일자리도 제공하지 못하자, 자신들의 폴라니적 권리들이 존중받을 수 있도록 경제와 사회를 근본적으로 재편할 필요가 있다는 생각에 힘이 실리게 되었다. 그리고 수많은 사람들이 현실사회주의와 파시즘이 이 일을 해낼 것이라는 희망을 품었다.

파시즘과 사회주의는 오히려 잔인하고 극단적인 방법으로 수백만 명의 권리와 생명을 지워버렸다. 사람들은 왜 그렇게 쉽게 속아 넘어갔을까? 독일 사회주의자 로자 룩셈부르크는 1919년에 레닌이 선택한 노선을 "공적 생활의 야만화: 암살 시도, 인질 총살 등"이라고 불렀다.[23] 독일 자유주의자 베버는 1918년에 쓴 글에서 레닌의 사회학적 실험이 "인간 시체 더미로 가득한 실험실"로 끝날 것이라고 예견했다.[24] 마찬가지로 영국 외교관 에릭 핍스Eric Phipps는 1935년에 쓴 글에서, 영국이 히틀러의 《나의 투쟁》을 진지하게 글자 그대로 받아들였다면, "우리는 논리적으로 '선제적' 전쟁 정책을 채택하지 않을 수 없었을 것"이라고 썼다.[25]

파시즘으로의 선회가 갖는 위험은 분명했다. 그렇게 파시즘으로 선회한 이들이 좋은 사회를 향해 심지어 웅크리며 나아가는 것조차 성공할 가능성이 희박하다는 것 또한 분명했다. 하지만 그들은 이러한 명백한 사실에 눈을 감아 버렸다.

유토피아적 신념은 지독한 마약이다.

10장. 제2차 세계대전

1930년대 대부분의 국가는 대공황 속에서 침체가 지속되었지만 독일은 빠르게 회복했다. 그러나 나치의 이데올로기로 볼 때, 평화로운 정부지출에 힘입은 경제 회복은 히틀러 체제의 목표가 아니었다.

1935년 3월에 히틀러는 베르사유 조약의 족쇄를 끊고 재무장을 선언했다.[1] 1차 대전에서 승리한 연합국들은 얽히고설킨 외교 문제에 직면했다. 고립주의에 빠진 미국은 유럽에 군대를 파견하는 데 관심이 없었다. 영국과 프랑스의 유권자들은 분명 1차 대전과 같은 전쟁을 다시 하고 싶어 하지 않았다. 그래서 히틀러의 재무장 추진과 민족 우선주의 정책 앞에서 영국과 프랑스는 선택을 해야 하는 상황에 처했다.

1930년대의 외교적 힘겨루기는 공평하지 않았는데, 이는 영국과 프랑스는 무장 상태였고 대공황의 영향을 덜 받았던 반면, 독일은 무장 해제된 데다 깊은 침체에 빠져 있었기 때문이 아니었다. 오히려 영국과 프랑스는 지난 1차 대전만큼 끔찍한 일이 또 벌어질까봐 전쟁 근처에도 가고 싶어 하지 않았기 때문에 그리고 다른 나라들도 마찬가지일 것이라고 철석같이 믿었기 때문이었다. 그리고 히틀러는 그들의 관점을 공유하지 않았기 때문이었다. 또한 독일의 지배 집단도 그러한 관점을 공유하지 않았기 때문이었다.

영국과 프랑스의 정책은 **유화**appeasement 전략이라고 부를 수 있었다. 히틀러에게 외교적 승리를 내주어라. 조금씩 조금씩. 히틀러가 작은 성공에 투자하게 만들고, 그가 그것을 얻기 위해 한 약속을 이행하도록 해라. 영국 대사인 핍스가 1935년 일기장에 썼던 바, 영국과 프랑스가 "그의 서명이 있는 협정으로… 그를 구속할" 수 있다면, 히틀러 또한 "그 협정을 준수할" 수도 있다. "영국과 프랑스에게 어느 정도 수용 가능하고 이탈리아에게 너무 끔찍하지는 않은 협정을 맺는다면 당분간은 독일이 또 다른 국제적 희생물을 사냥하려 들지 않도록 막을 수 있을 것"이었다. "그러다 보면 세월이 흐르고, 히틀러도 늙을 수 있다."[2]

이것도 전략인지는 모르겠지만, 어쨌든 전혀 먹히지 않았다.

히틀러가 본격적으로 외교전에 돌입했을 때, 그에게는 강력한 논거들이 있었다. 1차 대전을 종결지은 베르사유 조약은 독일 군대의 규모를 10만 명으로 제한했다. 하지만 다른 나라들은 전혀 자국의 군대를 축소하지 않았다. 예전의 강대국들 중에서 덴마크나 유고슬라비아의 침공을 두려워해야 하는 것은 독일뿐 아닌가? 이는 공평하지 않다. 여기에 대해 나치 독일 ─ 잔인하고 압제적인 독재 치하에 있는 ─ 은 불량 국가라는 식으로 반응한들, 이는 유럽 외교의 언어로는 합당한 이야기가 아니었다. 적절한 절차를 거쳐 인정된 정부라면 그 국경 안에서 무슨 일을 벌이든 다른 나라 정부들이 뭐라고 할 문제가 아니라는 생각이 뿌리 깊게 박혀 있었다.

유럽식 외교의 언어에서는 언어가 중요했다. 즉 특정 지역의 사람들 다수가 사용하는 언어가 무엇인가가 중요했다. 베르사유 조약을 포함하여 1차 대전 이후의 여러 협정들은 완벽하지는 않아도 최대한 언어권과 일치하게 국경선을 획정하려고 노력했다. 독일은 예외였다. 베를린뿐만 아니라 로마, 빈, 부다페스트, 프라하, 바르샤바, 빌뉴스(리투아니아 —옮긴이), 부쿠레슈티(루마니아 —옮긴이)에서도 독일어가 통용되었다.

히틀러가 외교정책의 목표를 독일을 평등하지 못한 국가로 만든 무장 제한을 철폐하고 국경선을 언어권과 좀 더 일치하도록 다시 그어 소수 민족 문제를 '해결'하는 것에 한정하는 한, 영국과 프랑스 및 다른 나라들이 이를 거부하기란 어려웠다.

그렇다면 영국과 프랑스는 독일을 침공하여 히틀러를 축출하고 독일 민족주의를 더 이상 부추기지 않도록 불안정한 꼭두각시 정부를 세우고 싶었을까? 그렇다, 그들은 그러고 싶었다. 하지만 그런 조치가 가장 덜 나쁜 선택이라는 사실을 인식할 만큼 미래를 내다본 사람은 윈스턴 처칠뿐이었다.[3] 당시 처칠은 무모한 인물로 여겨졌다. 그는 자치정부를 추구하는 인도 사람들과 절대 타협하지 않으려고 한 점에서 잘못을 범했고, 1925년 영국 재무부 장관이었을 때에는 공세적으로 디플레이션을 밀어붙였던 점에서 잘못을 저질렀으며, 영국 국왕 에드워드 8세가 두 번의 이혼 경험이 있는 출세 지향적인 월리스 워필드 스펜서 심프슨Wallis Warfield Spencer Simpson 과 결혼하겠다고 고집 피울 때 이를 지지했던 데에서도 잘못을 저질렀으며, (사람들이 말하기를) 프랑스와 벨기에가 아닌 터키를 1차 대전의 승부처로 삼으려 했다는 점에서도 잘못을 저질렀다.[4] 그러니 독일의 위협에 대해 공포를 불어넣으려는 처칠의 경고에 누가 귀를 기울였겠는가?

대공황이 한창이던 당시 프랑스와 영국의 정치 지도자들은 베르사유 조약의 세부조항을 이행하는 것보다 더 큰 문제가 있다고 생각했다. 나아가 일부는 독일이 서유럽 공동체에 다시 합류하기를 적극적으로 희망했다. 독일이 사실상 무장 해제되는 바람에, 소련 국경과 라인강 사이의 지역에 권력 공백이 생겼기 때문이었다. 폴란드와 소련은 이미 1920년대 초에 한 번 전쟁을 치른 적이 있었고 당시 소련군은 결국 격퇴되기는 했지만 바르샤바까지 진격한 바 있었다. 현명한 이들은 독일 군대가 강력해지면 공산주의 러시아에 대한 완충 역할을 할 수 있다고 말했다. 실제로 1930년대에 독일의 육군, 해군, 공군 모두가 조약이 정한 한계를 넘어 팽창했지만, 프랑스와 영국은 사실상 아무 조치도 취하지 않았다.

히틀러는 1936년 3월 베르사유 조약의 또 다른 조항을 위반했다. 1918년 이후 비무장화된 라인강 서쪽의 독일 지역인 라인란트에 상징적인 의미만 있을 뿐인 소규모 군대를 배치했던 것이다. 영국과 프랑스는 또다시 선택의 기로에 섰다. 이번에도 역시 뭔가 행동하는 것은 무의미해 보였다. 다른 어떤 유럽 국가도 국경 안에 비무장지대를 둔 경우는 없었다. 독일에게 비무장지대를 유지하라고 요구하는 것은 독일 민족주의에 기름을 붓기 십상으로 보였다. 그리고 다시 한번 이야기하지만, 이 조항을 관철시키려면 독일을 침공하고 히틀러를 축출한 후 꼭두각시 정부를 세워야 할 것처럼 보였다.

히틀러는 1938년 3월 오스트리아를 합병했다. 오스트리아에는 독일어를 사용하는 독일 민족이 압도적으로 많이 거주했다. 오스트리아를 합병하면서 히틀러는 자신이 독일 국민을 하나의 국가로 모아 19세기 말 오스트리아계 독일인이 독일의 정치적 경계에서 배제되었던 정치적 실수를 바로 잡는 것일 뿐이라고 선언했다. 기왕에 연합국이 자국과 다른 유럽 국가들에 적용했던 민족자결 원칙을 독일에도 적용했었더라면 오류를 수정할 일도 없었을 것이다. 게다가 독일 군대가 국경을 넘어 오스트리아로 들어갔을 때 저항은 없고 환영만 있었으며, 최소한 몇 군데에서는 아주 열광적인 환대를 받았다는 사실은 히틀러의 주장에 힘을 실어주었다.

오스트리아를 합병한 뒤, 히틀러는 1차 대전 이후 국경선이 이상하게 그어진 두 번째 경우인 '주데텐란트Sudetenland'로 관심을 돌렸다. 체코슬로바키아의 북쪽과 서쪽 국경은 중세 보헤미아 왕국의 국경을 따른 것이며, 그 산악지대에는 체코의 모든 국경 방위대가 자리 잡고 있었다. 그런데 이 지역에도 독일어 사용자들이 많이 살았다. 그들 중 일부는 억압받고 있다며 독일과의 합병을 요구했고, 독일은 이런 움직임에 자금을 지원했다.

영국 정부는 프랑스 방위를 약속한 상태였고, 프랑스 정부는 체코슬로바키아의 영토적 통일성을 수호하겠다고 약속한 바 있었다. 체코슬로바키아도 그 변경의 산악지대와 그곳의 국경 수비대를 내어줄 생각이 없었다. 그렇다고 프랑스 정부와 영국 정부가 주데텐란트 주민들이 독일에 편입되지 못하도록 전쟁까지 할 생각이 있었던 것은 아니었다. 서방 민주주의 국가의 군사 고문들은 2차 대전이 벌어지면 1차 대전 당시 참호전의 공포가 전선 후방의 민간인들에게까지 전해질 것을 우려했다.

그들의 우려는 훗날 현실로 입증된다.

영국 총리 체임벌린과 프랑스 총리 에두아르 달라디에Édouard Daladier는 전쟁을 피하기 위해 1938년 9월 29~30일 뮌헨으로 갔고 히틀러와 합의를 보았다. 히틀러가 주데텐란트를 합병하는 대신 체코슬로바키아 나머지 지역의 독립을 존중하기로 약속하고, 영국과 프랑스는 체코슬로바키아의 독립을 보장하는 것이었다. 체코 대표단은 협상이 진행되던 방에 들어갈 수조차 없었다.[5]

체임벌린이 영국으로 돌아오자 그를 맞은 군중들은 환호의 갈채를 보냈다. 체임벌린은 자신의 명예에 회복할 수 없는 먹칠을 한 것도 모른 채 자신이 "영예롭게 평화를 지켜냈고, 이 평화가 우리 시대에 지속되리라 믿는다"고 선언했다.[6] (영국 하원 보수당원들의 따돌림을 받던) 처칠의 생각은 완전히 달랐다. 처칠은 체임벌린이 뮌헨을 방문하기에 앞서 전 총리 로이드 조지에게 보낸 편지에 "저는 앞으로 몇 주 내로 전쟁이냐 수치냐 중 하나를 선택해야 할 것이라고 보며, 어떤 결정이 내려질지에 대해 한 치의 의심도 없습니다"라고 썼다.[7]

히틀러는 먼저 체코슬로바키아의 '슬로바키아' 지역의 분리주의 운동을 후원한 후, 1939년 3월 15일에는 체코슬로바키아 전체를 합병해 버렸다. 영국과 프랑스는 아무런 행동을 취하지 않았다. 체임벌린은 "[히틀러의 후원을 받은 분리주의 운동의 독립] 선언이 갖는 효과는, 우리가 [뮌헨에서] 국경을 보장하겠다고 했던 국가가 내부 분열로 인해 종언을 고했다는 것이다. 따라서 영국 정부에게 더 이상 안전 보장의 의무를 물을 수는 없다"고 선언했다.[8]

그러나 이틀이 지나지 않아 체임벌린은 입장을 번복했다. 체코슬로바키아에 대해서가 아니라 유화정책에 대해서.

체임벌린과 그 일파는 안전 보장을 폴란드와 루마니아로 확대했다. 독일이 폴란드나 루마니아를 공격한다면 이는 영국과 프랑스에 대한 선전포고가 될 것이라고 공개적으로 선언했다. 체임벌린은 이렇게 함으로써 히틀러가 더 이상 모험적 행동을 하지 못하게 막을 수 있다고 믿었던 것 같다.

하지만 왜? 영국에서 폴란드로 가려면 나치 독일을 통과해야 하는데 영국 군대와 전함이 어떻게 폴란드를 도울 수 있다는 말인가?

히틀러는 영국과 프랑스가 허풍을 떨고 있다고 결론 내린다. 또한 그는 동쪽으로의 공격도 준비하고자 했다. 미국이 북미 대륙 원주민들에게 저질렀던 짓을 러시아의 슬라브인들에게 하기 위해서였다. 북미 대륙에서 미국인들이 벌인 짓과 마찬가지로, 히틀러의 소망은 거대한 곡창 지대 ―우크라이나― 에 수많은 눈물의 흔적을 남긴 후 기계화된 대농장을 경영하는 독일인들이 거주할 수 있도록 소유하는 것이었다.

1939년 봄, 히틀러는 다시 국경 재조정을 요구했다. 이번에는 독일과 동프로이센 지방을 가르는 '폴란드 회랑'에 갇힌 독일어를 말하는 독일인들을 되찾겠다는 것이었다.

영국과 프랑스의 외교정책 결정자들이 냉철한 현실주의자였다면 그냥 무시로 일관했을 것이다. 히틀러가 동쪽으로 간다고? 가라고 해. 히틀러가 동쪽으로 영토를 확장하며 일련의 전쟁을 벌인다고 해도 적어도 당분간은 자신들에게 골칫거리가 되지 않을 것이라고 결론 내렸을 것이다. 그리고 언젠가 히틀러가 서쪽으로 눈을 돌린다면, 그때 가서 본때를 보여주면 된다고 여겼을 것이다.

하지만 그들은 그렇게 하지 않았다. 영국과 프랑스는 이미 폴란드와 루마니아의 안보를 보장하겠다고 한 바 있었다. 이 입장을 더욱 강화하여 독일 팽창의 억제에 판돈을 모조리 걸게 된다.

체임벌린과 외교장관 핼리팩스 백작Lord Halifax 은 그러한 억제 정책이 실패할 경우 무슨 일이 벌어질지에 대해서는 거의 생각하지 않았던 것 같다. 그들은 자신들이 전쟁을 원하지 않으며, 히틀러 역시 마찬가지일 거라고 확신했다. 그러니 히틀러 또한 허풍을 치고 있는 게 틀림없지 않겠어? 1차 대전이 반복되길 원하는 사람은 아무도 없잖아, 안 그래?

한쪽에는 전쟁의 위험을 감수하려 하면서도 아무도 전쟁을 원하지 않는다는 믿음에 집착하는 참여자들이 있었다. 그들은 자신들이 히틀러에게 이미 충분히 외교적 승리를 안겨 주었으니 여기서 선을 그으면 전쟁의 시작을 막을 수 있다고 생각했다. 다른 쪽에는 전쟁은 불가피하고 현상 유지보다 더 나으며, 숙명으로 정해진 '생존 공간'을 확보하려면 당연히 필요하다고 생각하는 참여자들이 있었다. 게다가 영국과 프랑스의 정치가들은 자신들의 패가 셀 때도 패를 거둬들였는데, 약한 패를 쥐고 있는 지금은 당연히 거둬들이지 않겠는가? 두 나라 모두 군사적으로 폴란드를 도울 수 있는 위치에 있지 않았다.

하지만 만약 두 나라가 패를 거두지 않고 끝까지 가는 쪽을 선택한다면 독일은 그 서쪽 변경에서 전쟁에 직면할 수 있었다. 이 때문에 히틀러는 스탈린 및 소련과의 (일시적인) 동맹에 관심이 있었다.

1930년대 중반 몇 년에 걸쳐 파시즘에 맞서 비파시스트 국가들 사이에서 '인민전선'과 '집단안보'를 추구하면서도, 스탈린은 히틀러에게 접근했었다. 히틀러는 관심이 없었다. 히틀러는 1939년이 되어 폴란드를 정복하려면 소련의 중립이 대단히 유용하다는 것을 깨닫고 나서야 스탈린과의 거래에 관심을 갖게 되었다. 그리고 당장은 폴란드의 절반도 괜찮다고 생각했다. 히틀러와 스탈린은 부크Bug강을 경계로 폴란드를 둘로 나누는 데 합의한다. 이에 더해 소련이 리투아니아, 라트비아, 에스토니아 등의 발트 3국 공화국들을 합병해도 용인하겠다는 독일의 약속을 받아냈다.

스탈린은 역사상 최악의 판단을 했다. 이 협정으로 히틀러는 폴란드, 영국과 프랑스, 다음으로 소련에 대항하여 연속으로 세 개의 단일 전선의 전쟁을 벌일 수 있게 되었다. 이 전쟁에서 소련은 미국이 전쟁에 참전할 때까지 간신히 살아남았다. 소련의 붉은 군대는 미국의 공장과 군수물자 지원 덕분에 식량, 연료, 기동 장비 등을 얻었고, 미국 육군과 공군이 있었기에 영미 연합군이 다시 유럽의 전장으로 되돌아올 수 있었다. 소련 입장에서는 1941년부터 1943년 상반기까지 전력을 쏟아 쳐들어오는 독일을 상대하는 것보다는 1939년에 강력한 육군을 가진 영국과 프랑스를 동맹국으로 삼아 독일과 싸우는 편이 훨씬 나았을 것이다.

스탈린 혹은 스탈린이 통치하던 소련을 이해하기는 언제나 어렵다. 처칠은 소련을 "수수께끼 속에 수수께끼로 싸인 수수께끼"라고 표현했다.[9] 하지만 요새 같은 모스크바의 크렘린궁 안에서 무슨 생각들이 오고 갔을지 추측은 해 볼 수 있다.

문: 히틀러는 무엇인가, 동지?
답: 히틀러는 자본주의자들의 도구다, 동지.

문: 왜 히틀러는 소련을 상대로 침략 전쟁을 일으키고자 하는가, 동지?
답: 우리의 원자재를 저렴하게 얻기 위해서다, 동지. 그렇게 해야 그를 지지하는 거대한 독점 자본가 세력이 더 큰 이윤을 얻을 수 있기 때문이다.

문: 그렇다면 우리가 히틀러에게 아주 저렴한 가격에 최대한 다양한 원자재를 공급한다면 어떻게 될 것인가, 동지?
답: 그러면 히틀러는 소련을 침공하려 하지 않을 것이다, 동지. 소련을 침공할 이유도 사라질 것이다.

문: 그다음에는 어떻게 되는가, 동지?

답: 최고 단계의 자본주의에서 항상 일어나는 일이 있을 것이다, 동지. 거대한 자본주의 강대국들이 제국주의 세력이 되고, 그다음에는 세계 시장을 두고 끔찍한 전쟁을 벌일 것이다.

문: 정확하다. 그 전쟁이 끝난 뒤에는?

답: 우리가 1차 대전이 끝났을 때 했던 일을 하게 될 것이다, 동지. 우리가 움직여서 사회주의 진영을 확장할 때이다.

문: 그렇다면 현재 우리의 목표는, 동지?

답: 히틀러에게 그가 원하는 원자재를 모두 공급해서 그를 달래는 것이다. 그러고 나서 우리의 기회가 올 때를 기다린다, 동지.

아마도 스탈린은 1차 대전 때의 일들이 똑같이 재연되리라고 잘못 예상했는지도 모른다. 즉 참호전이 벌어져 프랑스-독일 국경에서 장기적인 교착 상태를 낳고, 그동안 한 세대의 젊은 남성들이 학살되고, 몇몇 부르주아 국가들의 힘이 소진되어 그중 몇 나라는 모스크바가 주도하는 공산주의 혁명에 적합해질 것으로 생각했을 수 있다. 스탈린은 히틀러와 일시적으로라도 동맹을 맺는 것이 얼마나 위험한 일인지를 인식하지 못했던 것이 분명하다.

한쪽에는 시장자본주의의 국가들이 서로 격렬하게 경쟁을 벌이다 실패할 운명에 처해 있으며, 결국 프롤레타리아의 낙원의 도래를 앞당길 것이라고 믿는 참가자들이 있었다. 반대편에는 유대인-볼셰비키의 음모는 그들과 그들의 곡창 지대가 될 운명의 땅 사이를 가로막는 생존의 위협이라고 확신하는 참가자들이 있었다.

1939년 9월, 히틀러와 스탈린은 각자 자신의 군대를 보내 폴란드를 분할했다.

그리고 영국과 프랑스의 공언이 허풍만은 아니었다.

그들은 자신들의 공언을 실행에 옮겼다. 히틀러와 나치 군대는 9월 1일 새벽 폴란드를 침공했다. 그날 오후 영국 수상 체임벌린은 자신의 최고 비판자였던 처칠을 전쟁 내각에 참여시킨다. 그런 다음 이틀 동안 처칠을 무시했다. 지금 살아있는 사람들 중에는 당시 영국 정부의 의사결정 과정을 알고 있는 이들이 없겠지만, 나치의 공격으로부터 50시간 후 ─9월 3일 오전 9시 ─에 영국 정부는 독일군에게 폴란드에서 철군하라고 요구했다. 그리고 오전 11시에 영국이 전쟁을 선포했다. 프랑스가 그 뒤를 이었다. 하지만 이 두 나라의 군대는 전혀 준비되어 있지 않았고 폴란드에서 멀었다. 폴란드는 한 달 내로 스탈린과 히틀러의 손에 떨어졌다.

영국과 프랑스가 허풍을 떤 것은 아니었지만, 전쟁을 준비하고 있었던 것도 아니었다. 그들은 독일과 전쟁을 벌일 계획이 전혀 없었고, 어떤 계획도 입안하지 않았다. 그래서 폴란드가 무너진 뒤 8개월이 지나도록 서부전선은 아무런 일도 없이 조용했다.

1930년대에 영국과 프랑스를 통치했던 체임벌린과 달라디에 및 다른 정치가들은 그들이 했던 일들, 하지 않았던 일들 모두로 인해 관례적으로 비난을 받아 왔다. 히틀러가 약했을 때 그를 박살내지 않았고, 히틀러가 강해진 뒤에는 그와 싸우도록 준비시키지 못했으니까. 또 미국과 소련에게 반파시즘 연합에 참여하라고 호소하여 큰 동맹을 만들어내지도 않았으니까. 모든 증거가 두 나라의 의사결정자들은 전쟁에 휘말려들기를 원하지 않았다는 것을 시사한다고 해서 노력조차 하지 않은 실패를 논의할 가치가 없는 것은 아니다.

　다른 관점도 있다. 나치 독일과 국경을 접한 나라 중 유일하게 달라디에의 프랑스만이 독일을 상대로 전쟁을 선포했다. 다른 모든 나라는 히틀러가 자신들을 상대로 전쟁을 선포할 때까지 혹은 (대부분은) 실제로 공격해 올 때까지 그냥 기다리고 있었다. 스탈린의 러시아는 독일과 불가침조약을 체결하고 그것을 고수하다가 독일의 공격을 받지 않았는가. 나치 독일과 국경을 접하지 않은 나라들 중 1930년대에 독일을 상대로 선전포고를 한 곳도 단 하나이다. 바로 체임벌린이 이끌던 영국이다. 물론 영국은 다른 선택의 여지가 없고 그들의 정치적 생존이 걸려있다고 (올바르게) 판단한 때가 되어서야 독일에 전쟁을 선포했다. 또한 선전포고만 했지 어떻게 전쟁을 해야 할지에 대해 아무 계획도 없었다. 하지만 영국은 분명히 이 세계가 이제껏 직면한 최악의 폭정 국가를 물리치기 위해 그 제국과 국민들 전체를 기꺼이 위태로운 지경으로 몰아넣었다. 비록 한계는 있었지만, 달라디에와 체임벌린이 용기를 보여주었다는 점 또한 생각해 보아야 한다. 다른 누구도 그들만큼 용기 있지 못했으니까.

　하지만 그들의 용기는 보상받지 못했다.

　1940년 5월 10일에 시작하여 6주 만에 프랑스가 함락되었다.[10] 나치는 프랑스의 항복을 요구하고, 영국군을 덩케르크 항구에서 유럽 대륙 밖으로 몰아냈다. 영국군은 모든 장비를 남겨둔 채로 철수했다. 그런데 영국—당시에는 처칠이 이끌고 있었다—은 평화협상을 거부하여 모든 이들을 놀라게 했다. 영국은 계속 싸웠고, 히틀러에게 영국해협을 건너서 영국 본토를 침략해 보라고 도발했다. 히틀러는 영국 본토를 침략하지 않았다. 1940년에는 낮에, 그

후에는 밤에 폭격기들을 보냈을 뿐이다. 히틀러는 베르너 폰 브라운Wernher von Braun의 로켓 연구를 적극적으로 후원하여 1944년에는 테러-보복 무기인 'V 로켓' 시리즈를 개발했다.[11]

프랑스가 무너진 뒤 히틀러는 그가 원래부터 의도했던 대로 나치 군대를 동쪽으로 이동시켰다. 1941년 6월 22일, 히틀러는 나치 군을 앞세워 소련을 침공했다. 그는 아직 총력전을 위해 경제와 사회를 완전히 동원하지는 않았다. 그저 가지고 있던 자원을 활용한 공격이었다.

스탈린의 첫 대응은 나치를 '자극할' 위험이 있으니 일체 반격하지 말라는 명령이었다. 그 결과 소련 공군은 전쟁 첫날 지상地上에서 파괴되었다. 국경의 소련 육군은 서있던 자리에서 죽거나 포로가 되었다. 스탈린이라는 해악은 큰 대가를 치렀다.

스탈린은 군부에서 위협이 될 수 있는 사람은 누구든 숙청하고 또 숙청했다. 그는 실망스러운 소식을 가져오는 사람은 경력만이 아니라 생명까지 위험해지는 시스템을 구축했다. 나치가 공격했을 때 붉은 군대는 폴란드 분할을 위해 부대가 이동했던 탓에 1939년 이전에 만들어놓은 국경 방어 체계에서 벗어나 배치되어 있었다. 그 결과 소련은 엄청난 규모의 육군을 잃었다. 소련군은 6월 말부터 8월 초까지 리가, 브레스트-리토프스크, 르보브와 다른 국경 인근에서 전투를 벌였는데, 상대인 독일군과 규모도 비슷했고 장비도 잘 갖추고 있었다(하지만 훈련이 안 되어있었고 전투 능력이 떨어졌다).

1941년 8월 나치 군대는 보급선이 끊어져 잠시 전진을 멈춘다. 하지만 스탈린과 소련의 최고 사령부Stavka는 상황을 오판하여 철수하지 말고 독일군에 반격하라고 명령을 내렸고, 그 결과 다시 엄청난 규모의 군대를 잃는다. 이 소련군은 8월 말부터 10월 초까지 스몰렌스크와 키이우 근처에서 전투를 벌였는데, 상대인 독일군과 규모도 비슷했고 장비도 잘 갖추고 있었다(하지만 훈련이 안 되어있었고 전투 능력이 떨어졌다). 그리하여 나치의 소련 침공 뒤 불과 4개월 만에 거의 400만 명의 소련군이 포로가 되었다. 나치는 공격을 재개했다. 1941년 12월 7일, 미국의 참전과 동시에 나치 군대는 레닌그라드, 모스크바, 하르키우Kharkov, 로스토프 등의 도시 바로 앞까지 도달했다. 1941년의 나치-소련 국경에서 동쪽으로 평균 620마일 떨어진 곳이었다.

하지만 소련은 세 번째로 군대를 편성하는데, 이번에는 나치 군대와 규모는 비슷했지만 장비는 뒤떨어졌다. 이 세 번째 군대가 버티고 반격하며 1941~1942년 가을과 겨울의 전투를 치렀다.[12]

*

미국이 2차 대전에 참전했을 때 ─정확히 말하면 1941년 12월 7일 대형 항공모함 6척을 포함한 일본 제국 해군의 연합 함대가 하와이 오아후섬의 진주만을 공격하면서 전쟁에 떠밀려 들어갔을 때(달라디에의 프랑스와 체임벌린의 영국을 제외한 어떤 나라도 의도적으로 히틀러와 전쟁을 시작하지 않았다는 점을 기억하라) ─태평양에서의 전쟁은 시작된 지 이미 5년이 지난 상황이었다. 그 전쟁은 1937년 일본의 중국 침공으로 시작되었다.

유럽에서의 2차 대전은 1차 대전 없이 상상하기 어렵다. 우선 거시적 차원에서 볼 때, 1차 대전의 경제적·정치적·인적 황폐화는 유럽의 안정과 번영의 구조를 파괴했다. 미시적 차원에서도 마찬가지다. 정상적인 평화의 시기처럼 인간사가 굴러갔다면 스탈린도 히틀러도 절대로 기회를 잡지 못했을 것이다. 이는 지구 반대편도 마찬가지였다. 1차 대전과 대공황은 일본이 제국주의로 돌아서는 강력한 동력이 되었다.

1차 대전은 간접적으로 일본의 산업화에 강력한 자극제가 되었다. 전쟁 기간에 유럽에서 아시아로의 수출이 사실상 중단되었다. 이전까지 유럽에서 수입하던 제품을 아시아 국가들은 어디에서 구했겠는가? 당연하게도 성장하고 산업화하고 있던 일본 제국이었다. 일본의 산업생산과 제조업 수출은 1차 대전 동안 거의 네 배 증가했다. 일본 제품에 대한 강한 수요로 인해 인플레이션이 빚어졌고, 유럽의 전쟁 동안 일본의 물가는 두 배 이상 뛰었다.

전쟁이 끝나고 유럽 국가들이 아시아로의 수출을 재개하자, 그 동안 새로이 확대된 일본의 산업은 치열한 경쟁에 직면했다. 게다가 일본 경제는 5만 명에서 10만 명이 사망한 1923년의 관동대지진이라는 재앙으로 큰 타격을 받았다. 하지만 이 모든 것에도 불구하고 일본의 산업화는 계속되었다. 1920년대에는 제조업이 부가가치 생산에서 농업을 앞질렀다.

일본의 제조업은 본래 (다른 국가의 제조업과 마찬가지로) 젊은 미혼 여성의 노동력에 의존했다. 고용주의 관점에서 이 노동력이 안고 있는 주된 문제는 상대적인 경험 부족과 높은 이직률이었다. 그래서 20세기 상반기 동안 일본 제조업체들은 단기로 일하는 미혼 여성 노동자 집단과 장기로 일하는 숙련 남성 노동자 집단 사이의 균형을 맞추려고 애썼다.

그리하여 소위 '종신고용제도'가 발전했다. 일본의 남성 노동자들은 종신고용을 약속받고 졸업하자마자 혹은 견습생으로 미리 채용되었다. 회사에 충성하는 대가로 임금 인상과 의료보험과 연금이 보장되었다. 종신고용제도는 일본 사회와 잘 맞아떨어진 탓에 번성할 수 있었다. 일본 경제가 심각한 경기침체를 겪지 않아 제조업체가 노동자를 해고할 수밖에 없는 상황을 피할 수 있었던 것도 확산에 도움이 되었다.

면직물, 가구 제조, 의류 그리고 상대적으로 작은 중공업 부문이 1930년대 일본 경제의 핵심이었다. 일본 **재벌**zaibatsu 이 이러한 근대적 제조업 부문을 지배했다. 재벌이란 경영진을 교환하고, 서로 협력하고, 서로의 주식을 소유하고, 동일한 은행 및 보험사와 금융 거래를 하는 기업들의 연합체이다. 일본의 금융자본주의는 상당 정도 독일의 금융자본주의를 모방했던 것으로 보였다.

대공황은 1930년에 기세가 꺾인 상태로 일본에 도착했다. 일본의 수출, 특히 생사生絲, silk 수출이 급감했다. 금본위제를 고수한 탓에 일본 경제에 디플레이션의 압력이 가해졌다. 일본은 금본위제에서 탈퇴하여 정부지출 ―특히 군비 지출― 을 늘리는 방식으로 대응했다. 대공황이 분명 일본 경제에 영향을 주었지만, 충격을 준 정도는 아니었다. 대공황이라는 사건이 일본에 갖는 더 큰 중요성은, 아마도 유럽 제국주의 열강이 위기에 처해 있음을 드러냈다는 점일 것이다.

그리하여 1931년에 일본 정부는 팽창주의로 전환했다. 만주로의 일본의 영향력 확대는 일본의 괴뢰국인 만주국의 '독립'으로 이어졌다. 팽창은 재무장으로 이어졌다. 재무장은 1937년에 중국에 대한 총공격으로 이어졌다. 일본 정부는 전쟁 물자와 만주국에 인프라를 건설하기 위한 자본재를 대량으로 주문했고, 이것이 일본의 산업생산을 강력히 부양했다. 일본은 1937년 이후 전시 경제로 전환하여 전함, 비행기, 엔진, 라디오, 탱크, 기관총을 생산한다.

하지만 중국과의 전쟁을 계속하려면 석유가 필요했는데, 석유는 미국이나 당시의 네덜란드령 동인도 제도―훗날의 인도네시아―에서 얻을 수 있었다. 루스벨트 대통령은 일본 제국의 팽창을 억제하기 위해 할 수 있는 모든 압력을 행사했다. 1941년 일본군이 인도차이나반도의 남부 절반을 점령하자 루스벨트는 그다음 날인 1941년 7월 25일 미국 내 모든 일본 금융자산을 동결하라고 지시했다.

일본 정부는 미국에서 석유를 사서 일본으로 운송할 수 있는 행정면허를 갖고 있었다. 하지만 석유 대금은 어떻게 지불한단 말인가? 석유 대금을 결제할 수 있도록 금융자산 동결을 풀어달라는 일본 정부의 요청이 딘 애치슨Dean Acheson 국무부 차관실에 접수되었지만, 아무런 반응도 나오지 않았다. 관료주의의 문제였을까? 정책의 문제였을까? 만약 후자라면 누구의 정책이었을까? 자산 동결이 일본에 대한 사실상의 석유 수출 금지가 되었다는 사실이 12월 7일―네덜란드 식민 당국이 석유 대금을 달러로 결제하도록 요구함으로써 석유 수출 금지의 효과가 인도네시아로까지 확대된 날―이전에 루스벨트나 육군이나 해군에게 전달되었는지는 분명하지 않다.

이렇게 미국은 자산 동결을 통하여 일본으로의 석유 수출―미국산 석유뿐 아니라 모든 석유―을 사실상 봉쇄했다. 석유를 수입하지 못하면 일본의 전쟁 기계 또한 돌아갈 수가 없었다. 일본은 미국의 요구를 수용하거나 최소한 네덜란드령 동인도 제도의 유전을 점령하기 위한 전쟁을 시작할지의 선택의 기로에 처했다. 이것은 예측할 수 있었고, 예측되었어야 했으며, 예측과 함께 대응도 있어야 했다. 그 대응이란 당시 미국 군부가 실제 취했던 것보다 태평양에서의 훨씬 더 높은 수준의 경계 태세였어야 했다.

일본의 지도자들은 선택의 여지가 없다고 생각했고, 전쟁이 불가피하다면 선제적으로 강한 공격을 감행하기로 결정했다. 1941년 12월 7일 일본은 태평양 지역의 영국, 네덜란드, 미국 영토와 군대를 일제히 공격했다. 가장 유명한 사건은 미국의 태평양 함대를 침몰시킨 진주만 공격이었다. 그러나 미국에 가장 큰 피해를 입힌 전투 중 하나는 필리핀 클라크필드의 미 공군기지 공격이었다. 이 공격으로 일본의 해상 침략을 저지할 수 있었을 B-17 폭격기 부대가 파괴되었다.

일본 제국의 진주만 공격과 그 직후의 히틀러의 대미 선전포고가 없었더라면 미국이 과연 어떤 경로를 통해 2차 대전에 참전하게 되었을지 알기는 매우 어렵다. 1941년 말 미국의 여론은 영국과 소련에게 히틀러와 끝까지 싸울 수 있는 충분한 무기를 지원하되, 젊은이들을 전쟁터로 보내는 것은 반대하는 분위기였다. 만약 그 여론이 미국의 정책에서 끝까지 우선시 되었다면 역사는 아마도 완전히 다르게 전개됐을 것이다.

2차 대전 참전국의 범위는 확대와 축소를 반복했다. 유럽에서는 프랑스, 영국, 폴란드가 나치 독일을 상대로 전쟁을 시작했다. 나치 독일과 소비에트 러시아는 1939년 9월 말 폴란드를 점령했다. 소련은 핀란드를 공격했고, 1940년 봄에 무승부로 끝나 평화조약이 체결되었다. 1940년 봄에 독일은 노르웨이, 덴마크, 벨기에, 네덜란드, 룩셈부르크, 프랑스를 공격했고 점령했으며, 이탈리아가 독일에 합류했다. 1940년 여름, 나치 독일과 싸우는 나라는 영국뿐이었다. 1940년 후반과 1941년 초반에 영국은 그리스와 유고슬라비아와 동맹을 맺었다. 하지만 그리스와 유고슬라비아는 1941년 봄에 나치 독일에 점령되었다. 1941년 여름에 나치 독일은 소련을 공격했다. 그리고 1941년 12월 7일, 일본 해군이 태평양에 있는 광범위한 미국, 영국, 네덜란드 영토들을 공격했다. 나치 독일은 그다음 날 미국과의 전쟁을 선언했다. (하지만 흥미롭게도 일본은 러시아와 평화 관계를 유지했다). 이제 2차 대전은 진정 글로벌 전쟁이 되었다.

이 전쟁은 '총력전'이었다. 전쟁이 절정일 때, 미국 국내총생산의 대략 40%가 전쟁에 동원되었다. 영국의 국내총생산은 약 60%가 전쟁에 동원되었다. 전쟁 중 그리고 전쟁의 결과로 6,000만 명 — 위아래로 1,000만 명의 편차 — 이 죽었다.

2차 대전을 어떻게 이해해야 할까?

사망자 숫자만 생각해 보자.

2차 대전이 끝났을 때, 유럽에서 4,500만 명, 아시아에서 1,500만 명이 폭력이나 굶주림으로 사망했다. 사망자의 절반 이상은 소련의 거주민들이었다. 그러나 소련의 서쪽 — 2차 대전 이후 국경 기준 — 에서도 20명 중 한 명이 사망했다. 중부 유럽에서는 그 숫자가 12명 중 한 명꼴이었다. 1차 대전 때에는 사망자의 절대 다수가 군인이었지만, 2차 대전의 사망자 중에서 군인은 절반에 훨씬 못 미쳤다. 숫자만으로 상황을 평가할 수는 없지만, 다음의 사망자 숫자만 보아도 중요한 점을 알 수 있다.

유럽의 유대인: 600만 명(70%, 이 중 3분의 1이 폴란드인)
폴란드: 600만 명(16%, 이 중 3분의 1이 유대인)
소련: 2,600만 명(13%)
독일: 800만 명(10%)
일본: 270만 명(4%)

중국: 1,000만 명(2%)

프랑스: 60만 명(1%)

이탈리아: 50만 명(1%)

영국: 40만 명(1%)

미국: 40만 명(0.3%)

2차 대전의 전개 과정을 설명하려면, 먼저 전술과 작전 측면에서 살펴봐야 한다. 처음 세 개의 주요 전투를 살펴보자. 1939년 9월의 폴란드 전투, 1940년 5월과 6월의 프랑스 전투, 1941년 6월 22일부터 그해 말까지의 6개월의 러시아 전투.

1939년 폴란드 전투에서 4만 명의 나치 병사가 죽거나 다쳤다. 반면 폴란드군은 20만 명이 목숨을 잃거나 다쳤다. 그리고 100만 명의 폴란드인이 포로로 잡혔다. 1940년 프랑스 전투에서 나치군은 16만 명이 죽거나 다쳤다. 연합군은 36만 명이 죽거나 다쳤다. 그리고 200만 명의 연합군이 포로로 잡혔다. 1941년 러시아 전투의 첫 6개월 동안 나치군은 100만 명이 죽거나 부상을 당했다. 소련군은 400만 명이 목숨을 잃거나 다쳤으며, 400만 명이 포로로 잡혔다.

나치는 그 어떤 적보다 전술적으로 뛰어났다. 나치는 급강하 폭격기의 중요성을 이해했고, 기갑부대를 운용할 줄 알았으며, 기습 및 측면 공격과 버티기 전술digging in을 이해했다. 전간기에 나치가 조련한 독일군은 겨우 10만 명이었다. 하지만 이 10만 명의 군인이 군사 기술을 익히고 발전시키면서 전술적으로 엄청난 정도의 우위를 확보했다. 이것이 2차 대전의 첫 번째 교훈이다. 즉, 나치와 맞붙으면 전술적으로 압도될 것이라 예상하라. 나치군보다 두 배에서 다섯 배 많은 군인을 잃게 될 것이라 예상하라. 이 교훈은 2차 대전이 시작될 무렵 모두에게 사실이었고, 연합군이 이를 배웠음에도 전쟁 후반에도 여전히 사실이었다.

게다가 나치는 작전에 있어서도 적군을 압도했다. 그리하여 2차 대전의 두 번째 교훈이 나온다. 나치와 싸우면 주기적으로 수많은 병사가 압도당하고, 포위되고, 고립되고, 보급이 끊기고, 혼비백산 도망치고, 대거 항복하게 되는 사태를 예상하라. 이런 일이 1944년 12월에 일어났다. 나치 정권이 붕괴하기 5개월이 채 남지 않은 시기였음에도, 나치 제5기갑군은 벨기에와 독일 국경의 아르덴 숲의 눈 덮인 산맥에서 미 육군 제106보병사단을 포위하여 항복을 강요했다(벌지 전투 또는 아르덴 공세라고 부르는 히틀러의 이 광기 어린 기습으로 독일은 단기적으로는 큰 전과를 올렸으나, 곧 병력, 장비, 석유, 제공권 등이 부족하여 격퇴당한다. 이 작전으로 독일의 본토를 지켜야 할 마지막 정예 병력이 소진됨으로써 패망이 되레 앞당겨졌다는 시각도 있다 —옮긴이).

간단하게 말해 전술과 작전상의 우위는 엄청나게 중요하다.

1940년 프랑스 전투를 다시 생각해 보자. 프랑스군은 나치가 아르덴 숲 북쪽의 벨기에를 통해 공격할 것으로 예상했다. 그러나 나치는 아르덴 숲을 가로질러 약체인 프랑스 제9군을 주 공격 목표로 삼았다. 프랑스 사령부는 숲, 열악한 도로망, 뫼즈강 등이 방어에 충분한 도움이 될 것이라고 생각하여 그곳에 약체 제9군을 배치했었다.

이 1940년 전투의 3일째에는 나치의 대규모 공격이 아르덴 숲을 통해 이루어질 것임이 명백했다. 어니스트 메이Ernest May의 《이상한 승리Strange Victory》에 따르면, 프랑스군도 매우 강력하게 대응했다. 5월 12일 오후 3시 프랑스 사령관 샤를 윙치제Charles Huntziger는 "곧 있을 독일의 공격을 물리치기 위해 병력을 보강"하라고 지시했다. 메이가 "전체 예비 전력 중 가장 강력한 3개 부대"라고 불렀던 부대들이 윙치제의 2군에 투입되었다. 제3기갑사단, 제3차량보병사단, 제14보병사단이었다. 메이에 따르면 "보병사단은 정예부대였다."[13]

이 세 부대에 더하여 5월 15일 프랑스군의 병력이 추가로 보강되었다. 프랑스의 제1기갑사단은 벨기에 평원에서 남쪽의 9군 영역으로 투입되었다. 9군 배후에 새로운 6군을 형성하기 위해 보병편대를 집결시키라는 명령이 나왔다. 그리고 제2기갑사단도 9군 배후에 집결하라는 명령을 받았다. 새롭게 편성된 제4기갑사단의 사령관으로 임명된 샤를 드골Charles de Gaulle은 막 돌파를 시작한 나치군을 막기 위해 남쪽 측면에서 공격하라는 지시를 받았다.

자, 이 모든 부대 — 800대의 탱크로 중무장한 4개의 기갑사단과 프랑스의 전략적 예비군에 속한 16개의 보병사단 — 는 어떻게 되었을까? 이 질문에 대한 답을 확인하기 전에, 프랑스의 4개의 기갑사단에도 나치 공격의 중추였던 7개의 기갑사단panzer division 만큼 많은 탱크가 있었다는 사실을 기억하자.

다음의 일이 일어났다.

프랑스의 제1기갑사단은 연료가 바닥났다. 탱크에 연료를 보충해줄 연료 트럭을 기다리는 동안, 독일의 에르빈 롬멜Erwin Rommel 장군의 제7기갑사단이 돌진했다. 기회를 잡은 롬멜은 프랑스 제1기갑사단을 공격했고 파괴했다. 연료가 부족해서, 프랑스 제1기갑사단은 전장에서 사라졌다.

프랑스 제2기갑사단은 나치군이 집결 지점을 장악한 탓에 싸우기도 전에 무력해졌다. 윌리엄 L. 셔러William L. Shirer의 《제3공화국의 붕괴》에 따르면, "제2기갑사단에 출동 명령이… 5월 13일 오후까지도 내려오지 않았고, 탱크와 대포를 실은 열차들은 5월 14일 오후까지 출발하지 못했다." 그리고 "보급품을 실은 차량들이 독일 군의 기갑사단과 맞닥뜨려" 철수해야 했다. "전투 부대가 없었기" 때문이었다. "생캉탱과 이르송 사이에서" 탱크와 대포가 준비되었 지만, "거대한 삼각형으로 분산되어 절망적인 상태"였다.[14]

윙치제 사령관은 프랑스 제3기갑사단에게 남쪽으로 후퇴하라고 명령했다. 나치군이 뫼즈강을 건넌 뒤 남쪽으로 향할 경우 프랑스 군의 좌측면을 방어하는 것이 제3기갑사단의 가장 중요한 임무라 고 판단했기 때문이었다. 하지만 프랑스 제6군의 보병편대 또한 제 2기갑사단과 마찬가지로 전열을 가다듬던 중인 5월 15일과 16일 에 게오르크-한스 라인하르트Georg-Hans Reinhardt 장군의 제6기갑사 단에게 공격당했다.

셔러에 따르면, 프랑스의 기갑사단 3개 "모두가 스당Sedan의 뫼 즈강과 메지에르의 80킬로미터 반경 안에 주둔하고 있었으니 밤사 이에 얼마든지 메지에르에 도착할 수 있었건만, 이렇게 하여 모두 궤멸되고 말았다. … 제대로 실전 배치를 갖추었던 부대는 하나도 없었다." 이제 이 기갑사단들은 사라져 버렸다.

나치군이 5월 10일에 공격해 왔을 때, 프랑스의 기갑사단은 오 직 3개뿐이었다. 5월 11일 프랑스의 최고사령부는 까다롭고 오만 한 대령 드골에게 제4기갑사단을 편성해서 지휘할 것을 지시했다. 5월 17일 드골은 자신이 거느린 얼마 되지 않는 병력을 총동원하 여 공격을 감행했고, 이는 최소한 몇 시간 동안이나마 나치의 선봉 을 주춤하게 만들었다. 드골의 제4기갑사단은 전쟁터에서 분명히 존재감을 발휘했다. 하지만 셔러가 지적했듯이 그의 기갑사단은 "정원도 채우지 못할 만큼 병력이 부족했고 사단 병력으로서의 훈련도 받지 못했다."[15] 프랑스가 무너졌을 때, 드골은 항복하지 않았다. 대신 그는 자신이 프랑스, 곧 "자유 프랑스"의 지도자라고 선언했다. "프랑스의 저항의 불길은 꺼져서는 안 되며 꺼지지 않을 것입니다."[16] 그는 어떻게든 버텨냈고, "자유 프랑스" 군대는 미국 무기로 무장하여 1945년까지 연합국과 함께 나치군에 맞섰다.

프랑스는 전술에서 실패했다. 전쟁터에서 상대적으로 많은 사상자를 냈다는 것이 이를 분명히 보여준다. 그리고 프랑스는 전략에서 실패했다. 나치의 주력 공격을 약한 9군으로 막게 했고, 강한 부대들은 북쪽에 그대로 두어 포위당할 위험에 노출시켰다. 게다가 프랑스는 작전에서도 실패했다.

5월 10일 처칠은 해군성 장관을 그만두고 왕의 재가를 얻어 국가재정위원장First Lord of the Treasury에 취임하여, 체임벌린을 대신해 대영제국의 지도자가 되었다. 그로부터 5일 뒤 처칠은 프랑스 총리 폴 레노Paul Reynaud에게서 전화를 받았다. "우리는 패배했습니다. 졌습니다. 우리는 전투에서 졌습니다. 파리로 가는 길이 뚫린 상태입니다. 우리가 졌습니다."

6월 16일 처칠은 영국해협을 건넜다. 한 시간이 넘게 비행기를 타고 파리 공항으로 갔다. 파리 공항에 내리자마자 프랑스의 상황이 영국에서 비행기에 탑승하며 생각했던 것보다 훨씬 더 암울하다는 것을 알 수 있었다. 프랑스 장군 모리스 가믈랭Maurice Gamelin은 간단하고 명확한 용어로 프랑스 상황을 처칠에게 설명했다. 처칠은 그날 가믈랭에게 들었던 말을 회고록에 기록했다.

스당의 북쪽과 남쪽 80~90킬로미터 전방에서 독일군이 돌격했고, 그들 앞에 선 프랑스군은 궤멸되거나 산산이 흩어졌다.

육중한 장갑차들이 전례 없는 속도로 돌진하고 있었다. ⋯ 장갑
차 뒤에는 차량에 탑승한 8∼10개의 독일군 사단이 따라오며
양쪽으로 끊어진 프랑스 군 2개 부대의 측면으로 진격해 왔다
고 그는 말했다.[17]

가믈랭은 독일군이 며칠 뒤면 파리에 도달할 것이라고 말했다.
소스라치게 놀란 처칠은 간명한 영어와 형편없는 프랑스어로 프랑
스군의 전략적 예비군의 상태에 대해 물었다.

가믈랭 장군은 나를 돌아보더니, 머리를 흔들고 어깨를 으쓱하
며 "전혀 없다"고 말했다. 나는 어안이 벙벙했다. 도대체 위대
한 프랑스군과 최고사령부가 뭐 이렇단 말인가? ⋯ 첫 번째 공
세의 예봉이 꺾이고 소진되는 순간 바로 맹렬한 반격을 가하며
진군할 수 있는 대규모 사단을 항상 보유해야 하는 것은 상식이
다. ⋯ 이때야말로 내 인생에서 가장 소스라치게 놀랐던 순간이
라고 아니할 수가 없다. ⋯ 이내 나는 가믈랭 장군에게 그러면
언제 어디서 독일군을 공격할 것인지를 물었다. ⋯ 그의 대답은
"수적 열세, 장비의 열세, 방법의 열세"였고, 그러고 나서 가망
없다는 듯이 어깨를 으쓱했다.[18]

처칠이 틀렸다. 프랑스군은 전략적 예비군을 보유하고 있었다.
그리하여 프랑스의 전략적 예비군이 동원되었지만, 일주일 만에
독일군에게 분쇄되었다. 전술, 전략, 작전에서의 체계적 실패로 인
해 전략적 예비군은 힘을 발휘할 수가 없었고, 프랑스는 불행한 결
말을 맞았다.

하지만 1940년의 프랑스군을 함부로 당나라 군대라고 비웃지 말라. 히틀러의 제3제국이 무너지는 마지막 순간에도 미국 제106보병사단에게 얼마나 무서운 힘을 발휘했는지를 생각해 보라. 미군과 나치군이 처음으로 교전을 벌인 튀니지의 카세린 협곡에서 로이드 프레덴덜Lloyd Fredendall 소장의 제2군단 또한 같은 운명을 겪었다. 폴란드군, 네덜란드군, 벨기에군, 프랑스군, 유고슬라비아군, 그리스군, 영국군, 미군, 러시아군 등 나치에 맞선 모든 군대들이 (최소한 최초 몇 번의 교전에서 그리고 그 후의 교전에서도 적지 않게) 전술과 작전 모두에서 똑같은 실패를 맛보았다.

가뜩이나 강력한 나치 군대에 전술과 작전에서까지 우월함을 갖추었으니 이는 강력한 전력승수force multiplier로 작동했다. 하지만 전세계와 연합국에게는 참으로 다행스럽게도 독일군은 이 모든 강점을 상쇄시킬 만한 크나큰 전략적 문제를 안고 있었다. 1942년 11월 나치의 유럽 점령이 최고조에 달했던 시기를 생각해 보자. 나치는 북서쪽으로 발트해와 남쪽과 남동쪽으로 흑해와 카스피해 사이에 있는 러시아에 13개의 야전군 부대를 주둔시켰다. 그중에서 8개는 당시 발트해 남동쪽의 레닌그라드에서 유럽 러시아 남쪽의 3개의 큰 강 중 하나인 돈강 유역의 보로네시까지 일렬로 펴져서 주둔했다. 이곳은 (레닌그라드가 위치한) 발트해부터 카스피해까지 거리의 5분의 3 정도에 이르는 곳이다. 그다음 지역에는 부대가 배치되지 않았고, 보로네시와 카스피해의 중간 쯤 돈강과 볼가강이 만나는 곳에 다시 2개 부대가 주둔했다. 당시 스탈린그라드라고 불린 도시가 그곳에 있었다. 그리고 남동쪽으로 훨씬 더 멀리 떨어진 캅카스 산맥에 3개 부대가 주둔했다.

왜 남동쪽에 있는 5개 부대 —스탈린그라드에 맹공을 퍼부은

2개 부대와 캅카스의 3개 부대 — 는 다른 부대와 그렇게 멀리 떨어진 곳에 배치되었을까? 그들은 무엇을 하고 있었을까? 그들과 나머지 독일군 부대 사이의 간격은 무엇을 의미했던 것일까? 최남단의 3개 부대는 캅카스의 유전지대를 점령하려는 목표를 가지고 있었다. 히틀러와 그의 참모들은 나치 독일이 루마니아 플로이에슈티 주변의 유전 이외에 더 많은 유전을 손에 넣지 않는 이상 전쟁을 계속할 수 없을 것이라고 확신했다.

공교롭게도 그들의 생각은 틀렸다. 하급자는 상급자에게 연료 보유량과 사용량에 대해 거짓 보고를 했다. 명령 및 통제로 작동하는 중앙계획경제의 결함 중 하나는 상급자는 하급자의 정직성에 점점 더 의지하게 되는데, 하급자는 충분하게 계획을 세우지 못했다는 이유로 비판을 받지 않기 위해 점점 보수적인 추측을 하는 경향이 생겨난다. 이유야 어찌 되었든, 히틀러는 어떤 위험을 감내하고라도 반드시 유전 지역을 정복해야 한다고 확신하고 있었다.

돈강과 볼가강 유역에 있던 2개 부대인 독일 6군과 제4기갑사단은 캅카스 유전지대를 공격하는 3개 부대의 왼쪽 측면을 방어했다. 또한 폭격으로 완전히 폐허가 된 스탈린그라드를 장악하기 위해 인명과 물자, 귀중한 시간을 소모하고 있었다.

스탈린그라드가 소련의 독재자 이름을 따랐다는 점 외에 그토록 그곳을 점령하는 데에 집착한 이유가 무엇이었는지는 분명하지 않다. 더 남쪽의 부대에게 효과적인 측면 방어를 지원하는 목적이라면 스탈린그라드와 그 도시가 위치한 볼가강 유역을 점령하는 것보다 돈강의 칼라치를 선택하는 편이 나았을 것이다. 그리고 6군과 제4기갑사단은 자신들의 측면 방어 문제도 걱정해야 했다. 그들과 보로네시 사이의 전장에는, 훈련 상태가 형편없고 장비도 제대로 갖추지 않은 이탈리아군 그리고 독일만큼 전쟁에 열정이 없는 발칸지역 동맹군만 있었기 때문이다.

소련의 세 번째 군대 —1941~1942년의 늦가을과 겨울의 전투를 버텨냈고, 1942년 여름과 가을에 증원군을 얻었다 —는 궤멸의 위기를 피할 수 있었다. 그들은 심한 손실을 입었고, 나치의 공세에 직면하여 마지못해 후퇴했었다. 그럼에도 이들은 1941년 때처럼 완전히 포위되고 항복하여 궤멸되는 일만큼은 모면했다. 그 사이에 소련은 얼마 남지 않은 인력을 싹싹 긁어모았고, 여기에 미국 무기대여법Lend-Lease에 따른 무기 지원과 (알렉세이 코시긴Aleksei Kosygin 팀이 나치가 진군해오자 안전하게 동쪽으로 이동시킨) 군수 공장들을 결합하여 겨울 공세에 나설 네 번째 군대를 편성했다.[19]

소련은 1942~1943년 두 번의 대공세를 시도했다. 모스크바 근처 나치 전선의 중심부를 목표물로 삼아 '화성 작전'을 실행했고, 이는 막대한 사상자를 남기며 대실패로 끝났다. 그다음의 '천왕성 작전'은 스탈린그라드 근처 나치 부대들의 측면을 목표로 삼았고, 큰 성공을 거두었다. 독일 6군 전체 —그리고 제4기갑사단의 주력 부대도—를 포위하여 항복을 받아냈고, 나치 군대는 급하게 유전 지대 훨씬 남쪽으로 그리고 독일 쪽으로 후퇴해야 했다. 이는 엄청난 승리였으며, 1942년 후반에 나치 군대가 유전 확보에 급급하여 동부 전선에서 부대들을 분산 배치했던 보기 드문 전략적 실수가 있었기에 가능한 승리였다.

소련군은 독일을 방사능의 황무지로 만들지 않고 2차 대전에서 연합국이 승리할 수 있는 마지막 기회를 포착했던 것일 수도 있다. 만약 스탈린그라드의 천왕성 작전이 모스크바 전선에서의 화성 작전처럼 실패했다면, 그리하여 네 번째의 붉은 군대가 앞선 3개의 붉은 군대처럼 전투에 투입된 지 몇 달 만에 무력화되었다면, 스탈린이 과연 한 번 더 다섯 번째의 붉은 군대를 편성할 수 있었을까? 혹은 그게 소련의 마지막이 되었을까?

연합국 측은 인명의 손실을 보충할 수 있었다는 점에서 전략적 실책을 감내할 수 있었지만, 나치는 그렇지 못했다. 나치 독일은 유럽 대륙 전역에 걸쳐 (그리고 바다 몇 곳에서도) 여러 전선에서 총력전을 벌이고 있었기 때문이다. 1941년 초부터 1944년 말까지 매달 전사하거나 실종된 독일 군인의 수를 생각해 보자. 1941년 6월 독소전쟁이 시작된 이래로 (이따금씩 멈추기도 했지만) 매달 대략 5만 명의 독일군이 사망하거나 실종되었다. 2차 대전이 시작될 무렵 나치 독일의 게르만계 인구는 대략 6,000만 명이었고, 그중 군에 입대할 연령의 남성은 1,500만 명 정도였으며, 그들 중 절반은 전쟁에 동원할 수 있었다. 나머지 절반은 전시 체제에 필요한 여러 노동에 종사해야 했다. 만약 나치가 여성들은 가정을 지켜야 한다는 스스로의 이데올로기를 기꺼이 무시하고서 여성들을 대대적으로 공장에 동원했다면 이 나머지 절반의 남성들도 전장으로 끌고 갈 수 있었을 터이지만, 끝까지 그렇게 하지 않았다. 잠재적인 최대 병력이 750만 명밖에 되지 않는 독일로서는 매달 5만 명을 꾸준히 잃는 것이 큰 부담일 수밖에 없었다.

그러다가 1942년 12월부터 1943년 2월까지 기간에 병력 손실이 25만 명으로 급증한다. 스탈린그라드에서 독일 6군이 항복할 수밖에 없었던 것도 이 대량의 병력 손실 때문이었다. 늦봄에도 그보다 규모는 작아도 큰 병력 손실을 입으면서 튀니지의 독일군이 항복했다. 1년 뒤인 1944년 여름에는 소련의 '바그라티온Bagration 작전' 공세의 충격으로 독일 중부집단군의 궤멸과 항복이 이어지면서 100만 명의 군인이 죽거나 실종됐다.

　나치가 전략을 더 잘 펼쳐서 전술과 작전에서의 우위를 훼손하지 않았더라면 전쟁은 더 길어졌을 것이다. 어쩌면 독일이 2차 대전에서 승리했을지도 모른다. 독일은 영국과 여전히 전쟁 중이면서도 소련을 공격했고 그다음에는 1941년 12월 말에 미국에까지 선전포고를 하는 우를 범했다. 만약 독일이 이 적국들을 하나씩 패배시키는 전략을 선택했더라면 전쟁은 훨씬 더 위험해졌을 것이다.

　하지만 그랬더라도 독일이 이길 가능성은 여전히 낮았다. 설령 우월한 전술과 작전에 최상의 전략까지 결합된다고 해도, 병참과 생산성에서의 격차를 만회할 수 없었을 것이다. 격차가 너무 컸기 때문이다.

　1944년 미국의 전쟁 물자 생산을 100이라고 하자. 이를 기준으로 보면 1940년 영국의 생산은 7이고, 나치 독일과 일본 두 나라의 생산은 11이었다. 1942년 연합국 전체의 생산은 92였고, 독일과 일본은 16이었다. 그리고 1944년에는 150 대 24였다.

　1942년부터 2차 대전이 진정한 세계 전쟁이 되자, 히틀러의 패배는 거의 불가피했다. 심지어 영국 혼자만으로도 나치 독일 및 나치가 점령한 유럽과 맞먹을 정도의 전쟁 물자를 생산했다. 미국과 소련을 포함하면, 생산 비율은 8 대 1 이상으로 독일에 불리했다. 여기에 일본을 합쳐 보아야 그 비율은 여전히 6 대1 이상이었다.

　전술과 작전의 우위로 아군이 한 명 죽을 때 적군 세 명을 사살하더라도, 탱크와 전투기의 수가 8 대 1로 밀리고 잠재 병력에서 10 대 1로 뒤지면 아무 의미가 없다. 1942년 가을부터 나치 독일과 일본 제국에 치명적인 중대한 패전이 줄줄이 이어졌다. 하와이의 북서쪽에서 미드웨이 해전, 과달카날 전투, 이집트에서 엘 알라메인 전투가 있었다. 몇 년 동안을 끌던 대서양 전투에서도 패전했다. 무엇보다 스탈린그라드 전투와 천왕성 작전이 있었다. 이 모든 전투가 끝날 때에는 이미 나치의 패색은 너무나 짙었다. 하지만 나치 이데올로기에 따르면 나치 독일은 끝까지 전쟁을 계속해야만 했고, 실제로 끝까지 계속했다. 1942년 12월에 처칠은 당시의 시점은 "전쟁의 끝이 아님은 말할 것도 없고 심지어 끝의 시작도 아니며, 단지 전쟁의 시작이 끝난 시점일 뿐"이라는 유명한 말을 남겼다. 처칠이 옳았다.

1945년 봄, 한때 독일이었던 폐허 위에서 미군과 영국군과 소련군이 만났다. 베를린의 벙커에 있었던 히틀러는 소련군이 전투 사령부를 포위해오자 자살한다. 설령 이들 연합국 군대가 이기지 못했다고 해도 맨해튼 프로젝트와 원자폭탄이 버티고 있었다. 일본은 봉쇄를 당하고, 재래식 폭탄으로 폭격을 당하고, 원자폭탄을 맞고, 본토 침공의 위협을 당한 다음에야 비로소 1945년 여름에 항복한다.

혹시 과학의 도움을 얻어서 나치 독일이 그 불리한 처지를 만회하는 일이 가능하지 않았을까? 아니었다. 히틀러가 권력을 잡았을 당시 독일에는 세계 최고의 원자물리학자들이 있었다. 하지만 나치는 원자물리학을 '유대인의 과학'이라고 완전히 무시했다. 원자물리학자들 중 운이 좋은 이들은 독일에서 도망쳤고, 일부는 미국과 영국으로 건너가서 나치 독일을 무너뜨릴 수 있도록 자신들의 지식을 활용했다.

나치 독일은 원자폭탄이 없었다. 어떻게 만드는지도 몰랐다. 이와 대조적으로 미국은 1945년 8월부터 도시 하나를 방사능 불모지로 만들 수 있는 기술을 보유했다. 미국은 그 첫 달부터 두 개의 도시를 잿더미로 만들었다. 미국은 무조건적인 항복을 얻어낼 때까지 원자폭탄을 사용했을 것이다. 실제로 우리가 알고 있다시피, 일본은 무조건 항복으로 종지부를 찍었다.

2차 대전은 어떤 말로도 담아내기 어려운 정도로 끔찍했다. 많은 학자들이 얼마든지 전쟁을 피할 수 있었다고 말한다. 만약 히틀러가 1936년 라인란트를 점령했을 때나 1938년 체코슬로바키아를 위협했을 때 영국과 프랑스 정부가 그를 제거했다면, 유럽에서 2차 대전은 일어나지 않았을 것이다. 히틀러가 1939년 폴란드를 침공했을 때 만약 스탈린이 영국 및 프랑스와 동맹을 맺고 나치 독일을 상대로 전쟁을 선포했다면, 십중팔구 히틀러는 오래지 않아 패배했고 전쟁은 1941년 말에 종식되었을 것이다.

아마도. 이러한 추정은 이데올로기나 경제의 근본적인 사실들보다 개인들에게 훨씬 더 의존할 수밖에 없다.

혹은 루스벨트가 1941년 봄에 유럽이 전쟁에 휩싸인 상황에서 군사적으로 필요한 석유 수출을 금지하여 일본이 중국에서 물러나도록 압박을 가하는 것은 현명하지 않다고 결정했다고 생각해 보자. 아마도 1945년까지도 미국과 일본의 관계는 평화적이었을 것이고, 중국의 해안지역은 일본의 식민지가 되었을 것이고, 중국 내륙은 무정부상태를 지속했을 것이며, 일본군은 이러한 공동의 번영을 수립해 냈다는 큰 명성을 누렸을 것이다.

만약 1940년에 처칠이 아닌 다른 이 ─기존의 체임벌린이나 핼리팩스 경 ─가 영국 총리가 되었다면, 영국 정부는 분명 나치 독일과 따로 평화협정을 교섭했을 것이다. 그랬다면 1941년 소련을 침공했을 때에 나치 독일은 전력을 다해 공격할 수 있었을 것이다. 스탈린 체제는 무너졌을 것이고, 유럽 쪽 러시아는 우랄산맥까지 (혹은 아마도 그 너머까지) 나치 독일의 영토나 식민지 또는 괴뢰국가가 되었을 것이다.

어떤 상황에서도 히틀러가 소련을 공격하지 않기로 하는 선택은 생각하기 어렵다. 소련 공격은 히틀러의 이데올로기와 세계관에 너무나 깊게 뿌리를 박고 있었기 때문이다. 히틀러가 1941년 미국에 전쟁을 선포하지 않았을 수도 있었다는 가정은 그보다는 약간 더 가능성이 있다고 하겠다.

하지만 루스벨트, 처칠, 스탈린, 히틀러, 히로히토는 그런 사람들이었고, 그것이 차이를 만들었다. 아마도 **결정적인** 차이를.

2차 대전이 다른 식으로 흘러갔다면, 기껏해야 모스크바에 중심을 둔 사악한 공산주의 제국이 동유럽 전반을 지배하는 세상이거나, 베를린에 중심을 둔 사악한 나치 제국이 유럽 전체 혹은 아마도 유라시아를 지배하는 세상이었을 것이다. 전혀 더 낫다고 할 수 없다.

항복이 받아들여진 뒤, 세계가 직면한 현실은 아주 다른 모습이었다. 독일은 패배했고 폐허가 되었다. 러시아는 승리했지만 폐허가 되었다. 일본은 패배했고 폐허가 되었고 일부 지역은 방사능에 오염되었다. 유럽 각국은 다양한 경로를 거쳐서 파괴에 이르렀다. 영국은 승리했지만 탈진했다. 미국은 승리했고, 영토에도 아무 손상이 없었고, 경제적으로는 지배적인 국가가 되었고, 새로운 자신감까지 얻었다. 이 세계는 1933년 심지어 1938년에 누군가가 예측했을 법한 모습과는 매우 달랐다.

11장. 냉전, 두 적대 체제의 공존

대체로 평화롭고 진보적인 번영을 일구던 1914년 이전의 '아름다운 시절'에는 군국주의, 제국주의, 인종적·문화적 경쟁이라는 사악한 뱀들이 도사리고 있었다. 2차 대전이 끝난 뒤에도 이 뱀들은 여전히 기어다니며 머지않아 미-소 냉전이라는 거대하고 악몽과도 같은 형상을 만들어냈다.

그렇지만 역설적이게도, 냉전은 번영과 유토피아를 향한 인류의 전진을 막지도 심지어 방해하지도 않았다. 오히려 그 전진을 가속화했을 가능성이 더 크다.

이유는 자명하지 않다. 사실 냉전은 여러 차례 분명 더 나쁜 쪽으로 방향을 틀기도 했다. 지그재그로 휘청거리다가 이런저런 벼랑 끝까지 내몰렸고, 그중에는 **세상을 끝장낼 수도 있는** 벼랑 끝도 있었다. 이따금씩 폭력의 난장판을 만들기도 했다. 인류를 파괴하고 절멸시킬 수 있는 각종 수단에 방대한 자원을 소비하기도 했다. 냉전의 세계는 정말 최악으로 치달을 수도 있었다.[1]

그러나 다른 한편으로, 냉전의 세계는 여러 갈등의 원천들이 진보와 성장을 가로막는 일이 없도록 지켜내기도 했다.

냉전의 세계가 갖는 초현실적인 성격은, 니키타 세르게예비치 흐루쇼프Nikita Sergeyevich Khrushchyov ─1930~1940년대에 많은 이들을 살해한 스탈린의 망나니들 중 하나이며, 1956년에서 1964년까지 소련을 통치했다 —가 어떤 의미에서는 냉전의 **승자**로 선언될 수 있었다는 사실에서 분명하게 드러난다. 그는 1959년에 미-소 대립의 중심 주제인 경쟁과 평화로운 공존의 필요에 대해 다음과 같이 썼다.

> 평화로운 공존이란… 미래에 〔전쟁이〕 있을 수 있는 지속적인 위협과 그저 나란히 살아가는 상태를 뜻하지 않는다. 평화로운 공존은 가능한 최선의 방법으로 인간의 욕구를 충족시키기 위한 평화로운 경쟁으로 발전할 수 있고 또 그래야 한다. … 누구의 체제가 더 좋은지 시험해 보자. 전쟁 없이 한번 겨뤄보자. 누가 더 많은 무기를 생산하고 누구를 무참히 짓밟을지 경쟁하는 것보다 이쪽이 훨씬 낫다. 우리는 인류의 행복을 더 높은 수준으로 증진시키는 데에 도움이 될 그러한 경쟁을 지지하며 앞으로도 지지할 것이다. … 논쟁도 할 수 있고, 서로 의견이 다를 수도 있다. 핵심은 누가 옳은지를 입증하기 위해 무력에 호소하지 않고 이데올로기 투쟁의 입장을 고수하는 것이다. … 궁극적으로 모든 나라에 그들의 물질적·정신적 삶을 개선할 수 있는 더 큰 기회를 제공하는 체제가 전 세계에서 승리할 것이다.[2]

막상 (소련이 세계 자본주의 국가들을 매장시킬 것이라고 선언한 바도 있는) 흐루쇼프는 1990년이면 크렘린 궁전의 자신의 후계자들에게조차 현실사회주의가 인류에게 막다른 골목이라는 점이 분명했다는 사실에 놀랐을 것이다.[3] 그렇다고 자본주의 국가들이 성공적으로 사회주의 국가들을 매장했던 것은 아니었다. 그들은 그렇게 하지 못했다. 비록 냉전이 잠깐 —가령 한국과 베트남에서 — 뜨겁게 타오르기도 했지만, 전 세계를 집어삼킬 화마로 확산되지는 않았다. 게다가 냉전은 어찌 보면 흐루쇼프가 희망했던 방식으로 종식되었다. 인류의 물질적·정신적 삶을 개선하는 더 큰 기회들을 제공하는 한 체제와 함께.

냉전은 벌어지지 말았어야 할 사건이었다.[4] 2차 대전의 연합국 측—스스로를 국제연합United Nations이라 불렀다—은 역사상 가장 크고 위험한 폭압적 체제를 무너뜨리기 위해 협력한 바 있었다. 그런데 왜 그들은 더 나은 세계를 만들기 위해 계속 협력할 수 없었을까? 2차 대전 이후의 세계는 새로운 국제협력기구들이 등장하기에 알맞은 상황이었다. 그중 가장 중요한 것으로는 전시의 국제연합 동맹이 확대된 안전보장이사회, 총회, 여러 하부 조직들을 거느린 국제연합기구United Nations Organization, UNO가 있었다.

다시 한번 말하지만, 냉전은 벌어지지 말았어야 할 사건이었다. 마르크스-레닌주의 이론은 2차 대전 이후에 진정한 평화가 찾아온다면 어떤 일들이 벌어질지에 대해 명확한 입장을 가지고 있었다. 레닌이 볼 때, 자본주의는 제국주의를 필요로 했다.[5] 제국주의는 캡티브 마켓captive market(공급자의 숫자가 제한적이어서 공급자 입장에서는 치열한 경쟁 없이 수요를 확보할 수 있는 시장—옮긴이)을 제공하는 식민지와 무기에 대한 엄청난 수요와 함께 군사화를 낳았다. 이러한 것들은 완전고용에 가깝게 경제를 유지하고, (대공황과 같은) 재앙적인 경제 위기를 막는 데 필수적이었다. 그러지 못할 경우 공산주의 혁명이 일어날 것이었다. 하지만 제국주의는 또한 전쟁을 낳았다. 이렇게 자본주의는 정치적·군사적 파국에서 기인하는 혁명을 자초함으로써 경제적 파국에서 기인하는 혁명을 피해가고 있었다. 하지만 레닌이 볼 때 이러한 방식은 오래 지속될 수 없는 것이었다.

레닌의 후계자들이 보기에, 자본주의-제국주의 강대국들은 1890년대 말 이후로 제국주의와 군국주의를 통해 혁명을 지연시키는 데 성공했지만, 1차 대전이라는 파국을 맞았다. 그리고 그 덕분에 레닌이 러시아에서 권력을 잡고 최초의 현실사회주의 국가를 탄생시켰다. 즉, 혁명은 1차 대전의 여파 때문에 크게 전진했다는 것이다.

레닌의 후계자들은 1차 대전 이후 자본가들이 대의제 민주주의로는 더 이상 자신들의 통치를 유지할 수 없다는 결론을 내렸고, 파시스트들을 지지하게 되었다고 믿었다. 그래서 이탈리아에는 무솔리니, 독일에는 히틀러, 스페인에는 프랑코 장군, 프랑스에는 필리페 페탱Philippe Pétain 장군, 일본에는 도조 히데키가 각각 나타났다. 이러한 파시즘으로의 전환은 제국주의와 군국주의를 필요 없게 만들기는커녕 오히려 더 필요하게 만들었다. 그 결과 두 번째의 거대한 제국주의 전쟁인 2차 대전은 1차 대전보다 더 나빴다. 스탈린과 그 부하들이 볼 때, 2차 대전 이후의 세계에서는 다음의 다섯 가지 과제를 수행해야만 했다.

첫째, 현실사회주의의 영토를 수호하기 위해 소련을 군사 대국으로 건설해야 한다. 파시스트이자 군국주의자인 자본가들이 또다시 군사적 수단을 동원하여 세계 사회주의를 파괴하려 들 수 있기 때문이었다. 이는 무리한 억측이 아니었다. 미국 장군들 중에는 2차 대전이 끝나는 다음 날 3차 대전을 시작해야 한다고 믿는 이들 — 대표적으로 조지 패튼George Patton 장군 — 이 있었으며, 전 대통령 후버는 미국이 2차 대전에서 소련과 한편이 된 게 잘못이었다고 여기고 있었다. 비록 후버는 2차 대전으로 핵폭탄이라는 무서운 무기의 개발이 앞당겨진 것에 유감을 표했지만, 후버와 같은 사고방식을 가진 대통령이라면 얼마든지 소련을 향해 핵폭탄을 사용할 수 있는 일이었다. 소련의 관점에서 보자면, 머지않은 장래에 더 큰 전쟁이 있으리라고 염려하는 것도 무리가 아니었다.

둘째, 스탈린과 그의 추종자들은 현실사회주의 질서를 새로운 나라들로 확장시켜야 한다고 생각했다.

셋째, 소련을 경제적으로 발전시켜서 사회주의의 밝은 미래를 실현하고, 사회주의의 삶이 얼마나 좋은지를 자본주의 세계를 향하여 똑똑히 보여주어야 한다.

넷째, 자본주의 나라들 내부의 사회주의 운동이 혁명을 시도할 정도로 강력해졌을 때 그들을 도울 수 있도록 준비를 갖추어야 한다.

다섯째, 그때까지 가만히 몸을 낮추고 기다려야 한다.

만약 이 다섯 가지 임무만 제대로 완수한다면, 나머지는 제국주의-군국주의적 자본주의의 논리가 알아서 처리할 것이라고 생각했다. 자본주의 강대국들은 또다시 충돌하여 새로운 파국적인 세계 대전을 벌일 것이다. 그리고 현실사회주의 블록이 가만히 머리를 숙인 채 그 대전에서 살아남는다면 그 전쟁의 여파로 더욱 팽창하게 될 것이다. 이것이 소련의 전략이었다. 역사는 그들의 편이니 수호하라, 재건하라, 기다려라. 냉전은 그들의 계획과 거리가 멀었다.

패튼 같은 장군이나 후버 같은 전직 대통령들을 제외하면, 서방에도 대결을 원하는 이들은 없었다. 1차 대전 이후만큼은 아니었지만 미국의 고립주의적 경향은 여전히 강력했다. 서유럽은 완전히 소진된 상태였다. 영국은 줄어든 (그리고 계속 줄어들고 있던) 제국의 역할을 찾는 데에 급급하여, 현실사회주의를 패퇴시키려 들 처지가 아니었다. 미국에서 패튼 장군은 전차를 앞세워 자신의 제3군을 모스크바로 진격하는 공상을 했을 수 있지만, 북대서양 어느 나라의 그 어떤 제정신인 정치가에게도 (그리고 다른 이들에게도) 이는 터무니없는 생각이었다. 4년 —미국의 경우이며, 유럽과 아시아 사람들에게는 전쟁이 더 길었다— 이나 피비린내 나는 전쟁을 치른 미국인들에게 또다시 수백만의 청년들이 죽음의 전선으로 갈 수 있다는 생각은 진저리가 나는 일이었다.

스탈린마저도 그러한 분위기를 감지할 수 있었다. 스탈린은 적은 댓가만으로 가능하다면 난폭하게 영토를 확장하는 일을 몹시 즐기는 인물이었다. 러시아 내전 막바지에 조지아에서 멘셰비키를 진압한 것이 그 시작이었다. 하지만 2차 대전 이후 그는 영토 확장의 욕심을 꾹 눌러두었다. 그는 핀란드에 현실사회주의 정부를 강요하는 대신 민주주의 국가로 남게 용인했다. 물론 무장하지 않을 것, 잠재적으로 소련에 적대적인 성격의 동맹에 가담하지 않을 것, 그리고 그 정부에 소련 요원들이 득실거리도록 용인할 것 등을 조건으로 내세웠지만. 또한 그리스 공산당에 대해서도 (거의) 지원을 끊었다. 중국의 마오쩌둥에게는 장제스와 동맹을 유지하면서 기다리라고 조언했다. 자본주의의 **내적** 모순들이 터져 저절로 파괴될 것이라고 마르크스가 예언하고 약속하지 않았는가. 그러니 지금 당장 무슨 행동을 취할 필요는 없다. 실제로 때가 무르익기 전의 행동은 역효과를 낼 수도 있으니까.

여기서 대공황의 기억이 여전히 아주 생생했다는 점을 기억해야 한다. 시장에 의존하는 나라들이 또다시 실업과 침체의 시기로 빠져들 가능성이 높다고 생각한 사람들은 공산주의자만이 아니었다. 역사가 중앙 계획의 우월성을 극적으로 드러낼 것이라는 판단은 팽배해 있었다. 마르크스주의 경제학자인 폴 스위지Paul Sweezy가 1948년에 쓴 글에 이러한 정서가 나타나 있다. "[2차 대전이 끝나면] 전 세계의 사회주의 지역이 빠르게 안정화되며 더 높은 생활수준에 이를 것이며, 반면 제국주의 지역은 여러 어려움에 빠져 비틀거릴 것이다."[6] 마찬가지로 영국 역사학자 A. J. P. 테일러A. J. P. Taylor는 1945년에 이렇게 말했다. "유럽의 어느 누구도 사적인 민간 기업이라는 미국식 생활방식을 신봉하지 않는다. 그것을 신봉하는 이들이 있다고 해봐야 그들은 패배자 집단이며 미래가 없는 집단이다."[7]

하지만 스탈린은 잘 익은 마시멜로를 뿌리치지 못했다. 1948년 그는 쿠데타로 체코슬로바키아를 장악했다. 더욱이 마오쩌둥은 스탈린의 경고를 무시하고 장제스를 패퇴시켰고, 그와 국민당을 대만으로 쫓아냈다. 스탈린은 분명 사람들이 뒤에서 그가 지나치게 조심스러워 하며 아마 2차 대전의 충격으로 배짱이 다 사라졌다고 수군거리는 소리를 들었던 것이 틀림없다. 철의 장막이 되는 곳의 서쪽에서는 현실사회주의가 우려와 경멸, 적개심의 대상이었다. 히틀러-스탈린 조약을 도저히 용납할 수 없던 이들이 떠나면서 2차 대전 시작 무렵에는 공산당 간부의 숫자가 격감한 상태였다. 외부자들에게 현실사회주의는 자세히 들여다볼수록 더욱 매력을 잃어갔다. 게다가 민족주의의 무서운 톱날이 또다시 등장한다. 현실사회주의에 대한 충성은 국경을 넘어 프롤레타리아를 묶어주는 보편적 신념이 아니라 그저 러시아 제국의 최신 버전으로의 복속 혹은 아예 흡수를 요구한다는 점이 갈수록 분명해졌다. 자본주의의 여러 모순이 터지기를 기다린다는 전술도 별로, 적어도 신속하게 효과가 있는 것 같지 않았다.

그리하여 전후의 소련은 기존 영토의 공고화에 머물지 않고 팽창하는 방향으로 나가기 시작했다. 그러자 미국도 이에 대응해야 한다는 압박을 느꼈다. 루스벨트가 사망한 후 1945년에 집권한 트루먼 행정부—그리고 많은 의원들—는 1차 대전 이후 미국이 국제적으로 적극적인 역할을 하지 않았던 것이 2차 대전을 촉발한 주요 원인 중 하나라고 믿었다. 그래서 트루먼 행정부와 의회는, 설령 또 다른 실수를 자기들 손으로 저지르는 한이 있어도 과거의 실수를 되풀이하는 일만큼은 피하고자 했다.

미국 정계가 볼 때 서유럽은 현실사회주의의 품에 안기게 될 위험이 아주 컸다. 2차 대전의 여파 속에 과연 서유럽이 경제활동을 조율함에 있어서 시장 메커니즘을 어느 정도나 중요하게 활용할지는 미지수였다. 대공황으로 인해 시장에 대한 믿음은 심각하게 잠식되었다. 게다가 전시 통제와 계획은, 비록 예외적 상황에서의 예외적 조치들로 실행되었지만, 정부가 통제하고 규제하는 습성을 창출했다. 스탈린의 소련이 기록한 매우 높은 경제성장률에 매료되고 소련이 2차 대전에서 보여준 희생과 노력에 감탄한 많은 사람들은 시장경제보다 중앙계획경제가 더 빠르게 재건되고 더 빠르게 성장할 것으로 예상했다.

만약 유럽의 정치경제가 다른 쪽으로 방향을 틀었다면, 2차 대전 이후 유럽의 회복은 정체되었을 것이다. 각국 정부는 전시 경제의 자원 배분 통제 체제를 빠르게 해체하지 못하고 그로 인해 시장 메커니즘을 심각하게 제약했을 것이다. 2차 대전 이후의 유럽은 1차 대전 직후보다 경제 상황이 더 나빴다. 1차 대전 이후 유럽 대부분을 갉아먹었던 금융 및 정치의 혼돈이 또다시 나타날 가능성이 높았다. 정치가들은 개입과 규제를 선호했다. '정부의 실패'가 경제에 아무리 심한 손상을 입힌다고 해도 대공황과 같은 '시장의 실패'보다는 낫다고 여겼기 때문이었다.

상상력을 발휘하여, 유럽 각국 정부가 소득분배의 큰 변화를 막기 위하여 전시 통제를 유지하고 확장하는 경우의 시나리오를 생각해 보자. 이 경우 1940년대 말과 1950년대 초에는 희소한 외환을 할당하기 위한 관료적 기구가 서유럽에 나타났을 것이다. 도시 노동계급의 생활수준을 보호하기 위해서 국내 생산의 일부는 내수시장에서 거래되도록 수출품의 가격을 통제했을 가능성도 있다. 이는 2차 대전 이후 20년 동안 경기침체에서 벗어나지 못했던 라틴아메리카의 여러 나라에서 벌어진 일이었다. 아르헨티나를 예로 들어보자. 수도인 부에노스아이레스는 1913년에는 1인당 전화 보급률이 세계 20위 안에 들었다. 1929년 아르헨티나는 1인당 자동차 보급률이 세계에서 4번째로 높았으며, 대략 프랑스나 독일과 비슷한 수준이었다. 하지만 2차 대전 이전의 전형적인 서유럽 정치 못지않게 유해했던 아르헨티나의 정치와 함께 그 나라는 2차 대전 이후 제1세계에서 제3세계로 급속히 추락했다. 1947년의 시점에서 본다면, 서유럽의 정치경제 또한 최소한 아르헨티나만큼이나 취약한 상태였다.[8]

실제로 1946~1947년 미국 국무부 관계자들은 유럽이 (전투가 끝난 후 너무 많은 피를 흘려 사망하는 부상병처럼) 죽어가고 있는 것은 아닌지 걱정했다. 국무부 보고서는 유럽에서 도시와 농촌, 공업과 농업, 그리고 다양한 산업 간의 분업이 완전히 붕괴되는 종말론적 전망을 담고 있었다. 2차 대전으로 유럽은 경제계획과 배급에 관해 아르헨티나보다 더 많은 경험을 쌓을 수 있었다. 부의 재분배를 요구하는 전투적인 도시 노동자계급은 프랑스와 이탈리아에서는 투표를 통해 공산당이 영구적인 여당 연합의 일부가 될 수 있도록 만들었다. 경제 민족주의는 15년에 걸친 불황, 경제적 자급자족, 전쟁을 겪으면서 성장했다. 유럽의 정당들은 벌써 두 세대 동안 경제적 계급 노선에 따라 원수처럼 분열되어 있는 상태였다.

분명 1차 대전 이후 서유럽의 경제성장은 저조했고, 2차 대전 이후의 아르헨티나의 성장보다도 훨씬 저조했다. 1차 대전 이후 석탄 생산은 일률적으로 회복되지 않았고, 1920년에서 1921년 사이에는 감소하기까지 하여 1913년 생산량의 72% 수준으로 떨어졌다. 이는 각국 중앙은행이 1차 대전 이전의 금본위제 환율을 회복하려고 유럽 경제에 디플레이션을 강요했던 결과였다. 전후 보상이 신속하게 이루어지지 않는다는 이유에서 프랑스 군대가 독일의 루르 계곡을 점령했던 1923~1924년에 석탄 생산은 다시 줄어들었다. 그리고 1925~1926년에 한 번 더 줄어드는 바, 긴축 정책으로 인해 임금 하락의 압력이 생겨나자 영국의 탄광 노동자들이 처음에는 석탄 부문에서 그다음에는 모든 부문에서 총파업을 벌였기 때문이었다.

1차 대전 이후의 유럽에서는 서로 다른 계급과 이해관계 사이에 정치적·경제적 '소모전'이 벌어졌으며, 이것이 경제 회복을 거듭해서 방해했다. 그래서 2차 대전 이후 유럽의 정치 지도자들은 어떻게 해야 이러한 난관들을 피하여 정치적 타협을 이룰 수 있을지에 주된 관심을 쏟았다. 실제로 만약 이러한 어려움들이 정말로 피할 수 없는 것으로 드러났다면, 서유럽은 투표를 통해 스탈린의 제국에 합류하게 될 것으로 보였다.

그러나 유럽은 이 함정을 피해 나갔다. 1949년에 영국, 프랑스, 독일의 1인당 국민소득은 전쟁 이전 수준을 거의 복구했다. 종전

6년 후, 미국이 유럽에 해외 원조를 제공하는 마셜 플랜이 끝나는 1951년에는 1인당 국민소득이 전쟁 이전보다 10% 이상 증가했다. 물론 당시의 국민생산 수치들은 측정치로서 불완전하다는 것을 인정해야겠지만, 이로 본다면 서유럽의 3대 주요 경제는 불과 6년 동안 1차 대전과 대공황 사이의 11년 동안 이루지 못한 정도의 회복을 달성했다고 할 수 있다.

서유럽의 혼합경제는 상당한 수준의 재분배 시스템을 구축했다. 하지만 이러한 시스템은 소비재, 생산재, 생산요소를 시장에서 배분한다는 원리 위에 세워진 것이지 그러한 시장 원리를 대체하는 것은 아니었다. 서유럽에서도 시장경제를 복구하자는 주장과 이를 지지하는 이들이 있었지만, 결코 보편적인 목소리는 아니었다. 전시 통제는 물론 예외적 시기의 예외적 정책으로 여겨졌지만 그것을 대체할 무슨 대안이 있는지도 분명치 않기는 매한가지였다. 공산당 출신의 각료들과 일부 사회당 출신의 각료들은 시장경제로의 복귀를 반대했다. 언제 시장경제로 이행할지, 아니 실제로 이행하기는 할지조차 당시로서는 분명치 않았다. 하지만 시장경제로의 이행은 현실이 되었다.

2차 대전 이후의 유럽은 실제로 자유방임 경제와는 아주 거리가 멀었다. 유틸리티와 중공업 부문의 상당 정도를 정부가 소유했다. 정부의 소득 재분배 규모도 컸다. 2차 대전 이후의 복지국가들이 제공한 '사회안전망'과 사회보험 프로그램들의 규모는 1차 대전 이전에는 상상할 수 없었던 수준으로 확대된다. 하지만 이 거대한 복지국가는 금융적 안정성 그리고 자원의 교환 및 배분을 시장 프로세스에 크게 의존했다.

2차 대전 이후의 서유럽에서는 왜 모든 일이 순조롭게 진행되었을까?

서유럽의 성공은 루스벨트와 트루먼 행정부 덕분이었다고 아주 쉽게 결론지을 수 있다. 미국의 행정부는 다루기 힘든 의회 때문에 때때로 삐걱거렸지만, 1945년부터 1952년까지 다소 이상하리만치 나라 밖에서 더 강력한 힘을 행사했다. 우선 미국 행정부는 일본 전부 그리고 서독 지역의 큰 부분을 직접 통치했다. 그리고 서유럽 국가들에게 다양한 지원 —직접 원조, 소련 침공에 대비한 군사 지원, 대규모 차관, 미국 시장 개방 등—을 펼쳤다. 이러한 프로그램들로 이루어진 전후 정책들을 통해 미국 행정부는 자신감을 갖게 되었다.

2차 대전이 막을 내리고 2년이 채 되지 않아 서유럽의 정치적·경제적·군사적 재건이 미국의 정책이 되었다. 트루먼 독트린은 소련에 대한 '봉쇄containment' 정책을 도입했다. 이 봉쇄 정책에는 서유럽의 경제적 번영을 빠르게 회복하는 것이 필요하다는 선언이 포함되어 있었다. 평론가 리처드 스트라우트Richard Strout가 썼듯이, "공산주의와 싸우는 한 가지 방법은 서유럽에 완전한 저녁 식사 패키지를 제공하는 것이다."[9]

트루먼 행정부는 의회 내의 고립주의자들 및 지출 반대론자들을 무력화시키면서 트루먼 독트린, 마셜 플랜, 북대서양조약기구NATO 등을 의회에서 통과시켰다. 이를 위해 정부는 2차 대전 군사적 승리의 설계자로서의 국무장관 조지 마셜George C. Marshall의 명성, 스탈린 제국이 더 확장되는 데에 대한 보수파들의 공포심, 영향력 있는 공화당 상원의원인 미시간의 아서 반덴버그Arthur Vandenberg와의 정치적 동맹 등 쓸 수 있는 모든 무기를 활용했다.

왜 서유럽 재건 계획에 미국 대통령 트루먼의 이름이 아닌 국무장관 마셜의 이름을 붙였을까? 트루먼의 설명이 제일 명쾌하다. "올해는 대통령 선거가 있는데, 이 법안에 마셜이 아닌 트루먼이라는 이름을 붙일 경우 [다수당인] 공화당이 이 법안을 통과시켜줬겠습니까?"[10]

마셜 플랜은 여러 해에 걸친 대규모 프로젝트였다. 1948년부터 1951년까지 미국은 유럽 재건에 무려 132억 달러를 쏟아부었다. 32억 달러는 영국, 27억 달러는 프랑스, 15억 달러는 이탈리아, 14억 달러는 2차 대전 이후 독일연방공화국이 되는 독일의 서쪽 점령지에 쓰였다. 이는 해당 기간 미국 국민소득의 1%, 서유럽 국민소득의 3%에 달했다.

마셜 플랜으로 투입된 돈은 투자 수준에 영향을 미쳤다. 마셜 플랜으로 거액의 돈을 받은 나라들에서는 분명히 투자가 늘어났다. 배리 아이켄그린과 마르크 우잔Marc Uzan의 계산에 따르면, 마셜 플랜으로 투입된 1달러당 65센트는 소비를 높이는 데, 35센트는 투자를 높이는 데 사용되었다. 신규 투자에 대한 수익률도 높았다. 1달러가 추가로 투자될 때마다 이듬해 국민생산은 50센트 증가했다. 마셜 플랜이 경제성장을 촉진한 또 다른 방법은 외환 부족 문제의 해결이었다. 전후 석탄, 면직물, 석유, 기타 물자들의 공급이 모두 부족하여 이를 사오기 위한 달러가 필요했는데, 마셜 플랜의 자금이 이 달러를 공급했다.[11]

하지만 이러한 직접적인 효과는 사소한 것이었다. 마셜 플랜은 기껏해야 GDP의 겨우 1% 정도 투자를 늘렸다. 마셜 플랜이 꽉 막힌 병목을 완화하는 데 집중했다고 해도, 3년 동안의 노력에도 불구하고 서유럽의 생산 잠재력을 1% 이상 끌어올렸다고 생각하기는 어렵다. 하지만 2차 대전 이후 서유럽의 성장은 기대치를 최소

10배 이상 뛰어넘었고, 이러한 성장세는 30년 연속 이어졌다.

마셜 플랜의 지배적 효과는 정치경제적인 것이었을 가능성이 아주 크다. 미국이 2차 대전 이후 패권국으로서의 역할에 열성을 보이며 뛰어들었기 때문이다. 여기에서 게임이론의 중요성이 나온다. 모두가 인정하는 세계 패권국이 존재한다는 사실만으로도 가능해지는 일들이 있었고, 어떤 일들은 더욱 가능성이 높아졌다. 그리고 이제 모두가 어떻게 서로를 조율하고 행동을 일치시킬지를 이해하게 되면서, 현실적으로 달성되는 것들의 범위 또한 폭발적으로 늘어났다. 마셜 플랜은 원조를 받는 나라들에게 금융 안정화를 전제 조건으로 내걸었고, 그래서 이 나라들은 모두 미국과 양자 조약을 체결했다. 정부 예산 균형을 이루고, 내부적인 금융 안정성을 회복하며, 환율을 현실적인 수준으로 안정화시키겠다는 등의 내용이었다.

금융 안정성을 위해서는 균형 예산이 필수적이었다. 그런데 균형 예산을 달성하려면 분배를 놓고 벌어지는 여러 갈등을 성공적으로 해결할 수 있어야만 했다. 여기에서 마셜 플랜이 강력한 인센티브가 되었다. 그것은 유럽 국가들에게 구조조정 과정에서 발생한 부의 손실을 완화하고, 자신들이 적절한 몫을 받지 못하고 있다고 생각한 노동자, 자본가, 지주들의 실망한 기대를 달래는 데 사용될 수 있는 자원의 풀을 제공했다. 마셜 플랜은 한쪽으로는 유럽의 각국 정부와 이익집단들에게 타협을 통하여 경제를 좀 더 '미국적' 틀에 맞게 자유화하도록 압력을 넣었으며, 다른 한쪽으로는 여러 자원을 제공했다.

물론 그래도 희생은 필요했지만, 이러한 자원 덕분에 여러 이익집단들이 나눌 파이 자체의 크기를 키우는 일이 가능했다.

마셜 플랜의 경제협력처Economic Cooperation Administration, ECA 외에

도 서유럽을 포지티브섬의 방향으로 움직이도록 역할을 한 기구들이 있었다. 1950년대 중반 서유럽은 유럽석탄철강공동체European Coal and Steel Community, ECSC를 설립하고 석탄과 철강의 자유무역을 추구했다. 이 기구가 성장해서 훗날 유럽연합EU이 된다. 세계를 지배하는 미국은 국제무역을 자국의 번영뿐 아니라 국제 평화를 가능하게 하는 수단으로 보았으므로, 이에 막대한 투자를 했다. 1944년 브레턴우즈 회의에서 미국 재무부 관계자였던 해리 덱스터 화이트Harry Dexter White와 영국의 케인스는 당시에 크게 증대된 세계화가 향후에도 영구적으로 작동하게 만들 수 있는 시스템을 고안해 냈다. 우선 세계은행World Bank, 즉 국제부흥개발은행IBRD이 설립되었다. 이 기구는 전쟁으로 파괴된 세계를 떠받치는 기둥을 재건하는 데 필요한 자금뿐만 아니라, 저개발 지역에 현대적 기계 및 산업기술을 도입하여 생산성을 끌어올릴 기회를 얻을 수 있도록 해줄 (낮은 금리의) 개발 자금을 대출하는 것을 목표로 내걸었다. 국제통화기금IMF도 설립되었다. IMF는 각국의 통화가치를 관리하고, 국경을 넘는 금융 자원의 순 흐름을 관리하고, 각국의 교역조건을 다시 정하며, 각국이 각자의 책무를 준수하도록 경제의 관리 방향을 맞추게 촉구—아마도 명령에 가까운—하는 악역 노릇을 맡도록 되어있었다. 이 기구들에 힘과 생명을 불어 넣은 것은, 서유럽과 미국이 냉전에 의해 하나의 동맹으로 묶이게 되었다는 사실이었다. 게다가 2차 대전 이후의 북방세계에는 다행히도 뛰어난 국가 지도자들이 계속 출현했다.

당초 무역 상대국들이 상호간에 혜택을 볼 수 있도록 관세를 낮게, 혹은 0으로 낮추는 협상을 주재하고 또 각종 무역 분쟁의 심판관 역할을 할 국제무역기구International Trade Organization, ITO도 예정되어 있었다. 하지만 트루먼 정부는 이를 밀어붙이는 데에 어려움을 겪는다. 국제연합, 세계은행, IMF 등의 구상은 의회가 승인하여 통과시킬 수 있었지만, 1950년 말에는 한국전쟁 자금 등 냉전의 장기적인 군사적 구조를 구축하기 위한 예산을 승인받는 것이 최우선적인 과제였다. ITO의 승인까지 받기는 부담스러운 상황이었던 탓에 아예 의회에 제출조차 하지 못했다. 또한 1950년 무렵에는 국제적인 자선 원조가 사라지고, 자유세계와 글로벌 공산주의의 기나긴 황혼의 싸움에 즉각적인 현금을 지원해달라는 요구가 나타났다. 그리하여 자신의 판단을 강제할 수 있는 최소한의 힘을 가진 기구 대신 일종의 협정 ─관세 및 무역에 대한 일반 협정GATT ─이 체결되었다. 이후 수십 년에 걸쳐 GATT의 후원과 주도로 다자간의 관세 인하를 여러 차례 논의하게 된다.

2차 대전 이후 유럽이 재건에 성공할 수 있었던 것은 상당 부분 각국 지도자들의 국제적인 협력 덕분이었다. 마셜 플랜뿐만 아니라 여타의 사업들이 정책이 수립되는 환경을 바꾸면서 유럽의 성장을 촉진시켰다. 마셜 플랜의 시기에는 사회민주주의적인 '혼합경제'가 만들어졌다. 혼합경제는 대규모의 사회보험 국가, 일부 산업과 유틸리티 부문의 공공 소유, 상당한 정도의 총수요 관리 등의 맥락에서 가격의 자유로운 작동과 환율 안정을 회복하고 시장의 힘에 의존하는 경제이다.

2차 대전 이후 사회민주주의가 형성되는 데에 매우 중요한 요소가 하나 더 있었다. 철의 장막 너머 스탈린 소련으로부터의 전체주의적 위협은 매우 현실적이었다. 역사가 테일러와 같은 많은 관찰자들이 '미국식 생활 방식' ─즉 민간 기업private enterprise ─을 신봉하지 않았음은 앞에서 이야기한 바 있다. 하지만 현실사회주의 또한 그 모습이 자세히 드러나면서 더욱 신봉할 수 없는 체제임이 밝혀졌다. 동유럽 현실사회주의 블록에 더 높은 생활수준은 나타나지 않았다. 대공황이 서유럽에 돌아오지도 않았다. 서유럽 사람들은 소련이 자기들 나라를 장악할까봐 두려워하기 시작했다. 그들은 그러한 공격을 막아내기 위해 유럽에 미군이 주둔하기를 원했다. 그리하여 북대서양 차원의 동맹을 만들고 미국의 지도를 기꺼이 따랐다. 이렇게 미국이 원하는 것은 무엇이든 기꺼이 제공하고자 했다.

이를 잘 보여주는 일화가 있다. 벨기에의 지도자 파울-앙리 스파크Paul-Henri Spaak는 유럽연합의 창설자들을 기념하기 위해 동상들을 세우는 것이 좋지 않겠느냐는 질문을 받자 이렇게 답했다. "아주 좋은 생각입니다! [브뤼셀의] 베를레이몽(유럽연합 본물 건물의 이름—옮긴이) 정면에 15미터 높이의 동상을 세웁시다! 스탈린 동상을!"[12] 독일에 진주한 소련군과 풀다 갭Fulda Gap(소련군이 기습 공격을 할 수 있는 경로로 여겨진 지역—옮긴이)의 소련 탱크야말로 서유럽의 모든 이들이 NATO와 유럽석탄철강공동체, 유럽경제공동체, 유럽연합의 성공을 간절히 원하도록 마음과 뜻을 모아준 일등 공신이었다.

*

1948년에 미국 정부는 냉전에 대한 시나리오를 가지고 있었다. 국방비 지출을 국민소득의 10%까지 올리고 미군을 전 세계에 배치하는 계획이었다. 물론 상상하기 어려운 상황에 대비한 계획일 뿐이었다. 한국전쟁이 발발하기 전까지는.

2차 대전이 끝날 때 스탈린이 북한에 앉혔던 독재자strongman 김일성은 스탈린에게 남한을 접수하기 위한 탱크와 지원을 간청했다. 당시 한국은 상당히 자의적인 경계인 위도 38도선을 기준으로 소련이 감독하는 북쪽과 미국이 감독하는 남쪽으로 나뉘어 있었다.

김일성이 스탈린에게 요청했을 때 남쪽에는 미군이 없었다. 딘애치슨—당시 트루먼 정부의 국무장관—은 1950년 초, "동양과 서양 사이의 옛날식 관계는 끝났다"고 선언했다. "최악의 경우에는 착취"였고, "최선이라고 해봐야… 가부장적 온정주의paternalism"였던 이러한 관계는 끝났으며, 미국이 태평양에 설정한 "방위선"은 "알루시안 열도에서 일본을 거쳐… 오키나와"를 지나 필리핀에서 끝난다고 했다. 이 선 바깥에서의 방어는 "UN 헌장 아래에서 논의할 문명 세계 전체"의 문제였다. 이 지역의 어떤 나라든 미국이 군사 원조를 보장하는 것은 "합리적이라고 보기 힘들다." 게다가 미국의 군사 전문가들은 태평양의 방위선 안쪽에서도 미국의 힘은 육지가 아닌 하늘과 바다를 통해 행사하는 것이 가장 이치에 맞다는 견해를 가지고 있었다.[13]

게다가 미국은 탈식민화를 지지하는 입장이었다. 인도에서 영국이, 인도네시아에서 네덜란드가, 그리고 다른 강대국들도 오랫동안 지배했던 영토에서 나가야 한다는 것이었다. 미국은 동남아시아에서 공산 베트민과 전쟁을 하던 프랑스에게 기꺼이 물류 지원을 제공했지만, 전쟁이 끝나면 프랑스가 더 이상의 식민 지배가 아닌 독립을 약속하기를 원했다.

애치슨의 연설은 한국을 특별히 언급하지 않았으며, 태평양의 방위선에 한국이 들어가는지도 말하지 않았다. 이 때문에 스탈린의 마음이 군사 도발 쪽으로 기운 것이었을까? 그랬을 수 있다.

1950년 6월, 스탈린은 김일성과 소련에서 훈련받은 군대를 전쟁의 개the dog of war로 풀어놓았다. 한국전쟁이 터진 것이다. 그러자 미국은 파병을 위해 UN을 소집함으로써 김일성, 스탈린, 마오쩌둥을 깜짝 놀라게 했다. 이는 미국 스스로에게도 놀라운 결정이었다. 파병 부대는 대부분 미군이었지만 공식적으로는 UN군이었다. 그들의 임무는 대한민국이 될 미국 통제 지역의 질서를 수호하고, 아마도 통일된 하나의 한국을 만드는 것이었다.

북쪽의 압록강에서 남쪽의 부산항까지 한반도 전역에서 격렬한 전투가 벌어졌다. 남한과 북한은 육지에서 싸웠고, 미국은 육지, 바다, 하늘에서 싸웠고, 중국은 육지에서 싸웠으며, 소련은 하늘에서 싸웠다(소련 전투기 350대가 격추됐다). 3년 동안 인구의 5~10%에 해당하는 100만 명에서 200만 명 사이의 한국 민간인들이 사망했고, 40만 명에 달하는 남한 사람들이 북한으로 끌려갔다. 죽거나 실종된 군인의 수는 중국 50만 명, 북한 30만 명, 남한 15만 명, 미국 5만 명, 그 밖의 나라 4,400명으로 추산된다. 미국 공군이 전쟁 기간에 투하한 폭탄은 50만 톤으로서, 북한 사람 1인당 18킬로그램에 해당하는 양이었다.

미국은 핵무기를 사용하지는 않았다. 한국전쟁은 제한적인 전쟁이었다. 미군 총사령관이었던 더글러스 맥아더 장군은 1950년 말 압록강 근처까지 진격했던 UN군이 중국 인민해방군의 반격으로 서울까지 후퇴하자 핵무기의 사용을 요청했다. 국방부와 트루먼 대통령은 이를 거부했다.

재래식 무기로도 충분하다는 게 드러났으며, 1951년 3월부터 전선은 본래의 남북 분단선이었던 38도선 근처에서 고착되었다. 국방부와 트루먼 대통령은 휴전을 모색하며 승자도 패자도 없는 전쟁 **이전의 상태**로 돌아가려 했다.

전쟁의 교착 상태가 계속되던 1953년 3월 5일, 스탈린이 뇌졸중으로 사망했다. 스탈린의 후계자들은 한국전쟁이 무의미하며 끝내야 한다고 판단했다. 중국은 전쟁 포로들에게 본국 송환을 강제하지 않는다는 UN의 입장을 받아들였다. 그 결과 1만 명에서 1만 5,000명에 달하는 중국군 포로들이 중국으로 돌아가지 않기로 결정했다. 북한군의 경우 7만 명의 포로들 중 5,000명이 돌아가지 않기로 결정했고, 남한군의 경우 327명이 북한에 그대로 남기로 결정했다. 미국군 포로는 21명, 영국군 포로는 1명이 그렇게 결정했다 (이 22명 중 18명은 결국 서방 세계로 되돌아온다).[14]

그렇게 시작된 한반도의 분단 상태는 이후 수십 년간 지속되었고 심지어 장기 20세기가 끝난 뒤에도 계속되고 있다. 북한은 여전히 김씨 왕조의 전제정 아래에 있으며, 김씨 왕조는 2차 대전 이후 최악의 식량 기근 중 하나를 겪으면서도 권좌를 보전했다. 남한은 부유한 산업 강국이자 민주주의 국가가 되었다.

한국전쟁은 한국에만 중요한 사건이 아니었다. 한국전쟁은 세상을 변화시킨 나비의 날갯짓에 해당하는 사건이었다. 한국전쟁을 통해 미국과 미국의 국가 안보 기구들은 이전에 비해 군비 지출을 다섯 배로 늘리고 진정한 글로벌 영향을 구축하도록 하는 새로운 경로로 들어섰다. 간단히 말해, 한국전쟁의 결과 미국은 새로운 역할을 맡게 되었다.

독일은 한국과 비슷한 나라로 보였다. 2차 대전 이후 본래 군사 점령의 필요에 따라 일시적으로 분단된 나라였기 때문이다.

스탈린의 후계자들이 어떤 자들인지 당시로서는 거의 알려진 바가 없었다. 그들에 대해 유일하게 확실한 것은 스탈린 치하에서 잘 살았고 —어떻게든 목숨을 보전했다는 의미 —, 스탈린 사후의 투쟁에서 자기들 집단 몇 명쯤에게는 얼마든지 총질을 할 용의가 있는 자들이라는 점뿐이었다.

그리하여 1950년대 중반 서독에는 미군이 잔뜩 주둔했다. 스탈린, 마오쩌둥, 김일성이 한국에서 획책했던 짓, 즉 2차 대전이 종식되는 과정에서 분단된 나라를 무력으로 다시 통일하려는 시도를 스탈린의 후계자들이 독일에서 똑같이 저지를 가능성에 대비했다.

1950년 6월 이전까지만 해도 일부 국가 안보 관계자들과 참모들의 환상에 불과했던 것이 이제 현실이 되었다. 이제 미국의 국방비 지출을 국민소득의 10%까지 끌어올릴 수 있게 되었다. 그렇게 확보된 무기들은 대부분 사용되지 않았다. 하지만 정부가 무기를 구매한다는 사실만으로도 대공황 비슷한 사태는 절대로 재발하지 않는다는 것을 보장하는 기능을 했다. 이 군비 지출 덕분에 미국 경제에는 수요와 고용에 있어서 확실하고도 강력한 최저선이 생겨났다. 정부가 구매하고, 정부에 판매한 기업들은 사람들을 고용하고 다른 물건을 구매함으로써 다른 사람들이 일할 수 있게 되었기 때문이다.

이 국방비 지출은 본래 냉전 시대 미국의 무력을 그 국경선 너머 훨씬 멀리까지 뻗칠 수 있도록 하기 위한 의도였다. 미국은 이제 남극을 제외한 모든 대륙에 영구적인 군사 기지를 세우고 군대를 배치했다. 1950년대 중반, '순 군사 거래' —미군의 해외 지출로서 아무런 달러 유입을 발생시키지 않는 거래 —는 미국 국민생산의 0.75%에 맞먹는 양이었다. 마셜 플랜이 종식되면서 유럽 경제에 닥칠 충격을 이 미국의 순 군사 거래가 크게 상쇄시킨다. 요컨대 NATO는 소련의 침공을 막기 위한 기동타격대의 역할만 했던 게 아니었다. 1950년대와 1960년대에 걸친 유럽의 경제 호황기에 유럽의 생산물에 대한 안정적인 수요의 원천을 제공하는 역할도 했던 것이다.

이렇게 되면 핵무기를 논의하지 않을 수 없다.

1956년부터 소련은 '평화로운 공존'을 공식적인 정책으로 삼았다. 물론 소련은 그 이후에도 계속 식민주의와 자본주의에 맞서는 정당한 반란을 지지하겠다는 입장을 고수했다. 하지만 초강대국 사이의 전쟁은? 이건 의제로도 올라가지 못했다. 미국과 소련은 공존한다. 우선순위는 자세를 낮추고 현실사회주의의 우위를 입증하는 것이며, 이를 통해 궁극적으로 승리하겠다는 것이었다.

1954년부터 미국은 '대량 보복'을 공식적인 정책으로 삼았다. 앨런 덜레스Allen Dulles 국무장관은 그해 연설에서 이 전략은 "공산주의 세계의 강력한 지상 권력landpower을 봉쇄"하는 것이라는 점을 분명히 했다. 그는 "공격을 막는 방식"은 "자유 공동체가 스스로가 선택한 장소와 수단으로 강력하게 대응할 수 있는 의사와 능력"에 따라 결정된다고 말했다.[15] 다시 말하면, 이 정책은 재래식 무기의 도발에 핵무기로 대응할 가능성을 배제하지 않으며, 또한 보복과 봉쇄를 특정한 분쟁 지역에만 국한하지도 않겠다는 뜻을 명백히 밝힌 것이었다.

결국 양쪽 모두 서로를 잠재적인 존재적 위협으로 간주했으며, 이는 실제로 양쪽 모두가 상대방에게 존재적 위협이 되는 결과를 초래했다.

미국은 자신들의 핵 역량이 소련이 핵 공격이나 재래식 무기로 서유럽을 공격하는 것을 막기에 아마도 충분치 못하다고 간주했던 반면, 소련은 미국의 핵 역량이 자신들을 초토화시키고 소련 영토를 점령할 수 있는 수준에 위험할 정도로 근접했다고 여겼다. 그들의 기억에는 1571년 크림반도 타타르인들의 모스크바 약탈, 1610년 폴란드의 모스크바 점령, 1709년 스웨덴의 침공, 1812년 프랑스의 모스크바 점령, 1918년 독일의 지령으로 불평등하게 체결된 브레스트-리토프스크 평화조약, 1941년 히틀러의 침공 등이 각인되어 있었다.

하지만 미국의 대규모 보복 전략을 구체적으로 다룬 덜레스의 1954년 연설에서 정작 핵심어는 '봉쇄'였다. 미국 나아가 NATO 동맹의 냉전 정책은 실제로 **봉쇄**였다. 미국 외교관 조지 케넌George Kennan의 말대로, 올바른 전략은 "최선의 결과를 소망하면서 그저 전선을 유지하는 것"이었다. "러시아의 지배자들은 자신들의 이데올로기에 따라 진리가 자기들 편이므로 그저 기다리면 된다고 확신"하고 있기 때문에 "끊임없이 이동하는 일련의 지리적·정치적 지점들에서 벌어지는 분쟁에 경계를 늦추지 않고 능숙하게 반격함으로써" "소련의 압력" 또한 "봉쇄"할 수 있다는 것이었다.

이게 다가 아니었다. 케넌은 "미-소 관계 문제는 본질적으로 미국이 최고 국가로서의 자격이 있는지에 대한 전반적인 시험"이라고 말한다.

러시아와 미국의 관계를 사려 깊게 관찰하는 사람이라면, 미국 사회에 대한 크렘린의 도전에 불평할 이유를 찾을 수 없다. 오히려 이러한 섭리a Providence, 즉 미국 국민들에게 이런 완강한 도전을 제공함으로써 역사가 분명 의도한 도덕적, 정치적 리더십의 책임을 받아들이고 스스로를 단합하는 데 국가 안보 전체를 의존하게 만든 것에 대해 감사를 느끼게 될 것이다.[16]

이는 아주 극단적인 미국 예외주의였다. 미국이 진정으로 "언덕 위의 도시City upon a Hill"가 될 수 있다면 ─존 윈스럽John Winthrop이 1630년에 설교한 것처럼 "선지자 미가Micah의 말씀을 따라서 정의를 행하고 자비를 사랑하고 우리 하나님과 겸손히 함께 걷는다면", 그래서 "사람들이 줄지어 늘어선 농장들을 보면서 '주여, 이 농장들을 뉴잉글랜드의 농장처럼 만들어 주소서'라고 말할 정도로 칭송과 영광을 누리는 나라가 되기만 한다면"─, 미국이 제대로 품행을 가다듬어 그런 나라가 되기만 한다면, 미국도 NATO 동맹도 냉전을 전혀 두려워할 이유가 없다는 것이었다.

미국의 외교정책 관계자들은 케넌의 비전을 압도적으로 지지했다. 그렇지만 전체주의의 위협은 여전히 크게 다가왔다. 미국은 보다 지독한 전체주의 세력이던 나치 독일을 제압했지만, 비록 약한 버전이기는 해도 스탈린과 마오의 현실사회주의가 성장하고 있었다. 이 체제를 이루는 국가들은 물질적으로 약하고 가난했다. 하지만 인구가 많았다. 그리고 그 정부들은 황당한 거짓말로 사람들이 자기들의 명분을 지지하고 싸우게끔 만드는 당혹스러운 능력을 갖고 있었다.

그렇다고 미국의 정치 지도자들과 군사 및 외교 관계자들이 패닉에 빠질 이유는 없었다. 핵 위협은 억지deterrence의 메커니즘을 통해 통제할 수 있을 터였다. 크렘린은 자신의 생활수준과 지위에 만족하는 무색무취의 관료들이 운영했다. 현실사회주의는 관료주의적 경직화라는 운명을 타고났으니, 그저 봉쇄한 채로 기다리기만 하면 된다. 그리고 그들이 생각이 옳았다.

소련의 지도자 흐루쇼프 또한 패닉에 빠질 이유는 전혀 없었으며, 역사의 평결을 기다리기만 하면 된다고 믿었다. 1956년 그가

했던 말이다. "당신들의 마음에 들든 들지 않든, 역사는 우리 편이다."[17] 좀 더 불길한 표현으로는 "우리는 당신들을 땅에 파묻을 것이다"도 있지만, 이 번역은 좀 설명이 필요하다. 이는 아마도 러시아어 "Мы вас похороним"의 번역일 터이지만, 이 말은 "우리가 당신들보다 더 오래 갈 것"이라는 의미이다. 훗날 흐루쇼프 본인이 이 말 뜻을 해명했다. "저는 예전에 '우리는 당신들을 땅에 파묻을 것이다'라고 말했다가 문제를 일으킨 적이 있었죠. 당연한 이야기지만, 이는 삽으로 당신들을 파묻겠다는 뜻이 아니었습니다. 당신들을 땅에 묻을 사람들은 당신들 나라의 노동계급일 것입니다." 러시아는 2차 대전에서 이미 (아사자 포함) 2,700만 명을 잃었다. 러시아 사람 중 3차 대전을 원하는 이는 아무도 없었다.

그리하여 세계는 유토피아에는 한참 못 미치지만 안정된 균형 상태에 들어섰다. 물론 눈을 크게 뜨고 봐야만 볼 수 있는 것이었지만.

흐루쇼프로서는 자신감을 가질 만한 이유들이 있었다. 현실사회주의와 중앙계획 메커니즘의 탁월함 때문이 아니라 시장경제의 여러 결함에서 비롯되는 이유들이었다. 따지고 보면 시장경제란 얼마든지 끔찍하게 잘못될 수 있고, 실제로 그렇게 되기도 한다. 시장은 암묵적으로 주어진 과제를 무자비할 정도의 효율성으로 수행한다. 따라서 시장 시스템을 관리하는 데에 있어서의 핵심은, 시장이 암묵적으로 어떤 지시를 내리고 있는지 그리고 그 지시를 어떻게 바꿀 수 있는지를 파악하는 것이다. 시장경제가 좋은 결과를 내기 위해서는 먼저 사회의 보편적 후생을 적절하게 규정해야 한다. 즉 모든 개개인의 물질적 안녕과 효용이 서로 합산되고 또 서로를 상쇄하는 과정에서, 그 각각의 안녕과 효용에 어떻게 적절한 가중치를 둘 것인지를 결정할 수 있어야만 한다. 문제는 시장경제가 개인에게 부여하는 가치는 그 개인의 부에 따라 결정된다는 점이다.

물질적 소비가 두 배로 늘어날 때마다 개인의 효용도 똑같은 양으로 늘어난다고 가정하자. 그리고 소득이 1달러씩 늘어날 때마다 그 추가적인 가치가 계속 줄어든다고 가정하자. 그렇다면 경제학의 공식은 이론적으로는 아주 단순해진다. 즉, 각 개인의 후생을 그 사람이 보유한 부의 시장가치로 평가하는 경우에만 시장은 사회의 보편적 후생을 극대화한다. 분배가 불평등하다면, 시장경제는 정말로 잔인한 결과를 낳게 된다. 만약 나의 재산(부)이 남의 밭에 가서 내 손으로 일할 능력뿐이라면, 그런데 지독한 가뭄이 들어 내 손으로 일하는 능력이 생산요소로서 아무런 시장가치도 갖지 못하면, 시장은 나를 굶겨 죽일 것이다. 1942년과 1943년에 인도 벵갈에서 수백만 명이 아사한 것처럼.

시장은 실패할 수 있었다.

그리고 중앙계획이 성공할 수도 있었다. 따지고 보면 소련 경제는 2차 대전에서 가장 비용 대비 효율성이 뛰어난 탱크 T-34C와 T-34/85를 만들어 자신들이 매우 효율적임을 입증했다. 미국의 탱크 생산은 더 효율적이었지만 중앙계획경제는 더 많은 자원을 동원할 수 있었다. 달성해야 할 목표가 단지 하나 혹은 몇 개 정도라면, 과도한 열정과 경직적인 계획으로 인한 비효율성은 부차적인 문제가 된다.

중앙계획경제는 자원을 투자하지 않고 소비하려는 사람에게 소비하지 말고 투자하도록 설득하는 일을 더 쉽게 할 수 있다. 1950년대와 1960년대의 미국 경제학자들은 소련이 국민소득 중 투자 비중이 미국보다 더 크기 때문에 장기적으로는 자본 집약도

426

또한 미국보다 더 커질 것이라고 추측했다. 자본 집약도가 커진 덕에 생산이 늘어나면 중앙계획경제의 여러 비효율성을 압도하면서 소련 시민들에게 더 높은 물질적 생활수준을 제공할 수 있었다.

게다가 기술의 발견, 개발, 활용 등의 문제에 있어서 시장경제가 우월하다는 이론적 필연성 따위는 전혀 없었다. 소련이 최초의 인공위성인 스푸트니크를 발사한 사건은 미국을 최선의 모습으로 가다듬어 냉전에 맞서자는 케넌의 호소를 신중한 노력이 필요한 심각한 과제로 여기지 않았던 사람들에게 큰 경종을 울렸다.

*

이 비非유토피아_{nonutopia} 세상은 안정적이었을까? 2차 대전 이후의 세상은 핵전쟁의 그늘 아래 있었다. 핵 전략가들은 MAD 전략을 받아들였는데 이 말은 '상호확증파괴_{mutual assured destruction}'의 머리글자일 뿐 아니라 '미친'을 의미하는 정확한 축약어로 보였다.

그리고 정원의 다른 뱀들 —군국주의와 제국주의, 민족적·문화적·경제적 경쟁의 여러 형태들—로부터도 자유롭지 못했다.

한 예로 트루먼의 후임인 아이젠하워 대통령이 동생 에드가에게 뉴딜은 후퇴시킬 수도 또 후퇴시켜서도 안 된다고 했던 그 편지에서 아이젠하워는 CIA가 이란에서 쿠데타를 획책하여 모하마드 레자 팔레비_{Mohammed Reza Pahlavi}를 이란의 샤(왕 또는 지배자를 뜻하는 페르시아어 —옮긴이)이자 독재자로 확실하게 앉혔으며, 이를 통해 중동의 석유 부국들이 공산화되는 것을 막았다고 자랑했다. 아이젠하워는 트루먼 정부 역시 그렇게 했을 것이며, 자신이 "근래 자유세계를 덮친" 최대의 "위협"을 거의 제거했다고 확신했다.[18] 그러나 합리적인 사람 어느 누구도 쫓겨난 이란의 총리 모함마드 모사데 그Mohammad Mossadegh를 리틀 스탈린이나 심지어 레닌과 같다고 생각하지 않았다.

20년 후, 평화로운 공존을 지지하는 합리적인 사람이라면 칠레 대통령으로 선출된 살바도르 아옌데를 열정적으로 지지하지는 않아도 흥미롭게 지켜보았을 것이다. 아옌데는 비교적 더 매력적인 형태의 현실사회주의를 평화적 수단으로 달성하려고 했다. 만약 그의 실험이 실패하여 번영과 자유를 낳지 못하면, 다른 나라들에게 그렇게 하지 않는 게 좋으리라는 유용한 경고가 되었을 것이다. 만약 성공한다면 다른 나라들이 더 나은 사회를 만들기 위해 따라 할 수 있는 모델이 될 수 있었다. 하지만 냉전의 전사들은 다른 논리를 가지고 있었다. 이들은 장군 출신의 독재자 피노체트를 앞세워 군사 쿠데타와 대량 학살을 자행했으며, 우파 이데올로그들은 피노체트가 신화에 나오는 스파르타의 입법가 리쿠르고스Lykourgos 같은 역할을 맡을 필요가 있다고 주장했다.

철의 장막 반대편에서도 마찬가지였다. 평화로운 공존을 지지하는 합리적인 사람들은 체코슬로바키아에서 '인간의 얼굴을 한 사회주의'를 건설하려 했던 알렉산드르 두브체크Alexander Dubček의 시도를 환영했지만, 크렘린의 레오니드 브레즈네프Leonid Brezhnev는 탱크를 보내 대응했다. 현실사회주의가 인간의 얼굴을 갖는 일은 허락되지도 않았고, 허락될 수도 없었다.

하지만 전후 첫 세대 동안 식민지였던 몇몇 국가들에게는 냉전이 하나의 축복이었을 수도 있다. 독립 이전에 그들은, 만약 독립이 늦어지면 소련과 중국이 피식민지인들의 불만을 부채질하여 반란을 일으키도록 이용하고 지원할 수 있고, 결국 공산주의 블록으로 편입될 위험이 있다는 논리를 펴면서 탈식민화를 추진했다. 독립을 하고 나니 이제 그들은 스스로를 '비동맹' 세력이라고 선언할 수 있었다. 이는 인도네시아 반둥 회의에서 시작하여 인도네시아의 독재자인 수카르노와 인도의 수상 자와할랄 네루가 주도했던 운동이 발전한 것이었다. 비동맹 국가들은 냉전의 양 진영이 자신들을 더 많이 지원하도록 경쟁을 붙일 수 있었다. 냉전의 경쟁자인 미국과 소련은 자신의 정치 및 경제체제 혹은 최소한 어느 체제에 충성할지를 결정하려고 하는 비동맹 국가에게 아낌없는 지원을 하고자 했다.

물론 냉전이 격화될수록, 스스로의 앞길을 개척하려는 나라의 정부 혹은 민중 운동에 대해 미소 초강대국 중 하나가 목줄을 잡아당겨 질식시키기도 했다. 유고슬라비아와 핀란드는 그럭저럭 자신의 경로를 찾아갔지만, 붉은 군대는 1953년 동독, 1956년 헝가리, 1968년 체코슬로바키아, 1978년 아프가니스탄에 공산당의 노선과 질서를 강요하기 위해 개입했다. 미국은 1954년 이란과 과테말라, 1961년 쿠바, 1973년 칠레, 1981년 도미니카공화국과 니카라과, 1983년 그레나다에서 정부를 전복하기 위해 쿠데타를 지원하거나 군대를 파견했다. 그리고 한국전쟁(500만 명 사망), 베트남전쟁(250만 명 사망), 에티오피아전쟁(150만 명 사망), 앙골라전쟁(50만 명 사망) 등 냉전이 열전으로 바뀐 경우들도 있었다.

자국민을 공격한 정부들도 있었다. 1965년, 1억 명의 인도네시아의 인구 중 10만 명에서 50만 명 사이의 사람들이 정부에 의해 살해당했다. 실로 '삶이 위험한 해'였다. 인도네시아 독재자 수하르토Suharto는 공산주의 쿠데타 시도를 구실로 삼아 전임 독재자 수카르노를 축출했고, 조금이라도 공산주의자라는 혐의를 받는 사람은 누구든지 학살했다. 1975~1979년 크메르 루주는 아무런 이유도 없이 800만 명의 캄보디아 인구 중 약 200만 명을 살해했다. 중국과 미국은 1979년 베트남이 세운 캄보디아 정부에 맞서 크메르 루주를 지지했다. 더 많은 사례들이 있다. 아주 많고도 많다.

이러한 대량 학살 못지않은 더욱 큰 재앙적 결과들이 나올 가능성도 항시 잠재해 있었으니, 이 비非유토피아 세상은 이따금 종말을 초래하는 전쟁 쪽으로 기울어지기도 했다.

예를 들어 인류는 1962년 10월 쿠바 미사일 위기로 핵 열전의 문턱까지 갔었다. 미국이 소련 국경과 인접한 터키에 핵미사일을 배치하자 소련도 쿠바에 핵미사일을 배치했는데, 미국의 존 F. 케네디 대통령이 아주 호전적인 반응을 보여 흐루쇼프를 깜짝 놀라게 했다. 결국 미국은 쿠바의 공산주의 독재자 피델 카스트로Fidel Castro를 무력으로 전복하지 않겠다고 약속했고, 소련은 쿠바에서 미사일을 철수했다. 그리고 미국은 좀 더 조용하게 터키에서 미사일을 철수했다.

이는 눈싸움을 벌이다가 소련이 먼저 눈을 깜박였다는, 미국 정치사의 전해 내려오는 이야기이다. 뭐 그랬는지도 모른다. 하지만 미국이 터키에서 미사일을 철수시킨다는 사실을 비밀에 붙이기로 합의하면서 기꺼이 '체면'을 잃는 쪽을 선택한 소련이 합리적이었다는 점도 기억해야 한다. 이 비밀이 드러나기 전 20년 동안 나온 역사책들은 불순한 의도를 가진 보고서들 —일부는 케네디 정부의 내부자들이 작성했다 —에 기초하여 사실을 몹시도 왜곡했다.

종말의 위험에 근접했던 사건들은 더 있다.

1960년 NATO의 레이더는 달이 뜨는 모습을 핵 공격으로 오인했다. 당시 흐루쇼프가 유엔 본부가 있는 뉴욕을 방문하고 있었는데도, 미국은 최고 경계 태세에 돌입했다. 1967년 북미항공우주방

위사령부North American Aerospace Defence Command, NORAD는 태양흑점 폭발을 소련의 레이더 교란이라고 여겨 폭격기를 출격시킬 뻔했다. 1979년 작전용 컴퓨터에 훈련 시나리오를 업로드하자 NORAD는 백악관에 전화를 걸어 소련이 미국을 향해 250발의 미사일을 발사했으며 대통령이 3~7분 안에 보복 여부를 결정해야 한다고 보고했다. 1983년 이번에는 소련의 조기경보 시스템이 미국의 미사일 발사 섬광을 포착하여 이를 공격으로 분류할 뻔했다. 이렇게 되면 더 끔찍한 일들이 벌어질 수 있었지만, 소련 중령 스타니슬라프 페트로프Stanislav Petrov는 이를 오류라고 (정확하게) 판단하고 공격으로 분류하지 않음으로써 재앙을 막아냈다.

같은 해에 소련 공군은 100명의 승객이 탑승한 한국 여객기를 러시아 영공을 상습적으로 침범한 미국 RC-135 정찰기로 오인하여 격추했다. 1988년 미 해군 순양함 뱅센Vincennes —당시 이란의 허가 없이 이란 영해로 들어가 있었다—은 290명을 태운 이란 여객기를 격추했다.

냉전은 이따금씩 끔찍한 사태를 낳았다. 어떤 때는 아주 끔찍했다. 그리고 또 어떨 때에는 정말로 아주, 아주 끔찍해질 위험도 있었다.

냉전이 다른 방식으로 끝날 수도 있었다는 점을 인정할 필요가 있다. 공포스런 종말도 얼마든지 가능했다. 동유럽 블록의 승리로 끝날 수도 있었고, 더욱 영구적인 정체 상태가 지속될 수도 있었다. 왜 그렇게 되지 않았을까? 사람들이 이런 결과를 만들어냈다. 가장 위대한 차이를 만든 사람들은, 내 견해로는 냉전이 열전이 되지 않도록 막은 사람들, 전쟁을 계속하자는 많은 사람들에게 전쟁은 끝났다고 설득했던 사람들, 서유럽의 사회민주주의적 동맹이 그 최상의 모습을 갖출 수 있도록 가장 열심히 노력했던 사람들이었다.

　돌아보면 지독하게 심각한 근본적인 경쟁이 있었다. 두 체제 모두 자기 국민들의 이익, 심지어 최상의 이익을 목표로 한다고 주장했다. 그리고 1990년에는 두 체제 중에 어느 쪽이 더 나은지 혹은 아마 덜 나쁜지는 너무나 분명했다. 하지만 자만하지 말자. '서방'이 자신의 체제가 최선임을 입증했다기보다는 더 나쁘지 않다는 것을 증명했을 뿐이기 때문이다. 유토피아에 더 가까운 게 아니라 디스토피아에 덜 가까운 것이었다. 그 당시 소련 덕분에 좋고 나쁜 체제를 판단하는 기준이 아주 낮아졌다.

12장. 남방세계의 경제 발전

　지금까지 많은 페이지를 할애하여 북방세계의 일들에 초점을 맞추었다. 그럴 만했다. 북방세계가 경제사의 인과적 흐름을 대부분 주도했기 때문이다. (중국을 아주 중요한 예외로 한다면) 체제를 둘러싼 투쟁 또한 북방세계에서 이루어졌다. 이제 그 기간에 더 가난하고 덜 산업화된 그리고 아예 산업화가 이루어지지 않은 곳에서는 무슨 일이 있었는지를 살펴볼 때이다. 이 장에서는 1911년 중국의 청 왕조가 몰락했을 때부터 1990년 냉전이 끝날 때까지의 시기를 다룬다.

　남방세계의 역사는 너무나 다양하여 어떤 입장을 주장하든 그에 부합하는 사례를 최소한 하나 이상 찾아낼 수 있다고 경제학자 아서 루이스가 1978년에 경고한 바 있다.[1] 이 말을 이 책의 목적에 새겨본다면, 나의 거대 내러티브가 남방세계에서는 맞아떨어지지 않는 일이 반복될 것임을 의미한다. 그래도 나는 이 책에서 고수해 온 거대 내러티브의 미덕—우리의 사유를 돕는 능력—을 견지하고자 한다. 북방세계를 분석할 때와 동일한 다섯 가지의 주제— 경제의 역사, 풍요로운 기술, 정부의 잘못된 관리mismanagement, 세계화, 강력한 폭정—를 남방세계의 분석에도 사용하고자 한다. 이를 염두에 두고, 학자로서는 주저되지만 자유롭게, 12장에서는 간략한 개괄을 먼저 제공하고 그다음으로 특수한 사례들에 집중할 것이다.

장기 20세기가 시작된 1870년, 영국의 산업은 경제적·기술적 진보의 최첨단에 서 있었고, 영국의 1인당 실질소득은 연 6,000달러 정도에 이르렀다. 하지만 혁신의 마법에 걸린 (도버를 중심으로 한) 영국 지역, 영국의 해외 정착 식민지, 이전 식민지인 미국을 제외하면 세계 어디에서도 실질소득이 그 절반이라도 되는 곳을 찾을 수 없었다. 이 초기의 북방세계 외부에서 1인당 소득은 표준적인 추계로 볼 때 아프리카 최빈국의 600달러에서 곧 북방세계에 합류할 유럽 국가들의 3,000달러까지 다섯 배의 편차 사이에 분포되어 있었다. 이 분포는 낮은 쪽으로 크게 치우쳐 있었는데, 당시 중국과 인도가 맬서스 주기의 하강 국면에 있었기 때문이다. 남방세계만 따로 떼어냈을 때의 연평균 1인당 소득은 1,300달러 수준이었을 것이다.

1911년까지는 세계가 대체로 함께 성장했다. 남방세계의 소득은 700달러에서 4,000달러까지 거의 여섯 배의 편차 사이에 분포했고, 그중 프랑스에서 철도 건설 자금을 대출받은 러시아가 선두에 있었다. 남방세계만의 연평균 1인당 소득 수준 또한 조금씩 높아져서 1,500달러에 근접했을 것으로 보인다. 그 이전 여러 시대와 비교해 볼 때 결코 나쁜 성적표가 아니었다. 하지만 기술적 최전선에 있던 북방세계는 훨씬 빠른 속도로 성장하고 있었다.

그 후 북방세계가 진통을 겪던 시절 —1차 대전, 대공황, 2차 대전, 냉전 —에 남방세계는 한참 더 뒤처졌다. 냉전이 끝나가던 1990년에 (영국을 대체하여 기술적·경제적 진보의 선두 국가가 된) 미국의 연평균 1인당 소득은 3만 5,000달러였다. 이는 남방세계에서 1인당 소득이 가장 높은 국가보다 여전히 두 배 높은 수준이었지만, 남방세계 내 여러 나라의 연평균 1인당 소득은 600달러에서 1만 7,000달러로 무려 28배의 편차로 분산되었다. 남방세계만의 연평균 1인당 소득은 대략 2,500달러였는데, 이렇게 낮았던 이유는 중국과 인도가 여전히 찢어지게 가난했기 때문이었다. 많은 남방세계 나라들이 북방세계의 기술을 자국의 생산에 활용했다. 어떤 나라들은 수출 시장이 확대되고 부유해진 혜택을 보았다. 하지만 그 결과는 신고전파, 신자유주의, 또는 나처럼 신자유주의 근처에 있는 경제학자들이 기대했던 그림과는 놀라울 정도로 거리가 멀었다. 이 경제학자들은 기술의 발견보다는 개발이 쉽고 또 개발보다는 기술의 활용이 더 쉽기 때문에 시간이 지나면 세계경제 전체가 동일한 수준으로 '수렴'할 것이라고 주장해 왔다. 1911년에서 1990년 사이에 그런 일은 벌어지지 않았다. 오히려 그 반대의 일이 벌어졌으니, 세계경제는 깜짝 놀랄 정도로 **분기했다**diverged .[2]

이 현실을 어떻게 이해해야 할까? 1870년 이후의 성장은 번영에 이르는 에스컬레이터에 비유할 수 있는데, 경제사학자 로버트 앨런은 어떤 나라가 이 에스컬레이터에 올라타려면 해결해야 할 과제들이 무엇인지의 리스트를 내놓았다. 안정적인 그리고 시장을 활성화하는 정부, 철도·운하·항만 건설, 상업과 투자를 위한 은행 설립, 대중교육 체계의 확립, 산업을 보호하기 위한 관세 부과, 산업을 떠받치고 그 장기적인 비교우위를 담보할 엔지니어 커뮤니티의 존재 등이었다. 이에 더해 경제 발전의 모든 선순환을 작동시키기 위한 '빅푸시Big Push'(보통 저개발국을 빈곤의 덫에서 구해내는 대규모 투자와 원조를 의미 —옮긴이)도 필요했다.[3]

대부분의 남방세계에서는 이런 일들이 일어나지 않았다. 남방세계는 경제성장과 발전이 빠른 나라들을 따라잡지도 비슷한 속도를 유지하지도 못했다. 왜 그랬을까? 우선 2차 대전 이전의 식민 지배 국가들은 아시아와 아프리카의 식민지가 독립적인 번영을 누리기 위한 준비를 거의 하지 않았다. 그들은 식민지 지역의 경제에 시동을 걸고 그 주민들을 일으켜 세우는 빅푸시 따위에는 전혀 관심이 없었다. 설상가상으로 아시아와 아프리카 식민지의 노동자들은 극단적으로 값싼 인도와 중국 노동자와 치열한 경쟁을 벌여야 했고, 이로 인해 수요를 추동하여 산업을 촉진할 수 있는 중산층과 같은 집단이 만들어지기가 어려웠다.

이러한 패턴이 남방세계 곳곳에서 나타났다. 19세기 초에 스페인과 포르투갈로부터 독립을 얻어냈던 라틴아메리카를 살펴보자. 멕시코, 콜롬비아, 페루, 브라질, 기타 남미 국가들은 대체로 소위 '내부 식민주의자들'의 문제를 안고 있었다. 이들은 대토지를 소유한 이베리안(스페인 및 포르투갈—옮긴이) 혈통의 토착 엘리트 특권층으로, 교육 받은 프롤레타리아를 두려워했고 외제 공산품을 사랑했으며, 상업 및 산업의 필요와 잘 어울리지 않는 이베리안 스타일의 법체계를 가지고 있었다.[4]

2차 대전 이후, 패권국이 된 미국은 저 노쇠한 식민 제국들을 없애고자 했다. '변화의 바람'이 아시아와 아프리카에 독립의 물결을 가져왔다.[5] 하지만 여기서 식민화의 씁쓸한 역설들 중 하나가 불거진다. 식민 제국들은 식민지를 문명화한다는 거짓 주장으로 자신들을 정당화했었는데, 막상 문명화를 진전시킬 수 있는 상황이 찾아왔을 때 그 과업을 내동댕이쳤던 것이다. 여러 세대에 걸쳐 식민 지배자들에게 도움을 제공했던 신생 독립국의 사람들은 이제 도움이 절실했다. 하지만 자기 나라로 돌아간 식민 지배자들은 옛 식민지의 재건과 자금 확보에 거의 관심을 보이지 않았다. 오히려 영국,

프랑스, 기타 제국들은 조금씩 발을 빼고 있었다.

신생 독립국들은 북방세계의 현자들이 그들을 위해 세운 계획을 따르고자 했다. 대다수가 산업화된 북방세계의 전형적인 관료 체계와 정부 구조로 시작했다. 대의제 의회 기구들, 독립적인 사법부, 언론과 결사의 자유를 보장하는 법률, 정치적으로 중립적인 공무원 등이었다. 목표는 전형적인 자유민주주의 정치를 성취하는 것이었다. 냉철한 중도층 유권자를 중심에 놓고 다소 왼쪽 그리고 오른쪽에 있는 정당들이 번갈아 집권할 것이었다. 그리고 경제적 번영이 뒤따를 것이었다.

하지만 이는 잘못된 가정이었다. 식민지였던 신생 독립국들도 철도, 운하, 항만을 세울 수 있었다. 상업과 투자를 위해 은행을 설립할 수 있었다. 교육 체계를 확립하고, 현대적 산업을 육성하며 또 산업의 장기적인 비교우위를 담보할 엔지니어 커뮤니티들을 위해 보호관세를 매길 수도 있었다. 하지만 이러한 조치들을 취한다고 해서 그 나라가 저절로 번영으로 가는 에스컬레이터에 올라탈 수 있는 것은 아니었다. 다른 무언가, 즉 빅푸시가 필요했다.

대부분의 남방세계에서 탈식민화의 정치적 결말은 장기적으로 볼 때 실망스러웠다. 당초 기대했던 자유민주주의 정치는 일반적이기는커녕 드문 예외가 되었다. 번영의 체크리스트 중 너무나 많은 것들이 웨스트민스터식 의회 정치, 독립적인 사법부 등에 입각해 있었고 그래서 남방세계에 거의 뿌리를 내리지 못했던 탓에, 경제성장에 걸림돌로 작용했다. 인도는 중요한 예외였다.[6] 하지만 다른 곳에서는 여러 세력들 사이에서 선거를 통한 경쟁을 거쳐 정당성을 획득하는 것이 아니라, 다양한 수준의 폭력으로 반대 세력을 억누르는 군대와 경찰을 통해 혹은 기껏해야 국가를 상징하는 카리스마적 지도자에 대한 대중 영합적인 추종을 통해 권력을 확보하는 정권들이 출현했다. 식민지를 벗어난 다수의 제3세계 국가들에서 정치적 민주주의는 실망스러운 속도로 무너졌다. 민주적으로 선출된 최초의 아프리카 신생 독립국의 지도자 중 한 명인 독립 나이지리아의 초대 총리 아부바카르 타파와 발레와_{Abubakar Tafawa Balewa}는 자기 휘하의 군부 집단에 의해 암살당했다.

이를 보고 실망한 이들이라면 실은 망상에 불과한 낙관주의에 빠져 있었던 셈이었다. 역사적으로 볼 때 대의제 민주주의와 자유liberal freedom가 남방세계에서 뿌리내릴 것이라고 생각할 이유는 전혀 없었다. 실은 북방세계에서도 마찬가지였다. 오히려 최근의 역사는 그 정반대가 사실일 수 있음을 시사했다. 따지고 보면 괴테와 실러의 조국 또한 그런 것들을 유지하지 못하지 않았는가? '의회들의 어머니'라고 할 영국의 웨스트민스터궁만 해도 그 온갖 절차를 발전시키고, 권력을 획득하고, 현실에서 작동하는 대의제 민주주의로 나아가는 데에 수백 년이 걸렸다. 프랑스 대혁명의 민주화 국면 또한 불과 4년도 지속되지 못했다. 왜 다른 곳에서는 다르게 전개될 것이라고 기대해야 한단 말인가?

그렇다고 하더라도, 이 신생국들이 정치적 민주주의와 자유를 현실화하는 데에는 성공하지 못했어도, 일정한 경제적 성과는 거두어들일 수 있을 것으로 보였다. 산업혁명이 시작된 이래 발전한 산업기술의 지식 창고가 누구에게나 열려 있었기 때문이다. 북방세계를 그토록 부유하게 만든 지식과 기술의 형태는 공공재였다. 이 창고를 활용하여 얻을 수 있는 혜택은 엄청났고, 모든 사회집단과 계급들 ─ 재산의 소유자와 노동의 소유자_{nonproperty owner}, 정치적 권력자와 무권력자 ─ 의 부를 몇 배로 불려줄 잠재력을 가지고 있었다. 모든 개발도상국들이 독립 이후 몇 년 내로 절대적인 생활수준과 생산성 수준의 큰 성장을 경험할 뿐 아니라, 선진 산업국가들과의 격차도 줄여나갔어야 했다.

남방세계는 전반적으로 성장했다. 하지만 북방세계를 따라잡지는 못했다. 라틴아메리카는 1980년대의 10년을 잃어버렸다. 2020년대 초 기준, 중국보다 잘 사는 라틴아메리카 나라는 칠레와 파나마뿐이며, 멕시코, 코스타리카, 브라질은 중국과 대략 비슷한 수준이다. 아프리카에서는 보츠와나뿐이다. 아시아에서는 일본, 네 마리의 호랑이(한국, 대만, 홍콩, 싱가포르), 말레이시아, 태국뿐이다. 중국과 북방세계의 격차는 여전히 약 3.5배이다. 물론 실망스러운 일만 있었던 것은 아니다. 교육과 공중보건에서의 발전은 빠르게 이루어졌고 매우 고무적이었다. 하지만 물질적 성장이 실망스러웠다는 사실을 가릴 수는 없었다.

아프리카는 한참 뒤처졌다. 남아공, 케냐, 잠비아, 가나, 나이지리아—1960년대에 경제 발전에 대한 기대가 컸던 나라들—는 자신들의 목표에 훨씬 못 미치는 결과를 냈다. 독립 이후의 시기에 가장 우울했던 일은 아프리카의 주력 수출품이었던 농작물의 생산과 수출이 감소한 것이었다. 이미 1980년대 초에 로버트 베이츠Robert Bates가 지적한 바 있듯이, "나이지리아의 야자유, 세네갈의 땅콩, 우간다의 면화, 가나의 코코아는 한때 아프리카에서 가장 번창했던 산업이었다. 하지만 근래 들어 이러한 작물의 생산량과 수출량이 줄고 농부들의 소득도 줄었다." 농부들이 노동력의 다수를 점하는 유일한 대륙인 아프리카는 수출로 벌어들인 소득에서 갈수록 더 많은 몫을 수입 식료품에 지출해야 하는 상황에 처해 있다.[7]

1950년 당시 세계 인구의 절반 이상이 여전히 극심한 빈곤 속에 살고 있었다. 산업화 이전 조상들의 생활수준과 비슷한 정도였다. 1990년이 되면 이 숫자가 4분의 1로 줄어든다. 2010년이 되면 8분의 1 이하가 된다. 그리고 1950년 당시에는 극심한 빈곤이 대부분 남방세계 전체에 퍼져 있었다. 이후 극빈층은 아프리카에 집중되어, 2019년에는 세계 극빈층의 60%가 아프리카에 살고 있었다. 이는 많은 사람들을 놀라게 했다. 야자유, 땅콩, 면화, 코코아가 수출되던 후기 식민지시대 —잠비아가 포르투갈보다 더 산업화되고 비슷한 정도로 부유했던 —로 돌아가면, 사하라 이남의 아프리카가 북방세계뿐만 아니라 나머지 남방세계 지역에 비해 훨씬 뒤처졌다는 신호가 거의 없었기 때문이다. 1950년부터 2000년까지 이집트와 북아프리카의 다른 국가들이 평균 소득을 기준으로 볼 때 매년 세계 평균과 비슷한 2% 정도씩 성장했던 반면, 에티오피아, 가나, 잠비아 —사하라 이남에서 뽑은 세 나라 —의 연평균 성장률은 고작 0.3%였다.

이 데이터와 씨름했던 네이선 넌Nathan Nunn 과 같은 학자들은 이러한 성장 지체가 과거 오랫동안 아프리카를 괴롭혔던 대규모 노예무역과 관련이 있다고 결론 내렸다.[8] 물론 대규모 노예무역은 역사에 여러 번 등장했다. 고대 그리스와 로마의 군대 및 엘리트 시민들은 1,000년에 걸쳐 3,000만 명의 사람들을 지중해 연안으로 잡아갔다. 바이킹은 대략 100만 명을 잡아 이들을 러시아에서 서유럽으로 또는 아래쪽의 에게해로 팔아치웠고, 아일랜드와 영국인들을 러시아로 보냈다. 1800년 이전의 1,000년 동안 150만 명의 유럽인들이 잡혀 북아프리카에 노예로 팔려갔다. 1400년에서 1800년 사이에 오늘날의 남부 러시아 및 우크라이나인 곳에서 300만 명이 노예가 되어 흑해 남부로 팔려갔다.

하지만 어떤 추정치로 봐도 아프리카 노예무역의 규모는 훨씬 컸다. 1600년에서 1850년 사이 대서양 너머로 잡혀간 사람들 1,300만 명, 1000년에서 1900년 사이 인도양을 건너 팔려간 사람들 500만 명, 1200년에서 1900년 사이 사하라 사막을 넘어 북쪽으로 팔려간 노예들 300만 명, 여기에 더해 아프리카 내부의 노예 거래로 팔려간 알려지지 않은 수의 사람들(대륙 내부의 노예 매매는 대양을 건너는 노예무역이 시작된 이후에도 계속되었다). 유럽과 중동 사람들이 더 이상 노예를 사들이지 않는다고 해도, 그들이 사는 작물은 노예들이 플랜테이션 농장에서 생산한 것들이었다. 이 숫자들을 다음 숫자들과 비교해 보자. 1700년의 대략 6,000만이었을 아프리카 인구 그리고 1500년에서 1800년 사이에 아프리카에서 태어나 다섯 살을 넘겨 살았던 대략 3억 6,000만 명.

천 년에 걸친 노예 약탈이 삶의 주요한 부분으로 자리 잡으면서, 아주 오랫동안 지속된 사회적 불신의 문화가 생겨났다. 시장경제가 제대로 작동하기 위해서는 서로에게 이익이 되는 경제적, 사회적, 문화적 교류를 통해 파트너가 될 가능성이 있는 낯선 사람과 거의 모든 거래를 시작한다. 만약 그 낯선 사람이 사실은 당신과 가족을 노예로 잡아가려는 사람일 가능성이 아주 조금이라도 있다면? 이야기는 완전히 달라진다. 식민지 정부가 거래와 상업의 인프라를 관장하는 동안에는 이러한 숨은 불신의 감정이 그렇게 중요하지 않았다. 하지만 그들이 떠나고 나면 사람들 사이의 불신이 전면에 나타나며, 신뢰가 지배하는 사회에서와는 달리 빠르게 많이 무기를 손에 쥐게 된다.

앞에 나왔던, 암살당한 나이지리아 총리 발레와를 기억하는가? 그는 1912년에 영국 식민지인 나이지리아 북부에서 태어났고, 카치나 칼리지Katsina College의 기숙학교로 보내졌다. 거기서 그는 학생 번호 145번이었으며, 영어 교사로서 제국의 관료 기구에 한 자리를 얻었다. 그는 일을 잘했다. 1941년에 교장이 되었고, 1944년에는 유니버시티 칼리지 런던University College London에서 식민지 행정을 맡아볼 장학사가 되는 훈련을 받는다.

그런데 그 이전이던 1934년 그가 22살이었을 때 루퍼트 이스트 Rupert East라는 식민정부의 관료가 그에게 다섯 편의 단편소설novella을 써달라고 의뢰했다. 토착민들의 문맹 퇴치를 위해 하우자어Hausa 로 써달라는 부탁이었다. 이스트는 다소간 세속적인 —즉 순수하게 종교적이거나 강한 종교적 동기로 쓰이지 않은 —'토착민 문학'을 구축하고자 했다. 그렇게 발레와는 글을 기고했고, 그가 선택한 주제는 노예제였다.

그의 단편소설 《장로 우마르》를 보자. 주인공은 학생들에게 코란을 가르치지만, 학생들은 그에게 어떻게 하여 교사가 되었느냐는 다른 질문을 던진다. 그래서 주인공이 노예가 되었던 일과 그 여러 결과들에 대한 이야기가 흘러나온다. 노예 사냥꾼들의 대규모 습격, 납치, 아이가 없는 노예 사냥꾼에게 입양되었다가 또다시 납치되는 등의 이야기이다. 그러다가 주인공은 결국 헤어진 어머니와 트리폴리에서 해후한다(어머니 역시 자신이 고용했던 경호원들에게 납치되어 노예가 되었었다). 어머니는 아들이 신앙심도 깊고 부유한 사람으로 성장한 것을 보고 곧 눈을 감는다. 이 소설의 교훈은 "사람들은 돈이라면 정말로 끔찍한 짓들을 한다는 것" 그리고 "이 세상은 만인의 만인에 대한 투쟁이라는 홉스적 세상과 같지만, 코란을 정말로 잘 읽는다면 아마도 잘 살 수 있다는 것"이었다.[9]

발레와는 순시를 다니는 장학사로서의 위치를 활용하여 1940년대 나이지리아 정계에 입문했다. 그는 북부인민회의Nothern People's Congress의 창립자들 중 한 명이었다. 1952년에는 식민지 나이지리아의 노동부 장관이, 1957년에는 총리가 된다. 그리고 1960년에는 주권국가로서 독립한 나이지리아의 총리가 된다. 1964년에는 재선에 성공했다. 그리고 1966년 1월에 추크우마 카두나 은조그우Chukwuma Kaduna Nzeogwu와 그가 이끌던 젊은 장교들의 손에 암살당했다. 은조그우의 군대는 고위 정치인들과 그 부인들을 죽이고 그들을 따르는 장군들까지 죽였지만, 육군 사령관 존슨 아그이-이론시Johnson Aguiyi-Ironsi가 이끄는 반反쿠데타에 진압당한다.

그로부터 6개월 뒤에 아그이-이론시는 다시 반쿠데타에 반대하여 야쿠바 고원Yakuba Gowon이 일으킨 7월 쿠데타 때 암살되었다. 1년 뒤에 이그보인들은 독립공화국 비아프라Biafra의 탄생을 선언했지만, 3년간의 전쟁 끝에 (약 5,500만 명의 인구 중) 약 400만 명이 사망했고 그들 중 절대다수가 굶주림으로 죽었다. 야쿠바 고원은 1975년 7월에 무르탈라 무함메드Murtala Muhammed에 의해 축출됐다. 그리고 무함메드는 다시 1976년 2월에 암살당했다. 1979년에 민정 체제가 돌아왔지만 1983년에 또 다른 군사 쿠데타가 일어났다.

*

과연 남방세계는 1990년대에 1911년보다 더 부유해졌는가? 물론이다. 훨씬 더 부유해졌다. 교역, 기술, 통신의 관점에서 보았을 때에 세계의 통합이 더욱 진전되었는가? 물론이다. 아주 놀라울 정도로 더 통합되었다. 하지만 세계는 더 불평등해지지 않았는가? 물론이다. 그것도 어마어마하게 불평등해졌다.

누구 또는 무엇의 잘못 때문이었을까?

몇 가지 시사점이 떠오른다. 낮은 저축률과 높은 자본투자 비용은, 곧 남방세계에서는 저축에 따른 수익이 낮다는 것을 뜻한다. 가난한 나라는 기본적으로 노동이 저렴하고 기계류가 비싸며 정부가 외국에서 생산된 기계를 구하기 어렵게 만들면 특히나 그렇기 때문에, 대부분의 공산품 가격이 높게 유지되었다. 사람들이 빈곤을 두려워해야 하는 상황에서는 노후 대책으로 더 많은 아이를 가지려고 하기 때문에 출산율도 완전히 낮출 수가 없어서 인구증가율은 계속 높았다. 그 결과, 노동력을 줄이면서 고품질의 도구들을 갖추게 하는 투자 전략은 사라지고, 노동력이 계속 늘어나는 가운데 그들이 필요로 하는 기본적인 도구들을 갖추는 데 투자가 다 쓰여버리는 상태가 되고 말았다. 이 모든 요소들이 결합되어 교육과 기업가 정신이 전반적으로 부족한 상황이 조장되었다.

악순환의 고리들은 도처에 도사리고 있었으며, 그저 까딱만 해도 바로 촉발되었다. 하지만 선순환의 고리들은 찾아보기 힘들었을 뿐만 아니라 추동하기도 어려웠다. 이러한 경제성장의 지체 현상을 설명하는 이론의 하나로 경제학자 마이클 크레머Michael Kremer의 '오-링 이론O-ring theory'(단순한 고무링인 오링이 챌린저호 폭발의 원인이 되었다는 데서 착안한 것으로, 빈곤을 퇴치하고자 할 때 작은 부분의 실패가 전체의 실패로 돌아올 수 있다는 이론이다. 크레머는 관련 업적으로 2019년에 노벨 경제학상을 수상했다—옮긴이)이 있다. 분업과 가치사슬이 현대적일수록 그리고 잠재적인 생산성을 갖추고 있을수록, 거의 모든 것들이 제대로 돌아갈 확률도 더 높아진다는 것이다. 반면 모든 것이 제대로 돌아가지 않는다면, 상당한 양의 자본, 자원, 노동이 사용되지 않는 유휴 상태로 있게 되리라는 것이다.

하지만 대체 무엇이 북방세계와 남방세계의 격차를 만들고 더 넓히는 악순환의 고리들을 촉발시켰을까?

한 가지 짧고 너무 단순한 대답은 잘못이 정부에게 있다는 것이다. 경제성장론에서 유행하는 용어를 쓰자면, '발전적developmental'이지 않고 오히려 '착취적extractive'인 정부 제도들에 문제가 있다는 것이다. 우리는 여기서 도둑 정치kleptocracy를 말하고 있다. 1인 통치자의 정부(군주정), 스스로 잘났다고 주장하는 이들의 통치(귀족정), 인민의 통치(민주정), 부자들의 통치(금권정치)가 아니라 도둑들에 의한 통치 말이다.

하지만 도둑 정치는 새로운 게 아니다. 농업의 발명에 따르는 주요한 결점은 심은 작물을 수확하기 위해서는 그곳에 있어야 한다는 점이었다. 이것은 창을 든 깡패들이 몰려와서 수확한 곡식의 큰 몫을 내놓으라고 해도 도망갈 수가 없다는 것을 의미했다. 이런 관행이 일반화되면서 사람들은 아예 깡패들에게 창을 공급하는 일에 종사하게 되었고, 깡패들은 위계적으로 조직화되기 시작했다. 우리는 그 깡패들 위계의 최정상에 있는 이들을 '왕'이라고 부른다. 따라서 남방세계의 정부를 비난하는 것은 역사를 무시하는 것이다. 대부분의 시대와 장소에서 대부분의 정부는 생산성의 지속적인 증대를 장려하는 데에 아무런 관심도 보이지 않았으니까.

결국, 모든 정부의 최우선 과제는 수도에서의 식량 폭동을 막는 것이어야 했다. 어떤 정권이 평화적으로 통치할 수 있는 이유는 부분적으로는 눈에 보이는 주권의 중심지, 즉 관료들에게 명령을 내리는 수도의 건물들과 통치자가 국민들에게 발언하는 중앙에 위치한 TV와 라디오 방송국을 통제하기 때문이다. 도심의 폭동이 대통령 관저, 정부 부처, TV 방송국을 장악하면 정부의 통치는 심각한 위험에 처하게 된다. 반대로 빵과 서커스 그리고 잘 갖춰진 충성하는 경찰력이 있다면 폭동도 막을 수 있다. 정부들의 두 번째 과제는 군대를 잘 먹이고, 월급을 잘 주고, 많은 신무기를 갖추는 것이다. 통치자들은 군대가 용인하는 경우에만 통치할 수 있다. 세 번째 과제는 관료와 정치 공작원들을 만족시키고, 잠재적인 반대세력들을 침묵시키거나 와해시키는 것이다.

불안정한 통치자에게는 이러한 목표가 거의 항상 정책보다 우선시된다. 모든 통치자들은 자기야말로 적임자이고, 경쟁자들은 기껏해야 무능하고 대개 잘못된 생각을 품거나 부패했고 최악의 경우에는 도덕도 없고 파괴를 일삼는 자라고 믿는다. 따라서 이 불안정한 통치자가 볼 때, 오로지 자기들이 권력을 유지하는 경우에만 국가와 국민에게 좋은 일이 일어날 수 있다. 발전 정책에 대한 논의는 오직 정부의 권력이 안정된 후에 이루어질 수 있다. 하지만 권력을 안정적으로 유지하려는 노력은 거의 항상 통치자들의 시간, 에너지, 자원을 필요로 한다. 합리적인 역사가나 비판가라면 평균적인 정부의 수명이 너무 짧아서 장기적인 경제 발전에 집중할 것이라고 기대하기 어렵다.

그리고 16세기 초에 니콜로 마키아벨리가 새로운 군주에 대해 쓴 것처럼, 새로운 체제가 들어서면 상황은 더 나빠진다. 그들의 첫 과제는 지지자들을 얻는 것인데, 지지자들은 자기들에게 무언가 이득이 없다면 계속 지지하지 않을 것이다.[10] 따라서 국가를 건설하는 데 있어서 제1의 과제는 지지자들 중 가장 영향력이 큰 이들에 대한 통제력을 확보하고, 그들에게 유무형의 이익이 돌아가도록 만드는 것이다. 이렇게 통제력을 확보하고 이익의 방향을 돌리는 과정은 빠른 경제성장을 위해 자원을 배분하는 것과는 다른—그것도 아주 다른—논리를 따른다.

북방세계와 남방세계 사이의 거대한 불평등에 대해 고민할 때 가장 시급한 질문은 누구의 책임이냐 혹은 심지어 무엇이 문제냐가 아니다. 좀 더 실용적인 질문은, 경제성장을 이루려면 어떤 일이 일어나야 하는가이다. 이기적인 그리고 이타적인 이유로, 대부분의 통치자들은 자신들이 자애로울 수 있다고 생각한다면 자애로워질 것이다. 그들이 그렇게 생각하기 위해서는 체제의 안정과 안전이 필요하고, 번영을 이루는 것이 그러한 안정과 안전을 가져오는 강력한 원천이 될 수 있다.

하지만 왜 기업가가 될 수 있는 사람들 —친 개발 정책을 통해서 가장 큰 이득을 볼 수 있고, 그들의 기업이 다른 많은 이들에게 이득을 가져다 줄 사람들—이 경제 발전을 가로막는 지배 체제를 전복시키려고 하지 않는 것일까? 정치학자인 로버트 베이츠는 가나에 있는 한 코코아 농부에게 이 질문을 던졌다. 베이츠는 정부가 농부들에게 지불하는 (아주 낮은) 코코아 가격과 세계시장에서 판매하는 (더 높은) 가격 사이의 엄청난 격차를 보면서도 농민들이 들고 일어나지 않는 이유를 알고자 했다. 그 농부는 "자신의 금고를 열어서 한 무더기의 서류들을 꺼내 놓았다. 그가 운전하는 차량들의 면허증, 여분의 부품들에 대한 수입 허가증, 부동산과 개간지의 등기 문서, 그의 소득세를 크게 깎아주는 정관 등이었다. 그러면서 다음과 같이 말했다. 만약 제가 정부의 농산물 가격 정책에 대해 저항 행동을 조직하려 든다면, 저는 국가의 적이 될 것이고 이 문서들을 몽땅 잃게 될 겁니다."[11]

이를 과잉 규제overregulation의 결과로만 보아서는 안 된다. 과잉 규제가 늘 이런 결과를 낳는 것도 아니고 과잉 규제 이외의 요소가 이런 결과를 가져올 수도 있다. 경제 발전이라는 관점에서 보자면 산업마다 잠재적인 여러 기업들이 진입할 때 사회적 편익이 가장 커진다. 하지만 그들은 기존 사업이나 고객이 없기 때문에 영향력 있는 사람들에게 로비를 할 만한 자원을 갖고 있지 못하다. 따라서 권력을 유지하고자 하는 사람들의 입장에서는, 신규 기업이 산업에 진입하지 못하도록 제한을 가하는 쪽이 아주 낮은 정치적 비용으로 기존 기업들에게 특혜를 베푸는 방법이 된다. 고평가된 환율로 인해 외환이 희소해져서, 일부 분야에서는 해외 제조업체로부터의 경쟁이 쉽게 차단되어 주요 기존 기업들에게 특혜가 될 수도 있다.

북방세계와 남방세계의 분기를 가져온 원인은 그밖에도 너무나 많기 때문에, '어째서?'와 '무엇 때문에?'와 같은 책임 소재를 묻는 질문들로는 만족스럽게 해명할 수가 없다. 남방세계에서 번영으로 인도하는 문은 좁고 길은 협착한 것이었다(마태복음 7장 13절 "생명으로 인도하는 문은 좁고 길은 협착하여 찾는 이가 적음이니라"—옮긴이). 이보다는 '누구 탓인가?'라는 질문 쪽이 오히려 더 명쾌한 답을 가지고 있다. 집단적인 의미에서의 북방세계는 남방세계에 좀 더 좋은 상황을 조성할 수 있는 부와 힘을 가지고 있었지만, 그들은 그러한 역할을 하지 않았다.

성공적인 경제 발전은 강력한, 하지만 제한된 정부에 달려 있다. 이때 '강력한'은 재산권에 대한 판단을 사회에 관철시키고, 공무원들이 중앙 권력의 명령에 복종하며, 비용을 지불하고 인프라를 건설해 낸다는 의미에서이다. '제한된'은 정부가 특정한 개별 기업들을 돕거나 해코지하지 않으며, 정치권력이 부와 지위를 얻는 유일하게 유효한 방법이 되지 않는다는 의미에서이다.

이제부터 볼 몇 가지 사례는 무수히 많은 이야기들의 일부를 말해준다.

*

1911년부터 1990년까지 남방세계에서 가장 가슴 아픈 사례 중하나는 아르헨티나다. 아르헨티나는 남방세계와 전혀 어울리지 않는 나라였다. 1913년의 부에노스아이레스는 일반 주민의 전화 보급률이 세계 20위 안에 드는 도시였다. 1929년의 아르헨티나는 일반 시민이 자동차를 소유한 비율로 보아 세계 5대 경제의 하나인나라였다. 1930년대에 경쟁 국가들 대부분이 2차 대전의 혼란에휩싸였다. 아르헨티나도 정치적 혼란과 강력한 반민주적 흐름을겪었지만, 대부분의 다른 나라에 비해 정치 상황은 그리 나쁘지 않았다.

아르헨티나의 지도자들은 수요를 촉진하고 부를 재분배하는 새로운 정책들을 도입함으로써 사회경제적인 격변에 대응하고자 했다. 동시에 이들은 해외 무역과 자본에 대한 불신이 커졌고, 재화배분의 메커니즘으로서 가격이 아닌 통제를 선호하는 경향이 강해졌다.[12] 이 정책에 따라 경제가 빠르게 성장하는 듯했지만, 결국통화 혼란과 깊은 침체만 남기고 끝나버린다. 정치는 험악했다. 이'험악했다'는 말은 단순히 사람들이 체포되었다는 의미가 아니라그저 '사라져 버렸다'는, 그것도 그냥 헬리콥터에서 내던져져 살해당하는 식으로 '사라져 버렸다'는 의미였다.[13]

이런 환경이 지속되다 보니 카리스마 있는 지도자들이 대중의정치적 지지를 얻어낼 수 있었다. 2차 대전의 말미에 나타난 그러한 지도자가 바로 후안 페론이었다. 페론의 정책은 폭넓은 지지를얻었다. 그의 정부는 세금을 인상했고, 농산물 거래위원회를 만들었고, 노조를 지지했고, 무역을 규제했다. 페론은 정부지출을 통해서 빠른 경제성장과 완전고용을 달성하고자 했고, 교역 조건을 왜곡하여 수출업자, 농업 올리가르히, 외국인, 기업가 등에게 불리하도록 만들었으며, 자신의 가장 열렬한 지지자들인 도시 노동자들을 위해 부를 재분배하려고 했다. 사실 아르헨티나는 부자 나라이니, 그 도시의 노동계급을 잘 대우할 여력이 충분했다.

페론의 정책으로 아르헨티나의 경제는 거의 5년 동안 빠르게 성장했다. 그리고 나서 수출이 급감했다. 부침이 있게 마련인 국제적 경기변동이 아르헨티나를 강타하면서 아르헨티나의 수출품에 대한 수요가 급감했다. 수출 농산품의 가격이 떨어지자 공급량도 줄어들었다. 농업 생산은 정부가 책정하는 농산물 가격이 낮아진 때문에도 감소했다. 내수 소비는 늘어났다. 농업 부문에서는 비료와 농업 중장비가 부족했다(결과적으로 설비 및 중간재 수입이 증가했다 ─옮긴이). 1950년대 전반기에 아르헨티나 수출의 실질 가치는 대공황 시기의 60% 그리고 1920년대의 40% 수준으로 하락했다. 게다가 페론이 교역조건을 농업과 수출품에 불리하도록 심하게 뒤틀어 놓았기에, 1950년대에 세계 무역의 네트워크가 복구되었을 때 아르헨티나는 더 이상 그 네트워크에 긴밀히 연결되기 어려웠다.

그 결과 외화가 부족했다. 페론에게는 내키지 않는 선택지들만 남았다. 첫째, 장기적으로 수출과 수입의 균형을 맞추기 위해 화폐 가치를 평가절하하는 (그리고 단기적으로 해외에서 차입을 행하는) 방법이었다. 하지만 평가절하가 이루어지면 수입제품의 실질 가격이 상승하며, 페론의 정치적 기반이 되는 도시 노동자들의 생활수준은 악화된다. 또한 해외로부터의 차입은 자신이 지금까지 표방해 왔던 강력한 민족주의적 입장을 배신하는 꼴이 되고 만다. 둘째, 경제를 위축시켜 실업률을 올리고 소비를 줄이며 농산물 가격 통제를 완화함으로써 수출용 농산물 생산이 늘어나도록 장려하는 방법이었다. 하지만 이 또한 그가 중심적 목표로 삼아온 분배의 전환을 뒤집는 결과를 가져오게 된다.

남은 선택지는 정부의 명령으로 수입을 통제하고 배급하는 것이었다. 당연하게도, 페론과 그의 참모들은 세계경제에 대한 의존을 줄이고 성장을 추진하는 것이 아르헨티나에 좋은 일이라고 믿었다. 실제로는 좋은 일이 아니었고, 심지어 군부에 의해 축출된 페론 —높은 인기를 유지하며 1974년 그가 죽기 전에 다시 대통령으로 복귀하기도 했지만—에게도 좋은 일이 아니었다. 그 이후 들어선 정부들 또한 페론이 동원했던 정치 세력들을 달래야 했기에 이러한 정책들을 완전히 뒤집지는 못했다. 2차 대전 이후 아르헨티나는 정부가 외환을 배분했는데, 먼저 기존의 공장을 계속 가동하기 위해서였고, 그다음은 국내 소비를 높게 유지하기 위해서였으며, 세 번째이자 마지막 우선순위가 투자와 생산능력 확대를 위한 자본재 수입이었다.

우리는 2차 대전 직후 아르헨티나가 혼합경제의 방향을 잘못 설정했다고 생각해 볼 수 있다. 재화 특히 수입품을 어떤 용도에 배분할지를 정부가 결정했고, 통제되는 시장이 소득을 재분배했다. 민간 부문과 공공 부문 어느 쪽도 그 비교우위의 논리에 따라 활용되지 못했다. 그 결과 1950년대 초에는 자본재의 가격이 치솟았다. 저축이 늘어봐야 그 절반도 투자로 이어지지 못했다. 대규모 투자를 할 수 없었던 아르헨티나는 서유럽 나라들에 뒤처졌다. 경제가 뒤처지자 불만이 늘었고, 정부는 과도한 약속을 남발하는 정치인들과 무능하고 잔인한 군인들 사이에서 오락가락했다.

그런데 아르헨티나의 저성장 경로를 예외가 아니라 자연스러운 경로로 볼 수는 없을까? 유럽은 "미국과 마셜 플랜의 은총이 없었다면 우리도 저 꼴이 났을 것"이라는 마음으로 아르헨티나를 바라봐야 마땅한 것 아닐까? 만약 미국이 국제주의를 저버리고 냉전, 서유럽 전반의 재건 또는 마셜 플랜과 같은 지속적인 지원 프로그램에 아무런 관심이 없었다면, 서유럽 또한 2차 대전 이후 아르헨티나와 비슷한 궤적을 따르지 않았을까?[14]

거꾸로 남방세계의 많은 나라들은 다음과 같은 질문을 던져 보아야 한다. 우리는 어떤가? 만약 마셜 플랜과 같은 규모로 북방세계가 대외원조를 제공해 주었다면, 서유럽을 일으켜 세운 것과 같은 선순환이 세계경제의 주변부에도 생기를 불어넣을 수 있었을까?

*

레자 샤 팔레비와 이란 혁명의 사례는 남방세계가 북방세계를 실질적으로 따라잡는 것이 얼마나 어려운지를 잘 보여준다.[15] 1950년대부터 1970년대까지, 이란과 레자 샤는 국제정치의 '그레이트 게임Great Game'을 하고 있던 다수로부터 사랑을 듬뿍 받는 대상이었다. 레자 샤는 강력한 반공주의자이자 반러시아주의자였고, 이란의 '근대화'를 열망했다. 그는 북방세계 전문가들로부터 토지개혁과 엔지니어 양성의 중요성에 대한 조언에 귀를 기울였다. 비록 석유 판매 수입의 일부를 사치에 탕진하고 그보다 더 많은 돈을 군대에 쓰기는 했지만, 그보다 훨씬 많은 비중을 이란 경제로 투입했다.

물론 1979년 이전의 이란 왕정은 한마디로 폭정 체제였다. 또한 공포의 대상이던 비밀경찰이 있었다. 하지만 이란 혁명과 왕정 전복이라는 급격한 사태의 주된 원인은 경찰이나 군부의 권력에 대한 반대가 아니었다. 종교 이데올로기가 일정한 역할을 했던 것은 맞지만, 이 또한 많은 이들이 생각했던 만큼 큰 역할을 했던 것은 아니었다. 후일, 대부분의 이란인들은 자신들이 근본주의적인 종교적-이데올로기적 혁명을 도왔다는 사실에 큰 충격을 받기도 했다. 혁명의 원인은 석유 및 토지개혁 기반의 경제적 변화가 초래한 부와 빈곤, 그 부가 누구에게 흘러갔는지, 빈곤으로 내몰린 사람들은 누구인지, 그리고 이러한 갈등이 초래한 경제 발전의 장애물들과 훨씬 더 관련이 있었다.

1973년에 세계 유가가 세 배나 올랐고, 레자 샤는 이 호황에 따른 수입으로 이란을 한 세대 안에 산업국가로 전환시키겠다는 목표를 세웠다. 이는 무엇보다도 토지 개혁을 의미했다. 즉 차지농과 소작인들에게 토지를 분배하여 자영농으로 전환시키고, 지주들에게는 정부의 석유 판매 수입으로 보상한다는 것이었다. 하지만 인구가 빠르게 늘고 있었던 데다가 지주들을 **지나치게** 자극하지 않으려다 보니 분배된 토지가 많지 않았다. 동시에 석유 수출 호황과 유가 상승으로 이란 통화의 가치가 크게 올라서 식품을 수입하는 것에 수익이 발생했다. 결국 새로 땅을 얻은 농민들은 자신의 수확물을 헐값에 팔아야 하는 처지가 되었다.

당초의 의도대로라면 토지를 분배받은 농민들이 토지를 나눠준 정권에 감사하며 그 보루가 되어야 했다. 대신 그들은 땅이 너무 작아 충분한 생계를 꾸릴 수 없다고 불만을 토로하거나 혹은 도시로 이주했다. 1979년까지 많은 이란인들의 소득이 빠르게 늘었지만, 그렇지 못한 사람들도 많았다. 폴라니라면 이 후자의 사람들—즉 기대하고 희망했던 대로 일이 풀리지 않은 이들—이 레자 샤의 '백색 혁명White Revolution'이 가져온 변화 속에서 횡재를 얻은 이들보다 더 분노에 차 있었다는 데에 놀라지 않았을 것이다. 분명 거리에서 레자 샤를 위해 시위를 하거나 싸우려는 사람은 거의 없었다.

게다가 교통과 통신의 발달로 세상이 좁아져서, 이란 사람들도 다른 나라에서 무슨 일이 벌어지는지를 잘 알 수 있었다. 우선 부유하고 거만한 러시아인, 영국인, 미국인들이 권력과 영향력을 뽐내며 이란의 거리와 대로를 활보하는 모습을 목격했다. 이란인들은 자신들이야말로 세계의 여러 문명 중에서도 빼어난 이슬람 문명의 주역이라는 자부심을 깊이 간직한 이들이었다. 그런데 이제는 세상이 그렇지 않다고 일깨워 주는 모습을 매일같이 일상에서 접하게 된 것이다. 이런 세상을 어떻게 납득할 수가 있단 말인가?

레자 샤의 해법은 이란인들을 유럽인으로 전환시키는 것이었다. 즉 1차 대전 이전의 독일 제국을 방불케 하는, 권위주의적인 국가 주도 경제 발전 경로를 따르는 것이었다. 이로 인해 이슬람이 설 자리는 없어졌다. 그렇게 해서 탄생한 국가는 대단히 부패했다. 레자 샤의 개혁은 금세 여러 문제를 드러냈다. 여성 해방을 위해 취해진 조치들은 영향력이 큰 전통주의자들 사이에서 비판의 대상이 되었다. 샤는 이란을 문맹률이 낮고 교육 수준이 높으며 기술 경쟁력이 있는 나라로 만들려고 했지만, 교육 확대를 위해 취했던 조치 또한 혁명 운동에 매력을 느끼는 학생과 지식인을 양산하는 의도치 않은 결과를 가져왔다.

아야톨라Ayatollah, 즉 시아파의 고위 성직자였던 루홀라 호메이니 Ruhollah Khomeini ──지주로부터 재산을 빼앗고 농민의 채무를 탕감하는 것은 이슬람적이지 않다고 생각한 토지개혁의 반대자── 는 망명지에서 이슬람 성직자와 국민들을 향하여 독재자로부터 권력을 되찾아 이슬람 혁명을 수행하라고 촉구하며 도화선에 불을 붙였다. 40일 간의 시위가 시작되었고, 이 기간 동안 젊은 종교 활동가들이 경찰에 총에 맞아 사망하면서, 그들의 죽음을 애도하는 또 다른 시위가 촉발되었다.

1979년 1월, 결국 레자 샤 팔레비는 망명길에 올랐다.

그 후 이란의 경제는 침체했다. 우선 10여 년 동안 이라크와 파국적인 전쟁—시작은 이라크가 했지만, 신은 자신들의 편이고 자신들이 정당하며 승리할 수밖에 없다고 믿었던 이란에 의해 계속되었다—으로 엄청난 자원이 소모되었다. 새로이 들어선 종교적 정부는 경제 발전에 관심이 거의 없었다. 정부 지도자들은 지상의 유토피아가 아니라 천상의 파라다이스에 관심이 있었다. '이란 국민은 수박 가격을 내리기 위해 이슬람 혁명을 일으켰던 것이 아니다'. 호메이니는 이란에 물질적 번영을 가져올 정책들을 원했던 측근들을 일축하며 이렇게 말한 것으로 알려져 있다.

＊

빠르고 성공적인 추격 성장catch-up growth에 대한 이러한 모든 장애물들 이외에, **이데올로기**가 만들어낸 함정들도 있었다. 짧은 시간 안에 사회 전체를 변혁하여 유토피아를 만들어 내고자 하는 이들이 이 함정에 빠졌다. 이러한 변혁의 유혹 때문에 1950년대와 1960년대의 많은 신생 독립국들이 북방세계 좌파 지식인들의 조언을 따랐지만, 결국은 고질적인 문제들만 안게 되었다.

이는 너무나 자연스런 일이었다. 중도와 우파는 2차 대전 이전, 심지어 오늘날에도 제국주의적인 반면, 좌파는 그 큰 공을 인정해야 할 정도로 반식민주의적이었기 때문이다. 이 점은 2차 대전 이후 첫 한 세대 동안 남방세계의 발전 정책에 아주 큰 영향을 미쳤다. 본래 마르크스가 기대했던 유토피아는 언론의 자유가 보장되고, 만인이 평등한 정치적 발언권을 갖는 민주적 정부가 있으며, 자유롭게 직업과 거주지를 선택하고, 막대한 물질적 부를 향유하는 사회였다. 볼셰비키 혁명의 산물인 현실사회주의 국가들은 이런 이상들을 거의 갖추지 못했다. 북방세계의 좌파 지식인들은 이것들을 하나씩 하나씩 내다 버릴 구실들을 계속해서 찾아냈다. 그리고 남방세계의 정부들은 이런 것들이 없는 게 오히려 미덕이라는 말을 듣게 되었다. 언론의 자유가 없다고요? 국민을 혼란에 빠뜨리고 갈등을 부추기는 고함소리들 속에서 국가적 목표를 달성하도록 국민들을 동원할 수 있겠습니까?

서구 사회의 핵심을 이루는 자유들은 추상적으로만 약속되었다. 언젠가는 언론의 자유, 평등한 정치적 발언권이 보장되는 정부, 직업과 거주 선택의 자유, 큰 물질적 부 등을 누리게 될 것이다. 이러한 약속은 당장의 여러 급박한 사정을 이유로 하여 뒤로 미뤄졌다. 우선은 낡은 식민지 질서의 잔재들을 털어낼 필요가 있었다. 우선은 사회를 안정시킬 필요가 있었다. 우선은 국가적 동원을 위해서 권위주의적인 명령 체제가 필요했다. 약속 지연은 영구화되었다. 이행기는 끝도 없이 연장되고, 늘 비상사태였다.

교육받고 정보를 갖춘 사회주의적 유권자가 만들어지기 전까지는, 중앙집권적 정당이 그 역할을 할 필요가 있었다. 게다가 신생 독립국의 많은 이들 그리고 이들의 번영을 기원했던 다른 많은 이들은, 대의제 민주주의 제도를 좋은 사회의 기준으로 우선시하는 것은 암묵적으로 탈식민화를 공격하고 옛 식민지 질서를 옹호하는 것이라는 (그릇된) 생각에 빠졌다. 국가를 건설하려면 국민적 통합이 필요한데, 신생국들의 경우에는 그러한 통합이 깨지기 쉽다. 만약 정치가와 언론이 저마다 다른 목소리를 내면서 정부를 비판한다면, 가뜩이나 취약한 국민적 통합이 쉽게 와해될 것이다. 그리하여 사적인 경제적 자유를 옹호할 수 없게 된다. 사회의 모든 자원은 오로지 급속한 산업화라는 하나의 계획에 따라서 동원되어야 하기 때문이다. 오믈렛을 만들기 위해서는 계란을 깨야 하지 않는가. 시간이 지나면서 이제 계란을 제멋대로 깨는 습관이 만들어졌다. 하지만 아무리 기다려도 오믈렛은 나오지 않았다.

2차 대전 이후 아시아의 현실사회주의 정권에서 이러한 양상이 가장 충격적으로, 가장 강력하게, 가장 파괴적으로 작동했던 사례를 볼 수 있었다. 바로 마오쩌둥이 이끌었던 중국이다.

마오쩌둥의 중국 공산당CCP은 1949년 사람들의 예상을 깨고 중국 내전에서 승리했다. 공산당의 계획은 아주 단순했다. 마을로 들어가서 지주들을 총살하고 토지를 분배하라. 그러면 농민들은 상상도 하지 못했던 정도로 부자가 되고, 공산당을 지지할 것이다. 이런 점에서 공산당의 승리는 필연까지는 아니었어도 그랬을 법하게 여겨진다. 극심한 빈곤과 지주의 폭정에서 해방시키겠다는 약속은 매력적일 수밖에 없었다. 그리고 초기 몇 년 동안 중화인민공화국은 그 약속을 이행했다.

하지만 1950년대 중반이 되면 아래로의 악순환이 시작된다. 마오쩌둥과 그의 무리는 소련의 동지들로부터 조언을 얻는 경향이 있었다. 그래서 스탈린이 농업을 집산화하고 러시아의 농민들을 다시 농노로 만들었던 것을 마오쩌둥도 똑같이 했다. 스탈린이 당 안팎의 반대자들과 여러 논의를 무참하게 탄압하자 마오쩌둥도 빠르게 따라했다. 하지만 스탈린이 외국의 기술 자문들을 고용하고 또 독일과 미국의 공장들을 본따서 계획을 세우며 중화학공업을 우선 과제로 삼았던 데에 반하여, 마오쩌둥은 약간 다른 길을 선택했다. 외국인들을 믿지 못하고 참을성도 부족했던 그는 '대약진'을 선언했다. 중국의 낙후된 산업과 부족한 인적 자원 문제를 해결하기 위해 당이 '물질적' 요인을 '정신적' 요인으로 대체한다는 해법을 내건 것이다. 테크노크라트 '전문가들'이 물질적인 제약 조건들로 인해 불가능하다고 한 것을 '붉은' 혁명가들은 신념의 힘으로 해낼 수 있다는 것이었다. 그리하여 중국은 외국의 자본재도 수입하지 않고 또 외국 엔지니어들의 조언도 얻지 않으면서 한 마을씩 한 마을씩 산업화를 해나갈 것이었다.[16]

말할 것도 없이 그 결과는 재앙이었다. 중앙의 정부가 농민들에게 뒷마당에 용광로를 지어 철강을 생산하라고 명령하면, 약간의 철강만 얻고 곡물 생산은 줄어들 것이다. 더 나쁜 것은 명령이 독재자로부터 직접 나올 경우 진실을 알 수 없게 된다는 점이었다. 이 '대약진'은 마오쩌둥 자신이 만든 정책이었기 때문에, 모든 사람들이 정책이 잘 진행되고 있다고 보고했다. 실제로는 4,000만 명이 잇따른 기근으로 사망한 것으로 추정된다.

이 결과는 현실사회주의에서 초래되기 마련인 표준적인 수준의 재앙보다 훨씬 더 끔찍했다는 점에 주목해야 한다. 철의 장막Iron Curtain 과 죽의 장막Bamboo Curtain 의 경계, 즉 레닌그라드에서 오데사 그리고 캅카스로 그리고 윈난에서 동해까지 —혹은 쿠바에서 카리브해 건너편의 코스타리카나 멕시코까지 —살펴본다면, 스탈린과 마오쩌둥과 김일성과 호치민과 (소름끼치는) 폴포트의 군대가 행진하던 나라들의 생활수준은 1990년이 되어 이 장막들이 걷어졌을 때 인접한 비공산주의 나라들의 5분의 1밖에 되지 않았다. 하지만 대약진 운동이 한창이던 당시의 마오주의 중국의 생활수준은 이보다 훨씬 열악했다.

재앙의 규모가 알려지면서, 마오쩌둥의 핵심 측근들도 서서히 그리고 조심스럽게 그에게 반기를 들기 시작했다. 1958년 12월에 류사오치가 마오쩌둥을 대신하여 국가 주석이 되었고, 류사오치의 오른팔로 덩샤오핑이 있었다. 1959년 7월에 중국공산당 회의에서 국방부장 펑더화이는 마오쩌둥의 정책들을 비판했고, 마오는 당을 쪼개겠다고 위협했다. 당시 공산당원의 대다수는 여전히 마오쩌둥에게 '충성'하고 있었다. 펑더화이는 당과 정부로부터 비난을 받고 해임되었다. 마오쩌둥도 정권의 핵심에서 옆으로 슬쩍 물러났다. 그의 부하들과 그 부하들의 부하들의 의견은 마오쩌둥이 상징적이고 의례적인 역할을 맡아야 한다는 데로 거의 모아졌다. 마오는 전혀 그럴 생각이 없었다.

그럼에도 불구하고 마오쩌둥이 반격을 준비하기까지 6년이 걸렸다. 그는 체제의 상징이라는 자신의 권력을 활용하여 특히 하급 간부들 및 청년들을 움직여서 권좌로 복귀했다. 그는 '공산당 본부를 공격하라'고 촉구했다. 말인즉슨, 공산당 지도부 내에서 당에 대한 충성 혹은 혁명에 대한 헌신이 의심스럽다고 그가 지목한 이들을 파멸시키라는 것이었다. 이른바 '문화대혁명'이었다.[17] 그리하여 정치국 상무위원회의 2인자였던 류사오치가 피살당한다. 덩샤오핑은 정치적으로 올바른 것보다 유능한 것이 더 중요하다고 주장했다가 종파 분자로 몰려서 당에서 숙청되고 지도자 자리를 잃었다. 그는 "좋은 고양이는 검은 고양이도 흰 고양이도 아니고 쥐를 잘 잡는 고양이"라고 말했는데, 마오쩌둥은 덩샤오핑이 말한 '검은색'이 사실은 혁명적이라는 뜻의 '붉은색'이며, '흰색'이란 반혁명적이라는 뜻으로 보았다. 덩샤오핑은 순전히 운 좋게 목숨을 부지했던 것 같다. 마오의 홍위병은 덩샤오핑의 아들 덩푸팡을 창문 밖으로 던졌고, 덩푸팡은 허리가 부러져 일생 동안 하반신 마비로 살아야 했다. 문화대혁명 기간에 대학은 마오쩌둥의 이념을 더 잘 반영할 수 있도록 교육 과정을 개정하기 위해서 문을 닫아야 했다. 엔지니어들은 농사일을 배울 수 있도록 농촌으로 보내졌다. 모든 종류의 테크노크라트들이 비슷한 이유로 자리에서 밀려났다. 문화대혁명은 지식인에 대한 강한 반감에 뿌리를 두고 있었다. 마오쩌둥은 마침내 자기가 권력을 되찾는 데에 도구 역할을 했던 좌파 이데올로그 지식인들까지 적으로 삼아 숙청하기 시작했다. 1971년, 중앙정치국 상무위원회의 새로운 2인자였던 린뱌오마저 궁지에 몰렸다. 그는 마오쩌둥이 숙청하기 전에 도망치려 했지만 비행기 추락 사고로 사망했다.

마오쩌둥의 문화대혁명은 대약진 운동과 마찬가지로 1976년에 그가 사망할 때까지 이어졌다. 문화대혁명으로 얼마나 많은 사람이 희생됐는지는 알려져 있지 않다. 아마도 150만 명 또는 200만 명에 이르는 사람이 목숨을 잃고, 수천만 명의 사람들이 숙청과 투옥 중 하나 또는 둘 모두를 겪은 것으로 보인다. 문화대혁명의 첫 단계가 끝난 1970년에 중국의 경제 수준은 인도의 절반 정도였으며, 오늘날의 세계 최빈국의 물질적 수준과 대략 비슷했다고 추정할 수 있다. 결국 숙청당해 망명을 떠났던 덩샤오핑이 되돌아왔고 다시 정권을 잡았다. 덩샤오핑은 관료와 군부의 많은 이들이 여전히 잘 알고 있었기에 양쪽 모두의 신뢰를 받으며 국가를 통치할 수 있는 유일한 인물이었다.[18] 하지만 그는 또다시 숙청됐다. 마오주의를 내세운 정치 분파인 '4인방'의 진노를 샀기 때문이었다. 그때 덩샤오핑을 지켜준 방패는 마오가 사망하고 4인방이 전복되기 전까지 군부의 동맹 세력들 혹은 덩샤오핑 본인뿐이었다.

궁극적으로 오직 다음 두 가지가 중국과 중국 경제를 구원했다. 첫째는 두 가지인데, 마오의 군대가 대만을 정복하지 못한 것 그리고 1949년 영국을 상대로 홍콩을 되찾기 위한 싸움을 벌이지 않은 것이었다. 홍콩과 대만은 1978년 이후 중국의 산업 발전에 필요한 자금과 기업가들을 공급하는 원천이 된다. 둘째는 덩샤오핑이다. 1966년 숙청당할 당시 그는 결코 시장경제로의 회귀를 옹호하지도 않았고, 마오의 홍위병들이 매도했던 것처럼 '자본주의 노선을 취한 권력 이인자'도 전혀 아니었다. 하지만 1978년 최고지도자가 된 후 그는 분명 자본주의 노선을 취한 권력 일인자였다. 그리고 그것이 엄청난 차이를 만들었다. 그는 일단 권력에 오르자 중국 경제를 복구하고 발전시킬 방법을 찾기 위해서 후야오방, 자오쯔양, 시중쉰 그리고 다른 개혁가들에게 바통을 넘겨줬다. 그렇게 중국 정부는 마오쩌둥의 사망 이후 앞으로 나아갈 길을 찾았다. 마오쩌둥은 자신이 중국을 일으켜 세웠다고 주장했지만, 이는 틀린 말이다. 중국을 일으켜 세운 이는 바로 덩샤오핑이었다.

*

냉소적인 관점으로 보면, 신흥 경제국에 대한 가장 흥미로운 질문은 왜 그들의 경제가 그렇게 자주 정체됐거나 급격한 하락을 경험했는가가 아니라, 왜 때때로 급속한 성장을 경험했는가이다. 남미에서는 칠레, 멕시코, 브라질 남부, 파나마, 사하라 사막 이남 아프리카의 알제리와 보츠와나, 아시아의 홍콩, 말레이시아, 싱가포르, 한국, 대만, 태국, 그리고 이제는 당연하게도 마오 이후의 중국

등이 모두 인상적일 정도로 경제를 성장시켰다. 2차 대전 이후 북방세계와의 상대적인 물질적 번영의 격차도 좁혔다. 어떻게 이런 성과를 거둘 수 있었을까? 경제 발전에서 성공한 사례와 실패한 사례를 가르는 핵심 요소는 무엇이었을까?

이제 희망적이고 긍정적인 방향으로 돌아가 보자. 1950년 이후 북방세계의 기준을 충족시킨 국가들에는 두 부류가 있었다. 첫째는 이제는 부유한 나라들의 클럽으로 여겨지지만 초기에는 그렇지 않았던, 경제협력개발기구OECD의 원년 멤버들이었다. 대개 마셜 플랜 원조 수혜국들, 영연방 자치령 국가들, 여기에 일본과 미국이 더해진다. 둘째 부류는 동아시아의 태평양 연안 국가들로, 지금부터 이 나라들을 집중적으로 살펴볼 것이다.

1950년 이후 일본의 회복세는 많은 이들을 놀라게 했다.[19] 2차 대전 직후만 해도 일본 경제가 과연 패전의 충격을 성공적으로 극복할 수 있을지는 불투명했다. 석유와 철이 없이 공장이 멈춰 있는 상태에서, 쌀과 석탄을 제외하고는 산업 문명에 필요한 거의 모든 자원을 수입하며 원점에서 다시 시작해야 했던 일본이 성공할 수 있는 확률이 얼마나 되었겠는가? 1950년에 한국전쟁이 터지면서 상황이 급변했다. 한국전쟁은 일본의 산업을 열전을 위한 소중한 자원으로 만들었으며, 이것은 다시 일본 경제의 성공을 냉전의 중요한 목표로 만들었다. 분쟁이 빈번한 동아시아에서 일본을 침몰하지 않고 번영하는 민주주의 동맹국으로 만드는 것이 미국 정책의 핵심이 됐다. 1955년쯤 일본 경제는 1941년 12월 7일 수준으로 강력해졌다. 그 이후 일본은 그때까지 세계가 보지 못했던 매우 빠른 속도로 성장했다.

1960년부터 1974년까지 일본 경제는 연평균 10%씩 성장했다.

이 짧은 기간에 경제 규모가 4배로 커졌고, 1인당 GDP는 미국 경제의 25% 수준에서 57%로 증가했다. 이어서 1973년부터 1990년까지 GDP는 연평균 4.5% 성장했고, 경제 규모는 다시 2배가 됐으며, 1인당 GDP는 미국 경제의 78% 수준에 이르렀다.

어떻게 일본은 이렇게 놀라운 속도로 성장할 수 있었을까? 일본의 경제계획의 주요한 부분은 복잡한 사회적·경제적 네트워크를 이용한 비관세 장벽으로 국내 산업을 강력하게 보호하는 정책이었다. 경제학자들은 일반적으로 보호주의를 반대한다. 보호주의는 (가격을 올려서) 소비자들에게 피해를 주고, 혜택을 입을 만한 아무런 생산적인 활동도 하지 않은 생산자들에게 이득을 주기 때문이다. 또한 보호주의 경제는 자본을 투하하여 원하는 것을 얻어내는 데에는 능하지만 신기술 개발에는 취약한 기업들을 만들어낸다. 일본의 보호주의에도 분명 그러한 요소들이 일부 있었지만, 결과적으로 영리한 정책이었던 것으로 보였다. 시간이 지나면서 생산자들은 보호주의가 야기하는 그러한 정적 손실static losses을 상쇄하기에 충분한 정도의 성과를 이루어냈다. 큰 대가를 치르면서도 또한 부를 쌓아나갔던 것이다.

사후적으로, 북방세계의 관찰자들은 일본이 이러한 정책을 지속하는 것을 합리화했다. 이들은 일본이 아주 독특한 경우라고 생각했다. 일본은 근대로 들어오면서 이미 강력하고도 잘 기능하는 정부, 서구화의 필요를 재빨리 간파한 엘리트들, 식량 부족을 발생시키지 않는 완만한 인구 증가, 상업과 산업에 대한 깊은 존중, 대중교육에 대한 열성 등의 조건과 특징을 이미 지니고 있었다는 것이다. 그리고 동아시아에서 이런 조건들을 모두 갖춘 나라는 일본이 유일해 보였다. 1800년대 중반 메이지 유신 시기에 이루어진 사회

변화는 북방세계 사람들이 문화적으로 정체되어 있고 관료적이고 위계적으로 경직되어 있는 곳으로 간주했던 이 지역의 다른 어느 곳에서도 찾아볼 수 없었다.

1945년 당시만 해도 대부분의 외부 관찰자들은 일본을 제외한 동아시아를 오늘날 관찰자들이 아프리카를 바라보듯이, 즉 경제 발전을 가로막는 커다란 난제들에 부딪혀 있고 계속 가난한 상태를 면치 못할 것이라는 관점으로 바라보았다. 그 지역의 나머지 나라들은 믿기 어려울 정도로 험난한 시련에 직면에 있는 것처럼 보였다. 그러니 장기 20세기 후반부에 벌어진 태평양 연안 지역의 급속한 경제성장은 거의 기적과도 같은 일이었다. 많은 나라들이 발전국가의 깃발을 내걸고 빠른 경제성장을 시도했지만, 대부분의 경우 그러한 노력들은 실패했었다.

동아시아 국가들이 달랐던 이유는 무엇이었을까? 그중 하나는, 라틴아메리카나 몇몇 소비에트 블록의 '발전국가들'은 무엇보다도 독립과 자급자족의 달성을 목표로 했다는 점에 있었다. 그들은 자기들 경제를 세계시장의 가격으로부터 완전히 차단시켰고, 나아가 가격 자체를 무시했다. 하지만 동아시아 국가들은 처음부터 자원이 희소한 때문에라도 수출을 (그것도 엄청난 규모로) 해야 한다는 전제에서 출발했다.

이들의 목표는 경제 발전의 새 경로를 개척하는 것이 아니라 그저 북방세계를 따라잡는 것이었다. 북방세계는 자신들이 효율적이고 성장 친화적이며 혁신적인 기술 선도 경제를 운영하는 비법을 보유하고 있다고 믿었다. 하지만 산업의 미래를 만들어 내는 데에 가장 적합한 경제 조직과, 이미 알려진 목표를 따라잡는 데에 최적화된 경제 조직이 같아야 한다고 생각할 선험적 이유는 전혀 없다.

영국 왕이 남작들, 주교들, 은행가들, 몇 명의 기계공들을 불러 모아놓고 '산업혁명을 일으키자'고 말했던 것은 아니었다. 하지만 바로 이것이야말로 일본이 장기 20세기 초반 메이지 유신의 개혁 조치들로 했던 일이었다. 이 전략은 성공했다. 그다음 일본은 과거 식민지였던 한국과 대만이 독재자들 —박정희와 장제스— 아래 어떻게 따라잡아야 하는지에 대한 모델을 제공했다. 그 두 나라는 다시 말레이시아, 태국 등 다른 국가들의 모델이 되었다. 결론은 매우 명확하다. '환태평양 발전 모델'은, 그게 무엇인지는 차치하고 추격 발전에 효과가 있다.

이 모델의 핵심은 무엇일까? 첫째, 무역 그것도 관리 무역managed trade이다. 환율을 저평가하여 적어도 처음에는 글로벌 품질 수준에 미치지 못하는 제조품도 수출할 수 있도록 한다. 그런 다음 수출에 성공한 기업, 즉 북방세계 중산층 소비자가 선택하는 기업에 보조금을 지급한다. 해외 수입품으로부터 보호를 받았던 바로 그 일본 기업들이 세계시장에서 혁신, 품질, 가격의 국제 기준을 충족시킬 수 있도록 경쟁력을 강화해야 했다. 참고 기다려주는 값싼 자본이 도움이 되었다. 그리하여 1980년대가 되면 보호주의가 엄청난 결과를 가져왔다는 점이 분명해졌다. 실제로 철강의 가와사키와 닛폰, 자동차의 토요타, 닛산, 혼다, 타이어의 브릿지스톤, 건설장비의 코마츠, 전자산업의 토시바, 마츠시타(파나소닉), 니콘, 후지츠, 샤프, 소니, 캐논 등이 놀라운 성과를 거두었다.

라틴아메리카에서는 통화가 고평가되어 사회 전체의 부의 큰 몫이 외국 사치품들을 사들이는 데에 지출되었다. 상류층이 그 자원을 국가 발전에 돌리는 것보다 풍요롭게 사는 쪽을 선호했던 것이다. 이러한 상황에서 라틴아메리카의 지도자들은 고율의 관세와 각종 비관세 장벽을 통해 수입을 제한하는 전략을 선택했는데, 이는 생산과 경제 발전에 필요했던 중간재와 자본재 수입에 높은 비용이 부과되는 결과를 가져왔다.

일본으로 돌아가 보자. 자신의 저축이 사라지지 않을 것이라고 확신할 수 있는 환경에서, 토지개혁 이후의 평등한 소득분배와 저축을 용이하게 해주는 경로들—전국의 우체국을 예금, 대출, 다양한 금융 서비스를 제공하는 소비자 은행으로 활용하는 우편저축제도 등—을 통해 해마다 높은 저축률이 유지되었다. 이러한 은행에서 대출을 받은 기업들에게 기계를 판매하는 업체들이 낮은 가격을 책정하도록 하여, 구매자들이 국내의 기계 생산 업체 또는 운이 좋거나 정치적 연줄로 희소한 수입 면허를 가지고 외국산 기계를 파는 업자들에게 더 높은 가격을 지불할 필요가 없도록 했다. 현대의 기술적 지식을 구현한 기계는 저렴하게, 외국산 고급 소비재들은 비싸게 되도록 경제 전체의 가격 구조를 기울였던 것이다.

물론 이러한 조치들은 노동자 특히 숙련 노동자에게 은폐된 무거운 세금을 부과한다는 것을 의미한다. 또한 '자유시장' 가격에 비해 금융적으로 왜곡된 가격을 의미한다. 즉 저축자에게 가야 할 수익을 압박하여 그 수익을 저축을 활용하는 기업과 그 기업의 소유자들에게 이전하는 셈이다. 또한 이는 저평가된 환율을 통한 수출 흑자를 의미하는데, 이렇게 되면 수출 상품을 구매한 외국인들에게 스미스적 가격Smithian prices(수요와 공급의 균형에 따른 가격—옮긴이)에 비해 보조금을 지급하는 셈이다. 이러한 정책은 성공적으로 수출품을 생산할 경우 실행에 의한 학습learning by doing을 통한 인적 조직적 자본 이득이 암묵적 보조금에 따른 비용을 능가할 것이라는 희망에 기반한 것이다.

태평양 연안 지역 역사의 교훈은, 수출을 통해 벌어들인 달러로 국내 기업들이 필요로 하는 북방세계가 생산한 기계류를 살 수 있고, 그 기계류에 체현되어 있는 북방세계가 발명한 기술을 접할 수 있으며, 그 기계들이 효율적이고 효과적인 기업들에게 공급된다면 이 공식을 통해 한 나라를 발전시킬 수 있다는 것이었다.

수출에 성공한 회사들—시장의 효율성 테스트를 통과한 회사들. 물론 이 효율성 테스트는 국내 자유시장경제에서가 아니라 수출품을 구매한 북방세계 중산층 사이에서 이루어진 것이다—에게 보조금을 주는 중요한 이유가 여기에 있다.

궁극적으로, 동아시아 발전 모델은 개방형 경제 모델을 운영하기 때문에 수출을 흡수하고 무역적자를 감수할 수 있는 다른 나라들—콜록, 미국—을 전제로 하고 있다. 만약 모든 나라들이 동일한 발전 전략을 시도했다면, 미국이 모든 나라의 수출을 흡수할 수 있었을까? 어림도 없다. 결국 이 동아시아 발전 모델은 소수의 나라들에게만 작동할 수 있었을 뿐이다.

어쨌든 이 모델은 실제로 작동했다. 한국을 보라. 한국에는 오늘날 전 세계에서 가장 효율적인 첨단 마이크로프로세서를 생산하는 두 회사 중 하나인 삼성이 있다. 앞에서 말했듯이, 1950년대에 한국을 바라본 어느 누구도 이 나라가 전 세계에서 가장 빠르게 성장하는 경제 중 하나가 되리라고 예상하지 못했다. 당시 한국은 처참한 전쟁에서 벗어난 지 얼마 되지 않았고, 전쟁 중에 수도이자 산업의 중심지인 서울의 주인은 네 번이나 바뀌기도 했다. 저축률은 낮았고, 수출은 저조했다. 1950년대 말에는 수입 대금의 절반 이상이 미국의 원조로 지불되었는데, 대외 원조의 형태 혹은 한국 내에 진주한 미군 부대의 지출을 통해서였다.

1948년부터 1960년까지 대통령이었던 이승만은 외교와 수입의 흐름을 통제하려고 노력했다. 이승만 정부는 한국 통화를 고평가하고(미국에 주한미군 지원 비용을 최대한 많이 청구하기 위해), 관세를 높이고, 수입 수량을 엄격하게 제한했다. 그 결과 경제성장은 느리고 들쭉날쭉했으며, 미국에 대한 의존이 계속되었다. 그런데 1961년 박정희가 정부를 손에 넣으면서 모든 것이 변화했다. 박정희는 잔인했지만—20세기의 기준으로 보면 특별한 정도는 아니었다—놀랍도록 효과적이었다. 한국은 수입대체에서 수출주도 산업화로 발전 전략을 빠르게 전환시켰다. 그 결과는 놀라웠다. 수출은 GDP의 3%에서 40%로 늘어났다. 1960년대 이후 30년간 1인당 소득 증가율은 평균 7%를 상회했다.

급속한 성장이 지역의 정치적·경제적 조류에 역행하는 것처럼 보이는 곳에서도 성장은 가능했다. 그 빛나는 전범은 보츠와나로서, 1960년 900달러에 불과했던 1인당 연간 실질소득이 2010년에는 14,000달러가 되었다. 보츠와나는 비록 내륙에 갇혀 있고, HIV/AIDS의 영향을 심각하게 받고 있으며, 경제성장 측면에서 매우 저조한 주변국들에 둘러싸여 있음에도 사하라 사막 이남 지역에서 가장 높은 인간발전지수Human Development Index를 기록했다.[20] 이웃 국가인 잠비아의 1인당 소득은 1960년 2,800달러로 보츠와나보다 3배가 높았지만 2010년에는 3,500달러로 보츠와나의 25% 수준으로 떨어졌다. 독립적이고 부패하지 않은 사법체계, (기술 이전을 촉진하기 위한) 기계 수입에 대한 관세 면제, 저축을 장려하는 은행 시스템, 정부 수익을 인프라 투자에 사용하는 정책 등이 모두 성장에 도움이 됐다.

비록 영국의 식민지였지만 19세기 후반 츠와나 족장들의 역량과 행운이 대영제국 지배자들로 하여금 이곳에 손을 많이 대지 않도록 유도했으며, 그 덕분에 독립 이후의 국가 건설이 용이하게 이루어졌다. 그리고 보츠와나 인구의 약 80%가 츠와나족이었고, 독립운동 지도자이자 독립 보츠와나의 초대 대통령(1966~1980년)인 세레체 카마Seretse Khama가 츠와나족의 8대 부족 중 하나인 응와토 부족Ngwato의 추장kgosi 출신이었다. 보츠와나가 자국 영토에 있는 드비어스 광산 자회사의 지분 50%와 드비어스 기업 전체 지분의 15%를 확보한 것 또한 빛나는 성취임은 말할 것도 없다. 보츠와나와 같은 악조건 속의 나라가 이런 일을 해냈다면, 어느 곳 어느 나라이든 할 수 있다는 말이다.

*

성공적인 경제 발전을 위해 로버트 앨런이 내놓았던 리스트를 떠올려보자. 시장을 진흥하고, 철도 · 운하 · 항만을 건설하고, 은행을 설립하고, 아이들을 가르치고, 엔지니어들을 교육하고, 보호해야 할 산업의 수입품에 관세를 부과하고, 엔지니어 커뮤니티들을 육성할 것 등이 있었다. 이 모든 조건들이 충족되면 마지막으로 어딘가로부터 '빅푸쉬'를 만들어 내야 한다. 즉 성장이 벌어질 것이라는 대대적인 기대와 예측을 만들어 내야 하는 것이다.

태평양 연안 나라들의 경제 발전에 각국 특유의 비법들도 있었지만, 이 나라들과 남방세계 나머지 나라들 사이의 핵심적인 차이는 당연한 것들을 성공적으로 실행해낸 데에 있었다. 카를 폰 클라우제비츠가 전쟁에 대해 했던 유명한 말이 있다. "전쟁에서는 모든 것이 단순하지만, 가장 단순한 것이 어렵다. 이러한 어려움들이 누적되어 마찰이 생겨나며, (그때가 되면 누구에게나 명백한—옮긴이) 그

마찰을 보지 못했다는 사실을 아무도 상상할 수 없게 된다."[21] 거의 모든 남방세계의 경제 발전에도 이 명제가 적용된다.

게다가 정치의 논리란 특혜를 베풀고 부를 재분배하고 영향력을 행사하고 세금을 징수하는 것이다. 이는 경제성장의 논리와는 아주 다르다. 아직 체계를 세우지 못한 신생 국가는 경제성장을 성공적으로 이끌 수 없다. 경제에 미칠 수 있는 피해가 제한적인 국가 또는 충분히 안전하고 충분히 독립적이며 빠른 경제성장에 충분히 헌신하는 국가만이 이러한 정치적 생존의 함정을 피할 수 있다. 따라서 필요한 것은 엄격하게 제한된 정부—즉 경제가 글로벌 경제에 통합되어 있고 그 규범, 법률, 조약의 지배를 받기 때문에 특혜로 자원을 배분할 수 없는 정부—또는 제대로 기능하는 발전국가이다.

결국 신자유주의 스타일의 세계 시장 주도의 경제 발전이든가, 환태평양 스타일의 거버넌스와 성장 둘 중의 하나뿐이다. 그런데 후자는 시도하기에 매우 리스크가 크다. 경제학자 랜트 프리챗Lant Pritchett 이 즐겨 말하는 것처럼, "반反 발전국가가 주도하는 국가 주도형 발전보다 더 나쁜 것은 이 세상에 거의 없다."[22] 독립한 이후 너무나 많은 아시아와 아프리카 국가들 그리고 너무나 많은 2차 대전 이후의 라틴아메리카 국가들이 그리고 말았다.

따라서 남방세계가 환태평양 모델을 시도했다가 실패할 위험을 원치 않는다면 어떻게 해야 할까? 다른 접근 방식이 있을까? 제1의 목표를 경제 발전으로 삼는 정부 관료 조직을 만들어낼 수 없다면, 무엇을 해야 하는가?

많은 나라들에게 남아있는 실행 가능한 유일한 옵션—그리고 절망적인 조언—은 '신자유주의'이다. 신자유주의로 어떤 결과를 얻고자 하는지는 분명하지만, 이 말이 실제로 뜻하는 바는 그만큼 명확하지 않다. 최소한 그 목표는, 경제를 (반쯤 약탈적인) 정부로부터 완전히 단절시켜서 권력 집단을 위해 소득분배를 왜곡하려는 정부의 시도가 상대적으로 효과적이지 못하고 그래서 해악도 최소화되게 만드는 것이다. 1980년대 이래 경제 발전에 대한 희망은 '신자유주의'의 방향으로 바뀌었다. 국가의 개입이 건설적이기보다는 파괴적일 가능성이 더 커보였기 때문에, 스스로 현명하다고 자처하는 이들은 국가가 경제 발전 과정에 개입하는 것 자체를 제한하고자 했다. 이들은 그 대신 수요의 원천인 세계시장과, 충분히 좋은 거버넌스의 원천인 세계시장으로의 통합의 요건들에 의지하라고 조언했다.

2차 대전 이후의 기간을 전체로 놓고 보면, 적어도 이러한 압력은 가난한 나라가 기술을 빠르게 배우고 부유한 나라를 따라잡으려는 자연스러운 경향에 맞설 만큼 충분히 강력했다. 이러한 압력이 가까운 미래에 줄어들 명확한 이유도 없다. 낙관론자들은 지난 세대 동안 많은 제3세계 국가들이 경험한 경제적 실패가 강력한 개혁을 위한 지적인 압력을 만들어낼 것이라고 희망하기도 한다. 만약 장기적으로 볼 때 역사를 만드는 결정적인 힘이 아이디어라면, 아마도 이 낙관론자들이 옳을 것이다.

낙관론자들이 틀렸다면 우리 모두 큰 곤경에 처하게 된다. 지구 온난화와 그 밖의 미래 지구 환경 문제를 성공적으로 처리하고 인류를 장기적으로 안정시키려면 전적으로 남방세계가 성공적인 산업화와 또 그에 수반되는 급속한 인구 구조 이행을 이루어야 한다. 후자는 특히 사하라 사막 남쪽의 아프리카와 이슬람 세계 대부분에서 반쯤 막혀 있는 상태이다. 이렇게 남방세계에서의 '신자유주의'는 비관적 낙관론자의 전략이었다. 개발도상국들이 경제성장을 추구하기에 충분한 안보, 안정성, 독립성을 확보할 있는가에 대해 비관적이게 된 사람들이 경제 실패의 증거가 경제성장을 향해 국가를 개혁할 아이디어, 유권자, 압력을 만들어낼 것이라고 낙관적으로 기대하고 있다. 단기적으로는 비관론자이면서, 장기적으로는 낙관론자인 셈이다.

13장. 포용

앞에서 본 대로 장기 20세기가 시작되기 이전, 즉 대략 1800년에서 1870년 시기에 새로이 발전한 기술과 조직 덕분에 인류는 맬서스 함정이 야기하는 지독한 빈곤에서 벗어나 더 나은 세상의 문을 열어젖히는 것으로 보였다. 그리고 장기 20세기가 시작되자 그 문을 지나 유토피아로 가는 길을 걷기 시작했다. 하지만 그다음의 1914~1949년 시기에 인류가 세계 대전, 대공황, 또 다른 세계 대전과 씨름하면서 저 너머의 유토피아는 요원해 보였다. 또한 내전과 혁명전쟁이 벌어졌고, 그 마지막이라 할 중국의 내전은 1949년에야 끝이 났지만 중국 전역에 걸쳐 5,000만 명에서 1억 명의 사람들이 사망하는 끔찍한 기근을 불러왔다. 기술과 조직은 갈수록 인류에게 자유와 부를 가져다주는 힘이 아니라 살상과 억압의 도구로 쓰였다.

이 기간 동안에 나타났던 도전적 이데올로기, 정치 메커니즘, 성장과 분배의 딜레마 등만을 본다면, 2차 대전 직후의 세상에서 낙관적인 전망의 근거를 찾기란 어려웠다.

하지만 2차 대전 이후에 세계, 적어도 북방세계는 깃발을 들고 걸어가듯 ―아니, 달려갔다―진정한 유토피아를 향해 전진했다. 전쟁으로 인한 고율의 조세 부담은 대공황으로 이미 상당한 재산을 잃은 부자들에게 전가되었다. 미국에서는 전쟁 물자를 생산하기 위해 노동력 수요가 엄청나게 커서 임금이 오르고 임금 격차는 축소되었다. '미숙련' 노동자들의 임금수준이 '숙련' 노동자들의 임금수준보다 더 많이 올랐다. 이는 전시노동위원회War Labor Board 가 미숙련 노동자들의 임금수준을 높이라고 지시한 이유도 있었지만, 공장주들이 주어진 생산 목표를 달성해야 한다는 압박이 엄청난 상황에서 그에 필요한 기술을 미숙련 노동자들에게 가르치는 것이 그렇게 어렵지 않았기 때문이기도 했다. 그리고 2차 대전의 여파 속에서 전국의 강력한 노동조합들은 특별한 성과 보수를 경영자가 요구하기 어렵게 그리고 이사회가 이를 승인하기 어렵게 만들었다. 경제는 그 어느 때보다 빠르게 성장했고, 실업률은 낮았고, 소득분배가 (적어도 미국이나 북방세계의 백인 남성에게는) 그리 불평등하지 않았으며, 호황과 불황의 경기변동boom-bust business cycle 이 아주 완만했다. 북방세계의 백인 남성들에게는 이전보다 유토피아에 가까워졌고, 계속 빠르게 유토피아에 가까워지고 있었다.

하지만 여전히 이것은 백인들에게만 해당했다. 나머지 사람들은 어땠을까? 물론 대부분의 지역에서 대부분의 사람들은 그들의 선조들보다 더 나은 삶을 살았다. 나이지리아 소설가 치누아 아체베Chinua Achebe 는 식민지 시절 이그보족Igbo 조상들의 입을 빌어 이렇게 표현했다. "백인들이 완전히 맛이 간 종교를 들여오기는 했지만, 그들은 상점 또한 세웠다. 그 덕분에 처음으로 야자유와 곡식이 좋은 값에 팔리는 상품이 됐고, 많은 돈이 우모피아Umofia 로 흘러들어 왔다."[1] 그럼 유토피아에 가까웠을까? 별로 그렇지는 못했다. 이렇게 북방세계의 어엿한 시민인 백인들과 그에 속하지 못한 사람들 사이에 큰 격차가 여전히 존재했지만, 그렇다고 해도 그 흐름은 옳은 방향으로 가고 있었다. 북방세계 밖 사람들의 삶도 분명 어느 정도씩 나아지고 있었다.

아서 루이스는 영국이 통치하던 세인트루시아에서 1915년에 태어났다. 그는 14살에 고등학교를 졸업했을 정도로 재능 있는 학생이었다. 공학자가 되고 싶었지만, 훗날 그가 썼듯이 "정부나 백인 기업 그 어디도 흑인 공학자를 채용하지 않을 것이기에 무의미해 보였다."[2] 그는 경영학을 공부하기로 결심했고 장학금을 받아서 1933년에 런던 정치경제대학교London School of Economics에 최초의 아프리카인 학생으로 입학했다. 이 학교의 경제학자들은 곧 그의 엄청난 재능을 알아챘다. 1953년에 루이스는 맨체스터 대학교의 정교수가 됐고, 세계에서 손꼽히는 개발경제학자로 여겨진다. 1959년에 그는 서인도제도 대학교의 부총장으로 임명되어 미 대륙으로 돌아왔다. 루이스는 자신이 성공했다고 해서 그것이 어떤 식으로든 현 체제가 타당함을 보여주는 증거라고 여기지 않았다. 그는 흑인에 대한 배상을 강력하게 옹호했으며, 항상 '저개발'의 문제를 전면에 내세우고자 했다. 그는 저개발이란 경제적 변화가 결여된 상태가 아니라 경제적 변화의 한 형태, 즉 시장경제가 세계화되는 방식으로 인해 남방세계에 강제된 경제적 변화의 형태라고 말했다.[3]

인류의 역사를 거슬러 가보면 오랫동안 오로지 남성만이, 그것도 특별한 경우 —특정 부족, 특정 계급, 특정 혈통, 특정 신분, 충분한 재산, 충분한 교육 등 —에만 사회적 권력을 가질 수 있었다. 아리스토텔레스가 이론화한 것처럼 그가 유토피아와 비슷한 무언가라고 했던 황금시대Golden Age (고대 그리스인들은 인류의 역사를 금, 은, 청동, 철의 네 시대로 나누고 사회의 진보가 최고조에 이르러 행복과 평화가 가득 찬 시대를 황금시대라고 하였다 —옮긴이)의 환상적인 기술을 인류가 손에 넣는다면 모를까, 사람들은 항상 그렇게 될 것으로 예상했다. 아리스토텔레스의 말을 인용하자면, "만일 다이달로스의 [대장장이] 동상들이나 헤파이스토스의 세발솥들처럼 모든 도구가 우리의 명령을 받거나 뜻을 미리 알아차리고 스스로 제 과제를 완수할 수 있다면, 장인에게는 조수가 필요 없고 주인에게는 하인이 필요 없을 것이다."[4] 그런 날이 오기 전에는 맬서스적 인구 압력과 느린 발명 속도가 작동하여 생산성이 계속 낮게 머물러 있을 것이었다. 존 애덤스John Adams 가 말했듯이, 누군가 철학, 그림, 시, 음악이나 다른 것들을 연구할 여가를 가지려면, 다른 이들—대부분—은 사회적 힘을 박탈당하고 자신이 생산한 결과물의 상당 부분을 빼앗겨야 할 것이었다.

불평등이 심각했다고 해서 사회적 지위가 여러 세대가 지나도록 고정되어 있었던 것은 아니다. 농경시대 대부분 동안 많은 곳에서 신분은 가변적이었다. 운만 좋다면 누구든 신분이 바뀔 수 있었다. 심문하던 백인대장centurion 이 호민관을 돌아보며 "이 사람은 로마 시민입니다"라고 말하자, 사도 바울은 매질 직전의 상황에서 벗어났다. 그의 아버지가 로마의 치안판사에게 호의를 베풀었거나 혹은 뇌물을 바쳤기에 바울이 시민권을 갖게 되었으며, 그의 조상 중 누구도 로마는 구경조차 해 본 적 없었다는 사실은 전혀 중요하지 않았다.

시간이 지나 제국-상업시대에 들어오면서 유럽은 갈수록 폭력적인 길을 선택한다. 대서양 노예무역이 증가했고, 대략 1,700만 명의 아프리카인들이 납치되어 노예로 미 대륙으로 보내졌고 그 대부분이 혹사당해서 죽든가 거의 반죽음 상태에 이르렀다. 1800년 이전 카리브해 흑인 노예들의 기대수명은 도착하여 일을 시작한

때부터 대략 7년 정도였다. 유럽에서도 죄의식이 싹트기 시작했다. 아프리카 사람들이 노예가 되어야 **마땅한** 이유가 없다면, 이건 (아주 수지맞는) 범죄였다. 듀보이스는 1910년에 발표한 에세이 〈백인의 영혼The Souls of White Folk〉에서 이러한 역사를 비통하게 이야기하고 있다.

> 세상 사람들 중 어떤 개인이 백인이냐 아니냐를 나누는 태도는 아주 최근에 생겨났다. … 지배자들 세계에 속한 사람이 나 같은 흑인과 대화할 때면, 보다 친절한 영혼을 가진 이들조차도 그들이 내뱉는 말 위로 다음과 같은 곡조의 오블리가토가 끊임없이 들린다.
> "오, 당신은 가엾게도 비백인! 하지만 울지도 말고 분노하지도 마세요. 하나님의 저주 때문에 너무나 힘이 드시죠? 저도 너무 잘 알아요. 어째서 이런 일이? 그건 제가 할 이야기는 아닌 것 같고, 어쨌든 힘내세요! 비록 천한 영역에서지만 맡은 일 잘하시고요. 주님께 기도하시고요. 천국에서는 모든 것이 사랑이니까, 어쩌면 언젠가 다시 태어나실 수 있겠죠. 백인으로!"[5]

유전이라는 관점에서 보면, 인류 유전자의 압도적인 다수는 약 7만 5,000년 전에 아주 좁은 병목을 통과했다. 그래서 우리들 중 압도적 다수는 그 당시 살았던 몇 천 명에게서 유전자의 상당 부분을 물려받았다.[6] 그들은 3,000대쯤의 조부모인 셈이다(한 세대를 25년으로 가정 —옮긴이). 계산을 해보자. 우리 각자가 7만 5,000년 동안의 가계도를 그린다고 했을 때, 그 가계도의 슬롯의 숫자(한 개인의 3,000대 조상의 수와 그에 이르기까지의 모든 조상의 수를 더하면 $2^{3,000} +$

$2^{3,000}$ - 1 —옮긴이)를 7만 5,000년 전에 살아있었던 조상들의 숫자로 나누면 153,778,990,270으로 시작해서 888자리가 더 나오는 숫자를 얻는다. 대략 1.5×10^{99}에 해당하는 숫자다. 말인즉슨, 7만 5,000년 전에 살았던 우리의 집단적 조상 중 오늘날 그 후손이 살아있는 사람 한 명이 우리들 가계도에 채운 자리의 숫자가 우주의 모든 소립자 숫자보다 많은 것은 물론이고 10억 곱하기 10억 개 우주를 채울 만큼의 소립자 숫자보다도 많다는 것이다. 이는 곧 7만 5,000년 전에 살았던 사람 하나가 오늘날 후손이 살아있다면, 우리 모두가 그 7만 5,000년 전 사람의 후손일 확률이 압도적으로 높다는 것을 뜻한다. 즉 그 사람의 유전자가 헤아릴 수 없이 많은 숫자의 가계를 거쳐서 나에게 전달되어 온 것이다. 그러므로 모든 인간들은 가까운 친척들이다. 실제로 전 세계 인류의 유전자 변이의 숫자는 평균적 크기의 개코원숭이 집단 하나에도 미치지 못한다고 알려져 있다.

물론 인류는 문화와 지리와 더불어 공진화해 왔다. 가령 적도에서 멀리 떨어진 곳으로 이주한 이들의 경우, 멜라닌 색소를 생산하는 유전자 변이로 충분한 양의 햇빛이 피부를 뚫고 들어와 콜레스테롤을 비타민D로 바꿀 수 있도록 진화한 이들만이 살아남았다. 우유를 마셔도 배가 아프지 않은 젖당 내성lactose tolerance은 지난 6,000년 동안 6번이나 진화했던 것으로 보인다. 또한 우리 모두는 테이삭스병(혈청에 지방질이 많아져서 인지기능의 이상을 발생시키는 병 —옮긴이)을 낳는 창시자 효과founder effects(그게 무언지는 모른다 해도)가 지금 당장 벌어지는 일이 없기만을 바랄 뿐이다.

어떤 이들은 우리의 아주 가까운 친척들이 서로 다른 집단들을 이루고 있다는 사실을 두고서, 여러 사회학적 집단 사이에도 중요한 유전자의 차이가 있다고 믿는다. 그리고 그러한 유전자의 차이로 여성과 남성 사이 또 여러 민족과 인종 사이에 사회적·정치적·문화적 그리고 말할 것도 없이 경제적 결과들까지 나타난 것으로 설명하려 든다. 우파 경제학자 토머스 소웰Thomas Sowell이 오래전에 지적한 바 있듯이(후버 연구소의 사람들은 전혀 감명을 받지 못했지만), 1900년의 '진보주의적인' 앵글로색슨들은 의지박약한 동유럽 유대인들이 미국에 오지 못하도록 이민을 제한하는 것을 지극히 중요하게 생각했다고 한다.[7]

이런 식의 인종주의 주장들을 반박하기 위해 힘을 쓰는 것은 참으로 진이 빠지고 모욕적인 일이다. 한 예로, 오늘날 상대적으로 가난한 흑인 미국인들은 멍청한 유전자를 물려받았기 때문에 그렇게 살고 있다는 주장을 대체 언제까지 반박해야 하는가? "단지 물어보는 것일 뿐"이라고 말하지만, 이들은 유전, 집단유전학, 불평등의 세대 간 이전 등에 대해 뭔가 배우고 싶어 묻는 게 아니다. 참으로 얄궂게도, 이런 주장을 반박해 봤자 그런 주장이 속빈 강정이라는 게 폭로되기는커녕 되레 '아니 땐 굴뚝에 연기가 나겠어?' 식의 반응만 커진다는 점이다. 페이스북과 트위터와 같은 채널로 소통을 해야 하는 21세기의 공론장에서 합리적인 토론을 수행하기란 참으로 어려운 문제이다. 그런 소통 채널의 비즈니스 모델은 독자들의 불안과 공포를 자극해서 화면에 그들의 시선을 붙들어놓고, 가짜 당뇨병 치료제나 가상 화폐를 팔거나 하는 것이기 때문이다.[8]

이러한 시각이 근절되지 않는 이유는 아마도 미국 역사에 너무나 깊게 뿌리박혀 있기 때문일 수 있다. 링컨은 그 누구보다 노동의 존엄성과 인류의 평등에 헌신했던 정치인이자 국가지도자였지만, 그런 그조차 1858년 선거 유세에서 다음과 같이 말했다. "저는 백인종과 흑인종 사이에 정치적 평등 및 사회적 평등을 도입하려는 게 아닙니다. 두 인종 사이에는 신체적 차이가 있으며, 제 판단으로 볼 때 이 때문에 두 인종은 영원토록 완전한 평등의 발판 위에서 살아갈 수는 없을 것입니다. 이렇게 두 인종 사이에 차이가 있을 수밖에 없다고 한다면, 저도 더글러스 판사님과 마찬가지로 제가 속한 인종이 더 우월한 위치를 갖는 편을 선호합니다."[9]

경제사의 관점에서 보자면, 링컨의 말은 곧 2차 대전 이후 북방 세계가 원기를 되찾아 유토피아로 달려갔을 때 백인 남성들이 모든 비백인 남성들과 모든 여성들에 비해 크게 유리한 위치에 있었음을 뜻한다. 그렇지만 링컨이 백인 우월성을 방어하고자 목청껏 외친 것은 아니었다. 연설 전체의 맥락에서 보자면, 위의 인용문은 나중에 나올 반대의 논지를 더욱 강조하기 위한 양보절과 같은 것이었다. 위의 인용문 뒤에는 '그러나'가 곧 나오며, 그의 연설의 핵심은 '그러나' 뒤의 이야기에 있다. 링컨이 볼 때, 흑인 미국인들은 그들이 지금 당하고 있는 것보다 훨씬 좋은 대접을 받아 마땅하다는 (그리고 더욱 중요하게는 그런 대접을 받을 양도불능의 권리를 가지고 있다는) 것이었다. "흑인들이 생명의 권리, 자유의 권리, 행복 추구의 권리 등 미국독립선언문에 열거된 모든 자연권을 누릴 자격이 없다고 생각할 어떤 이유도 없습니다. … 흑인들도 자기 손으로 일하여 얻은 빵을 다른 누구의 허락도 받지 않고 먹을 권리가 있으며, 그 점에서 저와 그리고 더글러스 판사님과도 평등하며, 모든 살아있는 사람들과 평등한 존재입니다."[10] 기록에 따르면, 여름날 토요일 오후에 소일도 하고 정보도 얻고자 일리노이주 상원의원 선거유세장을 찾은 백인 청중은 링컨의 연설에 '큰 박수'를 보냈다고 한다.

사회에는 온갖 불평등이 존재하지만, 다른 누군가를 자기의 노예로 만들 권리는 어디에도 없다고 링컨은 말했다. 오직 스스로의 손으로 일해서 얻은 빵을 먹을 권리만이 있을 뿐이라고 그는 덧붙였다. 그것은 생명과 자유와 행복 추구에 대한 사람들의 권리의 일부였다. 정부가 존재하는 이유는 누군가가 열심히 일해서 얻은 빵을 다른 사람들이 빼앗아가지 못하도록 하는 데에 있었다. 게다가 그러한 정부는 국민의 동의를 통해서만 정당성을 얻었다.

이는 어디까지나 이론일 뿐이었다. 마틴 루터 킹 목사가 유명한 1963년 연설 〈나에게는 꿈이 있습니다 I Have a Dream〉에서 말한 바 있듯이, 미국독립선언서와 미국 헌법을 작성한 이들이 흑인 미국인들에게 발행한 '약속어음'은 킹 목사 당시에도 또 이 글을 쓰고 있는 오늘날에도 여전히 현금으로의 상환이 이루어지지 않았다.[11] 생각해 보라. 오늘날에도 미국의 50개 주들 중 절반의 지역이 흑인의 투표권을 약화시키고 그들의 참정권 행사를 부담스럽고 불편하게 만들도록 꾸며진 선거법을 가지고 있다. 흑인들을 가난한 상태로 묶어두고 그들이 민주당 후보에 투표할 수밖에 없게 만드는 정책들을 펴면서, 흑인들의 투표를 어렵게 만드는 것에 인종적 반감은 없다고 주장하는 것은 언어도단이다.[12]

그럼에도 불구하고 링컨의 노예해방선언은 오늘날 우리가 '포용 inclusion'이라고 부르는 방향으로 가시적으로 나아가게 만든 강력한 한방이었다. 그리고 장기 20세기에 변화가 최소한 시작되었다. 시간이 가며 남성, 특정 부족, 특정 계급, 특정 혈통, 특정 신분의 일원과 같은 조건은 사회적 권력을 얻는 데 있어서 덜 중요해졌다.

하지만 (적절한 양과 종류의) 재산과 교육은 여전히 중요했다. 사람의 출신지 또한 그 사람의 기회를 형성하는 데에 계속해서 결정적인 요소로 작용했다. 다시 말해 장기 20세기 내내 '포용'이란 현실이기보다는 달성해야 할 목표였다.

포용으로 나아가는 장기 20세기의 사회 운동에 있어서도 또한 미국은 인류의 미래를 주조하는 용광로의 역할을 했다. 미국이 다른 나라들보다 더 성과가 좋았다는 말은 아니다. 패권 국가로서의 힘 그리고 미국이 지향하는 이상과 현실 사이의 큰 간극이 결합하면서 생성된 아주 강력한 에너지가 미국의 역사적 변화를 추동한 것이라고 볼 수 있다. 또는 이렇게 말할 수도 있다. 흑인은 "너무나 열등하여 백인들이 존중해야 할 그 어떤 권리도 갖지 못한다"는 로저 토니Roger B. Taney 대법원장의 주장이 아니라 "모든 사람은 평등하게 창조되었으며" "일정한 양도불능의 권리들을… 가지고 태어난다"는 토머스 제퍼슨의 선언을 미국의 정체성으로 삼기로 결정하면서 그렇게 되었다고 말이다.[13]

*

2차 대전이 끝날 무렵, 모든 징후들로 볼 때 흑인 미국인들에 대한 법적 차별과 사실상의 차별이 계속되고, 교육받고 가난에서 벗어나고 부를 쌓고자 하는 흑인들의 노력은 영원히 가로막힐 것으로 보였다. 경제학자이자 사회학자인 군나르 뮈르달Gunnar Myrdal은 1944년에 인종과 미국에 관한 책을 발표했고, 책의 제목을 《미국의 딜레마》라고 정했다. 미국의 딜레마란 기회의 평등이라는 '미국의 신념'과 미국 흑인들의 현실이 모순된다는 뜻이었다. 미국은 이런 딜레마를 끌어안은 채로도 얼마든지 살아갈 수 있을 듯했다.

공화당은 '자유로운 노동free labor'에 대한 자신들의 믿음의 일환으로 흑인의 지위 향상이라는 이제는 자취만 남은 약속을 여전히 가지고 있었다. 하지만 현실에서는 노예해방선언 이후 한 세기 동안 많은 주의 정부가 공식적으로 흑인들에 대한 차별과 참정권 박탈을 승인하고 있는 상황이었다. 남부에서는 흑인들의 참정권 박탈이 확고한 정책으로 자리 잡았고, 백인들 사이에서 전폭적인 지지를 얻었다. 1875~1877년 미국 의회에 8명의 남부 출신 흑인 의원이 있었지만, 1901년부터는 1973년 텍사스의 바버라 조던Barbara Jordan 과 조지아의 앤드루 영Andrew Young 이 하원의원으로 선출되기 전까지 단 한 명의 흑인도 의회에 발을 들여놓지 못했다.

1910년대 1차 흑인 대이주가 시작되기 전에는 미국 북부에 흑인 인구가 너무 적었기 때문에 흑인 의원이 단 한 명도 없었다. 흑인 대이주가 시작된 이후에도, 북부 출신 흑인 하원의원은 거의 없었다. 실제로 1929년이 되어서야 미국 북부에 최초의 흑인 하원의원이 등장했다. 오스카 스탠턴 드 프리스트Oscar Stanton De Priest 가 사우스사이드 시카고의 소수 인종 비율이 높은 선거구에서 공화당 하원의원으로 선출된 것이다. 두 번째 흑인 하원의원은 할렘지역 출신의 애덤 클레이턴 파월 주니어Adam Clayton Powell Jr.로, 그는 1945년에 당선됐다. 그러고 나서 1955년에 미시간의 찰스 딕스Charles Diggs, 1959년에 펜실베이니아의 로버트 닉스Robert Nix, 1963년에 캘리포니아의 오거스터스 호킨스Augustus Hawkins, 1965년에 미시간의 존 코니어스John Conyers 가 하원의원이 됐다. 요약하자면 흑인 유권자에게 의미 있는 보호를 제공하는 1965년의 기념비적인 투표권법이 통과되기 전 마지막 의회에는 오직 4명의 흑인 하원의원들이 있었고, 그들 모두가 민주당이었다.

오늘날에도 거의 절반가량의 주에 흑인 투표 비율을 줄이기 위한 투표 제한 조치가 있다. 그런데 미국 연방 대법원 판사의 다수는 이러한 조치들이 공화당이 다음 선거에서 민주당에 우위를 점하기 위해 강제한 당파적 조치일 뿐, 흑인과 여성들을 억누르기 위한 인종주의적 동기에서 나온 것은 아니라고 믿는 척한다. 물론 장기 20세기 후반에 들어서도 여전히 추악한 미국 정치사의 현실을 생각하면 그리 놀랄 일도 아니다. 공화당의 기수인 로널드 레이건Ronald Reagan이 탄자니아의 외교관들을 "아프리카 나라에서 온 원숭이들"이라고 부르고, 경제정책의 기수인 시카고 대학교의 조지 스티글러George Joseph Stigler가 마틴 루터 킹 주니어와 그를 따르는 민권 운동 지도자들을 "갈수록 버르장머리가 없어진다"고 매도했던 때였으니까.[14] 이에 더해 공화당이 임명한 대법원 판사들이 묻지 않는 질문이 있다. 어떤 정당이 전력을 기울여서 인종적 편견에 젖어있는 사람들을 끌어들이는 상황에서, 그런 전략에 혐오감을 느낀 이들이 그 정당에 반대표를 던지지 못하게 억누르는 일은 당연히 지독한 인종주의적 행동이 아닌가?

부와 소득의 격차를 확대하고 사회적 위계를 강화하고자 하는 정당은 민주주의 체제에서 무엇을 해야 할까?[15] 이 정당도 잠재적인 다수의 유권자들이 자신들에게 투표할 이유를 제공해야 한다. 이런 정당은 자신들이 경제를 성장시키는 데 우월하다고 주장할 수 있다. 즉 유권자들에게 경제적 파이의 더 작은 조각을 나눠주겠지만, 파이를 훨씬 크게 하여 충분히 보상한다고 주장할 수 있다. 때때로 이러한 접근이 좋은 거버넌스로 이어지기도 한다. 특히 중위 투표자들이 더 빠른 경제성장이냐 공정한 분배와 사회적 안정성이냐 사이에서 우선순위를 달리 함으로써 집권 세력이 교대되는 양당제의 맥락에서 그렇다. 하지만 결국에는 보수적 정책이 경제적 파이를 더 빠르게 키울 것이라는 약속 이상이 필요하다. 실제로 그 약속을 이행해야 한다.

이 약속 이행에 실패할 경우, 그 정당은 경제적 분열과 부의 불평등 문제를 슬쩍 감추는 전략을 구사할 수 있다. 이를 위해서는 다른 문제들을 더 돋보이게 내세울 필요가 있다. 즉 경제가 아닌 정치적 분열을 부각시키면서 이를 충분히 활용한다. 한 예로 민족주의를 카드로 쓸 수 있다. 나라가 위험에 처해 있고 위협을 받고 있다. 그래서 먹고사는 문제보다 안보의 문제가 더 중요하니 밥그릇 문제로 투표할 때가 아닌 것이다. 또는 외부가 아닌 내부의 적을 찾아내어 다수의 유권자가 이들에 맞서게 할 수도 있다.

미국 건국 이래로 정당들은 이 전략을 구사하는 가장 효과적인 방법이 흑인 인구를 적으로 삼아 말rhetorical 전쟁 —종종 너무나 치명적인 실제 전쟁 —을 벌이는 것임을 알게 되었다. 항상 공화당이 그랬던 것은 아니었음에 주목하라. 1940년대까지는 주로 민주당이 그랬다. 그 시절, 미국의 신앙이라 할 기회의 평등에 있어서 민주당은 **백인 남성들 사이의** 평등 쪽에 방점을 두고 있었고 공화당은 기회 쪽에 방점을 두었다. 하지만 백인 남성들이 서로 평등하다고 느끼게 만드는 데 가장 큰 역할을 한 것은 흑인 남성보다 우월하다고 느끼게 만드는 것이었다.[16] 그래서 미국의 '진보주의' 운동에서 민주당이 호소력을 가질 수 있었던 큰 부분은 바로 그 백인 우월주의에 있었다.

진보 시대Progressive Era에 흑인 미국인들의 자유가 크게 후퇴하면서 생겨난 상처는 과소평가될 때가 많았다. 남북전쟁으로 노예 해방이 이루어졌지만, 그 뒤에 펼쳐진 재건 시대Reconstruction Era(남북전쟁 이후 1877년까지의 시기로, 미국은 분열된 주들을 재통합하고 흑인들의 법적 지위를 결정해야 하는 도전에 직면했었다 —옮긴이)에는 흑인들의 자유가 후퇴했으며, 정치-경제-사회적 균형 상태는 당시 성장하고 있던 흑인 중산층들을 무너뜨린 짐 크로 법Jim Crow Acts(짐 크로는 백인 배우가 분장하고 연기한 멍청한 흑인 캐릭터의 이름에서 비롯되어 흑인을 비하하는 말로 쓰였으며, 1876년에 제정된 짐 크로 법은 공공장소에서 흑인과 백인을 차별하도록 규정한 인종차별법이다 —옮긴이)으로 더욱 후퇴하였다.

1940년 기준 미국의 흑인 노동자는 백인 노동자보다 교육 연수가 평균적으로 3년 적었다. 그리고 상당수의 백인들이 고용, 주거, 교육, 투표에서의 차별을 옹호했다. 흑인 남성은 주로 생산성과 소득이 낮은 남부의 미숙련 농업 노동에 종사했고, 흑인 여성들은 미숙련 농업 노동자이거나 가정부가 많았다. 모두 극단적인 저임금 직종이었다. 흑인 남녀는 백인 남녀가 받는 평균 주급의 45%를 벌었다. 대학을 졸업한 흑인 남성은 (현재의 달러가치로) 주당 280달러 정도 벌었는데, 고등학교를 졸업한 백인 남성은 주당 560달러를 벌었다. 공식적인 통계에 따르면 1940년 백인 가정의 약 48%가 오늘날의 '빈곤선' 이하의 삶을 살았다. 이 수치가 흑인 가정의 경우에는 약 81%였다.

이러한 격차들과 다른 다양한 요인들이 합쳐져 흑인들은 종속적 위치에 묶여버리고 말았다. 하지만 장기 20세기의 마지막 몇 십 년 동안에는 많은 변화가 있었다. 사실상 모든 백인이 흑인 미국인들이 평등한 고용 기회를 가져야 한다는 원칙을 적어도 공식적으로는 지지하게 된다. 1980년대 후반과 1990년대에 학교 교육을 마친 사람들의 경우 인종별 교육 격차는 거의 없었다. 흑인 남성의 평균 주급은 백인 남성의 3분의 2 수준으로 올라갔고, 흑인 여성의 평균 주급은 백인 여성의 95% 이상이었다.

이러한 변화는 흑인 공동체가 현명한 지도력을 가지고 도덕적 힘을 능숙하게 구사했던 덕분에 가능했다. 승산이 낮은 싸움이었음에도 흑인 민권운동 지도자들은 엄청난 솜씨와 참을성을 발휘하면서 장기적으로 놀랄 만한 성공을 끌어냈다. 이들이야말로 장기 20세기의 가장 위대한 영웅들에 포함된다고 할 것이다.

특히 세 가지 요인이 1940년과 1970년 사이의 긍정적인 변화를 일으키는 주요한 역할을 했다. 주 정부가 승인한 공식적이고 합법적인 인종차별이 폐지됐고, 남부 농촌지역에서 북부 도심지역으로 2차 흑인 대이주가 있었으며, 저임금·저숙련 농업에서 제조업과 서비스 산업 쪽으로 흑인 노동력이 이동했다. 또한 이 시기에 흑인의 교육수준이 크게 향상됐고, 전체 경제에서 고용율과 생산성이 향상했다. 그리고 1964년에는 네 번째 매우 중요한 요인이 등장했으니, 민권법 제7장에 따라서 고용차별이 금지됐다. 이 법이 없었다면 흑인의 경제적 진보는 상당히 더디게 진행됐을 가능성이 크다.

1940년부터 1970년까지는 상대적으로 상당한 진전이 있었지만, 1970년 이후의 상황은 좀 더 복합적이다. 1980년대 끝 무렵에 25세에서 54세 사이의 흑인 남성 중 연소득이 전혀 없다고 신고한 이들이 5명 중 1명 이상이었다. 오늘날에도 흑인들의 실질 가계소득은 여전히 백인들의 60%에 불과하다. 거의 정확하게 1960년대 말의 수준으로 되돌아간 것이다. 백인 미국인들의 대다수는 이제 더 이상 개인적 인종차별personal racism은 존재하지 않는다고 믿는다. 즉 백인들이 흑인들에 대해 개인적 차원에서 갖는 적대 감정은 옛날 일일 뿐 이제는 사라졌다고 믿는다. 하지만 흑인의 상대적 소득 수준을 이토록 아래로 내리 누르는 것이 인종주의가 아니라면 무엇이겠는가? 인종주의의 상당 부분은 이제는 '구조적 인종차별'로 인식된다. 과거로부터 내려온 유산, 제도, 알력 등으로 인해 인종 간에 재산과 사회적 네트워크 접근 등에서 불평등한 상태가 생겨나며, 이것이 옛날에 개인적인 인종적 적대 감정이 수행했던 기능들을 계속하고 있는 것이다.

내가 판단하기로 경제적 평등을 향한 흑인들의 진전을 가로막는 가장 중요한 요인은 일반적이고 경제 전반에 걸친 측면이다. 즉 저숙련 저학력 노동자들에 대한 고용주들의 수요가 상대적으로 감소하면서 소득 불평등이 증가했다는 사실이다. 또한 가족 구조의 변화도 중요한 역할을 했다. 이혼이 증가하고 혼외출산이 증가함에 따라 (거의 필연적으로 여성이 가장 역할을 하는) 한 부모 가정도 늘어났다. 20세기의 마지막 몇 십 년을 놓고 볼 때, 양 부모 흑인 가정의 빈곤률은 12.5%인데, 한 부모 흑인 가정의 빈곤률은 40%였다. 그리고 흑인 아동의 절반은 아동기의 절반 이상을 빈곤선 아래에서 보냈다.

흑인 공동체에서 양 부모 가정의 숫자가 줄어든 현상에 대해 찰스 머레이Charles Murray [17]나 조지 길더George Gilder [18]와 같은 우파 쪽 인물들이 내놓은 설명에 따르면, 복지 수당의 지급이 후해지는 바람에 노동의 동기 부여가 사라졌을 뿐만 아니라 성인 부부가 함께 살아봐야 얻는 물질적 경제적 혜택도 사라졌기 때문이라고 한다. 그들이 이러한 해석을 내놓게 된 중요한 영감의 원천은 1960년대 중반에 존슨 정권의 정책 결정자였던 다니엘 패트릭 모이니핸Daniel Patrick Moynihan이 작성한 내부 보고서였다. 하지만 모이니핸의 보고서 〈흑인 가정: 국가 차원의 행동이 필요하다〉는 상당 부분 외부 세계의 관찰이 아닌 모이니핸 본인의 자기 내면을 들여다보는 성향에서 빚어진 산물이었다. 즉 물질적 압박 아래에 있던 아일랜드계 미국인 가정에서 그 스스로가 어렸을 때에 겪었던 추억의 이야기였다. 흑인 가정들이 직면한 상황에 대한 분석이라기보다는 모이니핸 스스로의 개인적 사이코드라마에 더 가까웠던 것이다. 물론 그는 절망적으로 가난한 흑인 아동들의 경험이라고 상상한 것들이 자신의 경험과 강력한 유사점을 갖는다고 믿었기에, 국가적 차원에서 무언가 행동을 취하지 않으면 안 된다고 생각하게 되었다. 그가 볼 때 1960년대의 수많은 흑인 아동들은 맨해튼의 헬스키친Hell's Kitchen(아일랜드계 빈민가로서, 아주 험한 동네라는 악명을 갖고 있었다 — 옮긴이) 동네에서 갱들과 뛰어다니며 자라난 자신과 비슷하게 성장하고 있었으므로, 미국의 장래를 위해서는 그런 아이들이 없도록 만들어야 한다고 믿었던 것이다.[19]

게다가 머레이와 길더는 간단한 산수조차 제대로 하지 않았다는 결론을 피하기 어렵다. 3명의 자녀를 둔 어머니에게 지급되는 복지 급여와 푸드스탬프 지출은 1960년과 1970년 사이에 3분의 1 정도 증가했지만, 그 이후에는 계속 줄어들었다. 1990년대 중반이 되면 인플레이션을 조정한 복지 지출의 규모는 1960년대보다도 더 낮았다. 반면 실질임금은 1960년대보다 3분의 1 정도 높았으며 특히 흑인 남성의 경우에는 대략 50% 높았다. 즉 경제적인 측면에서는 1990년대가 1950년대와 1960년대에 비해 부부가 갈라서서 따로따로 복지급여를 받지 않고 양 부모 가정을 유지하는 것이 훨씬 더 좋은 선택지였다.

더 나은 설명은 사회 전체에 폭넓게 나타났던 변화의 역류에 흑인 가정들 또한 휘말렸던 것이며, 흑인 가정들이 그 변화에 유난히 더 취약했다는 것이다. 포용의 물결로 **인종**의 중요성은 줄었을지

모르지만 1980년 이후 2차 도금시대가 도래하면서 **계급**의 중요성
이 커졌으며, 백인 남성들 사이에서도 부와 소득의 불평등이 폭발
했다. 미국 흑인들의 입장에서 볼 때 사회적 포용에 따른 이익은 너
무나 미약했고 최소한 반 세대 정도가 늦었던 셈이었다.

*

여기서 잠시 2차 대전이 끝난 직후로 다시 돌아가보자. 경제는
그 어느 때보다 빨리 성장했고, 실업은 적었으며 소득분배는 (적어
도 북방세계의 백인 남자들에게는) 그리 불평등하지 않았다. 경기변동
도 매우 완만했다. 백인 남성들에게는 그 어느 때보다 물질적 유토
피아에 가까웠고, 빠르게 더 가까워지고 있었다. 하지만 여성들에
게는 어땠을까?

플라톤의 《국가》에서 소크라테스는, 남성과 여성의 영혼은 근본
적으로 동일하기 때문에 이상적 도시 국가의 수호자들Guardians 중
에 여성이 있을 것이라는 주장을 제시했다. 그로부터 한 세대 뒤인
기원전 340년경에 플라톤의 제자 아리스토텔레스는 전혀 다른 견
해를 밝혔다. 그는 중요한 차이점들이 있다고 생각했다.

자연에 배치되는 예외적인 경우 말고는, 남성이 여성보다 본성
적으로 지배에 더 적합하며, 연장자와 성인이 연소자와 미성년
보다 지배에 더 적합하기 때문이다. … 여성에 대한 남성의 관
계는 언제나 이와 같다. … 노예는 기획 능력이 전혀 없고, 여성
은 기획 능력이 있긴 하지만 권위가 없고,… 소크라테스가 주
장한 것처럼 남성과 여성의 용기와 정의justice 는 동일하지 않다.
남성의 용기는 명령하는 데서 드러나고, 여성의 용기는 순종하

는 데서 드러난다.[20]

우리는 더 큰 그림을 볼 필요가 있다. 수천 년 전 농경시대에 남성 우월주의가 그토록 강고하게 확립된 이유가 무엇인지는 분명하지 않다. 그래, 자신이 늙었을 때 돌봐줄 수 있도록 자식들이 살아남는 일은 중요했다. 그래, 자식들이 살아남을 가능성을 극대화 하려면 남녀가 많은 아이들을 낳는 것이 중요했다. 그리하여 보통의 여성은 임신과 수유를 하며 20년의 시간을 보냈다. 그래, 임신과 수유는 엄청난 에너지 손실이며, 특히 간신히 생존만 가능한 물질적 수준에 있는 인구 집단에서는 더욱 그러하다(농경시대 사람들의 삶은 거의 이 수준이었다). 그래, 또한 수유를 위해 여성들은 아기들과 물리적으로 가까운 곳에 머물러야 했고, 이 때문에 여성의 노동은 정원 돌보기나 직물 관련 일 등과 같이 주거지 내부나 근처에서 가능한 형태에 집중되었다.

하지만 이 모든 것을 감안해도, 남성들은 맬서스적 조건 아래 포유류 생물학의 필요에 의해 강제되는 만큼을 훌쩍 넘겨 여성을 억압함으로써 손에 잡히는 혜택들을 끌어냈다. 특히 여성들 스스로가 그런 억압을 받아 마땅하다고 확신하도록 만들어서 더욱 큰 혜택을 뽑아냈다. "또 여성에게 이르시되 '내가 네게 임신하는 고통을 크게 더하리니 네가 수고하고 자식을 낳을 것이며 너는 남편을 원하고 남편은 너를 다스릴 것이니라'"(창세기 3장 16절 —옮긴이).

인류 문화의 주요한 요소로서의 이러한 고도의 가부장제high patriarchy가 얼마나 오래되었는지 우리는 알지 못한다. 우리 유전자에는 5,000년쯤 전에 어떤 큰 변화가 있었다는 증후들이 있다. 즉 인류의 '유효effective' 남성 인구—오늘날까지 후손을 남긴 남성들의 인구―가 갑자기 떨어졌다. 인류의 '유효' 여성 인구에는 그러한 급격한 감소가 없었다. 다시 말해, 초경初經을 넘겨 살아남은 거의 모든 여성들은 아이를 낳았지만, 사춘기를 지나고 살아남은 남성들의 상당수는 아이를 갖지 못한 일이 대략 5,000년 전에 벌어졌다는 것이다.[21] 그렇다면 여성들이 남편을 공유하거나 또는 훨씬 나이 많은 남성을 받아들이고, 상당 비율의 남성이 결혼을 하지 못하는 것이 어느 정도 보편화되기 위해서는 어느 정도의 사회적 압력이 필요했을까? 어떤 제도들이 이 압박을 행사했을까? 어떻게? 그러다가 약 3,000년 전이 되면 상황이 다시 균형을 되찾는다. 즉 한 명씩의 남성과 여성이 이루는 가정이 다시 지배적 형태가 되었다. 고도의 가부장제의 기원이 균형을 회복시킨 것일까? 이 고도 가부장제 아래에서의 균형 회복이 "남성의 용기는 명령하는 데서 드러나고, 여성의 용기는 순종하는 데서 드러난다"는 아리스토텔레스의 말에 담긴 뜻이었을까?(아리스토텔레스는 남녀의 영혼이 근본적으로 동일하다고 본 소크라테스 및 플라톤에 강력히 반대하는 입장이었음을 주목하라). 아니면 고도 가부장제는 그전부터 인간 사회에 존재했던 것일까?

내가 만약 여성이라면, 여성 지위의 큰 변화를 역사의 중심적 요소로 보았을까? 고대의 보편적인 체험―여덟아홉 명의 아이를 낳고, 임신과 수유로 20년을 보내고, 일곱 중 하나 꼴로 출산 과정에서 죽는―이 한두 번 아이를 갖는 오늘날의 체험―사는 지역에 따라 출산 시 사망 확률이 크게 감소했다―으로 바뀐 것을 가장 큰 변화의 하나로 볼까? 장기 20세기의 가장 큰 뉴스는 바로 여성주의의 부상이 아닐까? 1,000년 정도 지나면 역사가들이 이 변화를 맬서스적 빈곤의 종언―비록 두 가지가 긴밀히 연결되어 있지만—보다 중대한 사건으로 보게 될까?

　잠깐 과거로 가보자. 1900년에 미국에서 유급 남성 노동자의 수는 유급 여성 노동자의 수보다 훨씬 많았다. 대략 유급 남성 노동자 네 명당 유급 여성 노동자 한 명꼴이었다. 물론 실제로는 격차가 그만큼 크지는 않았을 것이다(인구통계조사는 자신의 노동의 결과물이 실제로 시장에서 판매되는 여성들의 수를 실제보다 적게 산정하는 경향이 있고, 경제학자들 역시 가내 생산을 전통적으로 낮게 추정하기 때문이다). 그럼에도 이 정도의 격차는 충격적이었다. 20세기가 저물 무렵에는 유급 노동력 중 여성이 거의 절반이 되었다.[22]

　1900년의 인구통계조사에서 공식적으로 유급 노동자로 분류된 여성은 대부분 미혼이었다. 15세 이상 미혼 여성의 대략 43.5%가 공식적으로 경제활동인구labor force에 포함되었다—백인 여성은 41.5%, 비非백인 여성은 60.5%. 이와 대조적으로 백인 기혼 여성은 불과 3.2%만이(그리고 비백인 여성 26%, 전국 평균은 5.6%) 포함되어 있었다. 1920년에는 30세 전후 기혼 백인 여성 중 4%만이 일을 했다. 1980년이 되면 이 수치가 거의 60%가 된다. 30세 전후 비백인 기혼 여성의 경제활동참가는 덜 늘어났지만, 원래 백인들보다 훨씬 높았던 1920년의 33%에서 1980년 72%로 더 높은 수준으로 상승했다.

　하지만 이 수치들만으로는 온전한 그림을 볼 수 없다. 예를 들어 1920년경에 태어난 여성들과 1960년경에 태어난 여성들의 차이를 생각해 보자. 전자는 대략 1940년에 성인이 되고 1980년에 60세가 됐다. 이들의 경우, 기혼 여성의 경제활동참가는 그들이 20세가 됐을 때 대략 15%였다가 50세가 됐을 때에는 대략 45%로 증가했다. 40년 뒤인 1960년경에 태어난 여성들의 경우, 그들이

20세가 됐을 때 기혼 여성의 경제활동참가는 벌써 60%에 달하고 있었다. 게다가 모든 신호로 볼 때 기혼 여성의 경제활동 참가는 나이를 먹으면서 더욱 증가했다.

이렇게 20세기 동안 여성의 경제활동 참여가 크게 늘어난 것은 고무적이지만, 남성 노동자와의 임금 격차를 빠르게 줄이진 못했다. 다양한 보고서에 근거해 볼 때 19세기 동안 남성 노동자의 임금수준 대비 여성 노동자의 임금수준은 상당히 높아졌고 1930년까지 꾸준히 올라갔지만, 20세기 대부분의 기간에 여성 노동자의 임금은 남성 노동자 임금의 대략 60%에 그쳤다.

여성의 상대소득이 20세기 중반 내내 늘어나지 못했던 한 가지 요인은 여성의 경제활동참여가 급속하게 확대된 것이었다. 이는 한동안 높은 수준의 경력을 쌓은 여성의 비율이 상대적으로 낮았다는 것을 뜻했다. 기업은 경력자에게 더 높은 임금을 지급하기 때문에—경력자가 더 생산적이고, 잘 정립된 체계에 따라 정기적인 임금 인상 약속이 동기를 부여하는 강력한 방법으로 기능하기 때문이다—상대적으로 경험이 부족한 여성들의 임금은 더 낮았다.

여성의 임금수준을 상대적으로 낮게 유지했던 두 번째 요인은, 성별에 따른 직업 분리가 지속된 것이었다. 1900년과 1960년 사이 여성 노동자의 3분의 2 정도는 남성들이 일하지 않는 직종에 종사했다. 1960년대 말 이래 직업군 분리가 어느 정도 줄었지만, 여전히 여성들은 상대적인 저임금 직종에 집중되어 있었다.

여성의 임금수준을 낮게 유지했던 세 번째 요인은 여성들은 고용주들이 중요하게 여기는 각종 자격증을 갖출 수 없었기 때문이었다. 20세기가 시작될 무렵 여성들은 정식 교육을 받을 기회를 거의 갖지 못했다. 대부분의 경우, 비공식적인 교육이나 현장 교육을 통해서 경제적으로 가치 있는 기술을 습득할 기회도 없었다. 대체로 여성들은 상대적으로 쉽고 빠르게 익힐 수 있는 업무에 종사했고, 그 업무에서는 경력이 쌓여도 생산성이 올라가기 어려웠다. 경제학자 클라우디아 골딘Claudia Goldin의 추산에 따르면, 세 가지 요인 모두를 보충하고 나면 20세기 초반에 비슷한 경력과 교육수준을 가진 여성과 남성의 임금 격차는 비교적 작았을 것이라고 한다.

이후 남녀 임금 격차는 경력, 학력, 직무와 관련된 그 밖의 특성보다 임금 차별의 영향을 더 많이 받았다. 그저 여성이라는 이유만으로 더 적은 돈을 받고 일하는 경우 말이다. 골딘은 이러한 임금차별이 인사부서를 갖춘 현대식 대기업이 발달하면서 시작되었다고 본다. 관료적인 대기업이 발달하기 전에는 시장 시스템이 여성에 대한 차별을 상당히 막아 주었다. 다수의 소기업이 존재하던 시기에는 차별을 받을 경우 — 같은 일을 하고도 여성이 남성보다 적게 받으면 — 여성들이 덜 차별적인 기업으로 옮길 기회가 있었기 때문이다.

골딘에 따르면, 집중된 인력 정책을 갖춘 인사부서를 만든 후부터 기업들은 많은 여성들이 일자리를 오래 유지하지 않기 때문에 효율성, 높은 성과, 회사에 대한 충성심에 따른 정기적인 임금 인상의 혜택을 충분히 누리지 못한다는 것을 알게 되었다고 한다. 그러니 오래 회사를 다니는 예외적인 여성들을 굳이 높은 임금으로 보상할 이유가 없었다. 남녀의 임금 격차가 모두 기업의 이윤 극대화 때문이라고 말하는 것이 아니다. 남성 노동자들, 남성 고용주들, 남성 고객들의 적나라한 편견이 분명히 한몫을 했다. 예를 들어 경쟁이 두려웠던 나머지 자신들의 직업에서 여성들을 배제하고자 했던 남성 노동자들도 있었다.

오늘날의 관점에서는, 여성의 경제적 역할 전환이 이렇게까지 오래 걸렸다는 사실이 가장 놀랍다. 2차 대전 이후 출산율이 떨어지고, 신체 능력과 무관한 사무 및 소매 부문이 대규모로 나타났고, 여성에 대한 교육도 확산되었는데도 그랬다. 여성의 취업에 대한 장벽이 여전히 존재했기 때문이다. 전일제 근무, 만연한 차별, 특정 직업은 여성에게 어울리지 않는다는 사회적 편견, 결혼한 여성의 취업을 제한하거나 금지하는 인사정책 등이 그런 장벽이었다.

장기적으로 여성의 경제적 역할의 확대를 막는 제한과 관습을 없애기 위해서는 연방정부 차원에서의 행동이 필요했다. 이는 1964년 민권법 제정으로 나타났고, 인종, 피부색, 종교, 국적, 그리고 **성별**에 기반한 고용 차별이 금지되었다. 법안 심의 과정에서 하원 규칙위원회 위원장 하워드 스미스Howard Smith (버지니아, 민주당)가 성별에 따른 차별금지를 추가하자고 반농담조로 제안했고, 이 개정안을 168 대 133으로 통과시킨 주력은 민주당 진보파가 아니라 남부 출신 민주당 의원들과 공화당 의원들이었다. 법원은 차별금지 범주에 포함된 '성별'은 다른 항목들과 동등한 위치로 간주할 수 없고, 따라서 성차별을 인종, 피부색, 종교에 따른 차별만큼 엄격하게 조사할 필요가 없다고 판결했다. 그럼에도 성차별을 저지르고 적당한 이유를 대충 둘러대던 것보다는 엄격한 조사가 가능해졌다. 이렇게 법적 환경은 중요했다.[23] 그래서 골딘은 성 격차에 대한 자신의 책에서 미래에는 성차별이 사라질 가능성이 있다고 지적하며 결론을 맺는다. 그는 "남성과 여성의 대졸자 비중의 수렴"에 크게 고무되어 "오늘날 젊은이들의 경험을 관찰해 보면 미래를 예측할 수 있는 바, 미래를 낙관할 충분한 근거가 있다"고 말한다.[24]

하지만 '농경시대'에서도 만약 남성 우월주의를 약화시키는 쪽으로 사회가 바뀌었다면 남녀 모두에게 이익이 된 변화가 있었을 것이다. (노예와 가축보다 불과 한 단계 위로 분류되는) 한낱 재산이 아니라 사회의 동등한 참여자로서의 여성은 남성 우월주의 체제에서 보다 훨씬 더 많은 일을 해내고 기여할 수 있었을 것이다. 나와 같은 낙관적인 경제학자들은 사람들이 집단에 속하면 보다 포용적이고, 더 많이 나눌 방법을 찾고, 집단적인 차원에서 더욱 생산적이 되며, 자신들의 사회적 질서가 보다 지속가능하도록 생산성의 과실을 분배할 것이라고 믿는 편향을 가지고 있다. 생산성은 분업에 달려 있다. 더 많은 사람들을 불러들여 함께 할 수 있다면 분업은 더욱 섬세해지고 따라서 생산성도 올라갈 것이다. 하지만 농경시대와 이후 오랫동안 사람들은 이런 식으로 세상을 보지 않았다.

남성 우월주의의 기반은 1870년 이전부터 침식되기 시작했다. 하지만 그 기반이 완전히 와해된 것은 장기 20세기 동안이었다. 유아 사망률의 감소, 평균 혼인 연령의 상향, 양육비의 증가가 모두 출산율의 감소에 영향을 줬다. 위생과 영양상태가 개선되고 질병에 관한 지식이 늘어나자 살아남는 후손을 남기기 위해 여러 차례 아이를 가져야 할 필요도 줄어들었으며, 산아 제한 기술 덕분에 가족계획 수립도 더 쉬워졌다. 덕분에 평균적인 여성이 일생동안 임신으로 보내는 시간이 20년에서 4년으로 줄었다. 그리고 산업 시대에 들어서 처음에는 인구가 폭발적으로 늘어났지만, 산업 중심지에서는 이후 크게 떨어졌다. 인구의 폭발적 증가는 비교적 단기적인 사건이었던 셈이다. 인류는 지금 장기적인 인구증가율이 0으로 떨어지는 시대로 빠르게 움직이고 있는 것으로 보인다.

장기 20세기에 걸쳐 벌어졌던 가정 내 기술의 발전 경로도 여성에게 도움이 되었다. 식기세척기, 건조기, 진공청소기, 청소 세제,

기타 전기 및 천연가스 기기, 특히 세탁기는 모두 집 안을 청결하고 정돈되고 잘 돌아가게 유지함으로써 가사노동을 훨씬 더 수월하게 만들었다. 19세기에 아이가 많은 가정을 유지하는 노동은 전일제 노동보다 훨씬 더 많은 일을 요구했었다. 20세기 말이 되면 그 일들은 파트타임 노동에 가까운 것이 된다. 따라서 온종일 가사노동에 투입되어야 했던 여성 노동력의 상당한 부분이 이제는 다른 목적에 사용될 수 있게 됐다. 베티 프리단Betty Friedan은 1960년대 초반, 평등한 지위를 추구하는 여성들은 "통상적으로 사회가 화폐를 지불하는… 일에서… 정체성"을 찾는 수밖에 없다고 말하기도 했다.[25] 남자들이 여성 노동력을 모욕하고 우습게보기 일쑤인 상황에서 벗어나려면, 시장이 현금으로 대가를 지불하지 않는 가사노동에서 풀려나야만 한다는 것이었다.

1870년에 시작된 부의 폭발적 증가가 20세기의 잔인하고 야만적인 폭정을 배가시킨 것은 부인할 수 없는 사실이지만, 인종차별과 성차별이라는 더 오래 지속되고 있는 폭정은 서서히, 마지못해, 부분적으로 굴복하고 있다. 한편으로 이러한 진보는 비록 그 속도는 빠르지 않았지만, 얼마나 빨리 인류가 유토피아를 향해 웅크리고 나아가야 하는가 그리고 진보가 느려지면 변화에 대한 강력한 요구가 얼마나 커지는가에 대한 사람들의 기준을 크게 위로 올려 놓았다. 다른 측면으로, 사회에서의 신분이란 비록 완전히는 아니어도 제로섬 게임에 가깝다. 포용의 물결에 의해 젠더, 인종, 신분의 특권을 침식당한 사람들은 **특권 상실**dérogeance을 어떻게 감내할 수 있었을까? 그 대답은 (북방세계의 2차 대전 이후의 첫 세대 동안 진행된) 전례 없이 빠른 소득 증대, 기회, 상향 이동에 있었다.

14장. 사회민주주의와 영광의 30년

    역사는 똑같이 반복되지는 않지만, 묘하게도 운율은 맞물려 있다it does rhyme. 1870년에 13억의 세계 인구는 오늘날의 달러 가치로 환산하여 연간 대략 1,300달러의 평균소득을 올렸다. 1938년에 인구는 1870년의 2배가 됐고, 연평균소득은 2.5배 좀 넘게 증가했다. 세상은 훨씬 좋아졌다. 1870년 이전에 세상은 암울했다. 마르크스까지 갈 것도 없이, 존 스튜어트 밀조차 기술 진보에 따른 잠재적 이익은 낙수효과가 거의 없었다고 비관했던 것을 기억하는지? 1938년 이전 1차 대전과 대공황의 암울한 시절을 겪은 세상은 더 암울한 시간으로 들어가기 직전이었다. 세상은 5,000만명의 사망자를 낳은 2차 대전이라는 엄청난 참화에 휩싸였고, 유토피아를 향해 웅크리고 나아가던 진보는 급제동이 걸렸다. 반면 1870~1914년의 세상은 이례적인 번영의 시기이자 전례 없는 경제적 엘도라도를 가져왔고, 1938~1973년 동안 —2차 대전 시의 전쟁 동원으로 운 좋게도 전쟁터가 되지 않은 나라들에 강력한 성장이 촉발되었다. 특히 미국이 그랬다 —에는 또 다른 영광의 시대가 찾아오게 된다.

    그렇게 1938년부터 1973년까지 세계경제는 다시 한번 도약했다. 다시 한번 유례없는 속도로. 북방세계의 핵심, 오늘날 우리가 G7이라 부르는 국가들 —미국, 캐나다, 일본, 영국, 프랑스, 독일, 이탈리아 —이 앞다퉈 치고 나갔다. 어느 정도였냐면, 1913~1938년 사이의 0.7% 정도가 아니고, 심지어 1870~1913년 사이의 1.42% 정도도 아니고, (2차 대전으로 인한 엄청난 파괴에도 불구하고) 연평균 3%의 페이스였다. 이것은 이 나라들의 물질적 부가 한 세대보다도 짧은 23년마다 두 배가 될 정도로 빨랐다는 뜻이다. 그렇게 G7 국가들은 1938년에 비해 물질적으로 세 배 더 잘살게 되었다.

그들 중 제일 가난한 나라였던 일본이 가장 빠르게 성장했다. 1945년 도시 두 개를 지워버린 원자폭탄을 포함해 전쟁으로 인한 심각한 피해를 입었음에도, 일본 경제는 연간 4.7%라는 전례 없는 경제성장률을 기록했다. 캐나다와 이탈리아도 연간 3% 이상 성장했다. G7만이 아니었다. 멕시코, 스페인과 많은 다른 국가들도 비슷한 속도로 성장했다.

프랑스는 이 시기를 영광의 30년Trente Glorieuses 이라 부른다.[1] 이 시기에 이렇게 많은 행운이 담겨 있으리라고는 누구도 예상치 못했다. 정치경제학자라면 누구나 경탄할 만한 일이다.

신고전파 경제학자라면 어깨를 으쓱할 것이다. 시장경제는 당연하게도 완전고용, 적절한 인프라, 계약과 사유 재산의 보호를 제공했다. 현대 과학 또한 여러 기술적 혁신의 형태로 성과를 거두었다. 게다가 대공황의 혼돈으로 인해 개발되거나 활용되지 않았던 이전 시대의 발견들이 잔뜩 쌓여 있었다. 그래서 기업들이 자신의 연구소에 많은 자금을 지원하고 연구소의 혁신 기술을 광범위하게 활용하여 수익을 올릴 수 있었다. 그렇게 하면서 기업들은 지식을 축적하고, 농촌과 공방의 훈련되지 않은 미숙련 노동자들을 '포디즘' 조립라인으로 끌어올 수 있었다.[2] 우리 신고전파 경제학자들이 볼 때, 이것은 근대적 경제성장 시대Modern Economic Growth Age에 세상이 작동하는 혹은 그래야 하는 정상적이고도 자연스러운 방식이었다. 장기 20세기에 경제 발전이 이런 자연스러운 과정을 밟았던 것이 매우 이례적이었다는 점은 신경 쓰지 마시고.

이로써 시장의 능력에 대한 하이에크의 긍정적 비전이 현실화되고 힘을 얻게 되었다. 시장은 주시고, 주시고, 또 주신다. 하지만 하이에크의 결론에 의문을 던진 이들이 있었다. 경제학자 허버트 사이먼Herbert Simon은 하이에크가 말하는 '시장경제'는 흩어져 있는 붉은색 점들(작은 개별 기업들) 사이에서 녹색의 시장 교환이 일어나는 평원이 아니라, 녹색 선들(시장 교환)로 연결된 붉은 영역(강력한 명령 통제 조직들로 이루어진)이라고 지적한다. 하버드의 경제학자 마틴 와이츠먼Martin Weitzman은 기업이 필요로 하는 정보를 가격 목표(한계비용이 X 달러보다 낮을 때만 생산하라)로 제시하는 것이 수량 목표(Y개를 생산해라)로 제시하는 것보다 더 효율적이라고 볼 심오한 이유는 없다고 지적했다.[3] 하지만 하이에크와 동료 교수인 시카고 대학교의 로널드 코스Ronald Coase는 시장경제의 가장 큰 강점 중 하나는 기업들이 관료적 지시와 통제 방식의 시스템을 사용할지 아니면 (구매와 판매의) 거래비용에 기초한 시스템을 사용할지를 선택할 수 있는 것이라고 지적했다. 즉 기업들이 **선택**할 수 있다는 사실이 바로 핵심이라는 것이었다.[4] 게다가 기업들은 항상 시장의 규율을 따르며, 돈을 잃으면 축소되고 사라진다는 점에서 국가가 운영하는 관료 조직과는 다르다는 사실도 있었다.[5]

그러나 하이에크의 말이 육신이 되어 우리 가운데 거하기 위해서는 세 가지 전제 조건이 있었다. 첫째, 하이에크는 소설가 아인랜드Ayn Rand 부류의 이론 및 철학과 결별해야 했다. 시장이 제대로

기능하기 위해서는 **경쟁**이 필요했다. 기술적·조직적 선각자가 이끄는 독점기업들이 아니라.[6]

둘째, 하이에크는 케인스의 아이디어로부터 축복을 받아야 했다. 시장경제는 기업이 이윤을 창출할 수 있는 지출이 있을 경우에만 적절하게 작동할 수 있었다. 즉 자원을 '최선의' 용도로 배분할 수 있었다.

케인스는 이미 1936년에 정색을 하고서 말한 바 있었다. "소비성향을 조정하고 투자를 유발"하기 위해서는 "정부 기능의 확대"가 필요하다는 자신의 주장이 "19세기의 평론가나… 오늘날의 미국 금융가들에게는" 자유에 대한 "끔찍한 침해"로 여겨질 수 있지만, 그러한 정부의 역할이야말로 "개인의 창의성이 성공적으로 기능하기 위한 조건"이라는 것이었다. "만약 유효수요가 부족하다면", 기업가들은 "불리한 확률로 사업을 하는 셈이다. 그들의 사업은 꽝이 나올 가능성이 매우 높은 위험 게임이 되고, 결과적으로 모든 플레이어가 잃게 될 것이다." 이렇게 되면 "특출한 기술이나 운"이 있는 경우에만 기업가와 기업이 이윤을 내고 경제성장도 지속될 수 있다. 하지만 케인스의 정책들을 실행하면, "유효수요가 충분[해질 것이며], [따라서] 평균적인 기술과 평균적인 행운만으로도 충분히 성공할 수 있다"는 것이었다. 실제로 '영광의 30년' 동안 현명한 재계 리더들은 케인스와 그의 완전고용 정책이 자신들의 원수가 아니라 최고의 친구라는 점을 인정했다.[7]

셋째, 하이에크는 폴라니와 결혼해야 했다. 하이에크의 세계관을 지탱하는 주춧돌 중 하나는 시장경제가 성장과 번영을 달성하는 유일한 방법이지만, 시장경제는 공정과 사회정의를 이루어야 한다는 요구를 받을 수도 없고 그래서도 안 된다는 것이었다. 공정과 사회정의란 행실이 바르고 자격 있는 사람들에게 좋은 것들이 돌아가야 한다는 원리를 뜻한다. 하지만 시장경제에서는 운이 좋아 부자들이 열망하는 것을 생산하는 자원들의 통제권을 쥔 이들에게 좋은 것들이 돌아가게 되어 있다.

폴라니의 세계관에서는 사람들과 공동체들이 특정한 것들—공정하다고 여겨지는 안정된 토지 활용 패턴, 노력과 능력에 합당하다고 여겨지는 소득 수준, 일자리를 유지할 수 있는 혹은 최소한 큰 어려움 없이 새 일자리를 구할 수 있는 능력 등—을 요구할 권리가 있다고 확고하게 믿는다. 하지만 시장경제는 최대 수익성 테스트를 통과한 경우에만 이 필수적인 것들을 제공할 것이다. 경제성장이 충분히 빠른 경우라면, 폴라니식의 권리가 일부 침해되어도 무시될 수 있었다. 비록 내가 마땅히 받아야 할 만큼의 파이 조각은 아니지만, 적어도 부모님이 받던 것보다는 훨씬 큰 조각을 받고 있다고 생각할 수 있기 때문이다. 또한 경제성장이 빠른 시기에는 정부의 세수가 늘고 재정 여력도 커지므로, 정부가 폴라니식의 권리들을 보호하기 위해 뭔가를 할 수 있는 여력도 생겨난다. 사회민주주의 정부는 성장과 번영을 위해 시장경제가 돌아가게 만들 필요가 있었다. 하지만 사회민주주의 정부는 또한 시장을 견제할 뿐만 아니라 '시장경제'가 사람들이 거부하는 '시장사회'로 변질되지 않도록 막을 필요도 있었다. 여기서 시장사회는 고용이 불안정하고, 소득이 사람들이 응당 받아야 한다고 생각되는 수준에 미치지 못하며, 시장의 부침에 따라 공동체들이 끊임없이 뒤집히고 뒤바뀌는 그런 사회를 가리킨다.

결국 사회민주주의란 둘 사이에서 균형을 잡는 행위였다. 어떤 의미에서는 포용을 지향하는 조류가 더욱 거세졌기 때문에 균형

잡기가 더욱 복잡해졌다. 한편으로는 이러한 조류가 계급으로 확대되면서 어떤 합당한 이유로도 노동계급 남성이 더 이상 종속적인 위치에 있다고 여겨지지 않게 되었다. 다른 한편으로는 성별, 인종, 민족으로 확대되면서 노동계급 남성들이 당연하다고 여겼던 그리고 덕분에 계급 피라미드의 경사를 완만하게 여기게 해준 다른 사람들로부터의 존중을 잃었다. 이 두 요인 모두 노동계급 남성들이 자신들이 기대했던 질서 —자기들이 마땅히 얻을 자격이 있다고 생각한 질서 —가 침해되면 행동에 나서게 될 가능성을 크게 높였다.

하지만 소득이 빠르게 늘어나고 자신과 자식들의 기회가 확대되면서, 자신이 누려 마땅하다고 여기던 사회적 지위를 누리도록 지원했던 구질서의 붕괴 효과를 완충시켰다. 그래서 북방세계는 1960년대 내내 그리고 1970년대 들어서도 균형을 잡을 수 있었다. 1975년에는 인류의 기술적 역량이 1870년의 아홉 배가 되었다. 인구가 폭발적으로 늘어나 1870년 13억 명이던 세계 인구는 40억 명이 되었다. 이 인구 폭발과 이로 인해 자원 기반에 가해진 압력을 감안하면 물질적 생산성은 1870년의 다섯 배 정도였다. 그것은 (비록 1870~1930년 기간보다는 뚜렷이 덜했지만) 1975년 국가들 사이에서 그리고 한 나라 내에서 놀라울 정도로 불균등하게 분배되었다.

이렇게 해서 문제가 해결되었다. 최소한 미국에서는 대공황으로 인해 이러한 이혼과 결혼이 반드시 필요하다고 여기게 되었다. '도금시대'의 과두 지배자oligarchy이던 날강도 귀족들robber barons이 실패하고, 그 결과로 대공황이 초래되지 않았던가? 이들이 구체적으로 어떻게 대공황을 가져왔는지는 분명하지 않지만, 루스벨트가 말했듯이 이 과두 지배자들과 금권정치의 큰손들을 "우리 문명의 사원의 높은 자리에서 끌어낼" 필요가 있다는 사회적 합의가 있었다.[8] 경쟁이 이들을 대체해야 했다. 또한 대공황을 거치면서, 민간 부문은 최소한 완전고용에 가까운 상태를 달성하기 위해서는 정부가 적극적으로 경제를 관리할 필요가 있다고 확신하게 되었다. 아마도 더 중요한 것은 대공황 덕분에 중간계급 또한 노동계급과 강력한 공동의 이해관계가 있다는 것을 확신하게 되었고, 그때부터 두 계급 모두 정치가들에게 사회보험과 완전고용을 요구하게 되었다. 이 모든 것에 더하여, 당시 막 생겨나고 있었던 서유럽의 북대서양 동맹은 스탈린의 소련이라는 전체주의의 위협으로 인해 안보 정책에서나 정치경제의 구조 형성에 있어서나 미국의 지도를 따르는 것이 좋다고 확신하게 되었다 이 두 주제는 그야말로 미국이 확고한 방침을 가지고 있던 영역들이었다.

양차 대전 사이에 부유한 나라들은 정부가 경제에 개입해서는 안 된다는 순수한 자유방임을 고집함으로써 정통성의 교리와 긴축이라는 원칙에 심각하게 발목이 잡혀 있었다. 자유방임의 교리는 귀족적 중상주의를 해체하기 위한 무기로 출발하였고, 나중에는 누진세, 사회보험 프로그램, 좀 더 일반적으로는 '사회주의'와 싸우는 무기로 변질되었다.

자유방임 사상의 이 상전벽해와도 같은 변화는 자신을 자유방임의 사도로 여긴 (그리고 자신을 그렇게 세일즈한) 미국의 우파 경제학자 밀턴 프리드먼을 보면서 확인할 수 있다. 시장은 실패할 수 없으며 실패하는 경우는 오로지 외부의 개입 때문이라는 신념을 철저히 고수하고자 하는 우파들은 대공황 또한 자연적 질서에 대한 정부의 개입 때문에 야기되었다고 주장했다. 라이오넬 로빈스, 슘페터, 하이에크 등과 같은 경제학자들은 1929년이 가까워지고 있을 때 중앙은행들이 금리를 너무 낮게 설정했다고 주장했다. 다른 이들은 중앙은행들이 금리를 너무 높게 설정했다고 주장했다. 아무래도 좋으니 그렇다고 치자. 이들의 의견은, 가만히 내버려 두기만 했어도 안정적으로 작동했을 시장 시스템이 각국의 중앙은행들이 적절히 '중립적인' 통화정책을 따르지 않았기 때문에 불안정해졌다는 지점에서는 일치했다. 프리드먼은 이러한 주장을 펴는 대표적인 사람이었다.

하지만 대공황은 **시장**이 아니라 **정부**의 실패라는 프리드먼의 논리를 파고들면 흥미로운 사실이 드러난다. 금리가 너무 높은지 너무 낮은지 혹은 딱 적정한지를 어떻게 알 수 있다는 것일까? 프리드먼에 따르면, 너무 높은 금리는 실업을 초래한다. 너무 낮은 금리는 인플레이션을 초래한다. 딱 맞는 적정 금리 ─'중립적인' 통화정책에 부합하는─ 는 거시경제의 균형을 유지하고 경제를 매끄럽게 성장시킬 것이다. 이렇게 그의 이론은 동어반복의 하나 마나 한 소리가 되고 만다.[9]

프리드먼의 주장은 자신의 지적 신념을 보존하기 위해 사물을 거꾸로 보고 있다는 사실을 인정하지 않고 오히려 용어를 재정의하고 복잡성을 더하여 현상을 어거지로 설명하려는 행태에 다름 아니다. 이런 행태를 프톨레마이오스적이라고 부르는 것은 뛰어난 통찰을 발전시켰던 천문학자 클라우디오스 프톨레마이오스의 유령에 대한 모독이다. 하지만 프리드먼의 경우는 긍정적인 의미에서 프톨레마이오스적(현실을 해석하기 위해 복잡하고 논리적으로 불완전한 방식을 채택한다는 의미 ─옮긴이)이다. 그의 주장의 껍데기를 걷어치우고 그 아래에 있는 메시지를 까보면 어김없는 케인스의 메시지이다. 즉 정부는 경제 전반의 지출 흐름을 형성하고 안정적으로 유지하기 위해 필요한 만큼 대규모로 개입해야 하며, 이를 성공적으로 수행함으로써 인간의 경제적 자유 및 정치적·지적 자유와 함께 시장 시스템의 이점을 보존하면서 불황으로부터 경제를 보호해야 한다는 것이다.

케인스와 프리드먼의 실질적인 차이점은 단 하나다. 프리드먼은 중앙은행들이 통화정책을 통해 금리를 적절히 '중립적으로' 유지함으로써 이 모든 일을 혼자서 해낼 수 있다고 생각했다. 케인스는 더 많은 것이 필요하다고 생각했다. 즉 기업이 투자를 하고 가계가 저축을 하도록 장려하려면 정부 자신의 지출과 과세라는 두 가지 인센티브가 필요했다. 게다가 이 인센티브들만으로는 충분치 않았다. "완전고용에 근접하도록 보장할 수 있는 유일한 수단은 상당히 포괄적인 투자의 사회화일 것이다. 물론 그렇다고 해서 공공 당국이 민간의 기획과 협력할 수 있는 모든 종류의 타협과 방법들을 배제할 필요는 없다"[10]

그리고 대다수의 사람들이 케인스의 말에 동의했다. 대공황 시기의 실업의 규모는 경제정책의 주요 목표에 대한 정치인, 기업가, 은행가들의 신념을 바꾸어 놓았다. 대공황 이전에는 통화와 환율의 안정성이 핵심이었다. 대공황 이후에는 심지어 은행가들조차도 전반적인 고용 수준을 높게 유지하는 것이 인플레이션을 피하는 것보다 더 중요하다고 인정했다. 광범위한 도산과 대량 실업은 노동자에게만이 아니라 자본가와 은행가에게도 나쁜 일이었다.

그리하여 기업가, 기업의 소유주와 경영자, 심지어 은행가들도 고용 수준을 높게 유지하는 것이 손해가 아니라 이득임을 알게 됐다. 높은 고용 수준은 높은 설비가동률을 의미했다. 기업 소유자들은 노동시장이 타이트하면(노동수요가 많으면 —옮긴이) 임금을 올려 이윤을 침식하기보다 오히려 높은 수요가 보다 많은 상품에 고정 비용을 분산시킴으로써 수익성을 높일 수 있다고 생각했다.

미국에서 혼합경제 케인지언 사회민주주의 질서가 구축되는 과정은 순탄했다. 미국은 늘 시장경제를 신봉하는 나라였다. 동시에 항상 기능적이고 실용적인 정부를 지향했다. 이미 1900년대가 시작될 무렵에 공평한 성장을 목표로 시장경제를 관리하기 위한 계획을 제시했던 진보주의 운동이 있었다. 게다가 미국은 1932년까지 줄곧 집권했던 우파 정당이 대공황의 책임을 모조리 뒤집어쓴 행운의 수혜자이기도 했다. 이런 요소들이 모두 합쳐져서 이행의 경로를 비교적 부드럽게 만들어주었다. 루스벨트가 고삐를 잡았고, 1945년 그가 세상을 떠나자 트루먼이 고삐를 넘겨받았다. 1948년 대선에서는 유권자들이 트루먼을 선출하여 뉴딜 질서를 승인했다. 1953년 새로운 공화당 대통령 아이젠하워는 민주당 전임자들의 프로그램을 후퇴시키는 것이 아니라, 그가 혼잣말처럼 '집산주의 collectivism'라고 내뱉었던 것의 추가적인 팽창을 억제하는 정도를 자신의 임무로 여겼다.

1946년의 고용법은 "자유로운 경쟁 기업과 보편적인 후생을 육성하고 증진하며, 일할 능력과 의지가 있으며 실제 일하고자 하는 사람들에게 유용한 고용 기회가 제공되는 환경을 조성하고, 고용과 생산과 구매력을 최대로 끌어올리기 위해" 연방정부가 "그 모든 계획, 기능, 자원을 사용하고 조정하는 것"이 "지속적인 정책이자 책임"이라고 선언했다.[11] 무릇 법률이란 목표를 확립함으로써 사람들의 견해, 인식, 목적 등에 변화를 나타내는 지표 역할을 할 수 있으며 실제로 그런 역할을 하고 있다. 고용법을 계기로 미국 정책에 나타난 가장 큰 변화는 2차 대전 이후로 정부의 재정을 통한(경기에 따라 재정을 팽창 또는 수축하는—옮긴이) 자동 안정화 기능이 하나의 관행으로 자리 잡은 것이었다.

우리는 앞에서 아이젠하워가 1950년대에 동생 에드가에게 자유방임은 죽었으며 그것을 되살리려는 시도는 '어리석은 짓'이라고 쓴 편지를 살펴보았다. 프리드먼과 아이젠하워 또한 케인스가 제시한 것과 똑같은 탈출구에 주목했고, 그 탈출구를 통해 기어나가려고 못지않게 열성적이었다. 실제로 아이젠하워의 편지에 나오는 정부 프로그램들 그리고 다른 선진 산업국들에서 채택된 비슷한 프로그램들은 여러 정치 동맹들을 결속시키는 데에 놀랄 정도로 성공적이었다. 아이젠하워의 말대로, "혹시라도 어느 정당이 사회보장연금과 실업보험을 폐지하고 노동법과 농가 지원프로그램을 없애려고 한다면, 그 정당은 우리 정치사에서 이름조차 지워지게 될" 상황이었다.[12] 다시 말해서, 유권자들은 이러한 프로그램을 축소하려는 정치인들을 불신했고, 사회보험 프로그램 운영을 목적으로 하는 세금에 대해서는 다른 세금들에 비해 거부감이 덜했다. 미국 바깥에서도, 중도우파 정당들이 사회민주주의에 맞서 싸우려 드는 나라는 거의 없었다.

아이젠하워의 비전은 압도적 다수가 마음속으로 동의한다는 의미에서가 아니라, 쿨리지나 후버의 미국으로 돌아가자는 호소는 압도적 다수가 현명하지 못하다고 믿었다는 의미에서 사회적 합의였다고 할 수 있다.

그 결과로 큰 정부가 등장했다. 아이젠하워 정부의 연방 지출은 GDP의 18%였다. 이는 뉴딜정책이 한창이던 시기에 비해서도 두 배 높았다. 주정부 및 지방정부의 지출까지 더하면 전체 정부지출액은 30%를 상회했다. 1931년 뉴딜정책이 도입되기 전에 연방

정부 지출은 GDP의 3.5%에 불과했고, 연방정부 공무원의 절반이 우체국 직원이었다. 1962년에 연방정부는 535만 4,000명을 직접 고용했다. 당시 미국의 인구는 대략 1억 8,000만 명이었다. 참고로 2010년 미국 인구는 3억 명을 넘어섰지만, 연방정부 직원 수는 444만 3,000명으로 줄었다. 경기변동의 변덕에 영향을 받지 않는 막대한 정부 현금의 흐름으로 수익성 있는 민간사업들이 활발하게 이루어졌다. 정부는 이 자금을 차입이 아니라 세금으로 조달했다. 1950년부터 1970년까지 연방 적자는 평균적으로 GDP의 1% 미만이었다.

계급과 부의 대대적 재편은 없었지만, 중위소득이 꾸준히 상승하여 강한 중산층이 탄생했다. 자동차, 집, 가전기기, 좋은 학교는 과거에는 상위 10%의 사람들이나 누릴 수 있었다. 1970년에는 다수가 그런 것들을 소유하거나 혹은 최소한 누릴 수 있게 되었다.

연방정부는 주택담보대출을 더 융통성 있게 만들어 주택 건설과 소유를 촉진하려고 했는데, 사실 이는 후버 행정부에서 시작된 계획이었다. 후버는 1932년 8월에 정부 자금으로 주택담보대출을 할 수 있도록 하는 연방주택융자은행법Federal Home Loan Bank Act에 서명했다. 이 법은 이후 주거에 대하여 정부가 지원하고 장려하는 미국 특유의 방식의 출발점이 된다. 유럽에서처럼 정부가 직접 주택을 공급하는 대신, 미국에서는 주택 개발과 소유는 민간에 맡기되 정부는 그 자금의 융통을 지원했다. 같은 시기에 설립된 주택소유자 대출공사Home Owners' Loan Corporation는 1933년 8월과 1935년 8월 사이에 100만 건이 넘는 주택담보대출을 시행했으며, 이때 자리 잡은 장기, 고정 금리, 낮은 계약금, 정부 보증에 의한 분할 상환이라는 틀이 이후 미국의 주택담보대출의 지속적인 메커니즘이 된다. 정부 보증은 언제든지 대출을 상환할 수 있는 차입자에게 30년 동안 고정 금리로 대출하는 것이 좋은 사업이라고 은행을 설득하기 위해서 필요했다.

대지 400~800제곱미터 규모의 단독주택이 확산되면서 자동차의 필요성이 생겨났다. 노면전차나 통근열차로 도심과 연결된 교외에 주택단지를 건설하는 오래된 모델은 작동할 수 없게 되었다. 대신 정해진 곳에서만 진입할 수 있고 모든 곳을 지나가는 거대한 순환고속도로 시스템이 나타났다. 1956년의 전국 주간 및 방위 고속도로법The National Interstate and Defense Highways Act에 따라서 연방정부가 비용의 90%를 부담하여 8만 2,000킬로미터의 고속도로가 건설됐다. 연방정부의 교통 관련 정부지출은 연방주택청Federal Housing Administration(연방정부의 주택금융 지원 기관으로 주택담보대출을 보증한다—옮긴이)의 보증보다 (도시 내부의 필요는 무시하고) 교외 지역에 더 혜택을 주었다. 가령 연방정부 교통 재정의 1%만이 도시 내 대중교통에 투입되었고, 고속도로의 3분의 2가 거대도시의 권역에 건설되었다. 그러니 주간 고속도로 시스템이 아니라, 교외 고속도로 시스템Suburban Highway System이라고 불러야 옳을 지경이었다.

사실 교외로의 대거 이주는 새로운 종류의 빌트인built-in 민주화, 즉 소비 패턴의 동질화를 불러왔다. 하류층과 흑인 계층을 제외하면 모든 미국 가정이 자신의 자리를 찾고, 서로가 거의 비슷하다고 느꼈다. 미국의 중산층이 출현한 것이다. 이들은 인구 조사원들에게 자신이 중산층에 속한다고 반복해서 말했다. 사회과학자들은 어떻게 그리고 왜 미국인들의 무려 4분의 3이 자신이 중산층이라고 고집스럽게 말하는지를 이해하기 어려웠다. 백인 중산층 미국인들은 신나게 교외로 몰려가 거기에서 새로운 주택을 장만했다.

이렇게 보자면 교외 지역의 발전이라는 현상은 계급 간 그리고 당연하게도 인종 간 분리의 극단적인 형태였다. 하지만 당시로서는 이러한 분열이 그다지 중요하지 않았다. 일부는 다른 사람들보다 더 많이 가졌지만, 미국에는 여전히 하나의 국가 —중산층 미국—가 있었기 때문이었다.

1944년, 종전이 임박한 상황에서 미국 정부는 귀국하는 1,600만 명의 참전용사들이 어떻게 일자리를 찾을 수 있을지 걱정했다. 그리하여 제대군인지원법GI Bill이 통과됐다. 전통적으로는 퇴역 군인들에게 상여금을 지급했지만, 대학에 가고자 하는 참전용사들을 후하게 지원하는 프로그램 —대학에 가면 이들은 한동안 노동시장 외부에 머무르게 된다—을 내놓았다. 이에 더하여 계약금 없이도 집을 바로 구할 수 있도록 큰 규모의 주택담보대출도 지원했다.

대공황과 전쟁 이후 미국 사회에서 형성되고 있던 컨센서스에는 노동조합의 역할도 있었다. 노동조합이야말로 하이에크와 폴라니의 결혼에 핵심적인 부분이 될 터였다. 1919년 약 500만 명이던 미국 노동조합 가입자 수는 루스벨트가 대통령으로 취임하던 1933년에는 300만 명으로 줄었다가, 1941년 말에 다시 900만 명으로 늘어났다. 그리고 2차 대전으로 노동시장에서 노동 공급이 부족하게 되어 1953년 아이젠하워가 대통령으로 취임할 때에는 노동조합 가입자 수가 대략 1,700만 명까지 늘어났다.

1933년부터 1937년까지 높은 실업률에도 불구하고 노동조합의 조직이 더 쉬워졌다. 이는 정치 시스템이 점점 민주당에 유리하게 확고하게 바뀌었기 때문이었다. 연방정부는 더 이상 노조에 반대하는 세력이 아니라 우호적인 세력이었다. 와그너법은 노동자들에게 단체교섭권을 보장했다. 전미노사관계위원회National Labor Relations

Board는 노동조합에 적대적인 고용주들이 노동조합 간부와 조합원들을 처벌할 수 있는 권한을 크게 제한했다. 대량생산 산업의 고용주들은 경영진과 직원들 사이에서 노조가 제공하는 중재가 얼마나 가치 있는 것인지를 알게 되었다. 또한 노동자들도 노조의 협상을 통해 시장 수준을 넘어서는 임금을 받을 수 있는 것을 알게 되었다.

1930년대 노동조합 운동의 확대와 강화를 통해 미국의 소득 격차는 크게 축소되었다. 1920년 후반과 1930년대에 미국 인구의 상위 10%, 1%, 0.01%가 각각 미국 소득의 45%, 20%, 3%를 소유했다. 1950년대에는 그 비중이 각각 대략 35%, 12%, 1%로 내려갔다(2010년에는 50%, 20%, 5%로 다시 올라갔다).[13] 어느 정도까지, 이것은 교육이 기술과의 경주에서 승리하면서(이를 다룬 책으로 클라우디아 골딘과 로렌스 카츠 공저의 《교육과 기술의 경주》가 있다-옮긴이) 항상 저임금을 받던 '비숙련' 노동자들이 일시적으로 희소해졌기(그러므로 가치 있어졌기) 때문이었다. 또한 어느 정도는 이민을 막으면서 영어를 잘 (혹은 전혀) 못하는 노동자의 공급에 비슷한 효과가 나타났기 때문이었다. 하지만 이 '거대한 임금 격차 축소great compression'가 북미와 유럽 양쪽에서 모두 발생했다는 사실은 수요 공급의 변화라는 요인보다 정치-경제적 요인이 더 중요한 것이었음을 시사한다. 노동조합 또한 임금 격차 축소에 기여했다. 최저임금법과 여타 규제들도 한몫을 담당했다. 마지막으로 2차 대전 시기 도입되었던 강력한 누진세제가 있었다. 이것은 부유한 사람들이 굳이 다른 사람의 소득을 희생시켜가며 자신의 부를 키우고자 하는 인센티브를 크게 줄였다. 만약 어느 기업의 CEO가 회사의 총 이윤에서 훨씬 더 큰 몫을 자신의 보수로 돌리려고 했다가는 노동조합의 분노를 촉발할 터이니, 아예 그런 시도조차 하지 않게 되었다.

월터 루서Walter Reuther는 1907년 웨스트버지니아주 휠링Wheeling
의 독일 이민자 가정에서 태어났으며, 그의 부모는 사회주의자들
이었다.[14] 그의 아버지는 그를 데리고 1차 대전 당시 감옥에 수감
되어 있던 사회주의자이자 평화주의자 유진 뎁스를 방문하기도 했
다. 그는 부모님 집에서 사는 동안 '노동조합주의의 철학'을 배우
고, 매일같이 '근로민중의 투쟁, 희망, 열망'에 대해 들었다. 19세의
루서는 휠링을 떠나 디트로이트의 포드 자동차에서 정비공으로 일
하면서 조립라인 노동자들이 사용하는 도구를 만들었다. 그러다
가 1932년에 사회당 대선후보 노먼 토머스Norman Thomas를 지지하
는 집회를 조직했다는 이유로 포드 자동차에서 해고됐다. 그 이후
1932년부터 1935년까지 세계를 돌아다녔다. 이 시기 동안 그는 지
금의 니즈니 노브고로드Nizhny Novgorod에 있는 고리키 공장에서 소
련 노동자들을 교육하여 포드 자동차의 모델 T 생산라인 기계를 사
용할 수 있도록 했다(포드는 1927년 기존의 모델 T를 모델 A로 교체하면
서, 모델 T 생산라인을 스탈린에게 판매한 바 있었다). 그 이후에는 디트
로이트로 돌아와서 전미자동차노동조합United Auto Workers, UAW에 가
입했고, 1936년 12월에 포드에 브레이크를 공급하는 켈시-헤이즈
Kelsey-Hayes의 사측에 맞서서 연좌농성 파업을 벌였다. 경영진은 생
산 설비를 다른 곳으로 옮겨 임시 고용한 노동자들로 생산을 재개
하려 했지만, 수천 명의 파업 동조자들이 쏟아져 나와 그러한 시도
를 막아냈다.

당시 민주당의 프랭크 머피Frank Murphy 미시건 주지사는 공화당
의 프랭크 피츠제럴드Frank Fitzgerald 전 주지사를 가까스로 누르고 선
거에서 승리한 인물이었다. 1920년대 이전이었다면 소유자와 경
영자의 재산권을 보호한다는 이유로 경찰이 ─혹은 30년 전 풀먼

파업에서처럼 군대가 ─개입했을 것이다. 하지만 1936년은 상황이 달랐고 경찰도 투입되지 않았다. 브레이크가 간절히 필요했던 포드는 켈시-헤이즈를 강하게 압박했고, 결국 켈시-헤이즈는 열흘 뒤에 항복했다. 루서의 전미자동차노동조합 174지부의 조합원 수는 1936년 12월 노동조합이 시작했을 때 200명에 불과했지만, 1937년이 저물 무렵에 3만 5,000명으로 늘어났다. 1937년에 루서와 그의 동지들은 이번에는 당시 세계 최대 기업이던 제너럴 모터스를 상대로 그 생산 중심이던 미시간 플린트 공장에서 연좌농성 파업을 벌였다. 제너럴 모터스의 가장 잘 팔리는 브랜드는 셰비 Chevrolet였던 바, 파업 노동자들은 셰비의 엔진을 생산하는 단 하나뿐인 공장을 점거했다. 이번에는 신임 주지사인 머피가 경찰력을 파견했지만, 이는 파업 노동자들을 쫓아내기 위해서가 아니었다. 경찰들은 '평화를 유지하라'는 명령을 받았다.

1946년에 루서는 UAW의 위원장이 된다. 그는 노동조합의 힘을 노동조합원들의 임금 인상과 근로환경 개선을 위해 사용할 뿐만 아니라, "사회 변화의 도구로… 공공 대중 전체의 안녕을 위해서" 사용하는 전략을 구사했다. UAW는 단단하게 통일되었던 반면, 자동차 기업들은 다수로 찢어져 있었다. 우선 미국의 3대 자동차 기업 제너럴 모터스, 포드, 크라이슬러가 있었던 데에다가 (비록 시간이 흐르면서 숫자가 줄어들었지만) 소형 자동차 기업들도 다수 존재했다. 루서의 전술은 매년 3대 자동차 기업 중 하나를 골라 파업을 벌이겠다고 위협하고, 곧바로 이를 실행으로 옮기는 것이었다. 파업이 발생한 자동차 회사는 공장이 문을 닫은 기간 동안 손실을 본다. 다른 자동화 회사에서 일하는 UAW 소속 노동자들은 파업 참가자들을 지지하지만, 다른 자동차 회사들은 노동자들을 차단하지도

파업이 발생한 회사를 현금으로 지원하지도 않았다. 2차 대전 이후 4년 동안 매년 파업의 위협을 받자, 1950년 마침내 제너럴 모터스 CEO 찰리 윌슨Charlie Wilson은 5년간의 무파업 계약을 제안하기에 이른다. 루서는 협상에 임하여 임금 인상뿐만 아니라 기업이 부담하는 건강보험과 퇴직 후 보장 프로그램 그리고 생활비 상승에 따른 임금 조정까지 얻어냈다. 이것이 그 유명한 '디트로이트 협약Treaty of Detroit'이었다. 이것은 자동차 노동자들이 상당한 수입뿐 아니라 단독 주택을 구입하고 교외로 이사하여 자신들이 만든 자동차를 타고 출퇴근하는 삶을 꿈꿀 정도로 삶의 안정성을 확보했음을 뜻했다. 노동자계급의 상류층은 이제 중산층이 되었다.

1970년 루서가 그의 아내 메이 및 다른 네 명과 함께 타고 있던 비행기가 안개 속을 헤매다가 결국 미시간 펠스턴 공항에 착륙을 시도하던 중 추락했고, 루서 부부와 4명의 친구들은 모두 사망했다. 비행기의 고도계에는 부품이 빠져있거나 맞지 않는 부품이 들어있었고, 그중 일부는 아예 거꾸로 끼워져 있었다. 루서는 그 사고 이전에도 이미 적어도 두 차례의 암살 시도를 넘긴 바 있었다.

전후 미국에 형성된 케인지언 컨센서스의 또 다른 요소는 복지국가 또는 사회보험국가였다. 하지만 미국의 사회보험 규모는 유럽 국가들에 비해 훨씬 떨어졌다. 서유럽 나라들의 관점에서 보면 미국의 제도는 너무나 빈약했다. 심지어 영국의 보수파인 대처마저도 미국에는 국가가 지원하는 의료보험이 없다는 사실을 알고 끔찍하다 못해 야만적이라고 생각했다. 그리고 전반적으로 재산조사means-tested를 기반으로 하는 미국의 사회보험 프로그램들은 유럽의 비슷한 프로그램들에 비해 공평한 경쟁의 장을 만드는 데 기여하지 못했다. 2차 대전 이후 가난한 이들에게 추가적인 구매력을 제공하고자 한 미국의 노력으로는 식생활 보조를 위한 푸드스탬프, 홀로 자녀를 키우는 여성에게 현금을 지급하는 부양자녀가족지원Aid to Families with Dependent Children, 소규모의 저품질 공공주택 배급 등이 있었다.

동시에 미국에서 시행된 좀 더 넓은 의미의 사회민주주의는 광범위한 프로젝트와 기관들을 포괄했다. 예를 들자면 주간 고속도로 시스템, 공항 건설, 항공 관제, 미국 해안경비대, 국립공원관리청National Park Service, 그리고 국립표준기술원NIST과 해양대기청NOAA 및 국립보건원NIH 등을 통해 이루어진 연구개발 정부 지원 등이다. 또한 법무부와 연방거래위원회FTC의 반독점 규제와 증권거래위원회SEC, 통화감독청OCC, 연방준비제도와 연금지급보장공사PBGC의 금융 규제도 있었다. 또한 은행의 부실이나 대형 은행 ─시스템적으로 중요한 금융기관들─의 붕괴로부터 소액 예금자들을 보호하겠다는 연방정부의 약속, 사회보장연금뿐 아니라 그 사촌 격인 기초생활연금Supplementary Security Income, 헤드스타트Head Start(취학 전의 빈곤 아동 지원 프로그램─옮긴이), 근로소득 세액공제 등이 있었다. 조금이라도 자유지상주의에 동조하는 이라면 누구나 이러한 프로그램들이 정부 권력의 남용이라고 여겼다.

대공황이 자유방임 시스템에서 왼쪽의 좀 더 관리되는 '혼합'경제로 이동하는 데에 주요한 동인이 되었다는 사실은 전후 미국 복지국가의 형태에 영향을 미쳤다. 유럽의 혼합경제는 소득분배를 평등하게 하고 시민을 시장으로부터 보호하는 다소 평등주의적 성향을 띠었다. 미국에서는 주요한 복지국가 프로그램들이 평균적으로 개인들이 지불했던 만큼의 혜택을 돌려받는 '보험'으로 받아들여졌다. 즉 소득분배를 변화시키는 도구가 아니었다. 사회보장연금은 초기 기여금에 비례하여 지급되었다. 노동 친화적인 와그너법의 틀은 안정된 일자리를 가진 비교적 숙련된 고임금 노동자에게 가장 유용했으며, 이들은 법적 장치를 통해 해당 산업의 이익을 공유할 수 있었다. 그리고 소득세의 누진 정도는 항상 제한적이었다.

사회민주주의의 목표는, 이마에 땀을 흘려서 얻는 것이 아니라 시민권 또는 동지애의 자격으로 의식주와 같은 필수품을 제공하는 것을 국가의 책임으로 삼는다는 고상한 사회주의의 목표와 확연히 달랐다. 사회민주주의는 대신 보다 평등한 방향으로 소득을 재분배하기 위해 소득 부조와 누진세를 도입하는 데에 초점을 맞추었다. 필수품을 모두 공공이 제공하는 고도의 사회주의 체제는 비효율적일 수 있었지만, 단지 소득을 좀 더 평등한 방식으로 분배하는 시민주의 시스템은 이를 궁핍한 이들에게만 제공하고 시장의 마법과도 같은 힘을 사회적 목표에 활용함으로써 낭비를 피해갔다.

이런 강제 결혼shotgun marriage과 같은 방식으로 하이에크와 폴라니는 수십 년 동안 ─케인스의 완전고용의 축복이 이어지는 한─ 사회민주주의라는 문패가 달린 집에서 이전보다 더 포용적으로 그리고 조심스럽기는 해도 충심을 담아 어색하게 가정을 지켰다.

*

2차 대전 이후 서유럽이 미국보다 더 사회민주주의에 가까워진 것은 결코 당연한 일이 아니었다. 대공황 시기 서유럽 내부의 정치는 대체로 오른쪽으로 기울어졌었다. 또한 정치적 민주주의와 시장 기구들에 대한 신념도 여러 세대 동안 미국보다 약했었다. 하지만 어찌 된 일인지 전체적으로는 서유럽의 사회안전망과 복지국가 정책들이 미국을 압도적으로 능가했다.

앞의 여러 장에서 보았듯이, 서유럽은 사회민주주의를 신봉하여 좋은 보상을 얻어냈다. 서유럽 경제는 1950년대와 1960년대에 호황을 구가했다. 1차 대전 이후의 유럽이 16년 만에 이룬 것을 2차 대전 이후의 유럽은 6년 만에 이루어냈다. 서유럽의 GDP 증가율은 장기 20세기가 시작된 이래 연 2~2.5% 수준이었는데, 1953년과 1973년 사이에는 무려 연 4.8%로 뛰어올랐다. 1인당 총생산 또한 유례없는 수준으로 올라갔고, 프랑스와 서독 모두에서 1955년이면 노동생산성이 1913년 이전의 추세를 뛰어넘게 된다.[15]

유럽의 빠른 성장을 이끈 원동력 중 하나는 예외적으로 높은 투자율이었는데, 1차 대전 이전 10년 동안의 투자율에 비해 거의 두 배가 높았다. 또 다른 원동력은 유럽의 노동시장이었다. 완전고용을 달성하면서도 생산성 향상을 초과하는 임금 상승 압력이 거의 없는 놀라운 조합을 이뤄낸 것이다.

경제사학자 킨들버거가 설명했듯이, 이러한 노동시장의 안정성은 선진국 내부의 농업 부문과 유럽의 남부 및 동부 변두리에서 노동력이 탄력적으로 공급되었기 때문에 가능했다. 탄력적인 노동 공급은 노동조합을 절제시켰는데, 노동력이 지속적으로 공급되지 않았으면 노동조합은 감당하기 어려운 임금 인상을 공격적으로 요구했었을 수도 있다. 이러한 상황은 직전의 역사가 드리운 그림자의 결과이기도 했다. 전쟁으로 인한 높은 실업률과 분쟁의 기억이 노동시장의 갈등을 완화하는 역할을 했다. 보수주의자들은 전간기에 복지국가를 후퇴시키려던 시도가 양극화와 안정성의 부재로 이어졌고, 궁극적으로 파시즘의 발판을 마련했다는 사실을 기억했다. 좌파는 동일한 이야기를 다른 측면으로 기억했다. 양측 모두 전간기의 경기침체를 회고하면서 그 원인을 정치적인 교착상태에 돌렸다. 이제 생산성을 먼저 향상시키고 재분배는 뒤로 미루는 것이 더 나은 전략이라는 점에 모두가 합의하는 것으로 보였다.[16]

2차 대전 이후 두 번째 세대로 접어들면서 산업 중심부의 여러 산업 또한 갈수록 기계화되었고, 그에 따라 저임금 국가와의 해외 경쟁에 점점 취약해졌다. 헨리 포드가 숙련 기술자가 하던 일을 미숙련의 조립라인 노동자들이 할 수 있도록 생산 공정을 재설계할 수 있었다면, 포드든 누구든 북대서양 지역 바깥의 저임금 노동자들이 대신하도록 생산을 재설계하는 것을 누가 막을 수 있단 말인가?

실제로 여러 산업이 부유한 산업 중심지에서 가난한 주변부로 이주하기 시작했다. 하지만 2차 대전 이후의 처음 한두 세대 동안은 그 속도가 느렸다. 그 이유의 하나는 정치적 불안정에 따른 위험이 컸기 때문이었다. 주변부 지역은 중대한 정치적 혼란이 벌어질 것으로 생각하기 쉬운 곳이며, 투자자들은 심각한 정치적 혼란이 쉽게 발생할 수 있는 곳에 투자하기를 조심스러워했다. 더욱이 기업 입장에서는 자기 제품과 비슷한 제품을 만드는 다른 기계나 공장이 근처에 있는 산업 중심지에 생산 기지를 유지하는 것에 상당한 편익이 있었다. 안정적인 전력망에 접근할 수 있을 뿐만 아니라, 복잡한 기계류에 따르기 마련인 많은 문제를 해결하는 데 필요한 전문가들도 근처에 있기 마련이기 때문이었다.

이런 요인들은 기술이 이미 확립된, 별로 변화가 없는 산업보다 기술이 계속 변화하는 산업에서 훨씬 중요했다. 기업들이 되도록이면 자기들의 기계를 만든 회사 근처로 입지를 잡는 큰 이유는, 그 기계의 생산자와 사용자가 서로 교류하고 피드백을 주고받으면서 얻는 이점이 상당하기 때문이다. 이 피드백은 설계가 계속 진화하고 있는 경우 특히 가치가 컸다. 또한 기계에 익숙하고 약간 다른 기계를 약간 다른 방식으로 사용하는 것에 적응할 수 있는 잘 훈련된 노동력을 활용할 수 있기 때문이기도 했다. 산업이 기술적으로 성숙해짐에 따라, 생산 공정의 변화는 줄어들고 사업 모델은 최저 가격을 쫓아 판매가 이루어지는 방식으로 정착되었다(PC산업이 전형적인 사례다 ─옮긴이). 이러한 성숙 단계에 도달한 산업과 기업은 세계경제의 주변부로 옮겨가는 경향이 있었다.

    *

사회민주주의는 민주주의였기에 어느 정도의 소득과 부의 불평등을 받아들일 것이냐를 투표로 선택할 수 있었다. 세금의 누진성을 높일지 낮출지를 놓고 투표할 수 있었다. 모든 시민에게 제공되는 공공재 및 준공공재와 혜택의 범위를 확대할지 또는 축소할지 선택할 수 있었다. 가난한 사람들에게 제공되는 혜택을 확대할지 축소할지 선택할 수 있었다. 하지만 근본적으로 하나의 시스템으로서의 사회민주주의는 모든 시민이 빈곤의 위험으로부터 보호받기를 원하기 때문에 보편적인 재분배가 바람직하다는 전제 위에 세워졌다. 생산을 극대화하기 위한 인센티브도 물론 필요하다. 까다로운 문제는 위험에 대한 보장과 생산의 인센티브 사이에서 어떻게 균형을 취할 것인가였고, 이는 판단의 문제이자 정치의 문제였다. 어느 나라에서 뿌리를 내리든지 사회민주주의는 최대 다수의 최대 이익이라는 공리주의의 목표를 전력으로 추구하면서, 작은 액수라도 소득재분배로 돌리는 프로그램들을 위해 분투했다.

이러한 여러 이유에서 사회민주주의는 강력한 힘이었다. 하지만 문제가 하나 있었다. 아마도 사회민주주의는 궁극적으로는 사회민주주의 자체의 몰락 그리고 훗날 '신자유주의'라고 알려지는 것의 발호를 가져오게 될 것이라는 점이었다. 사람들의 기억에는 시장경제가 사회의 하인이 아니라 주인이라는 믿음이 아직 그림자처럼 남아있었다. 이 믿음은 폴라니식의 여러 권리들을 옹호하는 사회민주주의의 시도는 결국 장기적인 경제성장을 심각하게 저해하는 엄청난 부담을 초래하고, 보편적인 수당 같은 시도는 평등해서는 안 될 사람들을 평등하게 만들기 때문에 사회정의를 실현할 수 없을 것이라는 생각으로 이어질 수 있었다.

아마도 이러한 생각의 기저에는, 누군가에게서 빼앗아 다른 이에게 주는 반＋중앙집중적 재분배 장치들에 대한 거의 선천적인 혐오가 있었다. 적어도 우리 인간들은 사회를 상호적인 선물-교환 관계의 네트워크로 바라본다. 일반적으로 우리는 개인이 모든 일을 스스로 하도록 할 때보다 서로를 위해 일할 때 모두가 훨씬 더 좋은 성과를 얻는다는 데에는 누구나 동의한다. 우리는 항상 받기만을 원하지 않는다. 그러면 자신을 너무 왜소하고 부적합한 존재라고 느끼게 된다. 또한 항상 주기만을 원하지도 않는다. 그러면 착취당하고 약탈당한다고 느끼게 된다. 그리하여 이론상으로나 실제적으로나, 혹시 다른 누군가가 항상 받기만 하는 삶의 전략을 따르고 있는 것 같은 상황을 감지할 때마다, 이를 못마땅하게 여기는 경향이 있다.[17]

더욱이 '주는 이' 혹은 '받는 이'가 된다는 게 무엇을 의미하는지를 놓고서도 의견이 분분하다. 배우자 없이 홀로 자녀를 키우는 어머니들은, 후일 장성하여 사회보장세를 납부함으로써 우리의 사회보장연금에 재원을 공급하는 다음 세대들을 길러내는 힘들지만 엄청나게 가치 있는 일을 하고 있는 것일까? 혹은 비판자들이 확신을 가지고 단언하는 것처럼, 일자리를 구하고 유지하는 것보다 더 쉽기 때문에 복지 시스템을 악용하고 있는 '복지 여왕'일 뿐일까? 어떤 대부업자가 이자의 절반을 탕감해 주고 원금과 이자의 나머지 절반만 내라고 요구한다면, 그는 '주는 이'일까?

사회민주주의의 논리는 우리 모두가 시민으로서 동등한 존재이고, 타당한 이유 없이 불평등한 대우를 받아선 안 된다는 것이다. 시장경제에서 불평등을 정당화하는 타당한 이유는 숙련, 근면, 선견지명을 보상함으로써 성장의 동기를 부여해야 할 필요가 있다는 것이다. 설령 그렇게 하는 가운데 순전히 운만 좋은 이들이 보상을 받게 되더라도 말이다.

그런데 일부 시민이 자기들은 (출생, 교육, 피부색, 종교, 그 밖의 특징들로 인해) 다른 이들보다 더욱 평등하다고 생각한다면 어떻게 될까? 그리고 재산 조사 기반 복지 프로그램들의 경우에서 보듯, 운이 없어서가 아니라 그냥 단순히 전혀 사회에 기여한 게 없어서 그저 받기만 하는 것으로 보이는 이들은 어떻게 해야 하는가?

고용 수준이 높고 성장이 강력한 동안에는 이러한 딜레마들도 대충 덮어버릴 수 있다. 하지만 성장이 둔화되고 고용이 줄면, '기생충들'이 이득을 취하고 있다는 두려움이 갈수록 더 커진다. 그리고 이러한 '기생충들에 대한 두려움'이 사회민주주의의 몰락과 신자유주의로의 전환을 앞당긴 중요한 이유였다.

사회민주주의 국가들은 재분배 프로그램을 통해 시민들을 평등하게 대우하기 위해 노력하는 동시에 또 다른 낯선 시도를 시작했다. 선진국이나 개발도상국 할 것 없이 온 세계에 걸쳐 사회민주주의 정부 — 심지어 가장 반공주의적인 정부의 경우에도 — 들은 스스로 기업을 운영해야 한다고 생각하게 된 것이다.

2차 대전 이후 처칠의 뒤를 이은 클레멘트 애틀리Clement Attlee 총리가 이끌던 영국 정부를 살펴보자. 1940년대 후반, 애틀리 정부는 영란은행, 철도, 항공, 전화, 석탄 채굴, 발전, 장거리 운송, 철강, 천연가스 공급을 국유화했다. 국유화한 후에도 공식적으로 경영정책은 변하지 않았다. 즉 상업적 수익성이 여전히 공식적인 목표였다. 물론 수익성 추구의 열성은, 특히 수익성으로 보자면 공장을 닫아야 하는 등의 경우, 줄어들었다.

돌이켜보면, 정부가 재화와 서비스를 생산해야 한다는 사민주의적 주장은 당혹스럽다. 정부들은 단순히 가격과 품질을 요구하거나 분배하거나 규제하는 데 그치지 않았다. 그들은 **생산**에 관여했다. 전 세계에 걸쳐서, 생산적인 산업의 큰 덩어리를 공공이 소유하고 관리해야 한다는 믿음이 20세기 중반을 지배했다. 심지어 오늘날 21세기에도 여전히 국가가 소유하고 운영하는 거대한 기업들이 존재한다. 철도, 병원, 학교, 발전소, 제철소, 화학공장, 탄광, 그밖에도 많다.

이 중 어떤 것도 정부의 핵심 역량에 해당되지 않았다. 병원이나 철도 같은 조직은 주어진 자원으로 최대한의 성과를 내는 효율성을 염두에 두고 운영되어야 한다. 정부 운영의 논리는 이와 다르다. 그것은 상충하는 이해관계에 맞추어 조정을 이뤄내는 것이다. 그 결과 정부가 경영하는 기업들 —영국의 탄광업체든, 서유럽의 통신 독점기업이든, 개발도상국의 석유 독점기업이든—은 비효율적이며 자원을 낭비하는 경향이 있었다.

국유화된 조직과 산업에는 '효율성'이 최우선이 되어서는 안 될 경우들도 있다. 인센티브가 '경성hard'이 아닌 '연성soft'이 되어야 할 때도 있다. 예를 들어 보험회사에서 돈을 받는 병원이 비용을 줄이겠다고 항생제 용액 대신 색이 있는 맹물을 사용하는 일이 있어서는 안 된다. 전력망을 운영하는 회사가 이윤을 올리겠다고 유지보수를 건너뛸 수는 없는 일이다.

하지만 '연성' 인센티브가 바람직한 경우란 그다지 많지 않다. 소비자들이 제품 품질을 판단할 능력이 없는 경우 혹은 다른 공급자를 선택하는 방식으로 자신의 의사를 표명할 수 없는 경우 정도이다. 그 이외의 경우에는 거의 항상 영리 기업을 움직이는 경성의 물질적 인센티브가 더 적절하다.

그렇다면 사회민주주의 국가들은 비록 정도는 다양하다고 해도, 왜 그렇게 한 것일까? 크게 세 가지 이유가 있었던 것 같다.

첫째, 독점에 대한 지나친 두려움이었다. 사민주의 정부의 지도자들은 규모의 경제의 논리가 작동하면서 대부분의 산업에서 단일 기업이 지배하게 될 것이며, 그 기업을 국가가 소유하지 않는 한 대중을 무자비하게 착취할 것이라고 믿었다. 둘째, 독점에 따라오는 부패에 대한 두려움, 즉 독점기업이 규제 당국을 매수할 수 있다는 두려움이었다. 셋째, 시장은 본질적으로 착취적이며, 착취를 없애기 위해서는 생산수단의 사적 소유를 제거해야 한다는 고전적 마르크스주의의 신념이 되살아난 데서 국유화의 동력이 생겨났다.

오늘날 우리로서는 세 가지 모두 순진무구해 보인다. 시장이 착취로 인해 부패할 수밖에 없다면, 관료적 위계 조직들은 어떤가? 그렇다, 독점을 두려워해야 한다. 시민들의 삶이 규모가 커질수록 수익이 늘어나는 지배적인 독점기업에 의존하는 세상은 심각한 문제가 있다. 하지만 독점 공기업도 독점이기는 매한가지이다. 궁극적으로, '경제의 중요한 산업 및 부문'을 운영하려던 사민주의 정부들의 노력은 실망스럽게 끝났고, 이로 인해 사회민주주의 프로젝트에 대한 장기적인 정치적 지지가 큰 손상을 입었다.

하지만 이 문제는 1970년대 미국에서의 인플레이션 위기가 초래한 피해에 비하면 사소한 문제small beer 였다. 그 10년 대부분의 기간 동안 미국에서는 물가상승률이 매년 5~10% 사이를 오르내리는 전례 없는 상황이 발생했고, 실업률 또한 고통스럽고 지속 불가능한 수준에 이르렀다. 왜 그런 일이 일어났던 것일까?

1960년대 린든 존슨Lyndon Johnson 대통령의 정부는 평균 5%의 실업률조차 용납할 수 없다는 입장이었고, 실업률을 더 낮추기 위해 노력했다. 존슨 대통령의 경제 자문이던 월터 헬러Walter Heller 의 말을 빌리면, "시장 메커니즘만으로는 달성할 수 없는 높은 수준의 고용과 성장을 위해 정부가 나서서 [경제의] 본질적인 안정성을 제공해야 한다"는 것이었다. 이제 정부의 임무는 단순히 불황을 피하는 것이 아니라 **높은 수준의** 고용 그리고 성장을 달성하는 것이 되었다.

이렇게 야심찬 새 임무는 중요한 문제를 제기했다. 실업률을 5% 이하로 유지하면서도 총수요와 총공급의 균형을 유지할 수 있을까? 다시 말해, 인플레이션을 가속화하지 않으면서 실업률을 이렇게 낮게 유지할 수 있을까? 1969년이 되면 답이 명확해졌다. 노No.

미국 비농업 부문의 평균 명목임금 상승률은 한국전쟁이 끝난 후부터 1960년대 중반 사이에 연간 4% 안팎을 오르내렸는데, 1968년에는 6% 이상으로 급등했다. 게다가 그 전 5년간 물가가 서서히 오르자 사람들은 무슨 일이 벌어지고 있는지 주의를 기울이기 시작했다. 사람들은 다음 해의 물가수준에 대한 예측에 따라 내년에 수요량을 어느 만큼으로 할지, 어느 만큼을 현금으로 보유할지, 또 얼마만큼의 임금 인상을 요구할지 등 온갖 종류의 의사결정을 한다. 일시적으로 화폐의 초과공급이 있으면 **예기치 못한** 인플레이션을 유발할 수 있다. 하지만 지난 5년 정도 계속해서 화폐의 초과공급이 있었다는 것을 알게 되면, 사람들은 다가올 미래에 인플레이션이 있을 것이라고 예상하게 된다. 이는 이중의 저주가 될 수 있다. 물가수준이 부분적으로는 예상한대로, 부분적으로는 전혀 예상하지 못한 정도로 오를 것이다. 그렇게 해서 나타나는 전체 물가인상률 — 예상한 만큼과 예상하지 못한 만큼을 더한 — 은 상승 속도가 빨라질 것이다.

존슨 정부는 인플레이션의 급격한 상승에 깜짝 놀랐다. 거시경제학자 로버트 고든의 회고에 따르면, 그때까지 신뢰할 수 있다고 여기며 사용해 왔던 경제 분석의 틀이 "1967년 이후에는 놀라운 속도로 무너졌다"고 한다. 고든과 동료 경제학자들은 당시 대학원 학위를 마치고 첫 직장에서 막 일을 시작한 이들이었기에, "이러한 변화의 타이밍을 아주 예민하게 감지했고,… 우리가 대학원에서 배운 것으로는 경제의 변화를 설명할 수가 없다는 것을 거의 즉각적으로 깨달았다"고 한다.[18]

존슨 대통령과 전임인 케네디 대통령의 경제 자문들은 인플레이션을 약간만 높여도 실업률을 크게 낮출 수 있다고 주장했었다. 하지만 사람들의 인플레이션에 대한 기대(예상)가 '고삐가 풀려버리고unanchored' 말았다. 이제 가격과 임금은 물가가 안정적일 것이라는 기대 혹은 물가가 완만하게 상승할 것이라는 기대가 아니라, 뉴노멀이 되어버린 전년도의 인플레이션에 맞춰졌다. 1965년에서 1969년 사이 4년간 연방준비제도는 존슨 대통령의 바램에 부응하여 통화 공급을 늘려 실업을 줄이고 이자율을 낮게 유지했다. 그 다음에 베트남전쟁으로 늘어난 정부지출은 경기를 더욱 과열시켰다. 1969년 미국은 인플레이션이 연 2%가 아니라 5%인 경제가 되었다.

1969년 리처드 닉슨 대통령이 취임한 후, 공화당 정부의 경제학자들은 정부지출을 줄이고 연준의 금리인상을 유도하여 실업률을 약간 올리면서 인플레이션을 완화시키고자 했다. 이들의 계획은 절반의 성공에 그쳤다. 1969년에서 1971년 사이에 실업률은 3.5%에서 6%로 크게 올랐지만, 인플레이션은 거의 움직이지 않았다.

이러한 결과는 큰 수수께끼를 안겨주었다. 이 시점까지만 해도 미국 경제는 안정적인 인플레이션-실업률 '필립스 곡선Phillips curve'—경제학자 윌리엄 필립스William Phillips의 이름을 딴 곡선 —을 따라서 움직이는 것처럼 보였다. 민주당 정부는 상대적으로 실업률이 낮은 이 곡선의 왼쪽 끝에 머무르고자 하는 경향이 있었고, 공화당 정부는 상대적으로 인플레이션이 낮고 실업률이 높은 오른쪽 끝에 머무르고자 하는 경향이 있었다. 그러나 절대적 기준과 역사적 기준에서 당시의 인플레이션과 실업은 둘 다 낮은 수준이었다. 닉슨의 경제학자들은 경제를 필립스 곡선의 왼쪽에서 오른쪽으로 이동시키고자 했지만, 그렇게 되지 않는다는 사실을 이제 알게 된 것이다.

실업률을 살짝 올려서 인플레이션을 잡겠다는 시도는 더 이상 효과가 없었는데, 그 이유는 아무도 정부가 이런 노력을 오래 지속할 수 있을 것이라고 믿지 않았기 때문이었다. 예를 들어 자동차산업의 노동자들은 정부가 이 산업의 광범위한 실업 상태를 용인하지 않을 것이며, 자동차산업의 판매가 줄기 시작하면 정부가 곧바로 개입하여 명목 수요를 늘리고 사람들이 자동차를 구매할 수 있는 충분한 유동성을 제공함으로써 도움을 줄 것이라고 믿고 있었다. 그렇기 때문에 자동차 노조UAW는 임금 인상 요구를 누그러뜨리릴 인센티브가 없었고, 제조업체들은 노조의 요구를 거부할 인센티브도 없었기 때문에 늘어난 비용을 그대로 가격에 반영해 소비자들의 부담으로 전가시켰다.

이들의 행동이 낳은 예상치 못한 결과로 인해 닉슨 정부의 경제학자들은 곤란한 지경에 빠졌다. 한 가지 가능한 '해법'은 정말 대규모의 불황을 만들어내는 것이었다. 그리하여 설령 인플레이션이 고통스러운 수준으로 치솟는다고 해도 정부가 아무것도 하지 않으면서 인플레이션이 낮아질 때까지 실업률을 높게 유지할 것임을 분명히 하는 것이었다. 어떤 대통령도 이러한 가능성은 생각하고 싶어 하지 않았다. 미국 경제는 많은 우연과 우여곡절을 거쳐 결국 이 길을 가게 된다.

6%의 실업률과 5%의 인플레이션 그리고 그가 경제를 잘못 관리했다는 불만이 터져나오는 가운데 닉슨은 심한 정치적 역풍에 맞닥뜨렸다. 과거 닉슨의 백악관 경제 고문이었다가 새로 연준 의장으로 취임한 아서 번스Arthur Burns는 시장 메커니즘으로 인플레이션 기대치를 낮추려면 대규모 불황이 필요하지만, 그런 계획을 실행했다가는 자기가 연준 의장 자리를 지키지 못할 것이라는 우울한 예언을 내놓았다. 의회가 그런 대규모 불황을 만든 죄를 물어 압도적 표결로 자신을 연준 의장에서 몰아내리라는 것이었다. 닉슨에게 이러한 정치적 상황은 뼈아프게도 친숙했다. 1960년 대선에 출마한 당시 부통령 닉슨과 아이젠하워의 경제자문위원회 의장이던 아서 번스는 선거가 있던 그해만큼은 실업률이 오르지 않도록 해달라고 아이젠하워에게 간청했었다. 아이젠하워는 그 부탁을 외면했고, 닉슨은 선거에서 아슬아슬하게 케네디에게 패배했다.[19]

닉슨은 이번에는 일종의 '충격 요법'을 사용하기로 결심했다. 우선 브레튼우즈 체제에서 복구된 탄력적인 고정pegged-but-flexible 환율제를 일시 중단 — 이는 결국 영구화된다 — 하고, 인플레를 잡기 위해 임금 및 물가 통제를 강제했다. 그러면서 연준 의장인 번스에게 다가오는 1972년 대통령 선거 국면에서만큼은 반드시 실업률이 더 낮고 그리고 낮아지고 있어야 한다는 점을 주지시켰다. 하지만 닉슨의 이런 정치적 계산이 인플레이션 상승에 전적으로 책임이 있는 것은 아니었다. 존슨의 경제 자문 월터 헬러Walter Heller를 포함한 많은 경제학자들이 닉슨의 경기 부양책은 그다지 경기 부양 효과도 없었고 인플레이션을 유발할 정도도 아니었다고 믿었다.

현실에서는 화폐 공급이 화폐 수요를 크게 초과했고, 닉슨의 가격 통제가 해제되면서 인플레이션이 더욱 가속화되었다.

돌이켜보면, 당시 닉슨이 인플레이션을 3% 내외의 정상 수준으로 낮추거나 최소한 6% 미만으로 억제할 방법은 없었을지 궁금해질 수 있다. 물론 기술적인 차원으로만 보면 그럴 수 있었다. 서독이 세계 최초로 '디스인플레이션disinflation' 정책(인플레이션을 극복하기 위해 통화 증발을 억제하고 재정·금융 긴축을 주축으로 하는 경제 정책 —옮긴이)에 착수한 것은 거의 같은 시기였다. 서독의 인플레이션은 1971년에 정점에 달했고, 그때 이후로 독일의 중앙은행 분데스방크Bundesbank는 공급 충격 혹은 기타 인플레이션 상승 압력을 수용하지 않는 정책을 추구했다. 1980년대 초가 되면 서독에서 인플레이션은 사라진다. 일본 또한 1970년대 중반에 서독과 비슷한 디스인플레이션 정책을 시작했고, 영국과 프랑스는 좀 더 이후에 뒤를 따랐다. 프랑스의 두 자릿수 인플레이션은 1980년으로 끝나고, 영국에서는 1981년에 끝난다.[20]

이러한 사례들을 볼 때, 미국이 1960년대 후반에 경험했던 완만한 인플레이션을 빠르게 반전시킬 수 없었던 '기술적' 장애물 같은 것은 없었다고 할 수 있다. 하지만 번스는 감히 도전하지 못했다.

번스는 자신이 없었다. 인플레이션을 낮추려고 들었다가 실업률이 용납하지 못할 수준으로까지 치솟을 가능성을 배제하지 못했다. 그는 전미경제학회American Economic Association, AEA 회장이던 1959년 '경제적 안정성을 향한 진전Progress Towards Economic Stability'이라는 연례 연설을 했다.[21] 그는 연설의 많은 부분을 할애하여, 자동 안정장치들과 은행 시스템의 작동 방식에 대한 더 깊은 이해를 바탕으로 설계된 통화정책이 있기에 과거의 대공황과 같은 사건들이 다시 터질 가능성은 지극히 낮다고 설명했다. 연설 말미에 그는 이러한 경제적 안정성으로의 진보가 낳은 해결되지 않은 문제라면서 "일상화된secular 인플레이션의 미래"를 언급했다. 예전에는 노동자들이 자신들의 교섭력이 우위에 있는 호황기라고 해도 생산성 증가를 넘어서는 임금 인상을 요구하기를 주저했었다. 왜냐하면 불황이 오게 되면 그렇게 올라간 임금을 고용주들에게 부담시킨 결과가 어떨지 두려워했기 때문이었다. 그런데 만약 불황이 오지 않는다면 어떤 일이 벌어질 것인가?

그러고 나서 1972년 이후 오일쇼크가 찾아왔다. 먼저 1973년 욤키푸르 전쟁(4차 중동전쟁 —옮긴이)으로 세계 유가가 세 배가 되었고, 1979년 이란 혁명으로 다시 세 배가 올랐다. 동시에 산유국회의 OPEC는 자신들이 가진 시장 권력을 자각하게 되었다.

첫 번째 오일쇼크는 성찰 없는 미국 외교정책의 결과였을 수 있다. 1970년대 초 닉슨 외교정책의 수장이던 헨리 키신저Henry Kissinger는 중동에서 소련 영향력을 견제하기 위한 장치로 이란 국왕의 힘을 키워주고자 했다. 유가가 세 배로 뛰자 실제로 이란 국왕의 권력은 엄청나게 강화되었다. 그 대가로 서방 선진국과 개발도상국은 막대한 경제적 피해를 입었다. 닉슨 정부 역시 유가 상승의 경제적 파장에 놀랐던 것은 틀림없다. 미국의 군사력과 외교력이 경제에 달려있음에도 불구하고 키신저는 경제 문제는 지루하고 중요하지 않다고 항상 생각했다. 유가 상승은 정부가 우려할 만한 가치가 없는 일로 그리고 대처할 가치는 확실히 없는 일로 여겼을 가능성이 대단히 크다. 결국 그 덕분에 이란 국왕의 힘이 엄청나게 강화되었으니 된 것 아닌가. 유가 상승이 가져올 수 있는 경제적 피해를 염려한 사람은 극소수뿐이었고, 미국 정부는 그 사람들의 의견에 귀를 기울이지 않았다.

석유는 세계경제의 핵심 에너지 자원이었기 때문에 유가 상승의 충격은 전 세계에 반향을 일으켰고, 결국 1970년대 후반에 연간 두 자릿수의 인플레이션을 초래하게 된다.

욤 키푸르 전쟁으로 촉발된 유가 상승과 첫 번째 인플레이션 급등은 세계경제를 2차 대전 이후 가장 깊은 불황 중 하나로 밀어넣었다. 또한 미국 경제의 높은 인플레이션은 결국 1980~1982년의 또 다른 불황으로 이어졌는데, 이 불황은 2차 대전 이후 최악의 불황이었다. 인플레이션이 급등할 때마다 실업률도 먼저 혹은 동시에 치솟았다. 그리고 1960년대 후반과 1970년대 내내 경기변동의 폭은 그 전 사이클보다 더 커졌다. 1971년에는 실업률이 6% 근처에서 정점을 찍었고, 1975년에는 대략 8.5%, 1982~1983년에는 거의 11%까지 치솟았다.

1975년의 불황이 그 바닥을 쳤던 시점에 사람들은 무언가 새로운 시도를 할 준비가 되어있었다. 그해에 과거 대선주자였던 허버트 험프리Hubert Humphrey 상원의원(민주당, 미네소타)은 어거스터스 호킨스Augustus Hawkins 하원의원(민주당, 캘리포니아)과 함께 법안을 공동 발의했다. 정부는 4년 내에 실업률을 3%까지 낮추고, 원하는 사람 누구에게나 정부 건설 프로젝트에서 지급되는 '통상 임금prevailing wage'으로 일자리를 제공해야 한다는 내용이었다. 하원에 올라온 이 법안에는 이 '험프리-호킨스 일자리'를 제공하지 못한다면 개인이 연방정부에 소송을 제기할 수 있는 권리까지 부여되어 있었다. 1976년 초 당시 관측통들은 법안이 통과될 가능성이 높다고 보았다. 물론 통과된다고 해도 공화당 대통령인 제럴드 포드Gerald Ford가 거부권을 행사할 가능성이 컸다. 실제로 많은 사람들은 험프리와 호킨스의 의도는 포드가 거부권을 행사하도록 미끼를 던져 1976년 대통령 선거에서 민주당 후보인 지미 카터Jimmy Carter가 선거 운동에서 활용할 공격거리를 만들려는 것이었다고 생각했다.

험프리-호킨스 법안은 실제로는 수정, 수정, 또 수정되어 연방준비제도가 좋은 일들을 해야 한다는 선언문 정도에 그쳤고, 실제 정책의 수립에는 아무 힘도 쓰지 못하는 수준이 되고 말았다. 1976년 선거에서는 지미 카터가 승리한다. 결국 험프리-호킨스 법안의 가장 중요한 장기적 효과는, 1970년대 후반에 인플레이션을 줄이기 위한 정책을 제안하기 어렵게 만들었다는 점일 것이다. 일시적으로라도 실업률을 올릴 위험이 있는 모든 조치는 시작조차 할 수 없는 것으로 여겨지게 되었다.

1970년대 말에 이르면 인플레이션은 이제 통제를 벗어난 것으로 받아들여진다.

경제학자의 시각에서만 보면, 1970년대 미국에서 벌어졌던 인플레이션 에피소드는 크게 중요하지 않은 것처럼 보일 수 있다. 물가는 오르게 마련이다. 하지만 임금도 이윤도 함께 오르게 되어있다. 즉 경제학자들은 인플레이션이란 그냥 제로섬의 재분배라고 주장할 수도 있다. 누군가는 손해를 보지만 누군가는 그만큼 이득을 얻는다. 잃는 자가 더 많이 가져가야 할 뚜렷한 이유도 없는데, 왜 경제학자든 누구든 그렇게 신경을 써야 하는지 반문할 수 있다.

이 견해는 아주 잘못된 것이다. 케인스가 1차 대전 중과 그 후에 벌어졌던 인플레이션이 어떤 결과를 남겼는지를 평가했던 이야기로 돌아가 보면 그 이유를 쉽게 알 수 있다. "기존의 사회 기반을 뒤엎는 데는 화폐를 마구 풀어 가치를 망가트리는 것만큼 교묘하면서도 확실한 수단이 없다. 이 과정은 경제 법칙의 모든 숨겨진 힘을 파괴의 편으로 끌어들이며, 100만 명 중 1명도 진단할 수 없는 방식으로 이루어진다." 물론 여기서 케인스가 말하는 인플레이션은 하이퍼인플레이션이다. 즉 "자본주의의 근간을 이루는 채무자 채권자 사이의 모든 영속적인 관계"를 건드려서 "완전한 무질서 상태"로 만드는 것으로서, 1970년대의 인플레이션은 심각하기는 했지만 그런 종류는 전혀 아니었다.[22]

이 구절에는 인플레이션의 또 다른 효과 하나가 묘사되고 있다. 우리는 보통 부의 분배에 어떤 논리가 존재한다고 받아들이며, 어떤 사람이 부유하다면 그 근저에는 노력, 기술, 선견지명 등의 합리적 근거가 있다고 생각하곤 한다. 하지만 인플레이션 —심지어 완만한 인플레이션마저도— 은 그러한 가식의 가면을 찢어버리고 만다. 그런 합리적 근거 따위는 존재하지 않는다. 오히려 케인스의 말대로, "어떤 이들은 이러한 시스템의 작동으로 인해 뜻밖의 횡재를 누리게 되며… 폭리취득자들profiteers이 된다." 그리고 "부를 취득하는 과정은 도박이나 복권의 수준으로 전락하고 만다."[23]

이러한 인플레이션을 초래하는 정부는 당연히 무능한 정부이다. 1970년대 후반에 사회민주주의를 비판하는 이들은 인플레이션을 가리키면서 이렇게 묻기만 하면 됐다. '제대로 기능하는 정치경제 시스템이라면 이런 일을 초래했을까?' 답은 당연히 '노'였으니까.

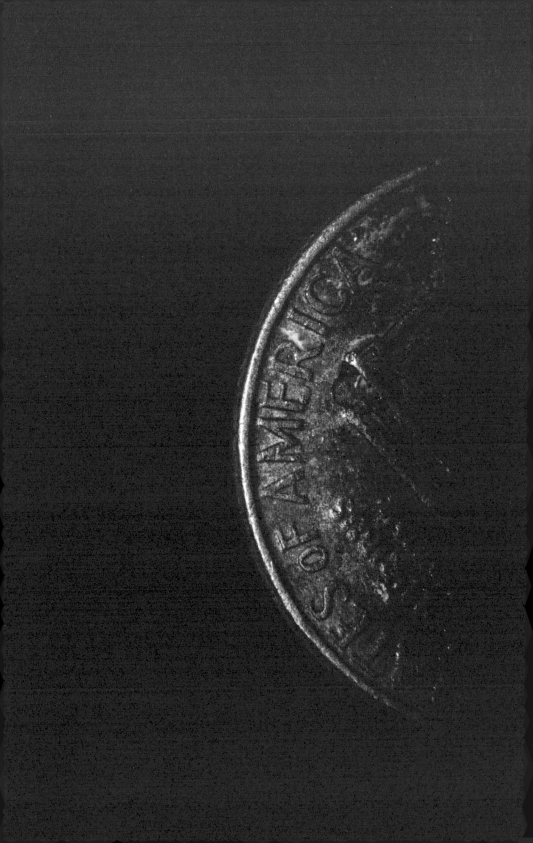

15장. 신자유주의로의 전환

　역사는 똑같이 반복되지는 않지만, 묘하게도 운율은 맞물려 있다. 1945년부터 1975년까지의 기간은 앞서의 경제적 엘도라도(1870~1914년)와 운율이 맞는 경제적 엘도라도였다. 그리고 1975년 이후 그 두 번째 황금기가 무너진 것은 역시 1차 대전 이후 첫 번째 황금기를 이어가지 못한 것과 운율이 맞았다.

　최초의 경제적 엘도라도였던 미국 남북전쟁 이후 1870년부터 1914년까지는 역사상 한 번도 없었던 놀라운 속도로 유토피아를 향해 내달리던 시기였다. 가난한 대다수의 사람들에게는 생계와 물질적 결핍의 압박이 크게 줄었다. 부자들에게는 유토피아에 가까운 물질적 풍요를 가져다주었으니, 1914년이면 "다른 시대라면 가장 부유하고 강력한 군주들조차 손에 넣을 수 없었던 편리함과 안락함을 낮은 비용으로 손쉽게" 구할 수 있는 세상이 되었다. 더욱이 1914년 당시 문명의 자신감은 하늘을 찔렀다. 케인스가 말한 것처럼, 현명한 이들에게는 급속히 번영하는 이 진보적 경제 시스템이 무너질 수도 있다는 생각은 "비정상적이고 불온한 것"이었다.[1] 하지만 1차 대전이 발발했고, 전후의 세계는 안정성, 시스템에 대한 신뢰, 전쟁 이전의 급속한 번영을 복구하는 데 실패했다. 모든 것이 무너졌고, 구심점이 사라졌다.

　이 지점에서 일러두어야 할 사실이 하나 있다. 신자유주의로의 전환이 시작된 이후의 시간은 내 경력과 겹친다. 이 기간 동안 나는 비록 보잘것없지만 지식인, 평론가, 지식 소매상thought leader, 테크노크라트, 카산드라(불길한 예언자 —옮긴이)의 역할을 수행했다. 나는 좋든 나쁘든 정책을 발전시키기 위해 노력했고 그러는 내내 감정적으로 깊이 몰입했으며, 그 과정에서 판단력이 날카로워지기도 하고 무디어지기도 했다. 이 지점부터 이 책은 부분적으로 젊은 시절의 나 자신 그리고 내 머릿속의 다양한 목소리와 벌이는 논쟁이 될 것이다. 역사가의 이상은 옹호하고 판단하는 것이 아니라 보고 이해하는 것이다. 1980년 이후를 다룰 때 나도 그러려고 노력하겠지만 완전히 성공할 것이라고는 생각하지 않는다.

2차 대전 이후, 좀 더 정확히 말해서 북미에서는 1938~1973년 그리고 서유럽에서는 1945~1973년에 이전의 그 어떤 시대 — 1870~1914년도 포함하여 —에서도 볼 수 없었던 속도로 유토피아를 향해 내달리는 또 다른 경제적 엘도라도가 도래했다. 대다수의 가난한 이들에게는 절박한 빈곤의 압박에서 벗어나고 최소한의 기본적인 생활 편의를 누릴 기회가 제공되었다. 부유한 사람들에게는 다른 시대라면 가장 부유하고 강력한 군주들이 손에 넣는 것은 고사하고 상상조차 할 수 없었을 물질적 풍요를 안겨 주었다. 사회민주주의가 실현되고 있었다. 창조적 파괴로 인해 일자리가 없어질 수도 있지만, 완전고용으로 인해 그에 못지않은 혹은 더 좋은 일자리가 생겨날 것이었다. 그리고 생산성의 급속한 증가로 이전 세대에 나와 비슷한 성취를 이루고 비슷한 지위를 가졌던 이의 소득보다 소득이 훨씬 높아졌다. 살고 있는 동네가 마음에 들지 않거나 그렇게 바뀌고 있으면, 삶의 다른 부분에 지장을 주지 않고 그저 자동차를 사서 교외로 이사하면 되는 일이었다. 최소한 가족을 가진 북방세계의 남성에게는 가능한 이야기였다.

1973년 당시는 냉전이 열전으로 바뀔 수 있다는 두려움에도 불구하고 문명의 자신감이 대단했다. 이성적인 이들에게는 급속히 번영하는 이 진보적 경제 시스템이 무너질 수도 있다는 생각은 다시 한번 비정상적이고 불온한 것이었다. 1973년 시점에서 북방세계의 사람들은 평균적으로 한 세대 전 그들의 부모님들에 비해 두 배에서 네 배 정도의 물질적 풍요를 누렸다. 특히 미국에서는 케인스가 실현될 수 있다고 예측한 것보다 50년이나 일찍 《우리 후손들의 경제적 가능성》에 나오는 궁극적 상태end state에 대한 논의가 활발했다. 궁극적 상태란 물질적 풍요를 이룬 문명으로서, 그때가 되면 어떻게 하면 생산을 충분히 하여 필요의 왕국에서 탈출할 수 있을까가 아니라 "경제적 걱정에서 벗어난 자유를… 어떻게 활용하여… 지혜롭고 유쾌하게 잘 살 수 있을까"가 인류의 문제가 되는 시기였다.[2] 굴뚝과 안개는 이제 번영의 증표가 아니라 깨끗한 공기를 위해 없애야 하는 골칫거리로 여겨졌다. **미국을 녹색으로**The Greening of America 라는 구호가 울려 퍼졌고, 인류의 의식이 확장되는 시대였다. 물질적 풍요를 추구하기 위해 열심히 성실하게 일하고 절약하는 부르주아적 미덕에는 의문을 던지고, 대신 "의식을 켜고, 내면의 소리에 주파수를 맞추고, 이 세계에서 탈출하라turn on, tune in, drop out"(LSD와 같은 향정신성 약물을 사용하여 정신의 자유와 의식의 확장을 꾀하라고 촉구했던 심리학 교수 티모시 리어리Timothy Leahry가 1966년 샌프란시스코에 모인 3만 명의 히피들에게 행한 연설의 첫 문장으로 알려져 있다 ―옮긴이)고 외치는 시대이기도 했다.

정확히 말해 모든 것이 무너지지는 않았지만, 중심이 유지되지 못했다. 그 전인 1945~1973년의 질서 ―사회민주주의 ―로부터 신자유주의로의 급격한 전환이 이루어졌다. 1979년이면 문화적·정치적 에너지가 오른쪽에 있었다. 대개 사회민주주의는 과도하게 의제를 확장하다가 실패에 이른 것으로 여겨졌다. 사람들은 궤도 수정을 요구했다.

왜 그랬던 것일까? 내가 볼 때 가장 큰 원인은 '영광의 30년' 동안 놀라운 속도로 번영이 이루어지면서 어떤 정치-경제 질서가 폭넓은 지지를 끌어내기 위해 충족시켜야 할 기준이 너무 높아졌기 때문이었다. 북방세계의 사람들—최소한 백인 남성들—은 소득이 비교적 평등하게 분배되고 세대마다 두 배씩 늘어날 것으로 기대하게 되었으며, 또한 특히 물가나 고용에 관해서는 상승하는 경우를 제외하면 경제적 불확실성이 아주 낮을 것으로 예상했다. 그리고 사람들은 무슨 이유에서인지 소득이 자신의 기대만큼 빠르고 안정적으로 늘어나야 한다고 요구했고, 이게 충족이 되지 않으면 바로 개혁을 추구했다.

폴라니는 1964년에 토론토에서 세상을 떠났다.[3] 세상이 그의 이야기에 좀 더 귀를 기울였다면, 폴라니는 급속한 경제성장에 함몰되었던 이들에게 저 지독한 이데올로기 투쟁이 근본적으로 해결된 것이 아니라 단지 경제를 성공적으로 관리한 덕분에 멈춘 것에 불과하다고 경고했을 것이다. 그러면 사람들은 자신의 권리가 존중받기를 원한다고 말했을 것이다(그리고 실제로 그렇게 말했다). 해마다 더 부유해진다면 이 권리 존중의 요구를 어느 정도 가라앉힐 수 있겠지만, 그야말로 어느 정도까지일 뿐이다. 그리고 평등한 분배는 양날의 검이었다. 사람들은 자신이 받는 것을 스스로 **벌려고** 노력하거나 혹은 벌었다고 느끼고 싶어 하지, 누군가의 **은혜** 덕분에 받게 되는 것을 원하지 않는다. 이는 존중받는 것이 아니기 때문이다. 게다가 많은 사람들은 자기보다 지위가 낮은 사람이 동등한 대우를 받기를 원하지 않으며, 심지어 이를 자신의 폴라니적 사회적 권리에 대한 최악의 침해로 보기도 한다.

여러 세대에 걸쳐서 급속한 경제성장에 익숙해지자, 시장 자본주의의 창조적 파괴로 야기되는 걱정과 우려를 잠재우기 위해 필요한 번영의 규모도 커졌다. 기준이 높아진 것이다. 그런데 1970년대 후반의 정치와 경제는 기준을 충족시키지 못했다. 그러자 사람들은 어떻게 개혁할 수 있을지 아이디어를 찾아 주위를 둘러보았다.

1차 대전 이후, 실은 그 전에도 어떻게 세상을 개혁할지에 대한 온갖 종류의 아이디어를 내놓은 무솔리니, 레닌 등의 사람들은 적어도 지적으로는 창의적이었다. 그것도 매우. 하지만 1970년대 말 북방세계 아이디어 시장의 상점에 진열된 것들은 아주 진부했다. 왼쪽의 브레즈네프의 소련과 마오 직후의 중국에는, 철의 장막과 죽의 장막 너머에서 진행되고 있는 일들이 영예로운 혁명 과업이며 영예로울 뿐만 아니라 성공적이라는 주장들이 있었다.[4] 오른쪽에는 뉴딜과 사회민주주의는 모두 큰 실수였으며 사실 1932년에 모든 것이 잘 돌아가고 있었는데 후버가 선거에서 패배한 것이라는 주장들이 있었다.

하지만 1970년대 후반에는 북방세계의 정치경제에 상당한 개혁이 필요하며, 상점에 진열된 아이디어 중 무어라도 취하여 실행해야 한다는 대략의 컨센서스가 이루어졌다.

이는 1973년 이후 유럽, 미국, 일본 모두에서 생산성과 실질소득 증가율이 급격히 둔화되었기 때문이었다.[5] 그중 일부는 심한 오염을 유발하는 경제를 환경 정화 프로세스를 갖춘 경제로 전환해야 한다는 결정의 결과였다. 하지만 환경 정화가 사람들의 삶에 실질적인 차이를 가져오기까지는 수십 년이 걸린다. 더 많은 생산에서 더 깨끗한 생산으로 초점이 전환되면 곧 임금 상승이 둔화되고 이윤이 줄어들게 된다. 다른 일부는 1973년과 1979년에 발생한 오일쇼크의 결과였다. 노동생산성을 높이는 데 쏟던 힘이 이제는 보다 에너지 효율적인 생산방식을 찾아내는 데에 그리고 에너지의 상대가격이 오르내리는 상황에 유연하게 대처할 수 있는 방식을 찾아내는 데에 쓰이게 되었다. 또 다른 일부는 이미 발견되고 부분적으로는 개발되었지만 아직 활용되지 않은 유용한 아이디어들이 소진된 결과이기도 했다. 특히 서유럽과 일본에서 미국을 그대로 따라 하면 되었던 2차 대전 이후의 손쉬운 '추격'의 시절은 끝이 났다. 전후 베이비붐 세대가 노동시장에 진입했을 때, 이들을 충분히 생산적인 노동자로 만들기는 쉽지 않았고, 이를 충분히 달성하지 못했던 것이 지체의 한 원인이 되었다.[6] 이러한 원인들 하나하나가 경기둔화에 얼마만큼 영향을 미쳤는지 측정하기는 어렵다. 오늘날에도 여전히 미스터리로 남아있다. 중요한 것은 영원한 부의 증가를 내걸었던 사민주의의 약속이 1970년대에 깨지고 말았다는 점이다.

경제성장의 현저한 둔화로 인한 짜증은 인플레이션으로 인해 증폭되었다. 물론 1차 대전 직후처럼 두 배 혹은 일곱 배씩 오르는 게 아니라, 연 5~10% 정도의 인플레이션이었다. 생산성 둔화는 명목임금이 전과 같은 속도로 계속 오르면 물가는 더 빠르게 오를 수밖에 없다는 것을 의미했다. 1966년 이후 10년 동안 물가 상승 압력으로 작동하는 예상치 못한 충격이 거의 매년 나타남으로써 기업, 노조, 노동자, 소비자 모두가 다음과 같이 행동하게 했다. (a) 인플레이션에 주의를 기울일 필요가 있다 (b) 인플레이션이 작년과 같거나 조금 더 높을 것 같다. 그러니 (c) 내년에는 내 임금과 다른 사람의 임금 그리고 모든 상품의 가격이 최소한 작년만큼 또는 그보다 많이 오를 것이라고 예상하여 계획을 세워야 한다. 이것이 **스태그플레이션**을 초래했다. 인플레이션을 잡으려면 노동자들이 기대한 만큼에 못 미치는 임금 인상을 받아들이도록 압력을 가하기 위해 고용이 완전고용 수준보다 낮아야만 했다. 완전고용 상태를 유지하려면 인플레이션이 치솟을 수밖에 없었다.

OPEC은 1973년 욤 키푸르 전쟁 여파로 미국과 네덜란드(이스라엘에 무기를 공급했다 ―옮긴이)로의 석유 수출을 금지했고, 이로 인해 석유시장은 혼란에 빠졌다. OPEC은 자신들의 시장 지배력에 눈을 떴으며, 고유가를 유지하여 세계경제는 큰 불황에 빠졌다.[7] 또한 고유가로 인해 세계경제는 노동생산성을 향상시키는 데에 맞추었던 초점을 에너지 절약 쪽으로 옮기지 않을 수 없었다. 이는 곧 많은 사람들의 일자리와 소득이 (영구적으로) 사라지고, 많은 다른 미래의 일자리가 생겨나지 않게 된다는 것을 의미했다. 그리고 이미 1973년 이전부터 진행 중이던 인플레이션이 가속화된다는 것을 뜻했다.

세 배로 뛴 유가의 충격은 세계경제에 파도처럼 밀려왔고, 거듭해서 경제에 충격을 가했다. 물가 상승은 일회적으로 끝나지 않고 지속적인 상승 추세를 만들어냈다. 이미 1965년에서 1973년까지 인플레이션이 상승하자 사람들은 작년의 인플레이션을 다음 해 인플레이션의 신호로 받아들였다.[8] 게다가 인플레이션 억제 정책을 만들어야 하는 사람 어느 누구도 인플레이션을 잡는 데에 충분한 관심을 두지 않았다. 그런 정책으로 공장들이 가동을 중단하고 노동자들이 일자리를 잃을 경우의 비용이 너무 크다고 여겼기 때문이었다. 그 대신 에너지 위기의 해결, 고압 경제high-pressure economy 의 유지, 현재의 침체가 더 악화되지 않도록 하는 것 등의 목표가 우선 시되었다.

이 인플레이션은 정부로서는 감당하기 어려운 골칫거리였다. 사람들의 인플레이션 기대를 상쇄시키는 유일한 방법은 노동자와 기업을 모두 겁주는 것뿐이었다. 즉 일자리를 잃을지도 모른다는 두려움 때문에 노동자들이 기대인플레이션만큼 임금 인상을 요구하지 못하도록 노동수요를 충분히 약화시키는 것, 기업들도 기대인플레이션만큼 가격을 올리지 못하도록 경제 전반의 지출을 약화시키는 것이었다. 인플레이션을 일정하게 유지하려면 약한, 수익성이 낮은, 실업률이 높은 경제가 필요했다.

연간 5~10% 정도의 인플레이션은 수조 배에 달했던 바이마르 독일의 인플레이션과는 다르다. 생산성 상승 둔화도 생산성 상승이 정지한 것과 다르다. 1973년부터 2010년까지 북방세계의 노동생산성은 연평균 1.6% 증가했다. 이는 1938년부터 1973년까지 유지되었던 3%보다는 크게 떨어진 수치이다. 하지만 장기적인 역사적 관점에서 보면 여전히 높은 수치였다. 1.6%라는 노동생산성 증가율은 1918년 이후 경제학자들이 그토록 되찾고자 기를 썼던 첫 번째 경제적 엘도라도, 즉 1870~1914년 시기의 생산성 증가율과 본질적으로 동일한 숫자였다.

하지만 1945~1973년의 번영을 거치면서 사람들의 기대 수준이 워낙 높아졌기 때문에 1.6%는 그리 인상적인 수치가 아니었다. 게다가 1973년 이후에는 경제가 성장하면서 불평등이 심화되었다. 상위층에서는 실질소득이 1945~1973년의 속도 그대로 혹은 오히려 더 빠르게 증가했다. 북방세계의 중산층과 노동계급은, 중상류층의 지속적이고 안정적인 소득 증가와 금권 대부호들의 부가 폭발적으로 늘어날 수 있도록 비용을 지불함으로써, 인플레이션을 조정하고 나면 연간 겨우 0.5~1% 정도로만 소득이 증가했다. 여기에 더하여 '포용'이 가져온 효과가 있었다. 1973년 당시 '올바른right' 인종이자 젠더인 사람이라면 흑인과 여성의 '지위 상승uppity'에 의해 피라미드상의 자신의 서열에서 얻었던 만족감이 사라져버렸다. 그리고 인종, 민족, 성별 격차가 어느 정도 좁아지면서 상대적으로 교육 수준이 낮은 백인 남성의 소득 증가 속도는 중하층과 노동계급의 연평균 증가율인 0.5~1%보다 뒤쳐졌다.

인플레이션으로 인해 소득은 적어도 크게 불안정한 모습을 띠었고, 오일쇼크로 인해 2차 대전 이후 최초의 큰 경제 침체, 사회적 혼란, 소득 정체 등이 나타났다. 이런 모든 상황들로 볼 때 일정한 변화의 가능성이 높아졌던 것은 분명하다. 하지만 그렇다고 해도, 1970년대에 신자유주의로의 전환이 벌어지는 데는 불과 5년여 정도밖에는 걸리지 않았는데, 이는 놀랄 정도의 속도였다.

미국에서는 베트남전쟁 문제까지 겹쳐 있었다. 닉슨 대통령과 키신저는 1968년 말 남베트남 정부의 수장이던 응우옌 반 티에우Nguyễn Văn Thiệu에게 북베트남과의 협상에서나 장기 집권의 가능성에서나 린든 존슨 정부보다 더 좋은 조건을 가져다주겠다고 약속하면서 베트남전쟁의 종식을 가로막았다.[9] 하지만 이는 거짓말이었다. 1968년 이후 추가적으로 150만 명의 베트남인과 3만 명의 미국인이 사망했으며, 1975년 중반에는 북베트남이 남베트남을 정복했고 즉시 중국계 베트남인을 상대로 인종 청소를 시작했다. 닉슨 대통령은 전쟁으로 미국이 분열되는 것이 자신에게 정치적으로 득이 된다고 여겼다. 그는 나라를 둘로 쪼개면 더 큰 쪽 절반이 자신을 지지할 것이라는 믿음으로 문화와 전쟁을 이용한 분열을 조장하는 전략을 구사했다.

하지만 인플레이션과 생산성 둔화, 아시아에서의 수렁 같은 전쟁과 닉슨의 범죄에도 불구하고, 경제성장률과 사회 발전의 지표는 적어도 양차 대전 사이, 심지어 1870년과 1914년 사이의 어느 10년과 비교해 보아도 아주 양호한 수준이었다. 그렇다면 2차 대전 이후 성공적으로 균형을 유지하던 사민주의적 정치-경제 질서에 반하는 움직임이 1970년대에 그토록 거세게 일어났던 이유는 무엇일까? 물론 베트남전쟁으로 많은 미국인이 목숨을 잃었다는 이유는 있었다. 인플레이션은, 더 이상 올라가지 않도록 유지하기 위해 어쩔 수 없었던 것으로 드러난 다소 높아진 실업률을 제외하면, 이득을 보는 이들과 손해를 보는 이들이 상응하는 제로섬 게임이었다. 생산성 상승이 둔화된 것도 실망스러운 일이기는 했지만, 임금은 여전히 인류 역사의 그 어느 때보다 빨리 상승했다.

인플레이션의 부정적인 영향을 과소평가했던 경제학자들은 폴라니의 말을 더 자세히 들을 필요가 있었다. 사람들은 그저 물질적으로 좋은 것을 추구하는 것이 아니다. 그들은 좋은 것들의 분배에, 특히 자신에게 주어지는 좋은 것들의 분배에 일정한 논리가 있다고 믿고 싶어 한다. 즉 자신의 번영에 합리적이고 합당한 근거가 있다는 생각을 갖고 싶어 한다. 그런데 인플레이션 ─심지어 1970년대의 완만한 인플레이션─이 이러한 가식을 적나라하게 벗겨버렸다.

우파들이 보기에는 사회민주주의에 다른 문제들도 있었다. 사민주의 정부는 한마디로 너무 많은 것들을 하려고 들었다. 그들의 시도 중 대다수가 전문가의 시각에서 보면 어리석고 성공할 수 없는 것들이었다. 게다가 그렇게 해서 바로잡으려고 했던 문제들은 겉보기에만 문제일 뿐, 사실은 사람들에게 선량하고 적절한 행동을 장려하는 데에 실제로 필요한 것들이었다. 후일 레이건의 수석 경제학자가 되는 (그리고 나의 총명하고 카리스마 넘치는 훌륭한 스승) 마틴 펠드스타인Martin Feldstein은 "실업률을… 낮추려는 희망에서 채택한" 확장적 정책들이 인플레이션을 유발했다고 주장했다. 그는 "투자와 저축에 어떤 충격을 가져올지를 고려하지 않은 채 퇴직급여가 인상되었다. 생산성 감소에 대한 평가 없이 건강과 안전을 보호하기 위해 규제가 부과되었다"라고 썼다. 게다가 "실업 수당은 해고를 조장하고", 복지는 "가족 구조를 약화"시킬 것이었다.[10]

펠드스타인은 이와 관련된 경험적 데이터들을 정확히 정리하려고 무진 애를 썼으며, 정직한 학문적 논쟁에도 헌신적으로 참여했고, 이러한 자신의 생각을 뼛속 깊이 신봉했다. 우리는 이런 생각을 이미 앞에서 본 적이 있다. 권위와 질서가 압도적으로 중요하며, '관용'은 치명적이라는 신념이 바로 그것이다. 처칠의 개인 비서 그리그의 말을 한 번 더 빌자면, 그것은 "어떤 나라든 정부 재정의 꼼수로 수입보다 더 풍족한 삶을 영원히 누릴 수는 없다는 것, 제 정신이라면 누구든 알 수 있는 일"이다. 그것은 시장경제는 그 자체의 논리를 가지고 있고, 그 논리란 인간의 빈약한 이해력을 넘어서 있는 이유로 인해 작동하며, 존중되어야 한다는 생각이다. 또한 그것은 시장을 조정하고 지배할 수 있다는 생각은 **오만**hubris이며 그것은 **복수**nemesis를 부르게 되어있다는 믿음이다(그리스 비극의 오만과 복수 서사. 복수의 여신 네메시스는 분수를 모르는 오만한 자를 벌한다─옮긴이).

하지만 펠드스타인의 주장이 완전히 틀린 것도 아니었다. 왜 영국에서 사민주의 교육 정책은 의사와 변호사, 지주의 자식들에게 무료로 옥스퍼드에 진학할 수 있는 권리를 주었을까? 왜 나라 경제의 중요한 산업 및 부문을 국유화한 사민주의 정부들은 그 힘을 기술 발전을 가속화하고 고용을 높게 유지하는 데 사용하지 않고 점점 더 쓸모없어지는 '사양' 산업들을 지원하는 데 사용했을까? 테크노크라트적 효율성의 논리로 판단하면, 정치적으로 인기 있는 모든 정책은 어느 정도 결함이 있는 것으로 드러날 것이다. 1970년 대의 경제 불황은 2008년의 '대침체'나 2020-2022년의 코로나 팬데믹과 비교해 볼 때 그다지 대단한 충격이었다고 보이지 않는다. 그럼에도 불구하고 사회민주주의에 대한 불만은 불과 10년 만에 놀라운 속도로 또 놀라운 폭으로 확산되었다. 내가 참으로 흥미롭다고 생각하는 점이 바로 **이것**이다. 1938~1973년 사이에 북방세계의 생활수준은 세 배나 높아졌지만 유토피아는 오지 않았다. 경제성장은 중단되기도 하고 느려지기도 한다. 그랬더니 불과 10년도 되기 전에 이 모든 것들이 사민주의는 대체될 필요가 있다는 것을 시사하는 증거라고 여겨진 것이다.

다시 한번, 영국의 좌파 역사가 홉스봄이 하나의 시금석이다. 홉스봄은 1970년대 후반과 그 이후의 사민주의 질서에 대한 불만이 정당하다고 보고, "국가가 관리하는 산업과 공공 행정에 대한 환멸의 일부에는 충분한 근거가 있었다"고 썼다. 그는 "황금시대 정부의 정책들 아래 숨어있던 경직성, 비효율성, 경제적 낭비"를 비난했다. 그리고 "좋은 배인 혼합경제호號의 선체에 따개비 등 이물질이 잔뜩 붙어있으니 신자유주의라는 정화제를 써서 유익한 결과를 얻을 수 있는 상당한 여지가 있었다"고 했다. 이어서 신자유주의적인 대처주의가 필요했고 이에 대한 사실상의 컨센서스가 있었다며 결정타를 날린다. "영국의 좌파들조차도 결국 대처 여사가 영국 경제에 가한 무자비한 충격 중 일부는 아마도 필요했다고 인정하게 되었다."[11]

홉스봄은 평생 공산주의자였다. 그는 생의 마지막까지 자신을 존경하는 인터뷰어들과 차를 마시면서, 상황이 다르게 전개되었다면 진정한 유토피아에 이르는 문을 열고 그 길에 올라섰을 것이기 때문에 레닌과 스탈린 ―마오는 제외하고? ―이 숱하게 많은 사람을 죽였던 것도 그럴 가치가 있었던 일이라고 고집스럽게 주장하곤 했다.[12] 그런 그조차도 대처주의 교리의 교회에 열성적으로 참배하여 '주신 분도 시장이시요, 가져가신 분도 시장이시니. 시장의 이름을 찬양하라'는 설교를 듣고 스스로 그 교훈을 설파했던 것이다.

당시 북방세계가 취할 수 있는 개혁 프로그램의 아이디어로는 어떤 선택지가 있었을까? 왼쪽에는 거의 선택지가 존재하지 않았다. 현실사회주의는 실패임이 입증되었는데도 좌파는 여전히 그 실패를 설명하는 데에 너무나 많은 에너지를 쓰고 있었다. 오른쪽에는 실질적인 아이디어들이 존재했다. 물론 역사에 관심 있는 이들이 볼 때에는 대부분 1930년대 이전 것들의 재탕으로 보였지만, 이는 중요하지 않았다. 사실 뉴딜의 여러 방안들 또한 20세기 초 첫 10년간의 '진보 시대'에 나왔던 아이디어들을 재탕한 것이었으니까. 우파의 아이디어들에는 많은 금전적 뒷받침이 있었다. 대공황의 기억과 당시 긴축정책의 실패의 경험은 오래되어 머릿속에 희미하게만 남아있었다. 다시 한번 건전 재정과 긴축 ―심지어 금본위제 ―을 지지하는 목소리들이 터져 나왔다. 다시 한번 표준적인 대답 ―모든 문제는 지나치게 강력한 정부의 실책 때문이라는 ―

이 제시되었다. 결국 참된 신자들에게는 대공황이 그토록 심각하고 오래 지속된 원인이 정부의 개입이었다는 것은 하나의 형이상학적인 필연이었다. 시장은 실패할 수 없었다. 오직 실패될failed 수 있을 뿐이었다.

대공황의 기억이 흐릿해지면서 중산층 사이에서도 자신들이 노동자계급과 마찬가지로 사회보험을 필요로 한다는 믿음 혹은 인식이 희미해졌다. 경제가 안정적이고 성장하는 환경에서 성공한 사람들은 물질적으로뿐만 아니라 도덕적으로도 성공했다고 스스로 확신할 수 있었는데, 그 성공을 자기 스스로가 일군 것이라고 생각하기 때문이었다. 그리고 정부는 불공평하게 세금을 부과하여 정당한 자신의 것을 자신들과 같은 부지런함도 도덕적 가치도 갖추지 못한 더 가난하고 삐뚤어진 인간들에게 넘겨주기 위해서나 필요한 존재였다.

이 지점으로부터 우파의 비판은 흔들리는 경제 말고도 훨씬 많은 문제로까지 확장되었다. 우파는 문화적 비판 또한 포괄하면서, 앞에서 살펴본 인종과 젠더 평등의 진전을 정면으로 겨냥했다. 보수파들이 폴라니적인 반동이라고 선언했던 사회민주주의는 평등하지 않은 이들을 평등하게 대우하는 결함이 있었다. 시카고 대학교 경제학과 교수이자 노벨상 수상자인 조지 스티글러를 기억하라. 그는 1962년 —민권법, 투표권법, 소수자우대정책affirmative action도 아직 없을 때이다 —에 출간한 《흑인 문제The Problem of the Negro》에서 흑인들은 가난하고 혐오 받고 멸시당해야 **마땅하다**고 말한다. "문제는 평균적으로 자신을 개선하려는 욕구가 부족하고, 이를 위해 자신을 단련하려는 의지도 부족하다는 것이다." 물론 백인들의 편견도 일부 문제일 수 있지만, "흑인 소년은 그 자신이 노동자로서

열등하기 때문에 많은 일자리에서 배제된다." "교육도 받지 못했고, 목적의식도 부족하고, 열심히 일하려는 의지도 없으니, 고용주들이 고용하려고 서로 경쟁할 대상이 될 수 없다." 그리고 "흑인 가정은 평균적으로 느슨하고 도덕적으로 해이한 집단"이며, 이들이 한동네에 살게 되면 "범죄와 기물파손이 급격히 늘어난다." 그러면서 "어떤 법령도 설교도 시위도 흑인들에게서 호감과 존경을 얻지 못할 것"이라고 결론 내린다.[13]

사회민주주의는 모두를 평등하게 대우한다는 기준을 세웠다. 흑인들은 자신들이 받은 약속어음을 미국 사회가 이행하지 않는다는 것을 알고서, 미국이 부도수표를 발행했다고 항의하며 시위를 벌였다. 스티글러가 표현한 대로, "점점 더 커지고 오만방자해지는" 이러한 시위는 뭔가 잘못되어 가고 있다는 신호였다. 스티글러와 그 무리들이 보기에 사회민주주의는 경제적으로도 비효율적이었지만, 모든 혜택을 보편적으로 분배하려고 하는 점에서 근본적으로 불공정했다. '오만방자'라는 단어가 딱 그러한 생각을 잘 보여준다.

지정학적 그리고 지경학적인 불안정성은 수시로 찾아오고 사라지는 법이다. 대공황의 기억도 희미해질 수밖에 없었다. 1970년대의 인플레이션이 '케인스주의'와 사민주의 정부의 무능을 보여주는 편리한 지표가 되지 않았다면, 또 보다 '정통적인' 정책으로의 복귀를 촉구하는 구심점이 되지 않았다면, 사민주의가 계속 유지될 수 있었을까? 또는 케인스주의 사민주의자들은 허공에서 번영을 창출하려고 들었으니 결국 마땅한 벌을 받게 되었다는 교훈극morality play의 더 깊은 논리가 결국 언젠가는 어떻게든 현실을 지배하게 되어있던 것일까? 현실에서는 이 교훈극 버전이 영향력과 권력을 가진 사람들에게 널리 받아들여졌다. 사민주의는 살아남아 전열을 재정비하고 비틀거리며 앞으로 나아갈 수 있었을까? 다시 한번, 여기는 만약 영향력 있는 집단의 비교적 소수의 사람들이라도 다른 생각을 가졌더라면 역사의 경로가 상당히 다르게 진화했을 수도 있었을(혹은 없었을) 지점이다. 하지만 우주의 양자파동 함수의 이 분기점에서, 적어도 세상은 신자유주의적 전환을 이루었다.

*

연준 의장이었던 아서 번스는 인플레이션을 줄이겠다고 경기침체를 유발할 위험이 있는 긴축 통화정책을 쓰는 것을 매우 꺼려했다.[14] 지미 카터가 번스를 윌리엄 밀러G. William Miller로 대체했지만, 밀러 역시 주저했다. 그 또한 심각한 불황을 초래하여 비난을 뒤집어쓸 생각이 없었다. 인플레이션은 계속됐다. 1979년에도 상황은 마찬가지였다. 그때 카터는 경제 상황뿐 아니라 정부의 모습에 대해서 실망했다. 그는 재무장관 마이클 블루멘털Michael Blumenthal을 포함한 각료 다섯 명을 해고하기로 갑자기 결정했다.

카터의 보좌관들은 후임자를 지명하지 않은 채 재무장관을 해고해서는 안 된다고 말했다. 그렇게 하면 백악관을 엉망으로 운영하고 있다는 인상을 줄 수 있기 때문이었다. 하지만 카터가 백악관을 엉망으로 운영하고 있는 것은 **사실이었다.** 마땅히 대체할 만한 사람도 없었다. 결국 카터는 보좌관과 언론을 달래기 위해서 연준 의장인 밀러를 재무장관으로 옮기기로 결정했다.

그러자 보좌관들은 후임자를 지명하지 않은 채 연준 의장을 공석으로 둘 수는 없다고 말했다. 그렇게 하면 백악관을 엉망으로 운영하고 있다는 인상을 줄 수 있기 때문이었다. 하지만 카터가 백악관을 엉망으로 운영하고 있는 것은 **사실이었다**. 마땅히 대체할 만한 사람도 없었다. 그래서 카터는 재무부와 연준의 가장 고위 공직자—뉴욕 연방준비은행 총재 폴 볼커Paul Volcker—를 연준 의장으로 임명했다.[15]

내가 알기로는, (임명 과정에서—옮긴이) 볼커라는 인물에 대해 그의 정책 선호에 대한 피상적인 조사 이상의 검토는 없었다.

곧 한 가지 분명한 사실이 드러났다. 볼커는 심각한 경기침체를 유발하는 대가를 치르더라도 인플레이션에 맞서 싸우는 것이 중앙은행의 책무라고 믿었다. 그리고 그는 인플레이션을 통제하기 위해 그 권한을 사용할 준비가 되어있었다. 이자율을 충분히 높게 올리고 충분히 오래 유지함으로써, 상황이 달라졌고 인플레이션이 연간 5% 미만으로 무기한 유지될 것이라는 확신을 경제에 심어주고자 했다. 1982년, 실업률은 11%까지 치솟았다. 미국과 세계가 대공황 이래 처음으로 '경기침체recession'라는 단어가 너무 온건한 표현으로 느껴질 정도의 경기 하락을 경험했다.

많은 사람들은 1980년대 초 볼커의 디스인플레이션 정책이 그 비용을 치를 만한 가치가 있는 정책이었다고 말한다. 미국 경제는 1984년 이후 비교적 안정적인 물가수준과 (2009년까지) 비교적 낮은 실업률을 뽐냈다. 이들은 만약 볼커가 급속한 금리 인상을 밀어붙이지 않았다면, 연 10% 미만이던 인플레이션율이 1980년대 내내 계속 올라 아마 연 20%에 달했을 것이라고 생각한다. 더 나은 방법이 있었을 것이라고 주장하는 다른 사람들도 있다. 만약 정부, 재계, 노동계가 명목임금 상승을 억제하기 위한 협상을 타결할 수 있었다면 훨씬 적은 비용을 치르고도 인플레이션을 잡을 수 있지 않았겠냐는 것이다. 혹은 연준이 인플레이션 기대치와 목표치를 더 잘 소통했더라면 좋은 결과를 얻었을 수도 있었을 것이다. 아마도 '충격 요법shcok therapy'보다 '점진주의'가 더 좋은 결과를 냈으리라는 것이다. 아니면 점진주의란 본질적으로 신뢰할 수 없고 효과적이지 않으며, 따라서 사람들의 인플레이션 기대에 다시 고삐를 채우기 위해서는 그와는 다른 '체제 전환regime shift'의 충격이 필수적이었던 것일까?[16]

우파는 볼커의 디스인플레이션 정책이 필요했다는 데에 이론의 여지가 없을 뿐 아니라, 실제로는 적절한 시기를 한참 지나서야 이뤄졌다고 본다. 우파가 사회민주주의를 겨냥하여 제기한 공격 중 하나는, 사람들로 하여금 완전고용이 이루어질 것이고 일자리는 차고 넘칠 것이니 사는 게 만만하리라는 기대를 갖게 했다는 것이었다. 그렇게 되자 노동자들 사이에 경쟁은 사라지고 지나치게 높은 임금을 요구하게 되어, 인플레이션이 촉발되고 이윤이 낮아져 투자로 이어지기가 어려워졌다. 그리고 사민주의는 일을 제대로 안 해 해고된 노동자들에게도 보상을 주겠다고 약속했고, 그럼으로써 공공의 미덕을 파탄냈다고 여겼다.

우파들은 연방정부와 연준이 물가 안정에 초점을 맞춰 규율을 부과하고, 필요하다면 실업이 발생하도록 내버려둬야 한다고 주장했다. 정부가 운다고 누구에게나 젖병을 물리는 '유모'가 될 수는 없었다. 카터가 볼커에게 연준을 넘기면서 반쯤은 무의식적으로 그랬던 것처럼, 통화정책은 강력한 반反인플레이션 정책 결정자에게 넘겨야 했다. 그리고 연준이 충분히 강력하고 충분히 규율을 지킨다면, 일시적인 약간의 실업률 상승만으로 인플레이션을 막을 수 있다고 주장했다. 그리고 명시적으로 말하지는 않았지만, 이렇게만 되면 보수적인 문화적 위계 또한 뒤집히는 일이 없을 것이었다.

이는 미국만의 일이 아니었다. 영국에서 노조의 임금 인상 요구와 파업 — 특히 공공 부문의 파업 — 이 발생하자 중도층 유권자들은 노조의 힘을 억제해야 하며 보수당만이 이런 결단력을 가지고 있다고 확신하게 되었다. 노동당 정부는 제대로 돌아가지 않고 있었다. 마거릿 대처의 토리당은 질서와 규율의 회복을 약속했고, 또한 완전고용과 낮은 인플레이션을 달성하여 영국을 다시 일으키겠다고 약속했다. 프랑스에서는 새로 들어선 사회당 대통령 프랑수아 미테랑François Mitterrand이 기존 입장을 180도 선회하여 인플레이션 통제와 정통 긴축정책으로의 신자유주의적 전환을 받아들였다. 미국의 볼커 디스인플레이션 정책은 북대서양 전역의 실업률을 높였고, 많은 사민주의 정부들이 완전고용에 대한 약속마저 유지할 수 없게 됨으로써 사회민주주의 프로젝트는 더욱 어려운 처지로 몰렸다.

레이건과 대처는 이러한 상황에서 집권했다. 이 두 사람은 1980년대 대부분의 시기 동안 미국과 영국에서 각각 정치권력의 최고 지위를 유지했으며, 그들의 정치적 그림자는 이후에도 오랫동안 정치적 우파 — 그리고 중도파 나아가 중도좌파 — 의 사고를 지배했다.

흥미로운 점은 레이건과 대처 모두 그들의 국내 정책은 어떤 합리적인 관점으로 보아도 실패했다는 사실이다. 그들의 약속과 성과 사이의 격차는 보통의 경우보다 훨씬 더 컸다. 그들은 경제의 발목을 잡는 규제를 철폐하여 고용과 임금수준을 올리려고 했다. 그들은 화폐를 안정시켜서 인플레이션을 종식시키려고 했다. 그들은 특히 부자들의 세금을 낮춰 투자, 기업 활동, 성장을 촉진하려고 했다. 그리고 감세를 통해 정부지출을 강제로 줄여서 정부의 규모를 줄이려고 했다. 이런 정책들 모두는 대체로 사회 전반의 번영을 진전시킬 수 있는 훌륭한 아이디어들이며, 세상도 그렇게 나아질 것으로 여겨졌다.

많은 정치인과 전략가들은 레이건과 대처의 정책이 대단한 인기를 얻고 성공할 것으로 예견했다. 감세는 유권자들을 기쁘게 할 것이었다. 감세는 또한 정부지출 삭감에 대한 반대 목소리를 크게 약화시킬 터였다. 지출 규모를 그대로 유지하면 필연적으로 대규모 예산 적자가 생겨날 것이기 때문이다. 게다가 감세는 부자들에게 유리하도록 소득분배를 바꾸어주는 혜택도 가져온다. 이렇게 되면 평등하지도 않은 사람들을 평등하게 대우하는 정책을 뒤집어 사민주의의 과도한 행태를 교정할 수 있을 것이었다. 감세를 통해 부지런한 자는 보상을 받고 게으른 자는 벌을 받게 될 것이었다. 스티글러와 그 무리들도 화를 가라앉힐 터였다.

그러나 볼커가 사람들에게 실업과 빈곤이라는 막대한 대가를 치르도록 강제하고 얻은 인플레이션의 종식을 제외하면, 좋은 일은 벌어지지 않았다.[17] 다른 예외가 하나 더 있었다면 부자들을 위한 대규모 감세로서, 이로써 소득분배의 불평등이 확대되어 우리가 살고 있는 2차 도금시대로 이어졌다. 완전고용을 위한 경기 회복은 서유럽에서나 미국에서나 인상적이지 못했다. 실제 서유럽에서는 실업률이 무서울 정도로 높게 유지되었다. 빠른 임금 상승도 재개되지 않았다. 정부는 축소되지 않았고, 대신 적자를 늘려 줄어든 세수에 대처했다. 투자, 기업 활동, 성장 모두 가속도가 붙지 않았는데, 이는 부분적으로는 대규모 재정 적자가 자본스톡을 증가시킬 수 있었던 자금을 빨아들였기 때문이었다. 정부가 자금 융통에 혈안이 되다 보니 달러 가치는 지나치게 높아졌고, 그 결과 시장은 미국 중서부의 제조업체들에게 '축소와 폐업'이라는 그릇된 신호를 보냈다.[18] 약속과 성취 사이의 격차는 미국에서 가장 컸다. 대처는 영국 노동조합 운동에 고삐를 채우겠다는 자신의 목표를 달성했다. 그리고 대처가 레이건보다 더 적게 약속했었다.

레이건 행정부는 또한 대대적인 군비 증강을 계획했는데, 이는 정부 규모의 축소가 아니라 확대를 의미했다. 그렇다면 늘어난 정부지출은 감세 및 균형 재정이라는 목표와 어떻게 조화를 이룰 수 있었을까? 정책 엘리트들은 비록 그들의 후보 레이건이 선거판에서는 말도 안 되는 이야기들을 쏟아내겠지만, 7와 주요 참모들이 중요한 문제를 이해하고 있을 것이라고 말하며 서로를 안심시켰다. 감세 이후에는 농업 보조금, 학자금 대출 보조금, 사회보장연금 소득에 대한 면세, 남서부 수자원 프로젝트 보조금 등에 대한 무자비한 삭감이 뒤따를 예정이었다. 연방정부 예산에 대한 약한 요구weak claims는 당연히 지원을 받기 어려운 상황이었다(강한 요구strong claims는 저소득 노인 계층 보조와 같이 명분이 강한 예산 지출 요구를 의미하고 약한 요구는 대기업 보조와 같이 상대적으로 명분이 약한 예산 지출 요구를 의미한다 ―옮긴이). 하지만 테크노크라트들에게 약한 요구를 들이밀고도 정부 보조금을 따낸 사람들이 있었는데, 그런 사람들은 정치적 힘이 있을 뿐 아니라 실행하는 데도 능했기 때문이었다.

불안감을 줄이기 위해, 레이건과 그의 추종자들은 정부지출을 줄일 필요가 전혀 없을 것이라는 생각을 점점 밀고 나갔다. 경제에 대한 규제의 손을 거둬들이고 감세를 결합시키면 적자를 반전시킬 수 있을 정도로 경제성장을 촉발시킬 수 있을 것이었다. 그리하여

'미국의 아침'이 올 것이라는 생각이었다.

　이것은 정부 예산과 그 변화의 패턴에 대해 수량적인 이해가 있는 이라면 아무도 진지하게 받아들일 수 없는 스토리였다. 그러나 행정부의 많은 사람이 이를 환영하며 받아들이고 퍼뜨렸다. 실제로는 1980년대 전체에 걸쳐 미국은 조세 감면, 군사 예산 팽창, 지출 삭감의 혼란 등이 겹치면서 거액의 재정 적자에 시달렸다. 1980년대 이전의 몇 십 년 동안에도 큰 폭의 재정 적자가 날 때가 없지 않았지만, 그 기간은 한 해 기껏해야 두 해 정도에 그쳤고 그것도 아주 심각한 경기침체 시기에만 벌어진 일이었다. 하지만 1980년대에는 실업률이 낮은 호황기에도 대규모 재정 적자가 내내 지속됐다. 이것은 민주당은 근시안적인 반反성장정책을 추구함으로써 미국의 미래를 곤궁하게 만들 것이라고 생각하여 공화당 정부를 탄생시키기 위해 열심히 일했던 사람들에게 쓰라린 결과였다.

　1980년대 중반 미국 경제가 완전고용에 근접한 수준을 회복한 후, 레이건 정부의 재정 적자로 인해 국민소득의 약 4% 정도가 투자에서 소비지출로 방향을 바꾸었다. 돈이 저축에서 은행을 거쳐 기계 설비를 구매하는 기업으로 흘러가는 대신 저축에서 은행을 거친 뒤 정부로 흘러가 부자를 위한 감세의 재원으로 쓰였고, 그 부자들은 이 횡재를 사치품 소비에 사용할 수 있게 되었다. 완전고용에 가까운 경제에서는 볼 수 없었던 대규모의 재정 적자는 그 자체로 생산성과 소득 증가를 연 0.4% 끌어내리는 효과를 가졌을 것이다.

　여기에 더하여 레이건 정부의 재정 적자 사이클이 미국의 경제 성장에 미친 간접적인 피해도 상당했다. 재정 적자로 인해 해외 자본이 유입되고 환율이 상승하면서 1980년대의 절반 이상 동안 미국 달러는 상당히 고평가되었다. 국내 산업의 비용이 외국 기업이 판매할 수 있는 가격보다 높으면 시장은 그 국내 산업을 축소해야 한다는 신호를 보낸다. 외국 기업들이 더 효율적으로 생산하고 있으니, 해당 산업에 사용되는 자원이 국내 생산자가 더 비교우위를 가진 다른 부문에서 더 잘 사용될 수 있기 때문이다. 이것이 시장 시스템이 1980년대에 모든 미국 제조업에 보낸 신호였다. 투자를 줄이고 규모를 축소하라. 그런데 이 경우에는 잘못된 신호였다. 이것은 시장이 비교우위의 논리로 해석하여 보낸 신호가 아니라 미국 정부가 차입하려는 단기 현금 수요가 급등하면서 전달된 신호였던 것이다. 그럼에도 기업들은 이 신호에 반응했다. 수출품을 생산하는 미국의 산업은 줄어들었다. 그리고 이렇게 잃어버린 기반 중 일부는 다시 회복할 수 없었다. 레이건 정부의 감세 정책은 미국 중서부의 제조업에 치명적인 타격을 입혔고, 오늘날 '러스트 벨트 Rust Belt'로 알려진 지역을 만들어냈다.

이처럼 레이건 정부 시절의 신자유주의 전환은 결국 생산성 상승의 둔화를 해결하기는커녕 오히려 심화시켰다. 게다가 경제 대비 정부의 규모도 줄지 않았다. 규제의 전문성technocratic quality이 높아지지도 않았다. 가장 큰 효과는 불평등이 급격하게 증가하는 방향으로 소득분배의 추세를 바꾸어놓은 것이었다.

근본적인 문제는 신자유주의 전환을 옹호했던 이들이 예측했던 것처럼 세상이 돌아가지 않았다는 데에 있었다.

레이건이 당선되기 1년 전인 1979년, 밀턴과 로즈 프리드먼Rose Friedman은 고전이 된 《선택할 자유: 개인적 언명》을 썼고, 이 책에서 그들 특유의 작은 정부 자유지상주의를 주창했다. 이 책에서 그들은 세 개의 강력한 사실적factual 주장 ─ 그 당시에는 사실처럼 보였지만(실제 사실이었을 수도 있다), 지금은 명백히 그릇된 것임을 우리가 알고 있는 주장 ─ 을 내놓았다. 그들의 작은 정부 자유지상주의론은 주로 이 주장들에 근거하고 있다.[19]

첫 번째 주장은 거시경제의 문제는 민간 시장의 불안정성이 아니라 정부에 의해 발생한다는 것이었다. 왜냐하면 경제를 낮은 인플레이션 그리고 최대한 완전고용에 가깝게 안정적으로 유지하는 데 필요한 거시경제정책은 아주 간명하며, 자신의 한계를 아는 유능한 정부라면 쉽게 달성할 수 있기 때문이다. 우리를 힘들게 하는 경기변동difficult fluctuations 을 겪는 이유는 순전히 정부가 너무 많은 것을 하려 하기 때문이다. 두 번째 주장은 (환경오염과 같은) 외부성은 상대적으로 미미하며, 정부의 규제보다는 자유로운 계약과 불법행위 근절법tort law 을 통해 더 잘 다룰 수 있다는 것이었다. 세 번째 그리고 가장 중요한 주장은 정부가 강제하는 차별이 없다면 시장경제가 충분히 평등하게 소득을 분배할 수 있다는 것이었다. 평등한 자들의 평등은 달성되고, 평등하지 않은 자들의 평등은 방지될 수 있다는 것이었다. 사회안전망을 축소하고 기회의 평등을 가로막는 모든 법적 장벽을 제거하면 세금과 보조금으로 시혜를 베푸는 사민주의적 접근 방식보다 더 공평한 결과를 가져올 수 있다는 주장이었다.

이들의 주장들이 모두 틀린 것으로 판명되었음에도, 안타깝게도 2007년 이후 대침체가 시작될 때까지 (거의) 모든 사람이 이 사실을 깨닫지 못했다.

지금까지 나는 1970년대에 불운을 겪은 사민주의적 거버넌스 시스템의 하나에 대한 이야기를 풀어냈다. 그 불운, 내재적 결함,

영광의 30년 동안 높아진 번영에 대한 기대가 결합되며 사민주의는 사람들의 지지를 잃었다. 이는 우파들에게 기회를 제공했다. 하지만 이게 정말 우연과 뜻밖의 사태였을까? 아니면 대공황의 사회적 기억이 사라지고 북방세계의 부르주아에 대한 현실사회주의의 위협이 줄어들면서 여러 구조적인 이유가 작동하여 사민주의적 균형 잡기가 점점 어려워진 것일까?

신자유주의 정책들이 실행되었지만, 인플레이션을 줄인 것 이외에는 사민주의보다 더 성공적이지 못했다. 빠른 경제성장은 복구되지 않았다. 실제로 레이건과 대처 시절 빈약했던 생산성 상승의 이득마저 부자들의 주머니로 빨려들어간 덕분에 중위소득은 감소했고 2차 도금시대가 다가왔다. 1980년대 말이 되자 사회민주주의가 실패했던 것과 마찬가지로, 사회민주주의를 밀어내려 했던 신자유주의 프로젝트 또한 영광의 30년 동안 높아진 기대 수준을 충족시키지 못했음이 분명해졌다.

하지만 1980년대에 소득 증대를 꾀했던 신자유주의 프로젝트가 실패로 끝났음에도 불구하고, 이는 정책과 정치경제학에 또 다른 혁명이 필요하다는 목소리로 이어지지는 않았다. 어찌 된 일인지 신자유주의 프로젝트는 통념으로 받아들여졌고, 이후 수십 년 동안 중도좌파의 지지를 얻었다. 연두교서에서 "큰 정부의 시대는 끝났습니다"라고 선언했던 대통령은 레이건이 아니라 빌 클린턴Bill Clinton이었다.[20] 실업률이 9%를 웃돌고 있는데도 긴축을 요구했던 이 또한 대처가 아니라 버락 오바마Barack Obama였다. 오바마는 "전국의 가정들이 허리띠를 졸라매고 힘든 결정을 내리고 있습니다. 연방정부도 똑같이 해야 합니다"라고 말했다.[21] 클린턴은 "우리에게 익숙한 형태의 복지의 종식"을 사회보험에 대한 주요한 공약으로 내걸었다.[22] 영국 노동당의 노동조합 중심 문화 정치에 대해 대처가 보였던 강한 거부 반응을 노동당 총리 토니 블레어Tony Blair 또한 그대로 이어받았다.[23] 미국에서 민주당과 공화당은 사회보장연금의 부분적 민영화를 놓고 개인연금 플랜이 사회보장연금에 대한 '추가add-on'가 되어야 하는지 '깎아내기carve-out'가 되어야 하는지의 논쟁(1990년대 초의 논쟁으로, 공화당은 가령 13% 정도 사회보장제도 납입금의 일정액을 깎아내어 개인연금으로 돌리자고 주장했고, 민주당은 사회보장제도의 구조를 그대로 둔 상태에서 세액공제 등의 인센티브를 활용하여 추가로 마련하게 하자는 주장을 폈다 —옮긴이)을 벌였지만, 연금의 민영화 자체에 대해서는 양쪽 다 이견이 없었다.[24] 양당 모두 정부가 아니라 시장이 산업 발전을 이끌어야 한다고 주장했다. 미국의 공공투자는 국민소득의 7%에서 3%로 떨어졌다. 후방에서 R&D 자금을 대규모로 늘리고 전방에서 정부 구매procurement를 보장함으로써 정부의 역할을 강화하는 대신, 금융 규제 완화를 통해 벤처캐피탈과 기타 민간 투자풀을 만들어 기술 혁명에 자금을 조달할 수 있을 것으로 믿었다. 오염을 통제하는 권한이 정부에게 주어지는 것이 아니라 오염을 배출할 권리가 시장에서 거래되었다. 복지 프로그램이 아니라 복지의 필요 자체를 제거하기 위한 (실제 재취업으로 이어지는 경우는 드물었던, 명목적일 뿐이었던) 직업교육 프로그램이 그 자리를 채웠다. 정부가 더 많은 일을 하려고 했다가는 실패했다고 여겨지는 낡은 사민주의적 명령-통제 계획으로 돌아가는 게 될 것이었다.

하지만 사회민주주의는 1960년대와 1970년대에 효과가 있었다. 그리고 (인플레이션 통제 측면을 제외하면) 1980년대의 신자유주의는 1970년대의 사민주의보다 성장을 창출하는 데 더 나은 성과를 거두지 못했고, 평등한 성장을 일구는 데는 훨씬 더 나쁜 성과를 거두었다.

중도파 및 좌파 신자유주의자들은 스스로를 보다 효율적이고 시장 지향적인 수단을 통해 사회민주주의의 목표를 달성하려는 옹호자로 생각했다. (하이에크가 평생에 걸쳐 올바르게 강조한 것처럼) 시장은 창의적인 아이디어와 시장경제가 스스로 설정한 문제의 해결책을 크라우드소싱하고, 시장경제는 사물에 얼마나 가치가 있는지 태그를 붙이는 작업을 수행한다. 좌파 신자유주의자들은 크라우드소싱과 인센티브가 효과적으로 작용할 수 있는 곳에서는 이를 옹호했다.

게다가 클린턴이 포용 정책으로 상처받은 노동계급 백인 남성들에게 수사적인 위로라도 주기 위해 '큰 정부의 시대는 끝났다'고 선언했지만, 큰 정부는 여전히 존재했다. 성장의 강력한 촉진제 역할을 한 것으로 보인 정부의 강력한 개입과 정책이 있었다. 인구 구조 전환을 가속화하는 교육—특히 여성의 중등 교육—, 국내 생산자들이 (자본재로 구현되건 아니건) 산업 핵심 기술을 쉽게 습득할 수 있도록 하는 정책, 행정 간소화 및 투명성, 교통 통신 인프라 등 정부의 효율성을 높이고 정부만이 제공할 수 있는 모든 것들이 있었다. 좌파 신자유주의자들은 시장과 적절한 규모의 효율적인 정부에 의존한다면 빠른 경제성장을 회복하고 지속 가능한 중도적인 통치 연합을 끌어들일 수 있을 것으로 희망했다. 그런 다음 일부 사람들이 부당하게 받을 자격이 없는 것들을 받았기 때문에 사람들을 평등하고 관대하게 대하는 것이 불공정하다는 점증하는 인식을 뒤집기 위한 노력에 집중할 수 있을 것으로 생각했다.

우파 신자유주의는 훨씬 더 강경했다. 이들에게는 훨씬 더 불평등한 소득과 부의 분배가 결함이 아니라 특징이었다. 상위 0.01%—일자리를 창출하는 기업가들—는 국민소득의 1%가 아니라 5%를 가져야 마땅했다.[25] 반_半공리주의적인 시장을 정하는 그들의 선호를 감안하면, 국민소득 평균의 100~1,000배가 아니라 500~250,000배를 그들에게 가져다주도록 인간들의 시간과 노력의 방향을 정하는 사회적 권력을 그들은 가질 자격이 있었다.[26] 또한 죽은 후에도 이들에게 과세하는 것은 무례하고 부도덕한 도둑질이었다.

이렇게 부활하고 복원된 사이비 고전적인 절반의 자유주의는 금권 대부호들의 돈줄로 운영되는 싱크탱크와 '인조잔디astroturf' 이익집단들(꾸며낸 시민운동 —옮긴이)의 열렬한 지지를 받았다(언젠가 재무장관 로이드 벤첸Lloyd Bentsen은 "당신들이 국민들을 대변한다고 말하지 마시오. 내가 평범한 민초들grassroots과 조작된 지지자도 구별하지 못할 애송이 같소?"라고 말한 적이 있다). 이들의 핵심 주장은 사회민주주의가 거대한 실수이며, 세계 각국의 정부들이 그것을 없애기만 하면 유토피아로 빠르게 나아갈 수 있다는 것이었다. 만드는 사람makers은 받는 사람takers을 등에 업어줄 필요가 없고, 받는 사람은 더 열심히 일할 것이었다. 그렇지 않으면 그 대가를 치를 것이고, 그것은 마땅히 받아야 할 결과일 것이었다.

이런 신념이 현실에서는 작동하지 않아보였다는 사실도 믿음을 방해하는 장애물이 되지는 못했다.

이런 식으로 큰 실패를 경험하고도 이데올로기적으로는 더욱 굳건해지는 패턴을 보면서, 나는 제1성전기the First Temple Era 후기 예루살렘 중심 유다 왕국의 종교 정치에서 벌어졌던 일들을 상기하게 된다. 북쪽의 이스라엘 왕국은 이미 아시리아인들에게 정복당했고,

도시들은 평정되었으며, 지배층은 모두 아시리아의 수도인 니네베로 끌려갔다. 예루살렘의 유다 왕들은 외국과의 동맹, 특히 아시리아에 저항하는 데에 관심을 가진 유일한 이웃의 강대국인 이집트와의 동맹을 모색했다. 그런데 선지자들이 말했다. 안 된다! 너 자신의 검을 믿지 말고, 특히 낯설고 거짓된 신을 숭배하는 외국 동맹국의 칼을 믿지 말라! 여호와를 믿을 지어다! 그분이 강한 팔로 너를 보호하실 것이다! 군대가 패배하고 돌아왔을 때 선지자들은 말했다. 너희의 문제는 여호와 숭배를 충분히 강력하게 시행하지 않았던 데에 있다! 너희는 여자들이 거리에서 이슈타르Queen of Heaven를 위해 케이크를 만들며 춤추도록 허락하지 않았더냐! 여호와를 **더욱 열심히** 섬길 지어다![27]

사실 신자유주의적인 전환은 (경제성장률보다) 최상위 계층의 소득과 부의 성장률을 회복하는 데 있어 훨씬 더 성공적이었다. 부자들은 큰 메가폰을 들고 자신들의 소득이 빠르게 증가하고 있다고 떠들어댔다. 그렇다면 운전대를 돌려 신자유주의적 전환을 만들어낸 정치가들에게 표를 던졌던 하층민들은 어떻게 되었나? 그들은 그들이 충분히 가치 있다면 자유로워진 시장이 그들에게도 보상할 것이라는 말을 들었고, 대부분이 그 말을 믿었다.

*

신자유주의 시대는 그 세일즈맨들이 약속했던 것 중 한 가지를 실현했다. 즉 국민소득의 분배에서 부유층의 비중이 빠르게 늘어났다.

우리는 앞에서 미국의 진정한 상류층인 상위 0.01% 가구의 소득이 평균 100배에서 500배까지 늘어났다고 언급한 바 있다. 상위

1%를 이루는 나머지 0.99%는 평균 8배에서 17배까지 늘어났다. 상위 5%를 이루는 나머지 4%는 3.25배에서 4.25배까지 늘어났다. 상위 10%를 이루는 나머지 5%는 소득 비중이 오히려 줄었다. 그리고 나머지 모든 계층은 국민소득에서 가져가는 몫이 더 줄어들었다.

이 수치들은 특정 개인이나 가구의 소득이 아니라, 소득분배에서의 분위별 소득이다. 또한 사람들이 나이가 들수록 소득은 증가한다. 1인당 소득의 경제적 파이는 1970년보다 2010년에 더 컸다. 미국의 1인당 실질소득 평균치는 1979년 대비 2010년에 거의 두 배가 됐다. 그리고 상당한 사용가치use value를 지닌 많은 것들이 2010년에는 아주 저렴하게 제공되었다. 그게 중요했다. 일반적으로 시중에서 판매되는 표준적인 실물 재화—예를 들어 블렌더 blender —의 평균적인 소비자 사용가치는 시장가치의 두 배에 이른다. 즉 실물 재화의 생산과 유통에서 나오는 부의 절반은 생산에 투입된 자연자원과 인적자원—즉 그 생산비용—이고, 나머지 절반은 소비자가 그 제품에 지불할 의향이 있는 금액과 관련이 있는 소비자 잉여로, 필요한 장소에 필요한 시점에 필요한 사람이 그 재화를 얻는 것에 기반한다. 정보화시대의 비非실물 상품의 경우에는 소비자 잉여와 생산비용의 비율이 더 높을 수 있다. 아마 5:1 이나 그 이상.

불평등의 심화에도 불구하고 잊지 말아야 할 점이 있다. 1979년 미국 가정의 55%는 집에 에어컨을 갖고 있었는데, 이 비율은 2010년에 90%까지 증가했다. 세탁기는 70%에서 80%로, 건조기는 50%에서 80%로 증가했다. 1979년에는 미국 가정의 5%만이 전자레인지를 보유했지만, 2010년에는 그 비율이 92%가 되었다. 컴퓨터나 태블릿은 1979년에 0%에서 70%로, 핸드폰은 95% 이상으로, 스마트폰은 75% 이상으로 증가했다.[28] 2010년 미국의 노동계급과 중산층은 1979년보다 부유해진 것이다. 하지만 신자유주의 시대의 미국은 더 이상 젊은이들의 교육수준을 빠르게 높이지 않았고, 공공 인프라에 공격적으로 투자하지도 않았으며, 민간 투자로 흘러갔을 저축을 정부가 일부 고갈시키는 것을 막지도 않았다. 생산성 상승률은 영광의 30년의 겨우 절반이었다. 경제성장은 더 이상 공평하게 이루어지지 않았다. 그러나 여전히 성장은 계속되어서, 1870~1914년과 거의 비슷한 속도로 소득이 증가했으며 1913~1938년의 사람들이 보았다면 울고 갔을 정도였다.

사람들이 과거나 지금이나 중산층의 지위를 나타내는 지표로 여기는 많은 것들—편리한 출퇴근, 좋은 동네의 단독주택, 자녀를 좋은 대학에 보내고 **학비를 부담할 수 있는** 능력, 심장마비가 왔다고 파산하거나 집을 날리지는 않을 정도로 고용주가 지원하는 충분히 괜찮은 건강보험 등—이 2010년의 미국에서는 1979년보다, 최소한 기억에 비추어 볼 때, 달성하기 어려워졌다.

여기에 더하여 사람의 상대적 지위의 문제도 있었다. 사민주의 시대의 성공한 중산층 미국인이라면 아메리칸 모터스의 CEO이자 미래의 미시간 주지사이자 주택도시부 장관인 조지 롬니George Romney를 만나 그가 미시간주 블룸필드 힐스에 있는 평범한 집—물론 좀 크기는 하지만—에 살면서 소형차인 램블러 아메리칸을 몰고 다닌다는 사실을 알 수 있었다(물론 아메리칸 모터스 제품이기 때문이었겠지만). 신자유주의 시대의 성공한 중산층 미국인이라면 베인 캐피털의 CEO이자 미래의 매사추세츠 주지사이자 상원의원(공화당, 유타)인 미트 롬니Mitt Romney(조지 롬니의 아들—옮긴이)를 만나 그가 미국 전역에 몇 개의 대저택을 포함한 일곱 채의 집을 가지고 있다는 사실을 알게 될 것이다. 나는 그가 어떤 차를 몰고 다니는지는 모르지만, 캘리포니아 라호야의 해변 근처 저택에는 자동차 엘리베이터가 있다는 말을 들었다. 부모 세대보다 절대적인 기준으로 더 많은 물질적 부를 소유하고 있다고 해도, 그렇게 큰 격차가 그렇게 빠른 속도로 벌어진다면 자신을 보잘것없는 존재로 느낄 수 있다.

프랑스 경제학자 토마 피케티Thomas Piketty는 1차 대전 이전 북방세계에서 경제가 작동했던 방식과 2차 대전 이후에 작동했던 방식 사이에 현저한 차이가 있다는 연구 결과를 널리 대중화했다.[29] 1차 대전 이전의 1차 도금시대에 부는 압도적으로 세습되었고, 부자들이 정치를 지배했으며, 경제적 불평등 —또한 인종 및 젠더 불평등 —이 극심했었다. 2차 대전의 격변 이후에는 모든 것이 변화했다. 소득 성장이 가속되었고, 부는 (정당하게든 부정한 방법으로든) 주로 노력하여 얻어졌으며, 정치는 중산층이 지배했고, (비록 성적 평등과 인종적 평등은 여전히 갈 길이 멀었지만) 경제적 불평등은 그다지 크지 않았다. 북방세계는 완전히 새로운 시대로 들어선 것처럼 보였다.

그리고 상황이 되돌아갔다.

이게 놀랄 일이 아니라는 것이 피케티의 핵심 주장이다. 자본주의 경제에서는 부의 상당 부분이 상속되는 것이 정상이다. 그 분배가 매우 불평등한 것이 정상이다. 일단 금권 대부호가 형성되면 그들이 정치권력을 활용하여 경제를 자신에게 유리하게 만드는 것이 정상이다. 그리고 이것이 경제성장에 걸림돌이 되는 것이 정상이다. 1945년에서 1973년 사이에 벌어졌던 것과 같은 급속한 성장은 결국 창조적 파괴를 필요로 하는데, 파괴되는 것은 금권 지배층의 부이기 때문에 그들은 이런 성장을 장려하려 하지 않는다.

그렇다면 신자유주의 시대가 계속된 이유는 무엇인가? 신자유주의는 사회민주주의가 2차 대전 이후 첫 세대에 안겨준 유토피아로의 빠른 진보를 더 이상 제공하지 못했다고 지적했다. 그리고 자신은 더 잘하겠다고 약속했다. 하지만 더 나은 성과를 거두지는 못했다. 영국에서 노조운동에 재갈을 물리고 감세와 함께 정말로 엄청난 규모였던 임금 정체의 부작용을 통해 부자들의 소득을 늘려준 것은 예외였지만 말이다. 그럼에도 신자유주의의 실패에 대한 불만이 정치-경제-사회-조직의 수레바퀴를 다시 돌리지 않은 이유는 무엇이었을까?

나는 레이건이 냉전에서 승리했기 때문에 신자유주의가 지속되었다고 믿는다. 아니 오히려, 레이건의 대통령 임기가 끝나자마자 냉전이 종식된 덕분에 그가 그 공을 가져갔기 때문이라고 믿는다. 그리고 우파는 사상의 쇼윈도우에 내놓았던 자기들의 아이디어가 명백히 실패했다는 사실을 슬쩍 뒤로 돌렸다.

실패한 아이디어는 우파만의 문제가 아니었다. 현실사회주의라는 현상에 대해 오늘날이나 1990년대 혹은 심지어 1970년대 후반의 시점에서 되돌아보면, 아마도 가장 눈에 띄는 특징은 그 체제의 붕괴와 쇠퇴가 얼마나 필연적이었는가 하는 점일 것이다. 독일의 사회학자 베버는 1917년에서 1991년 사이에 무슨 일이 벌어졌는지를 알지 못한 상태에서도 레닌과 그의 동지들이 세운 볼셰비키 체제의 역사가 어떻게 흘러갈지를 훤히 알 수 있었다. 그는 1917년 이전의 역사를 돌아보며 기업가 정신과 기업이 관료주의로 대체된 사례를 살펴본 후, "중국과 이집트에서처럼 관료주의가 우위를 점했던 곳에서는 관료주의는 결코 사라지지 않았다"라고 썼다. 즉 마

르크스주의는 시들어 사라지지 않고, 명령을 내리는 국가의 비대
화가 일어나리라는 것이었다.

　독일계 폴란드인 운동가이자 사회사상가 로자 룩셈부르크는
1918년에 쓴 글에서 더욱 명료한 (그리고 비관적인) 혜안을 보여주
었다.

> 보편 선거가 없다면, 언론과 집회의 자유가 무제한으로 보장되
> 지 않는다면, 자유로운 의견의 경쟁이 없다면, 모든 공적 제도
> 에서 활력은 사라진다. … 오로지 관료제만 남게 된다. … 마르
> 지 않는 에너지와 무한한 경험을 갖춘 몇 십 명의 당 지도자들
> 이 지시하고 통치한다. … 노동계급의 엘리트가 이따금씩 회의
> 에 초대되어 지도자들의 연설에 박수를 치고, 제시된 결의안들
> 을 만장일치로 승인한다. 〔이것은〕 근본적으로 파당 문제clique
> affair 다. … 이러한 상황은 필연적으로 암살 시도나 인질들의 총
> 살 등 공적 생활을 잔인하게 파괴한다.[30]

　하지만 베버와 룩셈부르크 모두 관료주의가 비록 반기업적이라
고 해도 효율적일 것이라고 생각했다. 베버는 현실사회주의가 엄
격한 규율을 갖추고 조직적일 것이라고 생각했다. 룩셈부르크는
그것이 잔인하고 독재적일 것이라고 생각했다. 두 사람 모두 낭비,
빵을 타려고 길게 늘어선 줄, 경제 조직의 비합리성, 부패와 **연줄
(블라트)**을 예측하지는 못했다. 어느 누구도 1980년대 말 철의 장
막이 무너졌을 때, 스탈린 —또는 호치민, 김일성, 카스트로 —의
군대가 진군했던 나라들이 그들이 정복하지 못한 바로 옆 나라에
비해 물질적으로 5분의 1밖에 번영하지 못할 것이라고 예견하지

못했다.

소련 바깥의 많은 사람들 —가령 좌파 마르크스주의 경제학자 스위지 —은 레닌주의에 입각한 사회주의와 정부 계획이 어떤 다른 가능한 체제보다도 생산력을 더 효율적으로 배분하고 경제성장률을 더 빠르게 높일 것이라고 확신에 차서 예언했다. 레닌주의의 파괴적 잠재력을 두려워했던 많은 이들조차 소련과 그 위성국들이 총생산과 1인당 생산 모두에서 앞서 나갈 것이라는 데에 견해를 같이했다. (레닌주의자가 아닌) 폴 새뮤얼슨Paul Samuelson은 2차 대전 이후 미국의 대표적인 경제학 교과서를 집필했는데, 1960년대 말까지도 이 경제학 교과서에서는 소련 경제가 2000년이 되기 훨씬 전에 1인당 생산에서 미국 경제를 능가할 것으로 예측했다. 소련이 자유와 선택에 있어서는 열등했다 하더라도, 번영까지는 아니더라도 생산과 평등에 있어서는 우월할 수 있다는 생각은 1960년대에 조차도 가능해 보였다.

하지만 이 모든 예측과 생각이 잘못된 것으로 판명되었다. 철의 장막이 무너지자 소련과 그 위성국들은 정말 가난한 나라라는 게 드러났다. 소비재 배분에 있어서의 끔찍한 비효율을 낳은 메커니즘이 투자 배분에 있어서도 마찬가지의 비효율을 가져왔고, 자동화된 공장이 들어서야 할 땅에 공장 같은 것은 찾아볼 수가 없었다. 소련은 일정한 성공을 거두기도 했다. 1960년경 소련은 보건, 교육, 기대수명에서 대체로 북방세계의 수준에 도달했었다. 1970년대에는 최소한 미국 정도로 강한 군대를 만들어냈던 것으로 보였다(하지만 미국은 국민소득의 8%를 쓴 데 반해 소련은 40%를 써서 그렇게 할 수 있었다).

경제적 실패의 규모는 엄청났다. 생산량 증가는 대부분 철강, 기계, 군사 장비로 제한되었다. 농업의 집산화는 얼마나 많은 사람이 죽었는지도 모를 정도로 파멸로 끝났다. 대략 수백만 명이라고 추정할 뿐이다. 어쩌면 1,000만 명을 넘었을지도 모른다. 그리고 소련의 경제성장률은 전 세계의 맥락에서 보자면 그렇게 높지 않았다.

소련의 경제학자이자 정치가인 고故 예고르 가이다르Yegor Gaidar는 곡물과 석유라는 렌즈를 통해서 소련 산업화의 실패담을 풀어놓기를 좋아했다. 그의 말에 따르면, 저명한 공산주의 경제학자 부하린과 소련 공직자 알렉세이 리코프Aleksey Rykov가 "스탈린에게 '농민 국가에서는 무력으로 곡물을 뽑아낼 수 없습니다. 내란이 벌어질 것입니다'라고 말했어요. 그랬더니 스탈린은 '그래도 그렇게 하겠다'고 대답했습니다." 1950년대 당시 흐루쇼프는 스탈린이 만들어낸 후진적이며 농노제화된 농업 부문의 후과를 감당해야 했다. 1950년에 흐루쇼프는 "지난 15년간 우리는 곡물 수확량을 늘리지 못했다. 그 사이 도시 인구는 빠르게 늘어났다. 이 문제를 어떻게 해결할 수 있을까?"라고 썼다. 그는 궁극적으로 이 문제에 자원을 퍼붓기로 결정했고, 더 많은 토지를 곡물 재배에 투입하는 대규모 프로젝트를 시작했다. 하지만 이 계획도 실패한다. 1963년 소련은 동맹국들에게 더 이상 곡물을 공급할 수 없다고 통보하고, 세계 시장에서 곡물을 사들이기 시작했다.[31]

소련 경제 및 소련 모델의 붕괴는 1970년대 OPEC가 결성된 시기에 세계 실질 유가가 세 배 이상 상승하면서 10년 정도 지연된 것일 수 있다. 가이다르에 따르면, 종말의 시작은 1985년 말 사우디아라비아가 이란 신정주의자들의 야망을 꺾기 위해 석유 생산을 재개하고 유가를 떨어뜨리기로 결심하면서 시작되었다. 이로 인해 소련은 막대한 인구를 먹여 살릴 곡물을 충분히 수입할 수 없는 극도로 어려운 처지에 놓였다. 가이다르가 당시 상황을 평가했던 것처럼, 소련에게는 다른 선택의 여지가 없었고, 1986년에는 그 차액을 충당하기 위해 차입을 시작했다. 하지만 1989년 "대규모 대출을 위해 300개 은행으로 구성된 컨소시엄을 창출하려는" 노력이 무산되자 소련은 "소위 정치적 동기의 신용을 얻기 위하여 서방 정부들과 직접 협상을 시작할 수밖에" 없었다고 한다.

이는 소련이 산업적으로 파산 상태라는 사실을 남김없이 드러낸 사건이었다. 저유가 시대에 소련 정권은 해외에서 밀을 구매할 수 있는 양허성 차관concessional loan(이자율, 상환기간, 거치기간을 차입국에 유리한 조건으로 제공하는 차관으로, 주로 개도국에 제공된다 ─옮긴이)을 얻는 대가로 정치적 양보를 하는 수밖에 없었던 것이다.

레이건 정부는 아르헨티나 파시스트 독재정권의 군인들을 니카라과의 좌파 '산디니스타Sandinista' 정권에 맞서는 우파 게릴라 반란의 핵심 간부로 고용하여 라틴아메리카의 냉전을 강화하기로 결정했다. 아르헨티나 군사정권의 장군들은 그 대가로 아르헨티나 해안에서 480킬로미터 떨어져 있고 영국이 수세기 전에 식민지로 삼았던 포클랜드 제도에서 아르헨티나와 영국 사이에 분쟁이 발생할 경우, 미국이 중립을 지킬 것이라고 생각했다. 진 커크패트릭Jeane Kirkpatrick UN 대사 등 레이건 정부의 고위 관리들이 이런 언질을 했던 것일까? 그래서 아르헨티나의 군부는 신속하게 전쟁에서 승리하여 그들의 국내 정치적 입지를 강화하고자 포클랜드 제도를 점령했다. 대처는 포클랜드를 탈환하기 위해 (미국의 충분한 병참 지원을 받으며) 영국 해군을 파병했다. 이것이 1983년의 선거에서 대처가 총리로 재선되는 데에 날개를 달아 주었다. 4년간의 신자유주의 실험은 실패로 끝났지만, 영국의 신자유주의 전환은 공고화되었다.

미국에서도 경제가 때맞추어 호황으로 돌아섰고, 레이건은 1984년 재선에 성공한다. 그는 정책 분석가형 대통령으로는 자격 미달이었지만, 국가수반 유형의 대통령으로는 탁월했다. 그의 부인 낸시는 두 번째 임기에 미하일 고르바초프Mikhail Gorbachev를 잠재적인 친구로 삼으라고 설득했다. 그리고 냉전의 종식은 미국에서 신자유주의가 날개를 달고 날아오르는 동력이 되었다.

1980년 신자유주의 전환이 시작될 무렵의 희망과 주장은, 시장 경제를 관리, 보완, 통제하는 사민주의적 방식 대신 시장의 명령에 (적어도 부분적으로) 순종하도록 정부와 사회를 전환시킴으로써 북방세계에서 2차 대전 이후 황금시대에 나타났던 경제성장의 속도를 회복할 수 있다는 것이었다. 이러한 희망과 주장은 좌절되었다. 성장은 계속되었지만, 1938~1973년보다는 훨씬 속도가 느렸다(물론 1870~1914년보다는 약간 빨랐고, 1914~1938년보다는 훨씬 빨랐다).

소득분배가 달라졌다. 특히 여성 그리고 소수자minorities도 어느 정도 포용되면서 백인 남성의 소득 증가 속도가 평균을 따라가지 못했다. 하지만 더욱 중요한 점은 신자유주의적 전환이 소득과 부를 최상층으로 이전한다는 명확한 목표를 달성했다는 사실이었다. 이렇게 부자와 슈퍼리치에게 동기를 부여하면 이들이 더 열심히 일하도록 유도하고 기업가적 에너지의 물결을 일으킬 수 있다고 신자유주의는 주장했었다. 이 주장은 잘못된 것으로 판명되었다. 어쨌건 부와 자산은 최상층으로 이전되었다.

이는 기득권자인 백인 남성 노동계급 및 중산층을 불편하게 만들었다. 1980년 이후 그들은 실질소득 증가가 미미하고, 그나마도 마음속으로는 자신들의 당연한 권리로 여겼던 여성과 소수자와 외국인—혹은 부가 늘어나고 점점 세상에서 두드러진 존재가 되고 있던 금권 대부호들—으로부터 더 이상 존중을 받지 못하게 되었다는 사실로 상쇄되었다고 여겼다. 그들로서는 세상이 자신에게 불리하게 조작되어 있는 것처럼 보였다. 부자들은 더욱 부자가 되었고, 자격도 없는 소수 빈곤층은 정부에서 공짜 돈을 받았다. (이 견해에 따르면) 좋은 것들을 더 많이 누릴 자격이 있는 부지런한 백인 남성은 그것을 받지 못했다. 이렇게 유권자의 상당수는 (30년 전에 비해 더 좋은 삶을 제공하지 못하고 있는) 시스템과 시스템의 통치자들을 불신하게 되었다.

대침체가 발생했을 때 그리고 대침체로부터의 회복이 지연되고 주춤했을 때, 정부와 정치권은 거의 관심을 쓰지 않는 것처럼 보였다. 부자들이 공적 담론을 지배했기 때문이었다 그리고 부자들에게는 위기가 없었다. 하지만 나머지 모두—미국 인구의 약 90%—는 계속해서 삶의 터전을 잃었다. 그들에게 2007년 이후의 경제란 심각할 정도로 실망스러운 것이었다. 그들은 이에 대한 설명을, 무엇을 바꾸어야 하는지를, 가끔은 누구의 잘못인지를 묻고 있다. 마땅한 일이다.

16장. 재세계화, 정보기술, 초세계화

세계는 1970년대에 신자유주의로 전환하기 시작했다. 2000년이 되면 전환은 거의 완성되었다. 신자유주의는 다양한 형태로 나타났고, 세계 정치경제 거버넌스의 기본 전제와 실천 방식들을 제공했다.

신자유주의의 부상은 하나의 수수께끼이다. 신자유주의로의 전환은 더 많은 투자, 기업가 정신의 확대, 더 빠른 생산성 상승, 또는 중산층 임금과 소득 성장의 회복을 가져오지 못했다. 이 새로운 정책은 소득과 부의 불평등을 더욱 심화시켰다. 대체 신자유주의에 어떤 매력이 있었던 것일까? 신자유주의는 냉전에서 승리한 공을 인정받았고, 자격이 없는 사람들이 받을 자격이 없는 어떤 것도 받지 못하게 한 공을 인정받았으며, 권력자들이 메가폰을 사용하여 신자유주의 정책이 달성했다고 주장하는 모든 것에 대해 자신들이 공을 인정받을 자격이 있다고 큰 소리로 반복해서 말했기 때문에 버텨낼 수 있었다. 그렇게 해서 이미 나누어졌던 패로 실행이 되었다.

특히 네 가지 힘에 의해 상황이 이렇게 전개되었다. 첫 번째 힘은 2차 대전 이후의 재세계화reglobalization로, 1870~1914년에 벌어졌던 세계화로부터 1914~1950년에 후퇴하던 경향을 역전시킨 흐름을 말한다. 두 번째 힘은 기술의 큰 변화로, 1950년대 중반부터 철제

박스 컨테이너가 세계를 정복했다. 세 번째 힘은 기술의 또 다른 큰 변화로, 0과 1로 이루어진 정보기술이 세계를 정복했다. 네 번째 힘은 신자유주의적 정책 그 자체와 이 정책들이 다른 세 가지 힘과 상호작용하는 방식이었다. 이 네 가지 힘들이 합쳐져 **재세계화**는 **초세계화**hyperglobalization 로 바뀌었다.

이 장의 이야기가 단순할 수 없다는 것은 이제 자명하다. 세상이 신자유주의로 전환한 시대의 재세계화, 정보기술, 초세계화의 이야기는 두 개의 맥락을 가지고 있기 때문에 더욱 복잡하다. 하나는 재세계화의 결과에서 시작하여 정보기술의 발흥을 거쳐 남방세계의 초세계화로 이어진다. 다른 하나는 북방세계의 여러 결과물에 초점을 맞춘다. 그리고 궁극적으로 어떤 결론을 내릴 것인가—이것은 위대하고 좋은 일이었는가? 아니면 다른 무엇이었나?—는 당신의 수호성인이 하이에크인지 폴라니인지에 따라 크게 달라진다.

신자유주의 아이디어들을 활용하여 자국 사회의 부패를 줄일 수 있었던 남방세계 국가들—그리고 북방세계에서의 신자유주의 정책의 역풍을 피할 수 있었던 나라들—은 세계 시장에 이용당하는 것이 아니라 세계 시장을 이용할 수 있다는 사실을 깨달았다. 이들 나라들은 1870년대 이후 처음으로 북방세계와 같은 궤적으로 움직일 수 있게 되었는데, 절대적으로는 부유해졌어도 상대적으로는 더욱 가난해졌다. 1990년대 이후로 보자면 남방세계의 실질소득이 북방세계보다 더 빠르게 증가하기 시작했다.[1] 그리하여 시장이 마치 인류를 위해 작동하는 것처럼 보였다.

북방세계의 나라들 역시 세계 무역의 증가와 정보기술의 확산으로 이득을 얻었다. 하지만 이런 이득은 북방세계 최상위층에게 집중되었고, 이들을 더 부유하게 만들었다. 과거처럼 대기업의 본사가 있는 지역의 공장에서 노조원으로 일한다고 해서 더 이상 집중되는 부의 일정한 몫을 받을 수 있는 것은 아니었다. 신자유주의 전환이라는 맥락에서 재세계화와 초세계화에 정보기술이 합쳐지면서, 경영자들은 이제 전 세계 어디든 자기들이 원하는 곳에 공장을 지을 수 있게 되었다. 정보의 흐름이 놀랍도록 빨라지면서 이제 굳이 차를 타고 공장에 가지 않아도 무슨 일이 벌어지는지를 보고 관리하고 개선할 수 있게 되었다. 1870년 이전부터 남방세계가 경험했던 탈산업화를 처음으로 겪은 북방세계의 여러 지역에서는 폴라니적 권리의 죽음을 슬퍼하는 비가悲歌가 울려 퍼졌다.

하지만 힐빌리의 노래(몰락 중인 미국 러스트 벨트의 백인 노동계층 이야기를 다룬 베스트셀러 제목—옮긴이)는 제각기 다른 무늬의 사각형들로 짜인 퀼트 이불의 한 사각형처럼, 아주 복잡한 북방세계의 여러 테마 중 한 조각에 불과했다. 1990년대 초 정보기술이 중요한 진전을 이루면서 북방세계는 15년 동안 영광의 30년 시대에 맞먹는 생산성 상승을 이루었다. 그리고 2차 도금시대가 된 탓에 생산성 상승의 이득이 완전히 임금으로 이전되지는 못했지만, 사람들의 기대와 폴라니적 권리의 침해 역시 퀼트 이불의 조각들처럼 여기서는 그렇고 저기서는 그렇지 않는 등 장소와 영역에 따라 서로 달랐다. 결과적으로 정치경제적 결정이 이루어지는 기반이 근본적으로 바뀌었다.

2007년 말, 최상층의 신자유주의자들은 세상이 그런대로 잘 돌아가고 있고 앞으로도 그럴 것 같다며 자축하고 있었다.[2] 생산성 상승이 회복된 것처럼 보였고, 소득분배만 안정되면 광범위한 성장의 물결이 다시 시작되고 포퓰리스트의 불만도 가라앉을 것이라고 기대했다. 다시 한번, 최상층 엘리트에게는 시장이 마치 인류를 위해 작동하는 것처럼 보였다.

하지만 그러한 믿음은 수면 아래에서 실제로 벌어지고 있는 일들을 대부분 놓치고 있었다. 다음 장에서 다룰 2007년 이후의 금융 위기와 대침체는 둘 다 완벽한 재앙이었다. 이 장에서는 그 재앙들을 통해 신자유주의의 오만이 진정으로 복수를 불러온다는 사실이 백일하에 드러나고 말았다는 것만 언급해 두고자 한다.

*

2차 대전 이후의 재세계화는 1870년 이후의 패턴, 즉 패권국 아래 세계경제 질서가 확립되고 교통 기술 혁명이 일어나면서 빠른 속도로 세계화가 진전되는 패턴을 다시 반복했다. 1870년 이후의 세계에서는 패권국인 영국이 홀로 패턴을 정하고 다른 나라들은 이를 알아서 수용해야 했다. 2차 대전 이후의 미국은 다른 나라들과 함께 여러 제도를 구축했고, 그래서 2차 대전 이후의 시기는 새로운 글로벌 협력 기구들이 등장하는 위대한 시대가 되었다. 정치쪽으로는 UN과 그 안보이사회, 총회, 그리고 많은 갈래의 하부 기구들이 있었다.

경제 쪽으로는 세 개의 조직이 더 생길 예정이었다. 적어도 계획상으로는 그랬는데, 실제로는 두 개 반만 실현되었다. 새로이 패권국이 된 미국은 조만간 국제 무역이 국제 평화뿐 아니라 국내 번영의 원동력이 될 것이라고 확신했다. 서유럽 역시 이 계획에 동참했고, 가장 두드러진 사례는 1950년대에 만들어진 유럽석탄철강공동체ECSC였다. ECSC는 유럽 국가들 사이의 석탄과 철강의 자유무역을 위한 기구로서, 오늘날의 유럽연합으로 성장했다. 그리고 1944년 브레튼우즈 회의에서 미국의 화이트와 영국의 케인스는 세계화의 진전이 좋은 결과로 이어질 수 있는 시스템을 설계했다.

글로벌 경제 협력을 촉진하기 위해 계획된 세 개의 기구는 세계은행, IMF, 그리고 (완전한 모습으로 나타나지 못한) 국제무역기구ITO 였다. 세계은행은 당시 국제부흥개발은행IBRD으로 시작했으며, 전쟁으로 파괴된 나라들의 재건 비용 조달과 아직 산업기술의 생산적 기회들을 잡지 못한 나라들을 개발하는 두 가지 목적을 위해 만들어졌다. IMF는 통화가치와 국경을 넘나드는 금융 자원의 순 흐름을 관리하고, 무역 조건을 재설정해야 하는 나라들을 지원하고, 특정 국가가 경제적 의무를 이행하도록 강제하기 위해 만들어졌다. 계획상으로 ITO는 상호 호혜적인 관세 인하를 협상하고 무역 분쟁을 심판하는 역할을 맡도록 되어있었다.

하지만 1950년 말 트루먼 정부는 이미 의회를 통해 UN, 세계은행, IMF를 밀어붙이고 있었기 때문에, ITO 비준까지 요청하기는 무리라고 판단했다. 의회에 너무 많은 요구를 하고 있다고 정부가 우려한 것이다. 그때쯤 전후 몇 년 동안 지배적이던 개방적인 국제협력의 정신에 반하는 분위기가 형성되었고, 냉전으로 알려진 자유세계와 세계 공산주의 사이의 오랜 투쟁이 시작되고 있었다. 그 한 결과는 ITO의 해체였다. 그리하여 무역 분쟁에 대해 강제력을 가진 기구 대신 관세와 무역에 관한 일반협정GATT이 합의되어 이후 몇 십 년간 그 아래에서 다자간 관세 인하 협상이 이루어진다. 이처럼 재세계화의 압력이 시작될 무렵에 이미 반대 조류가 있었고, 그중 가장 두드러진 사건이 ITO 대신 GATT가 들어선 것이었다. ITO 체제였다면 자동적인 관세 인하를 가져오고 어떤 나라든 어떤 산업 부문이든 어떤 계급이든 그 결과를 무조건 감수하라고 할 수 있었겠지만, GATT 체제에서는 GATT 협상 라운드가 완료되고 발효되기 전에 참여하는 모든 국가 내부에서 정치 동맹이 만들어질 필요가 있었다(GATT 협정에 참여하는 국가들이 자국의 다양한 정치적 이해관계자들 사이의 합의와 협력을 이끌어 내야 했다는 의미 —옮긴이).

그러한 정치 동맹들이 몇 차례 만들어졌다. 1947년에서 1994년까지 제네바(1947년에 완결), 안시Annecy(1949), 토르케이Torquay(1950~1951), 제네바 II(1956), 제네바 III(1962, 보통 딜런 라운드라고 불릴 때가 많다. 이를 제안한 더글라스 딜런C. Douglas Dillon은 처음에는 공화당 아이젠하워 대통령의 국무부 장관이었지만 이 협정이 조인될 때에는 민주당 케네디 대통령의 재무부 장관이었다), 케네디(기념)(1967), 도쿄(1979), 우루과이 라운드(1994) 등의 성과를 이루었다. 1990년대에 이르면 한 라운드의 협상에 거의 10년이 걸렸고, 라운드 사이에도 거의 10년이 지체되었다.

하지만 이런 것은 전체 이야기의 부분일 뿐이다. 1914년에서 1950년 사이에는 국내의 생산성 개선이 장거리 운송의 생산성 개선보다 앞서나갔다. 그러다 해상 운송에서의 혁명과 함께 둘의 속도가 역전되었고, 그중에서도 컨테이너화의 도래가 가장 중요했다.[3]

화물 컨테이너는 길이 6미터 또는 12미터, 높이 2.60미터 또는 3미터, 너비 2.4미터다. 5만 6,600리터의 화물 컨테이너에 29톤의 상품을 보관할 수 있으며, 이 상품들을 소매로 팔면 대략 50만 달러나 그 이상이 나가게 된다. 화물 컨테이너는 적절한 항구, 철도, 기관차, 무개화차, 화물 트레일러 트랙터, 도로가 갖춰진 곳이라면 거기가 어디든지 한 달 안에 운송될 수 있었다. 잘 파손되지 않고 부패하지 않는 상품이라면, 상품 소매가의 1% 상당의 비용으로 하역장을 갖춘 현대식 공장에서 세계 곳곳의 현대식 물류창고로 운송할 수 있었다. 1960년 이전에는 대부분의 상품의 해상 운송비가 소매가의 15%에 달하는 경우가 흔했다. 1950년대 샌프란시스코에는 80만 명이 거주했고, 그중 5만 명이 (최소한 시간제) 부두 노동자들이었다. 1980년에는 시간제 부두 노동자의 수가 1950년대의 5분의 1 이하로 줄었다.

내가 있는 캘리포니아 버클리의 남쪽 오클랜드 조금 아래 샌 리앤드로의 창고형 매장에서 내 가족이 독일산 세탁기를 구입했을 때, 세탁기를 매장에서 우리 집 지하실로 옮기는 데 드는 비용이 세탁기가 만들어진 독일 쇼른도르프Schorndorf의 공장에서 샌 리앤드로의 매장으로 운송하는 비용보다 여덟 배나 더 들었다.

그렇게 2차 대전 이후 영광의 30년 동안 재세계화가 진행됐다. 재세계화의 추진력은 대체로 정치경제적 측면에서 나왔으며, 특히 미국이 세계 시장에 대한 접근을 냉전의 중요한 무기로 쓰기 시작하면서 더욱 그러했다. 그러자 무역의 선순환이 시작됐다. 생산성이 증가하면서 재화에 대한 수요는 계속 올라갔으며, 또 생산 설비가 확장되는 것에 맞추어 수요도 팽창했다. 1975년이 되면 글로벌 경제활동에서 무역이 차지하는 비중은 기존 최고치인 1914년의 25%를 회복했다. 이는 평균적으로 한 지역에서 재화 및 서비스에 지출하는 액수의 약 8분의 1은 수입 재화 및 서비스에 지출되었고, 이는 곧 소득의 약 8분의 1이 재화 및 서비스의 수출에서 왔다는 것을 뜻했다.

이러한 선순환은 북방세계에서 가장 강력했다. 1800~1914년에 산업과 산업에 관련한 지식이 북방세계의 산업지구에 집중되었던 것이 중요했다. 새로운 아이디어는 기존 아이디어들의 더미 위에서 나올 수 있기 때문이다. 예전 북방세계의 산업화는 북방세계의 성장을 가속시켰는데, 남방세계의 탈산업화는 남방세계의 성장을 억제했다. 결국 새로운 아이디어들의 창출은 해당 지역에서 이미 활용되고 있는 아이디어 더미의 밀도와 규모에 달려 있다. 북방세계의 산업지구는 그리하여 성장을 밀고 나갈 수 있었다. 하지만 남방세계에서는 이런 식의 선순환 고리가 훨씬 덜 분명했다. 기억하자면, 예전의 세계화 물결이 이곳에서는 상대적으로 탈산업화를 가져왔다.

활기찬 제조업 지구도 없고 깊이 있고 밀도 있는 자체 엔지니어 커뮤니티도 없이, 남방세계는 어떻게 재세계화의 혜택을 얻을 수 있었을까? 유일한 방법은 세계 분업 구조에서 자신의 입지를 더욱 확고히 하는 것이었다. 이는 광물이나 열대 농산물과 같은 그들이 보유하고 있는 귀중한 자원을 활용하는 것을 의미했다. 이런 물품들의 상대가격은 지속적으로 하락했다. 그리하여 2차 대전 이후 재세계화가 벌어진 10년 동안 남방세계는 더 부유해졌지만 그 속도는 느렸고, 최소한 1990년까지는 북방세계와의 상대적인 소득 격차 또한 계속해서 벌어졌다.

2차 대전 이후의 첫 번째 세대에서는 '찡그린 곡선frown curve'(U자형의 스마일 곡선smile curve과 역逆U자형의 찡그린 곡선은 기업 활동을 일련의 가치사슬로 표현하고 가치사슬 각 단계의 부가가치 창출 능력을 설명하기 위한 개념이다. 스마일 곡선은 한 제품의 가장 부가가치가 높은 부분은 R&D나 설계와 같은 생산의 초기 단계에 있는 반면, 중간 단계인 제조 공정은 부가가치가 낮은 경향이 있음을 보여준다. 반대로 찡그린 곡선은 공정의 중간 부분이 가장 높은 가치를 창출하는 반면, 초기 및 최종 단계는 가치나 수익성에 기여하는 바가 적은 산업 또는 생산 단계를 나타낸다—옮긴이)을 통해 재세계화의 수혜자가 누구인지 간단히 이해할 수 있었다.

곡선 왼쪽의 출발점은 낮은 곳에 위치해 있다. 가령 원자재를 제공함으로써 만들어낼 수 있는 부가 거의 없어서인데, 탄력적인 공급과 비탄력적인 수요로 인해 농산물 등 1차 상품 생산자가 생산성을 높이기 위해 집단적으로 열심히 노력해도 생산성이 높아지면 판매가격을 낮추는 것 외에는 할 수 있는 일이 거의 없기 때문이다. 그리고 설계에서 얻을 수 있는 부 역시 많지 않은데, 경쟁자들이 이미 존재하거나 눈에 보이는 것을 빠르게 역설계 할 수 있기 때문이기도 하다. 하지만 높은 곳에 위치한 이 '찡그린 곡선'의 중간 부분에서는 많은 부를 얻을 수 있다. 북방세계 산업지구의 노하우와 목적의식know-what 은 20세기 중반과 후반의 엄청나게 효율적인 대량생산을 가져왔다. 찡그린 곡선이 다시 한번 내려가는 오른쪽 끝에서는 얻을 수 있는 부가 상대적으로 거의 없다. 마케팅과 유통 —상품을 개인의 특정한 필요에 맞추거나 돈을 지불할 가치가 있다고 개인들을 설득하는 행위 —역시 큰 부가 생겨나는 지점은 아니다.

정치경제와 컨테이너화를 통한 재세계화는 이 장에서 하려는 이야기의 3분의 1에 불과하다. 1980년대에는 세계 무역과 그 너머 멀리까지 강력한 영향을 미칠 또 다른 거대한 기술 변화가 일어나고 있었다. 바로 정보기술, 즉 상품이 아닌 비트bit, 물질적 대상이 아닌 정보를 운송하는 비용의 진정한 혁명이었다. 통신과 데이터 인터넷 —그리고 그 기반이 되는 거대한 해저 광케이블과 지하 광케이블, 내로우밴드 및 브로드밴드 송수신 장치, 인공위성 —을 통한 데이터와 통신망은 1990년대부터 다시 한번 세계를 바꿔놓았다.

*

나는 이 책에서 새로운 기술이 자연에 대한 인간의 집단적 역량을 어떻게 발전시켰는지, 새로운 기술이 어떻게 우리가 새로운 방식으로 우리 자신을 조직할 수 있게 했는지, 그리고 그 기술들은 무엇이고 무엇을 했는지에 대해서는 많이 쓰지 않았다. 나는 그저 그 기술들의 성장률에 대해서, 예를 들어 1870년 이후 아이디어가 연 2% 성장했다는 식으로 썼을 뿐이다. 그 기술들이 무엇이고 무엇을 했는지에 초점을 맞추었다면 정치경제학자보다 엔지니어의 식견을 더 필요로 하는 아주 다른 책이 되었을 것이다. 만약 그런 책을 능숙하게 쓸 수만 있다면 매우, 아마도 압도적으로 중요한 것들에 대한 대단한 책이 될 것이라고 서둘러 덧붙이고 싶다. 작고하신 나의 스승 데이비드 랜즈David Landes 의 《풀려난 프로메테우스The Unbound Prometheus》가 1750년에서 1965년까지의 유럽에 대하여 그러한 과업을 성취한 바 있으며, 여전히 고전으로 남아있다. 그리고 로버트 고든은 같은 맥락에서 1870년 이후의 미국을 다룬 새로운 고전 《미국의 성장은 끝났는가》를 집필한 바 있다.[4]

이제 이 책에서도 그 기술들의 특징을 무대 전면에 내세울 때라고 생각한다. 먼저 범용기술General Purpose Technologies, GPT 이라는 개념을 생각해 보자. 그 기술의 발전이 여러 분야에 걸쳐 파급되면서 전부는 아니더라도 거의 모든 것을 변화시키는 기술을 범용기술이라고 한다.[5] 19세기 초의 증기기관이 첫 번째 범용기술이었다. 19세기 중반의 초기 공작기계machine tools —재료를 어떻게 형상화할지에 대한 많은 기술적 지식을 설계와 구성에 구현한—가 두 번째였다. 그다음으로 1870년 이후 장거리 통신, 재료과학, 유기화학, 내연기관, 조립라인, 다음 세대 공작기계, 전기 등의 새로운 기술들이 꽃피면서 고든이 말한 기술 진보의 "하나의 큰 물결one big wave"을 형성한다. 고든에 따르면 이러한 기술 진보가 1870~1980년 시기에 북방세계를 완전히 바꾸어놓은 후 쇠퇴했다고 한다. 1950년대에 시작되어 1990년대에 임계치에 도달한 또 다른 범용기술이 있었으니, 바로 초소형 전자공학microelectronics이었다. 전자는 이제 전력을 공급하기 위해서가 아니라 계산을 돕고 증폭하기 위해서 그리고 통신하기 위해서 춤추게 되었다. 그리고 마이크로컨트롤러로서의 초소형 전자공학은 기계적으로 연결되고 배열된 멍청한 물질에 의존하는 것보다 성능이 훨씬 더 좋고 더 싸고 더 가벼운 재료의 구성을 가능하게 만들었다.[6]

보통의 모래의 석영을 예로 들어보자. 석영을 섭씨 1,700도(화씨 3,100도) 이상으로 가열해서 정제하고 액화시킨다. 탄소를 첨가해서 석영에서 산소 원자를 분리해 내면 순수한 액체 실리콘이 남는다. 실리콘을 식히고, 그것이 굳기 직전에 작은 시드 결정seed crystal을 떨어뜨린다. 그러고 나서 시드 결정과 그것에 달라붙어 있는 실리콘도 들어 올린다.

이 과정을 제대로 수행했다면, 단결정 실리콘 실린더가 생긴다. 이를 가늘고 얇게 절단하여 웨이퍼를 만든다. 이 순수한 실리콘 결정 웨이퍼는 전기를 전도하지 않는다. 왜? 실리콘 원자의 전자 14개 중 안쪽의 10개는 화학자들이 1s와 2sp 오비탈이라고 부르는 곳에 위치해 있으며, 원자핵에 강하게 붙들려 있기 때문에 전류가 될 수 없다('오비탈'은 잘못 붙인 이름이다. 전자가 실제로 '회전orbit'하지 않기 때문이다. 한 세기도 더 전에 닐스 보어Niels Bohr는 전자가 회전한다고 생각했지만 그의 생각은 옳지 않았다. 에르빈 슈뢰딩거Erwin Schrödinger가 그의 오류를 바로 잡았다). 가장 바깥쪽인 3sp 오비탈의 4개의 전자만이 에너지를 얻어 전류가 될 수 있다. 그러나 순수한 실리콘 결정에서는 이 4개의 전자가 자신의 원자핵과 네 개의 이웃한 원자의 핵 사이에 갇혀 있기 때문에 그렇게 될 수가 없다. 이 네 개의 전자들을 3sp 오비탈에서 끌어내 '전도대傳導帶'로 밀어낼 정도의 에너지를 가한다면 결정 자체를 붕괴시키게 되기 때문이다.

하지만 결정체 내의 실리콘 원자들 중 몇 개 ─1만 개당 1개면 충분하다─를 전자가 14개가 아니라 15개인 인p 원자로 바꾼다고 가정해 보자. 각각의 인 원자의 14개 전자는 실리콘 원자의 전자와 마찬가지로 행동한다. 즉 10개는 1s와 2sp 오비탈에 갇힌 채 원자핵에 묶여 있거나, 3sp 오비탈에 있는 바깥쪽 네 개는 자신의 원자핵과 인접한 네 개의 이웃 원자핵에 묶여 있다. 하지만 15번째 전자는 자리가 없다. 이 전자는 하나의 원자핵에만 느슨하게 묶여 있어 낮은 에너지를 가지고도 이동할 수 있다. 이 전자는 전기장의 작은 변화에도 반응하여 움직일 수 있다. 그래서 인을 도핑doping (불순물을 첨가하는 과정 ─옮긴이)한 실리콘 결정의 영역은 전기가 흐르는 도체가 된다. 만약 그 15번째 전자를 다른 곳으로 끌어내는 작업을 하면, 그 영역은 다시 결정의 나머지 부분처럼 비전도성 절연체가 된다. 실리콘 결정체의 도핑된 영역은 천장 조명을 제어하는 벽의 온오프 스위치와 같다. 극소량의 전류와 전자기압을 가하거나 제거함으로써 우리는 원하는 대로 이 스위치를 켜고 끌 수 있으며, 원하는 대로 전류를 흐르거나 흐르지 않게 할 수 있다.

현재 대만 반도체 제조회사 TSMC의 공장에서는 (네덜란드 ASML과 실리콘 밸리의 어플라이드 머티어리얼즈에서) 구입하여 설치하고 프로그래밍한 장비들이 전류 및 제어 경로가 연결된 그런 130억 개의 솔리드스테이트 스위치 ─트랜지스터─를 가로 세로 각 0.4인치 정도의 실리콘 '칩'이 될 한 장의 웨이퍼 위에 새기고 있다. TSMC의 마케팅 자료에 따르면 이렇게 새겨진 가장 작은 피처features —미세한 구조나 패턴 —는 실리콘 원자 25개 정도의 넓이에 불과하다. 모래에서 만들어낸 결정체의 이 작은 칩을 이루는 130억 개의 스위치들이 제대로 새겨진 후 초당 32억 번 정확하게 동기를 맞춰 켜지고 꺼져야 하는 검사를 통과하면, 그 칩은 내가 지금 입력하고 있는 키보드에 연결된 것과 같은 컴퓨터의 중심부에 탑재된다. 그 칩은 우리가 **트랜지스터**라고 부르는 도핑된 실리콘 결정체의 미세한 스위치들로 이루어진 초대규모 집적회로very large-scale integration, VLSI인 애플 M1 마이크로프로세서가 될 것이다.

월리엄 쇼클리William Shockley, 존 바딘John Bardeen, 월터 브래튼Walter Brattain은 1947년 벨 연구소에서 최초의 트랜지스터를 개발했다. 강대원(벨 연구소 소속이던 1960년 세계를 뒤흔든 발표를 한다. 반도체 소자의 집적도를 높이고 소비전력을 훨씬 줄이는 모스펫 기술을 세계 최초로 구현한 것이었다 —옮긴이)과 모하메드 아탈라Mohamed Atalla는 최초의 금속-산화층 반도체 전계효과MOSFET 트랜지스터를 만든 공로를 인정받는다. 페어차일드 반도체의 로버트 노이스Robert Noyce와 진 호에르니Jean Hoerni의 아이디어를 바탕으로 제이 라스트Jay Last의 개발팀은 둘 이상의 트랜지스터로 구성된 최초의 트랜지스터 집적회로를 만들었다. 1964년 제너럴 마이크로일렉트로닉스는 120개의 트랜지스터로 이루어진 집적회로를 만들어 판매했다. 이전의 진공관 전자 스위칭 소자는 길이가 4인치, 즉 100밀리미터였다. 1964년의 트랜지스터는 25분의 1인치, 즉 1밀리미터 간격으로 밀집되었다. 즉 100배 더 작아졌고, 같은 공간에 1만 배 더 많은 연산 능력을 담을 수 있었으며, 전력 소비는 훨씬 더 적었다.

1965년 당시 페어차일드 반도체에서 일하던 고든 무어Gordon Moore는 1958년 이후 7년 동안 첨단 집적회로에 사용되는 트랜지스터의 개수가 1개에서 100개로 증가했음을 관찰했다. 그는 불과 10년 뒤인 1975년에는 100평방밀리미터 크기의 칩에 6만 5,000개의 트랜지스터가 들어갈 것이라고 전망하면서, "부품이 욱여넣어진 칩"의 미래를 기대할 수 있다는 대담한 예측을 내놓았다. 그렇게 되면 "사회 전반에 걸쳐 전자공학 기술을 보다 일반적으로 사용할 수 있게 되어, 현재 다른 기술로는 불충분하거나 전혀 할 수 없는 많은 기능을 실행할 수 있을 것"이라고 그는 말했다. 그는 "가정용 컴퓨터, 혹은 적어도 중앙의 컴퓨터와 연결된 단말기, 자동차의 자동제어, 개인 휴대용 통신"을 예측했다. 그는 채널을 분리하기 위해 집적회로를 사용하는 다중화multiplex 장비(다중화는 여러 신호를 하나의 통로로 통합하여 효율적으로 전송하는 기술로, 통신이나 데이터 처리에 사용된다. 한국에서 이동통신 초기에 사용한 기술이 코드분할다중화CDMA였다—옮긴이)가 나타날 것이며, 전화 네트워크와 데이터 처리 기술이 발전할 것으로 예측했다. 그는 "컴퓨터는 더 강력해질 것이며, 완전히 다른 방식으로 구성될 것"이라고 결론 내렸다.[7]

1971년까지 집적회로 반도체 제조업체들은 공정기술과 공정 절차를 개선하여 결정체 위에 패턴을 새기는 더 미세한 공정이 가능해졌다. 최초의 마이크로프로세서인 인텔 4004는 2만 개의 트랜지스터를 1평방밀리미터에 집적했는데, 피처는 200마이크론, 즉 2억분의 1미터였다. 2016년에는 피처와 간격을 합한 크기가 200나노미터, 즉 2,000억분의 1미터까지 내려갔다(그리고 2021년에는 그 간격이 절반 이상으로 줄어서 불과 90나노미터—실리콘 원자 450개의 폭—가 되었다). 1979년에는 1MIPS(초당 100만 개 명령어의 줄임말로, 프로세서 연산 속도의 단위로 쓰인다—옮긴이)를 실행하려면 1와트의 전력이 필요했는데, 2015년에는 1와트로 100만 MIPS 이상을 구동할 수 있게 되었다. 부품이 작아지면서 속도는 더 빨라졌다. 피처의 사이즈를 절반으로 줄이면 두 배만큼 속도를 높일 수 있다. 1986년 이전에는 마이크로프로세서의 속도가 7년마다 네 배가 되었다. 그 다음 명령어 세트가 단순해진 프로세서(RISC ─옮긴이)가 출현하면서 이후 17년 동안 속도가 네 배 빨라지는 데 7년이 아니라 3년이 걸렸다. 2003년 이후에는 네 배 빨라지는 데 걸리는 시간이 다시 7년으로 돌아왔고, 2013년이 되면 속도 개선이 벽에 부딪히게 된다.

그러나 무어의 법칙Moore's Law보다는 느린 속도이지만, 점점 더 작은 트랜지스터를 VLSI 칩에 집적하는 것은 딥매직Deep Magic이라고 부를 수밖에 없는 과정을 통해 계속되었다. 나는 ASML의 노광장비인 TWINSCAN NXE:3400C는 파장이 13.5나노미터인 극자외선 광원을 사용한다는 글을 읽으면서 이렇게 생각한다. '저 기계는 레이저로 300밀리미터(12인치) 웨이퍼의 실리콘 결정에 2,000만 개의 선을 정렬하고 새기면서 그 선 중 어느 하나도 사람 머리카락 굵기의 3만분의 1만큼의 오차도 없이 위치를 맞추고 있어.' 그리고 마이크로프로세서 하나당 가변비용이 불과 50달러인데, 어떻게 이 작업이 규칙적이고 안정적으로 이루어질 수 있는지 도무지 이해할 수가 없다.[8]

혁신 경제의 핵심 기업이었던 마이크로프로세서 설계 및 제조업체 인텔은 정보기술 혁명이 가장 빠르게 이루어지던 당시, 한편으로는 프로세서의 아키텍처를 개선하여 프로그램을 더 빠르게 실행할 수 있도록 하고, 다른 편으로는 공정기술의 해상도 ─정밀도─를 높여서 피처의 크기와 전체 칩 크기를 작게 만들 수 있도록 분주하게 움직였다. 그렇게 3년 이내에 전체 사이클을 완성했다.

프로세서의 속도가 2년마다 두 배로 빨라지고 정보기술 부문이 이를 최대한 활용하면서 1995년 이후 경제 전반의 생산성 상승률은 다시 상승—2차 대전 직후의 황금기에 거의 맞먹는 수준으로—했고, 2007년 말에 대침체가 오기까지 계속됐다. 이렇게 창출된 부는 획기적으로 저렴한 가격에 학습하고 소통하고 즐길 수 있는 놀라운 능력을 확보한 사용자들, 실리콘밸리 기술 업계의 왕자들과 그들을 도운 사람들 사이에 넓게 확산되었다. 경제적 혼란, 즉 패자도 생겨났다. 1960년 미국에는 50만 명의 여성이 전화회사의 교환대나 안내 데스크에서 일했다. 오늘날 그 수는 2,000명이 되지 않는다. 그러나 대부분의 경우 그리고 국내적 수준에서, 임계치에 도달한 정보기술은 직업 자체를 파괴하기보다는 직업을 구성하는 업무를 변화시켰다.

정보기술이 경제 전반에 확산되면서 노동의 성격도 바뀌었다. 동아프리카 평원 유인원이었던 우리 인류는 오랫동안 무거운 물건을 옮길 수 있는 강한 등과 허벅지, 섬세한 작업을 할 수 있는 정교한 손가락, 의사소통을 위한 입과 귀, 생각하고 상징을 조작할 수 있는 두뇌를 가지고 있었다. 말을 길들이기 시작하고 증기기관으로까지 나아가면서 1870년까지 인간 노동에서 등과 허벅지의 역할이 크게 줄었지만, 여전히 섬세한 조작에는 필요했다. 전기와 전기를 사용하는 기계들이 도입되면서 인간의 손가락 또한 기계로 대체되기 시작했지만, 여전히 복잡한 설계 작업, 브레인스토밍, 일상적인 회계와 정보 생산 및 유통 등 두뇌, 입, 귀로 해야 하는 엄청나게 많은 작업이 남아있었다. 모든 기계는 마이크로컨트롤러를 필요로 했고, 인간 두뇌는 그중 가장 우수한 컨트롤러였다. 그래서 지금까지 기술은 노동을 대체하기보다는 보완해 왔다. 더 많은 기계와 더 많은 정보기술은 인간을 더 가치 있고 생산적인 존재로 만들었다. 그 반대가 아니라. 하지만 많은 사람에게 새로운 노동은 높은 지위의 장인 기술자가 할 법한 일이라기보다는 고객이나 점점 더 자율적으로 보이는 기계 자체의 하인에게 요구되는 일처럼 보였다.

국제적인 차원에서 보면, 1990년대에 정보기술이 임계치에 도달했을 때 정보기술과 재세계화는 초세계화로 전환되었다.[9]

국제경제학자 리처드 볼드윈은 그가 '두 번째 분리the second unbundling'라고 부른 기업 내부의 의사소통의 흐름에 주목했다. 인터넷의 등장으로 기업의 복잡한 업무들이 지리적으로 집중되어 있을 필요가 없어졌다. 내가 필요로 하는 것과 공급업체의 물건이 다르다고 해서 더 이상 그들의 사무실이나 공장으로 걸어서 또는 차를 몰고 갈 필요가 없어졌다. 우선 1980년대에는 그림을 그려서 팩스로 보낼 수 있었다. 1990년대에는 이메일을 보낼 수 있었다. 2000년대 후반이 되면 전 세계로 수메가바이트MB의 데이터 파일을 보낼 수 있게 되었다.

종이 위에 쓴 글이나 컴퓨터 화면의 글과 그림으로 충분치 않다면? 1990년 이후에는 점차 밤새 대양을 가로지르는 직행 제트기를 탈 수 있게 되었다. 코로나19가 확산되기 몇 달 전, 애플은 샌프란시스코와 중국을 오가는 일등석 자리를 하루에 50개씩 보유했다고 한다. 분업의 한계가 지식 소통의 문제라기보다 서로 얼굴을 맞대고 눈을 마주보며 신뢰를 쌓는 면대면 접촉의 문제인 경우에는 대양 횡단 비행기가 효과적이었다.

이렇게 해서 1800년 이래 갈수록 북방세계에 집중되었던 제조업이 1990년 이후 엄청난 속도로 전 세계로 퍼지기 시작했다. 단지 더 좋아진 수준을 넘어 혁명적으로 발전한 통신 기술 덕분에 지역적으로 집중되어 있던 기업들이 세계를 아우르는 가치사슬로 확장될 수 있었다. 1세기 동안의 경제적 분기가 북방세계와 남방세계 사이에 만들어낸 엄청난 임금 격차는 이 모든 것을 수익이 날 수 있게 만들었다. 한 세대 만에 생산이 전 지구를 아우르는 가치사슬 네트워크로 확산되면서 글로벌 제조업의 상당 부분이 하이테크와 저임금을 동시에 갖추게 되었다.

볼드윈의 말대로 1990년 이후 글로벌 생산의 논리는 갈수록 중간은 낮고 양쪽 끝은 올라간 '스마일 곡선'(U자형)의 모습을 띠었다. 앞 단계에서는 원자재와 자원, 그리고 더욱 중요하게는 **산업 설계 industrial design**를 제공하여 큰 가치가 창출되었다. 중간의 점차 일상화되는 제조와 조립 과정에서는 별다른 가치가 추가되지 않았다. 그리고 마지막에는 생산능력이 확장되어 다양한 유형과 품질의 상품이 나오기 때문에 소비자들이 원할 수 있는 정보(및 잘못된 정보)를 제공하는 것이 중요해졌고, 결국 마케팅, 브랜딩, 유통을 통해 큰 가치가 추가되었다. 이 모든 것은 다시 한번 (제각기 다른 무늬가 새겨진 사각형 조각들이 짜깁기된) 퀼트 이불과 같았다. 특정 장소들에서는 아주 좋은 일들이 일어났다. 문화, 정치적 지향, 태도가 비슷한 다른 장소들은 뒤처졌고, 그때까지 전 세계 분업 구조에서 비교적 고부가가치 고소득의 틈새를 노리던 산업들이 짐을 싸서 떠나거나, 아예 오지를 않았다.

내가 앞에서 이 '두 번째 분리' 과정에서 제조업이 남방세계로 이전했다고 말했지만, 그것은 정확한 이야기는 아니다. 글로벌 첨단 제조업은 한국으로 갔고, 이제 한국은 일본, 대만과 함께 북방세계의 정회원이 되었다. 제조업은 무엇보다도 중국의 일부 지역들, 특히 주강 삼각주의 거대 도시들(광저우, 홍콩, 선전 등—옮긴이), 상하이, 베이징으로, 그다음으로는 해안 지대로 이동했다(내륙으로는 가지 않았다). 인도로도 이동했는데, 압도적으로 마하라슈트라와 카르나타카에 집중되었고 우타르프라데시로는 가지 않았다. 또한 인도네시아, 태국, 말레이시아로도 갔으며 지금은 베트남으로 가고 있다. 제조업 강국인 독일의 바로 옆 폴란드로도 갔다. 독일 기업들은 가치사슬을 확장하여 바로 인근의 저임금 노동을 활용함으로써 엄청난 이득을 얻었다. 멕시코로도 갔지만, 1990년대 초 북미자유무역협정NAFTA에 큰 기대를 걸었던 사람들의 예상에는 미치지 못했다. 그밖에 또 있는가? 대체로 지금 말한 지역들이 전부이다. 퀼트 이불처럼 편차가 극심한 것이다. 글로벌 가치사슬 생산 네트워크에서 중요한 위치를 차지할 기회를 얻은 곳은 남방세계의 몇 안 되는 지역뿐이었다. 기업들은 현지의 생산자들을 자신의 가치사슬 네트워크에 끌어들여야 했다. 그리고 지식은 인터넷을 통해 널리 전파될 수 있지만, 신뢰는 여전히 대면 상호작용을 필요로 한다. 결국 대양 횡단 직항 제트기와 국제적 호텔 체인이 이 '두 번째 분리'의 핵심 고리였을 수도 있다.

누가 얼마나 이익을 볼 수 있을지를 둘러싼 지속적인 경쟁은 전 세계에 막대한 이득을 가져왔다. 1870년에는 세계 인구의 80% 이상이 하루 2달러 미만으로 생활했다. 이 비율은 1914년에는 72%, 1950년에는 64%, 1984년에는 40%로 줄어든다. 2010년에는 이 비율이 9%로 감소했는데, 이는 대부분 초세계화에서 비롯된 파급효과 때문이었다.

하지만 세계 인구의 절반은 여전히 6달러 이하의 소득으로 하루를 살았다. "세계는 평평하다"는 말은 사실이 아니었다. 컨테이너,

운송 차량, 지게차 등의 인프라가 없는 곳에 있는 사람들은 웨스트 팔리아의 공장에서 최고급 독일제 세탁기를 미국 캘리포니아 창고로 단돈 1파운드에 운반하는 글로벌 무역 시스템으로부터 여전히 멀리 떨어져 있는 셈이었다. 전기가 불안정해서 트럭 트랙터에 디젤을 급유하기 위한 펌프를 가동할 수 없다면, 생산량이 56.6세제곱미터의 공간을 채우기에는 너무 작다면, 도로 정비에 쓸 돈을 누군가 횡령했다면, 사법 시스템이 엉망이어서 외부인의 재산권이 안정적으로 보장되지 않는다면, 노동자들이 무엇을 생산할 수 있는지 아무도 아직 발견하지 못했다면, 기업가들이 정치적 연줄에 의존하지 않고서는 큰 규모의at container-scale 조직을 구축할 수 없다면, 그 글로벌 무역 네트워크에 연결되어 있지 않은 셈이다. 글로벌 무역 네트워크와 연결된다는 것은 엄청난 기회를 의미하지만, 이를 위해서는 모든 것 혹은 거의 모든 것 ―인프라, 규모, 공공 행정, 거버넌스, 생산 능력에 대한 인정 ―이 제대로 작동해야 한다. 그리고 어떤 지역이 전면적으로 초세계화에 참여하려면, 글로벌하게 분산된 가치사슬을 기업이 조율하고 통합하기 위해 국제 항공 연결과 호텔을 필요로 한다.

2010년이 되면 전 세계적으로 보급된 기술 역량은 1870년에 비해 20배 이상이 되었고, 1975년과 비교해도 2배 이상으로 늘어났다. 그렇다, 인구 폭발이 계속되었지만 ―세계 인구는 2050년 이후 90억에서 100억 명 사이에서 안정적으로 유지될 수 있는 궤도에 올라섰다 ―많은 지역에서 인구 증가를 늦추는 힘은 아직 눈에 띄지 않았다. 그렇다, 인구 폭발은 곧 자원이 희소하다는 의미이기 때문에 평균 생산성은 1870년에 비해 20배가 아닌 9배였다. 그렇다, 창조에는 많은 창조적 파괴가 수반되었고, 많은 사람들이 시장이

자기 것을 빼앗아갔다고 혹은 어떤 이들에게는 지나치게 많이 보상하는 반면 자신에게는 정당한 몫을 주지 않는다고 느꼈다.

*

마지막이지만 아주 중요한 내용이 있다. 초세계화란 남방세계 일부 지역에서 제조업 생산이 이루어졌다는 것과 동시에 북방세계로부터 상당한 규모의 제조업 생산이 빠져나갔다는 것을 의미했다. 그렇다고 해서 북방세계의 제조업 생산이 줄어들지는 않았다. 총생산량이 늘어났기 때문에 세계 총생산 중 비중은 작아졌지만 절대적인 양은 더 커졌다. 다만 북방세계의 제조업 일자리 비중이 줄었다는 데에 문제가 있었는데, 처음에는 줄어드는 속도가 비교적 느렸지만, 20세기 말이 가까워지면서 급격하게 줄어들었다.

1970년 이후의 몇 십 년 동안, 북방세계에서 줄어든 일자리는 주로 소위 저숙련 일자리였다. 그와 함께 상대적 저숙련lesser-skilled 노동자―대학 교육을 받지 않은 사람들로 주로 측정된다―에 대한 전반적인 수요 역시 줄어들었다. 이러한 수요 감소는 북방세계 지역마다 다르게 나타났다. 서유럽에서는 실업률 증가(특히 남성들)로 나타났고, 미국에서는 상대적 저숙련 노동자들의 실질임금 저하―이번에도 특히 남성들―로 나타났다.

이러한 변화에 대해 좌파와 우파 모두 초세계화, 특히 개발도상국으로부터의 수입 증가가 주요 원인이라고 주장하며 대응했다. 하지만 이 주장은 사실일 수가 없었다. 예를 들어 수입으로 인해 미국인들이 좋은 일자리를 잃고 있다는 주장이 처음 영향력을 얻기 시작한 1970년에서 1990년까지의 미국을 보자. 이 20년 사이 수입은 GDP의 6%에서 12%로 두 배 증가했다. 하지만 미국의 수입품들을 만드는 나라들의 상대적인 임금은 평균적으로 미국의 60%에서 80% 수준으로 올라갔다. 따라서 미국의 노동시장에 가해진 압력은 수입 비중의 증가에 따른 부정적 효과와 수입품을 만드는 나라의 임금 격차가 줄어든 데 따른 효과가 상쇄되어 비슷하게 유지되었다.

물론 개별 지역에 따라서는 다른 지역과의 경쟁 때문에 일자리가 크게 줄어든 곳들이 있었다. 하지만 이는 1870년 이후 아니 그 이전에도 항상 그랬던 바였다. 즉 이는 성장하는 시장경제에서 창조적 파괴가 작동한 결과였다. '가져가신 분도 시장이시니' 쪽으로 걸려든 불운한 이들은 이러한 불안정성을 자신들의 폴라니적 권리의 침해라고 간주했다. 하지만 잃는 이들이 있으면 얻는 이들도 있는 법이며, (최소한 1980년 이전에는) 북방세계에서 이 문제가 두드러진 계급적 대립으로 번지는 일은 벌어지지 않았다.

20세기 초 뉴잉글랜드에서 태어난 나의 할아버지인 윌리엄 월콧 로드William Walcott Lord의 이력을 예로 들어보자. 그는 형제들과 함께 매사추세츠 브록턴에서 운영하던 로드 브라더스 피혁회사Lord Brothers Leather Company가 대공황 기간이던 1933년 파산 위기에 몰리자, 임금이 더 싼 메인주의 사우스 패리스South Paris로 회사를 옮겼다. 브록턴의 노동자들은 일자리를 잃었고, 뉴잉글랜드 남부 전역에서 임금이 비교적 높은 블루칼라 일자리가 거의 사라진 상황이었으므로 새로운 일자리를 찾을 전망도 거의 없었다. 하지만 총계 수준의 통계로 보자면, 이들의 손실은 사우스 패리스 농업 노동자들의 횡재로 상쇄되었다. 이들은 뼈가 빠지도록 일하며 겨우 생존을 유지할 수 있는 정도를 벌었던 농업노동에서 벗어나 안정적으로 보이는 구두공장 일자리를 얻어 소득이 올라갔던 것이다(하지만 캐롤라이나 지역과의 경쟁이 심화되고 2차 대전으로 인한 특수도 끝나면서 1946년에는 구두 공장이 수지가 맞지 않게 되었다).

우리는 2차 대전 이후의 시기가 상대적으로 안정적이었다고 생각하기 쉽지만, 사실 많은 수의 제조업 및 건설업 일자리가 이런 방식으로 요동치고 있었다. 즉 없어지는 것은 아니지만, 무더기로 한 지역에서 다른 지역으로 이동하는 식이었다. 1943년에는 미국 비농업 노동인구의 38%가 제조업에 종사했는데, 이는 당시 전쟁으로 인해 폭탄과 탱크에 대한 수요가 높았기 때문이었다. 전쟁이 끝나자 그 숫자는 약 30%로 줄어들었다. 만약 미국이 전후에 독일이나 일본과 같이 정상적인 산업 강국이었다면, 1950년부터 1990년까지 기술 혁신을 통해 그 수치가 17%까지 계속 내려갔을 것이다. 하지만 레이건이 대규모 재정 적자를 발생시켰고 미국이 저축보다 투자가 많은 나라로 전환되며 이 수치는 더욱 떨어져 1990년에 13%가 되었다.

그 후 장기 20세기의 마지막 기간인 1990년에서 2010년 사이에 비非석유 제품을 미국에 수출하는 나라의 상대 임금이 급격히 떨어졌다. 이는 주로 중국으로 인한 변화였는데, 중국은 임금을 매우 낮게 유지하면서 미국 제조업 수입의 점점 더 큰 부분을 차지해 나갔다. 하지만 그렇다고 해서 미국의 제조업 일자리 감소의 속도가 더 빨라진 것은 아니었다. 그리고 블루칼라 남성에게 적합하다고 간주되는 일자리 ―제조, 건설, 유통, 운송―의 비중은 안정적으로 유지되었다. 미국 소비자들은 중국제 공산품을 구매했고, 오하이오 데이턴에 있던 조립라인 일자리는 중국 선전으로 옮겨갔다. 하지만 그 물건을 미국 롱비치로부터 최종 목적지까지 운반하는 유통업 일자리는 여전히 미국에 있었다. 또한 중국 제조업자들이 벌어들인 달러는 중국의 금융 시스템을 통해 다시 미국에 투자되었고, 그 돈은 주택 건설로 투입되었다. 블루칼라 조립라인 일자리는 상대적 숫자로는 줄어들었다. 하지만 블루칼라 유통 일자리와 건설 일자리는 상대적 숫자로 보면 늘어났다.

한편 제조업 생산성이 급속하게 증가하고 거시경제 관리가 무능했던 탓에 블루칼라 일자리 몫은 더욱 줄어들었다. 초세계화의 중요한 효과는 블루칼라 일자리의 감소를 야기한 것이 아니라, 한 종류의 블루칼라 일자리는 줄이고 다른 종류의 블루칼라 일자리는 늘린 것이었다(조립라인 생산에서 트럭 운전과 화물 유통 그리고 한동안 건설 일자리로). 하지만 세계의 가장 부유한 나라들에서 블루칼라 노동자들의 경제적 곤란을 불러온 가장 중요한 원인으로 거론된 것은 초세계화였다.

어째서일까?

하버드 대학교의 경제학자 대니 로드릭Dani Rodrik은 무역 장벽이 낮아짐에 따라 늘어난 무역이 주는 편익은 감소한다는 사실을 관찰했다. 즉 무역에 참여하는 이들에게 돌아오는 보상은 계속 줄어들며, 이를 만회하기 위해서는 갈수록 더 많은 양의 무역이 이루어져야 한다는 것이다. 그리하여 순 이득에 비하여 무역량은 아주 커진다. 그리고 일자리가 빠른 속도로 변동됨에 따라, 대체되지는 않아도 여전히 더 많은 수의 사람들이 변동의 영향을 받게 된다. 그러니 이들이 자기들이 처한 곤경의 원인을 세계화에 돌리는 이유를 쉽게 알 수 있다. 뿐만 아니라 일부 인구 집단은 특히 그 영향에 취약했다. 미국의 고용 구조가 제조업 조립라인에서 건설, 서비스, 돌봄 산업 등으로 전환된 것은 전반적인 소득분배에 거의 영향을 미치지 않았다. 하지만 성별에 따른 분배에는 큰 영향을 미쳤다. 없어진 일자리는 압도적으로 남성 일자리였고, 새로 생겨나는 일자리는 남성 일자리가 아니었다. 더욱이 그 없어지는 일자리들 — 무역, 기술, 지역적 이동 또는 기타 이유에 의한 것들 — 이 과거에는 교육을 많이 받지 못한 사람들이 상향 이동할 수 있는 좋은 경로였거나, 특히 흑인과 같은 소수 인종들을 인종 분리 정책을 통해 배제한 경로였기도 했다. 그러니 자신의 일자리가 사라지거나 혹은 이전 세대들이 상향 이동을 위해 사용했던 경로가 사라지는 것을 본 집단들로서는, 세계화야말로 그들의 불운을 입증할 수 있는 유력한 설명이라고 생각하게 된 것이다.[10]

게다가 마침 미국과 여타 선진 산업국들이 완전고용을 달성하기 어려웠던 시기에 중국 경제가 부상하고 있었다. 성공적인 경제의 재조정은 파산으로 인해 노동과 자본을 낮은 생산성과 낮은 수요의 산업에서 끌어낼 때가 아니라, 호황이 노동과 자본을 높은 생산성과 높은 수요의 산업으로 끌어들일 때 발생한다. '차이나 쇼크'가 가뜩이나 흔들리고 있던 경제에 타격을 입혔으니, 충격이 상당히 파괴적이었을 가능성이 컸다.

주요 선진 산업국의 노동자들을 빈곤하게 만든 것이 초세계화가 아니라면 대체 무엇이 원인이었을까? 이 질문은 1차 대전 이전 '아름다운 시절'로 거슬러 올라가 생각함으로써 명확해질 수 있다. 1차 대전 이전의 영국에서는 독일 및 미국 생산자들과의 경쟁이 격화되면서, 세계 수출에서 차지하는 몫이 감소하는 산업이 줄지어 나타났다. 일리노이에서 밀을 경작하던 내 증조부의 경우, 밀 가격이 유럽의 곡물 수요에 따라 결정되었기 때문에 자신이 통합된 경제의 일부라는 사실을 당연하게 받아들였을 것이다.

그렇다면 그때와 지금의 차이는 무엇인가? 오늘날은 금융의 흐름이 더 강하거나 더 중요할까? 아마도 아닐 것이다. 무역이 더 강하고 더 중요할까? 아마도. 세계 총생산 중 무역의 비중이 조금 더 커졌으니까. 하지만 세계 총생산 중 무역 상품에 체현된 순 생산요소 내용물이 차지하는 비중은 오히려 줄어든 것으로 보인다. 이것이야말로 무역이 미숙련 노동자들의 임금 등에 어떤 영향을 미치는지에 있어서 가장 중요한 문제라고 볼 수 있다. 무역은 그저 교환 swapping 이다. 이전에는 국내에서 생산했던 것을 이제는 수입하고, 다른 것을 생산하여 그 대금을 지불한다. 무역이 임금에 영향을 주는 것은, 그렇게 '이전에는 국내에서 생산했던 것'에서 '다른 것'으로 전환하는 과정에서 다른 종류의 노동자들 사이에 기술과 숙련도에 따라 수요와 공급의 균형이 바뀌게 되기 때문이다. 하지만 '이전에는… 것'을 생산하던 노동자들이 이제 그 '다른 것'을 생산하게 된 노동자들과 기술과 숙련도가 동일하다면, 이 또한 평균 임금에 큰 영향을 미치는 요인이라고 볼 수가 없다.

그렇다면 노동의 국제적 이동이라는 요인이 더 중요하게 된 것이었을까? 이는 확실히 아니다. 1850년에서 1920년 사이에는 세계 인구의 10명당 1명이 한 대륙에서 다른 대륙으로 이주했었다. 2차 대전 이후나 1973년 이후는 물론이고 심지어 1990년 이후에도 세계 인구 중 이러한 이주의 비중은 그 당시에 비해 훨씬 더 작다.

그렇다면 무엇이 달라졌을까? 어째서 장기 20세기의 끝 무렵에 '세계화'가 (투우에서처럼) 그토록 강력한 분노를 유발하는 붉은 망토가 되었을까?

내가 제일 그럴듯하다고 생각하는 답이 하나 있다. '아름다운 시절' 이전에는 국경을 넘어 운반할 수 있는 것이 대략 상품과 유가증권으로 제한되어 있었다는 점이다. 상자나 봉투에 담아 (혹은 전신선을 통해) 바다 너머로 보낼 수 있는 경우에만 이동시킬 수 있었다. 국경을 넘나드는 연결과 조율이 더 많이 필요한 국제 거래는 실행하기가 아주 어려웠다. 포드 자동차가 1차 대전 직후 조립라인의 생산성을 영국으로 이전하려던 시도, 랭커셔에서 제조된 섬유 기계를 인도나 중국의 공장으로 보내 생산성을 높여보려고 했던 영국과 일본의 시도, 혹은 자신들이 채권debenture과 주식을 구매한 이리 철도회사로부터 이자와 배당을 뽑아내려던 영국 투자자들 — 제이 굴드Jay Gould가 뉴욕 법원을 얼마나 쉽게 매수할 수 있는지 상상조차 하지 못했다 — 들의 필사적인 시도는 모두 실패했다. 상품과 지불은 국경을 넘어 이루어졌다. 하지만 통제는 각국의 국경 내에서 자국민이 행사했다(단순한 상품 거래를 넘어서는 기술 이전이나 투자 등의 국제 거래에서는 법률, 제도, 관행 등의 여러 측면에서 국제적 협력과 조정을 필요로 했다는 의미다 — 옮긴이).

하지만 초세계화 시대에는 국경을 넘나드는 연결의 폭, 특히 다른 나라 사람들이 내 나라에서 일어나는 일을 통제하는 범위가 크게 늘어났다. 과거에는 국경을 넘어 다른 나라의 기업을 효과적으로 통제할 수 없었다. 이제는 가능하다. 과거에는 조직 형태를 이전하여 본국에서의 생산성 수준을 외국에서의 생산 활동을 통해 달성할 수 없었다. 이제는 가능하다. 과거에는 한 나라에서 설계하고 다른 나라에서 생산하는 식으로 기업 활동을 통합할 수 없었다. 이제는 가능하다. 이러한 환경에서는 초국적 혹은 다국적 기업이 비난을 뒤집어쓰기에 좋은 후보가 될 것이다.

그리고 2007년 이후 대침체가 찾아오면서, 그런 비난을 받을 후보를 찾으려는 수요가 엄청나게 늘어났다.

17장. 대침체와 빈약한 회복

2007년 봄, 최소한 미국에서는 현명한 이들조차도 미국 예외주의 —사실 북대서양 지배—의 장기 20세기가 이미 끝나가고 있다는 사실을 아직 깨닫지 못하고 있었다.

혁신 경제의 심장이라 할 마이크로프로세서 설계 및 제조업체 인텔은 핵심 기술인 마이크로프로세서의 속도와 연산 능력을 3년마다 두 배로 높이며 여전히 바쁘게 돌아갔고, 정보기술 부문은 그러한 발전을 최대한 활용하고 있었다. 이전 10년 동안 경제 전반의 생산성 상승률은 2차 대전 이후의 황금시대의 수준에 근접했다.[1] 큰 혼란을 야기할 정도로 높은 인플레이션이나 심각한 경기침체는 25년 동안 자취를 감추었다. 경기변동의 '대안정기the Great Moderation'였던 셈이다.[2] 게다가 신자유주의적 전환은 남방세계에도 혜택을 준 것으로 보였다. 남방세계는 어느 때보다도 빠르게 성장했다.

물론 한 세대에 걸쳐 소득과 부의 불평등이 급속히 증가했다. 하지만 유권자들은 별로 개의치 않는 듯했다. 부유층에게 대부분의 혜택이 돌아가는 감세 정책은 철회되는 경우보다 새로 제정되는 경우가 더 많았다. 중도좌파 정당들은 선거에서 경쟁력을 가지려면 우파에게 양보하는 수밖에 없다고 믿었다. 우파 정당들은 대체로 좌파에게 양보해야 한다고 느끼지 않았다. 신자유주의적 전환에 대한 불만이 있긴 했지만, 신자유주의적 요소들을 완화하거나 완전히 되돌리고자 하는 정당들이 다수 유권자의 견고하고 지속적인 지지를 받는 경우는 없었다. 북대서양의 중도좌파 정당들은 여전히 갈등 상태였다. 아이디어로나 이해관계로나 좌파 신자유주의가 성공할 수 있고, 사민주의적 목적을 달성하기 위해 시장 메커니즘을 활용할 수 있으며, 경제성장을 다시 활성화시켜 2차 도금시대의 도래를 되돌리기 위한 정치적 노력을 할 수 있을 것이라는 사이렌의 노래를 부르는 사람들이 있었다.

현명한 사람이라면 더 잘 생각했어야 했다. 중도좌파를 떠받쳐온 구조물이 맨 아래쪽 지지대부터 부서져 나간 상황이었기 때문이다. 1993년부터 당시 하원의원 뉴트 깅리치Newt Gingrich(공화당, 조지아)와 언론 재벌 루퍼트 머독Rupert Murdoch은 우편direct-mail, 케이블 TV, 그다음에는 인터넷을 통해서 적수인 중도좌파의 정치인들은 단순히 틀린 게 아니라 사악하고 (피자 가게에서 아동 성매매 조직을 운영할 정도로) 비도덕적이라고 악선전함으로써, 이를 거리낌 없이 믿고 기꺼이 지갑을 열어 후원하고자 하는 손쉽게 기만당하는 우파 대중의 기반을 구축하는 과정에 착수했다.[3] 중도좌파는 계속해서 정치적 화해를 갈망했다. 그 지도자들은 자신들은 붉은색(우파)도 푸른색(좌파)도 아닌 보라색이라는 말을 반복했다.[4] 하지만 우파는 거부했다. 좌파들로부터 나라를 구해야 한다는 절박함이 약화되면 지지자들의 눈을 광고를 판매하는 스크린에 잡아둘 수가 없고, 그들은 더 이상 지갑을 쉽게 열려 들지 않을 것이기 때문이었다.

미국이 북방세계 '서방 동맹'의 신뢰할 수 있는 리더였던 시대는 2003년에 막을 내렸다. 1980년대 말 냉전이 끝난 후, 조지 H. W. 부시George H. W. Bush 정부는 전 세계의 모든 나라들에게 미군은 해당 국가 국민들이 압도적으로 지지하는 경우에만 혹은 UN 안전

보장이사회가 요청하는 경우에만 배치될 것이므로, 미국의 군사적 우위는 좋은 의도로만 쓰이게 된다고 안심시켰다. 클린턴 정부에서는 이를 'NATO 동맹의 의지에 따라'로 변경했고, 조지 W. 부시 George W. Bush 정부는 이를 다시 '대체로 무작위적으로, 가짜 혹은 잘못 해석한 첩보에 따라, 핵무기를 소지하지 않은 나라에 대하여'(대량살상무기를 구실로 이라크를 공격했던 것을 염두에 둔 표현으로 보인다 —옮긴이)라는 원칙으로 또다시 변경했다. 많은 나라들이 이를 주목했다.

첨단 기술의 발전이 북방세계의 생산성을 현저히 높이던 시대는 2007년에 끝났다. 인텔은 넘어설 수 없는 기술적 장벽에 부딪쳤다. 2007년 이전에는 부품을 절반 크기로 축소하면 발생하는 열을 효과적으로 분산시키면서 두 배 빠른 속도를 얻을 수 있었다. 하지만 2007년 이후가 되면 트랜지스터가 너무 작아지다 보니 전류 누출이 늘어나 이 '데너드 스케일링Dennard Scaling'(소자의 크기가 줄면 전력 소모도 줄어든다는 개념 —옮긴이)이 무너지기 시작했다.

게다가 정보 제공에서 주목을 끄는 쪽으로 —그것도 인간의 심리적 약점과 편향을 이용하는 방식으로 —초점이 이동했다. 과거의 상품-경제 시장은 부자들의 이익에 복무했고, 적어도 공리주의 철학자라면 승인할 수 있는 목표인 효용을 높여주었다. 하지만 이 주목 경제attention-economy 시장은 효용을 높이는 것과는 무관한 방법으로 그저 사람들의 주목을 끄는 데에만 몰두했다.

또한 일련의 금융위기 —1994년 멕시코, 1997~1998년 동아시아, 1998~2002년 아르헨티나 —가 발생했지만, 위기에 대한 대처나 수습 과정이 원만하지 않았다. 일본은 15년 가까이 총지출이 부족한 상태로 불황까지는 아니어도 정체stagnation에 빠져 있었다. 하지만 정책 결정자들 사이의 지배적인 정서는 과도한 차입을 막기 위해서 그리고 위기와 불황을 초래할 수 있는 버블을 막기 위해서 금융 규제를 강화하는 것이 아니라 완화해야 한다는 것이었다. 클린턴 정부는 당시까지 아직 작은 규모였던 파생상품 시장을 규제하지 않겠다고 했다. 집단으로서의 투자자들이 리스크를 감당하는 역할을 좀 더 편하게 받아들이게 할 방법을 찾아내려면 어떤 비즈니스 모델과 자산 유형이 좋을지를 실험할 수 있어야 한다는 이유에서였다.

2000년대에 들어 파생상품 시장이 커지고 복잡해졌을 때, 부시 행정부는 규제 완화 정책을 더욱 강화했다. 연방준비제도 또한 여기에 동의 — 현명한 이사회 멤버 네드 그램리치Ned Gramlich는 동의하지 않아 명예를 지켰다 — 했다. 사실 연준은 1987년 주식시장 붕괴, 1990년 저축대부조합S&L 사태, 1994년 멕시코 금융위기, 1997년 동아시아 위기, 1998년 러시아 및 롱텀캐피털메니지먼트LTCM 헤지펀드 파산, 2000년 닷컴 버블 붕괴, 2001년 테러 등 그동안 줄줄이 이어진 사건들이 심각한 불황으로 이어지는 것을 차단하지 않았던가.

분명 이런 경험 덕분에 연준은 금융 부문에서 어떤 사고가 발생하든 그 충격을 감당할 수 있다는 자신감이 있었던 것 같다. 안전자산과 위험자산 사이의 평균 수익률 격차가 여전히 아주 컸던 세상이었으니, 설령 무모하게 리스크를 추구하는 금융 행태cowboy-finance가 넘쳐나더라도 어떤 메커니즘이 더 많은 리스크를 감내하도록 투자자들을 유도하는지 실험하도록 장려하는 것은 가치 있는 일이 아니었을까?[5]

"누가 벌거벗고 수영했는지는 물이 빠진 다음에만 알 수 있다."

장기 투자자 워런 버핏Warren Buffet이 항상 즐겨하는 이야기이다.[6] 어떤 문제가 발생하든 관리할 수 있다는 중앙은행들의 자신감과 금융 규제 완화에 열성적이었던 중도우파 정부들은 2007년 이후 글로벌 금융 시스템에 비교적 작은 충격이었던 것을 마치 대공황을 재현하는 듯한 상황으로 몰고 갔고, 북방세계 경제가 발전할 시간을 5년이나 날려버렸다.

2007년 당시 북방세계의 중요한 그리고 훌륭한 인사들 중 대규모 금융위기와 위협적인 불황을 예상했던 사람은 극히 드물었다. 북방세계에서 그런 일이 벌어진 가장 최근의 사례는 바로 1930년대 대공황이었다. 당시의 금융적 손실의 기억이 너무나 생생하여 1930년대 이후로 금융가들도 투자자들도 금융 시스템 전체가 연쇄 도산에 노출될—그래서 모든 금융자산이 갑자기 위험해져서 패닉에 빠진 대중이 헐값에라도 서둘러 팔아 치우려고 하게 될—정도의 규모로는 차입하지 않았다. 1930년대 대공황을 기억하는 이들 혹은 그들의 제자들이 은퇴하기까지는 금융 시스템에 대한 제약이 완화되지 않았었다.

그 결과 2차 대전 이후에는 북방세계에 경제 위기가 거의 발생하지 않았다. 완전고용을 우선순위에 둔 정부들은 기업들이 손실을 모면하도록 경기침체를 완만하게 관리하여, 손실이 파산과 하방 악순환으로 이어지지 않도록 했다. 전후 북방세계에 발생한 두 차례의 주요 경기침체 중 하나는 1974~1975년에 전쟁, 중동에서의 소요, 석유시장의 혼란 등으로 촉발되었다. 다른 하나는 1979~1982년의 침체인데, 이는 의도적으로 계획된 것이었다. 1970년대에 발생한 인플레이션의 악순환 고리를 끊기 위해 볼커의 연준이 치른 대가였다.

그렇다, 1982년 이후 서유럽은 실업률이 높다는 고질적인 문제를 안고 있었지만, 대부분의 신자유주의자들은 그 원인이 서유럽은 시장 시스템이 제대로 작동하기에는 여전히 너무 사민주의적이기 때문이라고 판단했다.[7] 그렇다, 일본은 1990년 이후에 영구적인 디플레이션 위기에 빠졌지만, 일본은 특별한 경우이고 스스로가 초래한 문제이며 일본의 사례에서 일반적인 교훈을 끌어낼 수는 없다는 컨센서스가 오랫동안 유지되었다.[8] 미국 정부 내부 그리고 국민들의 여론 모두 신자유주의적 전환은 올바른 결정이었고, 번영의 기초는 탄탄하며, 리스크가 낮고 쉽게 관리될 수 있다는 자신감이 여전했다. 2007년 당시에는 인플레이션도 없었고, 장기적인 원유 공급 부족을 촉발할 만한 중동에서의 전쟁도 없었다. 에너지 분야에서 중동산 석유가 차지하던 지배적인 위치는 크게 약화된 상태였다.

카산드라(예언자—옮긴이)들이 있기는 했다. 2008년 와이오밍주의 그랜드 티턴Grand Tetons 산맥의 자락에서 열린 연준 연례회의에서 훗날 인도 중앙은행 총재가 되는 경제학자 라구람 라잔Raghuram Rajan은 경고의 논문을 발표했지만, 이는 줄도산 위기와 잠재적 불황이 아니라 시카고 대학교 경제학자 프랭크 나이트Frank Knight가 말한 의미에서의 '불확실성'의 이야기였다.[9] 금융 시스템이 너무나 불투명해져서 아무도 시스템 리스크가 어떤지 알 수 없고, 아무도 합리적인 확률을 계산조차 할 수 없다는 것이었다. 라잔의 논문에 대해 논평한 모두는 재미있게 읽었다고 말한 후, 거의 모두—한 명의 예외는 경제학자이자 전 연준 부의장이었던 앨런 블라인더Alan Blinder였다—가 라잔에게 '인정사정없는 공격'을 퍼부었다. 그들에 따르면, 라잔은 치킨 리틀Chicken Little(동화에 나오는 캐릭터로, 과도한 공포나 우려를 표현하는 사람을 지칭할 때 사용한다 —옮긴이)이었다. 상황은 예전 어느 때보다도 견고하고 안정적이니 걱정할 필요가 없을 뿐 아니라, 라잔의 걱정은 한심스럽다는 것이었다.

그들은 물론 심각하게 틀렸다. 금융 파생상품의 출현과 급속한 성장으로 이제 어느 누구도 금융 시스템으로 흘러간 손실을 최종적으로 누가 떠안게 될지 알 수 없었다. 또한 이는 곧 만에 하나 위기가 온다면 모두가 자신의 상대방을 지급 능력 부족에 빠져 빚을 갚지 못할 수 있다는 의심의 눈초리로 바라보아야 함을 뜻하는 것이었다. 이는 위기가 온다면, 모두가 상대방 모두를 파산할 수 있는 혹은 지급불능이 될 수 있는 기관으로 의심하게 되리라는 것을 의미했다. 이는 자동차의 앞면 유리창을 검은색으로 칠해버리는 것과 마찬가지였다. 그래서 세계경제는 벽으로 돌진했다. 운전대를 잡은 이들은 뒤늦게 그저 에어백이 잘 터져서 충분한 쿠션이 되기만을 바랄 뿐이었다.

2000년대 중반 독일 중앙은행인 도이체 분데스방크Deutsche Bundesbank 총재였던 악셀 베버Axel Weber는 2013년에 후회를 토로했다.[10] 독일에는 거의 150년 동안 세계 최대의 상업은행 중 하나였던, 폭넓은 사업 영역을 가진 도이체 방크Deutsche Bank가 있었다. '도이체 분데스방크'와 '도이체 방크'가 서로 발음이 비슷하다 보니 그는 우연히 대형 상업은행의 여러 CEO들과 패널에서 함께한 일이 있었다. 그들은 파생상품으로 얼마나 경이적인 수익을 올리고 있는지 이야기했다. 주택담보대출을 사들여서 한데 묶은 뒤 거기에서 나오는 현금흐름을 리스크가 크다고 생각되는 부분과 안전하다고 생각하는 부분으로 잘게 자르고, 그것들을 따로 판매한다. 리스크가 큰 부분은 높은 수익을 좇아 리스크를 감내하려는 투자가들에게, 안전한 부분은 수익률을 희생해서라도 안전을 보장받고자 하는 이들에게 판매하는 것이다. 이렇게만 하면 수익이 생겨요! 그러면서 그들은 청중에게 장담했다. 물론 이러한 전략이 작동하려면 금융상품에서 나오는 현금흐름 중 어떤 부분tranches이 리스크가 크고 어떤 부분이 안전한지를 실제로 결정할 수 있을 만큼 금융 모델이 훌륭해야 한다. 하지만 상업은행의 주주들은 걱정할 필요가 없다. 이러한 파생금융상품들은 만들어 내는 족족 **모조리** 팔리고 있기 때문이었다.

그때 앉아있던 베버가 일어나서 독일 중앙은행은 그들의 규제당국 중 하나이기 때문에, 20대 대형 상업은행들이 증권화 상품의 가장 큰 생산자이자 공급자이자 판매자이며 동시에 가장 큰 구매자인 것을 알 수 있다고 말했다. 그러면서 "하나의 시스템으로 볼 때, [여러분들은] 다각화하지 못했습니다"라고 말했다. 각각의 개별 은행은 자신의 금융 모델이 잘못되었을 리스크에 노출되지 않았다. 자신의 모델을 사용하여 만들어낸 금융 상품들을 모조리 팔아버렸기 때문에, 모델이 잘못되었을 때에 발생할 리스크는 오롯이 구매자에게 넘어갔다. 그런데 그 자산 중 일부 —사실은 많은 양—를 다른 대형 은행들이 구매하고 있었다. 그 은행들 각각은 자신의 모델은 꽤 꼼꼼히 살펴보지만, 자신이 매입하는 증권을 만든 은행들의 모델은 전혀 살펴보지 않았다. 왜냐하면 자신이 사들인 자산은 신용등급이 AAA이기 때문이었다.

은행들은 관료주의에 젖어 '우리가 사들이는 것들이 정말 초우량 AAA 등급 맞나?'를 되묻지 않았다. 그리고 우리는 파생상품을 만들 때 AAA 등급을 받기 위해 (신용평가회사가 진정한 위험을 제대로 평가하지 못하도록 위험 구조를 복잡하게 만들거나 해당 상품을 여러 부분으로 나눔으로써 ─옮긴이) 조작에 가까운 행동을 한다는 것을 알고 있다.

베버는 당시 은행업계는 "재무부서는 이 모든 [고수익] 상품들을 사들였다고 보고하는 동안, 신용부서는 모든 리스크를 다 팔아버렸다고 보고하고 있었다는 사실을 인지하지 못했다"고 말했다 (은행 내 부서 간 조율에도 문제가 있었다 ─옮긴이). [11] 사실 로버트 루빈Bob Rubin ─과거의 선택이 나쁜 결과로 돌아오기 시작한 2007년 11월에 시티그룹의 수장이 되었다 ─은 시티그룹이 만들어낸 '유동성 풋liquidity put'이라는 금융상품에 대해 불과 몇 개월 전인 7월에 처음 들어봤다고 (11월에) 실토했다. 유동성 풋은 시티그룹에 200억 달러의 손실을 끼치게 된다. [12]

이제 안타까운 이야기가 나온다. 베버는 자신이 이 문제가 은행의 자산 포트폴리오에 얼마나 위험한지를 이해하지 못하고 있던 은행의 CEO와 주주들에게 잠재적으로 중요한 이슈라고 생각했었다고 말했다. 하지만 그는 이것을 중앙은행가인 자신의 일로도, **시스템적**systemic 리스크의 잠재적 원인으로도, 심각한 불황을 야기할 수 있는 문제로도 보지 않았다. 나름대로는 합리적 계산이었다. 만약 대침체만 발생하지 않았다면 주택담보 파생증권을 보유한 데 따른 예상되는 총 손실액은 기껏해야 5,000억 달러 정도였을 것으로 보는 게 합리적이다. 80조 달러의 자산을 가진 세계경제에서 그 정도는 큰 문제가 아니어야 했다. 2000년의 닷컴 버블 붕괴는 4조 달러의 손실을 끼쳤지만, 심각한 금융위기는 오지 않았었다. 게다가 베버 또한 중앙은행이 금융 시스템이 초래할 수 있는 어떤 충격도 처리할 수 있다는 자신감을 공유하는 사람이었다. 미국 연준 의장 앨런 그린스펀Alan Greenspan의 18년의 재직 기간(1987~2005년)에 다섯 번의 금융위기가 있었음에도 미국의 금융 시스템은 심각한 불황을 피해가지 않았던가. 그리고 그 자신감의 배후에는 시장이 정부보다 더 현명하다는 확신에 찬 신자유주의 컨센서스가 있었다. 시장은 지혜와 의지를 가지고 있으며, 자신이 무엇을 하는지 알고 있다.

이 모든 것은 오만, 과도한 자신감이었다. 오만은 복수 혹은 응당한 벌을 낳았다. 오만은 정신없을 정도로 즐거운heady fun 일이지만 복수나 벌은 불쾌하기 때문에, 더 나은 교훈을 진지하게 성찰할 인내를 가진 이는 많지 않았다. 2009년 이후 신자유주의 테크노크라트들은 왜 자신들이 그렇게 낙관적이었었는지 설명할 수 없었다. 위기가 임박하고 있다는 증거는 명백했었다. 이미 1994~1995년 멕시코, 1997~1998년 동아시아, 1998년 러시아, 그다음에는 브라질, 터키, 아르헨티나 등의 위기가 있었다. 연쇄 파산이 재앙적 결과를 초래할 수 있다는 것, 금융위기의 충격을 겪은 나라들은 단기적인 불황뿐 아니라 급격하면서도 장기적인 성장률 침체도 경험했다는 것을 모두가 알고 있었다. 글로벌 경상수지 불균형(흑자가 큰 나라가 있는가 하면 적자가 큰 나라도 있는 상황—옮긴이), 이례적으로 낮은 금리, 버블에 가까운 자산 가격 등이 나타났기에 분명 위기를 예감할 수 있는 상황이었다.[13] 하지만 신자유주의적 전환의 여파로 인해 금융 부문은 어느 때보다도 규제받지 않고 있었다. 사람들의 가장 큰 두려움은 정부가 지나치게 개입하여 시장을 불구로 만들 수도 있다는 것이었다.

위기가 터진 이후, 많은 사람이 대침체와 그에 선행한 2000년대 중반의 주택 버블 모두 불가피했거나 심지어 어떤 의미에서는 필요했다고까지 주장했다. "우리는 경기침체를 겪어야 한다. 네바다의 건설 현장에서 평생 못질하며 살던 사람은 이제 다른 일을 찾아야 한다"고 시카고 대학교 경제학자 존 코크레인이 2008년 11월에 말했다.[14] 그는 더 잘 알았어야 했던, 하지만 다음과 같은 하이에크의 논리를 고수한 많은 훈련된 프로페셔널 경제학자 중의 한 명일 뿐이었다. '경제가 어떻게든 불황을 발생시킬 필요가 없다면 큰 불황은 있을 수 없으므로, 그래서 누군가 불황이 오고 있는 걸 볼 때면 그 필요가 무엇일지를 찾았다.' 이 하이에크의 논리는 오만과 복수의 서사 구조에 딱 맞아떨어지기 때문에 아주 적절해 보였다. 주택 가격이 너무 높았고, 주택 건설이 너무 빨랐으며, 주택 재고가 과도하게 늘어났다. 그러니 주택 건설은 대폭 줄어들 필요가 있었다. 건설 노동자들은 일자리를 잃겠지만, 자신의 노동이 사회적으로 유용한 다른 부문에서 일자리를 찾을 동기를 갖게 될 것이다.

사실 코크레인은 100% 틀렸다. 2008년 11월 시점에서 건설업 고용이 줄어야 할 '필요'는 전혀 없었다. 건설업 고용은 2005년 버블 호황 당시의 최고치에서 경기침체 없이 2006년과 2007년에 정상 수준 심지어 그보다 좀 더 낮은 수준으로 조정을 마친 상황이었다. 2008년 11월 전국 — 그리고 네바다 — 의 건설업 고용은 미국 노동시장의 정상적이고 평균적인 수준을 크게 밑돌았다. 건설 노동자들이 실업 상태로 밀려나기보다는 수출 제조업이나 투자 제조업(새로운 설비나 기술에 투자하는 기술 집약적 또는 자본 집약적 제조업 —옮긴이)으로 빠져나가면서 경기침체 없이 조정이 이미 이루어졌던 것이다.

구조 조정을 위해 경기침체가 필요하지는 않다. 사실 저생산성 직종에서 실업이라는 제로 생산성 상태로 사람들을 밀어내는 것이 어떻게 건설적인 '조정adjustment'인지 이해하기 어렵다. 특히 저생산성 직종에서 고생산성 직종으로 사람들이 이동하도록 높은 수요를 만들어낼 수 있는 대안이 있을 때는 더욱 그렇다.

하지만 '주신 분도 시장이시요, 가져가신 분도 시장이시니. 시장의 이름을 찬양하라'는 세계관의 매력은 너무나 강력했다. 경제는 때로는 미래의 수요가 있을 곳으로 노동자들을 재배치하기 위한 구조 조정을 필요로 한다. 때로는 큰 불황도 나타난다. 그러므로 하이에크와 슘페터 ─그리고 앤드류 멜런, 허버트 후버, 존 코크레인, 유진 파마Eugene Fama, 심지어 마르크스도 ─는 큰 불황은 이런 조정이라고 말한다.

이 이야기는 아주 솔깃했다. 게다가 이런 식으로 이야기를 전개함으로써 2005년부터 그때까지 세계경제를 책임지던 이들로부터 이제는 눈앞에서 사라진 그 이전의 정책 결정자들로 비난의 화살이 옮겨갔다. 그래서 그들은 논의의 연쇄를 거꾸로 밀고 갔다. 왜 주택 재고가 그렇게 높았나요? 주택 건축 속도가 너무 빨랐기 때문입니다. 왜 주택 건축 속도가 그렇게 빨랐나요? 주택 가격이 너무 높았기 때문입니다. 가격은 왜 그렇게 높았나요? 이자율이 너무 낮고 자금 조달이 너무나 용이했기 때문입니다. 왜 이자율이 그렇게 낮았고 자금 조달이 그렇게 용이했나요? 이 질문에는 몇 가지 다른 답들이 있었다.

2000년에 닷컴 버블이 터지고 난 뒤 투자자들이 저축을 담아둘 만한 생산적인 곳이 거의 남지 않았다. 동시에 산업화가 진행 중인 아시아 국가들은 북대서양 국가들을 상대로 큰 무역흑자를 내며 현금을 대규모로 축적했는데, 이들은 그 돈으로 북대서양 경제 ─주로 미국 ─의 자산 ─무엇보다도 채권 ─을 구매하고자 했다. 특히 중국에게 있어서 이는 하나의 발전 전략이 되었다. 미국의 소비자들에게 (간접적으로) 중국 돈을 빌려주어 계속 중국 물건들을 구매할 수 있게 함으로써 상하이의 완전고용을 유지한다는 식이었다. 그 결과는 장차 미국 연준 의장이 되는 버냉키가 '글로벌 저축 과잉global saving glut'이라고 불렀던 상황, 즉 저축 수단에 대한 세계적인 초과수요였다.[15]

이 저축 과잉 현상은 2000~2002년의 소규모 경기 하락을 대규모로 만들 수 있는 위협이었다. 이를 방지하기 위해서는 저축 수단에 대한 글로벌 수요를 충족시킬 수 있을 정도로 기업이 발행하는 채권의 숫자가 늘어날 필요가 있었다. 글로벌 차원에서는, 각국의 중앙은행들이 저축 과잉 현상에 대응하여 세계를 유동성의 홍수로 몰아넣었다. 즉 채권을 현금으로 매입할 뿐만 아니라 장래에도 확장적 통화정책을 계속하겠다고 약속했던 것이다. 그 의도는 이자율을 낮추어 기업의 자본조달 비용도 낮추고 이를 통해 기업이 사업을 확대하고 미래의 설비 확충에 나서도록 동기를 부여하는 것이었다. 어느 정도는 이런 전략이 먹히기도 했다. 기업들의 투자가 늘어났던 것이다. 하지만 여기에서 의도치 않은 심각한 결과들이 생겨났다. 금리가 낮아지면서 주택담보대출이 늘어나고 금융 엔지니어링(주택담보대출 증권화mortgage securitization 가 대표적이다—옮긴이) 호황이 생겼으며, 이로 인해 주택시장 호황이 발생했고, 미국과 여타 북방세계를 완전고용 상태로 되돌렸다.[16]

하지만 주택담보대출 금리의 하락 정도를 감안한다면, 주택가격은 너무 지나치게 상승했다. 그 이유를 알기 위해서는 먼저 2000년대 동안 주택담보대출 금융과 금융 엔지니어링에서 벌어졌던 급격한 변화들을 이해할 필요가 있다. 오늘날에는 아주 익숙한 이야기가 되었지만, 은행들이 자기들이 내준 대출을 꼭 쥐고 있던 옛날식 모델이 이제는 '대출 후 판매originate and distribute, OTD' 방식으로 대체되었다. 주택담보대출을 일으킨 금융기관들 —전통적인 은행이 아닌 경우가 많았다 —이 사람들에게 집을 살 수 있도록 대출을 해준 뒤, 그 대출 채권을 즉시 다른 기업들에 팔아버리는 것이다. 이 대출 채권을 사서 모은 기업들은 그 채권들을 한데 모아 새로운 패키지로 만들어내고, 그 부분들을 다시 판매했다. 그러면 신용평가회사들이 나서서 이렇게 생산된 증권들 중 우선순위가 높은 것에 기꺼이 AAA 등급의 인증을 찍어주었다.

미국에서 주택 가격은 1997년과 2005년 사이에 결국 75%나 치솟았으며, 버블은 미국에만 국한되지 않았다. 북대서양 전역에서 부동산 가격이 치솟아 영국에서는 두 배 이상, 스페인에서는 거의 두 배 가까이 올랐다. 모두가 리스크 따위는 무시했으며, 버블은 계속해서 부풀어 올랐다. 버블이 터졌을 때, AAA 등급 인증이 붙은 증권들 대부분은 원래 가치의 4분의 1 수준으로 떨어졌다.

이 모든 이야기에서 우리가 배워야 할 교훈이 있다는 데에는 모두가 동의했다. 하지만 그 교훈이 정확히 무엇인지를 구체화하려면 근본적인 문제가 무엇인지를 확인할 필요가 있었는데, 이에 대해서는 훨씬 더 적은 사람들만이 동의했다.

어떤 이들은 과도한 규제가 문제라고 했다. 연준 및 다른 정부 기관들이 공동체재투자법Community Reinvestment Act 같은 것들 때문에 재무적으로 불안정하고 자격도 없는 구매자들 —그 속뜻은 소수 인종 —에게 돈을 빌려주라고 은행들에게 강요했다는 것이다. 이는 시장에 대한 불경한 개입 행위이자 게으르고 비생산적인 소수자들에게 **그들이 받을 자격이 없는 좋은 것들**을 주도록 정부가 간섭하는, 그래서 시스템을 망가뜨리고 파국을 불러왔었던 사라져가는 사민주의의 잔재였다는 것이다. 이런 주장을 뒷받침할 증거는 전혀 없었지만 이런 논리를 신봉하는 이들에게는 증거가 없다는 사실은 전혀 문제 되지 않았다. 그들은 시장이 사민주의에 의해 왜곡되지 않는 한 실패할 수 없다는 신앙을 가지고 있고, 신앙은 우리가 보지 못하는 것들에 대한 확신이자 확실성이기 때문이다.

이와 비슷하지만 인종주의적 성격이 좀 덜한 다른 주장도 있다. 애초에 정부가 주택담보대출에 보조금을 지급하며 관여해서는 안 된다는 것이었다. 이러한 비판은 **일리가 있지만**, 전반적인 평가는 여전히 잘못되었다. 대부자와 차입자에게 보조금을 제공했던 페니메이Federal National Mortgage Association, Fannie Mae와 여러 프로그램들이 주택 가격 상승에 일조했던 것은 사실이다. 하지만 페니메이는 처음에만 가격 상승 압력으로 작용했을 뿐, 2000년대 동안 주택시장 호황기의 추가적인 가격 상승에는 아무런 역할도 하지 않았다. 이미 잔뜩 높아진 가격에서도 주택을 구매할 수 있도록 대출을 제공했던 것은 악명 높게 파산한 컨트리와이드Countrywide(고위험 대출을 남발하다 2008년 7월 파산 후 BOA에 인수되었다 —옮긴이)와 같은 민간의 주택담보대출 전문회사였다.

연준이 금리를 너무 낮게 유지하려고 집착했던 것이 문제라는 다른 이론도 있다. 연준은 실제 은행 간 금리를 2000년의 6.5%에서 2003년의 1%까지 낮추었다. 그런데 같은 기간에 유럽중앙은행 ECB은 금리를 연준의 인하 폭 대비 절반만 낮추었다. 이 이론에 따르면 유럽은 더 작은 수준의 버블을 경험했어야 했다. 하지만 유럽에서의 주택시장 버블은 미국보다 더 컸다. 이러한 이론을 주장하는 많은 이들은 이 불편한 사실에는 눈을 감은 채, 2000년대 초 미국 실업률이 절정에 달하기 1년 전인 2002년 봄에 금리 인상을 시작했어야 했다고 주장했다. 하지만 이들이 주장하는 것처럼 금리가 2년간 최적 경로보다 2.5%p 낮게 유지된 것이 문제였다고 치더라도, 그로 인해 감정가warranted housing values가 상승한 폭은 불과 5%밖에 되지 않았다. 낮은 금리가 주택의 과도한 공급이나 주택 가격의 큰 상승에 주도적인 역할을 했다고 하기에는 이는 너무나 작은 수준이었다.

주택시장 버블의 원인에 대한 마지막 설명은, 규제가 너무 많아서가 아니라 너무 적어서 문제였다는 것이다. 주택 구매자의 신용등급과 그들이 감당할 수 있는 주택 사이의 보증금downpayment 요건 및 기준이 사실상 무시되었다. 이는 공정한 평가라고 할 수 있지만, 여기에도 중요한 맹점이 있다. 2008년의 탈선의 순간jump the rail moment을 설명할 수 없기 때문이다. 2005년이면 금융 안정성에 대한 주요 기관들의 관심이 아시아와의 교역에서 발생하는 미국의 거대한 무역적자에서 버블인 게 틀림없는 과열된 부동산 시장으로 옮겨갔다. 미국과 전 세계 무역 상대국들의 경제가 곤두박질치지 않게 하면서 이 명백하게 과열된 시장을 냉각시킬 방법은 없었을까?

답을 하자면, 그것은 가능했고, 실제 그렇게 되었다.

이 점은 아주 중요하니 특별히 기억할 필요가 있다. 즉 주택시장 호황 이후 대침체는 어떤 방식으로든 필요한 조정이었다는 전제는 틀렸다. 주택 가격은 2005년 초부터 하락하기 시작했다. 2007년 말에는 주택건설 부문으로의 대규모 노동자 유입 또한 역전되었으며, 주택건설이 전체 경제활동에서 으레 차지하던 비중보다 훨씬 아래로 떨어졌다. 만약 코크레인이 2005년 말 시점을 염두에 두고 "너무 많은 이들이 네바다의 건설 현장에서 못을 박고 있다"고 말했다면 옳은 말이었다(물론 그 뒤에 이들이 해고당할 "필요"가 있다던 이야기는 여전히 잘못이지만). 하지만 코크레인이 염두에 둔 시점은 2008년이었고, 이 시점에 네바다 주의 건설 노동자가 너무 많았다는 주장은 완전히 헛소리이다. 이는 노동통계국Bureau of Labor Statistics 자료에서 건설업 고용노동자 통계를 슬쩍 훑어만 보아도 누구나 알 수 있다. 2008년 초 미국 경제에는 건설업에서 남아도는 노동자들을 모두 흡수할 수 있는 다른 부문들이 나타났다. 즉 건설업 노동자들의 조정을 위해 '침체'가 꼭 필요했던 것은 아니었다. 적절한 역동성을 갖춘 경제라면 수축되는 부문에서 성장하는 부문으로 노동자들을 다시 배분하는 과정은 인센티브를 통해 이루어지며, 꼭 실업 수당을 제공해야 할 필요는 없다. 노동자들은 더 높은 임금을 받을 수 있다면 지금의 일자리를 떠나 성장하는 부문으로 기꺼이 옮기려고 하기 때문이다.

주택시장이 호황이던 상황에서 '대침체'는 불가피했다거나, 혹은 어떤 의미에서는 필연적이었다거나, 심지어 현명한 일이었다는 생각은 죄와 벌, 오만과 복수의 서사 구조에 딱 들어맞는다. 오만이 있었고, 복수가 있었다. '주신 분도 시장이시요, 가져가신 분도 시장이시니. 시장의 이름을 찬양하라'는 신앙은 면죄부를 제공한다. 무엇을 주시건 무엇을 가져가시건 신도들의 잘못이 아니기 때문이다. 이처럼 대침체는 불가피했다거나 혹은 어떤 의미에서는 필연적이었다거나, 심지어 현명한 일이었다는 선언은 하이에크와 같이 가장 순수한 신앙심을 품고 있는 이들을 위한 것이었다. 이들에게 주택시장 호황은 죄와 벌, 오만과 복수의 서사 구조에 딱 들어맞았다.

문제는 일이 이런 형태로 벌어지지 않았다는 점이다.

2007년 이후 북방세계에서 응징이 어떤 식으로 이루어졌는지를 이해하기 위해서는 인내가 필요하다. 현명한 시장에 대한 믿음만으로는 불충분하다. 이를 이해하기 위해서는 높은 실업률을 수반한 경기침체와 불황의 근본적 원인이 무엇인지를 상기할 필요가 있다. 그래야 왜 특별한 연쇄 파산의 형태로 하강하던 2007~2009년의 대침체가 그토록 충격적으로 다가왔는지를 비로소 이해할 수 있다.

1829년으로 돌아가서 당시의 최신 거시경제이론을 회고해 보자. 당시 존 스튜어트 밀은 '전반적 과잉 상태'—한 부문이 아니라 거의 경제 전체에서 노동자와 상품 공급이 과잉인 상태—는 **현금**으로 기능할 수 있는 모든 것에 대해 초과수요가 있을 때마다 생겨난다고 지적한 바 있다. 여기서 현금으로 기능할 수 있는 모든 것이란 사람들이 상품의 대금 지불 수단이나 채무의 변제 수단으로 기꺼이 받아들인다는 의미에서, 스스로의 가치를 보유하고 '유동성을 갖춘' 자산을 말한다.[17]

경제에서 현금은 지불수단으로 기능하기 때문에 매우 특별하다. 만약 다른 무언가에 대한 수요가 있다면, 나가서 그 무언가를 더 사면 수요가 충족된다. 하지만 현금에 대한 수요가 있다면, (당연히 현금을 대가로) 물건을 팔거나 물건 구매를 멈추어야 한다. 현금소득을 동일하게 유지하고 현금 지출을 줄인다면, 현금이 들어와 쌓이게 된다. 현금에 대한 수요는 이렇게 충족될 수 있다. 간단하다.[18]

높은 실업률을 수반하는 침체와 불황의 근저에는 바로 이러한 원리가 존재한다. 현금 수요를 충족시키기 위해 구매를 줄이는 방법은 개인에게는 통하지만, 경제 전체에서는 작동할 수가 없다. 한 사람의 현금 유입은 곧 다른 사람의 현금 유출이기 때문이다. 만약 모든 사람이 현금 유출을 현금 유입보다 낮추려고 하면, 각 개인의 현금 유입도 함께 줄어든다. 현금에 대한 초과수요는 충족되지 않은 상태로 남아있다. 결국 경제 전체의 소득 총합이 줄어들어 사람들이 물건을 덜 사고 더 적은 사람들이 고용되는 일이 발생한다.

현금에 대한 이러한 초과수요가 생겨나는 데에는 세 가지 다른 방식이 있다.

첫 번째 방식을 나는 **통화주의적 불황**monetarist depression 이라고 부른다. 그 좋은 예가 1982년의 미국이다. 폴 볼커의 연준은 경제의 지출 흐름 총량을 줄여서 인플레이션을 낮추려고 시도했다. 이를 위해 은행과 투자자에게 채권을 판매하고, 은행들이 연준에 보유하고 있는 자기들 계정의 현금 잔고를 줄이라고 요구했다. 이로 인해 은행들은 연준 계정의 잔고로 보유하고자 했던 것보다 적은 현금을 보유하게 되었다. 이 잔고를 원하는 수준으로 다시 회복하기 위해 은행들은 지출을 줄였고, 이는 곧 기업에 대한 대출을 줄였다는 것을 의미했다. 이 때문에 사업을 시작하거나 확장하는 기업이 줄었고, 결국 실업률이 내가 대학을 졸업했던 1982년 여름에는 11%를 찍고 말았다.

경제가 통화주의적 불황에 빠져 있는지를 알고 싶으면 채권 금리가 높은지를 보면 된다. 이렇게 되는 과정을 살펴보자. 경제의 여러 행위자들이 자신의 현금 잔고를 늘리려고 채권을 판매한다면 채권 가격은 떨어진다. 이제 사람들이 채권을 사도록 유도하려면 채권 금리가 올라갈 수밖에 없다. 1979년 여름부터 1981년 가을까지 미국의 10년 만기 국채 금리는 연 8.8%에서 연 15.8%로 올라갔다. 그것이 볼커 연준의 디스인플레이션 정책이었고, 그와 결부된 통화주의적 불황이 시작되었다.

통화주의적 불황의 치료법은 아주 명쾌하다. 중앙은행이 통화량을 늘리면 된다. 볼커 연준 의장은 인플레이션을 통제할 수 있을 만큼 지출이 충분히 줄었다고 판단하자, 팔았던 채권을 다시 사들이면서 현금을 풀었다. 짜잔. 경제 전체에서 현금에 대한 초과수요는 거의 하룻밤 사이에 증발했고, 1983~1985년 동안 생산과 고용이 매우 빠르게 성장하며 경제는 활기를 되찾았다.

현금에 대한 초과수요를 촉발하는 두 번째 방식을 나는 **케인지언 불황**이라고 부른다. 사람들은 현금 유출을 보통 재화와 서비스에 지출하는 현금, 세금을 납부하는 현금, 투자를 위한 현금의 세 갈래로 나눈다. 사람들이 현금을 투자할 수 있는 한 가지 방법은 기업이 발행한 주식에 투자하는 것으로, 기업은 그 돈을 조달하여 성장의 자금으로 활용한다. 하지만 기업들이 두려움을 느끼고 미래를 비관하면서 사업 확장을 위한 주식 발행을 하지 않기로 결정한다고 하자. 그러면 그 경제가 창출하는 다른 금융 투자 수단의 가격은 오르고 수익률은 내려갈 것이다. 이렇게 수익률이 계속 내려가면 그런 금융 투자 수단을 뒷받침하는 회사들이 돈줄이 마르고 망할 경우 그 자산이 위험해진다는 점을 제외하면, 그것을 보유하는 것과 현금을 그냥 가지고 있는 것의 차이는 거의 없어진다.

이러한 상황이 되면 사람들은 비싸기만 하고 신뢰성도 의심스러운 투자 상품들을 구매하느니 차라리 현금을 더 보유하기로 결정하게 된다. 그러면 경제 전체 차원에서는 현금에 대한 초과수요가 발생한다. 이와 함께 여러 상품의 '전반적 과잉 상태'가 벌어지며, 공장들이 유휴 상태로 들어가면서 실업률이 치솟는 불황이 생겨난다. 2020~2022년의 코로나 팬데믹 기간 세계경제의 불황 상태 —

초기의 패닉과 봉쇄를 말하는 것이 아니라 그 후에 벌어진 불황을 말한다—가 바로 이러한 케인지언 불황이었다. 사람들은 금융 투자 상품들을 기꺼이 사들였으며 이에 채권과 주식 가격이 올랐고, 그러자 채권 수익률과 주식 수익률earning yield이 떨어졌었다. 하지만 기업들은 팬데믹이 지나가기 전에는 사업을 다시 확장할 생각이 없었다. 그리하여 사람들은 정규적인 금융 투자 상품에 대한 대체물로 보유하려고 현금에 대한 초과수요를 보이게 되었던 것이다.

이러한 케인지언 불황은 중앙은행이 화폐 스톡을 늘린다고 해서 치유할 수 있는 것이 아니다. 중앙은행이 화폐 스톡을 증가시키는 방법은 현금을 내어주고 채권을 매입하는 것이다. 하지만 이렇게 할 경우 중앙은행은 한편으로는 기업들이 보유하는 현금을 주기는 하지만, 다른 한편으로 민간 부문 전체의 대차대조표에서 다른 금융 투자 상품들을 소멸시키는 결과를 가져온다. 즉 현금이 여타 금융 투자 상품을 상쇄하는 것이다. 그리하여 금융 투자 상품들의 총액—현금 보유액에 다른 모든 금융 상품들을 더한 액수—으로 보면 수요에 비해 공급이 부족한 상태가 계속된다.

따라서 케인지언 불황에 대한 치유책은 달라야 한다. 우선 정부가 기업들로 하여금 사업을 확장하도록 인센티브를 제공하고, 그 과정에서 경제에 부족한 금융 투자 상품들을 창출하는 방법이 있다. 혹은 국채를 판매하고 거기에서 들어온 현금을 다시 정부지출을 통해 민간 부문으로 되돌아가게 만들어서 금융 투자 상품에 대한 수요를 충족시키는 방법이 있다. 이 후자의 방법은 곧 통상적인 경우보다 더 큰 규모의 재정 적자로 이어진다. 정부로서는 획득한 현금이 계속 경제 내에서 유통되도록 하기 위해 그 현금을 지출할 필요가 있기 때문이다.

하지만 2007~2009년의 기간에 벌어졌던 사태는 통화주의적 불황도 케인지언 불황도 아니었다. 나는 이 유형의 불황을 세인트루이스의 경제학자 하이먼 민스키Hyman Minsky의 이름을 따서 **민스키적 불황**Minskyite depression이라고 부르고자 한다.[19]

이 유형의 경기둔화에서는 부족한 것, 즉 초과수요의 대상이 **안전한 가치저장 수단**이다. 현금이거나, 액면가에서 할인이 거의 혹은 전혀 없이 현금으로 전환할 수 있는 자산인 것이다. 여기서 중요한 핵심어는 '안전한safe'이다.[20] 2007~2009년의 기간에 전 세계에서 부족한 것은 지불수단으로서의 현금 혹은 금융 투자 상품이 아니었다. AAA 등급이 아닌 민간 발행 채권 그리고 일정한 시장 및 성장 리스크를 안고 있는 기업들의 주식 등, 리스크가 있는 저축 수단들은 헐값에 얼마든지 살 수 있었다. 게다가 중앙은행은 덮쳐오는 경기하락을 어떻게든 막아보려고 온 세계에 현금을 넘쳐나게 뿌려대고 있었다. 하지만 2007~2009년의 기간에 투자은행들이 AAA 등급을 찍어 발행했던 무수한 '안전' 자산들이 그다지 안전하지 않다는 것이 드러나 버렸다. 그리하여 사람들은 그것들을 팔아치우고 대신 현금 쪽으로 포트폴리오를 이동시키려고 아귀다툼을 벌이게 된다.

2007년 하반기에 나타나기 시작한 이러한 안전자산의 부족 사태는 왜 벌어진 것일까? 당시는 주택시장 호황이 계속되면서 너무나 많은 금융가들이 너무나 큰돈을 위험할 정도의 비율로 차입하여 여기에 부었다. 그렇기 때문에 부동산 버블이 터지자 전 세계 금융 시스템의 대부분에서 신뢰의 위기가 발생했으며, 마침내 그 핵심 부분들을 마비시키기에 이르렀다. 긴장의 징후는 이미 2007년 늦여름에 나타나고 있었다. 연준은 일시적으로 유동성이 부족한 금융기관들에 정상적인 시장 금리로 즉각 유동성을 넣어줄 만반의 준비를 갖추는 방식으로 반응했다. 하지만 통화정책을 크게 완화한다든가 최종대부자로서 행동한다든가 하는 좀 더 폭넓은 조치를 취하겠다는 의지는 거의 비추지 않았다. 연준은 그랬다가는 장차 보다 경솔한 대출을 부추기게 될까봐 두려워했다.

2007년이 끝날 무렵 연준 부의장 도널드 콘Donald Kohn은 신경이 곤두섰다. "전체 인구 중 얼마 되지도 않는 이들을 혼쭐내겠다는 이유에서 경제 전체를 인질로 삼아서는 안 됩니다"라는 게 그의 경고였다.[21] 하지만 그의 견해는 당시 소수의 견해에 불과했고, 사람들이 그의 말에 귀를 기울이기 시작했을 때는 이미 너무 늦었다. 2007~2009년의 대침체가 그토록 놀라운 충격으로 나타난 이유는 여기에 있었다.

나는 2008년 3월 당시까지만 해도 이 문제를 얼마든지 감당할 수 있다는 논리를 펼친 바 있었다.[22] 로스앤젤레스와 앨버커키 사이의 사막에는 결코 지어져서는 안 될 집들이 대략 500만 채나 지어져 있었다. 절대로 상환될 일이 없는 주택담보대출이 한 채당 평균 10만 달러씩 물려 있었고, 누군가는 그 결과를 뒤집어써야 했다. 그래서 나는 주택시장 붕괴로 인해 증권 보유자들이 어떻게든 감수해야 할 금전적 손실이 5,000억 달러 정도일 것이라고 계산했다. 닷컴 버블 붕괴 때만 해도 금전적 손실은 이보다 훨씬 더 컸지만, 당시 실업률 상승은 약 1.5% 정도였다. 따라서 이번 주택시장 위기는 경제 전체로 보면 그다지 큰 충격을 가져오지 않을 것이라는 게 나의 결론이었다. 하지만 시장의 논리는 전혀 달랐다.

큰돈을 가지고 금융시장을 움직이는 많은 이들이 예상했던 것처럼, 드러난 손실은 대략 5,000억 달러 정도였다. 하지만 이는 어디까지나 빙산의 일각이었을 뿐이었다. 로스앤젤레스와 앨버커키 사이의 수백만 채 주택의 주택담보대출에 기초한 증권의 한 조각을 소유하는 것이 안전하다고 말했던 훈련된 전문가들은 거짓말을 했거나 심각한 오해를 하고 있었던 것인지도 모른다. 위험한 자산은 (어떤 가격에라도) 팔아치우고 안전한 자산은 (어떤 가격에라도) 사들이고자 하는 투자자들의 욕구는 지상명령이 되어버렸다.

2008년 9월 연준과 재무부는 위기를 이용하여 월스트리트가 이익을 보는 것을 막고자 하는 열망으로 결단을 내렸다. 이전에는 회사가 너무 커서 파산하도록 내버려둘 수 없는 경우too big to fail 주주들이 가혹한 처벌을 받았었다. 베어스턴스, AIG, 페니메이와 프레디맥Freddie Mac 모두 그 주주들은 사실상 재산을 모두 몰수당했다. 하지만 채권 소유자와 거래 상대방들은 온전하게 자기들 돈을 지불받았다.

연준과 재무부는 나쁜 교훈이 학습되고 있다고 걱정했다. 그 교훈을 지우기 위해서는 언젠가는 은행의 실패를 허용해야 했다. 방종한 오만은 복수를 부르게 되어있었다. 그래서 이들은 투자은행 리먼 브라더스가 감시oversight, 감독upervision, 보증 없이 통제되지 않고 파산하도록 내버려두기로 결정했다. 돌이켜보면 이는 큰 실책이었다.

아수라장이 펼쳐졌다. 투자자들은 안전하다고 여겼던 자산을 쏟아냈고, 진정한 안전자산의 공급은 제한적이라는 사실을 알게 되었다. 투자자들이 팔 수 없는 위험자산을 보유하게 되는 것을 피하기 위해 급히 매도에 나서면서 패닉 매도가 시작되었다. 그 결과 금융적 손실은 40배로 증폭되었다. 5,000억 달러였어야 할 손실이 60조 달러에서 80조 달러 정도로 불어났다. 2008~2009년 겨울 동안 정부를 제외한 거의 모든 이들의 차입 비용이 치솟았고, 세계경제는 완전한 붕괴에 위험할 정도로 가까워 보였다.

이러한 안전자산 부족 사태는 어떻게 치유해야 할까?

중앙은행이 소위 공개시장조작, 즉 현금을 주고서 채권을 사들여서 통화 공급을 늘리는 방법은 소용이 없다. 물론 이렇게 하면 안전자산인 현금이 공급되지만 그 과정에서 또 다른 안전자산인 단기 국채가 사라지기 때문이다. 결과적으로 안전자산의 부족 사태는 계속된다. 또한 기업이 사업을 확장하도록 유도하여 주식을 발행하게 하는 것도 효과가 없을 것이다. 지금 부족한 것은 위험자산이 아니라 안전자산이기 때문이다. 주식은 이러한 요구를 충족시키지 못한다

그 대신 할 수 있는 대책은 여러 가지가 있다. 사실 1870년대에 〈이코노미스트The Economist〉의 편집장이던 영국 언론인 월터 배젓Walter Bagehot이 금융위기에 대해 쓴 《롬바드 스트리트Lombard Street》 이래 표준적인 기법playbook이 이미 존재했다. 이를 배젓-민스키 기법이라고 부르겠다.[23] 리먼 브라더스 붕괴 이후에 나타난 것과 같은 민스키적 불황의 경우, 정부가 취할 수 있는 최상의 선택은 안전자산의 부족 사태에 다음과 같이 즉각 대응하고 나서는 것이다. 즉 **정상적 시기에는 우량**good in normal times **이었을 담보를 잡고서, 제한 없는 대출**을 하되, **징벌적인 고금리**penalty rate **를 적용하라는 것이다.** '제한 없는 대출'이란 안전자산을 충분히 창출하여 더 이상 공급이 부족하지 않도록 하라는 것을 뜻한다. '정상적 시기에는 우량'이라는 말은, 금융위기가 없었으면 문제가 생기지도 파산에 처하지도 않았을 기관들과, 영속적으로 지급능력이 부족하여 법정관리로 들어갈 수밖에 없는 기관들을 구별해야 한다는 것을 뜻한다. '징벌적 고

금리'는 기회주의적인 금융가들이 이 상황을 이용하지 못하도록 하라는 것을 뜻한다.

2007~2009년의 기간에 여러 가지 방안이 시도되었다. 각국 중앙은행은 리스크가 있고 만기가 긴 자산들을 현금으로 매입하여 민간 부문의 대차대조표에서 리스크를 제거하고 스스로 떠안는 방법으로 안전자산을 공급했다. **양적 완화**라고 불리는 이 정책은 좋은 아이디어였지만, 중앙은행들은 그 큰 비용에 놀라 자빠질 지경이었다. 이들은 그렇게 큰돈이 들어가야 한다는 것에 위축되지 않을 수 없었고 결국 그러한 노력이 거둔 효과는 제한적일 뿐이었다. 각국 정부는 또한 더 큰 재정 적자를 편성하고 채권을 발행하여 안전자산 발행을 늘렸고, 그렇게 해서 손에 들어온 구매력을 공공근로 프로젝트로 돌려 일자리를 창출하는 데에 직접 쏟아부었다. 이 전략은 전반적으로 효과적이었지만, 정부 발행 채권이 안전자산으로 여겨지는 경우에만 작동했다.

각국 정부는 또한 안전치 못한 저축 수단들을 안전한 상품으로 전환시키는 방법으로 대출보증과 자산 스왑 등도 제공했는데, 이런 방법들은 민스키적 불황과 싸우는 데에 단연코 가장 비용이 덜 들면서도 가장 효과가 컸다. 하지만 이를 효과적으로 실행하기 위해서는 정부가 그러한 보증과 스왑의 가격 책정을 제대로 할 전문성을 갖추고 있어야 한다. 가격을 너무 높게 매기면 아무도 사려고 하지 않을 것이며 경제는 그대로 붕괴할 것이다. 하지만 가격을 너무 낮게 매기면 금융가들이 정부를 (그리고 국민을) 싹 벗겨서 털어먹어 버릴 것이다. 게다가 대출보증과 자산 스왑 같은 것들은 평등치 못한 자들까지 평등하게 대우하는 문제를 안고 있다. 즉 금융적으로 신중하지 못하게 행동하여 위기가 벌어지는 데에 상당한 책임을 져야 할 자들과 예상치 못한 금융 폭풍에 휘말렸을 뿐 아무 잘 못도 없는 이들을 똑같이 구해준다는 문제가 존재했다.

정부가 취할 수 있는 가장 안전한 방안은 구매력을 끌어올리는 것이었으리라. 그리고 단기적인 적자 재정을 편성하여 완전고용을 유지하는 데에 필요한 곳에 돈이 가도록 하는 것이었으리라. 이를 실행으로 옮긴 나라가 바로 중국이었다. 중국은 2008년 중반부터 엄청난 규모의 경기부양 예산과 일자리 창출 정책 등을 시작했다. 즉 이 상황에서는 대량 실업 사태를 피해가는 데에 충분할 만큼 경제 전체의 지출의 흐름을 높게 유지해야 하며, 거기에 필요하다면 무슨 수단이든 동원해야 한다는 점을 파악한 것이 중국 정부뿐이 었다는 것이다. 그리하여 '대침체'를 피해갈 수 있었던 나라는 오로 지 중국뿐이었다. 증거? 중국은 성장을 계속했다. 미국과 유럽은 그 러지 못했다.

가장 경솔한 방안은 상황이 더 나빠지는 않으리라고 가정하 는 것이었다. 바로 이것이 '북방세계'의 각국 정부와 중앙은행이 취 했던 방안이었다. 지출과 고용이 붕괴되고 말았다. 미국의 실업률 은 2009년 말이 되면 결국 10%로 정점에 달했고, 2012년 이전에 는 회복의 엄두조차 내지 못하게 된다. 사실 미국의 실업률은 이보 다 훨씬 더 올라갈 수도 있었다. 경제학자 앨런 블라인더와 마크 잔 디Mark Zandi에 따르면, 만약 오바마 정부 초기에 공화당이 주장했 던 것처럼 정부가 모든 지원을 일시에 끊어버리는 정책을 취했다 면 실업률은 16%까지 올라갔었을 것이라고 한다. 이 수치는 실제 의 실업률 정점과 1930년대 대공황 당시의 실업률 정점의 대략 중 간쯤 되는 수치이다.[24]

나는 2008년 9월까지만 해도 세계 각국의 정부들이 세계경제가 깊고 오랜 불황에 빠지지 않도록 관리할 수 있을 것이라고 확신했다. 하지만 2009년 3월이 되면 내 생각이 틀렸다는 것이 분명해졌다. 각국 정부는 실패했고, 세계경제는 깊고 오랜 불황에 빠져 버렸다. 현실을 다루는 경제학자들도 무엇을 해야 할지 또 배젓-민스키 기법을 어떻게 적용해야 할지에 대해 확신을 갖지 못했지만, 문제는 그게 아니었다. 정작 문제는 그러한 기법을 실행에 옮길 수 있는 정치적 동맹을 모아낼 수 없음이 판명되었다는 점이었다. 달리 말하면, 경제 회복에 실질적으로 도움이 되는 방식으로 기존에 자행된 방종과 오만에 대해 징벌을 내려야 했지만, 각국 정부와 정치가들은 국민들 사이에 그런 정치적 의지가 존재하지 않는다는 현실에 부닥치게 되었다. 따라서 많은 나라의 정부들은 단호하고 즉각적인 행동을 취하는 대신 그냥 벌어지는 일을 수수방관하는 쪽을 선택하고 말았다.

미국 연방정부는 여러 알파벳이 어지럽게 결합된 이름의 프로그램들을 내놓았으며, 이를 통해 대출을 보증하고 통화 공급을 확장하고 민간 부문 대차대조표에서 리스크를 제거하는 등의 개입을 행했다. 블라인더와 잔디의 판단—나의 판단도 일치한다—에 따르면, 이러한 개입은 상당히 효과적이었다. 부실자산 구제 프로그램Troubled Asset Relief Program, TARP, 자산담보부증권 대출기구Term Asset-Back Loan Facility, TALF, 모기지 조정 프로그램Home Affordable Modification Program, HAMP, 연준의 양적 완화 정책, 미국 재건과 재투자법American Recovery and Reinvestment Act, ARRA을 통한 추가적인 적자 지출, 그 밖의 정부의 모든 개입 프로그램들의 덕분으로 개입이 없었을 경우에 비해 실업률을 6%p 낮출 수 있었다. 위기가 덮쳤던 당시 만약 연방정부가 할 수 있는 모든 활동을 충분히 펼쳤더라면 실업률을 10%p

까지 낮출 수 있었을 것이다.[25] 할 수 있는 일의 5분의 3까지는 달성한 셈이다. 5분의 3 들어있는 잔은 빈 잔이 아니지만, 한편으로는 5분의 2가 비어있는 것도 분명한 사실이었다. 그리고 완전고용으로의 회복까지는 오랜 시간이 걸릴 것이라던 2011년의 예측은 정확한 것으로 판명되었다. '힘찬 반동'의 신속한 경제 회복 따위는 없었다. 실제로 경기 회복의 첫 4년 동안 노동자들의 구직 능력은 거의 개선된 바가 없었다.

정상적 시기에는 우량이었을 담보를 잡고서 **제한 없는 대출**을 하되, **징벌적인 고금리**를 적용하라는 배젓-민스키 기법을 다시 상기해 보자. 정책 결정자들은 이러한 기법을 서둘러 행동으로 옮겼다. 납세자들의 돈으로 금융기관에 대한 구제금융이 이루어졌다. 신뢰를 회복하기 위해 대출 보증이 확대되었다. 한 예로 아일랜드에서는 모든 아일랜드 은행의 부채를 정부가 보증한다는 예외적인 조치가 내려졌다. 각국 중앙은행과 정부기관들은 '최종 대부자' 역할을 맡아서, 민간 은행들이 신용을 제공할 수 없거나 하지 않으려는 경우에 스스로 신용을 공급했다. 이러한 조치들은 패닉을 막는 데에는 성공적이었다. 그리하여 2009년 초여름이 되면 금융 압박을 보여주는 지표들 대부분이 어느 정도 정상적인 수준으로 돌아왔으며, 세계경제는 급락을 멈추었다. 하지만 이는 어디까지나 '제한 없는 대출' 부분까지만의 이야기이다. 정부들은 배젓-민스키 기법의 '정상적 시기에는 우량' 부분의 실행을 무시했다. 대마불사의 대표 격인 시티그룹조차도 법정관리를 피해갈 수 있었다. 더 나쁜 문제가 있었다. 정부는 '징벌적인 고금리' 부분은 완전히 무시해 버렸다. 은행가들과 투자자들이 떼돈을 벌었으며, 아마도 이 위기의 원인이었던 시스템 리스크를 만들어낸 자들이 특히 더 많은 돈을 벌었을 것이다.

구제금융이란 리스크가 큰 자산에 잘못 돈을 걸었던 이들에게 보상해주는 행위이므로 항상 불공정하다. 하지만 그렇게 하지 않는다면 금융을 파괴하고 그래서 실물경제의 역동성도 끝장내는 상황이 될 수 있다. 리스크가 큰 금융자산의 가격 폭락은 리스크가 있는 생산 활동을 중단하고, 리스크를 수반할 수 있는 새로운 활동을 하지 말라는 메시지를 보낸다. 이는 깊고 긴 불황을 불러올 처방이다. 구제금융에서 비롯되는 정치적 문제는 해결할 수 있다. 하지만 큰 불황으로 인한 후유증은 그렇지 않다. 따라서 모두에게 혜택이 돌아간다고 여겨지면, 자격이 없는 자들에게도 혜택을 주는 구제금융을 받아들일 수 있다. 예를 들어 2007~2009년의 경우, 수천명의 무책임한 금융가들에게 과도한 투기를 삼가라고 가르치는 것보다 수백만 명의 미국인과 전 세계 수천만 명의 일자리를 지키는 것이 결국 훨씬 더 중요했다.

1996년 대통령 선거 당시 공화당의 부통령 후보 잭 켐프Jack Kemp는 1994~1995년에 금융위기를 맞은 무책임한 멕시코 정부를 구제하기로 했던 클린턴 정부의 결정을 놓고 부통령 앨 고어Al Gore에게 공격을 퍼부었다. 고어는 미국이 멕시코에 징벌적 고금리를 부과하여 그를 통해 미국이 15억 달러를 벌어들였다고 응수했다.[26] 1997~1998년 클린턴 행정부의 재무부 장관 로버트 루빈과 IMF 총재 미셸 캉드쉬Michel Camdessus 또한 무책임한 동아시아 국가들에게 대출을 해주었던 뉴욕 은행들을 구제하기 위해 공적 자금을 투입했다고 공격을 받았다. 그들은 은행들을 구제하기 위해 공적 자금을 투입bail out 한 것이 아니라 한국 경제를 지원하기 위한 추가적인 자금을 은행들이 투입하도록 요구함으로써 은행의 채권자들이 손실을 분담bail in 하도록 했고, 그럼으로써 글로벌 침체를 피할 수 있게 되어 모든 사람에게 엄청난 혜택이 돌아갔다고 반박했다(납세자의 돈, 즉 공적 자금을 투입하여 은행을 구제하는 구제금융bail out 과 달리, 채권자 손실 분담bail in 은 은행의 채권자와 예금자에게 채무를 취소하도록 요구함으로써 파산 직전의 금융기관을 구제하는 방법이다 —옮긴이). 하지만 2009년의 경우 미국 정부는 이런 말을 할 수 없었다. 실물경제에서는 일자리가 계속 줄어드는데, 은행가들은 계속 보너스를 받는다는 사실만 부각될 뿐이었다.

아마 그럴 만한 이유가 있었을 것이다. 아마도 정책 결정자들이 미국이나 서유럽에서는 다양한 이해관계를 단일하게 조율하여 중국이 하고 있던 일 —정부가 완전고용을 유지하거나 신속히 복구하는 데 필요한 규모의 차입과 지출을 하는 것 —을 실행하는 것이 불가능하다고 인식했을 것이다. 이런 현실을 감안할 때 신속한 회복을 추동할 만큼의 지출과 투자를 만들어내는 유일한 방법은 기업과 투자자의 신뢰를 회복하는 것임을 깨달았을 것이다. 그리고 은행의 경영진과 임원들을 해임하거나 제거하고, 은행을 법정관리하기로 하고, 보너스를 몰수하는 조치는 정반대의 효과를 낳을 것이라고 생각했을 것이다.

하지만 가장 가능성이 높은 설명은, 정책 결정자들 스스로가 한마디로 이 상황을 이해하지 못했고 배젓-민스키 기법을 전혀 이해하지 못했기 때문이라고 생각한다.

이유가 무엇이었든 이 상황을 보고서 격노하지 않을 사람은 없었다. 실업률은 10%로 치솟고 수많은 사람이 집을 차압당하는 마당에 은행가들은 구제되고 있었으니까. 만약 정책 결정자들이 배젓-민스키 기법에서 '징벌적 고금리' 부분에 좀 더 주의를 기울였다면 최소한 불공정하다는 사람들의 느낌만큼은 완화시킬 수 있었고, 그 이상의 행동으로 나갈 정치적 기반도 더욱 닦을 수 있었을 것이다. 하지만 그들은 그렇게 하지 않았고, 정부에 대한 공공의 신뢰가 바닥으로 떨어져 정작 회복을 촉진하기 위해 필요한 조치를 취할 수 없었다.

그런데 금융가들과 투자자들의 '자신감'을 회복하기 위한 많은 노력이 2009년 이후 별다른 성과를 거두지 못했던 이유는 이것만이 아니다. 북방세계의 경제는 여전히 너무 많은 위험한 부채에 발목이 잡혀 있었다.

거시적 차원에서, 2008년 이후 10년간의 이야기는 거의 항상 경제 분석과 커뮤니케이션의 실패로 여겨졌다. 우리 경제학자들이 상황을 실시간으로 충분히 적절하게 분석하지 못했고, 그렇기 때문에 정치인과 관료들에게 무엇을 해야 하는지 제대로 전달하지 못했다는 것이다. 하지만 상황을 분명히 이해하고 있던 많은 경제학자들이 있었다.

그리스의 예를 들어보자. 2010년 그리스 부채 위기가 터졌을 당시, 역사의 교훈이 너무나 자명해서 해결의 경로 또한 명확해 보였다. 논리는 분명했다. 그리스가 유로존의 회원국만 아니라면 최상의 선택지는 채무 불이행을 선언한 뒤 채무를 재조정하고 통화를 평가절하하는 것이었다. 하지만 (하나의 유럽이라는 정치적 프로젝트에 큰 차질을 빚을 수 있을 것이므로) 유럽연합은 그리스가 유로존을 떠나는 것을 원하지 않았기 때문에, 그리스가 유로 통화동맹을 탈퇴할 때에 얻을 수 있는 이점을 상쇄할 수 있는 충분한 원조, 채무 탕감, 지불 지원(이자율 조정, 상환 일정 연기 등 —옮긴이) 등을 제공하는 것이 합리적이었다. 그러나 일은 이렇게 진행되지 않았다. 오히려 그리스의 채권단은 예상과 달리 그리스를 더욱 옥죄는 쪽을 선택했다. 그 결과 그리스는 지금보다 2010년에 유로화를 포기했었을 경우의 미래가 더 나았을 가능성이 크다. 2008년의 금융위기를 겪은 아이슬란드가 대조적인 상황을 보여준다. 그리스는 지금도 불황의 늪을 헤매고 있지만, 유로존에 속하지 않은 아이슬란드는 경제가 신속하게 회복되었다.

미국에서도 2010년대 초반에 정책 결정자들이 가속 페달에서 발을 떼어 버렸다. 미래의 역사가들은 당시 정부가 왜 차입과 지출 확대를 꺼려했는지 이해하기 힘들 것이다. 경제학자 래리 서머스 Larry Summers 가 '구조적 장기 침체secular stagnation'라고 이름 붙인 시대가 2000년대 중반부터 시작되었다. 즉 위험을 감내할 능력이 부족하고 불안한 개인 투자자들의 안전자산에 대한 갈망으로 인해 안전한 채권의 금리가 아주 낮은 시대가 시작된 것이다.[27] 이러한 상황이 지속되는 한 정부는 사실상 공짜로 돈을 빌릴 수 있었다. 이제 대부분의 경제학자들이 이러한 경우에는 정부가 상황을 활용하여 이점을 취하고 차입을 해야 한다는 데 동의한다. 나는 항상 그 누구도 여기에서 예외가 될 수 있다고 믿기 어려웠고 지금도 그렇게 생각한다.[28]

하지만 2010년 새해에 오바마 대통령은 연두교서에서 이렇게 말한다. "가정과 기업이 지출에 신중한 것과 마찬가지로 정부 또한 허리띠를 졸라매야 합니다." 그리고 그는 연방정부 지출의 동결을 요구하면서, 무슨 대가를 치르더라도 이를 반드시 이룰 것이라고 확언했다. "만약 동결 조치를 시행하기 위해 거부권 행사가 필요하다면, 그렇게 할 것입니다." 이를 지켜보면서 나는 우선 자신의 두 수석 부관lieutenant이라 할 하원의장 낸시 펠로시Nancy Pelosi 와 상원 원내대표 해리 리드Harry Reid를 앞에 두고 거부권을 행사하겠다고 위협하는 것이 당내 화합을 구축하는 아주 독특한 방법이라는 생각이 들었다.[29] 원활한 당정 협력이 이런 식으로 유지된다는 이야기는 들어본 적이 없었다. 순식간에 정책 토론은 '무엇을 해야 할까?'에서 '내 말을 들어라!'로 바뀌었다. 여기서 신자유주의자이자 테크노크라트이자 주류 신고전파 경제학자로서의 내 인식의 지평은 한계에 도달했다. 당시 세계경제는 부진한 수요와 높은 실업률이라는 **심각한 발작**grand mal으로 큰 어려움을 겪고 있었다. 우리는 치료법을 알고 있었다. 그럼에도 우리는 환자에게 더 큰 고통을 가하기로 결심한 것 같았다.

오바마의 경제 보좌관을 역임한 이들은 그가 2010년대 전반기에 북방세계에서 가장 합리적이고 가장 적절하게 행동한 지도자였다고 말한다. 맞다. 하지만 (미국의 실업률이 여전히 9.7%였던 당시의) 오바마의 연설은 "재무부가 긴축을 시작해야 하는 시점은 불황이 아니라 호황"이라는 케인스의 1937년 발언과 정면으로 배치되었다.[30] 간단한 계산만으로도 분명해 보였다. 2009년부터 미국 정부는 30년 만기 국채를 실질 금리 연 1% 혹은 그 이하로 발행할 수 있었다. 이를 감안할 때 정부가 인프라에 5,000억 달러를 추가로 지출했더라면 거의 어떤 비용도 치르지 않고 정부와 국가에 막대한 이득을 가져올 수 있었다. 투자자들은 절실하게 안전자산을 보유하고자 했었기 때문에, 기꺼이 국채를 매입하여 자산으로 보유할 의향이 있었을 것이었다. 하지만 오바마는 전혀 관심이 없어 보였다.

오바마만이 아니었다. 2011년 여름, 연준 의장 버냉키는 장밋빛 전망을 내놓았다. "완만한 회복세가 지속되고 나아가 가속화될 것으로 예상한다"며 "가계도 저축을 늘리고 대출을 줄이며 이자 상환과 부채 부담을 줄이는 등 대차대조표를 개선하는 데 어느 정도 진전이 있었기 때문"이라고 선언했다. 게다가 상품 가격의 디플레이션으로 "가계의 구매력이 올라가는 데 도움"이 될 것이라고 말했다. 그리고 "미국의 성장 펀더멘털이 지난 4년간의 충격 때문에 영구적으로 바뀌지는 않았던 것으로 보인다"는 사실이 가장 희망적이라고 말했다.[31] 바로 그 순간 주정부와 지방정부 예산 삭감으로 미국의 인적 자본과 인프라 투자 속도가 둔화되어 미국의 장기적인 성장 궤적이 이미 낮아진 2%p에 대해 3분의 1%p 더 낮아졌다.

1930년대의 대공황 이후 산업 생산 역량에 대한 막대한 투자가 2차 대전 동안 이루어지면서 잃어버린 10년의 부족분을 메꿀 수 있었다. 그 결과 대공황은 미래의 성장에 그림자를 드리우지 않았다. 그런데 2008~2010년의 불황으로 드리워진 그림자를 지울 수 있는 유사한 대책floodlights은 나오지 않았다. 오히려 회복이 늦어지면서 그림자는 갈수록 더 길어졌다. 루스벨트 대통령은 완전고용을 회복하는 것이 정부의 최우선 목표이기 때문에 완전고용이 빠르게 회복될 것이라는 확신을 불어넣었던 반면, 2010년대 초반의 대중은 합당한 이유로 완전고용을 회복하겠다는 정부의 약속에 회의적이었다. 경기 하락의 규모와 느린 회복을 고려했을 때 그 결과는 미국에서는 경제성장의 잃어버린 5년, 서유럽 대부분의 지역에서는 잃어버린 10년이었다.

이를 중국과 비교해 보라. 중국은 '무슨 결과가 나오든 시장에 축복 있으라' 따위의 태도를 가진 나라가 분명 아니다. 2007년과 그 이후의 중국은 시장이 사람을 위해 만들어진 것이 아니라 중국 공산당의 목표에 복무하기 위해 만들어졌다는 것을 알고 있었다. 그 목표 중 하나가 완전고용을 유지하는 것이었다. 그리하여 완전고용은 유지되었다. '유령 도시'가 건설되고 많은 사람들이 아무도 사용하기 전에 붕괴되고 노후화될 인프라에 투입되었나? 그렇다. 정부의 압박 없이는 은행들이 완전히 받아들이지 않았을 불안정한 금융 구조가 구축되었나? 그렇다. 하지만 그에 따른 비용은 중국이 완전고용과 성장을 유지하였기 때문에 피할 수 있었던, 다른 나라들은 대침체를 겪느라 입었던 피해에 비하면 대수롭지 않은 수준이었다. 대침체 시기에 중국은 북방세계를 따라잡기 위한 경쟁에서 최소한 5년에서 10년을 벌었다.

이러한 비합리성이 어떻게 생겨난 것인지 설명해 보자. 카멘 라인하트Carmen M. Reinhart와 케네스 로고프Kenneth Rogoff 같은 유능한 일부 경제학자들은 금융위기의 위험을 잘 이해했지만, 위기 이후 고용을 부양하기 위한 공공 지출의 위험은 지나치게 과장했다.[32] 연준 의장 버냉키를 포함한 다른 유능한 경제학자들은 금리를 낮게 유지하는 것의 중요성을 이해했지만, 양적완화와 같은 추가적인 통화정책 수단의 효과를 과대평가했다.[33] 아마도 나처럼 덜 유능한 다른 경제학자들은 확장적 통화정책만으로는 충분치 않다는 점은 알고 있었지만, 글로벌 불균형을 잘못된 방식으로 바라보았기 때문에 리스크의 주요 원인 ─미국의 잘못된 금융 규제─ 을 놓쳤고 실시간으로 정확한 정책을 내놓기 위해 상황을 따라잡으려고 애를 쓰고 있었다.[34]

돌이켜 보면, 테크노크라트의 판단 착오와 소통 실패가 사태를 이렇게 재앙으로 치닫도록 하는 데 큰 영향을 미친 것으로 보인다. 만약 우리 경제학자들이 불황과 그 치유책에 대해 알고 있던 바에 대해 더 일찍 목소리를 내고, 우리의 생각이 맞았던 문제에 대해서 더 설득력 있게 말하고, 우리가 틀린 문제에 대해서 더 잘 인식했더라면, 상황은 지금보다 훨씬 더 좋아졌을지도 모른다. 그런데 컬럼비아 대학교의 역사가 애덤 투즈Adam Tooze는 이러한 집단행동의 우발적 서사를 거의 사용하지 않는다. 그는 2008년 이후 10년간의 재앙이 보다 근저에 있는 역사의 흐름 때문에 벌어진 결과로 본다. 우파들이 금융 규제 완화와 부유층에 대한 감세를 과거보다 훨씬 더한 정도로 아예 우상으로 떠받들게 되었다는 것이었다.[35] 조지 W. 부시 행정부가 잘못된 조언과 훈수에 휘둘려 이라크와 전쟁을 벌였던 후과로 인해 이 경제 위기의 시기에 미국은 북대서양 세계를 주도할 만한 신뢰를 상실한 상태였다. 공화당은 신경쇠약에 시달렸고(갈등, 불화, 분열 등—옮긴이), 결국에는 자이하며 인종을 미끼로 사용하는 리얼리티 TV 스타를 받아들였다.

투즈가 흐름과 구조를 보는 지점들에서 나는 우연과 불운을 본다. 대공황 시절로 돌아가면, 일본에서는 다카하시 고레키요가 신속하게 평가절하와 리플레이션을 실행했고, 독일에서는 리플레이션이 성공했으며(이 덕분에 히틀러의 나치 체제가 공고화되어 결과적으로는 대재앙이었다), 미국에서는 루스벨트가 뉴딜 정책을 시행했다. 모두 2009년 미국의 오바마 정부 그리고 유럽의 정부들보다 쓸 수 있는 정책 수단도 훨씬 더 빈약한 상태였다. 상황의 본질을 감조차 잡을 수 없었다는 핑계도 얼마든지 댈 수 있었다. 그런데도 이들 모두가 훨씬 더 훌륭하게 대응했다.

루스벨트와 오바마 두 미국 대통령 사이의 차이는 구조적 필연성보다 우발적 운과 선택의 문제였다는 나의 관점을 확신케 하는 놀라운 대조점이 있다. 오바마는 다가오고 있는 사태를 미리 알 수 있었다. 실제로 그는 이를 경고하기까지 했다. 민주당의 떠오르는 정치 신인이었던 2004년에 오바마는 노동자와 중산층을 지지하는 '보랏빛 미국purple America'을 건설하지 못한다면 국수주의nativism와 정치적인 붕괴로 이어질 것이라고 경고한 바 있었다. 대공황 당시 루스벨트는 그 정도 규모의 사태에 대처하려면 무엇을 해야 하는지 알고 있었다. 대공황이 한창이던 1932년 그는 "미국에는… 대담하고 지속적인 실험이 필요합니다"라고 말했다. "한 가지 방법을 택해 시도하고, 실패하면 솔직하게 인정하고 다른 방법을 시도하는 것은 상식입니다. 그러나 무엇보다도, 무엇인가를 시도해야 합니다."[36] 오바마는 루스벨트의 뒤를 따르려 하지 않았다.

오바마 행정부가 좀 더 공격적이었다면 상황이 많이 달라졌을까? 당시의 권력자들이 정치적 붕괴와 미국의 국제적 신뢰 상실이라는 조건 속에 있었기 때문에, 경제 전문가들은 권력자들에게 무엇을 해야 하는지에 대해 확신을 줄 수 없었다. 금권 대부호들이 정책 결정에 미치는 영향력이 커진 상황에서, '대담하고 끈질긴 실험'을 요구하는 경제학자들은 비록 잘 확립된 경제 이론이 정확히 그런 행동 방향을 정당화했음에도 불구하고 흐름을 거슬러야 하는 상황이었다.

하지만 1920년대에 2류 지식인으로 간주되던 그리고 가문의 재산과 삼촌 시어도어 루스벨트의 명성 덕분에 분에 넘치는 지위를 얻은 것으로 여겨지던 루스벨트는 아무도 기대하지 않던 상황에서 엄청난 위업을 달성했다.[37]

연준의 정책 결정자들은, 당시 재정적 어려움을 고려하면 자신들은 할 수 있는 최선을 다했다고 여전히 주장하고 있다. 오바마 정부의 정책 결정자들은 자신들이 두 번째의 대공황을 막아냈다고 스스로를 치켜세우며 2010년 중간선거에서 공화당이 하원 다수당이 된 후 즉시 재정 부양책의 물꼬를 끊어버렸다는 점을 감안하면 할 수 있는 최선을 다했다고 말한다. 어찌 된 일인지 이 오바마 정부의 공직자들은 "정부도 허리띠를 졸라 매야 합니다"라고 말한 자신들의 상사가 이미 재정지출의 물꼬를 끊었던 사실은 언급하지 않고 있다.[38]

우파 쪽 경제학자들은 오바마 정부의 재정정책과 버냉키 연준 의장의 통화정책이 위험할 정도로 인플레이션을 자극했다고 여전히 주장하고 있다. 이들의 주장이 옳다면, 우리는 지금쯤 짐바브웨의 하이퍼인플레이션과 같은 경제적 재앙의 운명을 벗어난 데에 안도해야 할 것이다.[39]

2050년대가 되어 경제사가들이 2007년에 시작된 '대침체'와 1929년에 시작된 대공황을 비교한다면, 그들은 분명 21세기 초의 정책 결정자들이 대공황의 반복을 막아낸 데 대해 칭찬을 아끼지 않을 것이다. 반면 그들은 우리가 1933년의 교훈을 기억하지 못한 것을 두고 매우 의아하게 여길 것이다. 뉴딜 시대의 강력한 정책들은 2차 대전 이후의 빠르고 공평한 성장을 위한 토대를 마련했다. 그러한 선례가 있었음에도 어째서 우리는 보다 적극적인 재정정책의 이점을 이해하지 못했던 것일까?

1980년대 이후로 좌파 신자유주의자들은 정권을 잡았을 때 신자유주의로 선회했다. 시장 인센티브를 활용하는 정책이 위로부터의 명령과 통제보다 사민주의적 목표를 달성하기 위한 더 나은 길이라고 믿었기 때문이다. 시장은 경쟁 유지와 피구적 외부성의 보정(부정적 외부성이 있는 경우 세금을 통해 후생의 손실을 줄이는 것 —옮긴이)을 적절하게 해낼 수 있을 때 결국 해법을 크라우드소싱하여 모든 인류의 종합 지성anthology intelligence을 활용하는 데에 매우 효과적이었다. 그리고 명령과 통제에 지나치게 의존하는 것은 매우 비효율적이며, 성장이 빠르지 않다면 시장경제가 기회를 주지 않았던 사람들에게 관대해지자고 유권자들에게 요청할 수도 없었다.

1980년대 이후로 우파 신자유주의자들 또한 정권을 잡았을 때 신자유주의로 선회했다. 1945~1973년까지 급속한 성장을 이룬 사회민주주의의 성공은 과거와 미래로부터 빌려온 것에 불과하며, 시장 논리에 대한 새로운 복종만이 다시 빠른 성장을 가져올 수 있다고 믿었기 때문이었다. 만약 자유시장을 통한 경제성장이 매우 불평등한 소득과 부의 분배를 낳는다면? 오히려 잘된 일이다. 각자 응당 받을 몫을 받게 되었다는 말이니까.

2007년만 해도 아직 교조적 신자유주의자들은 그런대로 상황을 설명할 수 있었다. 초세계화와 신자유주의는 남방세계의 반反발 전국가가 주도한 과도한 국가 주도 개발의 시대보다 우월한 것으로 보였다. 2차 도금시대의 소득과 부의 불평등은 그것을 원하는 사람들에게는 단점이 아니라 장점으로 선전될 수 있었다. IT 혁명 —그리고 가시적인 미래 생명공학 혁명—은 전후 황금시대의 성장 속도를 회복할 수 있는 비법으로 선전되었다. 경기변동의 대안정기 —인플레가 낮게 유지되면서도 주기적인 높은 실업률의 충격이 없는 기간—는 신자유주의 테크노크라트들의 탁월함과 능력을 입증하는 것처럼 보였다. 유권자들도 비록 신자유주의에 만족하고 행복한 것은 아니었지만, 그렇다고 해서 신자유주의 중도파 대신 극우파나 극좌파를 다수당으로 만들어 줄 생각은 없었다.

2016년이 되자 2007~2010년의 위기가 위기 이후 정상적인 전진이 다시 시작된 단순한 반동이 아니었다는 사실이 분명해졌다. 심지어 2007년 이전에도 상황이 매우 나빴다는 사실도 드러났다.

그저 사람들이 눈치채지 못했을 뿐이었다. 워너브라더스의 만화 캐릭터가 떠오른다. 로드 러너Road Runner의 불운하고 무력한 숙적 코요테Wile E. Coyote는 종종 절벽에서 뛰어내리고도 공중에 매달려 있는데, 아래를 내려다보고 자신의 곤경을 알게 되면 절벽 아래로 곤두박질친다.

이 책의 2장 말미에서 나는 2006~2016년의 10년간 미국의 1인당 소득 증가율이 연 0.6%에 불과하고, 이는 1976~2006년의 2.1% 증가율 —IT 혁명으로 추동되었지만 균등하게 분배되지는 않았다 —과 1946~1976년의 3.4% 증가율과 크게 대비된다고 언급한 바 있다. 2006~2016년 사이의 소득 증가율 감소 추이는 서유럽에서 더 안 좋았다. 영국은 0.6%, 프랑스는 0.3%, 이탈리아는 마이너스 0.9%, 독일은 1.1%였다.

신자유주의가 낳은 지적 풍토와 정책 결정 환경은 2007년에 상대적으로 작은 거시경제적 충격에 그야말로 수준 이하의 대응을 하게 함으로써 대침체와 이후의 빈약한 회복을 초래했다. 이는 신자유주의에 대한 판단에 매우 부정적인 영향을 미쳤다. 그리고 신자유주의의 그 저조한 성과 탓에 소득과 부의 불평등이 강화되고 심화되는 대가를 치러야 했다.

사람들도 이 점을 알아차렸다. 하지만 이것이 북방세계의 유권자들 중 좌파 신자유주의의 왼쪽에서 신자유주의적 전환을 완화시키고 일부라도 되돌리고자 하는 정치인들을 지지하는 견고하고 꾸준한 다수를 만들어내지는 못했다. 대신 유권자들은 갈수록 비난을 뒤집어씌울 누군가 그리고 누가 희생양이 되건 그를 처벌할 지도자를 찾기 시작했다. 게다가 미국은 더 이상 세계를 이끄는 지도국가도 아니었다. 야당은 상대 정당의 대통령을 실패자로 만드는 것을 자신의 최우선 과제로 삼기 시작했다. 2015년 중국 공산당 고위 간부이자 IMF의 수석 부총재인 주민朱民은 나에게 이렇게 물었다. "미국의 무너진 시스템을 복구하기 위해 무엇을 할 것인가요?" 나는 대답할 수 없었다.

15장 앞부분에서 말한 것처럼, 신자유주의적 전환이 시작된 시기는 내가 경력을 시작한 때와 겹치기 때문에, 나의 경험과 기억이 내 판단을 선명하게 하기도 흐릿하게 하기도 한다. 그래서 옹호하고 판단하기보다는 보고 이해하며 있는 그대로의 과거wie es eigentlich gewesen (역사가 레오폴트 폰 랑케가 제시한 개념 —옮긴이)라든가 분노도 편견도 없이sine ira et studio (로마 역사가 타키투스가 주조한 용어 —옮긴이) 말해야 한다는 역사가의 이상에 내가 다가갈 수 있을지 자신하기는 어렵다.[40]

그럼에도 나는 2010년 시점의 북방세계의 안타까운 상태를 만들어내는 데 힘 있고 중요한 개인들의 불운과 그릇된 선택이 끼친 영향이 너무나 컸다고 말하고 싶다.

이제 나는 분명 불운과 그릇된 선택들 —2000년 대통령 선거 때 플로리다의 검표기에서 잘못 처리된 무효표, 깜짝 놀랄 정도로 자격 미달인 아들 부시에게 자기 인맥을 넘겨주고 전폭적으로 지지했던 부시 대통령, 그리고 그 뒤에 벌어진 일들 —이 신자유주의의 오류 및 약점과 결합되면서 2000년에서 2007년 사이에 시스템에 균열이 생겼다고 생각한다. 이제 나는 분명 2007년을 기점으로 시스템에 심각한 균열이 생겼고, 2010년에는 시스템이 붕괴될 수도 있었다고 생각한다. 만약 능숙한 지도자들이 나오고 행운까지 따랐더라면 상황이 봉합될 수 있었을까? 미국의 경우, 오바마 행정부, 공화당 지도자들, 미국 국민들은 그 역할을 제대로 하지 못했고, 이는 2016년에 결과로 드러났다. 서유럽의 상황은 더 나빴다.

하지만 다른 이들은 우연보다는 필연을 본다. 이들은 내가 장기 20세기의 종말이라고 부르는 것을 힘 있는 개인들의 선택이 아니라 구조의 문제로 본다. 이들도 2000년 이후 북방세계 특히 미국이 (나쁜 의미보다는 좋은 의미에서) 미래를 만들어가는 용광로 역할을 하던 시대가 종언을 고했다는 점에 동의한다.

그리고 아마도 미래의 역사가들이 내릴 판단은 나보다는 이들의 판단과 일치할 것이라고, 나 또한 생각한다.

결론.
우리는 여전히 유토피아를 향해 웅크린 채
나아가고 있는가?

1870년에 인류에게 큰 변화가 일어났다. 기업 연구소, 근대적 대기업, 저렴한 해상 및 육상 운송과 통신이 등장하면서, 우리는 대규모 빈곤이 반복되는 불안정한 패턴의 세상으로부터 새로운 기술의 발견, 개발, 활용을 통해 경제가 끊임없이 혁신하는 번영의 단계로 넘어왔다. 이러한 슘페터식 창조적 파괴의 과정은 세대마다 인류의 잠재적 생산력을 두 배로 끌어올렸다. 그 이후 사회의 기반과 토대는 반복적으로 흔들리고 손상되었다. 1870년에서 2010년까지와 같은 장기 세기는 당연하게도 무수히 많은 순간들로 이루어져 있다. 20세기의 중요한 순간들은 이러한 창조적 파괴와 그에 따른 흔들림과 손상으로 촉발되었다. 여기 내가 중요하다고 생각하는 두 개의 순간이 있다. 둘 모두 장기 20세기의 한 가운데에 있었던 일들이다.

첫 번째 순간은 케인스가 '우리 후손들의 경제적 가능성'(7장에서 다루었다)이라는 강연을 했던 1930년에 일어났다. 케인스는 이 강연에서 경제 문제는 인류의 가장 "영구적인 문제"가 아니며, 오히려 일단 경제 문제들이 해결되었을 때 "어떻게 하면… 경제적 걱정에서 벗어나 자유를 누리고…지혜롭게 유쾌하게 잘 살 수 있을까"

가 진짜 어려운 문제라고 결론지었다. 이 발언의 중요성에 대해서는 이 결론의 뒷부분에서 다시 다루겠다.

두 번째 중요한 순간도 비슷한 시기에 있었다. 루스벨트가 대통령에 당선되어 미국 정치의 교착 상태를 깨뜨리고 대공황의 경제 문제를 실험하기 시작했을 때였다.

1933년 3월 취임 바로 다음날, 루스벨트는 금 수출을 금지하고 은행 휴일을 선언했다. 나흘 만에 하원과 상원이 소집되었고, 하원은 루스벨트의 첫 번째 법안인 긴급은행법Emergency Banking Act 이라는 개혁안을 만장일치로 통과시켰다. 긴급은행법은 지불 능력이 있는 은행이 업무를 재개하고 그렇지 못한 은행들은 재조직하도록 하는 것과 대통령이 금 이동을 완전히 통제할 수 있도록 하는 내용을 담고 있었다. 루스벨트가 의회에 제출한 두 번째 법안도 즉각 통과되었다. 이는 경제법Economy Act으로서, 연방정부의 지출을 삭감하고 예산을 균형에 가깝게 조정하는 내용이었다. 세 번째 법안은 맥주 및 와인 세수법Beer and Wine Revenue Act 이었다. 이는 금주법Prohibition의 종언, 즉 주류 판매를 금지하는 수정 헌법의 조항의 철폐를 예고하는 법안이었다. 3월 29일에는 의회에 금융시장 규제를 요구했다. 3월 30일에는 의회가 루스벨트의 시민자연보존단Civilian Conservation Corps, CCC을 설립했다. 4월 19일 루스벨트는 미국에서 금본위제를 폐지했다. 5월 12일 의회는 루스벨트의 농업조정법Agricultural Adjustment Act을 통과시켰다. 5월 18일 루스벨트는 테네시밸리개발청법Tennessee Valley Authority Act에 서명하여 미국 최초의 정부 소유 대형 유틸리티 공기업을 출범시켰다.

또한 5월 18일에는 취임 후 100일간의 화룡점정이라 할 국가산업부흥법National Industry Recovery Act, NIRA을 의회에 제출했다. 모든 분파들이 이 법에서 뭔가를 얻어냈다. 기업들은 담합을 통해 비교적 높은 가격을 쉽게 유지할 수 있는 '행동 수칙code of conduct'을 마련하고, 수요에 맞춰 생산 능력을 '계획'할 수 있는 권한을 얻었다. 사회주의 지향을 가진 정책가들은 업계가 작성한 계획을 정부—국가부흥청National Recovery Administration, NRA—가 승인해야 한다는 요구를 관철시켰다. 노동계는 단체교섭, 최저임금제, 노동시간 상한을 산업별 계획에 포함시킬 권리를 획득했다. 정부의 공공사업 지출을 원하던 이들에게는 33억 달러가 집행되었다.

그리하여 1차 뉴딜 정책에는 정부와 산업계의 공동 계획, 담합 규제, 협동 등의 강력한 '코포라티즘' 프로그램이 나타나게 되었고, 농업 부문 상품 가격의 강력한 규제 및 여타 영구적인 연방 수당, 막대한 규모의 여타 공공사업 지출, 금융시장에 대한 연방정부의 유의미한 규제, 소액 예금자들의 예금 보험과 주택담보대출 경감 및 실업 구제, 노동시간 단축 및 임금 상승의 약속—1935년의 전국노사관계법National Labor Relations Act 혹은 와그너법을 낳았다—, 관세 인하 약속—1935년의 상호관세법으로 결실을 맺었다—등이 포함되었다.

NIRA와 달러의 평가절하는 디플레이션 전망을 무너뜨렸다. 예금 보험 창설과 은행 시스템 개혁으로 저축자들은 다시 돈을 은행에 맡기고자 하였고, 통화 공급이 다시 확대되기 시작했다. 코포라티즘과 농업 보조금이 시행되면서 고통 분담이 확실하게 이루어졌다. 균형 예산을 의제에서 제거한 것이 도움이 되었다. 주택담보대출 경감과 실업 구제 조치도 도움이 되었다. 공공사업 지출을 약속한 것도 도움이 되었다. 이 모든 정책 행위들이 상황이 악화되는 것을 막아냈다. 분명 즉각적으로 상황을 어느 정도 개선했고, 그 후 상당 정도로 나아졌다.

그런데 평가절하, 통화 팽창, 디플레이션 전망 종식, 재정지출 축소 압박의 종식 등을 빼고 나면, 루스벨트의 '처음 100일'의 효과는 어땠을까? 나머지를 결산해 보면 그 합이 긍정적인지 부정적인지 분명하지 않다. 미국을 대공황에서 빠르게 벗어나게 할 수도 있었던 본격적인 통화 팽창 정책과 대규모 적자를 통한 재정정책 —히틀러의 독일을 대공황에서 신속하게 끌어낸 바 있다—은 사실 시도되지 못했다. 소비자들은 국가부흥청이 물가를 올렸다고 불평했다. 노동자들은 자신들에게 주어진 발언권이 충분치 않다고 불평했다. 기업인들은 정부가 자기들에게 명령을 내린다고 불평했다. 진보주의자들은 국가부흥청이 독점을 만들어 냈다고 불평했다. 국가 재정지출을 행하는 이들은 기업들 간의 담합으로 물가가 오르고, 생산이 줄어들고, 실업이 늘어난다고 걱정했다. 후버 전 대통령과 그의 무리들은 만약 루스벨트가 그전에 자신들이 했던 대로만 따라했더라면 모든 것이 더 빠르게 나아졌을 것이라고 주장했다.

루스벨트는 이러한 비판에 직면해서도 다양한 시도를 계속했다. 만약 기업-노동-정부의 '코포라티즘'이 작동하지 않는다면 (그리고 대부분 공화당이 임명한 판사들로 채워진 대법원에 계속 가로막힌다면) 아마도 사회안전망이 역할을 할 것이었다. 뉴딜이 남긴 가장 지속적이고도 강력한 성과는 1935년의 사회보장법으로서, 이는 미망인, 고아, 아버지가 없는 아이, 장애인에게 연방정부의 현금을 지원했고, 또한 연방정부의 자금으로 운영되는 거의 보편적 성격의 노령연금 제도를 확립했다. 달러의 가치절하가 충분한 효과를 거두지 못한다면, 아마 노동조합 운동을 강화하는 전략이 효과를 거둘 수 있을 것이라고 루스벨트는 생각했다. 와그너법은 노동쟁의의 새로운 규칙을 정하고 노동조합을 강화하여 이후 반세기 동안 지속된 노동조합 조직화 물결의 길을 닦아주었다. 대규모의 공공사업 및 공공 고용 프로그램은 노동자의 자존감을 회복시키고 민간 부문에서 일자리를 구할 수 없었던 가계로 소득을 이전했다. 다만 이 때문에 기업과 노동자가 세금을 더 내야 할 것으로 생각하게 되어 경기 회복이 다소 지체되는 대가를 치렀다.

반독점 정책, 유틸리티 독점 해체, 보다 누진적인 소득세 등의 정책들도 시도되었다. 머뭇거리기는 했어도 적자 재정도 (불가피한 일시적 악으로서가 아니라 적극적인 선으로) 받아들였다. 30년대가 저물어 가면서 루스벨트의 주된 염려는 다가오는 유럽에서의 전쟁과 일본의 중국 침략 등으로 옮겨갈 수밖에 없었다. 닥터 뉴딜Dr. New Deal은 닥터 승전Dr. Win the War으로 대체되었다. 결국 2차 뉴딜은 미국의 대공황을 치유하는 데에는 그다지 기여하지 못한 듯하다.[1] 하지만 미국을 유럽식 사회민주주의 체제로 바꾸어놓았다.

이것이 많은 중요한 결과를 가져왔다. 루스벨트가 중도우파가 아닌 중도좌파였다는 점, 대공황이 길었기 때문에 제도들이 오랜 기간 대공황의 영향을 받아 형성되었다는 점, 미국이 전 세계의 떠오르는 초강대국이자 2차 대전으로 큰 피해를 입지 않은 유일한 강대국이었다는 점 등 이 모든 요소가 큰 차이를 만들었다. 2차 대전 이후 미국은 철의 장막 바깥 세상을 형성할 힘과 의지를 가지고 있었다. 그리고 그렇게 했다. 그것은 반동적 혹은 파시스트 방식이 아닌 뉴딜 방식으로 세계가 재편되어야 한다는 것을 의미했다.

케인스와 루스벨트는 그저 생각만 하는 것이 아니라 그 생각을 영향력 있게 만들 기회를 찾아 꼭 맞는 순간에 특정한 방식으로 행동하는 개인들이 얼마나 중요한지를 일깨워 주는 유용한 사례이다. 이는 거대 내러티브에 있어서도 마찬가지이다.

*

많은 이들—가장 두드러진 예로는 영국의 공산주의자 역사가 홉스봄—이 레닌의 볼셰비키 쿠데타와 이후 스탈린의 현실사회주의 건설을 20세기 역사가 전환된 축으로 삼는다.[2] 이 해석에 따르자면 20세기 역사의 큰 맥락은 1917~1990년의 기간에 펼쳐졌으며, 그 핵심은 (절반쯤의) 자유민주주의적 자본주의, 파시즘, 현실사회주의의 3파전으로 설명된다. 어쩌면 이 이야기는 선한 쪽이 승리한다는 하나의 서사시일지도 모른다. 하지만 홉스봄에게는 이 이야기가 비극이다. 현실사회주의는 인류의 마지막 희망이었기 때문이다. 현실사회주의는 태어날 때부터 불구였지만 파시즘으로부터 세상을 구할 수 있을 만큼 강해졌었다. 그러나 그 후 쇠퇴하고 해체되면서 사회주의 유토피아로 가는 길도 막혀버렸다. 요컨대, 최악은 아니지만 나쁜 놈들이 승리하고 말았다는 것이다.

나는 이런 관점에 동의하지 않는다.

어떤 의미에서 보면 나는 좀 더 낙관적이다. 나는 1917년 이후 크렘린궁에서의 파벌 싸움보다 기술과 조직을 구축하고 현대 경제를 관리하는 더 나은 방법을 개발한 것이 훨씬 더 중요한 일이라고 본다. 다만 오늘날 전 세계의 거의 모든 사람들이 잘 알고 있듯이, 인류의 자유와 번영을 위한 싸움은 아직도 결정적이고 영구적인 승리를 거두지 못했다.

따라서 나는 장기 20세기의 역사를 무엇보다도 다음 네 가지의 역사로 본다. 기술로 촉발된 경제성장, 세계화, 미국 예외주의, 그리고 정부가 정치경제 문제를 해결하면서 인류가 유토피아를 향해 최소한 **웅크린 채 나아갈** 수 있다는 자신감이다. 그 느린 전진조차도 사람들의 피부색과 성별에 따라서 불균등하며, 불평등하며, 불공정한 속도로 이루어지고 있었다. 그럼에도 그 이전 세대라면 거의 유토피아라고 불렀을 세상이 장기 20세기 동안 1870~1914년 그리고 1945~1975년 두 차례에 걸쳐서 아주 **빠르게** 다가오기도 했다. 하지만 한 세대에 걸친 이러한 경제적 엘도라도는 지속되지 않았다. 그 이유를 설명하려면 개인들의 문제, 아이디어와 사상의 문제, 기회의 문제들을 살펴보아야 한다.

1870년 이전에는 인류에게 유토피아로 가는 길이 있다고 확신하는 사람들은 과도한 낙관론자들뿐이었다. 그리고 그들조차도 그 길은 인간 사회와 심리의 환골탈태를 필요로 하는 험난한 길이었다.

그러한 유토피아주의자 한 사람이 바로 마르크스였다. 마르크스와 그의 절친한 동료 엥겔스는 1848년에 쓴 글에서 당시를 **부르주아 시대**라고 이론화했다. 즉 사유 재산과 시장 교환이 인간 사회의 기본 조직 원리로 작용하여, 과학기술 연구개발의 강력한 인센티브를 창출하고 경이로운 기술을 활용하여 상상을 뛰어넘는 수준으로 인류의 생산성을 강화시키기 위한 기업 투자를 촉진하는 시대라는 것이었다. 마르크스와 엥겔스는 이 부르주아 시대를 규정하는 상호 연관된 현상들을 구원자Redeemer이자 사탄이라고 보았다. 이 현상들이 구원자인 이유는, 사람들이 협동을 통해 풍요로운 삶을 살 수 있는 부유한 사회의 가능성을 열어주기 때문이었다. 하지만 동시에 그들의 사탄적인 활동은 압도적인 다수의 인류를 계속 가난하게 혹은 훨씬 더 가난하게 만들었으며, 결국에는 이전보다 더 비참한 노예 상태로 내몰게 될 것이었다. 마르크스가 볼 때 유토피아로 가기 위해서는 산업 지옥industrial inferno으로 내려갈 필요가 있었는데, 그래야만 기존 사회질서를 완전히 전복하고 공산주의 혁명이라는 형태로 천상으로부터 새로운 예루살렘의 강림을 불러올 수 있기 때문이었다. 하지만 그 길이 그곳에 있고 인류가 그 길을 걸어갈 것이 확실하다고 믿기 위해서는, 희망하는 것에는 확실한 실체가 있고 보이지 않는 것에는 진정한 증거가 있다는 큰 확신이 필요했다.[3]

비교적 낙관론자였던 또 한 사람의 사상가 밀은 완전한 전복을 필요로 하지는 않는, 덜 거창한 유토피아를 예상했다. 밀은 자유, 개인의 창의성, 과학, 기술을 열렬히 신봉했지만, 맬서스의 딜레마에 대한 두려움도 컸다. 과학을 이용한 발명과 기술의 보급으로 부자들은 부를 축적하고 중산층은 안락한 삶을 누릴 수 있게 되겠지만, 인류의 대부분은 여전히 노동계급으로 남아 고된 노동과 감옥의 삶을 지속하리라는 것이었다. 밀이 볼 때 유일한 출구는 정부가 피임을 강제하여 출산율을 통제하는 것뿐이었다.[4] 그러면 모든 것이 괜찮을 수 있다고 그는 생각했다.

다소 이상한 낙관론자였던 마르크스와 밀은 당시 사회에서는 아웃라이어였는데, 이는 그들의 낙관론이 이상한 낙관론이어서가 아니라 낙관적이라는 사실 때문이었다. 1870년 당시에는 인류의 미래에 사회적 평등, 개인의 자유, 정치적 민주주의, 풍족하지는 못해도 번영이 가능할지 의심할 만한 충분한 이유가 있었다. 미국은 성인 백인 남성의 12분의 1인 75만 명이 사망한 유혈 내전으로부터 간신히 살아남은 상황이었다. 일반적인 생활수준은 여전히 심각할 정도로 궁핍했다. 오늘날의 기준으로는 대부분의 사람들이 발육부진과 종종 굶주림에 시달렸고, 문맹인 경우가 많았다.

마르크스와 밀은 당대의 추세를 동시대인들보다 더 잘 읽어냈던 것이었을까? 아니면 순전히 운이 좋아 엄청난 물질적 부와 그것이 인류에게 가져다줄 수 있는 가능성을 보게 된 것이었을까? 인류는 1870년 이전부터 자신을 가둔 성곽의 문을 흔들어 댔다. 그리고 1870년에 몇 가지 큰 변화가 그 빗장을 풀었다. 기업 연구소, 근대적 대기업, 세계화의 도래로 인류 역사상 처음으로 물질적 결핍의 문제를 해결할 기회가 열렸다. 게다가 당시에 인류는 운 좋게도 막 생겨나고 있던 글로벌 시장경제의 시대로 들어서고 있었다. 천재 하이에크가 날카롭게 관찰했듯이, 시장경제는 자신이 설정한 문제들의 해결책을 (인센티브를 주고 조정하여) 크라우드소싱으로 찾아낸다. 1870년 이후에는 귀중한 재산을 통제할 수 있는 사람들에게 그들이 원하고 필요하다고 믿는 생필품, 편의품, 사치품을 풍부하게 제공하는 문제를 해결할 수 있었다.

　이로써 인류의 물질적 풍요와 유토피아로 가는 길이 눈앞에 드러났으며, 그 길을 걸어갈 수도 또 뛰어갈 수도 있게 되었다. 그리고 다른 모든 것이 그 뒤를 따랐어야 했다. 1914년이 되자 1870년의 비관론은 완전히 틀린 것은 아니어도 시대에 뒤처진 것으로 보였다. 1870년에서 1914년 사이는 인류의 경제적 진보에 있어서 정말 놀라울 정도의 시간이었다. 또한 이러한 추세가 계속될 것이라고 생각할 만한 이유도 충분했다. 더 많은 과학적 발견이 전 세계 기업 연구소에서 개발되고 근대적 대기업에 의해 전 세계로 확산되는 미래, 진정한 풍요의 유토피아를 기대할 수 있을 것 같았다.

　그때 1차 대전이 일어났다. 그 뒤에는, 낙관론자들이 비정상적이고 추악하다고 여겼던 것이 규칙이었다는 것이 그리고 심각한 문제를 피할 수 없다는 것이 분명해졌다. 사람들은 시장경제가 제공하는 것에 만족하지 못했다. 정부들은 안정을 유지하고 매년 성장을 보장하기 위해 경제를 관리할 능력이 없다는 게 드러났다. 어떤 때는 민주주의 체제의 국민들이 민주주의를 내던지고 권위주의 선동가들을 따르기도 했다. 어떤 때는 부유층과 정상급 군사 전문가들이 세계 정복을 시도해 볼 가치가 있다고 판단했다. 기술과 조직은 전례 없는 규모로 폭정을 가능하게 했고, (국가 간 그리고 국가 내) 경제적 격차가 점점 더 커졌다. 인구학적으로는 낮은 출산율과 낮은 인구증가율로의 전환이 신속하게 벌어졌지만 그 속도가 20세기의 인구 폭발을 막을 수 있을 정도는 되지 못했고, 이에 사회 질서는 더욱 더 큰 압박과 변화의 압력에 봉착했다.

이러한 과정 전체에 걸쳐서, 남방세계는 갈수록 더 뒤처졌다. 제조업은 줄어들고 경제의 생산적 지식을 축적할 수 있는 엔지니어와 과학자 커뮤니티도 상대적으로 줄어들면서, 평균적으로는 성장하면서도 북방세계를 따라잡지 못하고 더 낙후되어 갔다. 두 개의 매력적인 권역—마셜 플랜 원조 수혜국 그룹과 동아시아의 태평양 연안 국가들—외부의 남방세계는 1979년 신자유주의 전환 이후 10년이 넘도록 스스로를 바로잡지도 못했고 더 뒤처지지 않고 따라잡기 위한 첫걸음조차 내딛지 못했다. 최악의 경우에는 운 나쁘게도 레닌의 주문에 걸려들어 1917년부터 1990년까지 현실사회주의의 길을 걸었다.

북방세계는 2차 대전이 끝난 후 운 좋게도 유토피아로 가는 경로라고 여겨지는 길을 다시 찾아낼 수 있었다. 영광의 30년 동안의 경제성장의 속도는 1970년대에 이르러 사람들을 성공에 도취시켰다. 사람들의 기대는 갈수록 높아졌고, 돌이켜보면 별로 대수롭지 않은 과속방지턱과 장애물 정도로 성장이 조금만 늦추어져도 크게

화를 냈다. 우파 성향의 사람들은 단순히 빠른 성장만으로는 만족하지 못했고, 너무 균등하게 분배되는 번영은 공정하지 않을 뿐 아니라 도덕적으로 용납할 수 없는 일이라고 생각했다. 좌파 성향의 사람들 역시 단순히 빠른 성장만으로는 만족하지 못했는데, 사회 민주주의 정부가 심지어 변형시켜 관리하는 시장으로는 자신들이 추구하는 유토피아를 일부라도 구현할 수가 없다고 느꼈기 때문이었다. 그렇게 세상은 신자유주의로 전환했다. 하지만 신자유주의 정책 처방은 어떤 의미에서도 유토피아를 향한 보다 빠르게 나아가는 결과를 만들지는 못했다.

1870년에서 2010년까지의 140년. 인류가 아직 빈곤에 시달리던 1870년에 과연 2010년이 되면 당시 상상할 수 있었던 것보다 훨씬 더 많은 물질적 자원을 각 개인이 모두 공급받게 될 것이라고 생각한 사람이 과연 있었을까? 그리고 그 풍부한 자원을 가지고도 인류가 진정한 유토피아에 근접한 사회를 건설할 수 없을 것이라고 생각한 사람이 과연 있었을까?

이 책의 앞부분에서 나온 장기 20세기가 시작되던 당시의 장면을 상기해 보자. 벨라미는 라이브로 연주하는 네 개의 오케스트라 중 하나를 스피커폰에 연결해 들을 수 있는 힘이 우리를 '인간 행복의 한계'로 이끌 것이라고 생각했다. 17세기 초 영국에서 마녀들이 나오는 연극을 집에서 즐길 수 있었던 사람은 단 한 명, 제임스 1세뿐이었다. 그것도 셰익스피어 극단이 **맥베스**를 공연할 때에만 가능했다. 19세기 전반기에 가장 부자였던 내이션 메이어 로스차일드Nathan Mayer Rothschild가 1836년에 간절히 원했던 한 가지는 50대였던 그가 농양 감염으로 죽지 않게 해줄 항생제였다. 오늘날 우리는 1870년대에 생산되던 것들을 훨씬 적은 인간의 노력으로 생산할 수 있을 뿐 아니라 (이제는 필수품이 된) 당시의 편의품. (이제는 편의품이 된) 당시의 사치품, 나아가 당시에는 어떤 대가를 치르더라도 생산할 수 없었던 것들을 손쉽게 생산할 수 있다. 우리가 1870년의 조상들에 비해 10배 이상 부유해졌다고 말하는 것이 과연 이러한 변화를 만족스럽게 담아낼 수 있을까?

하지만 2010년 기준 인류는 유토피아로 가는 길의 끝까지 달리지 못했다는 것을 알게 되었다. 게다가 예전에는 보인다고 생각했던 유토피아로 가는 길의 끝이 더 이상 보이지도 않는다.

늘 배후에서 그리고 종종 전면에서 이 모든 것을 추동한 요인들은 발견하고 개발하는 기업 연구소, 그 결과물을 발전시켜 활용하는 대기업, 이 모든 활동들을 조정하는 세계화된 시장경제였다. 하지만 어떤 면에서 시장경제는 해결책이라기보다 문제에 더 가까웠다. 시장경제는 오로지 재산권만을 인정한 반면, 사람들은 폴라니적 권리를 원했다. 즉 자신을 지원하는 공동체에 대한 권리, 마땅히 누릴 자격이 있는 자원을 얻을 수 있는 소득, 꾸준한 일자리를 제공하는 경제적 안정 등을 원했다. 장기 20세기 동안 성취한 경제적 진보에도 불구하고, 역사는 유토피아 건설에 있어서 물질적 부가 전부는 아니었음을 가르쳐준다. 그것은 필수적인 전제 조건이지만 충분한 조건은 아니다. 그리고 이 지점에서 바로 "지혜롭고 유쾌하게 잘 사는" 방법이야말로 인류의 영구적인 문제라는 케인스의 말이 다시 절실히 떠오른다. 그의 이 강연이 중요한 순간이었던 것은, 이후 인류의 장래에 본질적인 어려움이 무엇이 될지를 그가 완벽하게 표현했기 때문이었다.

프랭클린 루스벨트가 모든 개인의 생득권이 되어야 한다고 생각한 네 가지 자유가 있으니, 의사표현의 자유, 종교의 자유, 결핍으로부터의 자유, 공포로부터의 자유였다.[5] 이 중 결핍으로부터의 자유만이 물질적 부를 통해 보장된다. 나머지는 다른 수단을 통해 확보해야 한다. '시장이 주시고 시장이 가져가시는' 작용은 다른 욕구와 필요에서 나오는 희망과 두려움에 가려질 수 있고 실제로 종종 가려진다.

케인스를 내세워 하이에크와 폴라니를 강제로 결혼시킨 덕에 2차 대전 이후의 북대서양 지역에서는 이제껏 인류가 성취한 최상의 체제인 발전주의적 사회민주주의가 발흥할 수 있었다. 하지만 이 체제는 스스로의 지속가능성 검사를 통과하지 못했다. 부분적으로는 한 세대에 걸친 급속한 성장으로 사람들의 기대수준이 너무나 높아졌기 때문이었고, 또 부분적으로는 폴라니적 권리들이 하이에크-슘페터식 창조적 파괴의 시장경제나 보편적 평등주의에 기반한 사회보험의 폴라니식 사민주의 사회는 결코 제공할 수 없는 방식으로 경제의 안정성을 유지하고, 평등한 이들을 평등하게 대우하고, 또 평등하지 않은 이들을 평등하지 않게 대우할 것을 요구했기 때문이었다.

2000년을 전후한 몇 십 년 동안 장기 20세기의 지평을 끝내고 유토피아를 향해 나아가던 인류의 발걸음을 종식시킬 네 가지 변화가 있었다. 첫 번째 변화는 1990년 독일과 일본의 고도로 생산적이고 혁신적인 산업이 미국의 기술 우위에 성공적으로 도전하면서 미국 예외주의의 토대를 약화시켰을 때 나타났다. 두 번째 변화는 2001년으로, 수세기 동안 잠잠했던 광신적 종교의 폭력성이 다시 분출된 사건이었다. 전문가들이 심각한 표정으로 '문명 간의 전쟁'이라는 견해를 내놓았지만, 그런 일은 일어나지 않았다. 세 번째 변화는 2008년에 시작된 대침체로서, 우리가 1930년대의 케인스주의의 교훈을 모두 망각했을 뿐만 아니라 경제 회복을 위해 필요한 일들을 할 역량도 의지도 부족하다는 것이 분명해졌다. 네 번째 변화는 (과학적으로 분명해진) 대략 1989년 이후 지금까지 전 세계가 글로벌 기후위기에 단호하게 대처하지 못했다는 것이다. 이 네 가지 사건들이 하나로 합쳐진다면 이후의 역사는 그 이전과는 분명코 다를 것이며, 그것을 이해하기 위해서는 새롭고 전혀 다른 거대 내러티브가 필요하게 될 것이다.

장기 20세기는 2010년에 끝났고 다시 살아날 수 없다는 사실은 2016년 11월 8일 도널드 트럼프가 대통령 선거에서 승리함으로써 확인되었다. 그 순간에, 장기 20세기의 변화를 규정하는 네 가지 모두 회복될 수 없다는 것이 분명해졌다. 북대서양 지역의 경제성장은 1870년 이전의 느린 속도까지는 아니더라도 상당 부분 둔화되었다. 세계화의 흐름은 분명 역전되었고, 그것을 지지하는 대중은 없고 적은 많았다.

게다가 전 세계는 (온당하게도) 더 이상 미국을 예외적인 나라로 보거나 미국 정부를 세계 무대에서 신뢰할 수 있는 리더로 여기지 않는다. 이러한 판단은 집계된 345,323명보다 많은 미국인들이 코로나19 팬데믹으로 사망하면서 크게 강화되었다. 트럼프 정부가 할 수 있었던 바이러스 억제 대책이라고는 낮은 목소리로 중국의 생물학 무기가 풀릴 줄은 전혀 몰랐으니 사람들의 죽음은 자기들 잘못이 아니라고 둘러대는 것뿐이었다. 과학과 기술은 강력한 백신을 매우 신속하게 성공적으로 개발하는 경이를 낳았다. 하지만 미국이 이끄는 글로벌 거버넌스는 팬데믹이 널리 퍼지고 새로운 변종이 출현하기 전에 전 세계에 백신을 접종하지 않음으로써 무능을 유감없이 드러냈다.

이에 더해 미래에 대한 자신감도 완전히 사라지지는 않았어도 크게 약화되었다. 기후위기의 위협은 맬서스의 악마가 아직 육신을 갖춘 것은 아니어도 최소한 그림자 형태로 모습을 드러낸 것이나 다름없었다. 미래에 대한 자신감이 넘쳐나는 유일한 곳은 자신들이 중국 특색의 사회주의의 깃발을 높이 들고 마오쩌둥-덩샤오핑-시진핑 사상의 지도를 받아 인류를 이끌고 있다고 생각하는 중국 공산당 간부들 사이에서뿐이었다. 하지만 중국 밖의 모든 사람에게는 (아마도 언젠가는 평등한 유토피아적 '공동 부유' 사회에 이를 것이라고 립 서비스 하고 있지만) 그저 중국 특색의 부패한 권위주의 국가 감시 자본주의처럼 보였다. 따라서 중국 밖의 사람들에게는 중국의 부상이 유토피아에 이르는 경로로의 전진을 약속하는 것으로 보이지 않았다. 대신 그것은 (보편적인 부의 수준은 훨씬 높다고 해도) 또다시 역사의 운명의 수레바퀴Wheel of Fortune, 즉 강자는 원하는 것을 얻고 약자는 어쩔 수 없이 고통을 겪어야 하는 지배자와 피지배자의 사이클로 돌아가는 신호로 보였다.

트럼프 정부에 세계관이라는 게 있다면, 이는 의심의 세계관이다. 즉 내부의 적과 외부의 적, 특히 영어를 쓰지 않는 비백인들이 자유와 기회라는 미국의 가치를 이용해 먹고 있다는 생각을 전제로 하고 있다. 트럼프 정부에 정책이라는 게 있다면, 무엇보다도 부자를 위한 감세, 다음으로 기후변화의 부정, 테크노크라트들의 비용-편익 계산 따위는 무시한 마구잡이식 규제 철폐가 있었다. 그리고 모든 것의 배후에는 (종종 유일한 특징인 것처럼 보이는) 잔인함이 깔려 있었다.[6] 자신의 정부의 공중보건 책임자들 ―그럼에도 트럼프가 경질하지 않았던― 에 대한 격렬한 비난도 있었다. "파우치 박사는 재앙입니다. 내가 그자의 말을 들었다가는 50만 명이 더 죽을 겁니다", "파우지 박사와 버크스 박사Dr. Birx 는… 자신들의 빗나간 직관과 잘못된 권고를 덮기 위해 역사를 조작하려고 했던 출세주의자들입니다. 다행히 내가 버티고 거의 항상 이를 다 뒤집었답니다." 집회가 끝난 후 군중들이 "파우치를 해고하라!"고 외치자 "여러분만 알고 계세요. 선거 끝나고 자를 테니까 그때까지 기다립시다. 의견 고맙습니다!"[7] 결국 코로나바이러스는 트럼프의 대통령 임기 마지막 해인 2020년 한 해 동안 미국 전역에 퍼지면서 100만 명 이상의 미국인들의 목숨을 앗아갔다. 특히 트럼프에게 충성을 맹세하고 지역구에서 당선된 정치가들의 지역에서 사망자가 많이 나왔다. 인구 비율로 비교하면, 캐나다의 사망자는 미국의 4분의 1 수준이었다.

2016년 대통령 선거에서 미국인들은 거의 모든 문제에 의견이 맞서는 두 진영으로 갈라져 있었지만, 미국에 큰 문제가 있다는 인식만큼은 거의 모든 사람이 공유했다. 누구에게 묻느냐에 따라 트럼프는 이러한 쇠퇴의 징후이거나 혹은 아니면 미국을 구원할 수 있는 유일한 희망 '플라이트 93Flight 93'(911 테러 당시 테러범들이 장악한 네 번째 비행기. 승객들이 테러범에게 저항하여 테러를 저지하고 펜실베이니아에 추락하여 전원 사망한 것으로 알려져 있다 —옮긴이)이었다.[8] 어느 쪽이 되었든, 완전히 다른 미국으로의 변화였다. 이미 이러한 변화가 벌어져서 미국 예외주의의 스토리가 종말을 고했거나, 아니라면 나침반을 잃은 미국을 다시 위대하게 만들 필요가 있었다. 이런 불행한 상황에 처한 나라는 미국만이 아니었다. 미국과 세계 모두 장기 20세기에 걸쳐 문명이 이룩한 많은 성과에 도전하고 위협하는 수많은 어려운 문제에 직면했다.

트럼프 대통령은 소진되던 장기 20세기에 종지부를 찍었을 뿐 아니라, 낙관주의, 희망, 자신감만큼이나 쉽게 비관주의, 공포, 패닉이 개인과 사상과 사건을 움직이게 만들 동력이 된다는 것을 일깨워 줬다.

무엇이 잘못된 것일까? 하이에크와 그 추종자들은 지킬 박사와 같은 천재일 뿐만 아니라 하이드씨와 같은 백치들이기도 하다. 이들은 시장이 모든 일을 할 수 있다고 생각했기에 인류를 향하여 '주신 분도 시장이시요, 가져가신 분도 시장이시니. 시장의 이름을 찬양하라'는 신앙을 가지라고 명령했다. 하지만 인류는 거부했다. 시장은 명백히 그 일을 하지 못했다. 시장이 이룬 일들은 거부당했고, '발송자에게 반송'이라는 딱지가 찍혔다.

장기 20세기 내내 다른 많은 이들—폴라니, 케인스, 무솔리니, 레닌 그리고 많은 다른 사람들—이 해결책을 제시하고자 했다. 이들은 '주신 분도 시장이시요…'라는 아이디어에 대해 건설적인 방식으로 혹은 파괴적인 방식으로 반대하며, 시장이 역할을 좀 덜 하거나 다른 무언가를 하거나, 다른 제도가 더 많은 역할을 할 것을 요구했다. 아마도 인류가 성공적인 '다른 무언가'에 가장 가까이 갔던 경우는 케인스의 축복 아래에 이루어진 하이에크와 폴라니의 강제 결혼, 즉 2차 대전 이후 북방세계에 나타났던 발전주의적 사회민주주의의 형태였을 것이다. 하지만 그 사회민주주의의 제도적 틀은 스스로의 지속가능성 검사를 통과하지 못했다. 그 뒤를 이어 나타난 신자유주의는 북방세계의 엘리트들에게 했던 약속들은 많이 지켰지만, 우리가 열망하는 유토피아로의 진전은 전혀 이루지 못했다.

그리하여 이 세계는 케인스가 1924년에 기술했던 것과 비슷한 상황에 처하게 되었다. 당시 그는 "사회 변혁의 지적 도덕적 문제들은 이미 다 해결되었다. 이미 계획이 있고, 그것을 실행하는 것 외에는 아무것도 남아있지 않다"고 했던 트로츠키의 생각을 비판했다. 왜냐하면 그건 사실이 아니기 때문이었다. 케인스는 이렇게 말한다. "우리에게는 일관된 진보의 계획, 실체적 이상이 평소보다 더 많이 부족하다. 모든 정당들은 하나같이 새로운 사상이 아닌 과거의 사상에 기반을 두고 있으며, 그 점에 있어서 가장 두드러진 것은 바로 마르크스주의자들이다. 무력으로 복음을 전파하는 사람을 정당화하는 것과 같은 미묘한 사안을 논쟁할 필요가 없다. 왜냐면 아무도 복음을 가지고 있지 않기 때문이다. 지금 우리는 머리를 써야 한다. 주먹은 기다려야 한다."[9]

느리게건 질주해서건 경제적인 개선을 이루어내는 것은 중요하다. 그것도 충분한 양 이상—충분한 것 이상의 칼로리, 주거, 의복, 유형의 재화 등—을 이루어내는 것이 중요하다. 일단 이루어내면, 비관론자들이라고 해도 웬만해서는 포기하기를 꺼려한다. 그리고 어떤 생각은 한번 머리에 떠오르면 잊기 어렵다. 유용한 인간 지식의 글로벌 가치를 나타내는 양적 지수의 알려지지 않은 이점이 여기에 있다. 이 지수는 복리로 증가한다. 그 생각들 중에는 '주신 분도 시장이시요, 가져가신 분도 시장이시니. 시장의 이름을 찬양하라'는 것도 있고, 마찬가지로 '시장이 인간을 위해서 만들어진 것이지 인간이 시장을 위해 만들어진 것이 아니다'라는 것도 있다. 나도 다음을 덧붙이고 싶다. 종종 수요가 공급을 창출하기 때문에, 정부는 때때로 무거운 손길로 관리하고, 유능하게 관리해야 한다.

유토피아에 대해 인간이 품어온 아이디어와 비전은 크게 다르고 다양했다. 천상에서 지상으로 내려온 하나님의 왕국도 있었고, 아르카디아의 조화롭고 자연스러운 여유로운 삶도 있었고, 시바리스의 호화로운 관능적 쾌락의 황홀경도 있었고, 스파르타의 절제된 우수성이나 아테네인들의 자유로운 의사표현과 활동 그리고 로마와 그 전성기에 나타났던 집단 목표와 훌륭한 질서도 있었다. (신학적인 유토피아를 제외하면) 인류가 이러한 다양한 유토피아를 영원히 손에 쥘 수 없도록 만드는 장애물이 바로 물질적 희소성이라는 점은 대부분이 동의했다. 황금시대는 가까운 미래에서가 아니라 거의 항상 과거, 최소한 멀리 떨어진, 자원이 훨씬 더 풍부했던 반쯤은 신화적인 곳에서나 볼 수 있는 것으로 여겨졌다.[10]

상황이 바뀌기 시작한 것은 1870년이었다. 이미 1919년에 케인스는 인류가 이미 "다른 시대의 가장 부유하고 가장 강력한 군주들조차 손에 넣을 수 없었던 편리함과 안락함"을 생산할 힘을 손에 넣었다는 사실을 강조했지만, 그것의 향유는 여전히 상류층에 국한되어 있었다.[11] 기원전 350년 아리스토텔레스는 주인의 권위와 노예의 속박이 대체될 수 있다는 생각이 왜 이루어질 수 없는 환상인지를 잠깐 이야기했다. 그렇게 되려면 인간이 신과 같은 권능을 획득하여 하인 —다이달로스의 로봇 대장장이라든가 헤파이스토스가 올림푸스산에서 벌어지는 신들의 향연을 위해 만든 자기 동력과 자기의식을 가진 그릇 등 —을 만들고 부릴 수 있어야 한다는 것이었다.[12] 2010년의 시점으로 볼 때, 우리 인류는 그들의 꿈과 상상력을 훌쩍 뛰어넘었다.

19세기에 살았던 사람이라면 누구든 2010년의 인류가 가진 기술적·조직적 능력을 보면서 놀라지 않을 수 없을 것이다. 하지만 그들은 곧 다음 질문을 내놓을 것이다. 이렇게 자연을 조작하고 인간 스스로를 조직하는 데에 신과 같은 권능을 가지고 있으면서, 왜 우리는 진정한 인간 세계를 건설하고 여러 유토피아 중 어떤 것에

든 가까이 가기 위해 이룬 바가 거의 없는 것인가?

2010년경 미국의 패권국 역할에 대한 불신은 중동 지역에서의 잘못된 모험으로 인해 더욱 굳어졌다. 성장을 촉진하지도 못하면서 소득과 자산의 불평등이 폭발하자 불만이 늘어났다. 2008~2010년의 대침체는 신자유주의 테크노크라트들이 경제 관리의 문제를 마침내 바로잡았다는 주장이 얼마나 공허한 헛소리인지를 폭로했다. 북방세계의 정치 기구들은 기후위기라는 문제에 대해 고민조차 시작하지 않았다. 생산성 성장의 근간이 되는 엔진은 멈추기 시작했다. 북방세계의 훌륭하고 선한 이들은 완전고용의 조속한 회복을 우선 과제로 삼는 일에 실패했으며, 네오파시즘 및 파시즘에 근접한 극우 정치인들이 2010년대에 전 세계적으로 두각을 나타내게 만든 사람들의 불만을 이해하고 관리하는 일에도 실패했다.

이렇게 하여 장기 20세기의 스토리는 끝이 났다.

어쩌면 2010년에 끝날 필요는 없었을지도 모른다. 아마도 클린턴 정부 시절에 많은 사람들이 상상했던 미래—당시의 정책들이 계속될 수 있다면 정보기술 호황이 앞으로 치고 나가면서 공평하고 빠른 경제성장이 회복되기 시작할 것이라는 생각—는 애초부터 환상이었던 것 같다. 혹은 우연과 우발적 요인들이 다르게 전개되었다면 기회를 잡을 수 있었을지도 모른다. 2008년에 미국이 프랭클린 루스벨트 같은 사람을 대통령으로 선출했더라면, 1933년과 그 이후에 기적을 일으켰던 것처럼 그(또는 그녀)가 기적을 이루어냈을 수도 있었을 것이다. 아마 2016년에도 생산성 성장, 그 생산성 성장이 세계에 가져올 창조적 파괴의 변화를 관리할 수 있는 정부, 그리고 미국 예외주의라는 장기 20세기의 패턴의 건조한 뼈대라도 다시 살아날 수 있었을지도 모른다.

　하지만 2010년 이후의 미국은 되려 트럼프를 대통령으로 선출했고, 서유럽도 더 나을 것이 없었다. 소생의 가능성은 종언을 고했다.

　이제 우리가 알지 못하는 새로운 거대 내러티브가 필요한 새로운 스토리가 시작되었다.

감사의 말

아내인 앤 마리 마르시아릴과 자녀인 마이클과 지아나 덕분에 집필 과정이 길었음에도 매우 즐거웠다. 편집자인 토머스 레비엔과 브라이언 디스텔버그는 이 책의 많은 부분을 플라톤의 대화로 표현하는 것이 더 적절할 정도로 중요한 역할을 했다. 나의 지적 부채는 너무나 크고 감사드려야 할 사람들이 매우 많다(이 책에서 내가 저지른 수많은 실수에는 그 누구도 연루되지 않았다). 먼저 안드레이 슐라이퍼와 래리 서머스에게 감사를 표하고 싶다. 기록하고 전파할 만한 가치가 있는 생각을 떠올릴 때마다 내 생각은 '래리라면 뭐라고 할까?' 또는 '안드레이라면 어떻게 생각할까?'로 시작되는 경우가 많았기 때문이다. 그리고 내 지적 성장의 대부분은 하버드 대학교의 the Committee on Degrees in Social Studies, 그중에서도 제프 와인트라우브와 섀넌 스팀슨에게서 비롯되었다. 피터 테민, 제프리 윌리엄슨, 클라우디아 골딘, 고故 데이비드 랜즈 등 하버드 경제사 세미나의 선임 교수진들께도 많은 도움을 얻었다. 폴 크루그먼은 우리 세대에서 존 메이너드 케인스의 역할에 가장 가깝다고 생각하는 사람으로, 비록 멀리 떨어져 있기는 하지만 그로부터 엄청난 영향을 받았다. 또한 20세기 말 경제학계에서 가장 훌륭한 동료들이 모인 캘리포니아 버클리 대학교의 동료들은 전체는 부분의 합보다 훨씬 크다는 점에서 집단으로서 내가 상상할 수 있는 최고

의 스승들이다. 그리고 내게 지적 자극을 전해 주신 언급하지 않은
모든 분들께도 감사드린다.

주석에 대하여

주석에 대한 몇 마디.

이 책의 주석은 직접 인용문, 가까운 의역문, 내 생각과 지식이 주로 하나의 출처에서 형성된 부분, '더 깊이 들어가기 위해 다음에 읽을 내용'에 대한 참조가 적절하다고 생각되는 부분으로 제한했다.

나는 이들 주석이 지극히 불충분하다는 것을 잘 알고 있음에도 불구하고 그렇게 했다. 거의 모든 단락은 실질적으로 보강되어야 할 필요가 있다. 각 단락마다 적어도 한 명 이상의 지성과 지식을 갖춘 사람에 의해 치열하게 반박될 수 있고, 그렇게 되기를 바란다. 또한, 내가 어떤 흐름과 함께(또는 반대되는 흐름과 함께) 하는 곳에서는 그 흐름을 구성하는 사람들에 대해 내가 문헌에 대한 최선의 입문 지점을 추천할 수 있다고 생각하는 경우를 제외하고는 언급하지 않았다. 그리고 내가 독창적이라고 생각하는 분야에서도 이런 식으로 표현한다: 케인즈는 실제로는 학자들이 자신의 머릿속으로 자신을 주입했을 때 허공에서 목소리를 듣는다고 생각한 권력자들에 대해 쓴 적이 있다. 마키아벨리는 그의 책이 자신의 친구라고 썼는데, 흰 종이의 검은 자국에서 그가 자신의 두뇌에 떠올린 저자들의 마음을 모방하기 시작했을 때 그들이 대답해 주었다고 썼다. 내가 가장 독창적이라고 생각하는 부분조차도 내면의 대화에서 어떤 현명한 사람의 마음 속 모델이 나에게 했던 말을 반복하고 있는 것이 거의 확실하다.

따라서 정의를 위해 더 많은 주석이 있어야 한다. 하지만 긴 주석이 얼마나 효과적인지에는 엄격한 한계가 있다. 그리고 주석의 효과에는 훨씬 더 엄격한 한계가 있다.

https://braddelong.substack.com/s/slouching-towards-utopia-long-notes에 주석을 지지하는 주장과 반대하는 주장을 담은 페이지가 있다. 방문하셔서 읽어보고 의견을 남겨주시기 바란다.

서론. 20세기의 거대 내러티브

1   Steven Usselman, "Research and Development in the United States
     Since 1900: An Interpretive History," Economic History Workshop, Yale
     University, November 11, 2013, https://economics.yale.edu/sites/default/
     files/usselman_paper.pdf; Thomas P. Hughes, *American Genesis: A Century
     of Invention and Technological Enthusiasm, 1870–1970*, Chicago: University
     of Chicago Press, 2004; Alfred Chandler, *The Visible Hand: The Managerial
     Revolution in American Business*, Cambridge, MA: Harvard University Press,
     1977.

2   Eric Hobsbawm, *Age of Extremes: The Short Twentieth Century, 1914–1991*,
     London: Michael Joseph, 1984.

3   또한 '장기' 20세기를 가장 유용하다고 본 것은 예리하고 학식 있는 이
     반 베렌드Ivan Berend이다. *An Economic History of Twentieth-Century Europe:
     Economic Regimes from Laissez-Faire to Globalization*, Cambridge: Cambridge
     University Press, 2006.

4   Friedrich A. von Hayek, "The Use of Knowledge in Society," *American
     Economic Review* 35, no. 4 (September 1945): 519–530.

5   Hans Rosling et al., Gapminder, http://gapminder.org; "Globalization over
     Five Centuries, World," Our World in Data, https://ourworldindata.org/
     grapher/globalization-over-5-centuries?country=~OWID_WRL.

6   Karl Marx and Friedrich Engels, *Manifesto of the Communist Party*, London:
     Communist League, 1848; Jonathan Sperber, *Karl Marx: A Nineteenth-
     Century Life*, New York: Liveright, 2013; Marshall Berman, *All That Is Solid
     Melts into Air: The Experience of Modernity*, New York: Verso, 1983.

7   Friedrich A. von Hayek, "The Pretence of Knowledge," Nobel Prize Lecture,
     1974, www.nobelprize.org/prizes/economic-sciences/1974/hayek/lecture.

8   Karl Polanyi, *The Great Transformation*, New York: Farrar and Rinehart,
     1944.

9   Takashi Negishi, "Welfare Economics and Existence of an Equilibrium for a
     Competitive Economy," *Metroeconomica* 12, no. 2–3 (June 1960): 92–97.

10   Friedrich A. von Hayek, *The Mirage of Social Justice: Law, Legislation, and
     Liberty*, vol. 2, London: Routledge and Kegan Paul, 1976.

11   Arthur Cecil Pigou, "Welfare and Economic Welfare," in *The Economics of Welfare*, London: Routledge, 1920, 3 – 22.

12   Ludwig Wittgenstein, *Tractatus Logico-Philosophicus*, London: Kegan Paul, Trench, Trubner, 1921, 89; Jean–Francois Lyotard, *The Postmodern Condition: A Report on Knowledge*, Minneapolis: University of Minnesota Press, 1984; William Flesch, *Comeuppance: Costly Signaling, Altruistic Punishment, and Other Biological Components of Fiction*, Cambridge, MA: Harvard University Press, 2007.

13   Greg Clark, *A Farewell to Alms: A Brief Economic History of the World*, Princeton, NJ: Princeton University Press, 2007.

14   John Stuart Mill, *Principles of Political Economy, with Some of Their Applications to Social Philosophy*, London: Longmans, Green, Reader, and Dyer, 1873, 516.

15   Edward Bellamy, *Looking Backward, 2000–1887*, Boston: Ticknor, 1888; Edward Bellamy, "How I Came to Write *Looking Backward*," *The Nationalist* (May 1889).

16   Bellamy, *Looking Backward*, 152 – 158.

17   "Utopia," Oxford Reference, www.oxfordreference.com/view/10.1093/oi/authority.20110803115009560.

18   이것은 벌린이 가장 좋아하는 칸트의 인용문이었다. 예를 들어 다음을 보라. Isaiah Berlin, "The Pursuit of the Ideal," Turin: Senator Giovanni Agnelli International Prize Lecture, 1988, https://isaiah-berlin.wolfson.ox.ac.uk/sites/www3.berlin.wolf.ox.ac.uk/files/2018-09/Bib.196%20-%20Pursuit%20of%20the%20Ideal%20by%20Isaiah%20Berlin_1.pdf; Henry Hardy, "Editor's Preface," in Isaiah Berlin, *The Crooked Timber of Humanity: Essays in the History of Ideas*, London: John Murray, 1990.

19   G. W. F. Hegel as quoted by John Ganz, "The Politics of Cultural Despair," Substack, April 20, 2021, https://johnganz.substack.com/p/the-politics-of-cultural-despair. Ronald00Address reports that it is from G. W. F. Hegel, Letter to [Karl Ludwig von] Knebel, August 30, 1807, NexusMods, www.nexusmods.com/cyberpunk2077/images/15600, quoted in Walter Benjamin, *On the Concept of History*, 1940, translated by Dennis Redmond, August 4, 2001, Internet Archive Wayback Machine, https://web.archive.org/web/20120710213703/http://members.efn.org/~dredmond/Theses_on_History.PDF.

20   Madeleine Albright, *Fascism: A Warning*, New York: HarperCollins, 2018.

21   Fred Block, "Introduction," in Karl Polanyi, *Great Transformation*.

22   See Charles I. Jones, "Paul Romer: Ideas, Nonrivalry, and Endogenous Growth," *Scandinavian Journal of Economics* 121, no. 3 (2019): 859 – 883.

23   Clark, *Farewell*, 91 – 96.

24   Simon Kuznets, *Modern Economic Growth: Rate, Structure, and Spread*, New

Haven, CT: Yale University Press, 1966.

25　Edward Shorter and Lawrence Shorter, *A History of Women's Bodies*, New York: Basic Books, 1982. 윌리엄 1세와 빅토리아 여왕 사이에서 영국의 여왕과 상속녀 예정자 7명 중 1명이 어린 시절에 사망했다는 사실을 생각해 보라.

26　Mill, *Principles*, 516.

27　이와는 반대로 좋은 '부정적 자유'와 좋지 않은 '긍정적 자유'에 선을 긋는 것은 이사야 벌린이다. "Two Concepts of Liberty," in *Four Essays on Liberty*, Oxford: Oxford University Press, 1969. 밀은 그 돼지를 한 번에 사지 않았다.

28　Mill, *Principles*, 516.

29　William Stanley Jevons, *The Coal Question: An Enquiry Concerning the Progress of the Nation, and the Probable Exhaustion of Our Coal-Mines*, London: Macmillan, 1865.

30　Marx and Engels, *Manifesto*, 17.

31　Friedrich Engels, "Outlines of a Critique of Political Economy," *German-French Yearbooks*, 1844.

32　Karl Marx, *Critique of the Gotha Program*, in *Marx/Engels Selected Works*, vol. 3, Moscow: Progress Publishers, 1970 [1875], 13 – 30, Marxists Internet Archive에서 이용 가능, www.marxists.org/archive/marx/works/1875/gotha.

33　Richard Easterlin, *Growth Triumphant: The Twenty-First Century in Historical Perspective*, Ann Arbor: University of Michigan, 2009, 154.

34　Easterlin, *Growth Triumphant*, 154.

35　Thomas Robert Malthus, *First Essay on Population*, London: Macmillan, 1926 [1798], Internet Archive, https://archive.org/details/b31355250. "Malthus had disclosed a Devil"라는 문구는 케인스에게서 가져왔다. *The Economic Consequences of the Peace*, London: Macmillan, 1919, 8.

1장. 세상을 세계화하기

1　Thomas Robert Malthus, *An Essay on the Principle of Population, as It Affects the Future Improvement of Society*, London: J. Johnson, 1798.

2　Gregory Clark, "The Condition of the Working Class in England, 1209 – 2004," *Journal of Political Economy* 113, no. 6 (December 2005): 1307 – 1340, http://faculty.econ.ucdavis.edu/faculty/gclark/papers/wage%20-%20jpe%20-2004.pdf.

3　John Maynard Keynes, *The Economic Consequences of the Peace*, London: Macmillan, 1919, 8.

4　예를 들어 1800년 제퍼슨의 라이프스타일을 뒷받침할 수 있는 물질문화

와 그보다 5,000년 전 길가메시 시대에 가능했던 물질문화를 대비해 보라. Alexander Heidel, trans. and ed., *The Gilgamesh Epic and Old Testament Parallels*, Chicago: University of Chicago Press, 1946; Robert Silverberg, ed., *Gilgamesh the King*, New York: Arbor House, 1984; George W. Boudreau and Margaretta Markle Lovell, eds., A *Material World: Culture, Society, and the Life of Things in Early Anglo-America*, University Park, PA: Pennsylvania State University Press, 2019.

5   트레본 로간Trevon Logan 이 내게 인용하였다.

6   1870년 이전의 산업혁명 시대 영국이 걸어온 독특한 길은 '기술 혁명' 현상이라기보다는 '세계화' 현상에 가깝다는 주장은 그레고리 클라크Gregory Clark 의 다음 저작에서 비롯됐다. "*The Secret History of the Industrial Revolution*," October 2001, http://faculty.econ.ucdavis .edu/faculty/gclark/papers/secret2001.pdf."

7   William Stanley Jevons, *The Coal Question: An Enquiry Concerning the Progress of the Nation, and the Probable Exhaustion of Our Coal-Mines*, London: Macmillan, 1865.

8   Rudyard Kipling, "Recessional," first published in *The Times* (London), July 17, 1897, reprinted at Poetry Foundation, www.poetryfoundation.org/poems/46780/recessional.

9   Keynes, Economic Consequences, 8.

10   Anton Howes, "Is Innovation in Human Nature?," *Medium*, October 21, 2016, https://medium.com/antonhowes/is-innovation-in-human-nature-48c2578e27ba#.v54zq0ogx.

11   "Globalization over Five Centuries, World," Our World in Data, https://ourworldindata.org/grapher/globalization-over-5-centuries?country=~OWID_WRL, piecing together estimates from many authorities.

12   W. Arthur Lewis, *The Evolution of the International Economic Order*, Princeton, NJ: Princeton University Press, 1978, 14.

13   Henry David Thoreau, *Walden; or, a Life in the Woods*, Boston: Ticknor and Fields, 1854, 58 – 59.

14   Mark Chirnside, *Oceanic: White Star's "Ship of the Century"*, Cheltenham: History Press, 2019, 72.

15   Elisabeth Kehoe, *Fortune's Daughters: The Extravagant Lives of the Jerome Sisters—Jennie Churchill, Clara Frewen and Leonie Leslie*, Boston: Atlantic, 2011, 71.

16   간디에 대한 이야기로는 라마찬드라 굽타의 전 3권 세트가 가장 좋았다. *Gandhi Before India*, New York: Alfred A. Knopf, 2013; *Gandhi: The Years That Changed the World, 1914–1948*, New York: Random House, 2018; *India After Gandhi: The History of the World's Largest Democracy*, London: Pan Macmillan, 2011.

17 Benjamin Yang, *Deng: A Political Biography*, London: Routledge, 2016, 22 – 46.

18 Jeffrey Williamson, "Globalization and Inequality, Past and Present," *World Bank Observer* 12, no. 2 (August 1997): 117 – 135, https://documents1. worldbank.org/curated/en/502441468161647699/pdf/766050JRN0WBR O00Box374378B00PUBLIC0.pdf.

19 Steven Dowrick and J. Bradford DeLong, "Globalization and Convergence," in *Globalization in Historical Perspective*, ed. Michael D. Bordo, Alan M. Taylor, and Jeffrey G. Williamson, National Bureau of Economic Research (NBER) Conference Report, Chicago: University of Chicago Press, 2003, 191 – 226, available at NBER, www.nber.org/system/files/chapters/c9589/ c9589.pdf.

20 Neal Stephenson, "Mother Earth, Motherboard," *Wired*, December 1, 1996, www.wired.com/1996/12/ffglass.

21 Keven H. O'Rourke and Jeffrey G. Williamson, *Globalization and History: The Evolution of a Nineteenth-Century Atlantic Economy*, Cambridge, MA: MIT Press, 1999.

22 "Globalization over Five Centuries."

23 Richard Baldwin, *The Great Convergence: Information Technology and the New Globalization*, Cambridge, MA: Harvard University Press, 2016, 5. 24. Robert Allen, *Global Economic History: A Very Short Introduction*, Oxford: Oxford University Press, 2011, 6 – 8.

24 Robert Allen, *Global Economic History: A Very Short Introduction*, Oxford: Oxford University Press, 2011, 6 – 8.

25 Robert Fogel, *Railroads and American Economic Growth: Essays in Econometric History*, Baltimore: Johns Hopkins University Press, 1964, 39.

26 Wladimir S. Woytinsky and Emma S. Woytinsky, *World Commerce and Governments: Trends and Outlook*, New York: Twentieth Century Fund, 1955, 179.

27 Keynes, *Economic Consequences*, 32.

28 Elizabeth Longford, *Wellington: The Years of the Sword*, London: Weidenfeld and Nicolson, 1969.

29 Thoreau, Walden.

30 Vincent P. Carosso and Rose C. Carosso, *The Morgans: Private International Bankers, 1854–1913*, Cambridge, MA: Harvard University Press, 1987, 133 – 200.

31 W. Arthur Lewis, *Growth and Fluctuations, 1870–1913*, London: G. Allen and Unwin, 1978, 20.

32 Laura Panza and Jeffrey G. Williamson, "Did Muhammad Ali Foster Industrialization in Early Nineteenth-Century Egypt?," *Economic History Review* 68, no. 1 (February 2015): 79 – 100; David S. Landes, "Bankers and Pashas: International Finance and Imperialism in the Egypt of the 1860's"

(PhD diss., Harvard University, 1953).

33 Stephen S. Cohen and J. Bradford DeLong, *Concrete Economics: The Hamiltonian Approach to Economic Policy*, Boston: Harvard Business Review Press, 2016; John Stuart Mill, *Principles of Political Economy, with Some of Their Applications to Social Philosophy*, London: Longmans, Green, Reader, and Dyer,873, 556.

34 AnnaLee Saxenian, *Regional Advantage: Culture and Competition in Silicon Valley and Route 128*, Cambridge, MA: Harvard University Press, 1996, 32 – 34.

35 Allen, *Global Economic History*, 7.

36 Allen, *Global Economic History*, 41 – 42; Lewis, *Evolution*; Joel Mokyr, *The British Industrial Revolution: An Economic Perspective*, New York: Routledge, 2018 [1999]; Edgar J. Dosman, *The Life and Times of Raul Prebisch, 1901– 1986*, Montreal: McGill–Queen's University Press, 2008.

2장. 기술 주도 성장 엔진의 시동을 걸다

1 Kenneth Whyte, *Hoover: An Extraordinary Life in Extraordinary Times*, New York: Alfred A. Knopf, 2017; Herbert Hoover, *The Memoirs of Herbert Hoover*, vol. 1, *Years of Adventure, 1874–1920*; vol. 2, *The Cabinet and the Presidency, 1920–1933*; vol. 3, *The Great Depression, 1929–1941*, New York: Macmillan, 1951 – 1953; Rose Wilder Lane, *The Making of Herbert Hoover*, New York: Century, 1920.

2 Ellsworth Carlson, *The Kaiping Mines*, Cambridge, MA: Harvard University Press, 1957.

3 글로벌 경제 리더십에 관해서는 다음을 보라. W. Arthur Lewis, *Growth and Fluctuations*, 1870 – 1913, London: G. Allen and Unwin, 1978, 94 – 113.

4 Jack Goldstone, "Efflorescences and Economic Growth in World History: Rethinking the 'Rise of the West' and the Industrial Revolution," *Journal of World History* 13, no. 2 (September 2002): 323 – 389.

5 Lewis, *Growth*, 14.

6 "Globalization over Five Centuries, World," Our World in Data, https://ourworldindata.org/grapher/globalization-over-5-centuries?country=~OWID_WRL.

7 바그너 이전의 옛 이야기 속 라긴. Stephan Grundy, *Rhinegold*, New York: Bantam, 1994, 47 – 63, 332 – 333.

8 내게 1700년에서 1945년까지의 기술사에 관한 최고의 문헌으로는 David Landes, *The Unbound Prometheus*, Cambridge: Cambridge University Press, 1969.

9 Robert Gordon, *The Rise and Fall of American Growth: The U.S. Standard of*

Living Since the Civil War(국역:《미국의 성장은 끝났는가》), Princeton, NJ: Princeton University Press, 2017, 61.

10 Donald Sassoon, *One Hundred Years of Socialism: The West European Left in the Twentieth Century*, New York: New Press, 1996, xxxiii. 서순은 혁명적인 아이디어를 기술의 경이로움에 대한 찬사로 바꾸는 것을 특별히 좋아하지는 않았다는 점을 주의해야 한다.

11 Thomas Piketty, *Capital in the Twenty-First Century*, Cambridge, MA: Harvard University Press, 2014, 24; Mark Twain and Charles Dudley Warner, *The Gilded Age: A Novel of Today*, Boone, IA: Library of America, 2002 [1873].

12 1900년 무렵 미국 노동자계급의 삶에 관해서는 다음을 참조. Margaret Frances Byington, *Homestead: The Households of a Mill Town*, New York: Charities Publication Committee, 1910.

13 Nicola Tesla, *My Inventions: The Autobiography of Nicola Tesla*, New York: Hart Bros., 1982 [1919]; Marc Seifer, *Wizard: The Life and Times of Nikola Tesla*, Toronto: Citadel Press, 2011.

14 Margaret Cheney, *Tesla: Man Out of Time*, New York: Simon and Schuster, 2001, 56.

15 Nikola Tesla, "My Early Life," *Electrical Experimenter*, 1919, reprinted by David Major at Medium, January 4, 2017, https://medium.com/dlmajor/my-early-life-by-nikola-tesla-7b55945ee114.

16 Paul David, "Heroes, Herds, and Hysteresis in Technological History: Thomas Edison and the 'Battle of the Systems' Reconsidered," *Industrial and Corporate Change* 1, no. 1 (1992): 125–180; Landes, *Unbound Prometheus*, 284–289.

17 그 분위기에 대해서는 다음을 참조하라. Graham Moore, *The Last Days of Night: A Novel*, New York: Random House, 2016.

18 Quentin Skrabec, *George Westinghouse: Gentle Genius*, New York: Algora, 2007, 7–23.

19 David Glantz, *Operation Barbarossa: Hitler's Invasion of Russia, 1941*, Cheltenham, UK: History Press, 2011, 19–22.

20 Irwin Collier believes G.H.M. to be Gilbert Holland Montague. Irwin Collier, "Harvard(?) Professor's Standard of Living, 1905," Economics in the Rear-View Mirror, 2017, www.irwincollier.com/harvard-professors-standard-of-living-1905; "Gilbert Holland Mongague, 1880–1961," Internet Archive Wayback Machine, https://web.archive.org/web/20040310032941 /http://www.montaguemillennium.com/familyresearch/h_1961_gilbert.htm.

21 G.H.M., "What Should College Professors Be Paid?," *Atlantic Monthly* 95, no. 5 (May 1905): 647–650.

22 Byington, *Homestead*.

23 Ray Ginger, *Age of Excess: American Life from the End of Reconstruction to World War I*, New York: Macmillan, 1965, 95.

24 J. R. Habakkuk, *American and British Technology in the Nineteenth Century: The Search for Labour-Saving Inventions*, Cambridge: Cambridge University Press, 1962.

25 Claudia D. Goldin and Lawrence F. Katz, *The Race Between Education and Technology*, Cambridge, MA: Harvard University Press, 2008; Claudia Goldin, "The Human Capital Century and American Leadership: Virtues of the Past," National Bureau of Economic Research (NBER) working paper 8239, *Journal of Economic History* 61, no. 2 (June 2001): 263–292, available at NBER, www.nber.org/papers/w8239.

26 Leon Trotsky, *My Life: An Attempt at an Autobiography*, New York: Charles Scribner's Sons, 1930.

27 Joseph Schumpeter, *Capitalism, Socialism, and Democracy*, New York: Harper and Bros., 1942, 83.

3장. 북방세계의 민주화

1 Alexander Hamilton, John Jay, and James Madison, *The Federalist Papers, New York Packet, Independent Journal, Daily Advertiser*, collected with nos. 78–85 added, in *The Federalist: A Collection of Essays, Written in Favour of the New Constitution, as Agreed upon by the Federal Convention, September 17, 1787*, New York: J. and A. McLean, 1787–1788, no. 10. For full text online, see Library of Congress, https://guides.loc.gov/federalist-papers/full-text.

2 Thomas Jefferson, Letter to George Washington, May 23, 1792, in Noble Cunningham, *Jefferson vs. Hamilton: Confrontations That Shaped a Nation*, Boston: Bedford / St. Martins, 2000, 79.

3 Munro Price, *The Perilous Crown*, New York: Pan Macmillan, 2010, 308, 351–360.

4 Daniel Ziblatt, *Conservative Parties and the Birth of Democracy*, Cambridge: Cambridge University Press, 2017, 109.

5 Ellis A. Wasson, "The Spirit of Reform, 1832 and 1867," *Albion: A Quarterly Journal Concerned with British Studies* 12, no. 2 (Summer 1980): 164–174.

6 John W. Dean, *The Rehnquist Choice: The Untold Story of the Nixon Appointment That Redefined the Supreme Court*, New York: Free Press, 2001, 160, 312.

7 Friedrich A. von Hayek, *The Constitution of Liberty*, Chicago: University of Chicago Press, 1960, 148.

8 Hayek, Constitution, 286.

9 Friedrich A. von Hayek, *The Road to Serfdom*, London: Routledge, 1944,

124.

10 Friedrich A. von Hayek, *Law, Legislation and Liberty: The Political Order of a Free People*, Chicago: University of Chicago Press, 1979, 172.

11 Isaiah Berlin, *The Hedgehog and the Fox: An Essay on Tolstoy's View of History*, London: Weidenfeld and Nicolson, 1953, 1.

12 Karl Polanyi, *The Great Transformation*, New York: Farrar and Rinehart, 1944, 84.

13 마르크스가 산업 시장경제에 관해 그가 증오하고 사랑한 모든 것을 '부르주아'로 부르게 되기 전에는 그의 저서에서 '유대인'이라는 단어를 사용했다는 사실에 주의해야 한다. Jonathan Sperber, *Karl Marx: A Nineteenth-Century Life*, New York: Liveright, 2013, 133.

14 Polanyi, *Great Transformation*, 144, 153 – 162.

15 William Cronon, *Nature's Metropolis: Chicago and the Great West*, New York: W. W. Norton, 1992.

16 Ray Ginger, *The Age of Excess: The United States from 1877 to 1914*, New York: Macmillan, 1965; Ray Ginger, *Altgeld's America: The Lincoln Ideal Versus Changing Realities*, Chicago: Quadrangle Books, 1958.

17 John Peter Altgeld, *Our Penal Machinery and Its Victims*, Chicago: A. C. McClurg and Company, 1886.

18 Clarence Darrow, *The Story of My Life*, New York: Scribner's, 1932, 66.

19 US Constitution, Art. IV §4.

20 Allan Nevins, *Grover Cleveland: A Study in Courage*, New York: Dodd, Mean, 1930, 691.

21 Ginger, *Age of Excess*, 359.

22 Darrow, *My Life*, 93.

23 Clarence Darrow, *Closing Arguments: Clarence Darrow on Religion, Law, and Society*, Columbus: Ohio University Press, 2005, 202.

24 W. E. B. Du Bois, "My Evolving Program for Negro Freedom," in *What the Negro Wants*, ed. Rayford W. Logan, Chapel Hill: University of North Carolina Press, 1944, 36.

25 Booker T. Washington, *Up from Slavery: An Autobiography*, London: George Harrap, 1934 [1901], 137.

26 Annette Gordon-Reed, "The Color Line: W. E. B. Du Bois's Exhibit at the 1900 Paris Exposition," *New York Review of Books*, August 19, 2021, www.nybooks.com/articles/2021/08/19/du-bois-color-line-paris-exposition.

27 W. E. B. Du Bois, *The Souls of Black Folk*, Chicago: A. C. McClurg, 1903, n.p.

28 Alexis de Tocqueville, *Souvenirs*, Paris: Calmann Levy, 1893 [1850 – 1852], n.p.

29 Jean-Francois de La Harpe, *Cours de Littérature Ancienne et Moderne*, Paris: Didot Freres, 1840, n.p.

30 William L. Shirer, *The Collapse of the Third Republic: An Inquiry into the Fall of*

France in 1940, New York: Pocket Books, 1971, 33 – 39.

31 Donald Sassoon, *One Hundred Years of Socialism: The West European Left in the Twentieth Century*, New York: New Press, 1996, 5 – 25.

32 John Maynard Keynes, *The End of Laissez-Faire*, London: Hogarth Press, 1926, n.p.

33 Andrew Carnegie, "Wealth," *North American Review* 148, no. 391 (June 1889): n.p., available from Robert Bannister at Swarthmore College, June 27, 1995, www.swarthmore.edu/SocSci/rbannis1/AIH19th/Carnegie.html.

34 Winston S. Churchill, *The World Crisis*, vol. 1, New York: Charles Scribner's Sons, 1923, 33.

35 Arthur Conan Doyle, *His Last Bow: Some Reminiscences of Sherlock Holmes*, New York: George H. Doran, 1917, 307 – 308.

36 John Maynard Keynes, *The Economic Consequences of the Peace*, London: Macmillan, 1919, 22.

4장. 글로벌 제국들

1 Bernal Diaz del Castillo, *The History of the Conquest of New Spain*, Albuquerque: University of New Mexico Press, 2008 [1568].

2 David Abernethy, *The Dynamics of Global Dominance: European Overseas Empires, 1415–1980*, New Haven, CT: Yale University Press, 2000, 242 – 248.

3 Eric Williams, *Capitalism and Slavery, Chapel Hill: University of North Carolina Press, 1944; Nathan Nunn and Leonard Wantchekon, "The Slave Trade and the Origins of Mistrust in Africa,"*American Economic Review 101, no. 7 (December 2011): 3221 – 3252, available at American Economic Association, www.aeaweb.org/articles?id=10.1257/aer.101.7.3221.

4 Winston Churchill, *The River War: An Historical Account of the Reconquest of the Sudan*, London: Longmans, Green, 1899, n.p.

5 L. A. Knight, "The Royal Titles Act and India," *Historical Journal* 11, no. 3 (1968): 488 – 507.

6 Karl Marx, "British Rule in India," *New-York Daily Tribune*, June 25, 1853, available at Marxists Internet Archive, www.marxists.org/archive/marx/works/1853/06/25.htm; Karl Marx, "The Future Results of British Rule in India," *New-York Daily Tribune*, July 22, 1853, available at Marxists Internet Archive, www.marxists.org/archive/marx/410.htm.

7 Dugald Stewart, *Account of the Life and Writings of Adam Smith, LL.D.*, Edinburgh: Transactions of the Royal Society of Edinburgh, 1794, available at my website at https://delong.typepad.com/files/stewart.pdf.

8 Mancur Olson, *The Rise and Decline of Nations: Economic Growth, Stagflation,*

and Social Rigidities, New Haven, CT: Yale University Press, 1982, 179.

9   Afaf Lutfi al-Sayyid Marsot, *A Short History of Modern Egypt*, Cambridge: Cambridge University Press, 1985, 48–68.

10 Laura Panza and Jeffrey G. Williamson, "Did Muhammad Ali Foster Industrialization in Early 19th Century Egypt?," *Economic History Review* 68 (2015): 79–100.

11 David Landes, "Bankers and Pashas: International Finance and Imperialism in the Egypt of the 1860's" (PhD diss., Harvard University, 1953).

12 Alicia E. Neve Little, *Li Hung-Chang: His Life and Times*, London: Cassell and Company, 1903; Jonathan Spence, *The Search for Modern China*, New York: W. W. Norton, 1990.

13 Ellsworth Carlson, *The Kaiping Mines*, Cambridge, MA: Harvard University Press, 1957.

14 Robert Allen, *The British Industrial Revolution in Global Perspective*, Cambridge: Cambridge University Press, 2009.

15 A. L. Sadler, *The Maker of Modern Japan: The Life of Tokugawa Ieyasu*, London: Routledge, 1937; Conrad D. Totman, *The Collapse of the Tokugawa Bakufu: 1862–1868*, Honolulu: University Press of Hawaii, 1980.

16 Robert Allen, *Global Economic History: A Very Short Introduction*, Oxford: Oxford University Press, 2013, 118–119.

17 Totman, *Collapse of the Tokugawa Bakufu*; Jerry Kamm Fisher, *The Meirokusha*, Charlottesville: University of Virginia Press, 1974.

18 John P. Tang, "Railroad Expansion and Industrialization: Evidence from Meiji Japan," *Journal of Economic History* 74, no. 3 (September 2014): 863–886; George Allen, *A Short Economic History of Modern Japan, 1867–1937*, London: Allen and Unwin, 1972, 32–62, 81–99.

19 Myung Soo Cha, "Did Takahashi Korekiyo Rescue Japan from the Great Depression?," *Journal of Economic History* 63, no. 1 (March 2003): 127–144; Dick Nanto and Shinji Takagi, "Korekiyo Takahashi and Japan's Recovery from the Great Depression," *American Economic Review* 75, no. 2 (May 1985): 369–374; Richard J. Smethurst, *From Foot Soldier to Finance Minister: Takahashi Korekiyo, Japan's Keynes*, Cambridge, MA: Harvard University Asia Center, 2007.

20 Kozo Yamamura, "Success Illgotten? The Role of Meiji Militarism in Japan's Technological Progress," *Journal of Economic History* 37, no. 1 (March 1977): 113–135.

21 Rudyard Kipling, "White Man's Burden," *The Times*, February 4, 1899, reprinted at Wikipedia, https://en.wikipedia.org/wiki/The_White_Man%27s_Burden.

22 Joseph Schumpeter, "The Sociology of Imperialisms," 1918, in *Imperialism and Social Classes: Two Essays by Joseph Schumpeter*, Cleveland: Meridian Books,

2007.

23 John Hobson, *Imperialism:A Study*, London: James Nisbet, 1902.

24 Norman Angell, *Europe's Optical Illusion*, Hamilton, Kent, UK: Simpkin, Marshall, 1908.

5장. 제1차 세계대전

1   Norman Angell, *Peace Theories and the Balkan War*, London: Horace Marshall and Son, 1912, 124.

2   "Otto von Bismarck," Social Security Administration, n.d., www.ssa.gov/ history/ottob.html; Otto von Bismarck, "Bismarck's Reichstag Speech on the Law for Workers' Compensation (March 15, 1884)," German Historical Institute, German History in Documents and Images, https:// germanhistorydocs.ghi-dc.org/sub_document.cfm?document_id=1809.

3   Thomas Pakenham, *The Boer War*, New York: HarperCollins, 1992.

4   George Dangerfield, *The Strange Death of Liberal England*, London: Harrison Smith and Robert Haas, 1935.

5   Max Weber, *The National State and Economic Policy*, Freiburg, 1895, quoted in Wolfgang J. Mommsen and Jurgen Osterhammel, *Max Weber and His Contemporaries*, London: Routledge, 1987, 36.

6   Max Weber, *The Sociology of Religion*, excerpted in Max Weber, Hans Heinrich Gerth, and C. Wright Mills, eds., *From Max Weber: Essays in Sociology*, London: Routledge and Kegan Paul, 1948, 280.

7   Robert Forczyk, *Erich von Manstein: Leadership, Strategy, Conflict*, Oxford: Osprey Publishing, 2010.

8   Christopher Clark, *The Sleepwalkers: How Europe Went to War in 1914*, London: Allen Lane, 2012; David Mackenzie, *The "Black Hand" on Trial: Salonika 1917*, New York: Columbia University Press, 1995; W. A. Dolph Owings, *The Sarajevo Trial*, Chapel Hill, NC: Documentary Publications, 1984.

9   Arno Mayer, *The Persistence of the Old Regime: Europe to the Great War*, New York: Pantheon Books, 1981.

10 Robert Citino, *The German Way of War: From the Thirty Years'War to the Third Reich*, Lawrence: University Press of Kansas, 2005.

11 Niall Ferguson, *The Pity of War*, London: Penguin, 1998, xxxix.

12 Adam Tooze, *The Deluge: The Great War, America and the Remaking of the Global Order*, New York: Penguin Random House, 2014.

13 Walther Rathenau, *To Germany's Youth*, Berlin: S. Fischer, 1918, 9.

14 Hugo Haase, "Social Democratic Party Statement on the Outbreak of the War," August 4, 1914, quoted in "The Socialists Support the War (August

4, 1914)," German Historical Institute, German History in Documents and Images, https://germanhistorydocs.ghi-dc.org/sub_document.cfm?document_id=816&language=english.

15 Michael Howard, *The First World War*, Oxford: Oxford University Press, 2002. Much shorter is Michael Howard, *The First World War: A Very Short Introduction*, Oxford: Oxford University Press, 2007.

16 John Maynard Keynes, *The Economic Consequences of the Peace*, London: Macmillan, 1919, 7.

17 Robert Skidelsky, *John Maynard Keynes, 1883–1946: Economist, Philosopher, Statesman*, New York: Penguin, 2005.

6장. 포효하는 20년대

1 소련 공산당 서기장 고르바초프가 그의 연설에서 제기. "Europe as a Common Home," July 6, 1989. 원고는 다음에서 참조. Roy Rosenzweig Center for History and New Media, 예전에는 the Center for History and New Media, George Mason University, https://chnm.gmu.edu/1989/archive/files/gorbachev-speech-7-6-89_e3ccb87237.pdf.

2 Joseph Schumpeter, *Capitalism, Socialism, and Democracy*, New York: Taylor and Francis, 2013 [1942].

3 Karl Popper, *The Open Society and Its Enemies*, New York: Taylor and Francis, 2012 [1945].

4 Peter Drucker, *Management: Tasks, Responsibilities, Practices*, New York: HarperCollins, 1993 [1973]; Alasdair Macintyre, *After Virtue: A Study in Moral Theory*, South Bend, IN: University of Notre Dame Press, 1981.

5 과학과 기술에 적용된 이 아이디어에 대한 아주 좋은 소개는 다음을 참조하라. Chapter 5 of Partha Dasgupta, *Economics: A Very Short Introduction*, Oxford: Oxford University Press, 2007, 90-99.

6 Charles Kindleberger, *The World in Depression, 1929–1939*, Berkeley: University of California Press, 1973, 291-292.

7 Margaret MacMillan, *Paris 1919: Six Months That Changed the World*, New York: Random House, 2001.

8 Laura Spinney, *Pale Rider: The Spanish Flu of 1918 and How It Changed the World*, New York: PublicAffairs, 2017.

9 Wladimir S. Woytinsky, *Stormy Passage: A Personal History Through Two Russian Revolutions to Democracy and Freedom, 1905–1960*, New York: Vanguard, 1961.

10 Woodrow Wilson, "Address of the President of the United States to the Senate," January 22, 1917, posted at University of Michigan-Dearborn, Personal Pages, www-personal.umd.umich.edu/~ppennock/doc-

Wilsonpeace.htm.

11 John Maynard Keynes, *The Economic Consequences of the Peace*, London: Macmillan, 1919, 37–55.

12 Keynes, *Economic Consequences*, 3.

13 Keynes, *Economic Consequences*, 3–4.

14 Jan Christiaan Smuts, *Selections from the Smuts Papers*, vol. 4, *November 1918–August 1919*, Cambridge: Cambridge University Press, 1966, 152–153.

15 George H. Nash, *The Life of Herbert Hoover: The Humanitarian, 1914–1917*, New York: W. W. Norton, 1988; George H. Nash, *The Life of Herbert Hoover: Master of Emergencies, 1917–1918*, New York: W. W. Norton, 1996; Kendrick A. Clements, *The Life of Herbert Hoover: Imperfect Visionary, 1918–1928*, New York: Palgrave Macmillan, 2010.

16 Keynes, *Economic Consequences*, 268.

17 Keynes, *Economic Consequences*, 149.

18 Christian Seidl, "The Bauer–Schumpeter Controversy on Socialization," *History of Economic Ideas* 2, no. 2 (1994): 53, quoting Joseph Schumpeter's 1917 "Die Krise des Steuerstaates," itself reprinted in Joseph Schumpeter, "Die Krise des Steuerstaates," *Aufsätze zur Soziologie*, Tubingen: J. C. B. Mohr (Paul Siebeck), 1953.

19 Joe Weisenthal, Tracy Alloway, and Zach Carter, "The Real Story of Weimar Hyperinflation," Bloomberg, *Odd Lots Podcast*, April 15, 2021, www.bloomberg.com/news/articles/2021-04-15/zach-carter-on-the-real-story-of-weimar-hyperinflation; Sally Marks, "The Myths of Reparations," *Central European History* 11, no. 3 (2008): 231–255.

20 Barry J. Eichengreen, *Golden Fetters: The Gold Standard and the Great Depression*, New York: Oxford University Press, 1992. "그것은 우리에게 닥친 재앙이 아니라 행복한 해방이었다. 우리의 황금 족쇄가 끊어짐으로써 우리의 운명에 대한 통제권을 회복했다"와 같은 문구에서 사용된 '황금 족쇄'라는 표현은 케인스의 다음 저작에 나온다. "Two Years Off Gold: How Far Are We from Prosperity Now?," *Daily Mail*, September 19, 1933, reprinted in John Maynard Keynes, *The Collected Writings of John Maynard Keynes*, vol. 21, *Activities, 1931–1939: World Crises and Policies in Britain and America*, Cambridge: Cambridge University Press, 1982, 285.

21 Robert Skidelsky, *John Maynard Keynes, 1883–1946: Economist, Philosopher, Statesman*, New York: Penguin, 2005, 217–249.

22 Skidelsky, *Keynes*; P. J. Grigg, *Prejudice and Judgment*, London: Jonathan Cape, 1948, 183. 내 웹사이트의 이 챕터와 관한 메모에서 설명한 이유 때문에 나는 그리그를 신뢰할 수 없다고 생각한다. https://braddelong.substack.com/p/chapter-vi-roaring-twenties.

23 Eichengreen, *Golden Fetters*, 153–186.

24 Paul Krugman, "Notes on Globalization and Slowbalization," November 2020, The Graduate Center, City University of New York, www.gc.cuny. edu/CUNY_GC/media/LISCenter/pkrugman/Notes-on-globalization- and-slowbalization.pdf.

25 Kevin H. O'Rourke, "Globalization in Historical Perspective," in *Globalization and Unemployment*, ed. H. Wagner, Berlin: Springer-Verlag, 2000.

26 William C. Widenor, *Henry Cabot Lodge and the Search for an American Foreign Policy*, Berkeley: University of California Press, 1980; Henry Cabot Lodge, "Lynch Law and Unrestricted Immigration," *North American Review* 152, no. 414 (May 1891): 602-612. 우드로 윌슨은 1880년대에 이르러 전형적인 이민자가 미국에 위협이 되었다고 굳게 믿었다. Woodrow Wilson, *Division and Reunion*, 1829-1889, London: Longmans, Green, 1893, 297.

27 Eric S. Yellin, "How the Black Middle Class Was Attacked by Woodrow Wilson's Administration," *The Conversation*, February 8, 2016, https:// theconversation.com/how-the-black-middle-class-was-attacked-by- woodrow-wilsons-administration-52200; Franklin Delano Roosevelt, "Cover Memorandum," August 7, 1916, reprinted in "Roosevelt Exposed as Rabid Jim Crower by Navy Order," *Chicago Defender*, October 15, 1932, 1, available at Internet Archive Wayback Machine, web.archive. org/web/20110104185404/http://j-bradford-delong.net/2007_ images/20070728_Roosevelt_memo.pdf.

28 J. H. Habakkuk, *American and British Technology in the Nineteenth Century: The Search for Labour Saving Inventions*, Cambridge: Cambridge University Press, 1962; David A. Hounshell, *From the American System to Mass Production: The Development of Manufacturing Technology in the United States, 1850–1920*, Wilmington: University of Delaware Press, 1978.

29 Paul A. David, "The Dynamo and the Computer: An Historical Perspective on the Modern Productivity Paradox," *American Economic Review* 80, no. 2 (May 1990): 355-361.

30 Daniel Raff, "Wage Determination Theory and the Five-Dollar Day at Ford: A Detailed Examination" (PhD diss., Massachusetts Institute of Technology, 1987); Daniel M.G. Raff and Lawrence H. Summers, "Did Henry Ford Pay Efficiency Wages?," *Journal of Labor Economics* 5, no. 4, pt.2 (October 1987): S57-S86.

31 "Theodore N. Vail on Public Utilities and Public Policies," *Public Service Management* 14, no. 6 (June 1913): 208.

32 Alfred P. Sloan, *My Years with General Motors*, New York: Doubleday, 1964; Peter F. Drucker, *The Concept of the Corporation*, New York: John Day, 1946.

33 Aldous Huxley, *Brave New World*, New York: Random House, 2008[1932].

34 O. M. W. Sprague, *History of Crises Under the National Banking System*,

Washington, DC: Government Printing Office, 1910, archived at Federal Reserve Archival System for Economic Research (FRASER), https://fraser. stlouisfed.org/files/docs/historical/nmc/nmc_538_1910.pdf; Elmus Wicker, *Banking Panics of the Gilded Age*, Cambridge: Cambridge University Press, 2000.

35 Nash, *Master of Emergencies*; Clements, *Imperfect Visionary*.

36 Calvin Coolidge, "Sixth Annual Message," 1928, American Presidency Project, University of California, Santa Barbara, www.presidency.ucsb.edu/ documents/sixth-annual-message-5.

37 Calvin Coolidge, "Address to the American Society of Newspaper Editors, Washington, D.C.," January 17, 1925, American Presidency Project, University of California, Santa Barbara, www.presidency.ucsb. edu/documents/address-the-american-society-newspaper-editors-washington-dc.

38 Edward A. Filene, "The New Capitalism," *Annals of the American Academy of Political and Social Science* 149, no. 1 (May 1930): 3 – 11.

39 "Fisher Sees Stocks Permanently High," *New York Times*, October 16, 1929, https://timesmachine.nytimes.com/timesmachine/1929/10/16/96000134. html.

40 J. Bradford DeLong and Andrei Shleifer, "Closed-End Fund Discounts: A Yardstick of Small-Investor Sentiment," *Journal of Portfolio Management* 18, no. 2 (Winter 1992): 46 – 53.

41 Eichengreen, *Golden Fetters*, 222 – 256.

42 Douglas Irwin, "Who Anticipated the Great Depression? Gustav Cassel Versus Keynes and Hayek on the Interwar Gold Standard," *Journal of Money, Credit, and Banking* 46, no. 1 (February 2014): 199 – 227, https://cpb-us-e1.wpmucdn.com/sites.dartmouth.edu/dist/c/1993/files/2021/01/ jmcb.12102.pdf.

43 John Kenneth Galbraith, *The Great Crash, 1929*, Boston: Houghton Mifflin, 1955.

7장. 대공황

1 Jean-Baptiste Say, *A Treatise on Political Economy*, Philadelphia: Gregg and Elliot, 1843 [1803].

2 John Stuart Mill, *Essays on Some Unsettled Questions in Political Economy*, London: John W. Parker, 1844 [1829]; John Maynard Keynes, *The General Theory of Employment, Interest and Money*, London: Macmillan, 1936; William Baumol, "Retrospectives: Say's Law," *Journal of Economic Perspectives* 13, no. 1 (Winter 1999): 195 – 204, available at American Economic Association, https://pubs.aeaweb.org/doi/pdfplus/10.1257/jep.13.1.195.

3   Karl Marx, *Theories of Surplus Value*, Moscow: Progress Publishers, 1971 [1861 – 1863], chap. 17, n.p., available at Marxists Internet Archive, www. marxists.org/archive/marx/works/1863/theories-surplus-value/ch17.htm.

4   Thomas Robert Malthus, *Principles of Political Economy Considered with a View Toward Their Practical Application*, 2nd ed., London: W. Pickering, 1836 [1820]; Mill, *Unsettled Questions*.

5   이 강력하고 중요한 요점을 닉 로위Nick Rowe가 가장 잘 표현했다. "Why Is Macroeconomics So Hard to Teach?," *Economist*, August 9, 2018, www.economist.com/finance-and-economics/2018/08/09/why-is-macroeconomics-so-hard-to-teach.

6   Jean-Baptiste Say, *Cours Complet d'Economie Politique Pratique*, Paris: Chez Rapilly, 1828 – 1830.

7   E. M. Forster, *Marianne Thornton: A Domestic Biography, 1797–1887*, New York: Harcourt Brace Jovanovich, 1973 [1902], 109 – 123.

8   Quoted in Walter Bagehot, *Lombard Street: A Description of the Money Market*, London: Henry S. King, 1873, 53.

9   John Kenneth Galbraith, *The Great Crash 1929*, Boston: Houghton Mifflin, 1955.

10   Barry J. Eichengreen, *Golden Fetters: The Gold Standard and the Great Depression*, New York: Oxford University Press, 1992, 258 – 316.

11   George Orwell, *The Road to Wigan Pier*, London: Left Book Club, 1937.

12   Eichengreen, *Golden Fetters*, 256 – 268.

13   Joseph Schumpeter, "Depressions," in Douglass V. Brown, Edward Chamberlin, Seymour E. Harris, Wassily W. Leontief, Edward S. Mason, Joseph A. Schumpeter, and Overton H. Taylor, *The Economics of the Recovery Program*, New York: McGraw-Hill, 1934, 16.

14   Friedrich A. von Hayek, "Prices and Production," 1931, in Friedrich A. von Hayek, *Prices and Production and Other Works*, Auburn, AL: Ludwig von Mises Institute, 2008, 275.

15   Schumpeter, "Depressions," 16.

16   Herbert Hoover, *The Memoirs of Herbert Hoover*, vol. 3, *The Great Depression, 1929–1941*, New York: Macmillan, 1953, 30.

17   Mill, *Unsettled Questions*, n.p.

18   Bagehot, *Lombard Street*; Robert Peel, "Letter of 1844," in *British Parliamentary Papers*, 1847, vol. 2, xxix, quoted in Charles Kindleberger, *A Financial History of Western Europe*, London: George Allen and Unwin, 1984, 90.

19   Ralph G. Hawtrey, *A Century of Bank Rate*, London: Taylor and Francis, 1995 [1938], 145.

20   John Maynard Keynes, "The Great Slump of 1930," *Nation and Athenaeum*, December 20 and 27, 1930, n.p.

21 John Maynard Keynes, *The Economic Consequences of the Peace*, London: Macmillan, 1919, 251.

22 Barry Eichengreen and Jeffrey Sachs, "Exchange Rates and Economic Recovery in the 1930s," National Bureau of Economic Research (NBER) working paper 1498, *Journal of Economic History* 45, no. 4 (December 1985): 925 – 946, available at NBER, www.nber.org/papers/w1498.

23 Franklin Delano Roosevelt, "First Inaugural Address," March 4, 1933, American Presidency Project, University of California, Santa Barbara, www.presidency.ucsb.edu/documents/inaugural-address-8.

24 P. J. Grigg, *Prejudice and Judgment*, London: Jonathan Cape, 1948, 7.

25 Jacob Viner, "Review: Mr. Keynes on the Causes of Unemployment," *Quarterly Journal of Economics* 51, no. 1 (November 1936): 147 – 167.

26 Keynes, *General Theory*, chap. 24, n.p.

27 Margaret Weir and Theda Skocpol, "State Structures and Social Keynesianism: Responses to the Great Depression in Sweden and the United States," *International Journal of Comparative Sociology* 24, nos. 1 – 2 (January 1983).

28 Richard J. Smethurst, *From Foot Soldier to Finance Minister: Takahashi Korekiyo*, Cambridge, MA: Harvard University Asia Center, 2007.

29 Hjalmar Horace Greeley Schacht, *Confessions of "the Old Wizard": Autobiography*, Boston: Houghton Mifflin, 1956.

30 Nico Voigtlaender and Hans-Joachim Voth, "Highway to Hitler," National Bureau of Economic Research (NBER) working paper 20150, issue date May 2014, revised January 2021, available at NBER, www.nber.org/papers/w20150.

31 Adolf Hitler, *Mein Kampf*, Baltimore: Pimlico, 1992 [1925]; Adolf Hitler, *Hitler's Second Book*, New York: Enigma Books, 2006.

32 Eichengreen, *Golden Fetters*, 411.

33 "Statement of J. Bradford DeLong, Professor of Economics, University of California at Berkeley," in "Lessons from the New Deal: Hearing Before the Subcommittee on Economic Policy of the Committee of Banking, Housing, and Urban Affairs, United States Senate, One Hundred Eleventh Congress, First Session, on What Lessons Can Congress Learn from the New Deal That Can Help Drive Our Economy Today," March 31, 2009, Washington, DC: Government Printing Office, 2009, 21 – 22, 53 – 60, available at US Government Publishing Office website, www.govinfo.gov/content/pkg/CHRG-111shrg53161/html/CHRG-111shrg53161.htm.

34 Peter Temin, *Lessons from the Great Depression*, Cambridge, MA: MIT Press, 1991.

35 William L. Shirer, *The Collapse of the Third Republic: An Inquiry into the Fall of France in 1940*, New York: Pocket Books, 1971, 294.

36 Orwell, *Wigan Pier*, 78.

37 Orwell, *Wigan Pier*, 40 – 42.

38 Franklin Delano Roosevelt, "Address Accepting the Presidential Nomination at the Democratic National Convention in Chicago," July 2, 1932, American Presidency Project, University of California, Santa Barbara, www.presidency.ucsb.edu/documents/address-accepting-the-presidential-nomination-the-democratic-national-convention-chicago-1.

39 Ellis Hawley, *The New Deal and the Problem of Monopoly, 1934–1938: A Study in Economic Schizophrenia*, Madison: University of Wisconsin Press, 1958.

40 Vaclav Smil, *Creating the Twentieth Century: Technical Innovations of 1867– 1914 and Their Lasting Impact*, Oxford: Oxford University Press, 2005; Vaclav Smil, *Transforming the Twentieth Century: Technical Innovations and Their Consequences*, Oxford: Oxford University Press, 2006.

41 Dwight D. Eisenhower, Letter to Edgar Newton Eisenhower, November 8, 1954, available at Teaching American History, https://teachingamericanhistory.org/library/document/letter-to-edgar-newton-eisenhower.

42 John Maynard Keynes, *Essays in Persuasion*, London: Macmillan, 1933, 326 – 329.

8장. 현실사회주의

1 Giuseppe Tomasi di Lampedusa, *The Leopard*, New York: Random House, 1960 [1958], 40.

2 Joseph Weydemeyer, "Dictatorship of the Proletariat," *Turn-Zeitung*, January 1, 1852, available at Libcom, https://libcom.org/files/Joseph%20Weydemeyer%20-%20The%20Dictatorship%20of%20the%20Proletariat%20(article%20published%20in%20New%20York,%201852).pdf. 이는 단기적으로는 권위주의의 폭력을 통해 장기적으로는 자유를 구한다는 하이에크의 '리쿠르고스의 순간'이라는 개념과 분명한 유사점이 있다. Margaret Thatcher, Letter to Friedrich von Hayek, February 17, 1982. 편지의 사본과 디지털 이미지는 다음을 참조. Corey Robin, "Margaret Thatcher's Democracy Lessons," Jacobin, n.d., https://jacobinmag.com/2013/07/margaret-thatcher-democracy-lessons.

3 다시 한번, 레닌뿐 아니라 크롬웰, 심지어 시저 자신도 독재의 '일시적' 성격에 문제가 있었다.

4 Karl Marx, "Wage Labour and Capital," *Neue Rheinische Zeitung*, April 5 – 8, 11, 1849 [1847], chap. 9, available at Marxists Internet Archive, www.marxists.org/archive/marx/works/1847/wage-labour.

5 Karl Marx and Friedrich Engels, *Manifesto of the Communist Party*, London:

Communist League, 1848, n.p.

6 George Boyer, "The Historical Background of the Communist Manifesto," *Journal of Economic Perspectives* 12, no. 4 (Fall 1998): 151 – 174.

7 Eric Hobsbawm, *Age of Extremes: The Short Twentieth Century, 1914–1991*, London: Michael Joseph, 1984, 379.

8 Evan Mawdsley, *The Russian Civil War*, New York: Simon and Schuster, 2009.

9 Peter Boettke, *Calculation and Coordination: Essays on Socialism and Transitional Political Economy*, New York: Routledge, 2001, 312, quoting Vladimir Lenin, "Theses for an Appeal to the International Socialist Committee and All Socialist Parties" [1931], in *Lenin Collected Works*, vol. 23, Moscow: Progress Publishers, 1964, 206 – 216, available at Marxists Internet Archive, www.marxists.org/archive/lenin/works/1916/dec/25.htm.

10 Edmund Wilson, *To the Finland Station: A Study in the Writing and Acting of History*, Garden City, NY: Doubleday, 1955 [1940], 384 – 385.

11 A central point of Michael Polanyi, "Planning and Spontaneous Order," *Manchester School of Economics and Social Studies* 16, no. 3 (1948): 237 – 268.

12 Vladimir Lenin, *Testament*, November 1922, in *Lenin Collected Works*, vol. 36, Moscow: Progress Publishers, 1966, 594 – 596, available at History Guide: Lectures on Twentieth Century Europe, www.historyguide.org/europe/testament.html.

13 Adolf Hitler, *Mein Kampf*, Baltimore: Pimlico, 1992 [1925].

14 Bertholt Brecht, "The Solution," June 1953, reprinted at Internet Poem, https://internetpoem.com/bertolt-brecht/the-solution-poem.

15 Timothy Snyder, *Bloodlands: Europe Between Hitler and Stalin*, New York: Basic Books, 2010, 21 – 87.

9장. 파시즘과 나치즘

1 Aleksandr Solzhenitsyn, *The Gulag Archipelago*, vol. 1, New York: Harper and Row, 1976, 79. 그는 볼셰비키와 소련 공산당을 생각하고 있었다. 그러나 사실은 현실사회주의와 그 이란성 쌍둥이인 파시즘에도 똑같이 적용된다고 나는 생각한다.

2 Andrew Carnegie, "Wealth," *North American Review* 148, no. 391 (June 1889): n.p., available from Robert Bannister at Swarthmore College, June 27, 1995, www.swarthmore.edu/SocSci/rbannis1/AIH19th/Carnegie.html.

3 Benito Mussolini, "The Doctrine of Fascism," first published in *Enciclopedia Italiana di Scienzek Lettere ed Arti*, vol. 14, Rome: Instituto Giovanni Treccani, 1932, available at San Jose State University faculty webpage of

Andrew Wood at https://sjsu.edu/faculty/wooda/2B-HUM/Readings/ The-Doctrine-of-Fascism.pdf; Antonio Scurati, *M: Son of the Century*, New York: HarperCollins, 2021; R. J. B. Bosworth, *Mussolini's Italy: Life Under the Fascist Dictatorship, 1915–1945*, New York: Penguin, 2005.

4   Leon Trotsky, "Political Profiles: Victor Adler," *Kievskaya Mysl*, no. 191 (July 13, 1913), available at Marxists Internet Archive, www.marxists.org/archive/ trotsky/profiles/victoradler.htm.

5   Jasper Ridley, *Mussolini: A Biography*, New York: St. Martin's Press, 1998, 64.

6   George Orwell, "In Front of Your Nose," *London Tribune*, March 22, 1946, reprinted at Orwell Foundation, www.orwellfoundation.com/the-orwell-foundation/orwell/essays-and-other-works/in-front-of-your-nose.

7   John Lukacs, *A Short History of the Twentieth Century*, Cambridge, MA: Belknap Press of Harvard University Press, 2013; Francis Fukuyama, *The End of History and the Last Man*, New York: Free Press, 1992.

8   히틀러의 모습에 대한 사람들의 반응과 관련하여 내가 읽은 가장 좋은 글은 Ron Rosenbaum, *Explaining Hitler: The Search for the Origins of His Evil*, New York: Random House, 1998.

9   나는 론 로젠바움이 잘 표현한 이유 때문에 나치즘에 대한 일반 역사로 다른 어떤 것보다 윌리엄 셔러의 저작을 가장 좋아한다. William L. Shirer, *The Rise and Fall of the Third Reich: A History of Nazi Germany*, New York: Simon and Schuster, 1960. Ron Rosenbaum, "Revisiting the Rise and Fall of the Third Reich," *Smithsonian*, February 2012, www.smithsonianmag.com/history/revisiting-the-rise-and-fall-of-the-third-reich-20231221. 무엇이 셔러를 특별하게 만드는지는 다음 자료에서 생생하게 읽을 수 있다. William L. Shirer, *Berlin Diary*, New York: Knopf, 1941.

10   Adolf Hitler, *Mein Kampf*, Baltimore: Pimlico, 1992 [1925], 298.

11   Hitler, *Mein Kampf*, 121.

12   Hitler, *Mein Kampf*, 119.

13   Hitler, *Mein Kampf*, 500.

14   다음을 참조. David Ceserani, *Final Solution: The Fate of the Jews, 1933–49*, New York: Pan Macmillan, 2017; Christopher Browning, *Ordinary Men: Reserve Police Battalion 101 and the Final Solution in Poland*, New York: Harper Perennial, 1993. 내 의견으로는 프랭크 피어슨Frank Pierson 감독, 로링 맨델Loring Mandel 각본, 케네스 브래너Kenneth Branagh 주연의 Conspiracy를 볼 가치가 있다(BBC and HBO Films, 2001).

15   Leo Strauss, Letter to Karl Lowith, May 19, 1933, in Leo Strauss, *Gesammelte Schriften, Bd. 3: Hobbes' politische Wissenschaft und zugehörige Schriften, Briefe*, ed. Heinrich Meier, Stuttgart: Metzler Verlag, 2001, 624 – 625, translation by Scott Horton at Balkinization, https://balkin.blogspot.com/2006/07/letter_16.html.

16 Ludwig von Mises, *Liberalism: The Classical Tradition*, Jena, Germany: Gustav Fischer Verlag, 1927, 51.

17 Margaret Thatcher, Letter to Friedrich von Hayek, February 17, 1982, transcript and digitized image available at Corey Robin, "Margaret Thatcher's Democracy Lessons," Jacobin, n.d., https://jacobinmag. com/2013/07/margaret-thatcher-democracy-lessons.

18 Hitler, *Mein Kampf*.

19 George Orwell, *Homage to Catalonia*, London: Seeker and Warburg, 1938, 34.

20 Hermann Rauschning, *The Voice of Destruction*, New York: Pelican, 1940, 192.

21 Eric Hobsbawm, *Age of Extremes: The Short Twentieth Century, 1914–1991*, London: Michael Joseph, 1984, 76.

22 Anton Antonov-Ovseenko, *The Time of Stalin—Portrait of a Tyranny*, New York: Harper and Row, 1981, 165. 증인 클레멘트 보로실로프Klement Voroshilov 에서 아나스타스 미코얀Anastas Mikoyan 으로 전파된 것으로 추정된다.

23 Rosa Luxemburg, *The Russian Revolution*, New York: Workers' Age Publishers, 1940 [1918], 34.

24 Janek Wasserman, *The Marginal Revolutionaries: How Austrian Economists Fought the War of Ideas*, New Haven, CT: Yale University Press, 1919, 98.

25 Eric Phipps, *Our Man in Berlin: The Diary of Sir Eric Phipps, 1933–1937*, Basingstoke, UK: Palgrave Macmillan, 2008, 31.

10장. 제2차 세계대전

1 William L. Shirer, *The Rise and Fall of the Third Reich: A History of Nazi Germany*, New York: Simon and Schuster, 1960, 197.

2 Eric Phipps, *Our Man in Berlin: The Diary of Sir Eric Phipps, 1933–1937*, Basingstoke, UK: Palgrave Macmillan, 2008, 31.

3 지금까지 쓰인 모든 '내가 그렇게 말했잖아' 식의 기록 중 금메달은 윈스턴 S. 처칠의 *The Gathering Storm*, Boston: Houghton Mifflin, 1948에게 주어져야 한다. David Reynolds, *In Command of History: Churchill Fighting and Writing the Second World War*, New York: Random House, 2005.

4 나는 항상 처칠이 터키의 다르다넬스 작전을 "젊은이들을 플랑드르에서 철조망을 씹도록 보내는 것보다" 영국의 자원을 훨씬 더 바람직하게 사용한 것으로 본 것이 옳았다고 생각했다. Winston S. Churchill to Herbert Henry Asquith, December 29, 1914, Churchill Papers, 26/1; quoted by W. Mark Hamilton, "Disaster in the Dardanelles: The History of the History," International Churchill Society, November 10, 2015, https://winstonchurchill.org/publications/finest-hour/finest-hour-169 /disaster-in-the-dardanelles-the-history-of-the-history.

5 David Faber, *Munich: The Appeasement Crisis*, London: Pocket Books, 2008.

6 Neville Chamberlain, "Peace for Our Time," speech, September 30, 1938, transcript at EuroDocs, https://eudocs.lib.byu.edu/index.php/Neville_Chamberlain%27s_%22Peace_For_Our_Time%22_speech.

7 Martin Gilbert, ed., *Winston S. Churchill, Companion*, vol. 5, pt. 3, *The Coming of War, 1936–1939*, London: Heinemann, 1982.

8 "The End of Czecho-Slovakia: A Day-to-Day Diary," *Bulletin of International News* 16, no. 6 (March 25, 1939): 23–39.

9 Winston S. Churchill, "The Russian Enigma," BBC, October 1, 1939, transcript at Churchill Society, www.churchill-society-london.org.uk/RusnEnig.html.

10 제2차 세계대전 관련 내가 추천할 수 있는 가장 간략한 책은 Gerhard Weinberg, *World War II: A Very Short Introduction*, Oxford: Oxford University Press, 2014. 더 깊이 살펴보려면 Gerhard Weinberg, A *World at Arms: A Global History of World War II*, Cambridge: Cambridge University Press, 1994; R. J. Overy, *Why the Allies Won*, London: Pimlico, 1996.

11 나는 이 책이 적어도 하나의 참고문헌 딸리지 않은 주석이 필요하다고 생각한다: 물론 베르너 폰 브라운은 1945년 미국에 온 후 나치의 노예 관리인이자 테러 무기 제작자로서의 삶 외에 다른 삶을 살았지만, 앨라배마주 헌츠빌 시내에 "컨퍼런스, 컨벤션, 콘서트, 브로드웨이 공연, 발레, 교향곡, 다양한 스포츠 이벤트 등"을 위한 베르너 폰 브라운 센터가 있다는 사실에 여전히 놀랐다. www.vonbrauncenter.com/about-us.

12 David Glantz, *Barbarossa: Hitler's Invasion of Russia, 1941*, Stroud, UK: Tempus Books, 2001.

13 Ernest May, *Strange Victory: Hitler's Conquest of France*, New York: Hill and Wang, 2000, 410.

14 William L. Shirer, *The Collapse of the Third Republic: An Inquiry into the Fall of France in 1940*, New York: Pocket Books, 1971, 690.

15 Shirer, *Collapse*, 691. 제4기갑사단이 작전 중이던 프랑스 제6군 사령관 로버트 오귀스트 터숑 장군은 이 사단이 "강력한 타격"을 가했다는 보고서를 작성하면서, 그 결과 "[공격하는] 전차들의 속도를 늦췄다"고 언급했다. Jean Lacouture, *De Gaulle: The Rebel: 1890–1944*, trans. Patrick O'Brian, New York: Norton, 1990 [1984], 182.

16 Charles de Gaulle, "The Appeal of June 18," BBC, June 18, 1940, Internet Archive Wayback Machine, https://web.archive.org/web/20130423194941/http://www.france.fr/en/institutions-and-values/appeal-18-june.

17 Winston S. Churchill, *Their Finest Hour*, Boston: Houghton Mifflin, 1949, 59.

18 Churchill, *Their Finest Hour*.

19 20세기 전체에 걸쳐 가장 놀랍고 비범한, 그리고 내가 아는 것이 너무도 없는 업적 중 하나다.

1   Ron Rosenbaum, *How the End Begins: The Road to a Nuclear World War III*, New York: Simon and Schuster, 2011.

2   Nikita S. Khrushchev, "On Peaceful Coexistence," *Foreign Affairs* 38, no. 1 (October 1959): 1 – 18.

3   "We Will Bury You," *Time*, November 26, 1956, Internet Archive Wayback Machine, https://web.archive.org/web/20070124152821/http://www.time.com/time/magazine/article/0,9171,867329,00.html.

4   내 생각에 여러분이 읽어야 할 냉전에 관한 다음 책은 John Lewis Gaddis, *The Cold War: A New History*, New York: Penguin, 2005, 그 다음에는 그의 *We Now Know: Rethinking Cold War History*, Oxford: Clarendon Press, 1997, 그리고 *The United States and the Origins of the Cold War*, New York: Columbia University Press, 1972.

5   Vladimir Lenin, *Imperialism: The Highest Stage of Capitalism*, London: Lawrence and Wishart, 1948 [1916].

6   Paul Sweezy, *The Theory of Capitalist Development*, New York: Monthly Review Press, 1942, 361.

7   Charles Maier, *In Search of Stability: Explorations in Historical Political Economy*, Cambridge: Cambridge University Press, 1987, 153.

8   J. Bradford DeLong and Barry Eichengreen, "The Marshall Plan: History's Most Successful Structural Adjustment Program," in *Postwar Economic Reconstruction and Its Lessons for the East Today*, ed. Rudiger Dornbusch, Willem Nolling, and Richard Layard, Cambridge, MA: MIT Press, 2003, 189 – 230.

9   Richard Strout, TRB (column), *New Republic*, May 5, 1947.

10 As reported by Clark Clifford. Forrest C. Pogue, *George C. Marshall: Statesman, 1945–1959*, Lexington, MA: Plunkett Lake Press, 2020 [1963], 236.

11 Barry Eichengreen and Marc Uzan, "The Marshall Plan: Economic Effects and Implications for Eastern Europe and the Former USSR," *Economic Policy* 7, no. 14 (1992): 13 – 75.

12 Paul Krugman, "The Conscience of a Liberal," *New York Times*, November 30, 2010, https://krugman.blogs.nytimes.com/2010/11; Etienne Davignon, "Address," in *Jean Monnet: Proceedings of Centenary Symposium Organized by the Commission of the European Communities, Brussels, 10 November 1988*, Luxembourg: Office for Official Publications of the European Communities, 1989, 36, available at Archive of European Integration, University of Pittsburgh, http://aei-dev.library.pitt.edu/52373/1/A7287.pdf.

13 Dean Acheson, "Speech on the Far East," January 12, 1950, available at Teaching American History, https://teachingamericanhistory.org/

document/speech-on-the-far-east.

14 Max Hastings, *The Korean War*, New York: Simon and Schuster, 1987.

15 John Foster Dulles, "The Evolution of Foreign Policy," *Council on Foreign Relations*, New York, January 12, 1954, reprinted in archives of *Air Force Magazine*, www.airforcemag.com/PDF/MagazineArchive/Documents/2013/September%202013/0913keeperfull.pdf.

16 George F. Kennan, "Sources of Soviet Conduct," *Foreign Affairs* 25, no. 4 (July 1947): 566 – 582.

17 "We Will Bury You"; "False Claim: Nikita Khrushchev 1959 Quote to the United Nations General Assembly," Reuters, May 11, 2020, www.reuters.com/article/uk-factcheck-khrushchev-1959-quote/false-claim-nikita-khrushchev-1959-quote-to-the-united-nations-general-assembly-idUSKBN22N25D.

18 Dwight D. Eisenhower, Letter to Edgar Newton Eisenhower, November 8, 1954, available at Teaching American History, https://teachingamericanhistory.org/library/document/letter-to-edgar-newton-eisenhower.

12장. 남방세계의 경제 발전

1 W. Arthur Lewis, *Growth and Fluctuations, 1870–1913*, London: G. Allen and Unwin, 1978, 215 – 219.

2 Lant Pritchett, "Divergence, Bigtime," *Journal of Economic Perspectives* 11, no. 3 (Summer 1997): 3 – 17.

3 Robert Allen, *Global Economic History: A Very Short Introduction*, Oxford: Oxford University Press, 2013, 131 – 144.

4 Stanley Engerman and Kenneth Sokoloff, "Institutions, Factor Endowments, and Paths of Development in the New World," *Journal of Economic Perspectives* 14, no. 3 (Summer 2020): 217 – 232, available at American Economic Association, www.aeaweb.org/articles?id=10.1257/jep.14.3.217; Rafael La Porta, Florencio Lopez-de-Silanes, and Andrei Shleifer, "The Economic Consequences of Legal Origins," *Journal of Economic Literature* 46, no. 2 (June 2008): 285 – 332.

5 Harold Macmillan, "Winds of Change," BBC, February 3, 1960, www.bbc.co.uk/archive/tour-of-south-africa—rt-hon-macmillan/zv6gt39.

6 Ashutosh Varshney, "The Wonder of Indian Democracy," *East Asia Forum Quarterly*, February 29, 2012, www.eastasiaforum.org/2012/02/29/the-wonder-of-indian-democracy.

7 Robert Bates, *Markets and States in Tropical Africa: The Political Basis of Agricultural Policies*, Berkeley: University of California Press, 1981, 1.

8 Nathan Nunn, "Long Term Effects of Africa's Slave Trades," *Quarterly*

Journal of Economics 123, no. 1 (February 2008): 139 – 176.

9   Abubakar Tafawa Balewa, *Shaihu Umar*, Princeton, NJ: Markus Weiner Publishers, 1989 [1934]; see also discussion at Aaron Bady (zunguzungu), Twitter, May 9, 2021, https://twitter.com/zunguzungu/status/1391463836314607618.

10   Niccolo Machiavelli, *The Prince*, 1513.

11   Bates, *Markets and States*, 131.

12   Carlos Diaz-Alejandro, *Essays on the Economic History of the Argentine Republic*, New Haven, CT: Yale University Press, 1970; Gerardo della Paolera and Alan M. Taylor, *A New Economic History of Argentina*, Cambridge: Cambridge University Press, 2011.

13   Paul H. Lewis, *Guerrillas and Generals: The "Dirty War" in Argentina*, Westport, CT: Praeger, 2002. 루이스의 근본적인 견해는 "아르헨티나의… 쇠퇴의 밑바닥에 자리 잡은 것은 확고한 엘리트들이… 대중정치의 시대를 받아들이기 거부한 것"이라는 시각이다(p. 4).

14   J. Bradford DeLong and Barry Eichengreen, "The Marshall Plan: History's Most Successful Structural Adjustment Program," in *Postwar Economic Reconstruction and Its Lessons for the East Today*, ed. Rudiger Dornbusch, Willem Nolling, and Richard Layard, Cambridge, MA: MIT Press, 2003.

15   Said Amir Arjomand, *The Turban for the Crown: The Islamic Revolution in Iran*, Oxford: Oxford University Press, 1988.

16   Roderick MacFarquhar, ed., *The Politics of China: Sixty Years of the People's Republic of China*, Cambridge: Cambridge University Press, 2011.

17   Roderick MacFarquhar and Michael Schoenhals, *Mao's Last Revolution*, Cambridge, MA: Belknap Press of Harvard University Press, 2006.

18   Victor Shih, *Coalitions of the Weak: Mao and Deng's Power Strategy*, forthcoming.

19   Joe Studwell, *How Asia Works: Success and Failure in the World's Most Dynamic Region*, New York: Grove Press, 2013.

20   Ellen Hillbom and Jutta Bolt, *Botswana—A Modern Economic History: An African Diamond in the Rough*, Basingstoke, UK: Palgrave Macmillan, 2018.

21   Carl von Clausewitz, *On War*, Princeton, NJ: Princeton University Press, 1976 [1832].

22   Pritchett, "Divergence, Bigtime."

13장. 포용

1   Chinua Achebe, *Things Fall Apart*, New York: Anchor Books, 1958, 178.

2   W. Arthur Lewis, "Biographical," in *Nobel Lectures: Economics, 1969–1980*, ed. Assar Lindbeck, Singapore: World Scientific Publishing Company,

1992 [1979], 395, reprinted at NobelPrize.org, www.nobelprize.org/prizes/economic-sciences/1979/lewis/biographical.

3   W. Arthur Lewis, *The Evolution of the International Economic Order*, Princeton, NJ: Princeton University Press, 1978.

4   Aristotle, *Politics*, trans. B. Jowett, Oxford: Clarendon Press, 1885 [350bce], 6.

5   W. E. B. Du Bois, "The Souls of White Folk," *The Collected Works of Du Bois*, e-artnow, 2018 [1903], n.p.

6   Doug Jones, "Toba? Or the Sperm Whale Effect?," *Logarithmic History*, August 6, 2017, https://logarithmichistory.wordpress.com/2017/08/05/toba-or-the-sperm-whale-effect-2.

7   Thomas Sowell and Lynn D. Collins, *Essays and Data on American Ethnic Groups*, Washington, DC: Urban Institute, 1978, 208.

8   Sheera Frenkel and Cecilia Kang, *An Ugly Truth: Inside Facebook's Battle for Domination*, New York: HarperCollins, 2021. 내 생각에, 리처드 헤른스타인이나 찰스 머레이 같은 저자들이 단지 '질문'과 '데이터 제시'를 통해 지능에 중요하고 근본적인 유전에 의한 인종적 차이가 있다고 주장하는 사람들은 반성해야 한다(다음을 참조. Richard Herrnstein and Charles Murray, *The Bell Curve: Intelligence and Class Structure in American Life*, New York: Simon and Schuster, 1994). 그들은 머레이가 자신이 자란 중서부 교외에 사는 두 흑인 가족을 겁주기 위해 십자가를 불태웠던 사실을 반성해야 하며, "우리의 단순한 마음속에 인종차별적인 생각은 없었을 것"이라고 뻔뻔하게 주장할 수 있어야 한다. (다음을 참조. Jason DeParle, "Daring Research or 'Social Science Pornography'? Charles Murray," *New York Times*, October 9, 1994, https://timesmachine.nytimes.com/timesmachine/1994/10/09/397547.html. 그들은 자신의 속임수의 근원과 오늘날 미국에서 흑인이 상대적으로 가난하다는 믿음의 근원이 과거와 현재의 차별 때문이 아니라 변하지 않는 본질적인 요소 때문이라고 믿게 된 배경에 대해 성찰해야 한다.

9   Abraham Lincoln and Stephen Douglas, "First Debate: Ottawa, Illinois," August 21, 1858, National Park Service, www.nps.gov/liho/learn/historyculture/debate1.htm.

10   Lincoln and Douglas, "First Debate."

11   Martin Luther King Jr., "I Have a Dream Today," August 28, 1963.

12   1981년 공화당 선거 전략가인 리 앳워터는 알렉산더 라미스_{Alexander P. Lamis}와의 인터뷰에서 공화당은 인종차별주의 단체가 아니며, 만약 그렇다면 흑인 투표를 억압하고 투표권법을 뒤집는 것이 "남부에서 [공화당을 선출하는 데] 핵심적인 부분이 되었을 것"이라고 말했다. 그러면서 하지만 지금은 "그럴 필요가 없습니다. 남부를 지키기 위해서는 레이건이 재정 보수주의, 균형 예산, 감세, 그리고 국방에 강경한 태도를 보이며 출마하기만 하면 됩니다." 따라서 앳워터는 매우 희망적이었다. 1981년에 그가 옳았을 수도, 그렇지 않았을 수도 있다. 그러나 그가 제안한 리트머

스 시험지는 그가 현재의 미국 공화당에 대해서는 틀릴 수 있음을 강력하게 시사한다. 다음 인터뷰를 존 스미스~John Smith~가 유튜브에 세 부분으로 나누어 게시했다. Lee Atwater, "Southern Strategy Interview," 1981, August 3, 2013, www.youtube.com/watch?v=yeHFMIdDuNQ, www.youtube.com/watch?v=btW831W0o34, 그리고 www.youtube.com/watch?v=dxmh5vXyhzA.

13 Continental Congress, Declaration of Independence, July 4, 1776, transcript at National Archives, www.archives.gov/founding-docs/declaration-transcript; Roger B. Taney, Dred Scott v. Sandford, 60 U.S. 393 (1856), Justia, https://supreme.justia.com/cases/federal/us/60/393; Harry V. Jaffa, *Crisis of the House Divided: An Interpretation of the Issues in the Lincoln-Douglas Debates*, Seattle: University of Washington Press, 1973; Harry V. Jaffa, *Storm over the Constitution*, New York: Lexington Books, 1999.

14 Tim Naftali, "Ronald Reagan's Long-Hidden Racist Conversation with Richard Nixon," *Atlantic*, July 30, 2019, www.theatlantic.com/ideas/archive/2019/07/ronald-reagans-racist-conversation-richard-nixon/595102;George Stigler, "The Problem of the Negro," *New Guard* 5 (December 1965): 11-12.

15 Dan Ziblatt, *Conservative Parties and the Birth of Democracy*, Cambridge: Cambridge University Press, 2017.

16 Edmund S. Morgan, *American Slavery, American Freedom: The Ordeal of Colonial Virginia*, New York: W. W. Norton, 1975.

17 Charles Murray, *Losing Ground: American Social Policy, 1950–1980*, New York: Basic Books, 1984.

18 George Gilder, *Wealth and Poverty*, New York: ICS Press, 1981.

19 Daniel Patrick Moynihan, *The Negro Family: The Case for National Action*, Office of Policy Planning and Research, US Department of Labor, March 1965, full text at US Department of Labor, www.dol.gov/general/aboutdol/history/webid-moynihan.

20 Aristotle, *Politics*, 24.

21 Doug Jones, "The Patriarchal Age," *Logarithmic History*, September 27, 2015, https://logarithmichistory.wordpress.com/2015/09/27/the-patriarchal-age; Monika Karmin, Lauri Saag, Mario Vicente, Melissa A. Wilson Sayres, Mari Jarve, Ulvi Gerst Talas, Siiri Rootsi, et al., "A Recent Bottleneck of Y Chromosome Diversity Coincides with a Global Change in Culture," *Genome Research* 25, no. 4 (April 2015): 459-466.

22 Claudia Goldin, *Understanding the Gender Gap: An Economic History of American Women*, New York: Oxford University Press, 1990.

23 Louis Menand, "How Women Got in on the Civil Rights Act," *New Yorker*, July 21, 2014, www.newyorker.com/magazine/2014/07/21/sex-amendment.

24 Goldin, *Understanding the Gender Gap*, 217.

25 Betty Friedan, *The Feminine Mystique*, New York: W. W. Norton, 1963, 474.

14장. 사회민주주의와 영광의 30년

1 Jean Fourastie, *Les Trente Glorieuses: Ou, la Révolution Invisible de 1946 à 1975*, Paris: Hachette Litterature, 1997 [1949].

2 Antonio Gramsci, "Americanism and Fordism," in *Selections from the Prison Notebooks of Antonio Gramsci*, London: Lawrence and Wishart, 1971 [1934], 277 – 320; Charles S. Maier, "Between Taylorism and Technocracy: European Ideologies and the Vision of Industrial Productivity in the 1920s," *Journal of Contemporary History* 5, no. 2 (1970): 27 – 61.

3 Martin Weitzman, "Prices Versus Quantities," *Review of Economic Studies* 41, no. 4 (October 1974): 477 – 491.

4 Ronald Coase, "The Nature of the Firm," *Economica* 4, no. 16 (1937): 386 – 405.

5 Janos Kornai, *The Economics of Shortage*, Amsterdam: North-Holland, 1979.

6 신뢰를 무너뜨리는 연방거래위원회$_{FTC}$가 정부에서 가장 중요하고 가장 활동적인 기관이 되어야 한다는 믿음을 가진 시카고 경제학과의 공동 설립자 헨리 사이먼스의 말을 생각해 보라. Henry Simons, Economic Policy for a Free Society, Chicago: University of Chicago Press, 1948.

7 John Maynard Keynes, *The General Theory of Employment, Interest and Money*, London: Macmillan, 1936, chap. 24.

8 Franklin Delano Roosevelt, "First Inaugural Address," March 4, 1933, American Presidency Project, University of California, Santa Barbara, www.presidency.ucsb.edu/documents/inaugural-address-8.

9 프리드먼은 한동안 '중립적' 통화정책이 자동적으로 이루어질 수 있다는 주장을 위해 역사적 상관관계에 의존했다. 그러나 찰스 굿하트$_{Charles\ Goodhart}$가 경고했듯이, 중앙은행이 통제 메커니즘으로 역사적 상관관계를 활용하기 시작하자마자 역사적 상관관계는 무너졌다. C. A. E. Goodhart, "Problems of Monetary Management: The UK Experience," in *Monetary Theory and Practice: The UK Experience*, London: Palgrave Macmillan, 1984, 91 – 121. 그 후 프리드먼은 "중립은 무엇이든 작동한다"는 입장으로 피신했다. Timothy B. Lee, "Milton Friedman Would Be Pushing for Easy Money Today," *Forbes*, June 1, 2012, www.forbes.com/sites/timothylee/2012/06/01/milton-friedman-would-be-pushing-for-easy-money-today/?sh=76b918545b16.

10 Keynes, *General Theory*, chap. 24.

11 Employment Act of 1946, 15 U.S.C. § 1021, archived at Federal Reserve

Archival System for Economic Research (FRASER), https://fraser. stlouisfed.org/title/employment-act-1946-1099; J. Bradford De Long, "Keynesianism, Pennsylvania Avenue Style: Some Economic Consequences of the Employment Act of 1946," *Journal of Economic Perspectives* 10, no. 3 (Fall 1996): 41 −53.

12   Dwight D. Eisenhower, Letter to Edgar Newton Eisenhower, November 8, 1954, available at Teaching American History, https:// teachingamericanhistory.org/library/document/letter-to-edgar-newton-eisenhower.

13   Thomas Piketty and Emmanual Saez, "Income Inequality in the United States," *Quarterly Journal of Economics* 118, no. 1 (February 2003): 1 −39, https://eml.berkeley.edu/~saez/pikettyqje.pdf.

14   Nelson Lichtenstein, *The Most Dangerous Man in Detroit: Walter Reuther and the Fate of American Labor*, New York: Basic Books, 1995.

15   J. Bradford DeLong and Barry Eichengreen, "The Marshall Plan: History's Most Successful Structural Adjustment Program," in *Postwar Economic Reconstruction and Its Lessons for the East Today*, ed. Rudiger Dornbusch, Willem Nolling, and Richard Layard, Cambridge, MA: MIT Press, 2003.

16   Charles Kindleberger, *Europe's Postwar Growth: The Role of Labor Supply*, Cambridge, MA: Harvard University, Center for International Affairs, 1967; Barry Eichengreen, *The European Economy Since 1945: Coordinated Capitalism and Beyond*, Princeton, NJ: Princeton University Press, 1947.

17   Marcel Mauss, *The Gift: The Form and Reason for Exchange in Archaic Societies*, New York: Routledge, 1990 [1950].

18   Robert Gordon, "Postwar Macroeconomics: The Evolution of Events and Ideas," National Bureau of Economic Research (NBER) working paper 459, issue date March 1980, available at NBER, www.nber.org/system/files/ working_papers/w0459/w0459.pdf.

19   Richard Nixon, *Six Crises*, New York: Doubleday, 1962.

20   Paul Volcker and Toyoo Gyohten, *Changing Fortunes: The World's Money and the Threat to American Leadership*, New York: Random House, 1992.

21   Arthur Burns, "Progress Towards Economic Stability," *American Economic Review* 50, no. 3 (March 1960): 1 −19.

22   John Maynard Keynes, *The Economic Consequences of the Peace*, London: Macmillan, 1919, 220.

23   Keynes, *Economic Consequences*, 235 −236.

15장. 신자유주의로의 전환

1   John Maynard Keynes, *The Economic Consequences of the Peace*, London:

Macmillan, 1919, 22.

2 John Maynard Keynes, "Economic Possibilities for Our Grandchildren," reprinted in John Maynard Keynes, *The Collected Writings of John Maynard Keynes*, vol. 9, *Essays in Persuasion*, Cambridge: Cambridge University Press, 2013, 328.

3 Gareth Dale, *Karl Polanyi: A Life on the Left*, New York: Columbia University Press, 2016. Also very much worth reading is Tim Rogan, *The Moral Economists: R. H. Tawney, Karl Polanyi, E. P. Thompson, and the Critique of Capitalism*, Princeton, NJ: Princeton University Press, 2017.

4 Joan Robinson, *The Cultural Revolution in China*, New York: Penguin, 1967; Jan Myrdal, *Report from a Chinese Village*, New York: Pantheon Books, 1965.

5 Robert Gordon, *The Rise and Fall of American Growth: The U.S. Standard of Living Since the Civil War*, Princeton, NJ: Princeton University Press, 2017.

6 William Nordhaus, *Retrospectives on the 1970s Productivity Slowdown*, Cambridge, MA: National Bureau of Economic Research, 2004.

7 닉슨과 키신저가 어떻게 세 배의 유가 인상을 승인했는지(11차원 체스를 두면서 이란의 샤 레자 팔레비에게 무기를 구입하고 소련을 괴롭힐 돈을 주면 유가 상승이 미국에 도움이 될 것이라고 생각했기 때문이었다)는 내가 결코 만족스럽게 설명할 수 없는 부분이다. 당시 윌리엄 사이먼 재무장관은 이를 가장 중요한 고려 사항이라고 생각했는데, 이는 끔찍한 실수였다. V. H. Oppenheim, "See the Past: We Pushed Them," *Foreign Policy* 25 (Winter 1976 – 1977): 24 – 57; David M. Wight, *Oil Money: Middle East Petrodollars and the Transformation of US Empire*, Ithaca, NY: Cornell University Press, 2021.

8 Jonathon Hazell, Juan Herreno, Emi Nakamura, and Jon Steinsson, "The Slope of the Phillips Curve: Evidence from U.S. States," National Bureau of Economic Research (NBER) working paper 28005, issue date October 2020, revised May 2021, available at NBER, www.nber.org/papers/w28005; Olivier Blanchard, "The U.S. Phillips Curve: Back to the 60s?," Peterson Institute for International Economics, January 2016, www.piie.com/publications/pb/pb16-1.pdf.

9 John A. Farrell, *Richard Nixon: The Life*, New York: Doubleday, 2017.

10 Martin Feldstein, "Introduction," in *The American Economy in Transition*, ed. Martin Feldstein, Chicago: University of Chicago Press, 1980, 1 – 8; Albert O. Hirschman, *The Rhetoric of Reaction: Perversity, Futility, Jeopardy*, Cambridge, MA: Belknap Press of Harvard University Press, 1991.

11 Eric Hobsbawm, *Age of Extremes: The Short Twentieth Century, 1914–1991*, London: Michael Joseph, 1984, 460.

12 ee Eric Hobsbawm's interview with Michael Ignatieff, "The Late Show—Eric Hobsbawm—Age of Extremes (24 October 1994)," YouTube, posted by "tw19751," November 6, 2012, www.youtube.com/watch?v=Nnd2Pu9NNPw; Sarah Lyall, "A Communist Life

with No Apologies," *New York Times*, August 23, 2003, www.nytimes.com/2003/08/23/books/a-communist-life-with-no-apology.html.

13　George Stigler, "The Problem of the Negro," *New Guard* 5 (December 1965): 11–12, available at Digressions and Impressions, website of Eric Schliesser, https://digressionsnimpressions.typepad.com/digressionsimpressions/2020/06/stiglerracism.html.

14　Paul Volcker and Toyoo Gyohten, *Changing Fortunes: The World's Money and the Threat to American Leadership*, New York: Random House, 1992. 볼커는 번스가 연준 의장이었을 때 번스에게 '약간 격양된 목소리로' "아서. 집에 가서 돈을 조이는 게 좋을 거야"라고 말했다고 회고했다. Arthur Burns, "Progress Towards Economic Stability," *American Economic Review* 50, no. 3 (March 1960): 1–19.

15　Stuart Eizenstat, "Economists and White House Decisions," *Journal of Economic Perspectives* 6, no. 3 (Summer 1992): 65–71.

16　Barrie Wigmore and Peter Temin, "The End of One Big Deflation," MIT Department of Economics working paper 503, 1988, https://dspace.mit.edu/bitstream/handle/1721.1/63586/endofonebigdefla00temi.pdf; Thomas Sargent, "Stopping Moderate Inflations: The Methods of Poincaré and Thatcher," Federal Reserve Bank of Minneapolis, working paper W, May 1981, JSTOR, www.jstor.org/stable/10.2307/community.28111603; Laurence Ball, "The Genesis of Inflation and the Costs of Disinflation," *Journal of Money, Credit and Banking* 23, no. 3, Part 2: Price Stability (August 1991): 439–452.

17　Laurence Ball, "What Determines the Sacrifice Ratio?," in *Monetary Policy*, ed. N. Gregory Mankiw, Chicago: University of Chicago Press, 1994, 155–194.

18　Martin Feldstein, "The Dollar and the Trade Deficit in the 1980s: A Personal View," National Bureau of Economic Research (NBER) working paper 4325, issue date April 1993, available at NBER, www.nber.org/system/files/working_papers/w4325/w4325.pdf.

19　Milton Friedman and Rose Friedman, *Free to Choose: A Personal Statement*, New York: Avon, 1979.

20　Bill Clinton, "Address Before a Joint Session of the Congress on the State of the Union," January 23, 1996, American Presidency Project, University of California, Santa Barbara, www.presidency.ucsb.edu/documents/address-before-joint-session-the-congress-the-state-the-union-10.

21　Barack Obama, "Address Before a Joint Session of the Congress on the State of the Union," January 27, 2010, American Presidency Project, University of California, Santa Barbara, www.presidency.ucsb.edu/documents/address-before-joint-session-the-congress-the-state-the-union-17.

22　Martín Carcasson, "Ending Welfare as We Know It: President Clinton and the Rhetorical Transformation of the Anti-Welfare Culture," *Rhetoric and Public Affairs* 9, no. 4 (Winter 2006): 655 – 692.

23   Alwyn W. Turner, *A Classless Society: Britain in the 1990s*, London: Aurum Press, 2013.

24   J. Bradford DeLong, "Private Accounts: Add-on, Not Carve-Out," *Grasping Reality*, May 3, 2005, https://delong.typepad.com/sdj/2005/05/private_account.html.

25   Thomas Piketty and Emmanuel Saez, "Income Inequality in the United States, 1913 – 1998," *Quarterly Journal of Economics* 118, no. 1 (February 2003): 1 – 39, https://eml.berkeley.edu/~saez/pikettyqje.pdf.

26   Takashi Negishi, "Welfare Economics and Existence of an Equilibrium for a Competitive Economy," *Metroeconomica* 12 (June 1960): 92 – 97.

27   Jeremiah 7:18.

28   "Globalization over Five Centuries, World," Our World in Data, https://ourworldindata.org/grapher/globalization-over-5-centuries?country=~OWID_WRL.

29   Thomas Piketty, *Capital in the Twenty-First Century*, Cambridge, MA: Harvard University Press, 2014.

30   Rosa Luxemburg, *The Russian Revolution*, New York: Workers' Age Publishers, 1940 [1918].

31   Yegor Gaidar, "The Soviet Collapse: Grain and Oil," American Enterprise Institute for Public Policy Research, April 2007, www.aei.org/wp-content/uploads/2011/10/20070419_Gaidar.pdf.

16장. 재세계화, 정보기술, 초세계화

1   Michael Kremer, Jack Willis, and Yang You, "Converging to Convergence," in *NBER Macroeconomics Annual 2021*, vol. 36, ed. Martin S. Eichenbaum and Erik Hurst, Chicago: University of Chicago Press, 2021, available at National Bureau of Economic Research, www.nber.org/books-and-chapters/nber-macroeconomics-annual-2021-volume-36/converging-convergence.

2   Alan S. Blinder and Janet Louise Yellen, *The Fabulous Decade: Macroeconomic Lessons from the 1990s*, New York: Century Foundation, 2001; Dale W. Jorgenson, Mun S. Ho, and Kevin J. Stiroh, "A Retrospective Look at the U.S. Productivity Growth Resurgence," *Journal of Economic Perspectives* 22, no. 1 (Winter 2008): 3 – 24, available at American Economic Association, https://pubs.aeaweb.org/doi/pdfplus/10.1257/jep.22.1.3.

3   Marc Levinson, *The Box: How the Shipping Container Made the World Smaller and the World Economy Bigger*, Princeton, NJ: Princeton University Press,

2008.

4   David S. Landes, *The Unbound Prometheus: Technological Change and Industrial Development in Western Europe from 1750 to the Present*, Cambridge, UK: Cambridge University Press, 1969; Robert S. Gordon, *The Rise and Fall of American Growth: The U.S Standard of Living since the Civil War*, Princeton, NJ: Princeton University Press, 2016.

5   Elhanan Helpman, *General Purpose Technologies and Economic Growth*, Cambridge, MA: MIT Press, 1998.

6   Paul E. Ceruzzi, *Computing: A Concise History*, Cambridge, MA: MIT Press, 2012.

7   Gordon Moore, "Cramming More Components onto Integrated Circuits," *Electronics* 38, no. 8 (April 1965), available at Intel, https://newsroom.intel.com/wp-content/uploads/sites/11/2018/05/moores-law-electronics.pdf.

8   "EUV Lithography Systems: TwinScan NXE:3400," ASML, www.asml.com/en/products/euv-lithography-systems/twinscan-nxe3400c.

9   Richard Baldwin, *The Great Convergence: Information Technology and the New Globalization*, Cambridge, MA: Harvard University Press, 2016.

10 Dani Rodrik, *Has Globalization Gone Too Far?*, Washington, DC: Institute for International Economics, 1997; David Autor, "Work of the Past, Work of the Future," *American Economic Association Papers and Proceedings* 109 (2019): 1−32; J. Bradford DeLong, "NAFTA and Other Trade Deals Have Not Gutted American Manufacturing—Period," *Vox*, January 24, 2017, www.vox.com/the-big-idea/2017/1/24/14363148/trade-deals-nafta-wto-china-job-loss-trump.

17장. 대침체와 빈약한 회복

1   John Fernald, "Productivity and Potential Output Before, During, and After the Great Recession," National Bureau of Economic Research (NBER) working paper 20248, issue date June 2014, available at NBER, www.nber.org/papers/w20248.

2   James H. Stock and Mark W. Watson, "Has the Business Cycle Changed, and Why?," *NBER Macroeconomics Annual* 17 (2002): 159−230, available at National Bureau of Economic Research, www.nber.org/system/files/chapters/c11075/c11075.pdf.

3   Amanda Robb, "Anatomy of a Fake News Scandal," *Rolling Stone*, November 16, 2017, www.rollingstone.com/feature/anatomy-of-a-fake-news-scandal-125877.

4   Barack Obama, "2004 Democratic National Convention Speech," *PBS NewsHour*, July 27, 2004, www.pbs.org/newshour/show/barack-obamas-

keynote-address-at-the-2004-democratic-national-convention.

5   J. Bradford DeLong, "This Time, It Is Not Different: The Persistent Concerns of Financial Macroeconomics," in *Rethinking the Financial Crisis*, ed. Alan Blinder, Andrew Lo, and Robert Solow, New York: Russell Sage Foundation, 2012.

6   Warren Buffett, Berkshire-Hathaway chairman's letter, February 28, 2002, Berkshire-Hathaway, www.berkshirehathaway.com/2001ar/2001letter. html.

7   Olivier Blanchard and Lawrence Summers, "Hysteresis and the European Unemployment Problem," National Bureau of Economic Research (NBER) working paper 1950, *NBER Macroeconomics Annual* 1 (1986): 15 - 78, available at NBER, www.nber.org/papers/w1950.

8   The rough consensus is represented by Ben Bernanke, "Japanese Monetary Policy: A Case of Self-Induced Paralysis?," Princeton University, December 1999, www.princeton.edu/~pkrugman/bernanke_paralysis. pdf; Kenneth Rogoff, "Comment on Krugman," *Brookings Papers on Economic Activity* 2 (1998): 194 - 199, www.brookings.edu/wp-content/ uploads/1998/06/1998b_bpea_krugman_dominquez_rogoff.pdf.

9   Raghuram Rajan, "Has Financial Development Made the World Riskier?," in *The Greenspan Era: Lesson for the Future*, Kansas City: Federal Reserve Bank of Kansas City, 2005, 313 - 369, www.kansascityfed.org/documents/3326/ PDF-Rajan2005.pdf. 라잔 이외의 가장 유명한 카산드라는 크루그먼이었다. 그의 에세이 "It's Baaack: Japan's Slump and the Return of the Liquidity Trap," *Brookings Papers on Economic Activity* 199, no. 2 (1998): 137 - 187; 그리고 그의 책 *The Return of Depression Economics*, New York: Norton, 1999.

10   "What Should Economists and Policymakers Learn from the Financial Crisis?," London School of Economics, March 25, 2013, www.lse.ac.uk/lse-player?id=1856.

11   "What Should Economists and Policymakers Learn . . . ?"

12   Carol Loomis, "Robert Rubin on the Job He Never Wanted," *Fortune*, November 26, 2007, available at Boston University Economics Department, www.bu.edu/econ/files/2011/01/Loomis.pdf.

13   가령 다음을 보라. Chris Giles, "Harvard President Warns on Global Imbalances," *Financial Times*, January 28, 2006, www.ft.com/content/ f925a9e0-9035-11da-9e7e-0000779e2340; Maurice Obstfeld and Kenneth Rogoff, "The Unsustainable U.S. Current Account Position Revisited," in *G7 Current Account Imbalances: Sustainability and Adjustment*, ed. Richard Clarida, Chicago: University of Chicago Press, 2007, 339 - 375, available at National Bureau of Economic Research, www.nber.org/system/ files/chapters/c0127/c0127.pdf.

14   Keynote address to the Center for Research in Security Prices (CRSP)

Forum, Gleacher Center, University of Chicago, quoted in John Lippert, "Friedman Would Be Roiled as Chicago Disciples Rue Repudiation," *Bloomberg*, December 23, 2008, available at "John Lippert on the Chicago School," *Brad DeLong's Egregious Moderation*, blog, December 30, 2008.

15   Brad Setser, "Bernanke's Global Savings Glut," Council on Foreign Relations, May 21, 2005, www.cfr.org/blog/bernankes-global-savings-glut.

16   내가 생각하는 최고의 개괄은 Barry J. Eichengreen, *Hall of Mirrors: The Great Depression, the Great Recession, and the Uses—and Misuses—of History*, New York: Oxford University Press, 2015.

17   John Stuart Mill, *Essays on Some Unsettled Questions in Political Economy*, London: John W. Parker, 1844 [1829].

18   Nick Rowe, "Money Stocks and Flows," Worthwhile Canadian Initiative, September 11, 2016, https://worthwhile.typepad.com/worthwhile_canadian_initi/2016/09/money-stocks-and-flows.html.

19   Hyman Minsky, *Stabilizing an Unstable Economy*, New Haven, CT: Yale University Press, 1986; Charles P. Kindleberger, *Manias, Panics, and Crashes: A History of Financial Crises*, New York: Basic Books, 1978.

20   J. Bradford DeLong, "John Stewart Mill vs. the European Central Bank," Project Syndicate, July 29, 2010, www.project-syndicate.org/commentary/john-stewart-mill-vs—the-european-central-bank; Ricardo J. Caballero, Emmanuel Farhi, and Pierre-Olivier Gourinchas, "The Safe Assets Shortage Conundrum," *Journal of Economic Perspectives* 31, no. 3 (Summer 2017): 29–46, available at American Economic Association, https://pubs.aeaweb.org/doi/pdfplus/10.1257/jep.31.3.29.

21   Donald Kohn, "Financial Markets and Central Banking," Board of Governors of the Federal Reserve System, November 28, 2007, www.federalreserve.gov/newsevents/speech/kohn20071128a.htm.

22   For my views at the time as the Great Recession developed, see J. Bradford DeLong, "Battered but not and Beaten," GitHub, October 29, 2010, https://github.com/braddelong/public-files/blob/master/2010-10-29-battered-and-beaten.pdf.

23   Walter Bagehot, *Lombard Street: A Description of the Money Market*, London: Henry S. King, 1873.

24   Alan Blinder and Mark Zandi, "The Financial Crisis: Lessons for the Next One," Center on Budget and Policy Priorities, October 15, 2015, www.cbpp.org/sites/default/files/atoms/files/10-15-15pf.pdf.

25   다음의 약어들이다. the Troubled Asset Relief Program, the Term-Asset Backed Security Loan Facility, the Home Affordable Modification Program, 그리고 the American Recovery and Reinvestment Act.

26   "Gore vs. Kemp: The 1996 Vice-Presidential Debate," YouTube,

posted by PBS NewsHour, September 26, 2020, www.youtube.com/watch?v=HZCcSTz1qLo.

27 Lawrence Summers, "The Age of Secular Stagnation," *Foreign Affairs*, March/April 2016, www.foreignaffairs.com/articles/united-states/2016-02-15/age-secular-stagnation.

28 See Olivier J. Blanchard, "Public Debt and Low Interest Rates," American Economic Association, January 4, 2019, www.aeaweb.org/webcasts/2019/aea-presidential-address-public-debt-and-low-interest-rates.

29 Barack Obama, "Remarks by the President in State of the Union Address," White House, President Barack Obama, January 27, 2010, https://obamawhitehouse.archives.gov/the-press-office/remarks-president-state-union-address.

30 John Maynard Keynes, "How to Avoid a Slump," *The Times*, January 12-14, 1937, reprinted in John Maynard Keynes, *Collected Writings of John Maynard Keynes*, vol. 21, *Activities, 1931–1939: World Crises and Policies in Britain and America*, Cambridge: Cambridge University Press, 1982, 390.

31 Ben Bernanke, "The Near- and Longer-Term Prospects for the U.S. Economy," August 26, 2011, archived at Federal Reserve Archival System for Economic Research (FRASER), https://fraser.stlouisfed.org/title/statements-speeches-ben-s-bernanke-453/near-longer-term-prospects-us-economy-9116; Cf. J. Bradford DeLong, "Ben Bernanke's Dream World," Project Syndicate, August 30, 2011, www.project-syndicate.org/commentary/ben-bernanke-s-dream-world.

32 Josh Bivens, "The Reinhart and Rogoff Magical 90 Percent Threshold Loses Its Magic?," Economic Policy Institute, April 16, 2013, www.epi.org/blog/reinhart-rogoff-magical-90-percent-threshold.

33 Ben Bernanke, "Japanese Monetary Policy: A Case of Self-Induced Paralysis?," Princeton University, December 1999, 14-15, www.princeton.edu/~pkrugman/bernanke_paralysis.pdf.

34 J. Bradford DeLong, "Understanding the Lesser Depression" (incomplete draft), *Grasping Reality*, August 2011, https://delong.typepad.com/delong_long_form/2011/09/understanding-the-lesser-depression-incomplete-draft.html.

35 Adam Tooze, *Crashed: How a Decade of Financial Crises Changed the World*, New York: Penguin, 2018.

36 "Franklin Delano Roosevelt Speeches: Oglethorpe University Address. The New Deal," May 22, 1932, Pepperdine School of Public Policy, https://publicpolicy.pepperdine.edu/academics/research/faculty-research/new-deal/roosevelt-speeches/fr052232.htm.

37 Geoffrey Ward, *A First-Class Temperament: The Emergence of Franklin Roosevelt, 1905–1928*, New York: Vintage, 2014, xv; Randy Roberts, "FDR in the

House of Mirrors," *Reviews in American History* 18, no. 1 (March 1990): 82 –
88.

38   Obama, 2010 State of the Union Address.

39   Cliff Asness et al., "Open Letter to Ben Bernanke," *Wall Street Journal*,
November 15, 2010, www.wsj.com/articles/BL-REB-12460.

40   Leopold von Ranke, "Preface: Histories of the Latin and Germanic Nations
from 1494 – 1514," excerpted in Fritz Stern, *The Varieties of History*,
Cleveland, OH: Meridian Books, 1956, 57; Max Weber, *From Max Weber:
Essays in Sociology*, ed. and trans. C. Wright Mills and Hans Heinrich Gerth,
New York: Oxford University Press, 1946, 95.

결론. 우리는 여전히 유토피아를 향해 웅크린 채 나아가고 있는가?

1   케인스는 1930년대에 루스벨트에게 사회민주주의적 구조 개혁에 에너지
를 덜 쓰고 완전고용으로 돌아가는 데 더 많은 에너지를 써 달라고 간청하
는 두 통의 중요한 편지를 보냈다. John Maynard Keynes, "An Open Letter
to President Roosevelt," *New York Times*, December 31, 1933, www.nytimes.
com/1933/12/31/archives/from-keynes-to-roosevelt-our-recovery-
plan-assayed-the-british.html; John Maynard Keynes to President Franklin
Roosevelt, February 1, 1938, facsimile on my website at https://delong.
typepad.com/19380201-keynes-to-roosevelt.pdf.

2   Eric Hobsbawm, *Age of Extremes: The Short Twentieth Century, 1914–1991*,
London: Michael Joseph, 1984.

3   Hebrews 11:1.

4   John Stuart Mill, *Principles of Political Economy, with Some of Their Applications
to Social Philosophy*, London: Longmans, Green, Reader, and Dyer, 1873,
455. 밀이 보기에 교육을 받지 못한 노동계급은 현명할 수 없었고, 유토피
아에 가까워진 후에야 노동계급을 제대로 교육할 수 있는 1인당 자원이 존
재할 수 있었다.

5   "Transcript of President Franklin Roosevelt's Annual Message (Four
Freedoms) to Congress," January 6, 1941, Our Documents, www.
ourdocuments.gov/doc.php?flash=false&doc=70&page=transcript.

6   Adam Serwer, *The Cruelty Is the Point: The Past, Present, and Future of Trump's
America*, New York: One World Books, 2021.

7   Will Steakin, "Trump Dismisses Pandemic, Rips Fauci as 'Disaster'
in Campaign All-Staff Call," ABC News, October 19, 2020, https://
abcnews.go.com/Politics/trump-dismisses-pandemic-rips-fauci-disaster-
campaign-staff/story?id=73697476; Benjamin Din, "Trump Lashes
Out at Fauci and Birx After CNN Documentary," *Politico*, March 29,
2021, www.politico.com/news/2021/03/29/trump-fauci-birx-cnn-

documentary-478422; "'Fire Fauci' Chant Erupts at Trump Rally as Tensions Simmer," YouTube, posted by "Bloomberg Quicktake: Now," November 2, 2020, www.youtube.com/watch?v=nWBqeTXKdTQ.

8   See Publius Decius Mus, "The Flight 93 Election," *Claremont Review of Books*, September 5, 2016, https://claremontreviewofbooks.com/digital/the-flight-93-election.

9   John Maynard Keynes, *Essays in Biography*, London: Macmillan, 1933, reprinted in John Maynard Keynes, *Collected Writings*, vol. 10, Cambridge: Cambridge University Press, 2013, 66–67.

10   Francis Bacon and Tomasso Campanella, *New Atlantis and City of the Sun: Two Classic Utopias*, New York: Dover, 2018.

11   John Maynard Keynes, *The Economic Consequences of the Peace*, London: Macmillan, 1919, 9, 12.

12   Aristotle, *Politics*, trans. Ernest Barker, Oxford: Oxford University Press, 2009 [350 bce], 14, Bekker sections 1253b–1254a.

찾아보기

기타

20세기 경제사

우리는 유토피아로 가고 있는가

1판 1쇄 펴냄 | 2024년 7월 19일
1판 3쇄 펴냄 | 2024년 8월 29일

지은이 | 브래드퍼드 들롱
옮긴이 | 홍기빈
발행인 | 김병준
발행처 | 생각의힘

등록 | 2011. 10. 27. 제406-2011-000127호
주소 | 서울시 마포구 독막로6길 11, 우대빌딩 2, 3층
전화 | 02-6925-4184(편집), 02-6925-4187(영업)
팩스 | 02-6925-4182
전자우편 | tpbook1@tpbook.co.kr
홈페이지 | www.tpbook.co.kr

ISBN   979-11-93166-59-8 93320